河南专门史大型学术文化工程丛书

主编　谷建全

执行主编　张新斌

河南书院史

张佐良　杨世利　师永伟　著

中原出版传媒集团
中原传媒股份公司
大象出版社
·郑州·

图书在版编目(CIP)数据

河南书院史 / 张佐良，杨世利，师永伟著. — 郑州 ：
大象出版社，2020. 12
(河南专门史大型学术文化工程丛书 / 谷建全主编)
ISBN 978-7-5711-0799-4

Ⅰ. ①河… Ⅱ. ①张… ②杨… ③师… Ⅲ. ①书院-
教育史-河南 Ⅳ. ①G649. 299. 61

中国版本图书馆 CIP 数据核字(2020)第 215454 号

河南专门史大型学术文化工程丛书

河南书院史

HENAN SHUYUAN SHI

张佐良　杨世利　师永伟　著

出 版 人　汪林中
选题策划　王刘纯　张前进
项目统筹　李建平
责任编辑　曲　静
责任校对　牛志远　安德华
装帧设计　张　帆

出版发行　大象出版社(郑州市郑东新区祥盛街 27 号　邮政编码 450016)
发行科　0371-63863551　总编室　0371-65597936
网　　址　www.daxiang.cn
印　　刷　北京汇林印务有限公司
经　　销　各地新华书店经销
开　　本　720 mm×1020 mm　1/16
印　　张　28.75
字　　数　465 千字
版　　次　2020 年 12 月第 1 版　2020 年 12 月第 1 次印刷
定　　价　128.00 元
若发现印、装质量问题，影响阅读，请与承印厂联系调换。
印厂地址　北京市大兴区黄村镇南六环磁各庄立交桥南 200 米(中轴路东侧)
邮政编码　102600　　　电话　010-61264834

河南专门史总论

张新斌

河南专门史研究,是河南历史的细化研究,是河南历史的全面研究,是河南历史的深入研究,也是河南历史的综合研究。河南历史研究,不仅是地方史研究,也是中国史研究,是中国史的核心研究,是中国史的主干研究,更是中国史的精华研究。

一、河南称谓的区域变迁及价值

(一)河南:由地理到政治概念的演变

河南是一个地理概念。河南概念的核心是“河”,以黄河为指向形成地理方位概念,如河南、河东、河西、河内、河外等。《史记·殷本纪》:“盘庚渡河南,复居成汤之故居。”又,《战国策·齐策》:“兼魏之河南,绝赵之东阳。”魏惠王徙都大梁(今开封),而河南地区为魏之重要区域。《史记·项羽本纪》:“彭越渡河,击楚东阿,杀楚将军薛公。项王乃自东击彭越。汉王得淮阴侯兵,欲渡河南。”这里的“河南”明显不是一个政区概念,而是一个地理概念。

河南也是一个政治概念。《史记·货殖列传》所云“三河”地区为王都之地。“昔唐人都河东,殷人都河内,周人都河南。夫三河在天下之中,若鼎足,王者所更居也。”可见河南为周之王畿之地。又,《史记·周本纪》:“子威烈王午立。考王封其弟于河南,是为桓公。”《史记·项羽本纪》:“故立申阳为河南王,都洛阳。”这也从一个侧面反映出河南在战国、秦汉之际与王都连在一起,无疑应为政治中心。《通志·都邑略》对河南有一个重要评价:“故中原依大河以为固,吴越依大江以为固。中原无事则居河之南,中原多事则居江之南。自开辟以来皆河南建都,虽黄帝之都、尧舜禹之都于今皆为河北,在昔皆为河南。”

（二）河南：以洛阳为中心的政区概念

1. 河南郡。汉代始设,至隋唐之前设置。《汉书·地理志》云,河南郡,辖县22,有洛阳、荥阳、偃师、京、平阴、中牟、平、阳武、河南、缑氏、卷、原武、巩、谷成、故市、密、新成、开封、成皋、苑陵、梁、新郑。以上地区包括今洛阳市区周边,含今新安、孟津、伊川、偃师,今郑州市的全部,今开封市区,以及今原阳县,今汝州市。据《晋书·地理志》,河南郡领河南、巩、安、河阴、新安、成皋、缑氏、新城、阳城、陆浑。西晋时,汉河南郡东部析置荥阳郡,而西晋时的河南郡大致包括今洛阳市区及嵩县、新安、偃师、伊川等,以及巩义、登封、新密,还有荥阳的一部分和今汝州市。《宋书·州郡志》:南朝宋司州有三郡,包括河南郡,领河南、洛阳、巩、缑氏、新城、梁、河阴、陆浑、东垣、新安、西东垣等,其范围与西晋河南郡差不多。《魏书·地形志》说河南郡仅领县一个,其区划郡县叠加。《隋书·地理志》记述隋设河南郡,统领18个县,为河南、洛阳、桃林、阌乡、陕、熊耳、渑池、新安、偃师、巩、宜阳、寿安、陆浑、伊阙、兴泰、缑氏、嵩阳、阳城,涉及今三门峡市区及灵宝、渑池、义马等,今洛阳市区及新安、偃师、嵩县、宜阳等,今郑州所辖巩义、登封等。

2. 河南尹。东汉时洛阳为都,在都城设河南尹。《后汉书·郡国志》:河南尹,辖洛阳、河南、梁、荥阳、卷、原武、阳武、中牟、开封、苑陵、平阴、缑氏、巩、成皋、京、密、新城、偃师、新郑、平。其所辖范围与西汉河南郡基本相当。三国魏时亦有“河南尹”,如《三国志·魏志》:夏侯惇曾“转领河南尹”,司马芝于“黄初中,入为河南尹”。

3. 河南县。西汉时设县,沿至东汉、西晋、刘宋、北魏、隋、唐、宋等,金代已无河南县,洛阳的“河南”“洛阳”双城结构正式瓦解。

4. 河南府。唐代始设,沿至宋、金、元,但元代已称之为路。据《旧唐书·地理志》,河南府辖河南、洛阳、偃师、巩、缑氏、告成、登封、陆浑、伊阙、伊阳、寿安、新安、福昌、渑池、永宁、长水、密、河清、颍阳、河阳、汜水、温、河阴、阳翟、济源、王屋。《新唐书·地理志》载,河南府共辖20县,有河南、洛阳、偃师、巩、缑氏、阳城、登封、陆浑、伊阙、新安、渑池、福昌、长水、永宁、寿安、密、河清、颍阳、伊阳、王屋。由此可以看出,其地含今洛阳绝大部分,今郑州的巩义、登封,甚至今豫西北的济源。《宋史·地理志》有河南府,辖河南、洛阳、永安、偃师、颍阳、巩、密、新安、福昌、伊阙、渑池、永宁、长水、寿安、河清、登封共16县。《金史·地理志》载,金时河南府仅辖9个县,即洛阳、渑池、登封、孟津、芝田、新安、偃师、宜阳、巩。以上县名与今县名比较接近,主要分布在今洛阳周边。《元史·地理志》载,在河南行省下有"河南府路",实相当于河南府,相关县有洛阳、宜阳、永宁、登封、巩县、孟津、新安、偃师,以及陕州的陕县、灵宝、阌乡、渑池,相当于今三门峡市一部分、洛阳市一部分及郑州市一部分。《明史·地理志》记录的河南省下有河南府,属地有洛阳、偃师、孟津、宜阳、永宁、新安、渑池、登封、嵩县、卢氏及陕州的灵宝、阌乡2县。其地较元代河南府稍大。

5.河南道。仅在唐代、五代时实行。据《旧唐书·地理志》载,"河南道"辖河南府、孟州、郑州、陕州、虢州、汝州、许州、汴州、蔡州、滑州、陈州、亳州、颍州、宋州、曹州、濮州等,其范围"约当今河南、山东两省黄河故道以南(唐河、白河流域除外),江苏、安徽两省淮河以北地区"[①]。《新唐书·地理志》也讲到"河南道",相当于古豫、兖、青、徐四州之域。据《旧五代史·郡县志》载,五代时有"河南道",含河南府、滑州、许州、陕州、青州、兖州、宋州、陈州、曹州、亳州、郑州、汝州、单州、济州、滨州、密州、颍州、濮州、蔡州等,可见其范围是极大的。

(三)河南:以开封为中心的政区概念

自元代开始,"省"成为地方最高级行政建制。元代正式设立"河南江北等处行中书省"。《元史·地理志》云,河南行省辖路12、府7、州1、属州34、属县182。其中,汴梁路,领录事司1(县17,开封一带),还领郑、许、陈、钧、睢等5州21县。河南府路,领录事司1(县8,洛阳一带),还领陕州及4县。南阳府,领南阳、镇平2县及邓、唐、嵩、汝、裕5州11县。汝宁府,领汝阳、上蔡、西平、确山、遂平5县及颍、息、光、信阳4州10县。归德府,领睢阳、永城、下邑、宁陵4县及徐、宿、邳、亳4州8县。襄阳路,领录事司1县6,还领均、房2州4县。蕲州

① 复旦大学历史地理研究所《中国历史地名辞典》编委会:《中国历史地名辞典》,江西教育出版社1988年版,第538页。

路,领录事司1县5。黄州路,领录事司1县3。以上仅为“河南江北道肃政廉访司”,所领范围已包括今河南省黄河以南部分,以及今湖北省江北部分地区,今苏北、皖北部分地区。

明代正式称河南行省(承宣布政使司),《明史·地理志》记录河南省辖府8、直隶州1、属州11、县96。府有开封府、河南府、归德府、汝宁府、南阳府、怀庆府、卫辉府、彰德府,以及直隶州汝州。总的来看,明代的河南省已经与现在的河南省大体范围相当,成为一个跨越黄河南北的省。

清代沿袭了相关的行政建制。需要注意的是,其治所在开封。直到民国及新中国成立初期,开封一直为省会所在。

从以上的史料罗列中可以看出,“河南”是一个重要的概念。先秦时期,河南是一个重要的地理概念,而这个概念中实际上包含了非常深刻的政治含义,河南实际上是天下政治中心的具体体现。从西汉开始到清代,河南成为一个非常重要的行政建制名称。隋唐之前是河南郡(尹),隋唐之后则为河南府(路)。元代之前,河南郡、府、道、尹、县的治所,以及地理概念、政治概念的核心,均在今洛阳。可以说,河南的范围时有变化,作为河南中心的洛阳地位始终是不变的,洛阳甚至是河南的代名词。元代以后行省设立,开封成为行省治所(省会)所在,数以百年。虽然如此,但河南的根源、灵魂在洛阳。

二、河南历史的高度与灵魂

(一)河南历史的高度:河南史的实质就是中国史

河南是个大概念,不仅涉及地理、政区,也涉及政治,研究中国历史是绕不开以洛阳为中心的河南的。《元和郡县志》卷六对“河南”有一个解读:“《禹贡》豫州之域,在天地之中,故三代皆为都邑。”这里对夏至唐的洛阳为都有一个清晰的勾勒,如禹都阳翟、汤都西亳、成王都成周,东汉、曹魏、西晋、北魏等均都洛阳,隋炀帝号为东京,唐代号称东都或东京,“则天改为神都”,到了北宋则成为西京。可以说,一部王朝史,绕不开以洛阳为中心的河南。《说苑·辨物》载“八荒之内有四海,四海之内有九州,天子处中州而制八方耳”,而这个“中州”就是河南。

对于河南的认识,其战略地位的重要性不言而喻,还有另外一个角度的分析。《读史方舆纪要》卷四十六:“河南,古所称四战之地也。当取天下之日,河南在所必争;及天下既定,而守在河南,则岌岌焉有必亡之势矣。周之东也,以河南而衰;汉之东也,以河南而弱;拓跋魏之南也,以河南而丧乱。朱温篡窃于汴梁,延及五季,皆以河南为归重之地。以宋太祖之雄略,而不能改其辙也,从而都汴。都汴而肩背之虑实在河北,识者早已忧之矣。”在这里,作者将洛阳的战略地位定性为“四战之地”,讲到得天下者首先要得河南,反映了作者的敏锐性。但是,将洛阳定位于岌岌可危之地则有所不妥。河南对关中的承接,实际上反映了中国古代的两大政治中心相互补充完善的作用。中国历史上的统一王朝,基本上都经历了定都于关中长安和河洛洛阳两个阶段。所以,从某种意义上讲,河南历史既是河南地方的历史,也是中国古代的历史;从区域角度来看,可以说河南区域史是极为精练的中国史,是影响甚至决定王朝走向的关键历史;从中国历史的大视野考察,具备这种关键作用的区域,在中国这种大格局中,也就是那么一两个地区,而河南无疑是其中之一。

（二）天地之中：中国历史最具灵魂的思维探寻

中国古代都城的选择是与中国人特定的宇宙观联系在一起的。在中国人的观念中,“中”具有极为特殊的意义。中国古代历史上最具影响力的都城中,最能体现这种观念的非洛阳莫属。①

周灭商之后,周公受命探寻“天地之中”。《太平寰宇记》卷之三云:“按《博物志》云:‘周在中枢,三河之分,风雷所起,四险之国也。昔周武王克殷还,顾瞻河、洛而叹曰:“我南望三涂,北望岳鄙,顾瞻有河,粤瞻雒、伊,毋远天室。”遂定鼎郏鄏,以为东都。’《周书》又曰:‘周公将致政,乃作大邑,南系于洛水,北因于郏山,以为天下之大凑也。’皇甫谧《帝王世纪》云:‘周公相成王,以丰、镐偏在西方,职贡不均,乃使召公卜居涧水东、瀍水之阳,以即中土。而为洛邑,而为成周王都。’”周朝建立后,最大的问题是“择中而居”。选择“天下之中”与“天地之中”,关键是“中”。《路史》卷三十:“古之王者,择天下之中而立国,择国之中而立官,择官之中而立庙。”又,《周礼订义》卷十五:“夫天不足西北,地不足东南,有余不足皆非天地之中,惟得天地之中,然后天地于此乎合土播于四时,所

① 张新斌:《“天地之中”与“天下之中”初论》,《中州学刊》2018年第4期。

以生长收藏万物一时之气,不至则偏而为害。惟得天地之中,然后四时于此而交,通风以散之,雨以润之,偏于阳则多风,偏于阴则多雨。惟得天地之中,然后阴阳和而风雨以序,而至独阴不生,独阳不成。阴阳之和不成则反伤夫形。”这里论述了天地之中的阴阳秩序。但从众多文献看,天地之合、四时之交、风雨之会、阴阳之和是个立体的概念。“天地之中”刻意强调了思想观念上的特殊性,着重关注了本质文化上的特质性,重点强化了政治统治上的正当性,具有综合意义。

“天地之中”所在地,以洛阳(洛、洛地、洛师、洛邑、洛之邑、洛河之邑、洛水之涯、洛邑之地、河洛等)之说为绝对主流观点;与“天地之中”对应的“天下之中”,则更多强调了位置适中,交通便利,其地方文献也多以洛阳为主。《河南通志》卷七:“河南居天下之中,嵩岳表其峻,大河、淮、济萦流境内。”这里所说的河南实则是大河南,河南的本质是洛阳。所以,洛阳为都的观念思想特征的探寻,反映了中国古代的思维方式与思维特点,其理论的深刻性极大丰富了中国古代的思想宝库,也是中国古都历史的灵魂所在。

三、河南历史:既是地方史也是区域史

河南地方史同时还是河南区域史,这是我们对河南专门史进行研究时时常要注意的关键性问题。我们应该如何对待我们的研究?

(一)作为地方史的河南专门史

地方是相对中央而言的。每一个王朝,都有中央与地方。中央就是皇帝,以及三省六部;地方则是郡县、省府县。对中央而言,省及以下建置都是地方。地方史就是研究一定行政建制内的历史,比如县的历史、市的历史、省的历史。

关于地方史,有人认为“所谓地方史研究,就是专门考察、分析某一地区历史变迁的史学工作”①,或认为“地方史的书写往往是一种以国家宏大历史叙事为背景,又兼具本土地方特色的历史书写”,“地方历史的建构既是对国家宏大

---

① 叶舟:《地方文献与地方史研究》,载《上海地方志》编辑部编《2017年地方志与地方史理论研讨会论文汇编》,第199~203页。

历史叙事的补充,也是新时期国家与地方共同致力于民族地方形象、软实力及文化生态打造的努力”。[①] 一般而言,地方史是与一定级别的行政建置有关联的。河南长期为地方行政建置,从河南郡与河南县,到河南尹与河南县,到河南府与河南县,到河南路与河南县,再到河南省,作为省级建置也有七百余年的历史。相对王朝而言,河南的历史理所当然地就是地方史。换句话说,河南地方史就是研究河南地方的历史,就是研究在省的建置下河南这一特定范围内所发生的历史。河南地方史,就是对河南特定行政建置(省)内所有历史大事、历史人物、历史规制、历史机构、历史社会、历史文化等总的汇集、总的提炼、总的评价,是一部中国特定地方的小通史,是中国通史的河南卷。河南专门史,则是河南地方历史的细化,是河南专门历史的汇集,是作为地方的河南的历史的总的盘点。

河南地方史的研究,在河南是个“偏科”。河南史学界研究中国史,研究世界史,研究考古学,研究史学理论,当然,大家的研究无疑必然会触及河南,因为在中国史的研究范畴中,如果回避了河南,中国史肯定就不是完整的中国史。一方面,从夏到北宋,河南是王朝的政治中心所在,从某种意义上讲,这期间河南史中的重大事件无疑也是中国史中的重大事件,河南的历史也是中国的核心历史、中国的精英历史。另一方面,关键是要从河南的角度来研究中国的历史,从历史纵的时间轴来研究河南史,从历史横的空间区域比较中研究河南历史。所以,对于研究中国史的学者而言,河南地方史既是熟悉的,又是陌生的。

(二)作为区域史的河南专门史

区域是相对总体而言的。区域可以是一个地方行政建置,如河南、郑州、新郑,也可以是一个地区,如豫北、河朔、齐鲁、三秦、华北。当然,区域也可以是永恒的,对全球而言,中国、东亚、远东,都是区域。在全球史的背景下,区域史是个很时尚的东西,研究中国史与世界史(世界各国的历史),实质上研究的都是区域史。

学界有关区域史的讨论,是非常复杂的。例如,将地方史等同于区域史就

---

① 杨旭东:《近年来地方史研究评述》,《中原文化研究》2016年第1期。

是一种常见的声音，如："地方史，或称区域史，是历史学科的一个重要分支。"①有的直接将区域史的研究范式等同于地方史的研究范式；②也有的将区域史作为地方史的支脉，"地方史内部也演化出了新的支系"③。尽管区域史和地方史有一定的契合点，但两者还不能完全画等号。区域史研究一般多关注区域的特殊性，但是，"区域史研究的意义不仅仅在于认识作为个案的区域本身，而且有助于对国家整体史的认识。于是，区域史研究的一个重要归宿还在于对中华帝国整体史的理解和把握，并不是局限于孤零零的区域个案，也非仅凭借一两个新线索的发现来填补漏洞、空白，而是从局部、微观、特殊性中找到一些带有普遍性的反映整体的现象和规则"④。区域史，就是由诸地理要素所构成的特定地理空间，有较长时段的经济交流与政治联系，以及内部所共生的以文化为纽带的规律性问题的研究。区域史更多关注点在基层社会，是对特定的人群、组织架构、民间信仰，以及形成的民风进行的研究。除利用正史、正志之外，区域史也要更多关注地方文献，如家谱、文书、契约、方志等，只有这样，区域史才会更加丰满。

河南历史，就河南而言，其起点是地理概念。从历代史志可以看出，行政区划的河南是立足于地理概念河南之上而设置的，在中国古代由特定地理概念而产生的政区并不多见，仅从这一点而言，河南历史既可以是地方史，又可以成为区域史，甚至由于以洛阳为核心的河南在历史上特殊的政治地位，河南史在某些时段可以上升为中国史。这就是河南历史的特殊价值所在。

四、河南历史的研究现状与努力目标

（一）河南历史的主要研究成果

改革开放以来，河南省社会科学院及全省学界陆续推出了一系列河南历史

① 叶舟：《地方文献与地方史研究》，载《上海地方志》编辑部编《2017年地方志与地方史理论研讨会论文汇编》，第199~203页。

② 段建宏：《地方史研究的思考》，《忻州师范学院学报》2007年第1期。

③ 姚乐：《如何理解地方史与区域史？——以〈江苏通史·魏晋南北朝卷〉为例的分析》，《南京晓庄学院学报》2014年第3期。

④ 孙竞昊、孙杰：《中国古代区域史中的国家史》，《中国史研究》2014年第4期。

的研究成果：

一是通史类。如《简明河南史》(张文彬主编,1996)、《河南通史》(4卷本,程有为、王天奖主编,2005)。以上成果有首创意义,但分量不足,不足以反映河南历史文化的厚重与辉煌。

二是专门史类。如《河南航运史》(河南省交通厅史志编审委员会,1989)、《河南少数民族史稿》(马迎洲等,1990)、《河南陶瓷史》(赵青云,1993)、《河南新闻事业简史》(陈承铮,1994)、《河南考试史》(李春祥、侯福禄主编,1994)、《河南文学史·古代卷》(王永宽、白本松主编,2002)、《河南文化史》(申畅、申少春主编,2002)、《河南教育通史》(王日新、蒋笃运主编,2004)、《河南农业发展史》(胡廷积主编,2005)、《河南经济通史》(程民生主编,2012)、《河南生态文化史纲》(刘有富、刘道兴主编,2013)、《中原科学技术史》(王星光主编,2016),以及即将出版的《中原文化通史》(8卷本,程有为主编,2019)等。总体来讲,质量参差不齐,形成不了河南专门史体系类的成果。

三是市县通史类。如《驻马店通史》(郭超、刘海峰、余全有主编,2000)、《商丘通史(上编)》(李可亭等,2000)、《洛阳通史》(李振刚、郑贞富,2001)、《南阳通史》(李保铨,2002)、《安阳通史》(王迎喜,2003)、《嵩县通史》(嵩县地方史志编纂委员会,2016),以及我们即将完稿的《郑州通史》(张新斌、任伟主编,2020)等。

(二)河南历史的研究机构与研究重点

河南历史研究以河南省社会科学院历史与考古研究所为核心。河南省社会科学院历史与考古研究所是专门从事河南历史研究的权威机构,该所前身为成立于1958年的河南省历史研究所。1979年河南省社会科学院成立之际,河南省历史研究所正式成为河南省社会科学院历史研究所,以后又成立了河南省社会科学院考古研究所,2007年正式合并为河南省社会科学院历史与考古研究所。该所现有工作人员19人,其中研究员4人、副研究员10人,博士或在读博士7人,其研究涉及中国历史的各个方面,尤以中国古代史研究实力最为雄厚,在省级社科院中位列前茅。该所主编的“河南历史与考古研究丛书”已出版第一辑(9本)、第二辑(6本),在中原文化、河洛文化、姓氏文化研究方面均有标志性成果。郑州大学的历史研究在以刘庆柱研究员领衔的中原历史文化重点学科、王星光教授为代表的中原科技史方向、吴宏亮教授为代表的河南与近现代中国方向、陈隆文教授为代表的河南史地方向等方面成果卓著。河南大学以黄河文明研究作为主轴,李玉洁教授的河南先秦史研究、程民生教授为代表的以汴京为核心的宋史研究等较为突出。河南师范大学、新乡学院立足新乡,开展牧野文化研究。安阳师范学院则形成了以甲骨文、殷商史为代表的特色学科。河南理工大学立足于焦作,研究太行文化、太行发展。河南科技大学、洛阳师范学院、洛阳理工学院及文物部门的徐金星、蔡运章、薛瑞泽、毛阳光、扈耕田等先生立足于洛阳,开展河洛文化和洛阳学研究。商丘师范学院立足于商丘,对三商文化与商起源的研究颇有建树。许昌学院对汉魏许都的研究、黄淮学院对天中文化的研究、南阳师范学院对东汉文化的研究则各具特色。信阳师范学院以尹全海教授为代表的根亲文化研究、以金荣灿教授为代表的淮河文化研究及三门峡职业技术学院李久昌教授的崤函文化研究等均独树一帜。这些都已经成为河南历史研究的重要力量,也总体反映出河南历史研究的特色。

(三)河南专门史大型学术文化工程运作的过程与目标

2007 年以来,为了进一步整合力量,推出标志性成果,我们在已完成的《河南通史》等研究成果的基础上,提出加大对河南历史研究的力度,并以“河南专门史”作为深化河南历史研究的重要抓手。河南专门史的研究工作得到了河南省社会科学院历任领导的重视。早在 2008 年,河南省社会科学院副院长赵保佑研究员就积极支持专门史研究的工作构想,积极推动该项工作的落实。2010 年,院长张锐研究员、副院长谷建全研究员,专门带历史与考古研究所的相关人员到北京社科院进行调研,向他们学习北京专史集成研究的工作经验。2015 年,院党委书记魏一明、院长张占仓研究员、副院长丁同民研究员积极推动,将河南专门史正式纳入河南省社会科学院重大专项工作,并于年底召开了河南专门史的正式启动会。在河南专门史创研期间,院领导积极关注工作进展,副院长袁凯声研究员统筹协调,有力地推动了后续工作。2019 年,院领导班子对河南专门史工作给予了大力支持,尤其是院长谷建全研究员更是将专门史作为院哲学社会科学创新工程的标志性成果,院办公室、科研处等相关部门为本套书的出版做了大量的后勤保障工作,使河南专门史第一批成果能够按时高质量地出版。河南省社会科学院历史与考古研究所在承担繁重的创研工作的同时,也承担了大量的学术组织工作,张新斌、唐金培、李乔、陈建魁多次在一起商议工程的组织与推动,唐金培在学术组织工作方面,在上下联动、督促、组织上付出了大量的艰辛。大家只有一个想法:尽快拿出一批高质量的学术成果。

为了有效推动河南专门史大型学术文化工程,我们在工作之初便编辑了《河南专门史研究编写实施方案》《河南专门史大型学术文化工程第一批实施方案》《河南专门史大型学术文化工程工作方案》《关于征集河南专门史重大专项书稿的函》等文件,成立了以魏一明、张占仓为组长的“河南专门史大型学术文化工程”领导小组,工程实行首席专家制,由河南省社会科学院历史与考古研究所所长张新斌研究员为首席专家。整个工程坚持“三为主、三兼顾”的原则,即以河南省社科院科研人员为主,兼顾河南史学界;以在职科研人员为主,兼顾退休科研人员;以团队合作为主,兼顾个人独著。在写作上,采用“三结合”的方法,即史实考证与理论提高相结合、学术价值与当代意义相结合、学术性与可读性相结合。

在第一批书稿创研中,我们结合各自的研究基础,自动组成团队,不但河南省社会科学院历史与考古研究所全体科研人员参与了该项工程,文学研究所、哲学与宗教研究所等单位的科研人员也都承担了相关的任务。河南大学、河南师范大学、河南农业大学、华北水利水电大学、郑州市委党校等同行均参与了创研。最终确定了第一批 15 本书稿的创研目标:《河南考古史》《河南水利史》《河南移民史》《河南园林史》《河南哲学史》《河南水文化史》《河南道教史》《河南城镇史》《河南行政区划史》《河南基督教史》《河南古都史》《河南家族史》《河南书院史》《河南诗歌史》《河南史学史》。我们的总体目标是推出 100 部具有学术意义的河南专门史成果。

从第一批 15 部书稿中我们归纳出以下几个特点:一是极大丰富了河南历史研究的内容。这些书稿所涉及的门类有大有小,其研究不仅梳理了相关门类的历史脉络,也丰富了通史类成果无法容纳的分量。如考古史、基督教史时段较短但内容更为丰满,有的甚至可以形成重大事件的编年。二是从更高的视角研究河南。现代考古学在河南的发展对中国考古学的分期具有标志性意义,实际上我们是从中国考古史的角度来研究河南考古史的。正因为这样,我们对河南考古学在中国考古学中的地位有了更为清晰的看法。三是从史料梳理中探寻发展规律。对于每一个专题的研究者,我们更多地要求大家在对史实进行研究的基础上,要探寻相关门类发展的规律,寻找兴衰的规律,以及决定这种兴衰规律的内在因素。我认为在这批成果中,有的已经超越了地方史的范畴,而进入区域史的研究探索之中。当然,研究是一个永无止境的过程,我们期待着河南专门史在以后的创研过程中不断有更多的学术精品问世。

2019 年 8 月

目 录

绪论

书院是我国历史上重要的文化教育和学术研究机构,同时也是中华文明一种独特的传承方式。传统书院具有敦励士人学行、涵育学术群体、保存文献典籍、祭祀历代先贤和推行社会教化等重要功能,呈现出地域性、学术性、集聚性、高端性等主要特征。书院的地域性是其基本属性;学术性是其区别于一般学校的本质特征,主要表现为自由讲学与学术研究;集聚性是其学术影响力的重要表征,集中表现为聚一地英才而教之;高端性是对其学术思想创新的核心表达,以名师大家讲学立说为主要标志。

唐五代以降,诸儒以明道淑人、兴道讲学为己任,书院成为儒学传承发展的重要基地。北宋以后,作为主要的理学研究和传播中心,书院盛衰变迁在很大程度上与理学的发展息息相关。传统书院经过千余年的历史积淀,形成了独特的人文化教育理念、专业化教学模式、规范化制度体系以及极为宝贵的书院精神,深刻影响了中华传统文化和中国社会的发展进程。传统书院实际上是名儒研道之所、士子修身之处,学派催生地、思想创新区,一方之文化地标、一区之文化高地。

“中国文明,吾豫为最。”①中原地区优越的地理区位、悠久的历史文明、深厚的文化积淀、长期的国家中心地位,为古代书院的萌芽、形成和发展提供了诸多有利条件。河南是古代书院最发达的地区之一,在中国书院史上占有举足轻重的地位。宋代有嵩阳、岳麓、睢阳、白鹿洞四大书院,河南独占其二。明清时期,河南书院更为繁盛。康熙三十年(1691),新蔡知县吕民服称,书院“在中州者,大梁、嵩阳外,为白沙,为伊洛,为上蔡,为渑池,为百泉,为涑水。中州书院

① 李敏修:《中州文献汇编·总序》,《中州先哲传》,民国经川图书馆校刊本。

甲于天下"[①]。历史上的河南书院，为促进中原区域乃至全国文化教育、学术进步和社会发展做出了不可磨灭的重要贡献。

一、书院概说

我国古代书院种类多样，从具体功能和性质来看，主要有民间士人读书治学的书院、官方机构修书藏书的书院、培养教育士子的书院、兼事学术研究的书院、童生启蒙的初级书院、士子修身的高级书院，以及官学化的书院和专门纪念官宦、名贤的书院等。传统书院重视文化教育和学术研究，是官方学校教育的重要补充。古代书院千余年的兴废变迁，既是国家兴衰治乱的表征，也是中华文明绵延不绝的象征。

（一）制度化的私学

明人贾咏《崇正书院记》云："郏古有书院名，其始莫考。其民相传为春秋时楚公子郏敖所创，藏典籍教国人所也。其址在县东北隅。按《春秋·传》，敖未成君卒，葬于郏，在位四年，不闻有此盛节。省志亦谓郏之为县自汉始，况书院之称往往起自唐宋，前此或无，故不必为楚也。历世既远，陵夷且尽。"[②]春秋楚公子郏敖创立书院，这是已知有关书院起源最早的说法。从贾咏的分析来看，他并不认同书院创于春秋时期。但对书院"藏典籍教国人所"的描述，却十分符合书院的主要功能和特征。

清人汪楫称，"书院之名，古未有也。三代盛时，教始于比闾，设于州乡，本于家塾党庠，以达于王国。盖天下无人不学，无地不建之学以教也"。西周末年，王室衰微，"王政废缺，青衿城阙，诗用为刺"，"天子失官，学在四夷"，私学应运而生。春秋末期，孔子"躬神圣之资而世莫能宗，乃论次诗书，修明礼乐，举古司徒乐正所为造士乡国者，退而与七十子之徒修之洙泗之间"。他认为，"后

---

① 〔清〕吕民服：《大吕书院碑记》，〔清〕莫玺章修，王增纂：《新蔡县志》卷九《艺文志》，清乾隆修民国重刊本。

② 〔明〕贾咏：《崇正书院记》，〔清〕姜篪修，郭景泰纂：《郏县志》卷十一《艺文志》，清咸丰九年刻本。

世讲席之兴昉此矣”①。战国专务纵横,秦代焚书禁学。至汉代,官学与私学并存。私学多称精舍,主要由经师传道授业。据《东观汉记》载,承宫“少孤,年八岁,人令牧豕。乡里徐子盛明春秋经,授诸生数百人。宫过其庐下,见诸生讲诵,好之,因弃猪而听经。猪主怪不还,行索,见宫,欲笞之。门下生共禁止,因留精舍门下,拾薪,执苦数年,遂通经”②。这正是当时经师讲学、士子求学情况的一个典型例证。

两汉以来,历代政府非常重视图书的收藏、整理与校勘,分别设置专门的机构和职官进行管理。唐初,陕西蓝田瀛洲书院、山东临朐李公书院、河北满城张说书院、福建龙溪松洲书院、湖南攸县光石山书院等民间书院已经出现并缓慢发展。其中,松洲书院为陈珦聚徒教授、与士民讲学处,“为我国第一所教学功能比较齐全的书院”,“在书院的发展史上具有里程碑式的典型意义”③。唐玄宗时,在东都洛阳设丽正书院,后改称集贤殿书院,专掌抄书、校书与藏书工作,属于官方学术文化机构。值得注意的是,集贤殿书院存在“皇帝躬自讲论”“学士为皇帝讲论文史”“学士对写御书手、书直等人进行的教学”等三个层次的讲学活动,因而不能“否定其业已存在的教育功能”④。据唐诗和地方志记载,当时还有山西费君书院,河北西溪书院,江西罗山书院、桂岩书院、景星书院、东佳书院,福建梁山书院、草堂书院、鳌峰书院,湖南邺侯书院、杜陵书院、韦宙书院,等等。这些民间书院一般为士人读书藏修之所,间有讲学、祭祀和交游等功能。

五代时期,战乱频仍,社会动荡,官学废弛。为适应社会教育需求和传承学术,一些儒士创立精舍,开坛讲学。江堤认为,唐末五代时期的“山间,有一大批文化人从事荒地开垦,过着集体化的自给生活。这种新型的读书方式,有种屯耕的成分在里面,可以叫书院耕读时代。在书院发展步入正轨之后,这种屯耕即已结束,进入书院学田经济时代”。此后,这种固定的讲学场所,一般收藏有较多书籍,已经成为制度化的私学。为与唐“书院”的本义相合,以体现文化的

---

① 〔清〕汪楫:《嵩阳书院碑记》,〔清〕陆继萼修,洪亮吉纂:《登封县志》卷十七《学校志·附书院》,清乾隆五十二年刊本。

② 〔汉〕刘珍等撰,吴树平校注:《东观汉记校注》卷十四《传九·承宫》,中州古籍出版社 1987 年版,第 528~529 页。

③ 邓洪波:《中国书院史》(增订版),武汉大学出版社 2012 年版,第 2~8 页。

④ 邓洪波:《中国书院史》(增订版),武汉大学出版社 2012 年版,第 42~44 页。

连续性,人们称其为书院。[①]

当社会失序之际,由于官学式微,私学便会乘时而起。如果这一状况持续时间较长,私学聚集的生徒和收藏图书数量较多,就有可能通过借鉴官学和官方书院的管理模式,在师儒、生徒、经费、图书、场所等方面形成一套独特的管理制度和运行机制。五代以后,随着管理的正规化、教学的制度化、经济的自给化,兼具文化教育和学术研究功能的真正意义上的书院逐步形成。

(二)辅学校之未达

古代书院基本上是独立于学校之外的文化教育组织。对于承平时代书院存在的合理性,明代大学士刘健认为:"余惟书院之名起于唐,宋以来往往著于学校未盛之时。今我国家学校遍天下,自京师以至偏州下邑,弦诵之声相闻,书院可不必建。"他笔锋一转,"然以余观之,似犹有不可偏废者"。"盖学校设于郡邑之中,有官府之制课试之法,学者日规规于程序文字以取功名,他不暇有所用力,而书院在云林僻处,无是二者之扰,可以脱去尘鞅,一意进修以企及古人,非学校比。"针对如何企及古人,刘健进一步指出,宋人张载在岳麓书院记中,"示士子传道之要在于仁",然其"所言于下学之功有所未究,诵其言者不知所以从事之方"。朱熹则在石鼓书院记中加以阐发,"养其全于未发之前,察其机于将发之际,善则扩而充之,恶则克而去之",使"其言益切而其意益明"。他说:"学者诚取二子之言合而味之,则其所以用力之地与方将自得之由,由是而企及古人,夫何难哉?乃若蹈常袭故犹如学校诸生之所业,则书院诚不必复建矣。"[②]

对于兴办书院的重要性,古人多有论说,所谓"学宫之设所以明伦,若夫书院之废兴,亦有关于文运"[③]。"与学校相表里,兴贤育才,移风易俗,端有赖乎是。"[④]"郡县之有书院也,与乡学并重。凡乡之美秀而文者,自成人以及小子,咸得攻诗书习礼乐交相鼓励于其中,是其作养人才培植风化为功岂浅鲜哉!夫

① 江堤:《中国书院小史》,中国长安出版社2015年版,第9页。

② 〔明〕刘健:《敕赐紫云书院碑记》,〔清〕佟昌年原修,陈治安增修:《襄城县志》卷八《艺文志》,清康熙三十六年刻本。

③ 〔清〕赵开元修,畅俊纂:《新乡县志》卷一《图说》,清乾隆十二年石印本。

④ 〔清〕焦钦宠:《朱阳书院志记》,〔清〕窦克勤辑:《朱阳书院志》卷四,清雍正中寻乐堂刊本。

固不可一日而或废也。”[①]“书院之设，谓仅夸闳构已哉，抑将来取英流而驱之圣贤之域也？”[②]乾隆初年，新乡知县赵开元对书院育士之功极为推崇。其《增修鄘南书院记》称，“士习之下究也为风俗，而其上章也为治绩。人才之养，不可以不豫，故古者造士之法最为详慎。今之学宫缘古而丧其真者也，今之书院变古而不失其正者也”[③]。明清之际的思想家王夫之，以“忧世者之责”“考古今之时，推邹、鲁之始，达圣王之志，立后代之经”，从“谋国之术”的高度看待书院教育的重要性。他深入剖析了官学的局限性和弊端，认为三代以降，“后世之天下，幅员万里，文治益敷，士之秀者，不可以殚计，既非一太学之所能容。违子舍，涉关河，抑立程限以制其来去，则士之能就学于成均者，盖亦难矣”，而“州县之学，司于守令，朝廷不能多得彬雅之儒与治郡邑，而课吏之典，又以赋役狱讼为黜陟之衡，虽有修业之堂，释菜之礼，而迹袭诚亡，名存实去，士且以先圣之宫墙，为干禄之捷径。课之也愈严，则遇之也益诡；升之也愈众，则冒之也愈多。天人性命，总属雕虫，月露风云，只供游戏”。然“有志之士，其不屑以此为学也，将何学而可哉？”王夫之对此提出解决之道，当“倚赖鸿儒，代天子而任劳来匡直之任”。他鼓励“君子于此，以道自任”，“道不可隐而明之，人不可弃而受之，非若方外之士，据山林以傲王侯也；非若异端之师，亢政教以叛君父也。所造者，一王之小子；所德者，一王之成人。申忠孝之义，劝士而使之亲上；立义利之防，域士而使之靖民。分天子万几之劳，襄长吏教思之倦；以视抡文之典不足以奖行，贡举之制不足以养恬，其有裨于治化者远矣”。王夫之对“韩侂胄立伪学之名”，张居正、魏忠贤“致儒者于罪罟之中，毁其聚讲之所，陷其受学之人，钳网修士，如防盗贼”等禁学、毁书院的行为非常痛恨，称“非妒贤病国之小人，谁忍为此戕贼仁义之峻法哉？”[④]

学术性是古代书院教育的主要特征，也是其区别于学校教育的关键所在。清代学者徐乾学认为：“三代盛时，自闾党乡遂以达于王国，无不立学之地；自胄

---

① 〔清〕邵杰：《（莲溪书院）记》，张镇芳修，施景舜纂：《项城县志》卷九《学校志》，民国三年石印本。

② 〔清〕焦钦宠：《朱阳书院志记》，〔清〕窦克勤辑：《朱阳书院志》卷四，清雍正中寻乐堂刊本。

③ 〔清〕赵开元修，畅俊纂：《新乡县志》卷十二《学校下》，清乾隆十二年石印本。

④ 〔明〕王夫之：《诏赐九经于聚徒讲学之所》，《宋论》卷三《真宗》，《船山全书》第 11 册，岳麓书社 1996 年版，第 79～81 页。

子至庶民子弟,无不学之人。而又择乡大夫之致其仕而归,能以道得民者为之师,日从事于《礼》《乐》《诗》《书》,若缯布稻粱服食之不可斯须去也,以故道德一,风俗同,而人才不至于呰窳。自嬴秦燔书,汉唐以来,学或兴或废,其所以教者,皆非古法,于是有志于学者,相与择胜地、立精舍为群居讲习之所,多至数十百人,书院之设,几几重于学校矣。"①是以"有志于学者"创立书院,实欲得古人教育之法。"唐以后,以诗赋帖括取士,天下靡然竞于声偶词章之习,本实缺焉不讲",至宋儒辈出,书院大兴,"嵩阳、岳麓、睢阳、白鹿四书院为最著","道德文章之寄,或在庠序,或在山泽,虽教无终晦,而寄焉者异矣"②。古代书院的学术性主要源于三个方面:一是名师硕儒主讲。"书院与学校实相表里,第不得贤人君子主教其中,虽生徒肄业而大道不明,其去村塾无几耳。"③二是教学自主性较大。书院较官学讲授课程更为丰富多样,讲授内容多是主讲者的学术见解与独特心得。当然,在以儒家思想为主导的传统社会,其教学内容一般不会与官方正统思想相悖离,只是具有相对的灵活性和自主性。三是注重学术传承。书院教育重视师承关系,多采取言传身教、师生相长的教学方式,谈名理敷经义,希圣希贤,致力于提高士子学识与德行,以培养正统儒家文化传人。

(三)书院及其生态

与作为政府教育机构的学校相比,多数非官学化书院在师儒、生徒、经费等诸多方面,经常处于一种变动不居的状态,因而整体生态极为脆弱。一是书院的发展受制于官方政策和态度,一旦出现政府禁学毁书院的极端情况,往往就会面临灭顶之灾。二是书院师儒多由创办者兼任或聘请,士子慕名而来,如果教学水平不高,就有可能导致生源流失,甚至重新延请名师。三是书院经费多为社会捐助,其主要来源和数量均具有一定程度的不确定性和不稳定性。千余年盛衰相循的嵩阳书院,就是古代书院兴废常态的一个缩影。"宋时四书院,嵩阳与睢阳皆今河南之地,时中原新脱五季锋镝之厄,一二哲士聚徒讲授,朝廷就

---

① 〔清〕徐乾学:《嵩阳书院记》,〔清〕耿介撰,李远校点:《嵩阳书院志》卷二《文翰》,郑州市图书馆文献编辑委员会编:《嵩岳文献丛刊》第4册,中州古籍出版社2003年版,第86~87页。

② 〔清〕汪楫:《嵩阳书院碑记》,〔清〕陆继萼修,洪亮吉纂:《登封县志》卷十七《学校志》,清乾隆五十二年刊本。

③ 〔清〕胡范:《创建朱阳书院纪略》,〔清〕窦克勤辑:《朱阳书院志》卷四,清雍正中寻乐堂刊本。

褒表之,加以二程子过化之地,学者趋焉如水归壑,可云盛矣。而其后讲堂学舍不免鞠为园蔬,溯至道、祥符至有明嘉靖中,其间旷废盖亦四百余年。而侯君(泰)始改建与诸生讲业,其中又百余年。而先生(耿介)与张君(勋)乃廓而新之,复古书院之旧学者于此,固千载不易,得之时也。"[①]是故书院之"盛衰兴废,则系乎其时与其人之何如耳"[②]。

创造良好的书院生态,一是官方的政策扶持。书院的私学属性,决定了它相对于官方教育机构的弱势地位,更加需要宽松与包容的发展大环境。二是书院主讲学术水平高,生源质量好。书院是一个时代学术思想繁荣与否的风向标。当名儒主院之际,士子景从,欣欣向荣,一旦日以佔哔为务,学术无新意,思想无深度,则与学校无异。三是充足而稳定的经济来源。书院生态好,学术思想就繁荣、开放,书院就兴盛;反之,思想就教条、僵化,书院就衰废。可见,学术兴则书院兴,学术衰则书院衰。名儒主讲、诸生群集,学术自由、思想活跃,学风严谨、院风清正,经费充足、保障充分,这些正是良好书院生态的主要标志。

学术是书院的灵魂,而主讲名师则是书院的灵魂人物。书院讲学名儒的学术实力与良好声誉,直接影响了书院的竞争力和生命力,对书院长远发展来说至为关键。传统书院具有独特的学术自由性,其发展历程却也因此充满了变数。但正是这种变数,成就了书院独特的学术思想创新和地域学派生发。相对于学校而言,较大的师生流动性和选择性,为书院不断注入新生力量提供了必要前提,从而有效地保证了书院学术的持续更新,并在一定程度上避免了思想僵化和团体固化。宋代以降,书院成为重要的学派策源地和学术传承所。同时,书院也是一个时代、区域学术思想繁荣的重要标志。从古代书院变迁和学派发展史来看,一般办学比较成功的书院,往往是区域性的学术文化中心和地域学派催生地。这种书院虽然代有兴废,但总能在有识之士的努力下浴火重生,成为一个地方的文化标志和骄傲。

---

① 〔清〕徐乾学:《嵩阳书院记》,〔清〕耿介撰,李远校点:《嵩阳书院志》卷二《文翰》,郑州市图书馆文献编辑委员会编:《嵩岳文献丛刊》第4册,中州古籍出版社2003年版,第87页。

② 〔明〕敖衡:《重修洛西书院碑记》,〔清〕张楷纂修:《永宁县志》卷七《政事部·书院》,清乾隆五十五年刻本。

二、学术回顾

现代意义上的书院研究始于20世纪20年代。毛泽东《湖南自修大学创立宣言》、胡适《书院的历史与精神》《书院制史略》,分析了书院和学校办学的优劣,客观评价了古代书院的历史作用。陈东原《书院史略》、盛朗西《中国书院制度》、张君劢《书院制度之精神与学海书院之设立》、谢国祯《近代书院学校制度变迁考》、杨家骆《书院制之缘起及其优点》、钱穆《五代时之书院》、邓之诚《清季书院述略》等,涉及书院的建置沿革、行政组织、章程条规、教学课程、经费来源、地位影响等诸多领域,为书院研究打下了坚实基础。新中国成立后到改革开放前三十年间,大陆书院研究几近停滞,主要有杨荣春《中国古代书院的学风》、周力成《漫话东林书院》;我国港台地区书院研究相对活跃,主要有何佑森《元代书院之地理分布》、陈道生《中国书院教育新论》、丁肇怡《书院制度及其精神》、孙彦民《宋代书院制度之研究》等。改革开放后,书院研究进入兴盛期。在资料整理方面,主要有赵所生、薛正兴主编《中国历代书院志》,陈谷嘉、邓洪波主编《中国书院史资料》,邓洪波主编《中国书院学规集成》等。在综合研究方面,大陆地区主要有陈元晖、尹德新、王炳照《中国古代的书院制度》,李国钧等主编《中国书院史》,白新良《中国古代书院发展史》,陈谷嘉、邓洪波《中国书院制度研究》,杨慎初《中国书院文化与建筑》,邓洪波《中国书院史》,李兵《书院与科举关系研究》,刘玉才《清代书院与学术变迁研究》,肖永明《儒学·书院·社会——社会文化史视野中的书院》等;我国港台地区主要有张正藩《中国书院制度考》、陈雯怡《由官学到书院——从制度与理念的互动看宋代教育的演变》等。海外书院研究方面,主要有日本大久保英子《明清时代书院之研究》、韩国丁淳睦《中国书院制度》、美国万安玲《中国南宋的书院与社会》等。上述成果虽多为全国性的书院研究,但对河南嵩阳书院、应天(府)书院、百泉书院、大梁书院、明道书院、南阳书院、紫云书院等著名书院多有关注,因而对河南书院史研究具有重要的参考价值。

河南书院研究目前成果颇丰。相关论著主要有:河南省教育志编辑室《河南教育资料汇编 清代部分》,对河南方志中的清代府、州、县书院进行了统计,并摘录了明道书院章程等原始资料。刘卫东、高尚刚《河南书院教育史》,设河南书院教育简史,河南书院教育史志资料选编,河南各市、地书院兴废简况,河南书院教育名人四章,对河南书院做了较为系统的整理和研究。李春祥、侯福禄主编《河南考试史》,对宋至清代的书院考试和课式改革进行了研究。王日新、蒋笃运主编《河南教育通史》(上、中、下),对河南古代书院的教育制度、管理方法、教学内容、教学方法、教育名人等进行了比较系统的论述。赵国权主编《中原文化大典·教育典·私学·书院》,阐述了中原书院的沿革、发展和管理制度,并对13个著名书院做了重点介绍。李光生《古代河南书院与学术及文学》选取宋代至清代河南书院的重要讲学活动,旨在剖析古代河南书院与学术及文学的各种关系和影响。郝万章《程颢与大程书院》、宫嵩涛《嵩阳书院》、常松木《嵩阳书院》,是为数不多的河南书院个案研究专著。

关于河南书院研究的论文数量较多,内容十分丰富。一是书院地理分布。王洪瑞、吴宏岐《明代河南书院的地域分布》,从历史地理学角度,运用指标参数法分析了明代河南各府州书院发展水平的差异;王洪瑞《清代河南书院的地域分布特征》,认为清代河南省的书院呈现出带状的分布特征,并从书院数目、分布密度等要素比较,明确了各府、州书院发展水平的差异。二是书院制度。赵国权《河南历代书院学规的嬗变及价值追求》提出,河南的书院学规,自宋代初具规模,明代基本完善,清代以降内容更加丰富,涉及办院宗旨、修身养性及治学门径,乃至祭祀、图书、经费、告假、诉讼、吸食鸦片及嫖赌等,体现出崇儒重学及制度化管理的基本价值追求,值得深究和借鉴。吴莹《河南书院学规之教育理念探析》,认为河南书院学规日益成熟完备,具有丰富深刻的思想内涵和价值特色。周保平《书院的布局及释奠、释菜之礼——以河南书院庙学为视阈》,以河南书院庙学释奠、释菜之礼为研究对象,探究书院庙学礼的组织形式和特征。三是书院藏书。申畅《大梁书院及其藏书》,李景文《清代河南书院藏书略论》,赵国权、吴莹《河南历代书院藏书制度探微》,认为河南书院藏书事业发达,藏书来源、内容、管理制度较为完备,处于同时期书院发展的较高水平。陶善耕《清末河南书院的藏书改良》指出,清末河南书院藏书在收藏范围、分类编目、借阅限制等方面有所改良,其发扬的"为公储书"理念,为近代图书馆在河南的萌生提供了启蒙。四是书院个案。主要有梁兆民《耿介与嵩阳书院》、朱昌荣《耿介与清初嵩阳书院"复兴"》、刘卫东《论百泉书院的历史地位》、赫兴无《元代百泉书院兴盛的自然与人文环境》、任大山《大梁、明道书院考略》、王树林《窦克勤与朱阳书院》、郑颖贞《窦克勤家族与朱阳书院》、魏清彩《应天书院与商丘地方社会关系略论》等,对历史上比较著名的几所河南书院进行了个案分析。五是书院与理学。许梦瀛、孙顺霖《嵩阳书院理学教育窥探》,主要论述了清初嵩阳书院的办学情况,及其以弘扬程朱理学为办学宗旨。田志光、杨国珍《北宋嵩阳书院名师讲学考论》,认为宋代众多鸿儒硕学至嵩阳书院传道授业,在阐释传统儒家经典的同时,注重构建新型理学义理,践行儒家伦理道德,形成一套开门教学、笃行结合、寓教于乐的独特教学方法,使嵩阳书院的讲学制度逐渐走向成熟。李景旺《百泉书院与元初理学的复兴》提出,百泉书院是宋末元初具有全国影响的理学研究中心和文化教育中心。赵国权《北方理学薪火的传承地——百泉书院探微》,认为百泉书院前身太极书院的兴起,与邵雍等诸位理学大师倡道苏门山密切相关。元代理学名家姚枢、赵复、许衡、窦默等纷纷栖居苏门讲学,使书院很快成为北方理学传播的中心。邓洪波、王胜军《河南书院与清初洛学复兴》指出,清初河南理学名儒以书院为中心,掀起了一场文化复兴运动,多角度地展现了地方书院与理学学派之间的高度融合。

上述丰硕的学术成果,为开展河南书院史研究奠定了坚实基础。进一步全面整理河南书院文献资料,系统考察河南书院与中原文化、学术和社会发展问题,深刻揭示书院重要的历史文化价值,对书院文物保护利用,以及中华文化的传承发展,都将产生积极的推动作用。

三、研究构想

河南书院传承千余年,相关文献史料数量众多、类型丰富。一是正史类。《宋史》《元史》《明史》《明实录》《清实录》《清史稿》等官修史书,记载了大量与河南书院有关的重要资料。二是方志类。民国以前河南省府州县志现存 400 余种,其中有不少关于书院的记载。这些资料一般收录在学校、教育、建置、艺文、大事记等类目中,涉及书院的地理位置、历史沿革、学规章程、祭祀礼制、经费收入、诗文记跋等。河南书院志主要有聂良杞《百泉书院志》、耿介《嵩阳书院志》、李来章《紫云书院志》、窦克勤《朱阳书院志》、刘体重《河朔书院志》、史志昌《彝山书院志》、吕永辉《明道书院志》等。这些书院志主要记载书院的沿革、形胜图、建筑图、建置、学田、祭祀、讲学、章程、学规、讲义、课艺、藏书、古迹、经费、诗词、艺文等，是研究书院最为直接和重要的文献。清人郭文华认为，书院志"志形胜，则钟奇储秀，书院之形胜也。志沿革，则薪尽火传，书院之沿革也。志祀典，则春秋再举而俎豆常馨，书院之祀典也。志学田，则礼耕义种，讲学以耨，仁以聚而乐以安，书院之学田也。志藏书，则今人与居，古人与稽，辨志离经，书院之藏书也"①。三是文集笔记类。《河南程氏文集》《范文正公文集》《敬恕堂文集》《寻乐堂日录》等，记载了士人与书院相关的诗文、记跋、规条、讲章等，史料价值很高。四是档案类。对于明清书院史研究来说，还有一个相当重要的史料来源，即中国第一历史档案馆所藏明清档案。如《乾隆朝书院档案》，"选自中国第一历史档案馆所藏宫中朱批奏折、军机处录副奏折和上谕档，起自乾隆元年正月初八日，下至乾隆六十年八月十一日，对于研究清代书院史具有很高学术价值"②。五是其他类。如记载书院史料的家谱、年谱、碑刻等。

河南书院史研究，注重在夯实的文献史料基础上，对规模不同、类型各异的书院进行全面梳理，并从历史地理学角度考察其时空分布特征，分析其主要成因。采用宏观研究和微观研究相结合的方法，既从历史长时段把握和研究河南书院的整体发展，又重视一些著名和特色书院的个案解剖，更为系统全面地阐述河南书院的管理制度、教学模式和重要成就。运用教育史、思想史、学术史等多学科理论，深入考察河南书院与士人、思想学派之间的良性互动，并从整体角度，系统研究河南古代书院的运转实态及其与政治经济、文化学术、社会变迁的关系，进一步明确河南书院的历史作用与定位。

四、发展历程

唐五代，河南书院开始萌芽。以河洛为中心的河南地区，文化教育传统深

① 〔清〕耿介撰，李远校点：《嵩阳书院志》，《郭文华序》，郑州市图书馆文献编辑委员会编：《嵩岳文献丛刊》第4册，中州古籍出版社2003年版，第1页。

② 朱昌荣：《乾隆朝书院运行实态探析：以宫中档为中心》，《南方文物》2015年第4期。

厚,儒、释、道三教并立,在唐五代时期出现了一批我国历史上较早的书院。这些官方和私人书院虽然数量不多,但在书院发展史上却有着标志性的意义。

宋代,河南书院逐渐发展兴盛。北宋前期,宋太祖尊儒重道,大力推行右文政策,儒家学术文化迅速复兴,国家政治清明,经济文化繁荣。河南处于全国的核心地位,人才汇聚,学术氛围浓厚,成为理学的主要发源地。范仲淹、程颢、程颐等名儒对书院的提倡和讲学活动,极大地推动了河南书院的发展。河南得天时地利人和,是全国书院最为集中、最为发达的地区之一。特别是嵩阳书院、应天府书院,受到官方的高度重视,由朝廷赐院额、赐经籍、赐学田,名列北宋四大书院,充分彰显了河南书院的巨大影响力。

元代,河南书院持续发展。元朝以少数民族入主中原,统治者注重借鉴历史经验,实施尊儒重道的文化政策,有效地促进了文化教育和社会发展。河南理学渊源有自,元初理学北传,苏门百泉成为北方重要的学术文化中心。在姚枢、许衡等中原理学名儒的倡导和社会各界的共同努力下,河南继承前代书院教育传统,修复创办二十余所书院,推动河南书院持续壮大。蒙古人克烈士希等少数民族贵族崇尚儒家文化,积极兴办书院,为河南书院发展增添了一抹异彩。

明代,河南书院蓬勃发展。有明一代,政府书院政策屡易,各地书院兴废无常,河南书院亦大体如此。明初,政府重官学,河南书院发展缓慢。明中期,随着官学渐衰,河南书院开始逐渐兴盛。明后期,政府禁毁书院,河南书院受到不同程度的破坏。明末,河南各地屡遭战火,书院大多废弃。从整体来看,明代河南书院在数量上增长迅速,在分布上更为广泛,在制度上日趋完善。明代河南社会各阶层积极参与书院建设,河南书院在提振士风,教化民众,改良风俗等方面,对地方社会发展产生了积极而深刻的影响。

清代,河南书院呈现繁荣局面。顺康时期,统治者兴文教、崇经术,确立程朱理学的正统地位,推行相对稳定的书院扶持政策,有效地促进了清初理学传播和书院兴起,河南书院逐渐恢复发展,出现明显的举业化、官学化趋势。雍乾之际,政府鼓励兴办书院,河南书院发展迅猛,在质和量上都有很大提高。嘉道以后,传统书院制度日趋僵化,各种弊端日益显现,河南书院在社会大变革中日渐式微。清代河南理学名儒辈出,地域学派蜂起,书院理学特色极为鲜明,总量达到历史顶峰,地区分布更加平衡,相关制度成熟完备。从政治、经济、文化、风俗等方面来看，清代河南书院与地方社会的发展良性互动，相得益彰。

近代，河南书院走向衰落与转型。1840 年以后，内忧外患频仍，中国“处数千年未有之奇局”[①]，受西学东渐影响，书院开启近代转型之路。同光年间，在“中体西用”思想指导下，一些有识之士引入“西学”，加快对河南传统书院的改造。为适应时代发展要求，陈宝箴、李时灿创建致用精舍、经正书院等新型书院。清廷改制诏令颁布后，河南各级书院改成大、中、小三级学堂，传统书院退出历史舞台，近代学校教育体系初步形成。

---

① 宁波，杨嘉敏主编：《李鸿章全集》第三册，卷三十九《议复张家骧争止铁路片（光绪六年十二月初一日）》，时代文艺出版社 1998 年版，第 1560 页。

第一章 唐五代河南书院的萌芽

书院是我国古代一种主要的教育机构,书院教育形式存在了一千多年时间,在我国教育、学术、政治、社会风俗等方面发挥了重要作用。河南是华夏历史文明的发祥地,中原文化是中华文化的根源与主干,研究书院的历史,当然一定要研究河南书院的历史。

书院教育兴盛于我国宋、元、明、清时期,那么两汉、魏晋南北朝时期为什么没有产生书院?当时的教育采取何种形式,为什么书院萌芽于唐代?这些问题都是首先要探讨清楚的。

第一节 书院产生的历史背景

夏、商、西周时期,学在官府,只有贵族子弟才能接受教育。到了春秋战国时期,礼崩乐坏,学术下移,出现了诸子百家聚徒讲学的现象,私学即平民教育正式产生,孔子是平民教育的开山鼻祖。平民中的青年才俊通过教育成为士人,士人是中国传统社会的精英阶层,中国传统社会的教育就是士人的教育。春秋战国时期是士人教育的开端,而士人教育形成制度则要等到汉代。

一、以太学为代表的汉代教育

太学是汉代教育的最高学府。汉代太学教育始于汉武帝建元五年(前136),为五经博士置弟子。五经博士即太学教师,博士弟子即太学生。最初,博士弟子仅五十人,后增至一百人、二百人,汉元帝时增加至一千人,西汉末年增至三千人,东汉末年更增至三万人。汉代太学教育在中国教育史上的地位是很突出的,正如钱穆先生指出的:"中国历代政府,西周不论,两汉以下,几乎无不注意国家公立教育之建树。然惟两汉太学最为持久,并有成绩。明代国子监已不能相比。其他如唐、宋两代,虽亦曾尽力提倡,而国立教育之被重视,实仅昙花之一现。外此率皆有名无实,未见绩效。"[①]历代统治者都重视官学,却只有汉代的太学制度最成功。宋代以后,以太学为代表的官学教育逐渐衰落,书院成为主流的教育机构,其中原因值得探讨。

汉代太学兴盛的原因,需要在太学本身的特点以及太学所得以存在的社会背景中去寻找。两汉时期,印刷术尚未发明,社会上书籍流通很少,精通儒学的经师人数有限。太学作为全国的学术中心,自然成为士人求学的首选之地,这是汉代太学兴盛的时代原因。

学校教育与选官制度密不可分,是汉代教育制度的一个重要特点。太学生毕业后,成绩优秀的可以直接充当宫廷侍卫,其余多数人都要回到原籍做郡县之吏,等为吏有了成绩,再被地方长官推荐到中央政府为官。据史载,汉代"黉校棋布,传经授受,皆学优而仕。始自乡邑,本于小吏干佐,方至文学功曹。积以岁月,乃得察举;人才秀异,始为公府所辟。迁为牧守,入作台司。汉之得人,于斯为盛!"[②]察举制是汉代选官的主要渠道,士人要获得被察举的资格,首先要到太学学习经学,然后到地方政府为吏,积累行政经验,这就是"通经致用"。以太学为核心的学校教育是察举制度运作中不可或缺的重要环节。唐宋以后,作为选官制度的科举制与作为教育制度的太学系统分离开来,导致以太学为代表的官学教育的衰落。

三代时,有"学而优则仕,仕而优则学"的传统,即学习与做官是统一的。吕思勉先生指出:"古代学业,多得之在官,汉世犹有其意。"[③]汉代去古未远,依然保持着这样的传统,所以常常仕学并称、宦学并称。"汉儒居官者,多不废教授","鲁恭弟丕拜赵相,门生就学者常百余人;欧阳歙迁汝南太守,在郡教授数

① 钱穆:《国史新论》,生活·读书·新知三联书店2001年版,第226页。

② 〔唐〕杜佑:《通典》卷十六,中华书局1984年版,第91页。

③ 吕思勉:《秦汉史》,上海古籍出版社2005年版,第648页。

百人;牟长自为博士,及在河内,诸生讲学者,常有千余人;伏恭迁常山太守,教授不辍,由是北州多为伏氏学”,“又有弃官教授者:如孔光左迁虹县长,自免归教授。吴祐为梁冀长史,自免归家,以经术教授”[①],等等。做官为政与学术传承结合起来的传统,也是汉代官学教育发达的一个重要原因。

汉儒把为学与为官结合起来,是因为经学对做官具有实用价值。汉代官吏不仅要精通法律,还要熟悉经术。董仲舒以《春秋》决狱,为众所周知。许商治《尚书》,善为算,举治河。王式以《诗》三百五篇为谏书。此外,学习《春秋》的公孙弘习文法吏事,而又缘饬以儒术。翟方进“经博士受《春秋》,积十余年,经学明习,徒众日广”,做丞相后“持法刻深,举奏牧守九卿,峻文深诋”,“知能有余,兼通文法吏事,以儒雅缘饬法律,号为通明相,天子甚器重之,奏事亡不当意”[②]。东汉时,陈球“少涉儒学,善律令”[③],王涣“敦儒学,习《尚书》,读律令,略举大义”[④],黄昌“居近学官,数见诸生修庠序之礼,因好之,遂就经学。又晓习文法,仕郡为决曹”[⑤]。儒学作为正统意识形态,是当时政治合法性所在。经学绝非不切实际的空谈,而是为官者所必须稔熟于心的话语体系,寄托了汉儒的政治理想和信仰,是官员为政的理论指导,其重要性不在法律之下。把经学与法律并举,是汉代教育和政治的一大特点,也是二者结合紧密的一个表现,这个特点是宋代以后社会所不具备的。

汉儒把为学与为官结合起来,还有一个原因是汉代继承了古代政治与教化相统一的传统。两汉时期,学校不仅有传承、创新学术的功能,而且还有教化百姓的职责。官员兼有吏与师双重身份,不仅要推行法令,也要兴学讲学、移风易俗。据《汉书·文翁传》记载,文翁“为蜀郡守,仁爱好教化。见蜀地辟陋有蛮夷风,文翁欲诱进之,乃选郡县小吏开敏有材者张叔等十余人亲自饬厉,遣诣京师,受业博士,或学律令”,“数岁,蜀生皆成就还归,文翁以为右职,用次察举,官有至郡守刺史者。又修起学官于成都市中,招下县子弟以为学官弟子,为除更徭,高者以补郡县吏”,蜀郡“由是大化,蜀地学于京师者比齐鲁焉。至武帝时,

① 吕思勉:《秦汉史》,上海古籍出版社2005年版,第656、657页。

② 〔汉〕班固:《汉书》卷八十四《翟方进传》,中华书局1962年版,第3411、3417、3421页。

③ 〔南朝宋〕范晔:《后汉书》卷五十六《张王种陈列传·陈球》,中华书局1965年版,第1831页。

④ 〔南朝宋〕范晔:《后汉书》卷七十六《循吏列传·王涣》,中华书局1965年版,第2468页。

⑤ 〔南朝宋〕范晔:《后汉书》卷七十七《酷吏列传·黄昌》,中华书局1965年版,第2496页。

乃令天下郡国皆立学校官，自文翁为之始云”。[①] 文翁设立郡学显然是根据古代的庠序传统，文翁办学对汉代循吏的兴学教化起了示范的作用。宋代以后，官府的教化功能相对弱化，教化功能逐渐由理学教师和地方士绅承担了起来。

汉代学校教育与政治紧密结合，还有一个大的社会背景，那就是汉代郡县级地方政府权力很大，地方乡里社会实行自治制度。汉人有言，“今之郡守重于古诸侯”[②]。吕思勉先生指出：“秦、汉之县，即古之国，令长即古国君，与民实不相及。所恃以为治者，则古乡遂之官，即秦、汉乡、亭之吏也。汉世三老，体制甚尊，其人亦多才智。”[③]钱穆先生指出，秦汉时期“乡县三老并得对天子王侯直接言事，其地位不为卑下。又两汉郡县掾属，例以本土士人充之。太守令长辟署掾属，又必尊重其乡土之舆论。又往往郡县实际政事皆由掾属操之，太守令长卧治而已。故曰‘汝南太守范孟博，南阳宗资主画诺；南阳太守岑公孝，弘农成瑨但坐啸’。今据汉碑传世可考者，知两汉地方政府，分曹极密，体制极宏，郡县吏属，殆有多至一二千人以上者。其时又庠序棋布，学校林立，学者皆先由乡邑为干佐小吏，积至文学功曹，乃得察举人才秀异，为公府所辟，迁为牧守，入作台司。故两汉人才皆从地方自治出。而地方自治则注重学校教育与乡邑清议，宜乎两汉吏治之美，冠绝后世”[④]。汉代实行中央选拔与地方推荐相结合的察举制，推荐官员注重地方社会的乡里评议，地方政府的属吏辟举制，地方吏员与中央官员之间没有不可逾越的界限，诸如此类的制度都是汉代地方自治的表现。同样是郡县制度，两汉与宋代以后大不相同。唐宋以后，“州县用人，全出吏部，选举废而考试兴，政治重心在中央，在上层，不在地方与下层”，“此实中国政治史上古今一大剧变”。[⑤] 正是唐宋间的这一剧变，导致以太学为代表的国家公立教育在汉代很发达，而到宋代以后就衰落下去了。

---

① 〔汉〕班固：《汉书》卷八十九《循吏传 · 文翁》，中华书局 1962 年版，第 3625~3626 页。

② 〔汉〕班固：《汉书》卷八十六《王嘉传》，中华书局 1962 年版，第 3489 页。

③ 吕思勉：《秦汉史》，上海古籍出版社 2005 年版，579 页。

④ 钱穆：《政学私言》，九州出版社 2016 年版，第 49~50 页。

⑤ 钱穆：《政学私言》，九州出版社 2016 年版，第 50 页。

二、以家学为代表的魏晋南北朝教育

以太学为代表的公立学校系统是汉代教育的主导形式，并不意味着汉代没有私人讲学。大儒私人讲学一直存在，并且呈越来越盛之势，东汉盛于西汉，著名经学家马融、郑玄就是私人讲学授徒的代表。汉代私人讲学的场所称为“精舍”，有学者把书院的起源上溯到汉代的精舍。比如钱穆先生认为：“书院又称精舍，精舍之名，其先起于东汉儒家之私门授徒。其后僧侣所居亦称精舍，最后理学家讲学又用此名。”[①]龚鹏程先生也认为，“书院最直接的来源，其实是汉代的精舍”，“宋明书院，也有不少延续精舍这个名称的。如朱熹建的沧州精舍、陆九渊办的象山精舍就是”。[②] 既然书院的源头是汉代的精舍，为什么书院没有直接从汉代就发展起来，而是萌芽于唐代后期，兴盛于宋代以后呢？

回答这个问题，还要从历史发展的大势中去寻找原因。春秋战国以后，西周的贵族世袭制度解体，平民士人兴起。世卿世禄制度虽然被废除了，但作为社会基本单位的宗族并没有退出历史舞台。宗族依然是地方社会的中坚力量，两汉的地方自治制度是建立在宗族社会基础之上的。新兴的士人阶层要在政治上有出路，必须得到乡里社会的支持，士人阶层要保持自己在政治上的地位，必须建立、培植自己的宗族基础。西汉政府为了巩固中央集权，奉行防范、打击地方豪强的政策，而到东汉以后，世家大族却在中央政府的默许下逐渐发展壮大起来。发生这个转变的原因是汉代政权的统治基础就是士人阶层，其对士人的正当要求和诉求是不能不予以满足的。西周的贵族失去了政权，秦汉的士人阶层兴起了；汉代的士人加入了政权，世家大族又逐渐兴盛起来，这就是历史发展的逻辑。

士人转化为世家大族最后发展为门阀士族，必须借助文化的力量，通经致用、读书做官是汉代士人入仕的正途。然而在汉代通经并不容易，士人往往要负笈千里从师问学。“而有家学渊源的大族由于父子相传，在通经上自然比千

---

① 钱穆：《国史新论》，生活 · 读书 · 新知三联书店 2001 年版，第 222 页。

② 龚鹏程：《书院何为》，山东画报出版社 2016 年版，第 174、175 页。

里从师优越,因而世代通经的人户总是以大族著姓居多。”[①]在经济、政治上称霸一方的豪强,如果缺乏学术文化修养,就不能长久保持自己的大族地位,也很难进入士人阶层,故当时有“遗子黄金满籝,不如一经”之说。世代通经,世代充当州郡僚佐,就能成为世家大族,最后发展为门阀士族。即使是出身寒微的普通士人,读书做官以后,也可以扩展家族财富产业,培植宗族势力,最后发展为士族。当然并非学术地位高就一定能成为士族,汉代声望赫赫的名士陈蕃、李膺,“均在魏晋士族行列中后嗣无闻,原因就在于他们的子孙在魏晋时没有当上高官”[②]。总之,要想长保富贵,成为士族,世代读书与世代做官两者不可偏废。

东汉灭亡后,洛阳的太学失去全国学术教育中心的地位,公立教育让位于门阀士族的家学。正如陈寅恪先生指出的,“盖自汉代学校制度废弛,博士传授之风气止息以后,学术中心移于家族”,“公立学校之沦废,学术之中心移于家族,太学博士之传授变为家人父子之世业,所谓南北朝之家学者是也”。[③] “故东汉以后学术文化,其重心不在政治中心之首都,而分散于各地之名都大邑。是以地方之大族盛门乃为学术文化之所寄托。中原经五胡之乱,而学术文化尚能保持不坠者,固由地方大族之力,而汉族之学术文化变为地方化及家门化矣。故论学术,只有家学之可言,而学术文化与大族盛门常不可分离也。”[④]士人是教育的主体,士人阶层发展为士族,教育形态自然要随之转换为家学。

士族家学传承了华夏学术,士族家风则弘扬了儒家伦理。钱穆先生指出:“当时门第传统共同理想,所希望于门第中人,上自贤父兄,下至佳子弟,不外两大要目:一则希望其能具孝友之内行,一则希望其能有经籍文史学业之修养。此两种希望,并合成为当时共同之家教。其前一项之表现,则成为家风。后一项之表现,则成为家学。”[⑤]魏晋南北朝时期,“政治虽颓败不振,在民间则仍保有文化与学术之传统,并能自有创辟。在此四百年之大乱世,而著作之多,超前

---

① 唐长孺:《魏晋南北朝隋唐史三论——中国封建社会的形成和前期的变化》,武汉大学出版社1992年版,第44页。

② 唐长孺:《魏晋南北朝隋唐史三论——中国封建社会的形成和前期的变化》,武汉大学出版社1992年版,第50页。

③ 陈寅恪:《隋唐制度渊源略论稿》,生活·读书·新知三联书店2015年版,第20、23页。

④ 陈寅恪:《金明馆丛稿初编》,生活·读书·新知三联书店2015年版,第147~148页。

⑤ 钱穆:《中国学术思想史论丛(三)》,生活·读书·新知三联书店2009年版,第178~179页。

轶后”,“探究其所以然之故,则不得不谓实与当时之门第有甚深之关系。此一时代之学术思想,何以既尚黄老,又重经史,又兼重文学,更复崇信释氏,此种在学术上之复杂情态,亦须就当时门第背景提供一综合之说明”,“中国文化命脉之所以犹得延续不中断,而下开隋唐之盛者,亦颇有赖于当时门第之力”。士族家学不限于儒学,士族门风则是儒家传统,“门第即来自士族,血缘本于儒家,苟儒家精神一旦消失,则门第亦将不复存在”。[①]“当时门第在家庭中所奉行率守之礼法,此则纯是儒家传统。可谓礼法实与门第相终始,惟有礼法乃始有门第,若礼法破败,则门第亦终难保。”[②]既讲儒家礼法,自然也需要有《礼》学作为学术基础,“就《礼》学言,南方重《丧服》”,“《丧服》本属《仪礼》中一篇,所以别出成为一时显学者,正因当时门第制度鼎盛,家族间之亲疏关系,端赖丧服资识别,故丧服乃维系门第制度一要项”。[③]以前学界多强调门阀士族的腐朽性、寄生性,这是不公允的。魏晋南北朝时期是乱世,归根结底这是由当时的社会生产力决定的,国家分裂、政治黑暗,责任不全在士族,士族在发展生产、传承弘扬中华文化方面也是有功劳的。在门阀士族鼎盛时期,士族的进步性是矛盾的主要方面,士族的腐朽性是矛盾的次要方面。

魏晋南北朝时期也有公立学校,但是其地位和作用大大降低。吕思勉先生指出,“教育制度,从三国以后,是很衰颓的”,“虽亦设有国子学,太学,四门小学,或又置有博士,然皆无足称述”。[④]“魏晋以后,学校仅为粉饰升平之具”,“学校只是政治上的一个机关,学生只是选举上的一条出路,和学术无甚关系(学校中未必真研究学术,要研究学术,亦不一定要入学)”。[⑤]汉代学校教育制度与察举制度相互配合,要做官必须进太学,所以太学很兴盛。魏晋南北朝士族阶层通过九品中正制直接进入仕途,学校不再是入仕之必经途径,所以就衰落了下来。在九品中正制下,出现了“上品无寒门,下品无势族”的现象,不免让一些有名无实的人混入官僚队伍。但也不必过于担心,因为士族为了保证自己的政治和社会地位不下降,必然会保持一定的自律,以深厚的家学传承学术,以

---

① 钱穆:《中国学术思想史论丛(三)》,生活·读书·新知三联书店 2009 年版,第 157~158 页。

② 钱穆:《中国学术思想史论丛(三)》,生活·读书·新知三联书店 2009 年版,第 181 页。

③ 钱穆:《中国学术思想史论丛(三)》,生活·读书·新知三联书店 2009 年版,第 145 页。

④ 吕思勉:《中国通史》,吉林出版集团股份有限公司 2016 年版,第 333 页。

⑤ 吕思勉:《中国文化十八讲》,化学工业出版社 2014 年版,第 232 页。

严谨的门风传承礼法。事实上，士族家学与九品中正制是相互配合的，士族家学、家风培育人才，九品中正制选拔人才。汉代的地方自治，到魏晋南北朝变为了门阀士族的坐大。

西汉太学的兴盛为平民士人登上政治舞台提供了阶梯，东汉私学的壮大为世家大族的兴起提供了助力。魏晋南北朝士族的兴起，又使家学成为当时主导的教育形式。总之，汉代私学发展壮大的结果是产生了士族家学，而不是书院。隋唐时期，科举制取代了九品中正制，门阀士族逐渐衰落，科举出身的士人登上历史舞台，才是书院兴起之时。

三、处于历史转折时期的隋唐教育

唐朝是中国历史上的盛世，以开放包容、国力强盛、文化多元著称。但是在学术、思想和教育方面，唐朝却并没有多少建树。在学术、思想方面，唐朝存在儒、释、道三教并立的局面，三教相互论战竞争，但缺乏具有原创性的思想家。在教育方面，唐朝无论公立学校还是私学都不够兴盛，前不如魏晋南北朝，后不如两宋。其中原因值得探讨。

唐朝在学术、教育方面缺乏创新，与唐朝处在中国历史上的转型期有很大关系。唐朝社会具有明显的过渡性质，在大繁荣的后面孕育着大变革。在政治上，一方面隋唐结束了南北朝的大分裂局面，重新实现了国家的统一，中央集权代替了地方分权。另一方面，门阀士族虽然受到打击，但是“百足之虫死而不僵”，士族依然在社会上拥有一定的声望和影响。尤其是中唐以后，又出现了藩镇割据的局面，中央集权再次遭受挫折。在选官制度方面，九品中正制虽然被废除，但门荫制度依然盛行。科举制度虽然产生并发挥着越来越大的作用，但唐朝的科举制仍然带着门阀制的深刻烙印。教育方面，公立学校虽一度兴盛，却最终归于消歇；门阀士族的家学虽依然存在，但毕竟已日薄西山；书院虽然已经萌芽，但在教育上发挥的作用却聊胜于无。总之，唐朝社会是一个过渡性的社会，同时存在着魏晋南北朝和宋朝两种社会形态的现象和元素，旧现象和新现象相互交织、斗争，此消彼长。新的教育形式——书院，正是在这种新旧混杂的局面中产生了。

教育制度与选官制度密切相关。隋唐时期,中国的选官制度发生了重大变化,那就是州郡辟举制的废除。据《隋书·百官下》记载,"旧周、齐州郡县职,自州都、郡县正已下,皆州郡将县令至而调用,理时事。至是不知时事,直谓之乡官。别置品官,皆吏部除授,每岁考殿最。刺史、县令,三年一迁,佐官四年一迁","十五年,罢州县、乡官"。① 乡官即郡县佐官,废除乡官即郡县的属官不再由郡县长官自己任命,而是由中央吏部统一任命和管理。另外,在察举制、九品中正制下,中央任命官员也是从地方推荐上去的。所以,在两汉、魏晋南北朝时期,选官大权实际上操于郡县手中,地方分权很重,中央集权反而十分有限。隋唐废除乡官制,是中央集权加强的一个重要表现。钱穆先生指出,"乡官废于隋","其州县用人,全出吏部,选举废而考试兴,政治重心在中央,在上层,不在地方与下层,其所为与两汉异,此实中国政治史上古今一大剧变,不可不知"。② 任命官员的权力收归中央吏部,使乡举里选、察举制、九品中正制等由地方选拔人才的制度不再适用,由中央选拔人才的科举制正式登上历史舞台。

两汉时期以太学为代表的学校教育很发达,原因在于学校是乡举里选、察举制的一环。魏晋南北朝的公立学校教育徒有虚名,是因为门阀士族把持了选官大权,士族有深厚的家学传统,其子弟不需要到官学中实际接受教育,子弟进学也只是虚应故事走过场。九品中正制是察举制的修正版,其实质是士族掌握了察举权。所以门阀制下,依然重乡评、清议,依然是乡举里选的地方自治,依然要有公立学校教育,并且在太学之外,出现了只有士族子弟才能进的国子学。隋唐的学校教育系统继承了南北朝的传统,并且一度十分兴盛。比如在贞观五年(631)之后的十余年间,唐太宗采取了一系列振兴学校教育的措施:增筑学舍一千二百间;增置国子学、太学、四门学等三学生员;恢复隋朝曾经设置过的书学、算学、律学等三学;在弘文馆里设置生员;增设崇贤馆,后改为崇文馆;培养吐蕃等少数民族学生;招收新罗、百济、高丽等外国留学生。六学二馆生员定额为三千二百人,实有人数突破定额,最多时达到八千余人③,达到唐朝学校教育的顶峰。但好景不长,贞观兴学运动未能持续发展下去,到高宗、武后时期,官

① 〔唐〕魏徵:《隋书》卷二十八《百官下》,中华书局 1973 年版,第 792、793 页。
② 钱穆:《政学私言》,九州出版社 2016 年版,第 50 页。
③ 张邦炜:《唐代学校的盛衰》,《四川师院学报》1985 年第 2 期。

学就逐渐衰落下去。虽然后来唐玄宗和唐宪宗时期也曾试图兴复学校，但是再也没有恢复到贞观时期官学兴盛的水平。

唐朝学校教育的不振，主要原因在于中央集权的加强。礼部主持科举考试，选拔人才的权力收归中央；吏部主管官员铨选，任命官员的权力收归中央。而汉代的学校是乡举里选、察举制的一环，是地方政治分权的一环。“学校顾名思义，必当以学业为重，然自汉世，设科射策，劝以官禄，遂成为选举之一途。既成为选举之途，则贵游子弟，必思捷足先据其处。”①科举制的特点是士人不需要通过学校学习，不需要州县官员荐举，而直接自由报考，所谓“举选不由馆、学者谓之乡贡，皆怀牒自列于州县”②。科举兴，则学校衰。吕思勉先生指出，“乡贡、学校，二者实互为盛衰”，“盖学校有名无实；而不论其为由乡贡，由学校，凡应举者皆意在得官，欲得官必求速化，骛声华、事奔竞之术正多，何必坐学？此则学校之所以日衰，乡贡之所以日盛”③。钱穆先生也持大体相同的观点：“汉制须先进太学，再经选举，而唐代则教育考试分途发展。太学出身与进士之公开竞选属于两事，把考试来代替了汉代之选举。学校出身其事易，公开竞选其事难。社会群情，都看重进士，不看重太学生。当时中央政府地位虽高，而国家公立教育，则未有大振作。”④在乡举里选的时代，经由学校是入仕的捷径，而在科举时代，学校不再是入仕的必经途径，通过科举反而可以在仕途上有更好的发展，于是有名无实的学校也很难维持下去了。

科举制实行后，门阀士族垄断仕途的局面被打破，平民士人可以通过科举进入政治高层，政权更加开放了。但科举制同时也带来了一些弊病，“此等平民，在先并未有家庭传统之礼教，亦更无政治上之常识，一旦仅凭诗赋声律，崛起从政，第一是政事不谙练，第二是品德无根柢，于是进士轻薄，遂成为当时所诟病”⑤。这些轻薄的进士们，“有西汉人的自卑心理，而没有西汉人的淳朴。有东汉人结党聚朋的交游声势，而不像东汉人那样尊尚名节。有像南北朝以下门第子弟的富贵机会，却又没有门第子弟的一番礼教素养与政治常识。有像战

① 吕思勉：《吕思勉隋唐五代史》，吉林出版集团股份有限公司 2017 年版，第 1164 页。
② 〔宋〕马端临：《文献通考》卷二十九《选举考二》，中华书局 2011 年版，第 827 页。
③ 吕思勉：《吕思勉隋唐五代史》，吉林出版集团股份有限公司 2017 年版，第 1015 页。
④ 钱穆：《国史新论》，生活·读书·新知三联书店 2001 年版，第 219 页。
⑤ 钱穆：《国史新论》，生活·读书·新知三联书店 2001 年版，第 247 页。

国游士平地登青云的梦境，又没有战国游士藐大人贱王侯的气魄。他们黄卷青灯，尝过和尚般的清苦生活，但又没有和尚们的宗教精神与哲学思想"①。之所以会出现进士轻薄这种现象，是因为科举制是选拔人才的制度，而不是培养人才的制度。唐代前期，门第仍然存在，门第培养人才与科举选拔人才相结合，尚不至于有大的问题，到了唐代晚期，门第彻底衰落，只有选拔人才的机制而无培养人才的机制，所以就出现了进士轻薄的流弊。

面对科举制流弊，唐代官员给出的建议是废除科举，恢复乡举里选。杨绾上疏指出，"今之取人，令投牒自举，非经国之体也。望请依古制，县令察孝廉，审知其乡闾有孝友信义廉耻之行，加以经业，才堪策试者，以孝廉为名，荐之于州。刺史当以礼待之，试其所通之学，其通者送名于省。自县至省，不得令举人辄自陈牒。比来有到状保辩识牒等，一切并停"，"并近有道举，亦非理国之体，望请与明经、进士并停。其国子监举人，亦请准此"。② 贾至曰："今欲依古制乡举里选，犹恐取士之未尽也，请兼广学校，以弘训诱。今京有太学，州县有小学，兵革一动，生徒流离，儒臣师氏，禄廪无向。贡士不称行实，胄子何尝讲习，独礼部每岁擢甲乙之第，谓弘奖擢，不其谬欤？只足长浮薄之风，启侥幸之路矣。其国子博士等，望加员数，厚其禄秩，选通儒硕生，间居其职。十道大郡，量置太学馆，令博士出外，兼领郡官，召置生徒。依乎故事，保桑梓者乡里举焉，在流寓者庠序推焉。"③李德裕更是反对进士，主张重用士族子弟："然朝廷显官，须是公卿子弟。何者？自小便习举业，自熟朝廷间事，台阁仪范，班行准则，不教而自成。寒士纵有出人之才，登第之后，始得一班一级，固不能熟习也。则子弟成名，不可轻矣。"④吕思勉先生指出，"唐世议革贡举者，所言不外两端：一冀稍近于乡举里选，一则欲去明经之固陋，进士之浮华，而代之以较有用之学而已"，"可见时人于乡举里选向往之深。人之才德，吏部诚无由知之，而不知吏部之专，本由乡举里选之敝。帖经墨义，诗赋杂文，诚无用矣，然能钞略备策对者，相去又几何？"⑤唐人对科举制带来的问题看得很准，但是复古的对策建议却是不

① 钱穆：《国史新论》，生活·读书·新知三联书店 2001 年版，第 141 页。

② 〔后晋〕刘昫：《旧唐书》卷一百一十九《杨绾传》，中华书局 1975 年版，第 3431 页。

③ 〔后晋〕刘昫：《旧唐书》卷一百一十九《杨绾传》，中华书局 1975 年版，第 3434 页。

④ 〔后晋〕刘昫：《旧唐书》卷十八上《武宗本纪》，中华书局 1975 年版，第 603 页。

⑤ 吕思勉：《吕思勉隋唐五代史》，吉林出版集团股份有限公司 2017 年版，第 1040 页。

切实际的。

唐人认为乡举里选的废除是出于统治者的自私,所以只要恢复古制就可以解决问题。“洎隋文帝,素非学术,盗有天下,不欲权分,罢州郡之辟,废乡里之举,内外一命,悉归吏曹,才厕班列,皆由执政。则执政参吏部之职,吏部总州郡之权,罔惩体国推诚、代天理物之本意,是故铨综失叙,受任多滥。”[①]问题是统治者都有私心,为什么直到隋文帝才废除了乡官制?其中原因在于,地方政治分权的社会结构基础是地方宗族势力强大,乡官制的废除是士族势力削弱的反映。正如唐长孺先生指出,“大抵从南北朝后期以来,旧门阀的衰弱是一种历史倾向”,“旧门阀日益脱离乡里,丧失他们固有的或者说使他们得以成为门阀的地方势力,不论江南、关中、山东和代北诸系,无不如此。脱离乡里有时是自愿的,有时是时势所迫,但士族一旦脱离乡里,就更加依附于中央政权”。[②] 既然门阀的衰落是不可逆转的,那么乡官制的废除,科举制的实行,这些加强中央集权的措施的实行就是必然的,复古注定是行不通的。

选拔、任命官员的权力收归中央,本身是士族衰落的结果。反过来科举制的实行,又加快了士族的进一步衰落,以及没有宗族基础的寒人进士集团的兴起。士族出身的官员与寒士出身的官员间产生了朋党之争,著名的有牛李党争。“牛党首领牛僧孺、皇甫湜、李宗闵等均为科举出身,又是宪宗元和三年制科考试中的同年。李党首领李德裕、郑覃都是旧族出身,以门荫得官,坚决主张撤销科举。两派官僚展开了长达三十年的争斗,势力迭相起落,掌权后便相互报复,最后以牛党得势而告结束。牛李党争的是非曲直姑且不论,其实质是两晋南北朝以来山东旧族(还应包括关中士族)与武则天之后由进士词科进用的新兴阶层之间的互不相容,李党的失败,与士族势力的日渐衰败是分不开的。”[③]两派官员斗争的结果,是士庶差别进一步缩小,士族残留的门荫仕宦特权逐渐丧失,科举入仕成为主流,“官场上人们自我炫耀的是进士出身,而不是门第的高下。唐穆宗以来,有进士及第出身的人家,可以取得‘衣冠户’的资格,不论其官居几品,均可免除徭役和减轻赋税,享受以往士族才有的特权。新贵和旧门

① 〔宋〕马端临:《文献通考》卷三十七《选举考十》,中华书局2011年版,第1095页。

② 唐长孺:《魏晋南北朝隋唐史三论——中国封建社会的形成和前期的变化》,武汉大学出版社1992年版,第378页。

③ 冯尔康:《中国宗族史》,上海人民出版社2009年版,第153~154页。

之间不论是在仕宦还是免役权利上,已经没有严格的区别了"[①]。士庶之间的斗争以士族的消亡,庶族的全面兴起而告终。

士族消亡后,士族的家学传统也随之消亡。所以,到了唐代后期,无论是士族子弟,还是寒人子弟,都是通过科举入仕,而没有了学术教育根基,中华文化到了最低落的时期。钱穆先生指出,"迨及门第衰落,人才无培养之地,而士人充斥,分朋立党,考课亦难严格推行。于是单凭考试,既选拔不到真才,又不能好好安排运用,在外是军阀割据,在内是朋党争权,人才是进士轻薄,担当不了实际大责任,唐代终于如此形势下没落","若必求中国历史上之黑暗世,则惟晚唐与五代,差可当之。其时,政治乱于上,学术衰于下,士之一领导中心已失其存在,而传统社会则犹未彻底崩溃","五代十国,是中国史上最黑暗的时期,那时则几乎只有骄兵悍卒,跋扈的将帅。连轻薄的进士,也如凤毛麟角。天地闭,贤人隐。那时急得在和尚寺里出家的高僧们,也回头推崇韩昌黎,改心翻读修身、齐家、治国、平天下的儒家经典,社会私家书院也在唐末五代时兴起"。[②]

唐末五代是学术文化最衰落的时候,也是孕育着新的文化复兴的时候。陈寅恪先生指出,"华夏民族之文化,历数千载之演进,造极于赵宋之世"[③],"欧阳永叔少学韩昌黎之文,晚撰五代史记,作义儿冯道诸传,贬斥势利,尊崇气节,遂一匡五代之浇漓,返之淳正。故天水一朝之文化,竟为我民族遗留之瑰宝"[④]。宋代文化的复兴,新儒学的兴起,是从唐代开始的,书院的兴起也是从唐代开始的。到了南宋,理学与书院正式结合了起来,书院为理学传承提供了平台,理学求道的精神也正是书院的精神。不过在唐代,新儒学与书院尚处于萌芽时期。

---

① 冯尔康:《中国宗族史》,上海人民出版社 2009 年版,第 154 页。

② 钱穆:《国史新论》,生活·读书·新知三联书店 2001 年版,第 248、42 页。

③ 陈寅恪:《金明馆丛稿二编》,生活·读书·新知三联书店 2015 年版,第 277 页。

④ 陈寅恪:《寒柳堂集》,生活·读书·新知三联书店 2015 年版,第 182 页。

第二节 唐五代河南书院概况

书院是我国宋、元、明、清时期主要的教育机构。北宋以后随着中国经济文化重心南移,先进的中原文化传播到南方地区继续发展,河南逐渐失去了在全国的领先地位,因此河南的书院教育总体上不如南方地区发达。但在书院勃兴的唐宋时期,正是中原文化繁盛的高峰期,所以河南在书院产生中的地位是十分重要的。

一、河南在书院产生中的重要地位

书院产生于唐宋变革时期。汉唐时期,公立学校和士族家学是教育的主导形式,唐宋以后,书院成为教育的主导形式。汉唐时期的学校与唐宋以后的书院,二者的区别在于它们与政治的关系不同。学校与政治关系密切,一方面学校与官员选拔紧密相关,学校是入仕的必经途径;另一方面,学校的学习内容是经学,经学是官员从政的指导思想。为学与为政是统一的,官员从政的同时也不废兴学、讲学。书院与政治的关系则相对比较疏离,书院是培养人才的机构,科举制是选拔人才的制度,二者分工明确。书院学习内容、科举考试内容也与从政实践相去较远,士人的从政经验往往是步入仕途以后才开始积累的。教育方面的这个转变与唐宋变革有直接关系,也可以说由学校到书院的转变是唐宋变革在教育方面的重要表现。

关于唐宋变革,学界有较多的研究成果[①]。日本学者唐宋变革论的核心观点是宋代近世说,这种观点不被中国学界所认同。中国学者的主流观点认为,

---

① 李华瑞:《"唐宋变革"论的由来与发展(上)》,《河北学刊》2010 年第 4 期;《"唐宋变革"论的由来与发展(下)》,《河北学刊》2010 年第 5 期。

唐宋变革是中国封建社会由前期向后期转变的时期。比如王曾瑜先生指出："人们可以对唐宋时代,从阶级状况到政治制度、军事制度、文化等,列举出不少变化的史实。然而若与春秋战国时期相比,则至多只能算是一个小变革期。"[①]笔者认为,唐宋变革与春秋战国时期的变革是同等规模、同等意义的变革。如果对唐宋变革的划时代意义认识不足,就会导致对书院的本质属性认识不到位,从而把唐宋以前的学校与唐宋以后的书院混淆起来。为什么学界会低估唐宋变革的重要性呢?这主要是受机械的唯物史观的影响。学界认为春秋战国以后,中国社会进入封建社会,直到清朝灭亡。其实"封建社会"这一概念是历史哲学层面的概念,不能与实证层面的中国历史阶段划分直接挂钩。唯物史观五种社会形态依次演进的观点是针对人类社会发展的哲学概括,不能要求每个国家都完整地经历五个发展阶段。具体到中国历史的分期,应该从实际出发划分阶段,而不是把唯物史观当作教条生搬硬套。应该把唯物史观的普遍规律与中国历史的特殊性结合起来,创造性地进行研究,从而实现唯物史观的中国化。

根据这种认识,把秦汉至明清二千多年历史都归入"封建社会"阶段是缺乏解释力的。同样是皇权制、郡县制,前期与后期大不相同;同样是中央集权制,集权的程度前期与后期也大不相同。相同的概念不同的内涵,如果把前期与后期划入同一历史阶段,就会消解汉唐社会与宋明社会的巨大差异,从而产生诸如中国封建社会长期延续、长期停滞,宋代以后中国社会开始走下坡路等很多不符合历史事实的错误认识。事实上,秦汉至隋唐社会与宋、元、明、清社会是历史发展的不同阶段,唐宋变革是质变而非量变。汉唐社会保留了西周社会的很多特征,这些特征直到宋代以后才彻底消失。通常人们对中国封建社会的认知,比如专制主义中央集权政治,比如儒家文化强调修身养性,其实是宋代以来才出现的现象。政治上,在隋唐以前其实并不那么专制,也并不那么集权,可以说地方分权是非常突出的,所以才经常出现分裂割据的局面。意识形态上强调个人内在的道德修养,也是宋代理学出现以后的事,汉唐儒学主要关注外在的礼,并不关注内在信仰,所以才有阴阳五行、谶纬之学、玄学、道教、佛教的流行。书院是乡举里选制度废除、科举制兴起的产物,是经学衰落、理学兴起的产物,只有把书院的产生放在唐宋变革的大背景中,才能认清书院这种教育机构的本

① 王曾瑜:《宋朝阶级结构》(增订版),中国人民大学出版社 2010 年版,第 3 页。

质特征，而不是认为书院只是学校改了一个名字而已。

唐宋变革与河南密不可分。科举制的兴起是唐宋变革的一个重要内容，又是唐宋变革的重要推动力量，古都洛阳是科举制发展壮大的见证者。洛阳成为唐朝的政治、文化中心，同武则天的大力推动分不开。长安是唐朝关陇贵族的大本营，为了摆脱关陇贵族对自己的压制，武则天决定把政治中心从长安迁到洛阳。唐高宗 7 次巡幸洛阳都是立武则天为皇后以后的事。高宗死后，以武则天为首的朝廷常驻洛阳，改洛阳为神都，洛阳成为大唐名副其实的政治中心。为了培植自己的政治势力，武则天大力发挥科举制在选拔官员中的作用。在唐太宗统治的 23 年中，共录取进士 205 人，而在高宗和武则天统治的 55 年中，据不完全统计，“进士即有一千余人，平均每年录取人数较贞观时增加一倍以上”①。武则天为取得下层士人的支持，还开不定期的制科选拔人才，并命令朝臣荐举人才，允许官吏和一般士人自荐。陈寅恪先生指出：“武后柄政，大崇文章之选，破格用人，于是进士之科为全国干进者竞趋之鹄的。当时山东、江左人民之中，有虽工于为文，但以不预关中团体之故，致遭屏抑者，亦因此政治变革之际会，得以上升朝列，而西魏、北周、杨隋及唐初将相旧家之政权尊位遂不得不为此新兴阶级所攘夺替代。”②武则天之所以在面临巨大反对力量的情况下，还能够牢牢掌握政权，一步步登上皇位，除了用铁腕手段打击政敌外，还借助并积极推动士族地主衰落、庶族地主上升这个历史潮流。武则天的统治创造了洛阳的辉煌历史，结束了一个门阀士族统治的旧时代，开创了一个新兴的科举出身的士大夫统治的新时代。洛阳既是盛唐历史的见证者，同时也是唐宋变革的见证者。洛阳之所以能够有这样重要的地位，是因为以洛阳为中心的中原地区代表了先进经济、制度和文化的发展方向。这是河南在书院产生中重要作用的体现。

佛教对书院的产生也有重要影响。邓广铭先生指出，寺庙“不只是传布佛学的基地，当然也是发展佛教的基地。在唐代，各地的寺庙中即多频繁地进行‘僧讲’（专对寺院内的僧众讲说佛教经典）和‘俗讲’（专对不出家的世俗人讲说通俗道理，意在募集钱财）。佛教和佛学的这种传布方法和发展情况，自然也

① 翦伯赞主编：《中国史纲要》上册，人民出版社 1995 年版，第 374 页。

② 陈寅恪：《唐代政治史述论稿》，生活·读书·新知三联书店 2015 年版，第 202 页。

给予儒家学派一些影响、刺激和启发,使他们想方设法进行反对、斗争,以求与之抗衡。从晚唐五代即已出现,到北宋而出现较多的儒家们所建立的书院(且不说北宋朝廷下令各州郡设立的那些官办学校),我以为,是应当向佛教的上述种种活动情况寻求其原因的,至少也应是主要原因之一”[①]。唐代洛阳的佛教非常兴盛,武则天为达到登上皇位的目的,大力宣扬佛教,兴建佛寺,开凿石窟,雕刻佛像。佛教的重要宗派如华严宗、禅宗、净土宗、密宗、法相宗等都在洛阳地区传播。洛阳地区是唐代佛教的中心,这也是河南在书院产生中重要地位的体现。

书院的产生与儒家学说的复兴有内在联系。儒学的全面复兴虽然要等到北宋仁宗朝,但其开端却在唐代中叶。儒学复兴的代表人物是河南人韩愈,韩愈的思想下启宋代理学。汉唐经学与宋代理学的区别在于:经学是指导政治实践的,属于制度范畴,而理学是培养人的,属于思想范畴;经学重在“外王”之学,理学重在“内圣”之学。经学的缺陷在于它缺乏形而上的理论、信仰支撑,所以经学被认为是入世的政治,其地位在出世的佛教、道教之下,这是唐代儒学衰落的根本原因。韩愈对儒家思想的重要贡献在于他提出了“道统”说,“道”就是儒家学说的形而上理论、信念基础,道为儒家士人修身、齐家、治国、平天下的政治活动提供了强大的精神动力。有了这个信仰基石,才有了儒学的复兴,宋代理学的产生。正如陈寅恪先生指出的,“退之首先发现小戴记中大学一篇,阐明其说,抽象之心性与具体的政治社会组织可以融会无碍,即尽量谈心说性,兼能济世安民,虽相反而实相成,天竺为体,华夏为用,退之于此以奠定后来宋代新儒学之基础”[②]。道的载体是“文”,所以韩愈发起古文运动,以弘扬儒家之道。道的传授靠人,所以韩愈作《师说》倡导师道。书院作为宋代以后主流的教育机构,其传授的学术是理学,其功能是育人,在教育形式方面重视师承关系,所有这一切都可以从韩愈的学术活动中看出端倪。因此,虽然韩愈并没有亲自创立书院,但他对书院的产生贡献很大。

宋代理学是儒家学说吸收佛教、道教的有益成分后产生的。在唐朝,河洛地区佛教、道教都很兴盛,客观上形成了儒、释、道三教并立的局面,三种学说相

① 邓广铭:《邓广铭治史丛稿》,北京大学出版社 1997 年版,第 169 页。

② 陈寅恪:《金明馆丛稿初编》,生活・读书・新知三联书店 2015 年版,第 322 页。

互竞争、相互影响，为理学产生提供了适宜的环境。书院首先在河洛地区产生，绝不是偶然的。

二、唐五代河南书院概况

唐五代是中国书院的萌芽阶段。当时出现的书院数量虽然少，但意义深远，标志着一个新时代的到来。河南作为当时国家政治、文化的核心区域，产生了第一批书院。

开元十二年(724)，唐玄宗命令在东都洛阳明福门外设置丽正书院，次年，改丽正书院为集贤殿书院。据《唐六典》记载，集贤殿书院有学士、直学士、侍讲学士、修撰官、校理官、知书官等，"集贤院学士掌刊辑古今之经籍，以辨明邦国之大典，而备顾问应对。凡天下图书之遗逸，贤才之隐滞，则承旨而征求焉。其有筹策之可施于时，著述之可行于代者，较其才艺，考其学术，而申表之。凡承旨撰集文章，校理经籍，月终则进课于内，岁终则考最于外"①。可见此种官方设立的书院是朝廷藏书、校书及储才之地，类似宋代的馆阁，与私人聚徒讲学的书院有别。因此有学者认为不能把丽正书院、集贤殿书院作为书院的起源。笔者认为官方设立的书院与私人书院虽然有区别，但也不能把二者完全对立起来。其一，唐初的弘文馆里也曾设置生员，说明馆阁也可以是教育机构。其二，丽正书院的设置，本身就是"崇文右学"之举，正如大臣张说指出："古帝王功成，则有奢满之失，或兴池观，或尚声色。今陛下崇儒向道，躬自讲论，详延豪俊，则丽正乃天子礼乐之司，所费细而所益者大。"②而私人书院的兴起，也是儒学复兴、道统弘扬的标志，所以把丽正书院作为书院的源头之一，也是有根据的。

唐代河南的私人书院，见于记载的有洛阳龙门山西谷的松斋书堂，为唐人王龟(？—873)所建。北宋理学家程颐为建个人著书讲学的书院，曾写信向文彦博求一块龙门山的地皮，其中提到了松斋书堂："颐窃见胜善上方旧址，从来荒废为无用之地。野人率易，敢有干闻，欲得葺幽居于其上，为避暑著书之所。

---

① 〔唐〕李林甫等撰，陈仲夫点校，《唐六典》卷九，中华书局2014年版，第280~281页。

② 〔宋〕欧阳修、宋祁：《新唐书》卷一百二十五《张说传》，中华书局1975年版，第4410页。

唐王龟创书堂于西谷，松斋之名，传之至今。颐虽不才，亦能为龙门山添胜迹于后代，为门下之美事。”①有学者认为松斋书堂是个人书斋，不能算作书院。笔者不能苟同。书院本身就具有士人读书的功能，不能认为其不聚徒讲学就不是书院。松斋书堂的大名能够流传下来，就说明它不是纯私人书斋，其中一定会有士人之间的聚会、探讨学问等活动。作为新生事物，书院有一个发展、完善的过程，不能要求书院刚产生就具有成熟期的所有功能。所以，把松斋书堂作为早期书院是没有问题的。

五代时期，洛阳地区有龙门书院，开封人张谊曾就读于此。据史载，张谊“好学，不事产业。既孤，诸父使督耕陇上，他日往视之，见阅书于树下，怒其不亲穑事，诟辱之。谊谓其兄曰：‘若不就学于外，素志无成矣。’遂潜诣洛阳龙门书院，与宗人沆、鸾、湜结友，故名闻都下。长兴中，和凝掌贡举，谊举进士，调补耀州团练推官”②。长兴是五代后唐明宗年号，从 930 年到 933 年共四年。龙门书院始于何年，由谁创立，规模多大，有待考证。在五代时，这应该是一个比较有名的并以培养人才为主的书院。

五代时期，河洛地区的嵩山是儒、释、道三教合一之地，文化积淀深厚。在太室山南麓，兴起了一座太乙书院，这就是宋代嵩阳书院的前身。太乙书院建在汉代万岁观遗址上，有汉封将军柏为证。北魏时，这里建有嵩阳寺，隋炀帝时改名嵩阳观，唐高宗时改名太乙观。五代后唐清泰元年（934）起，“进士庞士曾在此聚徒讲学三年之久”③。后周世宗显德二年（955），太乙观正式改名太乙书院。北宋时改名嵩阳书院，名列宋代四大书院之一。嵩阳书院所在的河洛地区是洛学的大本营，嵩山又是历史文化名山，所以嵩阳书院自古以来就声名远扬。

五代时期，商丘也有一书院，当时称为学舍，是虞城人杨悫聚徒讲学之所，戚同文（904—976）曾就读于此。此学舍乃宋代著名的应天府书院的前身。据史载，戚同文“闻邑人杨悫教授生徒，日过其学舍，因授《礼记》，随即成诵，日讽一卷，悫异而留之。不终岁毕诵《五经》，悫即妻以女弟。自是弥益勤励读书，累年不解带。时晋末丧乱，绝意禄仕，且思见混一，遂以‘同文’为名字。悫尝勉之

① 〔宋〕程颢、程颐：《二程集》，《河南程氏文集》卷九，中华书局 1981 年版，第 601 页。

② 〔元〕脱脱等：《宋史》卷三百六《张去华传》，中华书局 1977 年版，第 10107 页。

③ 邓洪波：《中国书院史》（增订版），武汉大学出版社 2012 年版，第 49 页。

仕,同文曰:'长者不仕,同文亦不仕。'悫依将军赵直家,遇疾不起,以家事托同文,即为葬三世数丧。直复厚加礼待,为筑室聚徒,请益之人不远千里而至。登第者五六十人,宗度、许骧、陈象舆、高象先、郭成范、王砺、滕涉皆践台阁"①。这个书院从五代一直兴办至宋初,杨悫创立,戚同文继任,由将军赵直提供资金支持。书院声名远扬,培养了不少人才,考中进士的就有五六十人,官至高位的有七人,办学成绩斐然。正因为有这样的优良办学传统,所以才有了几十年以后的复兴,成为宋代赫赫有名的应天府书院。

唐五代时期是河南书院的萌芽期,书院数量比较少,中原地区见诸史籍记载的就这么五所。当然实际存在的书院也许不止五所,但也应该不会太多。书院数量少,还有一个重要原因是唐后期到五代是乱世,是中华文化最低落的时期。但最低潮的时期往往孕育着文化的复兴,中华文化有着强大的生命力,以道统为己任的士人仍然在黑暗中默默地传承文化,积蓄能量,等待文化的再次发扬光大。正如清代河南巡抚王日藻指出:"五代日寻干戈,中原云扰,圣人之道,绵绵延延,几于不绝如线矣。而书院独肇于斯时,岂非景运将开,斯文之未坠,已始基之欤!"②事实也正是如此,到了宋代,随着国家统一,干戈停息,政府提倡文治,一个文化大发展、大繁荣的时代到来了,书院也终于迎来了它的大发展时代。

---

① 〔元〕脱脱等:《宋史》卷四百五十七《隐逸上·戚同文传》,中华书局 1977 年版,第 13418 页。

② 〔清〕耿介:《嵩阳书院志》卷二,王日藻《嵩阳书院碑记》,中州古籍出版社 2003 年版,第 81 页。

第二章 北宋河南书院的兴盛

汉唐以国力强盛著称,宋代以文化繁荣闻名。陈寅恪先生指出:“华夏民族之文化,历数千载之演进,造极于赵宋之世。”邓广铭先生也认为:“宋代的文化,在中国封建社会历史时期之内,截至明清之际的西学东渐的时期为止,可以说,已经达到了登峰造极的高度。”[①]宋代文化的成就是全方位的,其中处于核心地位的是儒学第二期——理学的产生和成熟。书院的产生和发展壮大与理学密不可分。那么处于宋代文化核心区域的河南书院在宋代儒学复兴中发挥了怎样的作用,书院的本质属性是什么,就是本章要探讨的问题。

第一节　北宋河南书院发展概况

书院属于私学系统,可以说是私学教育发展的高级形态。论及北宋书院的起源,学者往往会引用吕祖谦《白鹿洞书院记》的说法,“国初,斯民新脱五季锋镝之厄,学者尚寡。海内向平,文风日起,儒生往往依山林,即闲旷以教授,大师多至数十百人”[②],或者引用朱熹《石鼓书院记》的记载,“予惟前代庠序之教不修,士病无所于学,往往相与择胜地,立精舍,以为群居讲习之所”[③]。五代、宋初是中国文化最衰落的时期,在这最衰落的时期依然有士人在进行着薪火相传的文化教育事业,也正是这种坚守和担当孕育了即将到来的文化高潮。

---

① 邓广铭:《邓广铭治史丛稿》,北京大学出版社 1997 年版,第 66 页。

② 〔宋〕吕祖谦:《东莱集》卷六《白鹿洞书院记》,文渊阁四库全书本。

③ 〔宋〕朱熹:《晦庵集》卷七十九《衡州石鼓书院记》,文渊阁四库全书本。

在中国传统中,学术文化起源和传播的主要渠道往往在民间,但这并不意味着官方的支持不重要。关于北宋书院的起源,王夫之在《宋论》中指出:“咸平四年,诏赐九经于聚徒讲诵之所,与州县学校等,此书院之始也。嗣是而孙明复、胡安定起,师道立,学者兴,以成乎周、程、张、朱之盛。”①检索史籍,在咸平四年有这样的记载:“六月,诏诸路郡县有学校聚徒讲诵之所,赐《九经》书一部。”②“以国子监经籍赐潭州岳麓山书院,从知州李允则之请也。”③书院在北宋初年就出现了,王夫之把书院的起始定于咸平四年(1001),是看重朝廷对书院的认可。南宋人洪迈也把朝廷对书院的承认作为书院的起始:“大中祥符二年,应天府民曹诚即楚丘戚同文旧居造舍百五十间,聚书数千卷,博延生徒,讲习甚盛。府奏其事,诏赐额曰应天府书院,命奉礼郎戚舜宾主之,仍令本府幕职官提举,以诚为府助教。宋兴,天下州府有学自此始。”④洪迈把应天府书院作为书院和地方官学的共同开端。在中国文化中,政府和社会关系的理想状态是统一,而不是对立。社会是文化创造的源头活水,政府把民间社会的创新上升为国家意志,并加以支持、保护和推广。因此,北宋书院的起源是民间与官府共同推动的。

书院的出现,既是宋代文化发展的原因,又是文化发展的表现。宋代文化的发展繁荣,与宋朝政府推行的右文政策分不开。宋朝的皇帝都很重视文化教育事业,“太祖建国之后,很快由一介武夫变成为尊儒重文之君,享有‘性好艺文’的称誉;太宗更以‘锐意文史’而见著史册;真宗则‘道遵先志,肇振斯文’;于是以文化成天下,就成为宋廷的国策”。具体说,右文政策的内容包括“尊师重道,优礼儒士”,“网罗人才,选拔俊彦”,以及皇帝本人“勤奋好学,刻苦读书”⑤,等等。右文政策大大促进了宋代文化的发展,同时这项政策也是宋代书院发展繁荣的大背景。

关于宋代的右文政策,邓广铭先生有不同意见。邓先生认为“‘重文轻武’只不过是一种表面现象。实际上,北宋建都于四战之区的开封,建国之初则为

① 刘韶军译注:《宋论》卷三《真宗》,中华书局 2013 年版,第 211 页。

② 刘琳等校点:《宋会要辑稿　5》,《崇儒二·郡县学》,上海古籍出版社 2014 年版,第 2762 页。

③ 〔宋〕李焘:《续资治通鉴长编》卷四十八,咸平四年三月辛卯,中华书局 2004 年版,第 1055 页。

④ 〔宋〕洪迈:《容斋随笔》卷五《州郡书院》,中华书局 2005 年版,第 488 页。

⑤ 姚瀛艇主编:《宋代文化史》,河南大学出版社 1992 年版,第 16、17、20、23 页。

了削平十国割据的残局，其后则北方的劲敌契丹和继起于西北地区的西夏，无一不需要用武力去对付。所以，从北宋政权一开始就注定了'国倚兵而立'的局势，如何能够制定轻武的政策呢？既不能轻武，而宋太祖本人就是以掌握军权而夺取了政权的，深知高级将帅的篡夺之祸必须加以防范，所以在他即位后不久，就解除了与他同辈分的几个将帅的兵权，到宋太宗时，则又实行'将从中御'的办法，使得'将在外'也必须严遵君命；至于其所以把文臣的地位摆在同等级的武臣之上，则只是希望借此使其能够发生牵制的作用。这才是问题的实质所在。至于所谓的'右文'，无非指扩大科举名额以及大量刻印书籍等类事体，我以为这也都是顺应当时社会发展所已经具备的条件，因势利便而作出来的，并非真有什么右文政策。即使北宋王朝的上述种种措施，对其时文化的发展也不无某些好处，但与当时全然由客观环境关系而被动施行的在文化上的兼容并包政策所起的作用相较，则是显然微小的"①。邓先生否定有所谓右文政策，实际上是强调客观历史发展大势的作用，而否定宋代皇帝的主观作用。笔者认为，时势的作用与历史人物的作用是统一的。仅仅强调皇帝实行右文政策的作用当然是片面的，但只强调时势的作用同样是片面的。历史毕竟是由人创造的，英雄人物的作用更大，不论宋初诸帝的主观目的是什么，右文政策确实顺应了历史发展的潮流。五代与宋代的时势是相同的，为什么只有宋代皇帝能够统一国家，实行重视文化教育发展的政策，而五代的军阀皇帝们却没有这样做，这不正是宋代皇帝发挥主观能动性的表现吗？怎么能说是全然被动呢？所以，宋代书院的发展、文化的复兴，既是历史发展大势（主要表现为民间对文化的传承）的产物，也是政府大力提倡和支持的结果。

关于北宋时期河南到底有多少所书院这一问题，不同学者有不同的答案。邓洪波先生所著《中国书院史》，认为北宋时期河南有 6 所书院，在全国有书院的 14 个省区中排名第三。② 周保平先生认为"北宋时期的河南书院有应天府书院、嵩阳书院、伊川书院、范文正公讲院、龙门书院、颍谷书院、同文书院、显道书院、和乐书院、游梁书院、首阳书院等，共有 11 所"③。而张显运先生认为"北宋

① 邓广铭：《邓广铭治史丛稿》，北京大学出版社 1997 年版，第 70~71 页。

② 邓洪波：《中国书院史》（增订版），武汉大学出版社 2012 年版，第 71 页。

③ 周保平：《北宋时期河南书院考证及其兴盛原因探析》，《河南大学学报》2014 年第 5 期。

时期河南书院发展到 33 所,约占全国的 1/4”[①]。之所以有如此巨大的分歧,首先是因为学者引用材料的不同。周保平、张显运两位学者都引用了明清时期的地方志,而这些地方志对宋代书院的追溯可能并不那么可靠。所以笔者认为在河南书院数量这个问题上还是保守一点比较好。

另外,统计北宋书院数量比较容易产生分歧,原因还在于北宋时期书院制度还没有完全成熟。书院的名称、概念还不固定,书院与其他类型的学校还没有真正区分开来,一些书院的名称也许是后来追认的,在北宋当时并不叫书院。比如扶沟县的大程书院据说是程颢在扶沟知县任上所建,但在《朱子语类》中有这样的记载:“因举明道教上蔡且静坐,彼时却在扶沟县学中。”[②]这说明程颢当时可能并没有修建书院,讲学就在县学之中,后来的大程书院应该是后人为纪念程颢而兴建。

比书院名称更重要的是书院的功能问题。宋初的书院,其功能比较单一,那就是教学。学者认为,正是宋初公立学校不振,才促使民间书院的产生,书院其实是官学的替代品。“宋初士病无所于学,趋之书院;官病无所于养,取之书院,殊途而同归,经过官民双方的共同努力,书院得以蔚然而兴。这一特定的历史条件,决定了此时的书院必然会以教学为主,教育功能得以强化。”[③]这个时期的书院,其实是徒有书院之名的学校,有学校的共同属性,而没有书院的特殊属性。那么成熟的书院包括哪些要素呢?学者指出,“作为一种比较成熟的教育制度,书院包含讲学、藏书、祭祀、学田四大基本规制”[④]。笔者认为,这四个要素只是书院的外在特征。书院的内在规定性是书院教育以人为中心,而汉唐的学校传授经学,以知识为中心。汉唐学校中的教师是经师,书院中的教师是人师。书院不以知识传授为最高目标,而以闻道、传道为终极目标,所谓“道”就是超越世俗的理想、信仰。汉唐时期,儒家的修身、齐家、治国、平天下只能算是世俗的政治功业,而不是最高的道,最高的道存在于出世的佛教、道教中。宋代士人致力于复兴儒学,他们要确立儒家的道,一方面这个道要具有超越世俗功利的终极信仰性质,另一方面又不能离开世俗的修身、齐家、治国、平天下去追求这个

① 张显运:《简论北宋时期的河南书院》,华中师范大学硕士学位论文,2003 年。

② 〔宋〕黎靖德编:《朱子语类》卷二十六《论语八》,中华书局 1986 年版,第 656 页。

③ 邓洪波:《中国书院史》(增订版),武汉大学出版社 2012 年版,第 82~83 页。

④ 邓洪波:《中国书院史》(增订版),武汉大学出版社 2012 年版,第 109 页。

道。追求道是宋代儒学的精神，是宋代儒学发展的最高成果——理学的精神。书院产生于宋代儒学复兴的大潮中，与理学同时成熟于南宋时期，并与理学有机结合了起来，所以书院的精神也是求道。之所以在书院数量的统计上有分歧，最重要的原因在于北宋时期的书院制度尚不成熟，书院与一般的学校还没有本质区别，有些所谓的书院其实是后世人根据后来的情况追认的。

学界一般认为，宋代教育由官学、书院、私学三种形态构成，呈三足鼎立或三轨并行之势。笔者认为，这三种教育机构的发展趋势是官学走向衰落，私学汇入书院，只有书院才是宋代以后教育的主导形态。理学的精神是求道，书院是理学的载体，因而书院的精神也是求道，当然这都是南宋以后的事。北宋时期，儒家文化才刚刚开始复兴，文化发展的方向尚处在探索阶段，书院作为文化复兴的产物，还没有达到道的自觉即文化自觉的高度，所以这个时期的书院是不成熟的，书院与官学还没有办法真正区别开来。一方面北宋的书院徒有学校的躯壳，虽不乏文化复兴的热忱，却尚未达到道的自觉；另一方面，私学，特别是以二程为代表的理学家的私家讲学却有着明确的道的追求和自觉。书院是私学发展的高级形态。理学家的私人讲学代表了书院的精神和灵魂，北宋发展起来的书院为这种精神和灵魂提供了载体，二者在南宋的结合，就形成了成熟的书院制度。所以，北宋的私人讲学是书院的一个重要源头，书院也可以说是私人讲学的制度化。

书院在宋代有一个产生、发展、成熟的过程，应该以发展的眼光看书院。具体说，书院在宋代经历了兴起、中衰、复兴三个发展阶段。从宋初到宋仁宗朝的庆历年间，是书院的兴起阶段。从庆历新政开始直至北宋末年，宋朝政府接连发起了三次兴学运动，各级公立学校次第建立，书院的发展则进入低潮。南宋时期，在以朱熹为代表的理学家的不懈努力下，书院又纷纷建立起来，理学与书院结合起来，标志着书院制度的成熟。三次兴学运动是书院的中衰期，兴学运动的失败是书院复兴的契机。

第二节　北宋书院与官办学校的消长

北宋是儒学复兴的时期，是教育大发展的时期，也是不断掀起政治改革的时期。教育和科举改革是北宋政治改革的重要内容，书院在这些活动中扮演了什么样的角色，书院与政府推动的兴学运动和科举改革有怎样的关系，本节即围绕这些问题展开。

一、北宋书院与三次兴学运动

北宋初年，朝廷实行鼓励书院发展的政策，鼓励的措施包括赐经籍、赐院额、赐学田、召见山长、封官褒奖等。比如登封太乙书院，“至道二年七月甲辰，赐院额及印本《九经》书疏。祥符三年四月癸亥，赐太室书院《九经》。景祐二年九月十五日己丑，西京重修太室嵩阳书院，诏以嵩阳书院为额”①。仁宗宝元元年(1038)，“赐河南府嵩阳书院田十顷”②。正因为有政府的支持，嵩阳书院名列宋代四大书院之中。应天府书院则更具官方色彩，据《续资治通鉴长编》大中祥符二年(1009)二月庚戌条记载，“应天府民曹诚，以赀募工就戚同文所居造舍百五十间，聚书千余卷，博延生徒，讲习甚盛。府奏其事，上嘉之，诏赐额曰‘应天府书院’，命奉礼郎戚舜宾主之，乃令本府幕职官提举，又署诚府助教。舜宾，同文孙，纶子也”③。史称“州郡置学始此”④。此后，应天府书院一直得到朝

① 〔宋〕王应麟：《玉海》卷一百六十七《嵩阳书院》，文渊阁四库全书本。

② 〔宋〕李焘：《续资治通鉴长编》卷一百二十二，宝元元年四月丁亥，中华书局 2004 年版，第 2872 页。

③ 〔宋〕李焘：《续资治通鉴长编》卷七十一，大中祥符二年二月庚戌，中华书局 2004 年版，第 1597 页。

④ 刘琳等校点：《宋会要辑稿》，《崇儒二 · 郡县学》，上海古籍出版社 2014 年版，第 2762 页。

廷的重视,“天圣三年,应天府增解额三人,六年九月,晏殊言:‘请以王洙充书院说书。’从之。明道二年十月乙未,置讲授官一员。景祐二年十一月辛巳朔,以书院为府学,给田十顷”①。庆历三年(1043),改应天府学为南京国子监。应天府书院是由民间书院转型为官办书院,又升格为官学的典型案例。这两个书院的发展历程,充分说明了北宋前期政府对书院教育的高度重视。但到了北宋中期以后,随着政府大规模兴办公立学校,书院渐渐衰落下去。正如洪迈所指出的:“及庆历中,诏诸路州郡皆立学,设官教授,则所谓书院者,当合而为一。”一些书院如应天府书院、石鼓书院、笙竹书院被改为官学,嵩阳书院、白鹿洞书院则被废弃。

北宋中期以后,书院因政府的持续兴学运动而衰落,南宋时期,书院又因北宋兴学运动的失败而复兴。兴学运动与书院关系如此密切,所以有必要对北宋的兴学运动做一番探讨。北宋大规模的兴学运动共有三次:第一次兴学运动由范仲淹发起,是庆历新政的一项内容;第二次兴学运动发生在王安石变法时期;第三次兴学运动由宋徽宗和蔡京发起。三次兴学运动的目的是建立从中央到地方完整的官办学校教育体系,并以学校考试制度代替科举考试制度,把培养士人与选拔士人统一于学校教育。

先看州县学校的建立。庆历四年(1044)三月,诏令“诸路州府军监,除旧有学外,余并各令立学。如学者二百人以上,许更置县学”②。诏令一下,各地迅速掀起办学热潮,州学在全国基本得到普及。宋神宗熙宁四年(1071),又命令州、府普遍设学校,并由朝廷向州学派遣教授。崇宁元年(1102),规定在州学方面,“郡小或应举人少,则令三二州学者聚学于一州。置学州并差教授,先置一员”③。又命令普遍设立县学,使县学在全国迅速普及。崇宁三年(1104)规定县学学生名额,大县50人,中县40人,小县30人,由于地方官相互攀比追求政绩,所以实际名额远远超过了国家规定。同年,朝廷又命令尚未建立官办学校的州一律要建州学,原来两三个州共建一学的遂各自独立建学。在中央,庆历四年设立太学,采取湖州教授胡瑗的教学方法。熙宁四年,在太学实行三舍法:

---

① 〔宋〕王应麟:《玉海》卷一百六十七《应天府书院》,文渊阁四库全书本。

② 刘琳等校点:《宋会要辑稿》,《崇儒二·郡县学》,上海古籍出版社2014年版,第2763页。

③ 刘琳等校点:《宋会要辑稿》,《崇儒二·郡县学》,上海古籍出版社2014年版,第2765页。

“生员分三等：以初入学生员为外舍，不限员；自外舍升内舍，内舍升上舍。上舍以百员，内舍以二百员为限。”①上舍生优秀者可免科举考试直接授官。太学教学以王安石主持编修的《三经新义》为统一教材。太学三舍法一直实行到北宋末年，宋徽宗朝从大观元年（1107）至宣和三年（1121）甚至停止科举考试②，把三舍法作为选拔官员的基本办法，并且在州学中也推行了三舍法。总体来看，北宋中后期的兴学运动推动了教育和文化的大发展，但以学校选拔官员制度代替科举选拔官员制度的目的却没有达到，南宋以后直至清朝末年，科举制始终是封建王朝选拔官员的基本制度。

那么北宋政府为什么要以学校选拔人才代替科举选拔人才呢？因为科举制实行以后出现了一些问题。一方面，科举制以诗赋取人，而非以儒家经书取人，这样选拔上来的官员只具有文学修养，而不懂得治国平天下之道。科举制下的士人由于没有在基层为吏的经历，所以考中进士后也不具有行政经验。总的来说就是士人所学非所用，知识结构不合理，作为官员不称职。另一方面，科举制是选拔人才的制度，而不是培养人才的制度。科举制下，士人脱离乡里社会，不经过学校，就能直接通过科举考试入仕，导致士人的道德品质无法得到培养，出现了进士浮薄的现象。这些问题在唐代后期已经出现，到北宋时期更加突出，北宋中后期政府发起的兴学运动、科举改革，正是为了解决这些问题。

庆历三年（1043）九月，范仲淹、富弼等大臣在宋仁宗督促下，上疏《答手诏条陈十事》提出改革蓝图，其中第三项改革措施“精贡举”就是教育、科举方面的内容。范仲淹认为科举方面存在的问题是“国家专以词赋取进士，以墨义取诸科，士皆舍大方而趋小道，虽济济盈庭，求有才有识者十无一二”，“又外郡解发进士、诸科人，本乡举里选之式，必先考其履行，然后取以艺业。今乃不求履行，惟以词藻、墨义取之，加用弥封，不见姓字，实非乡里举选之本意也”。③ 那么应该如何解决这些问题呢？据史载，范仲淹等大臣“意欲复古兴学，数言兴学校，本行实”。庆历四年（1044）三月，宋祁、王拱辰、张方平、欧阳修等九大臣联合上

① 〔宋〕李焘：《续资治通鉴长编》卷二百二十七，熙宁四年十月戊辰，中华书局2004年版，第5529页。

② 漆侠主编：《辽宋西夏金代通史·教育科学文化卷》，人民出版社2010年版，第126、127页。

③ 〔宋〕李焘：《续资治通鉴长编》卷一百四十三，庆历三年九月丁卯，中华书局2004年版，第3435、3436页。

奏道:“夫取士当求其实,用人当尽其才。今教不本于学校,士不察于乡里,则不能核名实;有司束以声病,学者专以记诵,则不足尽人才。此献议者所共以为言也。谨参考众说,择其便于今者,莫若使士皆土著而教之于学校,然后州县察其履行,则学者修饬矣。故为设立学舍,保明举送之法”,“今先策论,则文词者留心于治乱矣;简程式,则宏博者得以驰骋矣;问大义,则执经者不专于记诵矣”,“其州郡弥封誊录,进士、诸科帖经之类,皆苛细而无益,一切罢之”,“如此,养士有本,取才不遗,为治之本也”。[①] 朝廷根据这个建议,下达了改革科举的诏令:“州县立学,本道使者选属部为教授,不足则取于乡里宿学之有道业者。士须在学三百日,乃听预秋赋;旧尝充赋者,百日而止;试于州者,令相保任,有匿服、犯刑、亏行、冒名等禁。三场:先策,次论,次诗赋,通考为去取,而罢帖经、墨义。士通经术,愿对大义者,试十道,可为永式。”[②]愿望虽然美好,但当真要在现实中推行这个政策,阻力还是很大的,“时言初令不便者甚众,以为诗、赋声病易考,而策、论汗漫难知,祖宗以来,莫之有改,得人尝多。乃诏一依旧条”[③]。所以科举新制根本就没有实行。不过,命令州县兴学的诏令在一些地方得到了实行,对教育的发展还是有一定的推动作用的。

庆历新政失败了,但科举取士所带来的问题依然存在,只要问题存在,要求变革的声音就不会停歇。解试是科举的最低一级考试,解试合格才能参加省试、殿试。北宋时期,国子监和开封府发解的士人进士及第名额很多,所以各地士人都愿意到京城游学,参加解试。司马光认为这样就造成了士人不安心乡里,助长了奔竞之风,所以他主张把进士录取名额公平分配到各地。“国家用人之法,非进士及第者不得美官,非善为诗赋论策者不得及第,非游学京师者不善为诗赋论策。以此之故,使四方学士皆弃背乡里,违去二亲,老于京师,不复更归。其间亦有身负过恶,或隐忧匿服,不敢于乡里取解者,往往私买监牒,妄冒户贯,于京师取解”,“所以然者,盖由每次科场及第进士,大率皆是国子监、开封府解送之人,则人之常情,谁肯去此而就彼哉!”[④]所以司马光主张把进士名额分

① 〔宋〕李焘:《续资治通鉴长编》卷一百四十七,庆历四年三月乙亥,中华书局 2004 年版,第 3563 页。

② 〔宋〕马端临:《文献通考》卷三十一《选举考四》,中华书局 2011 年版,第 899~900 页。

③ 〔宋〕马端临:《文献通考》卷三十一《选举考四》,中华书局 2011 年版,第 900 页。

④ 〔宋〕马端临:《文献通考》卷三十一《选举考四》,中华书局 2011 年版,第 903、904 页。

配到各地,增加西北地区的名额,减少东南地区的名额。然而,欧阳修不认可司马光的观点,他认为“国家取士之制,比于前世,最号至公。盖累圣留心,讲求曲尽,以谓王者无外,天下一家,故不问东西南北之人,尽聚诸路贡士,混合为一,而惟才是择;又糊名、誊录而考之,使主司莫知为何方之人、谁氏之子,不得有所憎爱厚薄于其间。故议者谓国家科场之制,虽未复古法,而便于今世,其无情如造化,至公如权衡,祖宗以来不可易之制也”,“此臣所以区区欲为陛下守祖宗之法也”。至于说东南士人比西北士人录取名额高,那是因为“东南之士于千人中解十人,其初选已精矣,故至南省,所试合格者多;西北之士学业不及东南,当发解时又十倍优假之,盖其初选已滥矣,故至南省,所试不合格者多。今若一例以十人取一人,则东南之人合格而落者多矣,西北之人不合格而得者多矣”。[①] 这样就会造成科举不公,也达不到选拔人才的目的。“惟事久不能无弊,有当留意者,然不须更改法制,止在振举纲条尔。近年以来,举人盛行怀挟,排门大噪,免冠突入,亏损士风,伤败善类,此由举人既多,而君子小人杂聚,所司力不能制,虽朝廷素有禁约,条制甚严,而上下因循,不复申举。”[②]在欧阳修看来,科举制是公平的选官制度,程序公平是第一位的,不能为了结果公平而损害程序公平,所以“逐路取人”的改革建议是不可取的。至于科举制下出现的问题,应该以严格执法去解决。应该说,欧阳修的观点是符合历史发展趋势的,科举制是新生事物,新生事物因为不成熟总会有这样那样的问题,解决问题靠制度的完善,而不是回到过去。在多数士人主张恢复乡举里选时,欧阳修公开为科举制辩护,这是难能可贵的。马端临也认可欧阳修的观点:“分路取人之说,司马、欧阳二公之论不同。司马公之意,主于均额,以息奔竞之风;欧阳公之意,主于核实,以免缪滥之弊。要之,朝廷既以文艺取人,则欧公之说为是。盖士既求以用世,则奔名逐利,所不能免,不必深訾,至于弃亲匿服、身负过恶者,皆素无行检之人,此曹虽使之生长都城,早游馆学,超取名第,亦未必能为君子。”[③]马端临是南宋人,当时科举制的正当性早已不是问题,所以他赞同欧阳修的观点。他认为士人追名逐利不是科举制造成的,任何制度下都会有君子、有小人,不能因为一些士人

① 〔宋〕马端临:《文献通考》卷三十一《选举考四》,中华书局 2011 年版,第 904~905 页。

② 〔宋〕马端临:《文献通考》卷三十一《选举考四》,中华书局 2011 年版,第 905 页。

③ 〔宋〕马端临:《文献通考》卷三十一《选举考四》,中华书局 2011 年版,第 906 页。

的道德问题而否定科举制。马端临的观点也是符合历史实际的。

但在北宋中期，科举制还是新生事物，所以变科举取士为学校取士，恢复乡举里选传统的观点，依然有很大市场。庆历新政失败后不久，就出现了一场更大规模的改革。王安石在科举制改革方面，继承了范仲淹的主张。“王安石以为古之取士俱本于学，请兴建学校以复古”，“罢诗赋、明经、诸科，以经义、论、策试进士”。不过，这项动议遭到了苏轼的反对。苏轼认为，“得人之道在于知人，知人之法在于责实。使君相有知人之明，朝廷有责实之政，则胥吏、皂隶未尝无人，而况于学校贡举乎！虽用今之法，臣以为有余。使君相无知人之明，朝廷无责实之政，则公卿、侍从常患无人，况学校贡举乎！虽复古之制，臣以为不足矣。夫时有可否，物有兴废，使三代圣人复生于今，其选举亦必有道，何必由学乎！且庆历间尝立学矣，天下以为太平可待，至于今惟空名仅存。今陛下必欲求德行道艺之士，责九年大成之业，则将变今之礼，易今之俗，又当发民力以治宫室，敛民财以养游士，置官立师，而又时简不帅教者，屏之远方，徒为纷纷，其与庆历之际何异？至于贡举，或曰乡举德行而略文章；或曰专取策论而罢诗赋；或欲举唐故事，兼采誉望而罢封弥；或欲罢经生朴学，不用帖墨而考大义。此皆知其一未知其二者也。夫欲兴德行，在于君人者修身以格物，审好恶以表俗。若欲设科立名以取之，则是教天下相率而为伪也。上以孝取人，则勇者割股，怯者庐墓；上以廉取人，则敝车羸马，恶衣菲食，凡可以中上意者，无所不至。德行之弊，一至于此！自文章言之，则策论为有用，诗赋为无益；自政事言之，则诗赋论策均为无用矣。虽知其无用，然自祖宗以来莫之废者，以为设法取士，不过如此也。近世文章华丽无如杨亿，使亿尚在，则忠清鲠亮之士也；通经学古无如孙复、石介，使复、介尚在，则迂阔诞谩之士也。矧自唐至今，以诗赋为名臣者不可胜数，何负于天下，而必欲废之？”[①]苏轼是继欧阳修之后极力为科举取士辩护的官员。苏轼认为，科举制是时代发展的产物，所以应该顺应历史发展的潮流，而不能一厢情愿地逆潮流而动，复古只能是事倍功半，徒增烦扰。苏轼认为，改革制度不能解决道德问题，科举制下出现的种种流弊是制度执行的问题，而不是制度本身的问题。苏轼认为应顺应潮流肯定科举制的观点无疑是正确的，但不能无条件肯定科举制，存在的问题还是要解决的，科举制是需要进一步完善的，

① 〔宋〕马端临：《文献通考》卷三十一《选举考四》，中华书局 2011 年版，第 906、907 页。

无所作为的观点是错误的。

苏轼的上疏一度打动了宋神宗，但王安石不为所动，依然坚持改革立场。王安石指出："今人才乏少，且其学术不一，一人一义，十人十义，朝廷欲有所为，异论纷然，莫肯承听，此盖朝廷不能一道德故也。故一道德则修学校，欲修学校则贡举法不可不变"，"若谓此科尝多得人，自缘仕进别无他路，其间不容无贤；若谓科法已善，则未也。今以少壮时正当讲求天下正理，乃闭门学作诗赋，及其入官，世事皆所不习，此乃科法败坏人才，致不如古"①。他坚决地反驳了苏轼无所作为的消极态度，于是，科举改革的措施按计划执行。熙宁四年(1071)二月，中书言："古之取士皆本于学校，故道德一于上，习俗成于下，其人才皆足以有为于世。自先王之泽竭，教养之法无所本，士虽有美材而无学校师友以成就之，此议者之所患也。今欲追复古制以革其弊，则患于无渐。宜先除去声病偶对之文，使学者得以专意经义，以俟朝廷兴建学校，然后讲求三代所以教育选举之法，施于天下，则庶几可复古矣。"②改革的具体措施是"罢明经及诸科，进士罢诗赋，各占治《诗》《书》《易》《周礼》《礼记》一经，兼以《论语》《孟子》。每试四场，初大经，次兼经，大义凡十道，次论一首，次策三道，礼部试即增二道。中书撰大义式颁行"③。首先对科举考试内容进行改革，变诗赋取士为经术取士，罢帖经、墨义，以大义试经术。考试内容的改革是第一步，终极目标是以学校取士代替科举取士。熙宁四年十月，中书言："近制增广太学，益置生员，除主判官外，直讲以十员为额，每二员共讲一经，委中书选差，或主判官奏举"，生员分外舍、内舍、上舍三等，各有名额，逐级上升，"生员各治一经，从所隶官讲授，主判官、直讲月考试，优等举业上中书。学正、学录、学谕于上舍人内逐经选二员。如学行卓然尤异者，委主判及直讲保明，中书考察取旨除官"④。正式启动了恢复古代以学校取士的改革方案。

---

① 〔宋〕马端临：《文献通考》卷三十一《选举考四》，中华书局 2011 年版，第 907 页。

② 〔宋〕李焘：《续资治通鉴长编》卷二百二十，熙宁四年二月丁巳，中华书局 2004 年版，第 5334 页。

③ 〔宋〕马端临：《文献通考》卷三十一《选举考四》，中华书局 2011 年版，第 907 页。

④ 〔宋〕李焘：《续资治通鉴长编》卷二百二十七，熙宁四年十月戊辰，中华书局 2004 年版，第 5529 页。

二、王安石坚持恢复古代学校取士制度的原因

经历了庆历新政的失败,王安石为什么还要这么执着地坚持恢复古制的改革方向呢?原因在于,王安石的科举改革主张不是一时的心血来潮,而是针对宋朝存在的社会问题,长期深入思考得出的结论,早在宋仁宗朝向皇帝上的言事书中,王安石的改革蓝图就已经规划成熟了。王安石的改革方案不是对宋代制度进行枝节上的修修补补,而是要全面地从指导思想上进行根本改革。在改革的指导思想、终极目标上,宋神宗想要恢复唐代盛世的光荣,所以认为应该向唐太宗学习。而王安石认为应该向尧、舜学习。“陛下每事当以尧、舜为法。唐太宗所知不远,所为不尽合法度,但乘隋极乱之后,子孙又皆昏恶,所以独见称于后世。道有升降,处今之世,恐须每事以尧、舜为法。尧、舜所为至简而不烦,至要而不迂,至易而不难,但末世学士大夫不能通知圣人之道。故常以尧、舜为高而不可及,不知圣人经世立法常以中人为制也。”[①]在《上仁宗皇帝言事书》中,王安石认为宋朝社会之所以存在很多问题,是因为“方今之法度,多不合乎先王之政故也”,所以解决问题要“修先王之政”,而“法先王之政者”,“当法其意而已”,以先王治国理政的精神为指导,恢复先王治国理政的制度,是王安石变法的指导思想和根本遵循。王安石接着指出,“陛下虽欲改易更革天下之事,合于先王之意,其势必不能也”,原因在于“方今天下之人才不足故也”。改革措施要靠人才去实施,要实行先王之政,官员必须“能讲先王之意以合当时之变”,而这样的人才“阖郡之间,往往而绝也”[②],所以要推行变法,首先要培养变法的人才,这就牵涉到了教育和科举改革。

王安石认为,宋朝之所以人才缺乏,是因为培养、选拔人才不得法,所以实行先王之政,首先要在培养人才方面恢复古制。古代是怎样培养人才的呢?王安石指出:“古者天子诸侯,自国至于乡党皆有学,博置教导之官而严其选。朝

① 〔清〕黄以周辑注:《续资治通鉴长编拾补》卷三上,熙宁元年四月乙巳,中华书局 2004 年版,第 92~93 页。

② 王水照主编:《王安石全集》第六册,《临川先生文集》卷三十九《上仁宗皇帝言事书》,复旦大学出版社 2016 年版,第 750、751 页。

廷礼乐刑政之事，皆在于学。士所观而习者，皆先王之法言德行治天下之意，其材亦可以为天下国家之用。苟不可以为天下国家之用，则不教也；苟可以为天下国家之用者，则无不在于学。”[①]培养人才，贯彻了经世致用、学以致用的原则，学习内容与为政实践是统一的。如何选拔人才呢？王安石指出：“先王之取人也，必于乡党，必于庠序，使众人推其所谓贤能，书之以告于上而察之。诚贤能也，然后随其德之大小、才之高下而官使之。”[②]选拔人才，实行贯彻乡举里选原则的察举制。王安石认为先王培养、选拔人才的方法最好，而宋朝的制度完全背离了先王之道。王安石指出：“方今州县虽有学，取墙壁具而已，非有教导之官、长育人才之事也。唯太学有教导之官，而亦未尝严其选。朝廷礼乐刑政之事，未尝在于学。学者亦默然自以礼乐刑政为有司之事，而非己所当知也。学者之所教，讲说章句而已。讲说章句，固非古者教人之道也。近岁乃始教之以课试之文章。夫课试之文章，非博诵强学、穷日之力则不能。及其能工也，大则不足以用天下国家，小则不足以为天下国家之用。故虽白首于庠序，穷日之力以帅上之教，及使之从政，则茫然不知其方者，皆是也。”[③]这说的是宋朝教育所学非所用。三代时期，也就是王安石所说的先王时期，教育与政治是紧密结合在一起的，受教育的都是贵族子弟，学习内容也都是日后从政所需。两汉时期的太学和魏晋南北朝时期的门阀家学，都贯彻了通经致用、政教合一、宦学合一的原则，可以说继承了三代遗风。到了宋代，汉唐的经学——章句之学不能与时俱进，已失去了生命力，完全不能发挥解决社会问题的功能。科举考试主要考诗赋，虽然文章之学兴盛起来，但对官员的从政实践没有什么帮助，所以王安石主张改革学校教育，恢复古代政治与教育统一的传统。王安石变法打的旗号虽然是法先王之意、行先王之政，但其实先王时期的历史已经很难考证了，汉魏时期的制度与先王时期比较接近，所以王安石心目中的先王之制其实更多是以两汉为榜样的。

---

① 王水照主编：《王安石全集》第六册，《临川先生文集》卷三十九《上仁宗皇帝言事书》，复旦大学出版社 2016 年版，第 752～753 页。

② 王水照主编：《王安石全集》第六册，《临川先生文集》卷三十九《上仁宗皇帝言事书》，复旦大学出版社 2016 年版，第 754 页。

③ 王水照主编：《王安石全集》第六册，《临川先生文集》卷三十九《上仁宗皇帝言事书》，复旦大学出版社 2016 年版，第 755～756 页。

宋代教育背离古制，还表现在文与武的分离。王安石指出，“先王之时，士之所学者，文武之道也”，“故其大者，居则为六官之卿，出则为六军之将也；其次则比、闾、族、党之师，亦皆卒、两、师、旅之帅也。故边疆、宿卫，皆得士大夫为之，而小人不得奸其任。今之学者，以为文武异事，吾知治文事而已，至于边疆、宿卫之任，则推而属之于卒伍，往往天下奸悍无赖之人。苟其才行足自托于乡里者，亦未有肯去亲戚而从召募者也”，“夫士尝学先王之道，其行义尝见推于乡党矣，然后因其才而托之以边疆、宿卫之事，此古之人君所以推干戈以属之人，而无内外之虞也。今乃以夫天下之重任，人主所当至慎之选，推而属之奸悍无赖、才行不足自托于乡里之人，此方今所以諰諰然常抱边疆之忧，而虞宿卫之不足恃以为安也”。[①] 三代时官员没有文臣、武将的严格区分，汉唐时期的大臣也有出将入相的传统。宋代实行崇文抑武的国策，科举出身的进士仕途前景光明，武将受到压制，地位无法与文臣相比，有宋一代武功不振与此有很大关系。王安石认为，这与宋代教育有关，主张对士人的教育要恢复文武合一的古制。

在科举取士方面，王安石反对以诗赋考录进士，“不肖者，苟能雕虫篆刻之学，以此进至乎公卿，才之可以为公卿者，困于无补之学，而以此绌死于岩野，盖十八九矣”。明经科考试帖经、墨义，也难以选拔到真正的人才，“明经之所取，亦记诵而略通于文辞者，则得之矣。彼通先王之意，而可以施于天下国家之用者，顾未必得与于此选也”。科举制实行后，未经科举的州县之吏属于流外官，地位低下，吏永远也不可能进入官的行列，王安石认为官、吏二分背离古制，流弊很大。“流外，朝廷固已挤之于廉耻之外，而限其进取之路矣，顾属之以州县之事，使之临士民之上，岂所谓以贤治不肖者乎？以臣使事之所及，一路数千里之间，州县之吏，出于流外者，往往而有，可属任以事者，殆无二三，而当防闲其奸者，皆是也”，“其临人亲职，放僻邪侈，固其理也”。[②] 所以王安石认为应该消除流内、流外的区别，实行官、吏合一。熙宁五年(1072)，王安石指出：“比已令用常平法蓄息，赋州县吏，州县吏若得禄，又有新降赎法。又近令察访官搜举吏有才行者，自此善士或肯为吏，善士肯为吏，则吏士可复如古，合而为一。吏与

---

① 王水照主编：《王安石全集》第六册，《临川先生文集》卷三十九《上仁宗皇帝言事书》，复旦大学出版社 2016 年版，第 757、758 页。

② 王水照主编：《王安石全集》第六册，《临川先生文集》卷三十九《上仁宗皇帝言事书》，复旦大学出版社 2016 年版，第 761、762 页。

士、兵与农合为一,此王政之先务也。”[①]总之,王安石变法的总体思路是恢复古制,以学校取士,考试经典大义,实现吏、士合一。

以经义取士代替诗赋取士是王安石科举改革的重要内容之一。以经义取士是要解决宋朝“学术不一,一人一义,十人十义,朝廷欲有所为,异论纷然”的问题,以达到“道德一于上,习俗成于下,其人才皆足以有为于世”的目的。经义要解决的是士人的理想、信念问题,也就是要从儒家五经中寻求治国之道、修身之道,把个人的人生之道与治国平天下之道统一起来。汉唐经学是政治学,是世俗的治国平天下之道;经学不是出世的宗教、哲学,不能实现个人超越世俗的道德修养,而为政之道与修身之道的分离是党争的根源。儒家思想只有把个人超越的修养之道与入世的治平之道结合起来,才能统一思想,消除政治上的党争,实现王道理想。所以,在科举改革中,王安石坚持要以大义、策论考试取代诗赋、帖经、墨义考试。“熙宁四年,始罢词赋,专用经义取士,凡十五年;至元祐元年,复词赋与经义并行;至绍圣元年,复罢词赋,专用经义,凡三十五年;至建炎二年,又兼用经、赋。盖熙宁、绍圣则专用经而废赋,元祐、建炎则虽复赋而未尝不兼经,然则自熙宁以来,士无不习经义之日矣。”[②]王安石科举制改革尽管总体目标没有达到,但把经义考试纳入科举考试是符合学术发展潮流和时代需要的,因而也是成功的。

以学校取士代替科举取士是王安石选官制度改革的终极目标。王安石认为学校取士可以实现培养人才与选拔人才的统一,使选拔出来的官员德才兼备;学校取士可以实现学以致用的目的,解决所学非所用的问题;学校取士可以统一教材,进而统一思想。熙宁四年(1071)实行的太学三舍法是学校取士改革的开端。熙宁八年(1075),“颁王安石《诗》《书》《周礼义》于学”[③],统一学术思想。元丰二年(1079),“颁《学令》:太学置八十斋,斋容三十人。外舍生二千人,内舍生三百人,上舍生百人,总二千四百。月一私试,岁一公试,补内舍生;间岁一舍试,补上舍生。封弥、誊录如贡举法。而上舍试则学官不与考校。公试,外舍生入第一、第二等,参以所书行艺与籍者,升内舍;内舍生试入优、平二

① 〔宋〕李焘:《续资治通鉴长编》卷二百三十七,熙宁五年八月甲申,中华书局2004年版,第5764页。

② 〔宋〕马端临:《文献通考》卷三十二《选举考五》,中华书局2011年版,第924页。

③ 〔宋〕马端临:《文献通考》卷四十二《学校考三》,中华书局2011年版,第1224页。

等,参以行艺,升上舍。上舍分三等:俱优为上,一优一平为中,俱平若一优一否为下。上等命以官,中等免礼部试,下等免解"[①]。太学生名额增加,管理条例更加详细、具体。宋徽宗崇宁元年(1102),蔡京上奏:"古者国内外皆有学,周成均盖在邦中,而党庠、遂序则在国外。臣亲承圣诏,天下皆兴学贡士,即国南建外学以受之,俟其行艺中率,然后升诸太学。凡此圣意,悉与古合。今上其所当行者:太学专处上舍、内舍生,而外学则处外舍生。太学上舍本额一百人,内舍二百人,今贡士盛集,欲增上舍至二百人,内舍六百人,外舍三千人。外学为四讲堂、百斋,斋列五楹,一斋可容三十人。士初贡至,皆入外学,经试补入上、内舍,始得进处太学。太学外舍,亦令出居外学。俟学成奏行之。"[②]太学规模越来越大,三舍法在选拔人才中的作用也越来越大。崇宁三年(1104),徽宗下诏:"神考议以三舍取士,而罢州郡科举,其法行于畿甸,而未及郡国。肆朕纂图,制诏有司,讲议其方,成书来上,悉推行之,设辟雍于国郊,以待士之升贡者,又与临幸加恩博士弟子有差,朕劝励学者至矣。然州郡犹以科举取士,不专于学校。其诏天下,将来科场取士悉由学校升贡,其州郡发解,及试礼部法并罢,庶几复古。"[③]这样,三舍法推行至州郡,科举制被三舍法所代替。学校取士到宋徽宗朝达到顶点,然而这种表面的辉煌没有持续多长时间,便开始断崖式下降,并从此一蹶不振。宣和三年(1121),"诏罢天下三舍法,开封府及诸路并以科举取士;惟太学仍存三舍,以甄序课试,遇科举仍自发解"[④]。此后,公立学校虽依然存在,但以学校取士代替科举取士的改革思路却再也无人提起,学校取士的改革彻底失败。

宋朝政府兴办学校的本意是以学校取士代替科举取士,实现培养人才与选拔人才的统一,但实际效果与政府的期望却正好相反。"无论是从朝野对州县学的评价标准,或是从学官的授课内容和生徒入学目的看,无不因科举而奖,而设,而学,与封建政府的兴学本意并不完全一致","首先,朝廷衡量州县学好坏与对学官的奖励标准,主要依据学校在科举考试中的成绩而定","其次,州县学

① 〔宋〕马端临:《文献通考》卷四十二《学校考三》,中华书局 2011 年版,第 1224~1225 页。
② 〔宋〕马端临:《文献通考》卷四十二《学校考三》,中华书局 2011 年版,第 1227 页。
③ 〔宋〕马端临:《文献通考》卷三十一《选举考四》,中华书局 2011 年版,第 916 页。
④ 〔元〕脱脱等:《宋史》卷一百五十五《选举一》,中华书局 1977 年版,第 3623 页。

的授课内容也与科举考试的要求相一致”。[①] 有学者指出,宋代地方官学在其本身的发展过程中,有一个问题始终未能解决,那就是育才与选才的关系问题。“宋代兴学几乎都是导源于科举弊端,因此,北宋范仲淹、王安石、蔡京和南宋朱熹等著名政治家、理学家,都曾提过各种改革科举、发展学校的方案,施行的结果,仍然是科举支配学校。这一现象的存在实际上限制了宋代地方官学的发展。”[②]由此可见,在宋代科举制度的地位有多么稳固。

三、唐宋变革与北宋学校取士改革的失败

为什么以学校取士代替科举取士的改革最终会失败呢?根本原因在于科举制是新生事物,新生事物尽管有不完善之处,但是它富有生命力,符合社会发展潮流,并且能够适应时代需要。

科举制的本质是以考试方式选拔人才,来代替以推荐方式选拔人才。两汉的察举制和魏晋南北朝的九品中正制,都是把地方推荐人才与中央考察人才相结合的选官制度。两汉至魏晋南北朝时期,地方宗族势力比较强大,中央集权相对弱小,地方宗族势力把持着地方政治,地方官员要依靠地方势力进行统治,察举制和九品中正制是适应宗族势力强大的选官制度,这也正是学校取士、乡举里选的本质所在。换言之,学校取士、乡举里选是一种比较狭隘的选官制度,它是为宗族势力利益服务的制度,是有利于宗族势力掌握政治权力的制度。隋唐时期,以门阀士族为代表的地方宗族势力走向衰落,缺乏强大宗族基础的平民士人阶层兴起,科举制是为平民士人利益服务的制度,是为平民士人登上政治舞台提供阶梯的选官制度。平民士人比门阀士族更具有开放性,所以适应平民士人入仕的科举制比察举制、九品中正制更具开放性。在学校取士制度下,只有与地方宗族乡里势力关系比较密切的少数士人可以进入学校接受教育,步入仕途,而在科举制度下,士人可以不进入公立学校学习,可以在私学学习,甚至自学成才,然后参加科举考试步入仕途。科举制的实行使接受教育的士人群

---

① 何忠礼:《南宋科举制度史》,人民出版社2009年版,第295页。

② 黄书光:《宋代地方官学发达的原因和意义》,《浙江学刊》1989年第4期。

体大大扩大,这就是科举制的先进性所在。新兴的平民士人阶层的崛起使科举制具备了强大的阶级基础,平民士人相较于门阀士族是进步的阶级,科举制相较于九品中正制是进步的制度,这是科举制最大的优越性和合理性。正如项安世所指出:"科举之法,此今日不可如何之法也。自太平兴国以来,科名日重,实用日轻,以至于今二百余年,举天下之人才,一限于科目之内。入是科者,虽梼杌、饕餮必官之;出是科者,虽周公、孔子必弃之。习之既久,上不以为疑,下不以为怨。一出其外而有所取舍,则上蓄缩而不安,下睥睨而不服。共知其弊,而甘心守之,不敢复议矣。故曰:'此今日不可如何之法也。'"[①]所以欧阳修和苏轼对科举制的赞颂和维护是顺应历史潮流的,范仲淹、王安石企图以学校取士代替科举取士的改革措施是逆历史潮流而动的,是复古倒退的做法,因而也是注定要失败的。

北宋科举改革,一个重要的目标是要解决科举考试内容不实用的问题。范仲淹、王安石认为古代学校中学习和考试的内容是礼乐刑政,都是官员为政实践所需,而宋代科举考试的诗赋、帖经、墨义对于官员的为政都是没有用的,所以要恢复学校取士的制度。问题在于,学校培养人才、选拔人才只是古代整个政治制度的一个环节而已,汉代的学校制度与当时的地方政治自治是统一的。汉代选拔到中央太学学习的青年才俊代表的是地方宗族乡里的利益,毕业后还要回到地方为吏,等为吏有了成绩,再通过察举制到中央做官。所以对于在学校中接受教育的士人来说,做官为吏不是问题,岗位不是问题,而为吏是需要理论指导的,所以就需要在学习中理论联系实际,以经学知识指导为吏的实践,这就是通经致用、学以致用的真谛。经过唐宋变革以后,地方政治自治这个大背景不存在了,想通过在地方为吏走上仕途这条道路已经不存在了,经典学习与为吏的政治实践不得不脱钩了。士人必须首先通过科举考试这个很高的门槛,才能步入仕途积累行政经验,所以在通过科举考试前无论学习什么、考试什么,都会与政治实践脱节,因为士人已经不可能去边学习边实践了,没有实践的岗位了,这才是科举制度下所学非所用的真正原因所在。易言之,这不是一个学什么、考什么的问题,也不是一个学校取士还是科举取士的问题,而是一个地方政治自治的问题。唐宋变革以前,地方宗族乡里势力强大,他们把持着地方官

① 〔宋〕马端临:《文献通考》卷三十二《选举考五》,中华书局2011年版,第931页。

吏的任命,学校系统是为地方培养后备人才的机关。宋代以后,地方官员的任命权收归中央,所以科举制是为中央任命官员选拔后备人才的制度设计。在宋代,即使恢复了学校取士,士人也得不到在地方为吏的实践锻炼,学校学习与政治实践依然是分离的,依然解决不了所学非所用的问题。

如上文所述,王安石改革有一个目的,就是想解决科举制下流内、流外对立,官、吏分离的问题。王安石认为科举制导致了官和吏的分离,恢复古代的学校取士就可以实现官和吏的合一。其实,科举制导致官与吏的对立只是表面现象,官与吏的对立是选官权收归中央的必然产物。汉代,士人在地方为吏,最后可以升至卿相高位,所谓"宰相必起于州部"反映的就是这种现象。由地方小吏升至卿相高位,是地方政治自治的反映,而不是学校取士的必然结果,学校取士只是地方政治自治的一个环节。在宋代,地方宗族乡里势力衰落,选官权收归中央,不参加中央的科举考试,只在地方为吏,永远不可能升至高位,这是宋代官、吏分流的根本原因。所以,想通过科举改革来实现官、吏合一的想法是不切实际的。

解决宋代士人的道德滑坡问题,也是范仲淹、王安石的科举改革的重要目标之一。唐代科举制刚一实行,就出现了进士轻薄的现象,到宋代这种现象更加严重。当时的有识之士普遍认为,这是废除学校取士和乡举里选带来的问题。如范仲淹认为,"今乃不求履行,惟以词藻、墨义取之,加用弥封,不见姓字,实非乡举里选之本意也"。王安石认为,"自先王之泽竭,教养之法无所本,士虽有美材而无学校师友以成就之,此议者之所患也"。他们认为,只要恢复学校取士的古制,就可以解决士风浮躁问题。但事实并非如此,马端临指出,"自崇、观以来,三舍之法大备,议者病其立捷径之途,长奔竞之风"①。朱熹指出,熙宁以来,"所谓太学者,但为声利之场,而掌其教事者,不过取其善为科举之文,而尝得隽于场屋者耳。士之有志于义理者既无求于学,其奔趋辐辏而来者,不过为解额之滥、舍选之私而已。师生相视漠然如行路之人,间相与言,亦未尝开之以德行道艺之实,而月书季考者,又只以促其嗜利苟得冒昧无耻之心,殊非国家之所以立学教人之本意也"②。为什么恢复学校取士也不能解决士人的道德问题

① 〔宋〕马端临:《文献通考》卷四十二《学校考三》,中华书局 2011 年版,第 1233 页。

② 〔宋〕马端临:《文献通考》卷四十二《学校考三》,中华书局 2011 年版,第 1235 页。

呢？吕祖谦的回答颇有见地。“大抵须是有乡举里选底风俗,然后方行得乡举里选之制。所以杨绾复乡举里选,未几停罢,缘是未有这风俗。今已为士,须思所以为风俗者何由,又须深察三代之所以厚而后世之所以薄者何故,则亦庶乎复古。”[①]吕祖谦提出要有风俗与制度相配合,这是很了不起的。也就是说,仅仅建立制度是不够的,还要有风俗即意识形态、士人的思想共识相配合,制度才能很好地运转,否则制度在执行中会走样。另外,风俗是个社会问题,风俗是由社会结构、日常生活所决定的。汉代乡举里选之所以能够实行,是因为地方宗族乡里势力强大。到了宋代,这个社会大背景不存在了,与乡举里选相配合的风俗就无所依托,乡举里选制度自然就实行不了了。

士人的道德问题归根结底是个教育问题。在汉代,士人的道德培养不仅由学校承担,更重要的还有宗族乡里社会来承担。魏晋南北朝时期,士人的培养主要由门阀士族的家学承担。中唐以后,原来的宗族乡里社会迅速瓦解,科举制只具有选拔人才的功能,而不具备培养人才的功能,所以宋代政府掀起了三次大规模的兴学运动,试图把培养人才与选拔人才统一起来。结果事与愿违,学校取士代替科举取士失败了,学校不但没有成为一片净土,反而沦为争取科举功名的名利场,学校所传授的也只是科举之学。其中原因在于,经过唐宋变革,社会结构转型导致选官制度改变,企图通过恢复古制来解决问题的思路行不通了。一方面,科举制的地位牢不可撼,另一方面官办学校无法承担培养士人的使命,建立培养士人的机制,必须另起炉灶。这样,书院在经历了一段时间的低潮后,重新被儒家士人记了起来,书院发展的春天终于到来。

第三节 范仲淹与河南书院

兴学运动是北宋政治改革的一部分,在政治改革运动轰轰烈烈展开的同时,儒家学术文化也在迅速复兴。书院的发展与北宋学术教育的大发展、大繁

① 〔宋〕马端临:《文献通考》卷三十二《选举考五》,中华书局 2011 年版,第 940 页。

荣密切相关。钱穆先生认为，北宋儒学发展分为两个阶段，“初期宋学，是在一大目标下形成多方面活动，中期则绚烂之极归于平淡，较之初期，精微有余，博大转逊”。相应地，宋儒的教育事业也分为两个阶段，“初期是在书院与学校中”，“中期讲学，则只是师友后进，自由相聚，只能算是私人讨论，并没有正式的教育规模”。[①] 如前所述，书院在宋初比较兴旺，宋代中期以后由于政府致力于兴学运动，书院教育归于沉寂。宋初书院与初期宋学的兴起相对应，宋代中期书院发展迟滞时，也恰是理学家私人讲学活动发展起来的时期。宋初书院虽然兴旺，但不过是徒有学校的躯壳而已；虽然有求道的精神，但尚未实现价值观的自觉。理学家的私人讲学，虽然没有书院的规模和形式，但却有着强烈的“道”的自觉，理学的真精神也是书院教育的灵魂，正是理学家的私人讲学为书院制度的成熟奠定了基础。

河南是宋代文化发展的核心区域，理学诞生于河南，河南的书院在中国书院史上占有特殊重要的地位。范仲淹是初期宋学的代表人物，他对宋学的兴起和发展做出了重要贡献，也推动了书院制度的发展、成熟。

一、范仲淹与宋初儒学复兴

宋学是中国传统思想学术发展的第二期，是中国文化发展的一座高峰。陈寅恪先生对宋学评价非常高。陈先生在《冯友兰中国哲学史下册审查报告》中指出，“中国自秦以后，迄于今日，其思想之演变历程，至繁至久。要之，只为一大事因缘，即新儒学之产生，及其传衍而已”[②]。在《邓广铭宋史职官志考证序》中，陈先生指出，“吾国近年之学术，如考古历史文艺及思想史等，以世局激荡及外缘薰习之故，咸有显著之变迁。将来所止之境，今固未敢断论。惟可一言蔽之曰，宋代学术之复兴，或新宋学之建立是已”[③]。宋学的兴起结束了五代十国时期最黑暗的历史，使中华优秀文化重新发扬光大，绵延至千余年。钱穆先生

---

① 钱穆：《宋明理学概述》，九州出版社 2010 年版，第 27 页。

② 陈寅恪：《金明馆丛稿二编》，生活·读书·新知三联书店 2015 年版，第 282 页。

③ 陈寅恪：《金明馆丛稿二编》，生活·读书·新知三联书店 2015 年版，第 277 页。

指出,“宋学最先姿态,是偏重在教育的一种师道运动”,“宋学兴起,既重在教育与师道,于是连带重要的则为书院和学校。书院在晚唐五代时已有,而大盛亦在宋代”。[①] 范仲淹是初期宋学的代表人物,在学术、教育、政治、社会等方面都有杰出贡献。“宋学初兴,注重教育精神与师道尊严的风气,很快就转移到政治运动上。范仲淹是初期宋学中第一个政治家”,范仲淹“始终注意于教育和学校,他知苏州时,胡瑗便受他礼聘。他为参知政事,便主张全国兴办学校,来代替当时的科举。他又从教育事业外,注意到社会事业。他置负郭常稔田千亩,号义田,以养济族人”[②]。因此,对范仲淹学术思想与政治生涯的探寻,是研究初期宋学与宋初书院的一把钥匙。

范仲淹是北宋初期儒学复兴的参与者、见证者、倡导者和受益者。论及宋学的兴起,宋代学术、教育的发展,范仲淹是绕不开的重要人物。范仲淹生于端拱二年(989),2 岁时父亲去世,母亲贫困无依,嫁入淄州朱家,范仲淹亦改姓朱,名朱说。大中祥符二年(1009),21 岁的范仲淹入长白山醴泉寺僧舍苦读,“日作粥一器,分为四块,早暮取二块,断齑数茎,入少盐以啖之,如此者三年”[③]。大中祥符四年(1011),范仲淹得知自己的身世,遂离开朱家,“之南都,入学舍,扫一室,昼夜讲诵。其起居饮食,人所不堪,而公自刻益苦”[④]。“公处南都学舍,昼夜苦学,五年未尝解衣就枕。夜或昏怠,辄以水沃面。往往饘粥不充,日昃始食。”[⑤]南都学舍即应天府书院。其间范仲淹作《睢阳学舍书怀》诗一首:“白云无赖帝乡遥,汉苑谁人奏洞箫?多难未应歌凤鸟,薄才犹可赋鹪鹩。瓢思颜子心还乐,琴遇钟君恨即销。但使斯文天未丧,涧松何必怨山苗?”[⑥]表达了范仲淹虽身处逆境,条件艰苦,但志向远大,对自己的使命充满自信,对前途充满信心的乐观主义精神。苦读 5 年后,范仲淹于大中祥符八年(1015)考中进士,任广德军司理参军。天禧元年(1017),升任集庆军节度推官,上奏朝廷,改回范姓。从范仲淹早年经历可以看出,范仲淹是一介寒士,寒士可以进士及第,

---

① 钱穆:《宋明理学概述》,九州出版社 2010 年版,第 2 页。
② 钱穆:《宋明理学概述》,九州出版社 2010 年版,第 8 页。
③ 〔清〕范能濬编集:《范仲淹全集》,《范文正公年谱》,凤凰出版社 2004 年版,第 716 页。
④ 〔清〕范能濬编集:《范仲淹全集》,《范文正公年谱》,凤凰出版社 2004 年版,第 716 页。
⑤ 〔清〕范能濬编集:《范仲淹全集》,《范文正公年谱》,凤凰出版社 2004 年版,第 717 页。
⑥ 〔清〕范能濬编集:《范仲淹全集》,《范文正公文集》卷四,凤凰出版社 2004 年版,第 62 页。

并官至高位,正是科举制度优越性的体现。范仲淹可以高中进士,应天府书院对他的教育功不可没。所以范仲淹的成功是乘着宋代科举制实行的东风,以及宋代学术教育发展东风的结果。

范仲淹个人因教育而成才,步入仕途后,兴办教育是他念兹在兹、一以贯之的主张。在《上执政书》中,范仲淹阐述了兴办学校的重要性:“古者庠序列于郡国,王风云迈。师道不振,斯文销散,由圣朝之弗救乎？当太平之朝,不能教育,俟何时而教育哉？乃于选用之际,患其才难,亦由不务耕而求获矣”,“复当深思治本,渐隆古道。先于都督之郡,复其学校之制,约《周官》之法,兴阙里之俗。辟文学掾以专其事,敦之以诗书礼乐,辨之以文行忠信,必有良器,蔚为邦才,况州县之用乎？夫庠序之兴,由三代之盛王也,岂小道哉？孟子谓得天下英材而教育之,一乐也,岂偶言哉？行可数年,士风丕变。斯择才之本,致理之基也”。[①]认为复古兴学乃治国之本。在《上时相议制举书》中,范仲淹进一步论述了复兴儒家六经的重要性:“夫善国者,莫先育材;育材之方,莫先劝学;劝学之要,莫尚宗经。宗经则道大,道大则才大,才大则功大”,“故俊哲之人,入乎六经,则能服法度之言,察安危之几,陈得失之鉴,析是非之辨,明天下之制,尽万物之情。使斯人之徒辅成王道,复何求哉？”范仲淹认为宋代经学衰落,师道不振,所以必须改革教育和选官制度。“今文庠不振,师道久缺,为学者不根乎经籍,从政者罕议乎教化,故文章柔靡,风俗巧伪,选用之际,常患才难”,“倘昌言于两制,如能命试之际,先之以六经,次之以正史,该之以方略,济之以时务,使天下贤俊翕然修经济之业,以教化为心,趋圣人之门,成王佐之器。十数年间,异人杰士必穆穆于王庭矣,何患俊乂不充、风化不兴乎？”[②]宋代文化复兴归根结底是儒家经典的复兴,范仲淹是儒学复兴的先驱,他的兴办学校、发展教育、复兴儒学的建议,为后来领导庆历新政打下了思想理论基础。

---

① 〔清〕范能浚编集:《范仲淹全集》,《范文正公文集》卷九,凤凰出版社 2004 年版,第 190~191 页。

② 〔清〕范能浚编集:《范仲淹全集》,《范文正公文集》卷十,凤凰出版社 2004 年版,第 208、209 页。

二、范仲淹重视书院教育

范仲淹任地方官时,所到之处,兴建学校、发展教育是他施政的标配。"公自始筮仕以迄参大政,其间历守诸州郡,所在必开设学校,率先训督,教育多士。"①广德军司理参军是范仲淹中进士后的第一个官职,在广德任上范仲淹就开始发展教育。"初,广德人未知学,公得名士三人为之师,于是郡人之擢进士第者相继于时。"②天圣五年(1027),范仲淹为母亲服丧期间寓居应天府,知应天府晏殊聘请他掌管府学。这是时隔12年后范仲淹再次来到自己的母校应天府书院,昔日苦读的学生成了校长兼老师。范仲淹在这里表现出了杰出的教学才能。"公常宿学中,训督有法度,勤劳恭谨,以身先之。夜课诸生,读书寝食,皆立时刻。往往潜至斋舍诇之,见有先寝者诘之,其人绐云:'适疲倦,暂就枕耳。'问:'未寝之时观何书?'其人妄对,则取书问之,不能对,罚之。出题使诸生作赋,必先自为之,欲知其难易及所当用意,亦使学者准以为法。由是,四方从学者辐辏。宋人以文学有声名于场屋、朝廷者,多其所教也。"③在《南京书院题名记》中,范仲淹记述了应天府书院的教育盛况和成绩。"观夫二十年间相继登科,而魁甲英雄,仪羽台阁,盖翩翩焉,未见其止。宜观名列,以劝方来。登斯缀者,不负国家之乐育,不孤师门之礼教,不忘朋簪之善导,孜孜仁义,惟日不足,庶几乎刊金石而无愧也。抑又使天下庠序规此而兴,济济群髦,咸底于道。则皇家三五之风步武可到,戚门之光亦无穷已。他日门人中绝德至行,高尚不仕,如睢阳先生者,当又附此焉。"④应天府书院是与范仲淹的名字连在一起的,如果没有范仲淹在其中读书、执教,作为宋代四大书院之一的应天府书院,其光辉就会暗淡很多。景祐二年(1035),范仲淹在知苏州任上,奏请立郡学。"先是公得南园之地,既卜筑而将居焉。阴阳家谓当踵生公卿,公曰:'吾家有其贵,孰若天

---

① 〔清〕范能濬编集:《范仲淹全集》,《范文正公集补编》卷二,凤凰出版社2004年版,第1089页。

② 〔清〕范能濬编集:《范仲淹全集》,《范文正公年谱》,凤凰出版社2004年版,第717页。

③ 〔清〕范能濬编集:《范仲淹全集》,《言行拾遗事录》卷一,凤凰出版社2004年版,第791页。

④ 〔清〕范能濬编集:《范仲淹全集》,《范文正公文集》卷八,凤凰出版社2004年版,第166页。

下之士咸教育于此，贵将无已焉？'遂即地建学。"[①]"南园者，钱氏之所作也。高木清流，交阴环匾，乃割其巽隅以建学。广殿在左，公堂在右，前有泮池，旁有斋室。是时学者才逾二十人，或言其太广。文正曰：'吾恐异日以为小也。'"[②]范仲淹为天下育才的精神令人景仰。景祐三年（1036），范仲淹被贬到饶州任知州。即使被贬降，范仲淹也不忘发展教育，"公下车，兴庠序，晓教令，待贤爱物，壹以恺悌"[③]。范仲淹利用自己的堪舆知识为饶州郡学选了一块风水宝地，被传为佳话。"饶之山水，大率秀拔，有豪杰者出焉。公之至，识其形胜，一日乃曰：'妙果禅院一塔高峙，当城之东南，屹起千余尺，饶之文章应也。城之下枕瞰数湖，水脉连秀，抑为儒者滋显也。'于是名其塔为'文笔峰'，目其湖为'砚池'，且曰：'二十年后当出状元。'逮治平乙巳，州人彭尚书汝砺果第一人及第。""公所谓妙果浮图为文笔峰，东湖为砚池，而郡学之基乃占文笔、砚池之中，而公指之也。然其当州城之巽地，周环枕湖水，长堤数里，林木掩映，坡麓森爽。学既建而生徒日盛，榜榜有登第者，多巍科异等。"[④]范仲淹在饶州只有短短一年半的时间，却让饶州人民永远记住了他。"五老峰有亭，饶人踏青而至，必曰'范公五老亭'。又饶有九贤堂，自开宝讫绍圣，郡守六十八人，而在九贤之序者，公一人而已。饶人为立祠颁春堂、天庆观、州学之讲堂，凡三所。由景祐距此六十载，牲牢日盛。"[⑤]范仲淹如此受到饶州人民的爱戴，重视文化教育，当是重要原因之一。

庆历五年（1045），范仲淹"引疾求解边任，遂改知邓州"[⑥]。千古名篇《岳阳楼记》就是范仲淹在邓州时所作。今邓州有花洲书院，据传其最初乃范仲淹知邓州时所建。范仲淹有四首诗提到了邓州的百花洲。《中元夜百花洲作》："南阳太守清狂发，未到中秋先赏月。百花洲里夜忘归，绿梧无声露光滑。天学碧海吐明珠，寒辉射空星斗疏。西楼下看人间世，莹然都在青玉壶。从来酷暑不

---

① 〔清〕范能濬编集：《范仲淹全集》，《范文正公年谱》，凤凰出版社2004年版，第729页。

② 〔清〕范能濬编集：《范仲淹全集》，《范文正公集续补》卷五，凤凰出版社2004年版，第1340页。

③ 〔清〕范能濬编集：《范仲淹全集》，《范文正公鄱阳遗事录》，凤凰出版社2004年版，第851页。

④ 〔清〕范能濬编集：《范仲淹全集》，《范文正公鄱阳遗事录》，凤凰出版社2004年版，第855、856页。

⑤ 〔清〕范能濬编集：《范仲淹全集》，《范文正公年谱》，凤凰出版社2004年版，第733~734页。

⑥ 〔清〕范能濬编集：《范仲淹全集》，《范文正公年谱》，凤凰出版社2004年版，第749页。

可避,今夕凉生岂天意?一笛吹销万里云,主人高歌客大醉。客醉起舞逐我歌,弗舞弗歌如老何?"[①]《览秀亭诗》:"南阳有绝胜,城下百花洲。谢公创危亭,屹在高城头。尽览洲中秀,历历销人忧。作诗刻金石,意垂千载休。我来亭早坏,何以待英游?试观荆棘繁,欲步瓦砾稠。嗟嗟命良工,美材肆尔求。曰基复曰构,落成会中秋。开樽揖明月,席上皆应刘。敏速迭唱和,醺酣争献酬。老子素不浅,预兹年少俦。九日重登临,凉空氛气收。风来雁声度,云去山色留。西郊有潭菊,满以金船浮。雅为君子寿,外物真悠悠。过则与春期,春时良更优。焰焰众卉明,衮衮新泉流。箫鼓动地喧,罗绮倾城游。五马不行乐,州人为之羞。亭焉讵可废?愿此多贤侯。"[②]《依韵答王源叔忆百花洲见寄》:"芳洲名冠古南都,最惜尘埃一点无。楼阁春深来海燕,池塘人静下仙凫。花情柳意凭谁问,月彩波光岂易图?汉上山公发新咏,许昌何必诧申湖?"《献百花洲图上陈州晏相公》:"穰下胜游少,此洲聊入诗。百花争窈窕,一水自涟漪。洁白怜翘鹭,优游羡戏龟。阑干红屈曲,亭宇碧参差。倒影澄波底,横烟落照时。月明鱼竞跃,春静柳闲垂。万竹排霜仗,千荷卷翠旗。菊分潭上近,梅比汉南迟。岸鹊依人喜,汀鸥不我疑。彩丝穿石节,罗袜踏春期。素发频来醉,沧浪减去思。步随芳草远,歌逐画船移。绘写求真赏,缄藏献已知。相君那肯爱,家有凤皇池。"[③]可见,百花洲是邓州名胜,范仲淹对这一景区进行了营建,并经常来此休闲、游览,但没有在洲上兴建书院、发展教育的记载。范仲淹去世后,邓州人在百花洲上修建了文正公祠以纪念范仲淹。黄庭坚曾游览百花洲,拜谒文正公祠,并作诗纪念,诗中有云:"公归未百年,鹳巢荒古屋。我吟殄瘁诗,悲风韵乔木。伤心祠下亭,在时公燕处。……人去洲渚在,春回花草班。"[④]据乾隆《邓州志》记载,"百花洲,在外城东南隅,宋范文正公所营。张士逊以邓国公致仕还第,与范公游咏于此"[⑤]。百花洲上有菊台、春风阁,"菊台,在百花洲内,范公尝移菊潭菊植其中,因有高地,遂命之曰'菊台'"。"春风阁,在外城东南隅,亦范文正公建,公

① 〔清〕范能浚编集:《范仲淹全集》,《范文正公文集》卷三,凤凰出版社2004年版,第51页。
② 〔清〕范能浚编集:《范仲淹全集》,《范文正公文集》卷三,凤凰出版社2004年版,第52页。
③ 〔清〕范能浚编集:《范仲淹全集》,《范文正公文集》卷六,凤凰出版社2004年版,第111~112页。
④ 〔清〕范能浚编集:《范仲淹全集》,《范文正公遗迹》,凤凰出版社2004年版,第862、863页。
⑤ 〔清〕范能浚编集:《范仲淹全集》,《范文正公集续补》卷六,凤凰出版社2004年版,第1399~1400页。

诗有'春风堂下红香满'之句。"[①]史籍中不见有花洲书院的记载,估计花洲书院乃后人为纪念范仲淹所建。范仲淹一生重视教育,在邓州时想必也有尊师重教之举,后人建花洲书院以纪念范公,是一件很有意义的事情。

范仲淹重视教育,还表现在他尊师重道,推荐、延请名师到书院、学校执教。苏州州学建成后,范仲淹聘请胡瑗"首当师席"。胡瑗是宋代初期大教育家,他教学的特点是分经义、治事两斋教授学生。"安定先生胡瑗,自庆历中教学于苏、湖间二十余年,束脩弟子前后以数千计。是时方尚辞赋,独湖学以经义及时务。学中故有经义斋、治事斋。经义斋者,择疏通有器局者居之;治事斋者,人各治一事,又兼一事,如边防、水利之类。故天下谓湖学多秀彦,其出而筮仕往往取高第,及为政,多适于世用,若老于吏事者,由讲习有素也。"[②]钱穆先生指出:"从来中国学校,亦重专业教育,如天文、历法、刑律、医药等。近代教育上,有专家与通才之争。其实成才则就其性之所近,宜于专而分。中国传统教育,也不提倡通才,所提倡者,乃是通德通识。故曰:'士先器识,而后文艺。'有了通德通识,乃为通儒通人。人必然是一人。各业皆由人担任。如政治、如商业,皆须由人担任。其人则必具通德,此指人人共通当有的,亦称达德。担任这一业,也须懂得这一业在人生大道共同立场上的地位和意义,此谓之通识。通德属于仁,通识属于智。其人具有通德通识,乃为上品人,称大器,能成大业,斯为大人。若其人不具通德通识,只是小器,营小事,为下品人。"[③]宋学讲求明体达用、内圣外王,也就是要探讨体与用、道与术、德与才、出世的修养与入世的功业之间的关系。胡瑗的经义斋教育就是探讨超越的"道"和"体"的学问,治事斋教育就是探讨世俗的治国之术的学问,可见胡瑗的教育已经触及了宋学的核心问题,这是胡瑗的伟大之处,也是与胡瑗惺惺相惜的范仲淹的伟大之处。理学家正是在胡瑗、范仲淹等所阐发的初期宋学的基础上才建立了博大精深的理学体系,真正把内圣与外王、出世与入世统一了起来。庆历新政时期,太学采纳了胡瑗的苏、湖教学方法,"庆历四年,诏州县皆立学,于是建太学于京师,而有司请下湖州,取先生之法以为太学,至今著为令"[④]。后来胡瑗又亲自执教于国子监、

① 〔清〕范能濬编集:《范仲淹全集》,《范文正公集续补》卷六,凤凰出版社 2004 年版,第 1400 页。

② 〔宋〕马端临:《文献通考》卷四十六《学校考七》,中华书局 2011 年版,第 1340 页。

③ 钱穆:《国史新论》,生活·读书·新知三联书店 2001 年版,第 194 页。

④ 〔宋〕马端临:《文献通考》卷四十六《学校考七》,中华书局 2011 年版,第 1340 页。

太学,他的教育思想得到进一步发扬光大。

此外,范仲淹在执掌应天府书院时,推荐王洙到应天府书院执教。“臣窃见贺州富川县主簿、充应天府书院说书王洙,于天圣二年御前进士及第,素负文藻,深明经义,在彼讲说已满三年。伏望圣慈特与除授当州职事官兼州学讲说。”①宝元元年(1038),被贬知润州后,范仲淹又给李觏写信,请李觏到润州执教。“今润州初建郡学,可能屈节教授。又虑远来,难为将家。苏州掌学胡瑗秘阁校理见《明堂图》,亦甚奉仰。或能挈家,必有经画,请先示音为幸。”②皇祐二年(1050),李觏撰成《明堂图议》,范仲淹推荐他任太学助教。“觏能研精经训,会同大义,按而视之,可以兴制。今朝廷行此盛礼,千载一辰。斯人之学,上契圣作。谨具录以进,庶讨论之际有所补助。”③范仲淹当政后,还推荐了著名学者孙复。“公以孙明复居泰山之阳,著《春秋尊王发微》,得经之本义为多,学者皆以弟子事之。公言其道德、经术宜在朝廷,召拜国子监直讲。”④胡瑗、孙复、李觏都是宋代著名思想家,范仲淹积极提拔任用他们,对宋代学术教育的发展起了推动作用。

范仲淹重视教育,还表现在对青年后学不遗余力地奖掖、提携。范仲淹掌学应天府书院时,对贫困学子孙复进行了资助。“公在睢阳掌学,有孙秀才者索游上谒,公赠钱一千。明年,孙生复谒,公又赠一千。因问:‘何为汲汲于道路?’孙生戚然动色曰:‘母老无以养,若日得百钱,则甘旨足矣。’公曰:‘吾观子辞气,非乞客。二年仆仆,所得几何?而废学多矣。吾今补子为学职,月可得三千以供养,子能安于学乎?’孙生大喜。于是授以《春秋》,而孙生笃学,不舍昼夜,行复修谨,公甚爱之。明年,公去睢阳,孙亦辞归。后十年间,泰山下有孙明复先生以《春秋》教授学者,道德高迈。朝廷召至,乃昔日索游孙秀才也。”⑤范仲淹资助孙复求学,又推荐孙复入朝任职,成就了一代名儒。富弼与范仲淹同朝为官,但富弼是晚辈,范仲淹对他有提携之功。“富郑公初游场屋,穆修伯长谓之曰:‘进士不足以尽子之才,当以大科名世。’公果礼部试下。时太师公官耀州,

① 〔清〕范能濬编集:《范仲淹全集》,《范文正公文集》卷十九,凤凰出版社 2004 年版,第 379 页。

② 〔清〕范能濬编集:《范仲淹全集》,《范文正公年谱》,凤凰出版社 2004 年版,第 735 页。

③ 〔清〕范能濬编集:《范仲淹全集》,《范文正公年谱》,凤凰出版社 2004 年版,第 753 页。

④ 〔清〕范能濬编集:《范仲淹全集》,《言行拾遗事录》卷二,凤凰出版社 2004 年版,第 816 页。

⑤ 〔清〕范能濬编集:《范仲淹全集》,《范文正公年谱》,凤凰出版社 2004 年版,第 720~721 页。

公西归,次陕。范文正公遣人追公,曰:'有旨以大科取士,可亟还。'公复还,见文正,辞以未尝为此学。文正曰:'已同诸公荐君矣。久为君辟一室,皆大科文字,可往就馆。'时晏元献公判南京,公以大理寺丞丁忧,权西监。一日晏谓范曰:'吾一女及笄,仗君为我择婿。'范曰:'监中有二举子,富皋、张为善,皆有文行,他日皆至卿辅,并可婿也。'晏曰:'然则孰优?'范曰:'富修谨,张疏俊。'晏曰:'唯。'即取富皋为婿。后改名,即富公弼也。为善后亦更名方平云。"①范仲淹对理学家张载也有提携之功。"康定用兵时,先生方年十八,慨然以功名自许,上书谒范文正公。公知其远器,欲成就之,反责之曰:'儒者自有名教,何事于兵?'因劝读《中庸》。"②最终成就了一代思想家。范仲淹知邓州时,对邓州状元贾黯也有教诲。"邓人贾内翰黯以状元及第归乡谒公,愿受教。公曰:'君不忧不显,惟不欺二字可终身行之。'内翰不忘其言,每语人曰:'吾得于范文正者,平生用之不尽也。'"③识才、爱才、育才、举才是范仲淹践行了一生的信条。

三、范仲淹教育实践所反映的宋初书院的特点

范仲淹是宋代儒学复兴的参与者、推动者,集思想家、教育家、政治家、文学家于一身。从范仲淹的身世、经历、学术和政治生涯可以看出初期宋学的特点以及宋初书院的特点。宋学的特点是求道,以道来统领自然、社会与人生,以道来统领士人的修身、齐家、治国、平天下活动。以范仲淹为代表的初期宋学是儒学的复兴阶段,以程颢、程颐为代表的中期宋学是道学的自觉阶段,致广大而尽精微、极高明而道中庸的庞大道学理论要到南宋时期的朱熹才真正建立起来。初期宋学的特点是儒学全面复兴,解决从无到有的问题,虽然求道的主题也提出来了,但还没有达到自觉的程度。正如钱穆先生所指出的:"北宋初期诸儒,其中有教育家,有大师,有政治家,有文学家,有诗人,有史学家,有经学家,有卫道的志士,有社会活动家,有策士,有道士,有居士,有各式各样的人物。五光十

---

① 〔清〕范能濬编集:《范仲淹全集》,《范文正公年谱》,凤凰出版社 2004 年版,第 724 页。
② 〔清〕范能濬编集:《范仲淹全集》,《范文正公年谱》,凤凰出版社 2004 年版,第 737~738 页。
③ 〔清〕范能濬编集:《范仲淹全集》,《范文正公年谱》,凤凰出版社 2004 年版,第 749 页。

色,而又元气淋漓。这是宋学初兴的气象。”宋学初兴的特点是致广大但还不能尽精微,道中庸但还不能极高明,也就是尚未达到道的自觉,不过对道的追求这个时代问题已经提出来了。正如钱穆先生指出的,“他们中间,有一共同趋向之目标,即为重整中国旧传统,再建立人文社会政治教育之理论中心,把私人生活和群众生活再纽合上一条线。换言之,即是重兴儒学来代替佛教作为人生之指导。这可说是远从南北朝隋唐以来学术思想史上一大变动。至其对于唐末五代一段黑暗消沉,学绝道丧的长时期之振奋与挽救,那还是小事。我们必须注意到这一时期那些人物之多方面的努力与探究,才能了解此后宋学之真渊源与真精神”,“后代所谓理学或道学先生们”,“其实还是从初期宋学中转来。不了解宋学的初期,也将不了解他们。而他们和初期宋学间,就各人年代先后论,不免稍有些前后的参差。但就学术风气上大体来划分,则他们中间,实像有一界线之存在”。[①] 宋学的旨趣就是把个人信仰与社会政治生活统一起来,改变南北朝以来士人把佛教、道教作为个人信仰,而以儒家礼教治国的个人信仰与治国思想分裂的局面。以范仲淹为代表的初期宋学已经在做这个努力,但尚未真正把二者统一起来。到中期宋学,理学家们提出了“天理”“道”的哲学范畴,才真正把二者统一起来。没有初期宋儒的努力,就不会有中期理学家的理论创新。初期宋学与中期宋学的表现形态虽然不同,但它们求道的精神是相同的。

搞清楚了初期宋学的特点,再来看看宋初书院的特点。宋初书院与官办学校没有本质区别,即书院有学校的普遍性而无书院的特殊性。宋初书院徒有书院的名称,而没有南宋成熟期书院的精神。宋初书院的发展主要是填补官办学校不足的空白。书院的兴办者并没有意识到书院与学校有什么区别,他们完全把书院当作一般的学校来兴办。以范仲淹为例,他并没有特别重视书院的发展,而只是把书院作为学校的一种。范仲淹念兹在兹的是兴办学校,而非兴办书院。范仲淹兴办学校的目的是育人,是要解决士人的道德素质问题不假,但范仲淹育人的途径是以学校取士代替科举取士,是要把养士与选拔官员统一于学校教育,是恢复把学校作为政治机构的汉唐旧制,而不是把学校作为单纯的育人机构。成熟的书院是单纯的培养人的机构,是养士的地方,是培养有高尚道德的人才的机构。成熟的书院没有选拔人才的功能,选拔人才的功能由科举

① 钱穆:《宋明理学概述》,九州出版社 2010 年版,第 26 页。

制度承担,这才是书院与学校最根本的区别所在。明白了这一点,宋初教育方面的很多怪现象才可以得到合理解释。比如,宋初书院很兴盛,后来为什么政府接连推动了三波兴办学校的运动,书院的发展反而沉寂了下来;为什么应天府书院后来被改为了府学,进而又升格为国子监;为什么掌学者都把学子的科举及第率作为办学成绩的指标;等等。总之,北宋教育的主流思想是由政府兴办学校,实现培养人才与选拔人才的统一,恢复汉唐旧制。范仲淹是这样,王安石也是这样,蔡京同样如此。直到北宋的教育改革、科举改革彻底失败,精英们终于认识到汉唐的老路走不通了,不得不改弦更张,这就为书院教育的发展提供了契机。

当然,如果等到改革失败了才去思考别的出路,那显然是太迟了。好在以程颢、程颐等为代表的学者早已经在探索新的道路了。二程在年龄上比范仲淹晚了一辈,属于中期宋学。但中期宋学不仅仅是一个时代概念,更是一个学术流派概念。所以,虽然王安石与二程年龄相仿,但王安石的学派依然是初期宋学的范畴,王安石的学术思想路径是对范仲淹思想的继承。初期宋学在政治上一直延续到北宋末年,二程的学术流派在北宋是在野派,是非主流派别,是受到政府压制的流派。北宋的灭亡宣告了初期宋学在政治上的破产,为在野的二程理学的快速发展提供了机会。

第四节　程颢、程颐与河南书院

程颢、程颐是中期宋学的代表人物,是理学的创始人。宋代儒学复兴,其最终的成果就是理学的产生。初期宋学只能算宋代儒学复兴的序幕,理学的产生、发展和成熟才是正剧,以二程为代表的理学家是剧中的主角。就书院的精神和本质而言,理学家的私人讲学才是书院的真正源头,所谓书院不过就是理学家私家讲学的制度化。

一、程颢、程颐在科举和教育方面的改革主张

理学与初期宋学相比有什么特点呢？钱穆先生指出，“初期都热心政治，南方如范仲淹、欧阳修、王安石，北方如司马光，都在当时政治舞台上有轰轰烈烈的表现”，“中期诸家，虽并不刻意隐沦自晦，但对政治情味是淡了。他们都只当几任小官，尽心称职，不鸣高，不蹈虚”，“文章、政治、教育，三大项目之活动，中期都较前期为逊色。即论学术著作，初期诸儒，都有等身卷帙。尤其如欧阳修、王安石、司马光，对于经史文学，都有大著作，堪与古今大儒，颉颃相比。中期诸儒，在此方面亦不如。只邵雍、程颐、张载可算有正式的著作，但分量上少了，性质亦单纯，不如初期诸家，阔大浩博”，“然中期诸儒，实在也有他们的大贡献。后世所谓道学家、理学先生，是专指中期诸儒的学术与风格而言的。我们甚至可以说，初期诸儒多方面的大活动，要到中期才有结晶，有归宿。画龙点睛，点在中期。初期画成了一条龙，要待中期诸儒替他们点睛。点上睛，那条龙始全身有活气”。[①] 钱穆先生的总结很生动，也很到位。画龙点睛，所谓“睛”就是精神，是道，是天理。宋学的主题就是要把个人的内在信仰与社会政治的外在事功统一起来，初期宋学虽然已经提出了这个主题，但还没有真正把二者统一起来，直到理学家提出了“道”“理”才真正把内圣与外王统一起来、贯穿起来。

初期宋学与理学相比区别在于初期宋学倾向于以政治手段解决社会问题，而理学更注重理想信念问题，主张以教育的办法解决社会问题。当然这只是相对而言，在中国文化传统中把制度与道德统一起来是最高追求，两者是在这个大传统中各自强调其中一端而已，并没有把制度与道德截然对立起来。也就是说双方的分歧只是解决问题的途径与方法不同，此外对社会存在问题的认识，对所要达到的目标都是有共识的。比如两者都批评科举取士，都重视教育，也都以恢复古制、回归三代之治为目标。二程对科举取士多有批评，程颐在《上仁宗皇帝书》中指出，“国家取士”，“最贵盛者，唯进士科，以词赋声律为工。词赋之中，非有治天下之道也；人学之以取科第，积日累久，至于卿相。帝王之道，教

① 钱穆：《宋明理学概述》，九州出版社 2010 年版，第 27~28 页。

化之本，岂尝知之？居其位，责其事业，则未尝学之”。[①] 在《为家君应诏上英宗皇帝书》中，程颐指出，“今取士之弊，议者亦多矣”，“投名自荐，记诵声律，非求贤之道尔。求不以道，则得非其贤，间或得才，适由偶幸，非知其才而取之也。朝廷选任，尽自其中，曾不虞贤俊之弃遗于下也。果天下无遗贤邪？抑虽有之，吾姑守法于上，不足以为意邪？将科举所得之贤，已足致治而不乏邪？臣以为治天下今日之弊，盖由此也。以今选举之科，用今进任之法，而欲得天下之贤，兴天下之治，其犹北辕适越，不亦远乎？”[②]程颢也反对科举制，认为要解决宋朝人才缺乏、士风浇薄的问题，必须改革取士制度。“既一以道德仁义教养之，又专以行实材学升进，去其声律小碎、糊名誊录、一切无义理之弊，不数年间，学者靡然丕变矣。”[③]总之，二程认为在科举制下，士人所学非所用，科举不能为国家培养、选拔真正的人才。这与初期宋学的代表人物范仲淹的观点是相同的。

那么应该如何改革选官制度呢？在改革的终极目标上，理学与初期宋学的观点也是相同的，那就是恢复古制。范仲淹与王安石主张恢复乡举里选，以学校取士代替科举取士，二程也是如此。程颢在《论养贤札子》中指出：“三代养贤，必本于学，而德化行焉，治道出焉。”[④]在《论十事札子》中，程颢指出：“古者政教始乎乡里，其法起于比闾族党、州乡酇遂，以相联属统治，故民相安而亲睦，刑法鲜犯，廉耻易格，此亦人情之所自然，行之则效，亦非有古今之异者也。庠序之教，先王所以明人伦，化成天下；今师学废而道德不一，乡射亡而礼义不兴，贡士不本于乡里而行实不修，秀民不养于学校而人才多废，此较然之事，亦非有古今之异者也。”[⑤]在《请修学校尊师儒取士札子》中，程颢指出：“治天下以正风俗、得贤才为本。宋兴百余年，而教化未大淳，人情未尽美，士人微歉退之节，乡闾无廉耻之行，刑虽繁而奸不止，官虽冗而材不足者，此盖学校之不修，师儒之不尊，无以风劝养励之使然耳。”[⑥]程颐也强调学校教育的重要：“古者家有塾，党有庠，三老坐于里门，察其长幼出入揖逊之序，咏歌讽诵，无非礼义之言。今

① 〔宋〕程颢、程颐：《二程集》，《河南程氏文集》卷五，中华书局 1981 年版，第 513 页。
② 〔宋〕程颢、程颐：《二程集》，《河南程氏文集》卷五，中华书局 1981 年版，第 525 页。
③ 〔宋〕程颢、程颐：《二程集》，《河南程氏文集》卷一，中华书局 1981 年版，第 450 页。
④ 〔宋〕程颢、程颐：《二程集》，《河南程氏文集》卷一，中华书局 1981 年版，第 455 页。
⑤ 〔宋〕程颢、程颐：《二程集》，《河南程氏文集》卷一，中华书局 1981 年版，第 453 页。
⑥ 〔宋〕程颢、程颐：《二程集》，《河南程氏文集》卷一，中华书局 1981 年版，第 448 页。

也，上无所学，而民风日以偷薄，父子兄弟惟知以利相与耳。今里巷之语，不可以属耳也。以古所习如彼，欲不善得乎？以今所习如此，欲其善得乎？”[1]在《为家君请宇文中允典汉州学书》中，程颐指出：“窃以生民之道，以教为本。故古者自家党遂至于国，皆有教之之地。民生八年则入于小学，是天下无不教之民也。既天下之人莫不从教，小人修身，君子明道，故贤能群聚于朝，良善成风于下，礼义大行，习俗粹美，刑罚虽设而不犯。此三代盛治由教而致也。”[2]二程认为道德、风俗、贤才关乎国家治乱，而要想使风俗淳、人情美、人才辈出，就要修学校、尊师儒、明人伦，崇尚教育，化成天下。

那么应该如何恢复古制呢？范仲淹、王安石认为应该实行学校取士，实现培养人才与选拔人才的统一，选拔人才的方式主要还是通过考试，只不过是以学校的定期考试取代科举考试。而二程心目中的古制，是学校培养人才，然后根据士人的实际操行来荐举人才。范仲淹、王安石实行的取士制度，选拔人才的权力在中央，而二程所主张的取士制度，选拔人才的权力更多在地方社会，所以二程主张的取士制度更接近古制。程颢认为，要把朝廷自上而下的求贤与地方社会自下而上的荐举结合起来。“宜先礼命近侍贤儒，各以类举，及百执事方岳州县之吏，悉心推访，凡有明先王之道，德业充备，足为师表者，其次有笃志好学、材良行修者，皆以名闻。其高蹈之士，朝廷当厚礼延聘，其余命州县敦遣，萃于京师，馆之宽闲之宇，丰其廪饩，恤其家之有无，以大臣之贤典领其事，俾群儒朝夕相与讲明正学。”[3]真正的贤能之才在民间，需要朝廷去寻访。“取材识明达、可进于善者，使日受其业，稍久则举其贤杰以备高任。择其学业大明、德义可尊者，为太学之师，次以分教天下之学，始自藩府，至于列郡。择士之愿学、民之俊秀者入学，皆优其廪给而蠲其身役”，“渐自太学及州郡之学，择其道业之成、可为人师者，使教于县之学，如州郡之制。异日则十室之乡，达于党遂皆当修其庠序之制，为之立师，学者以次而察焉。县令每岁与学之师，以乡饮之礼会其乡老。学者众推经明行修、材能可任之士，升于州之学，以观其实”，“郡守又岁与学之师，行乡饮酒之礼，大会郡士，以经义、性行、材能三物宾兴其士于太

① 〔宋〕程颢、程颐：《二程集》，《河南程氏粹言》卷一，中华书局 1981 年版，第 1193 页。
② 〔宋〕程颢、程颐：《二程集》，《河南程氏文集》卷九，中华书局 1981 年版，第 593 页。
③ 〔宋〕程颢、程颐：《二程集》，《河南程氏文集》卷一，中华书局 1981 年版，第 448 页。

学,太学又聚而教之”,“升于太学者,亦听其以时还乡里,复来于学”。[①] 学校的老师是推选出来的,学生也是推选出来的,一切以社会舆论为根据。“太学岁论其贤者能者于朝,谓之选士,朝廷问之经以考其言,试之职以观其材,然后辩论其等差而命之秩。凡处郡县之学与太学者,皆满三岁,然后得充荐;其自州郡升于太学者,一岁而后荐;其有学行超卓、众所信服者,虽不处于学,或处学而未久,亦得备数论荐”,“凡选士之法,皆以性行端洁,居家孝悌,有廉耻礼逊,通明学业,晓达治道者。在州县之学,则先使其乡里长老,次及学众推之。在太学者,先使其同党,次及博士推之”[②]。官员也都是从学校里面推选出来,根据也是社会舆论。官员子弟也必须入学才能入仕,“凡公卿大夫之子弟皆入学,在京师者入太学,在外者各入其所在州之学,谓之国子。其有当补荫者,并如旧制,惟不选于学者,不授以职”[③]。王安石实行的学校取士制度还是由政府主导的,而程颢所主张的教育、选拔人才的方法,则完全依赖于地方政治自治,这种条件在宋代已经完全不存在了,所以程颢的改革主张只能是一种空想。

在选官制度方面,程颐与程颢的观点是相同的,那就是主张朝廷打破常规制度积极求贤,反对“朝廷进人,苟循常法”[④],即反对以固定的科举制度取士。在《上仁宗皇帝书》中,程颐指出:“天下之治,由得贤也。天下不治,由失贤也。世不乏贤,顾求之之道如何尔。今夫求贤,本为治也。治天下之道,莫非五帝、三王、周公、孔子治天下之道也。求乎明于五帝、三王、周公、孔子治天下之道者,各以其所得大小而用之。有宰相事业者,使为宰相;有卿大夫事业者,使为卿大夫;有为郡之术者,使为刺史;有治县之政者,使为县令。各得其任,则无职不举,然而天下弗治者,未之有也。”[⑤]在《为家君应诏上英宗皇帝书》中,程颐对怎样求贤做了具体阐述。在任用宰相层面,程颐提出了“责任”这个概念。“所谓责任者:夫以海宇之广,亿兆之众,一人不可以独治,必赖辅弼之贤,然后能成天下之务。自古圣王,未有不以求任辅相为先者也。”[⑥]宰相位高权重、责任重

---

① 〔宋〕程颢、程颐:《二程集》,《河南程氏文集》卷一,中华书局 1981 年版,第 448~449 页。

② 〔宋〕程颢、程颐:《二程集》,《河南程氏文集》卷一,中华书局 1981 年版,第 449 页。

③ 〔宋〕程颢、程颐:《二程集》,《河南程氏文集》卷一,中华书局 1981 年版,第 449~450 页。

④ 〔宋〕程颢、程颐:《二程集》,《河南程氏文集》卷五,中华书局 1981 年版,第 526 页。

⑤ 〔宋〕程颢、程颐:《二程集》,《河南程氏文集》卷五,中华书局 1981 年版,第 513 页。

⑥ 〔宋〕程颢、程颐:《二程集》,《河南程氏文集》卷五,中华书局 1981 年版,第 522 页。

大,所以要“以慎择为本”,“择之慎,故知之明;知之明,故信之笃;信之笃,故任之专;任之专,故礼之厚而责之重。择之慎,则必得其贤;知之明,则仰成而不疑;信之笃,则人致其诚;任之专,则得尽其才;礼之厚,则体貌尊而其势重;责之重,则其自任切而功有成。是故推诚任之,待以师傅之礼,坐而论道,责之以天下治,阴阳和;故当之者,自知礼尊而任专,责深而势重,则挺然以天下为己任,故能称其职也”①。正因为宰相责任重大,所以不能随便任命,一定要慎重选择,任命那些真正贤能,可担当天下重任的人来出任宰相。一旦任命之后,就要充分信任宰相,给他们崇高的荣誉、足够大的权力、足够长的任期,让他们能够办成大事,实现天下太平。程颐认为,人君不要害怕宰相之才难得,也不要害怕用错了人。“自古以来,岂有履道之士,孝闻于家,行著于乡,德推于朝廷,节见于事为,其言合圣人之道,其施蹈经典之训,及用之于朝,反致败乱者乎?”②只要重视教育,建立自下而上的学校体系,实行乡举里选,就一定会有大量人才涌现出来。

治理国家仅有好宰相是不够的,朝廷百官都要由贤能的人才来担任,方可实现国家的善治。程颐指出,“所谓求贤者:夫古之圣王所以能致天下之治,无它术也。朝廷至于天下,公卿大夫,百职群僚,皆称其任而已。何以得称其任?贤者在位,能者在职而已。何以得贤能而任之?求之有道而已”,“贤能之士,杰出群类,非若山林之物广生而无极也,非人君搜择之有道,其可得而用乎?”③接着,程颐批评了宋朝的科举制度,认为科举取士不能得到真正的人才,人君要积极求贤,才能使人才辈出。“臣愿陛下如臣前所陈,既立求治之志,又思责任之道,则以求贤为先。苟不先得贤,虽陛下焦心劳思,将安所施?诚得天下之贤,置之朝廷,则端拱无为而天下治矣。此所谓劳于求贤,逸于得人也。历观前史,自古以来,称治之君,有不以求贤为事者乎?有规规守常,以资任人,而能致大治者乎?”程颐认为人君不应该以求贤为难事,关键要有求贤之心。“夫以人主之势,心之所向,天下风靡景从。设若珍禽异兽瑰宝奇玩之物,虽遐方殊域之所有,深山大海之所生,志所欲者,无不可致。盖上心所好,奉之以天下之力也。

---

① 〔宋〕程颢、程颐:《二程集》,《河南程氏文集》卷五,中华书局 1981 年版,第 522~523 页。

② 〔宋〕程颢、程颐:《二程集》,《河南程氏文集》卷五,中华书局 1981 年版,第 523 页。

③ 〔宋〕程颢、程颐:《二程集》,《河南程氏文集》卷五,中华书局 1981 年版,第 524、525 页。

若使存好贤之心如是,则何岩穴之幽不可求?何山林之深不可致?所患好之不笃尔。"[①]能不能求得贤才,关键看皇帝的志向和决心。宋朝在求贤方面无所作为,非不能也,不为也。另外求贤不仅是皇帝的责任,也是大臣的责任,遗憾的是大臣也疏于求贤。"夫人君用贤,亦赖公卿大臣推援荐达之力。今朝廷未尝求贤,公卿大臣亦不以求贤取士为意。相先引汇,世所罕闻;访道求师,贵达所耻。大率以为任已可也,士将安补?今世无贤,求之何益?夫以周公之圣,其自任足矣,尚汲汲求贤以自辅也","后之人其才不及周公,而自谓足矣,不求贤以自辅也。以其不求,且知之不明,宜贤者在下之多也,乃曰天下无贤矣"。程颐认为,要改变大臣疏于求贤的状况,关键还在皇帝,"陛下诚能专心致志,孜孜不倦,以求贤为事,常恐天下有遗弃之才,朝廷之上,推贤援能者登进之,蔽贤自任者疏远之,自然天下向风。自上及下,孰不以相先为善行,荐达为急务?搜罗既广,虽小才片善,无所隐晦","天下之贤,其有遗乎?既得天下之贤,则天下之治不足道也"。[②] 程颐非常强调皇帝在求贤方面的示范带动作用。

总的来看,二程在选官制度改革方面的主张是一致的,那就是反对科举制度,主张从民间寻访、推荐人才。在反对科举制方面,王安石与二程的观点是相同的,不同之处在于王安石主张由政府兴办学校,培养、选拔人才,而二程主张学在民间,民间培养人才,朝廷寻访人才。王安石的科举改革最终失败,学校取士未能取代科举取士,原因是乡举里选的社会背景不存在了。二程的改革主张与王安石相比,更具理想主义色彩,因而也更加脱离实际,所以根本不具备可行性。朝廷求贤的察举征辟制度只有在地方大族自治的社会背景下才是可行的,而宋代社会是一个平民士人为主导的社会,根本不具备这种条件。由于二程的政治主张具有空想性,所以他们在政治上不可能像王安石那样得君行道。这其实也是理学家的共性,适合教书育人,或在地方上任州县官,不适合到朝廷上做宰相。正如吕思勉先生指出的,"宋儒因其修养的工夫,偏于内心,而处事多疏","又其持论过高,往往不切于实际","所以宋儒根本是不适宜于做政治事业的"。[③] 但二程重视教育,主张真正的学术在民间,注重民间社会的作用,注重

① 〔宋〕程颢、程颐:《二程集》,《河南程氏文集》卷五,中华书局 1981 年版,第 525 页。

② 〔宋〕程颢、程颐:《二程集》,《河南程氏文集》卷五,中华书局 1981 年版,第 526 页。

③ 吕思勉:《简明中国通史》,化学工业出版社 2014 年版,第 130 页。

民间社会建设的思想是符合历史发展潮流的。

在科举、教育改革方面，王安石与二程还有一个重大的不同，即同样标榜回归三代之治，王安石改革的目标是恢复先王之政、先王之制，而二程的目标是恢复先王之道。所以王安石要进行政治改革，而二程始终醉心于学术、教育。尽管王安石也提出取法先王要“法其意”，即继承先王施政的精神、原则，而不是照搬先王的具体施政措施，但王安石并没有把那个抽象的先王之“意”用一个概念阐发出来，《三经新义》依然是经学范畴，先王之意不能离开具体改革措施而单独存在。二程是理学的创始人，他们构建的以“理”“道”“性”为核心概念的理论体系把儒学发展到了一个新的阶段，所以在他们那里，先王之治是以“道”为最高标准的，政治措施的好坏要以是否合乎道来评价。这就是二程虽然与王安石同样反对科举制，同样主张回归三代之治，却依然反对王安石变法的原因所在。

二程始终强调道在治国平天下中的重要作用。程颢在《请修学校尊师儒取士札子》中指出师道的重要性：“窃以去圣久远，师道不立，儒者之学几于废熄，惟朝廷崇尚教育之，则不日而复。古者一道德以同俗，苟师学不正，则道德何从而一？方今人执私见，家为异说，支离经训，无复统一，道之不明不行，乃在于此。”[①]在《论王霸札子》中，程颢指出治国要行王道，“得天理之正，极人伦之至者，尧、舜之道也；用其私心，依仁义之偏者，霸者之事也。王道如砥，本乎人情，出乎礼义，若履大路而行，无复回曲。霸者崎岖反侧于曲径之中，而卒不可与入尧、舜之道。故诚心而王则王矣，假之而霸则霸矣，二者其道不同，在审其初而已”，“故治天下者，必先立其志，正志先立，则邪说不能移，异端不能惑，故力进于道而莫之御也。苟以霸者之心而求王道之成，是炫石以为玉也。故仲尼之徒无道桓、文之事，而曾西耻比管仲者，义所不由也，况下于霸者哉？”[②]所谓“立志”就是要立行王道之志，衡量治国之道为王道还是霸道的标准是天理。宋神宗召见程颢，程颢“前后进说甚多，大要以正心窒欲，求贤育材为先”[③]。王安石变法期间，程颢“每进见，必为神宗陈君道以至诚仁爱为本，未尝及功利”，批评

---

① 〔宋〕程颢、程颐：《二程集》，《河南程氏文集》卷一，中华书局 1981 年版，第 448 页。

② 〔宋〕程颢、程颐：《二程集》，《河南程氏文集》卷一，中华书局 1981 年版，第 450~451 页。

③ 〔宋〕程颢、程颐：《二程集》，《河南程氏文集》卷十一，中华书局 1981 年版，第 633 页。

朝廷“兴利之臣日进,尚德之风浸衰”。[①] 程颢实际上是把王安石变法归入了霸道加以反对。

程颐同样主张行王道,在《为家君应诏上英宗皇帝书》中,程颐提出治国之本有三:“一曰立志,二曰责任,三曰求贤”,“三者之中,复以立志为本,君志立而天下治矣。所谓立志者,至诚一心,以道自任,以圣人之训为可必信,先王之治为可必行,不狃滞于近规,不迁惑于众口,必期致天下如三代之世,此之谓也”。[②] 立志就是要人君以道自任,行先王之治,这是治理国家的政治保障。如果没有这个前提,很多政令根本推行不下去,“臣观朝廷,每有善政,鲜克坚守,或行之而天下不从”,“诏以饬之,非不丁宁,然而当其任者如弗闻也”,“诏廉察之官,举其有善政者俾之再任,于今未闻有应诏者”,“如此则是政令不行矣,将如天下何? 此亦在陛下而已。苟陛下之志先立,奋其英断以必行之,虽强大诸侯,跋扈藩镇,亦将震慑,莫敢违也,况郡县之吏乎? 故臣愿陛下以立志为先,如臣前所陈,法先王之治,稽经典之训,笃信而力行之,救天下深沈固结之弊,为生民长久治安之计,勿以变旧为难,勿以众口为惑,则三代之治可望于今日也”。[③] 立志是为政的根本,同时也是个人道德修养的根本,求道关键在于立志,“志立则有本。譬之艺木,由毫末拱把,至于合抱而干云者,有本故也”[④]。立志不是一劳永逸的,要时常进行反省。“所谓省己之存心者:人君因亿兆以为尊,其抚之治之之道,当尽其至诚恻怛之心,视之如伤,动敢不慎? 兢兢然惟惧一政之不顺于天,一事之不合于理。如此,王者之公心也。若乃恃所据之势,肆求欲之心,以严法令举条纲为可喜,以富国家强兵甲为自得,锐于作为,快于自任,贪惑至于如此,迷错岂能自知? 若是者,以天下徇其私欲者也。勤身劳力,适足以致负败,夙兴夜寐,适足以招后悔。以是而致善治者,未之闻也。愿陛下内省于心,有近于是者乎?”[⑤]程颐同样把王安石变法看作富国强兵之举加以反对,认为王安石变法的指导思想是霸道而非王道,因而从根本上、方向上是错误的。

二程反对王安石变法,但并不一概否定法律、制度的作用,只是不把法律作

---

① 〔宋〕程颢、程颐:《二程集》,《河南程氏文集》卷十一,中华书局 1981 年版,第 634 页。

② 〔宋〕程颢、程颐:《二程集》,《河南程氏文集》卷五,中华书局 1981 年版,第 521 页。

③ 〔宋〕程颢、程颐:《二程集》,《河南程氏文集》卷五,中华书局 1981 年版,第 521、522 页。

④ 〔宋〕程颢、程颐:《二程集》,《河南程氏粹言》卷一,中华书局 1981 年版,第 1186 页。

⑤ 〔宋〕程颢、程颐:《二程集》,《河南程氏文集》卷五,中华书局 1981 年版,第 530 页。

为最高标准。程颐认为法律应该符合道的精神,“夫法律之意,盖本诸经。先能知经,乃可议律。专意法律者,胥吏之事,可以行文案治,期会贯通。经义者,士人之事也,可以为政治民。所以律学,必使兼治经史”①。在道德与制度、人治与法治的关系上,程颐认为古代重视人的作用,现在重视法超过重视人,“古之时,天子择宰相而任之政,宰相择诸司长官而委之治,诸司长官各择其属而授以事,治功所以成也。后世朝廷授法,必达乎下,长官守法而不得有为”,“是事成于下,而下得以制其上,此后世所以不治也。今欲朝廷专任长贰。长贰自委之属官,以达于下。取舍在长贰,则上下体顺,而各得致其功,先王为治之道也。难者必曰:长贰得人则善矣,或非其人,不若使防闲详密,上下相制,为可循守也。此世俗鄙论,乌足以言治道?先王制法,待人而行,未闻立不得人之法也。苟长贰非人,不知教育之道,徒守虚文密法,果足以成人才乎?自古以来,未有如是而能成治者也”。② 也就是说,法律条文是死的,人是活的,再好的法律也要有精通法律精神的贤能之才来实施,无须贤才也能很好实施的法律是不存在的。成就人才要靠教育,要靠学习先王之道,离开了这个根本,法律是不可能成就贤才的。应该说,程颐对法律与道德关系的论述是非常正确的,但也仅此而已,程颐并没有在制定好的法律、制度上做出贡献,他在政治上的主张是脱离实际的空想,他的贡献在学术、教育和思想理论方面。

二程在教育上的最大贡献是提出了“道”“理”“性”的概念,并对“道”“理”“性”进行了系统的阐释,使儒学有了一个独立的、超越的理想信仰范畴。这个创新对儒学来说是前所未有的。汉唐经学致力于礼制建设,属制度范畴,信仰领域长期由天人感应、谶纬、玄学、佛教、道教等所主宰,直到理学兴起,儒学才有了自己的形而上信仰范畴。有了信仰范畴,儒学就发展到了一个新阶段、新境界,战胜了释、道二教,在意识形态领域重新占据了主导地位。在理学中,“道”与“学”密不可分,学术是道的依托,这也正是宋代的新儒学被称为道学、理学的原因。因此,要闻道、求道,要修身、齐家、治国、平天下,都要问学、求学,接受教育,这是二程特别重视学术、教育的原因。正如程颐所指出的,“周公没,圣人之道不行;孟轲死,圣人之学不传。道不行,百世无善治;学不传,千载无真

① 〔宋〕程颢、程颐:《二程集》,《河南程氏文集》卷七,中华书局 1981 年版,第 572 页。

② 〔宋〕程颢、程颐:《二程集》,《河南程氏文集》卷七,中华书局 1981 年版,第 571 页。

儒。无善治,士犹得以明夫善治之道,以淑诸人,以传诸后;无真儒,天下贸贸焉莫知所之,人欲肆而天理灭矣”[①]。程颢曾对程颐说:“异日能尊师道,是二哥。若接引后学,随人才成就之,则不敢让。”[②]二程不愧是圣人之学、圣人之道的传人,是千载真儒。

对二程而言,学习就是学道,学道是为了行道。对于治国平天下来说,人君是行道的主体,所以人君要注重学习。程颐以布衣受召为帝师,他在《论经筵第二札子》中指出,“臣闻三代之时,人君必有师傅保之官:师,道之教训;傅,傅其德义;保,保其身体。后世作事无本,知求治而不知正君,知规过而不知养德,傅德义之道固已疏矣,保身体之法复无闻焉”,“皇帝陛下春秋之富,辅养之道,当法先王”[③]。那么为什么对皇帝的教育这么重要呢?程颐认为皇帝位高权重,所以皇帝的德应该配得上他的权位,而这当然要靠对皇帝的教育来实现。在《论经筵第三札子》中程颐说:“臣窃以人主居崇高之位,持威福之柄,百官畏惧,莫敢仰视,万方承奉,所欲随得。苟非知道畏义,所养如此,其惑可知。中常之君,无不骄肆;英明之主,自然满假。此自古同患,治乱所系也。故周公告成王,称前王之德,以寅畏祗惧为首。从古以来,未有不尊贤畏相而能成其圣者也。皇帝陛下未亲庶政,方专学问。臣以为辅养圣德,莫先寅恭,动容周旋,当主于此,岁月积习,自成圣性。”[④]经筵是皇帝接受教育的制度,当时已经沦为一种礼仪形式,程颐主张要让经筵制度名副其实,发挥实实在在的教育皇帝的作用,“臣窃意朝廷循沿旧体,只以经筵为一美事。臣以为,天下重任,唯宰相与经筵:天下治乱系宰相,君德成就责经筵。由此言之,安得不以为重?”[⑤]人君是治道的主体,君德关系天下安危,成就君德的经筵,地位不可谓不重。

君主地位虽然高,但必须闻道、行道,否则施政违背了道,后果是非常严重的。所以大臣必须要学道,以道事君。程颐指出,“臣窃谓自古国家所患,无大于在位者不知学。在位者不知学,则人主不得闻大道,朝廷不能致善治。不闻道,则浅俗之论易入,道义之言难进。人君功德高下,一系于此”。而宋朝的实

---

① 〔宋〕程颢、程颐:《二程集》,《河南程氏文集》卷十一,中华书局1981年版,第640页。

② 〔宋〕程颢、程颐:《二程集》,《河南程氏外书》卷十二,中华书局1981年版,第427页。

③ 〔宋〕程颢、程颐:《二程集》,《河南程氏文集》卷六,中华书局1981年版,第538页。

④ 〔宋〕程颢、程颐:《二程集》,《河南程氏文集》卷六,中华书局1981年版,第539页。

⑤ 〔宋〕程颢、程颐:《二程集》,《河南程氏文集》卷六,中华书局1981年版,第540页。

际情况是,“士风益衰,志趣污下,议论鄙浅”,“以顺从为爱君,以卑折为尊主,以随俗为知变,以习非为守常,此今日之大患也”。[①] 程颐认为,“今世俗之人,能为尊君之言,而不知尊君之道。人君唯道德益高则益尊,若位势则崇高极矣,尊严至矣,不可复加也。过礼则非礼,强尊则不尊”[②]。真正的尊君是以道事君,“道合则从,不合则去,儒者进退之大节”[③]。程颐是这样说的,也是这样做的,当他的主张得不到采纳,决不贪恋权位,坚决请求回归田里。程颐在辞职申请中说:“臣身传至学,心存事道,不得行于时,尚当行于己,不见信于今,尚期信于后,安肯失礼害义,以自毁于后世乎?”[④]“伏念臣力学有年,以身任道,唯知耕养以求志,不希闻达以干时。皇帝陛下诏起臣于草野之中,面授臣以讲说之职。臣窃思之,得以讲学侍人主,苟能致人主得尧、舜、禹、汤、文、武之道,则天下享唐、虞、夏、商、周之治。儒者逢时,孰过于此?”“而不思道大则难容,迹孤者易蹶”,“不能取信于上,而欲为继古之事,成希世之功,人皆知其难也”,“志既乖于事道,义当致于为臣”,“岂舍王哉?忠恋之诚虽至,不得已也,去就之义当然”。[⑤] 程颐乃一介布衣、寒儒,竟然能够维护师道尊严,在皇权面前不卑不亢,进退得当,靠的是什么?靠的就是道。理学所追求的道是最高真理,世俗皇权在道面前也不得不低头,皇权如果违背了道也必然要灭亡。把儒家的道作为独立范畴树立起来,这是二程的伟大贡献。“道高于君”这个口号,只有到了宋代理学兴起,到了二程这里,才具有了真实的内涵。

二程重视学术、教育,是理学的奠基人,书院在其中扮演了怎样的角色呢?如上文所言,北宋的书院尚未发展到它的成熟阶段,书院徒有形式,与一般的学校没有本质区别。北宋书院是儒学复兴的表现形式,儒学复兴的最高成果是理学的成熟,在北宋时期,理学处在草创阶段,是一种民间的学派,尚未发展壮大到需要一种制度化的教育机构来传播的程度。而南宋的书院因为承担着传承、创新理学的职责而成为一种成熟的教育制度。即在逻辑上,理学成熟在先,书院成熟在后,书院因傍着理学而成为传统社会后期一种主导的教育机构。所以

---

① 〔宋〕程颢、程颐:《二程集》,《河南程氏文集》卷六,中华书局 1981 年版,第 550 页。

② 〔宋〕程颢、程颐:《二程集》,《河南程氏文集》卷六,中华书局 1981 年版,第 551 页。

③ 〔宋〕程颢、程颐:《二程集》,《河南程氏文集》卷六,中华书局 1981 年版,第 554 页。

④ 〔宋〕程颢、程颐:《二程集》,《河南程氏文集》卷六,中华书局 1981 年版,第 556 页。

⑤ 〔宋〕程颢、程颐:《二程集》,《河南程氏文集》卷六,中华书局 1981 年版,第 557、558 页。

二程的私家讲学是理学产生发展所依赖的主要平台，二程的私家讲学孕育着成熟书院制度的精神与灵魂。理学家的讲学活动与书院这种教育机构有机结合起来，才是完整的书院制度。在北宋，二程的学术、教育生涯尚未与书院有机结合起来，表现在二程的教学主要采用私人讲学的形式，而当时的书院要么是采用一般学校的大规模粗放式教学，要么还处在带有浓厚私人书斋性质的阶段，还没有采用理学家这种师生密切互动探讨学问的教学方式。

二、程颢、程颐与嵩阳书院

二程与嵩阳书院的关系，是学者喜欢谈论的论题。在此问题上的主流观点是认为二程曾在嵩阳书院讲学，嵩阳书院是理学的兴起之地。比如安国楼先生在《嵩阳书院与二程理学》一文中指出，“二程曾领崇福宫之职，常在嵩阳书院讲学，各地学者慕名而来，多时有生徒数百人”，“其他如司马光、张载、范仲淹等许多名儒也曾执教于此，使嵩阳书院作为私人传道授业的场所，盛极于时。但这里的所传之道，对后世产生久远深刻影响的，是二程的‘洛学’，它对宋代理学思想体系的确立起了奠基作用，具有开创之功”，“嵩阳书院是北宋时代兴起的著名书院，它作为私人讲坛胜地，对二程理学的形成和传播起了重要作用，这是嵩阳作为中国四大书院之一的认定依据”。[①] 邓洪波先生所著《中国书院史》也采用了这个观点。[②] 而笔者认为，由于二程在嵩阳书院讲学之事缺乏直接的史料依据，所以此事只能存疑。

学者之所以倾向于认为二程曾在嵩阳书院讲学，是因为嵩阳书院毗邻崇福宫，凡领崇福宫之职者理应在嵩阳书院讲学。而这只是一种推测而已，是否属实还必须有其他史料来印证，不能直接把推测作为事实。另外，程颢从未领崇福宫之职。元祐七年（1092）五月，朝廷曾任命程颐管勾崇福宫，不过程颐并未接受，“未拜，以疾寻医”[③]。二程的父亲程珦在熙宁年间曾两任管勾崇福宫，因

---

① 安国楼：《嵩阳书院与二程理学》，《郑州大学学报》2000 年第 5 期。

② 邓洪波：《中国书院史》（增订版），武汉大学出版社 2012 年版，第 104 页。

③ 〔宋〕程颢、程颐：《二程集》，《河南程氏遗书 · 附录》，中华书局 1981 年版，第 344 页。

此学者推测二程随父亲在崇福宫任职期间，在嵩阳书院讲学。这也只是一种推测，缺乏其他证据印证。根据宋代官制，宫观官是有俸禄无职事的闲官，就职后也不必到任，“宫观、岳庙留官一员，余听如分司、致仕例，从便居住”[①]。一些关于程颢生平的史料表明，程珦领崇福宫后，并未亲身到崇福宫任职，而是居住在洛阳家中。程颢去世后，其门人朋友追忆了他在洛阳侍奉其父并讲学于家的情况。比如，刘立之指出，“太中公得请领崇福，先生求折资监当以便养。归洛，从容亲庭，日以读书劝学为事。先生经术通明，义理精微，乐告不倦。士大夫从之讲学者，日夕盈门，虚往实归，人得所欲”[②]。“太中公告老而归，家素清窭，僦居洛城。先生以禄养，族大食众，菽粟仅足，而老幼各尽其欢。中外幼孤穷无托者，皆收养之，抚育诲导，期于成人。”[③]邢恕指出，程颢“既不用于朝廷，而以奉亲之故，禄仕于筦库以为养。居洛几十年，玩心于道德性命之际，有以自养其浑浩冲融，而必合乎规矩准绳”，“洛实别都，乃士人之区薮。在仕者皆慕化之，从之质疑解惑；闾里士大夫皆高仰之，乐从之游；学士皆宗师之，讲道劝义；行李之往来过洛者，苟知名有识，必造其门，虚而往，实而归，莫不心醉敛衽而诚服。于是先生身益退，位益卑，而名益高于天下”。[④] 范祖禹指出：“先生以亲老，求为闲官，居洛阳殆十余年，与弟伊川先生讲学于家，化行乡党。家贫，蔬食或不继，而事亲务养其志，赒赡族人必尽其力。士之从学者不绝于馆，有不远千里而至者。”[⑤]这些材料表明，程珦任管勾崇福宫期间居住在洛阳，程颢担任监西京洛河竹木务，与程颐在洛阳奉养父亲，照顾、接济族人，并在家中讲学，经常有士人到家中拜访、问学。

程颐为父亲作的家传中，也叙述了程珦晚年的情况，“先公太中”“方仕宦时，每叹曰：‘我贫，未能舍禄仕。苟得早退，休闲十年，志愿足矣。’自领崇福，外无职事，内不问家有无者，盖二十余年。居常默坐，人问：‘静坐既久，宁无闷乎？’公笑曰：‘吾无闷也。’家人欲其怡悦，每劝之出游，时往亲戚之家，或园亭佛舍。然公之乐不在此也。尝从二子游寿安山，为诗曰：‘藏拙归来已十年，身心

---

① 〔宋〕马端临：《文献通考》卷六十，《职官考十四》，中华书局 2011 年版，第 1822 页。

② 〔宋〕程颢、程颐：《二程集》，《河南程氏遗书 · 附录》，中华书局 1981 年版，第 329 页。

③ 〔宋〕程颢、程颐：《二程集》，《河南程氏遗书 · 附录》，中华书局 1981 年版，第 330 页。

④ 〔宋〕程颢、程颐：《二程集》，《河南程氏遗书 · 附录》，中华书局 1981 年版，第 332 页。

⑤ 〔宋〕程颢、程颐：《二程集》，《河南程氏遗书 · 附录》，中华书局 1981 年版，第 333 页。

世事不相关。洛阳山水寻须遍，更有何人似我闲？'顾谓二子曰：'游山之乐，犹不如静坐。'盖亦非好也。晚与文潞公、席君从、司马伯康为同甲会，洛中图画，传为盛事"[①]。这则材料表明，程珦领崇福宫是没有职事的，他喜欢在洛阳家中静坐，不喜欢到处游玩。二程在此期间自然是在家中奉养父亲，没有理由到嵩阳书院去讲学。程颐有《游嵩山诗》一首："鞭羸百里远来游，岩谷阴云暝不收。遮断好山教不见，如何天意异人谋？"[②]似乎天气不好，游览未能尽兴，颇感遗憾，但没有提到崇福宫，也没有提到嵩阳书院。

有学者认为司马光经常往来于嵩阳书院与崇福宫之间，甚至《资治通鉴》部分章节就写作于嵩阳书院。[③] 这也是缺乏确切史料依据的，大概作者是根据司马光曾担任提举崇福宫做出的推测。其实朝廷给司马光提举崇福宫之职，是为了给司马光发一份俸禄，以便让他能够安心修撰《资治通鉴》，而不是让他亲自去管理崇福宫，提举崇福宫是不必到任的。据史料记载，司马光曾经到嵩山游览，"司马温公优游洛中，不屑世务，弃物我，一穷通，自称曰齐物子。元丰中，秋，与乐全子访亲洛汭，并辔过韩城，抵登封，憩峻极下院，趋嵩阳，造崇福宫、紫极观，至紫虚谷，寻会善寺，过轩辕，遽达西洛"[④]。嵩阳书院、崇福宫这些地方，司马光曾经去过，但只是游览而已，并未在此从事学术活动。

那么在北宋时期，嵩阳书院在学术、教育方面究竟占有怎样的地位？据笔者判断，其在教育和学术方面的实际影响力是有限的。嵩阳书院在北宋有哪些著名的学者担任山长，培养出了哪些著名的学生，这些都没有记载。而应天府书院是有明确记载的，所以在实际影响力方面嵩阳书院比不上应天府书院。既然如此，嵩阳书院为什么有这么大的名气？因为嵩山是历史文化名山，是儒、释、道三教合一之地，嵩阳书院建在了一个文化积淀深厚的福地。同时，嵩阳书院有着显赫的身世，从汉代的万岁观，到北魏的嵩阳寺、隋代的嵩阳观、唐代的太乙观，嵩阳书院一路走来带着高贵的皇家背景。宋代，嵩阳书院又与皇家道观崇福宫为邻，正式更名嵩阳书院后，宰相王曾亲自上奏朝廷请求设置山长。正是高贵的皇家背景，使嵩阳书院拥有了超高的名声。但是，"成也萧何，败也

---

① 〔宋〕程颢、程颐：《二程集》，《河南程氏文集》卷十二，中华书局 1981 年版，第 652 页。

② 〔宋〕程颢、程颐：《二程集》，《河南程氏文集》卷八，中华书局 1981 年版，第 590 页。

③ 齐岸民：《嵩山古建》，中华书局 2009 年版，第 142 页。

④ 〔宋〕王辟之：《渑水燕谈录》，唐宋史料笔记丛刊，中华书局 1981 年版，第 49~50 页。

萧何”,嵩阳书院一旦失去朝廷的支持,就会迅速衰落下去,这是一切依傍政治权势的事物的必然宿命。庆历兴学运动开展以后,朝廷把教育的重心转移到了系统的官办学校上来,书院受到冷落,嵩阳书院也随之衰落下来。有史料证明,宋仁宗庆历年间以后,嵩阳书院从国家级的书院下降为一个县级书院。据文同在给他的好友钱衮写的墓志铭中记载:钱衮,号去私,曾任河南府登封县知县,“县有嵩阳书院,师席久倚,生徒尽散落。去私尽料邑人子弟之良者,遣往教之,四方之士来者皆留其中,嵩阳之学至今为盛,盖去私至后始能如此”[①]。说明在宋仁宗朝后期,嵩阳书院已经败落,钱衮到任后进行了整治,但也只是一个县学的水平。到了宋神宗朝,嵩阳书院又处于破败状态,李廌在《嵩阳书院诗》中写道:“垣墙聚蓬蒿,观殿巢鸢鸟。二纪无人迹,荒榛谁扫除。桑羊固可烹,县令亦安乎?”[②]李廌把嵩阳书院的败落归罪于王安石变法,但认为县令也有直接领导责任,看来嵩阳书院依然被认为是一个县级书院,已经不再是赫赫有名的天下四大书院之一了。

一个书院的影响力,关键在于要有名师,要培养出来著名的学生。而在这些方面,嵩阳书院的历史是空白的。正如《中国书院史》一书所指出的,嵩阳书院“其教学管理诸情况则不知所谓,即便是清代专修《嵩阳书院志》,对这一段历史也是语焉不详,这不得不说是一大缺憾”[③]。《嵩山古建》一书指出,“耿介作《嵩阳书院志》时,也只是收集一些雅文诗作碑记充为志书,志书的断代,只能抱憾前人的疏忽或淡泊记事,书院重要的历史阶段几乎无以说得囫囵”,“耿介写志并无旧志基础,对书院北宋盛世记载了无具体”[④]。因此,依据现存史料,只能说北宋中期以后,嵩阳书院在学术和教育方面就没有什么影响力了。

既然二程在嵩阳书院讲学一事没有确凿的史料记载,为什么人们都愿意相信这是历史事实呢?产生这种误解的原因在于,人们把发生在南宋时期的事实前移到了北宋时期。理学与书院结合起来是发生在南宋的事,正如有学者指出的,书院“到南宋则发展成熟,进入其制度化的确立阶段”,表现在“书院和理学

---

① 〔宋〕文同:《丹渊集》卷三十七《都官员外郎钱君墓志铭》,文渊阁四库全书本。

② 邓洪波:《中国书院史》(增订版),武汉大学出版社 2012 年版,第 105 页。

③ 邓洪波:《中国书院史》(增订版),武汉大学出版社 2012 年版,第 104~105 页。

④ 齐岸民:《嵩山古建》,中华书局 2009 年版,第 121 页。

互为表里，荣辱与共，形成一体化结构”。[①] 而在北宋中期，也就是二程从事学术、教育活动的时期，理学尚处于初创时期，还没有那么大的影响力，没有壮大到需要制度化的传播平台的阶段，私人讲学已经可以满足需要了，这是其一。其二，北宋中期，由于朝廷把教育的重心转移到了兴建官学，书院整体上已经处于衰落阶段，嵩阳书院也从国家级的书院下降为一个县级书院，并且一度被荒废。一方面是私家讲学就可以满足二程的需要，另一方面是嵩阳书院本身的不景气状况也对二程产生不了多大吸引力，所以二程到嵩阳书院讲学在逻辑上也是不太可能发生的事。南宋时期，理学已经发展成为最大的学术派别，理学家为了更好地传承、创新理学，纷纷复兴或者重建书院，并把书院教育发展到了制度化的阶段。制度化的标志之一是书院祭祀制度的建立，不仅可以祭祀孔子，更重要的是要祭祀北宋时期理学的开创者二程、周敦颐等人，以表明本派学术的源头和师承关系。也就是到了这个时期，二程和书院才真正联系了起来，无论二程是否到过某个书院，都可以祭祀他们。而在北宋时期，理学与书院大致是并行发展的，二者还没有产生不可分离的关系，所以二程讲学也不必一定在书院之中。

清代，耿介等人为了弘扬理学，需要修复嵩阳书院，于是参考《白鹿书院志》修撰了《嵩阳书院志》。他在《嵩阳书院图说》中指出："考《白鹿书院志》，中辟礼圣殿祀先圣，旁建宗儒祠祀先贤，重道统也。今嵩阳书院亦仿此制，别为三贤祠，祀二程、朱子，以程子曾提点崇福宫，为过化之地，朱子虽系衔未至嵩而接程之传也。览斯图者，其知渊源之所自已。"[②]可见，清儒在嵩阳书院中祭祀二程是为了标榜自己的学术来源于二程，如果能证明二程亲自在此讲学，那当然就更好了。可惜的是，耿介也没有更多确凿的史料能够证明二程曾讲学于嵩阳书院，所以只能比较含糊地说这里是二程"过化之地"。今人认为二程曾在嵩阳书院讲学，很大程度上是受到了耿介的影响。但如上文所述，宋代没有此方面的记载，耿介也没有提出确切的证据，因此以讹传讹的观点应该得到纠正。

接受二程未在嵩阳书院讲学的事实，其实无损于嵩阳书院的地位和作用。嵩阳书院所在的嵩山毕竟历史上曾属于洛阳地区，而洛阳是理学的产生之地，

① 邓洪波：《中国书院史》（增订版），武汉大学出版社2012年版，第162～163页。

② 齐岸民：《嵩山古建》，中华书局2009年版，第121页。

嵩阳书院也可以说是理学兴起的见证者。嵩阳书院从清代兴复之日起就祭祀二程,传承程朱理学道统。对后人而言,认同理学精神才是最重要的,二程是否在此地讲学已经时过境迁,大可不必过于纠结。认同二程的学说就是二程的传人,崇敬、纪念二程之处就是弘扬二程精神的圣地。今天,嵩阳书院完全可以作为理学兴起、传承的地标,可以作为弘扬中华优秀传统文化的教育基地。

二程到嵩阳书院讲学未见有确切记载,北宋时期的理学与书院尚未有机结合起来,那么二程是否与书院完全没有交集呢?也没有这么绝对。元丰五年(1082),程颐致信文彦博,请求文彦博赠送一块土地,以便建立一所自己的书院》:"颐窃见胜善上方旧址,从来荒废为无用之地。野人率易,敢有干闻,欲得葺幽居于其上,为避暑著书之所。唐王龟创书堂于西谷,松斋之名,传之至今。颐虽不才,亦能为龙门山添胜迹于后代,为门下之美事。可否,俟命。"①文彦博很快复信:"先生斯文己任,道尊海宇,著书立言,名重天下。从游之徒,归门甚盛。龙门久芜,虽然葺幽,岂能容之。吾伊阙南鸣皋镇小庄一址,粮地十顷。谨奉构堂,以为著书讲道之所,不惟启后学之胜迹,亦当代斯文之美事。无为赐价,惟简是凭。"②于是,程颐建立了伊皋书院。从二人往来书信可以看出,伊皋书院依然带有浓厚的私人书斋性质,与南宋时期成熟的、制度化的书院有本质区别。程颐长住伊皋书院,应当在其父元祐五年(1090)去世以后。程颐有一封给弟子杨时的回信:"相别多年,常深渴想。前日自伊川归,得十一月十五日南康发来书,知赴新任,体况安佳,甚慰远怀。颐如常,自去冬来,多在伊川。见谋居伊,力薄未能遽成耳。"③说明程颐经常往返于洛阳城和伊川之间,还不能把家完全搬到伊川。另有记载,认为程颐居伊川是从涪州流放归来以后的事,元符三年(1100)正月宋徽宗即位,"今上嗣圣,得归,遂居伊川,后七年而终"④。一说程颐迁居伊川,是在崇宁二年(1103),"崇宁二年四月,言者论其本因奸党论荐得官,虽尝明正罪罚,而叙复过优,今复著书,非毁朝政。于是有旨追毁出身以来文字,其所著书,令监司觉察。先生于是迁居龙门之南,止四方学者曰:'尊

① 〔宋〕程颢、程颐:《二程集》,《河南程氏文集》卷九,中华书局 1981 年版,第 601~602 页。
② 吴建设:《两程故里　理学圣地》,河南大学出版社 2013 年版,第 158 页。
③ 〔宋〕程颢、程颐:《二程集》,《河南程氏文集》卷九,中华书局 1981 年版,第 615~616 页。
④ 〔宋〕程颢、程颐:《二程集・目录》,中华书局 1981 年版,第 24 页。

所闻，行所知可矣，不必及吾门也。’”[①]可见，程颐长期于洛阳城居住，迁居伊川，是比较靠后的事。

关于程颢和书院的关系，学界一般认为程颢在扶沟县任内曾设立书院，即后来的明道书院或曰大程书院。[②] 但宋代的史料中也没有关于程颢在扶沟设立书院的记载。程颢任地方官，注重教育、教化是其一贯的为政风格。早在任晋城令时，便是如此。“为令晋城，其俗朴陋，民不知学，中间几百年，无登科者。先生择其秀异，为置学舍粮具，聚而教之。朝夕督厉，诱进学者，风靡日盛。熙宁元丰间，应书者至数百，登科者十余人。”[③]程颢在扶沟期间，也有兴学之举，可能因为时间太短没有竟其全功，他曾说：“夫为令之职，必使境内之民，凶年饥岁免于死亡，饱食逸居有礼义之训，然后为尽。故吾于扶沟，兴设学校，聚邑人子弟教之，亦几成而废。夫百里之施至狭也，而道之兴废系焉。是数事者，皆未及成，岂不有命与？然知而不为，而责命之兴废，则非矣。此吾所以不敢不尽心也。”[④]可见，程颢认为兴学校是地方官员义不容辞的职责，施政以教化为先是他一贯的作风。在扶沟，程颢不仅兴建学校，教育当地人，也坚持讲学授徒、弘扬理学。谢良佐曾到扶沟问学，“谢显道习举业，已知名，往扶沟见明道先生受学，志甚笃。明道一日谓之曰：‘尔辈在此相从，只是学某言语，故其学心口不相应。盍若行之？’请问焉。曰：‘且静坐。’”[⑤]《朱子语类》中也有这样的记载，“因举明道教上蔡且静坐，彼时却在扶沟县学中”[⑥]。这说明程颢讲学可能就在扶沟的县学中。程颢的讲学活动其实属于私人讲学，和南宋制度化的书院教育并不相同。所谓大程书院应该是后人为纪念程颢而修建。

三、程颢、程颐的私家讲学是书院教育的真正源头

二程讲学本质上属于私家讲学。除谢良佐在扶沟从程颢受学，同为程门

---

① 〔宋〕程颢、程颐：《二程集》，《河南程氏遗书・附录》，中华书局 1981 年版，第 345 页。

② 邓洪波：《中国书院史》（增订版），武汉大学出版社 2012 年版，第 115 页。

③ 〔宋〕程颢、程颐：《二程集》，《河南程氏遗书・附录》，中华书局 1981 年版，第 328 页。

④ 〔宋〕程颢、程颐：《二程集》，《河南程氏外书》卷十二，中华书局 1981 年版，第 429 页。

⑤ 〔宋〕程颢、程颐：《二程集》，《河南程氏外书》卷十二，中华书局 1981 年版，第 432 页。

⑥ 〔宋〕黎靖德编：《朱子语类》卷二十六《论语八》，中华书局 1986 年版，第 656 页。

“四先生”的游酢也是在扶沟从程颢问学，“程颢兴扶沟学，招使肄业，尽弃其学而学焉”[①]。“游定夫忽自太学归蔡，过扶沟见伊川”[②]，可见程颐也同在扶沟讲学。杨时和朱光庭都是在汝州从程颢问学，“明道在颍昌，先生寻医，调官京师，因往颍昌从学。明道甚喜，每言曰：‘杨君最会得容易。’及归，送之出门，谓坐客曰：‘吾道南矣。’”“朱公掞来见明道于汝，归谓人曰：‘光庭在春风中坐了一个月。’”[③]程颐从涪陵流放回到洛阳后，依然坚持讲学，“伊川归自涪陵，谢显道自蔡州来洛中，再亲炙焉”[④]。据史载，“伊川归自涪州，气貌容色髭发皆胜平昔。门人问何以得此？先生曰：‘学之力也。大凡学者，学处患难贫贱，若富贵荣达，即不须学也。’”[⑤]“鲍若雨、刘安世、刘安节数人自太学谒告来洛，见伊川，问：‘尧、舜之道，孝悌而已矣。尧、舜之道，何故止于孝悌？’伊川曰：‘曾见尹焞否？’曰：‘未也。’请往问之。”[⑥]张绎与尹焞是程颐晚年在洛阳收的弟子，“会程颐还自涪，（张绎）乃往受业，颐赏其颖悟”[⑦]。“焞之从师，与河南张绎同时，绎以高识，焞以笃行。颐既没，焞聚徒洛中，非吊丧问疾不出户，士大夫宗仰之。”[⑧]“颐尝言‘吾晚得二士’，谓绎与尹焞也。”[⑨]从这些记载可以看出，二程讲学多在任职地或是洛阳家中，与南宋制度化的书院讲学在形式上是不同的。但这种私家讲学的教学方法、教学内容，以及教学所体现的求道的精神，与南宋书院教育是一脉相承的。所以，二程的私家讲学是南宋书院教育的真正源头，所谓书院教育不过就是理学家私家讲学的制度化。

二程讲学有自己鲜明的特征，那就是以求道为目标。程颐曾指出：“后之儒者，莫不以为文章、治经术为务。文章则华靡其词，新奇其意，取悦人耳目而已。经术则解释辞训，较先儒短长，立异说以为己工而已。如是之学，果可至于道

---

① 〔元〕脱脱等：《宋史》卷四百二十八《道学二 · 游酢传》，中华书局 1977 年版，第 12732 页。

② 〔宋〕程颢、程颐：《二程集》，《河南程氏外书》卷十二，中华书局 1981 年版，第 440 页。

③ 〔宋〕程颢、程颐：《二程集》，《河南程氏外书》卷十二，中华书局 1981 年版，第 428~429 页。

④ 〔宋〕程颢、程颐：《二程集》，《河南程氏外书》卷十二，中华书局 1981 年版，第 434 页。

⑤ 〔宋〕程颢、程颐：《二程集》，《河南程氏外书》卷十二，中华书局 1981 年版，第 430 页。

⑥ 〔宋〕程颢、程颐：《二程集》，《河南程氏外书》卷十二，中华书局 1981 年版，第 431 页。

⑦ 〔元〕脱脱等：《宋史》卷四百二十八《道学二 · 张绎传》，中华书局 1977 年版，第 12733 页。

⑧ 〔元〕脱脱等：《宋史》卷四百二十八《道学二 · 尹焞传》，中华书局 1977 年版，第 12734 页。

⑨ 〔元〕脱脱等：《宋史》卷四百二十八《道学二 · 张绎传》，中华书局 1977 年版，第 12733 页。

乎？”①“今之学者有三弊：溺于文章，牵于训诂，惑于异端。苟无是三者，则将安归？必趋于圣人之道矣。”②“人皆可以为圣人，而君子之学必至圣人而后已。不至圣人而自已者，皆自弃也。”③北宋时期的学校教育，主要就是文章之学和经学，文章之学就是学作骈体文以应科举，经学就是旧的训诂之学。另外，对宋代士人吸引力最大的就是释、道二教，即程颐所谓异端，释、道二教讲出世的心性修养。二程所讲之理学，区别于儒、释、道，理学是儒学但不是旧的经学，而要讲义理、心性，理学的心性之学也不是禅宗出世的心性之学，而是儒家修身、齐家、治国、平天下的道、理。二程的理学吸收了释、道二教心性、义理的形式，填充了儒家修齐治平的内容，把出世的信仰与入世的功业有机结合起来，实现了儒家的复兴。理学教育的核心是做人，做人的目标是悟道、做圣人，做圣人的职责是治国平天下。二程悟道有一个过程，据《宋史・程颢传》记载，程颢“自十五六时，与弟颐闻汝南周敦颐论学，遂厌科举之习，慨然有求道之志。泛滥于诸家，出入于老、释者几十年，返求诸《六经》而后得之”④。程颐在《明道先生行状》中对程颢的教学特点进行了概括：“先生教人：自致知至于知止，诚意至于平天下，洒扫应对至于穷理尽性，循循有序；病世之学者舍近而趋远，处下而窥高，所以轻自大而卒无得也。先生接物：辨而不间，感而能通。教人而人易从，怒人而人不怨，贤愚善恶咸得其心，狡伪者献其诚，暴慢者致其恭，闻风者诚服，觌德者心醉。虽小人以趋向之异，顾于利害，时见排斥，退而省其私，未有不以先生为君子也。”⑤这是对程颢教学风格的总结，也是程颐本人的夫子自道。下面具体谈谈二程私人讲学的特点。

二程私人讲学的过程就是弘扬理学的过程。理学的特点是探讨儒家超越的价值观、超越的道德，超越的价值观就是信仰，是绝对真理。理学以前的汉唐儒学也讲道德，但那个道德是世俗的道德，世俗的道德要建立在超越世俗的信仰之上，当时的信仰有天人感应、谶纬、玄学、佛教、道教等。不过这些出世的信仰与儒家世俗的道德在理论上是对立的，一旦乱世来临，人们很容易皈依佛教、

---

① 〔宋〕程颢、程颐：《二程集》，《河南程氏文集》卷八，中华书局 1981 年版，第 580 页。

② 〔宋〕程颢、程颐：《二程集》，《河南程氏粹言》卷一，中华书局 1981 年版，第 1185 页。

③ 〔宋〕程颢、程颐：《二程集》，《河南程氏粹言》卷一，中华书局 1981 年版，第 1199 页。

④ 〔元〕脱脱等：《宋史》卷四百二十七《道学一・程颢传》，中华书局 1977 年版，第 12716 页。

⑤ 〔宋〕程颢、程颐：《二程集》，《河南程氏文集》卷十一，中华书局 1981 年版，第 638~639 页。

道教等出世的宗教，儒家伦理就会崩坏，社会、国家就会分裂，这正是唐代后期和五代十国时期的社会现实问题，也是宋代儒家士人要解决的问题。二程理学构建的道、理、性等范畴解决了这个问题。道是超越的信仰，是绝对真理，同时道与儒家的世俗道德又是统一的。一方面道不能离开世俗的道德而存在，圣人是人而不是神；另一方面世俗道德并不就是道，世俗道德必须践行到极致才是道，才能成为圣人。理学就是在世俗社会中学道、求道的学问，学道的终点是悟道、成圣，认识并践行绝对真理。而在现实世界中不可能掌握绝对真理，世俗社会中也没有圣人，凡人只能无限接近圣人、无限接近绝对真理，所以学道、修养的过程是没有终点的。

二程理学教育的目的是解决人的信仰问题、道德问题，而不是单纯外在知识的学习。二程培养人的终极目的是使之成为圣人，“学以至圣人之道也”[①]。那么凡人可以通过学道成为圣人吗？程颐的回答是肯定的。“孟子曰：‘尧、舜性之也，汤、武反之也。’性之者，生而知之者也。反之者，学而知之者也”，“后人不达，以谓圣本生知，非学可至，而为学之道遂失。不求诸己而求诸外，以博闻强记巧文丽辞为工，荣华其言，鲜有至于道者”。[②] 尧、舜是生而知之的圣人，而一般人可以做像汤、武那样学而知之的圣人。这里提出了一个概念“性”，也就是人性，把人性发展到极致就是圣人。是人皆有人性，人性是普遍的，尧、舜与汤、武的性是相同的，不同之处在于，尧、舜是生而知之，不需要学道就可以把人性的光辉充分发挥出来（当然这只是把尧、舜理想化了的说法），而一般人和汤、武一样需要学道、修养才能恢复人性的光辉。所以，学道的目的是发展自己的人性，而不是外在的“博闻强记巧文丽辞”。

二程认为，士人接受教育，首先要相信人性是善的，要志于学，立志做圣人。这是人生方向问题，没有这个前提，无论多么努力都是徒劳的。程颐指出，“无好学之志，则虽圣人复出，亦无益矣”[③]，“不知性善，不可以言学；知性之善而以忠信为本，是曰‘先立乎其大者’也”[④]。针对有学生提出性不善的观点，程颐批

---

① 〔宋〕程颢、程颐：《二程集》，《河南程氏文集》卷八，中华书局1981年版，第577页。

② 〔宋〕程颢、程颐：《二程集》，《河南程氏文集》卷八，中华书局1981年版，第578页。

③ 〔宋〕程颢、程颐：《二程集》，《河南程氏粹言》卷一，中华书局1981年版，第1198页。

④ 〔宋〕程颢、程颐：《二程集》，《河南程氏粹言》卷二，中华书局1981年版，第1255页。

评道："谓性不善者，则求一善性而易之，可乎？"[①]人性是内在的，如果人性不善，那该怎么办呢？难道去哪里找一个善性给你换换吗？所以，相信人性善，相信人通过学道可以达到圣人境界，是自信的表现，是有志气的表现。

有了成为圣人的远大志向，如何实现这个理想呢？学道，格物致知，下学而上达。程颐指出，"知之而后可守，无所知，则何所守也？故学莫先乎致知。穷理格物，则知无不尽，知之既尽，则守无不固"[②]，"自格物而充之，然后可以至于圣人；不知格物而欲意诚心正而后身修者，未有能中于理者也"[③]。格物致知是理学的重要范畴，用现在的话说就是实践出真知，不是接受现成的死的知识，而是包含了探索、研究、实践等含义。程颐对"格物、穷理"做了解释："学莫大于知本末终始。致知格物，所谓本也，始也；治天下国家，所谓末也，终也。治天下国家，必本诸身。其身不正，而能治天下国家者，无之。格犹穷也，物犹理也，若曰穷其理云尔。穷理然后足以致知，不穷则不能致也。"[④]弟子曾向程颐请教怎样格物、穷理，"或问：'学必穷理。物散万殊，何由而尽穷其理？'子曰：'诵《诗》、《书》，考古今，察物情，揆人事，反复研究而思索之，求止于至善，盖非一端而已也。'又问：'泛然，其何以会而通之？'子曰：'求一物而通万殊，虽颜子不敢谓能也。夫亦积习既久，则脱然自有该贯。所以然者，万物一理故也。'"[⑤]格物致知是学道的根本，是修身的重要内容。格物致知与治天下国家相提并论，可见格物致知也是一种求知的实践，而不是死读书。"反复研究而思索之，求止于至善"，就是要找到那个道，那个普遍性的真理，至于格物的具体手段则是多种多样的，"盖非一端而已也"。世界上的事物千千万万，怎么能格得过来呢？程颐认为"求一物而通万殊"是不可能的，格物有一个积累的过程。笔者认为，格物本质上是一种认识世界、改造世界的实践活动，认识事物总是从个别和感性出发，这种认识"仅是片面的和表面的东西，这种反映是不完全的，是没有反映事物本质的。要完全地反映整个的事物，反映事物的本质，反映事物的内部规律性，就必须经过思考作用，将丰富的感觉材料加以去粗取精、去伪存真、由此及

---

① 〔宋〕程颢、程颐：《二程集》，《河南程氏粹言》卷二，中华书局1981年版，第1254页。
② 〔宋〕程颢、程颐：《二程集》，《河南程氏粹言》卷一，中华书局1981年版，第1195页。
③ 〔宋〕程颢、程颐：《二程集》，《河南程氏粹言》卷一，中华书局1981年版，第1197页。
④ 〔宋〕程颢、程颐：《二程集》，《河南程氏粹言》卷一，中华书局1981年版，第1197页。
⑤ 〔宋〕程颢、程颐：《二程集》，《河南程氏粹言》卷一，中华书局1981年版，第1191页。

彼、由表及里的改造制作工夫,造成概念和理论的系统,就必须从感性认识跃进到理性认识"①。程颐所谓"积习既久,则脱然自有该贯",符合马克思主义以实践为基础、从感性认识飞跃到理性认识的认识论。当然程颐的认识论是建立在农业社会基础之上的,与马克思主义认识论有着发展阶段的根本不同。

二程非常强调格物致知,认为格物致知是本,治天下国家是末,并非认为治天下国家不重要,而是因为治天下国家之道正是通过格物致知获得的,学道与行道统一于道,治国者的理论水平、精神境界决定了治国的成效。正如程颐所指出的,"学贵乎成,既成矣,将以行之也。学而不能成其业,用而不能行其学,则非学矣"②。有弟子问:"致知力行,其功并进乎?"程颐回答:"人谓非礼勿为,则必强勉而从之;至于言穿窬不可为,不必强勉而后能也。故知有浅深,则行有远近,此进学之效也。循理而至于乐,则己与理一,殆非强勉之可能也。"③程颐指出:"学者苟有'朝闻道夕死可矣'之志,则不肯安于所不安也。不能然者,不见实理故也。"有弟子问:"何谓实理?"程颐回答:"灼然见其是非可否也。古人有视死如归者,苟不见死重于义,如见火之热,水之深,无复疑,则其能者未矣。"④什么是真知、实理?唱高调,夸夸其谈,空谈道德教条不是真知、实理,勉强遵循礼教也不是真知、实理。内心真正相信的才是自己真实的道的水平。真知体现在行动中,行动遵循内心的信仰。在这个意义上,知和行是统一的,知更是根本,知不是外在的知识、教条,而是内在的信仰,知即知"道",学是学"道"。

在为学方面,二程非常强调为己、自得、涵养等内在德性的培养。程颐指出:"学也者,使人求于内也。不求于内而求外,非圣人之学也。何谓求于外?以文为主者是也。学也者,使人求于本也。不求于本而求于末,非圣人之学也。何谓求其末?考详略,采同异是也。二者无益于德,君子弗治学也。"⑤又指出,"记问文章不足以为人师,以其所学者外也。师者何也?谓理义也"⑥,"善学者,当求其所以然之故,不当诵其文,过目而已也"⑦,"有轻俊之质者,必教以通

---

① 毛泽东:《毛泽东选集》第一卷,人民出版社 1991 年版,第 291 页。
② 〔宋〕程颢、程颐:《二程集》,《河南程氏粹言》卷一,中华书局 1981 年版,第 1197 页。
③ 〔宋〕程颢、程颐:《二程集》,《河南程氏粹言》卷一,中华书局 1981 年版,第 1192 页。
④ 〔宋〕程颢、程颐:《二程集》,《河南程氏粹言》卷一,中华书局 1981 年版,第 1192 页。
⑤ 〔宋〕程颢、程颐:《二程集》,《河南程氏粹言》卷一,中华书局 1981 年版,第 1198~1199 页。
⑥ 〔宋〕程颢、程颐:《二程集》,《河南程氏粹言》卷一,中华书局 1981 年版,第 1198 页。
⑦ 〔宋〕程颢、程颐:《二程集》,《河南程氏粹言》卷一,中华书局 1981 年版,第 1194 页。

经，学使近本，而不以文辞之末习，则所以矫其偏质，而复其德性也”[①]。程颐反对文辞、文章和训诂之学，主张理义、德性之学，并非要把二者对立起来，不让人读书、作文，而是反对把文辞之学作为终极目标去追求。有人批评理学家视读书为玩物丧志，这是对理学家的误解，程颐本人“于书无所不读”，怎么会反对读书呢？他反对的是以文辞炫耀于世而忽视了求道、穷理，提倡的是“善学者，当求其所以然之故”，只有把道理真正搞清楚、想明白了，才能提高自己的思想境界。程颐重视内在德性的涵养，也就是自得。他指出，“学莫贵乎自得，非在人也”[②]，“学者必潜心积虑，涵养而自得之”[③]，“学而不自得，则至老而益衰”，“学至涵养其所得而至于乐，则清明高远矣”[④]。天下大道是普遍的、共同的，但个人的道德境界要靠个人学习、修养来获得。在个人修养方面自欺欺人是无济于事的，因为个人的外在言行无不是其内在德性的表现。

二程认为要学至圣人，必须有专一的精神。程颐指出：“博弈小技也，不专心致志，犹不可得，况学圣人之道，悠悠焉，何能自得也？”[⑤]“君子之学贵一，一则明，明则有功。”[⑥]一心一意就是“敬”，“一心之谓敬，尽心之谓忠”[⑦]，“有为不善于我之侧而我不见，有言善事于我之侧而我闻之者，敬也，心主于一也”[⑧]。学道要专一，即专一于道、天理。致知要专一，守道也要专一，“所守不约，则泛然而无功。约莫如敬”[⑨]。有弟子问程颐“持正之道”，程颐答曰：“穷理格物，则知无不尽，知之既尽，则守无不固。”[⑩]有弟子问程颐：“君子存之，何所存也？”程颐答曰：“存天理也。天理未尝亡，而庶民则亡之者众矣。”[⑪]针对认为性道虚无缥缈的观点，程颐指出：“世之言道者，以性命为高远，孝悌为切近，而不知其一统。道无本末精粗之别，洒扫应对，形而上者在焉。世岂无孝悌之人？而不能尽心

---

① 〔宋〕程颢、程颐：《二程集》，《河南程氏粹言》卷一，中华书局 1981 年版，第 1194 页。
② 〔宋〕程颢、程颐：《二程集》，《河南程氏粹言》卷一，中华书局 1981 年版，第 1197 页。
③ 〔宋〕程颢、程颐：《二程集》，《河南程氏粹言》卷一，中华书局 1981 年版，第 1199 页。
④ 〔宋〕程颢、程颐：《二程集》，《河南程氏粹言》卷一，中华书局 1981 年版，第 1189 页。
⑤ 〔宋〕程颢、程颐：《二程集》，《河南程氏粹言》卷一，中华书局 1981 年版，第 1194 页。
⑥ 〔宋〕程颢、程颐：《二程集》，《河南程氏粹言》卷一，中华书局 1981 年版，第 1198 页。
⑦ 〔宋〕程颢、程颐：《二程集》，《河南程氏粹言》卷二，中华书局 1981 年版，第 1256 页。
⑧ 〔宋〕程颢、程颐：《二程集》，《河南程氏粹言》卷二，中华书局 1981 年版，第 1255 页。
⑨ 〔宋〕程颢、程颐：《二程集》，《河南程氏粹言》卷二，中华书局 1981 年版，第 1255 页。
⑩ 〔宋〕程颢、程颐：《二程集》，《河南程氏粹言》卷一，中华书局 1981 年版，第 1195 页。
⑪ 〔宋〕程颢、程颐：《二程集》，《河南程氏粹言》卷二，中华书局 1981 年版，第 1256 页。

至命者,亦由之而弗知也。”[①]百姓日用而不知中也有道,只要专一求道,道无所不在。

总之,二程的私人讲学以育人为主要内容,以性、道、天理为核心范畴,以成圣为终极目标,为解决自唐代以来弥漫于士林的道德虚无主义探索了一条有效的途径。这条途径到南宋发展为制度化的书院教育模式,并一直持续到清朝末年废科举、兴新学。

① 〔宋〕程颢、程颐:《二程集》,《河南程氏粹言》卷二,中华书局1981年版,第1257页。

第三章 元代河南书院的持续发展

宋元之际,河南地区战争与和平交替,民族文化冲突与融合并存。元朝统治者以少数民族入主中原后,虽历来尚武善战,亦渐趋“崇重儒术”,通过在全国广泛建立学校,大力推行儒学教育。元朝将书院视为官学的有益补充,“设山长以主之,给廪饩以养之,几遍天下”,史称“书院之设,莫盛于元”。[①] 钱穆亦认为,元代“书院之盛,上凌宋,下躐明。宋以下一千年来之书院林立,惟元最盛,莫与伦比”[②]。元朝在河南地区置河南行省,下设路、府、州、县官学,形成较为完备的教育行政体系。元代河南继承前代书院教育传统,修复和创建了一批重要书院,对促进地方文化教育和社会发展产生了积极影响。时人称,永宁“文献甲于中州,则书院之所培植也”[③]。

第一节 元代河南书院概况

靖康二年(1127)北宋覆亡,金朝占据中原大部分区域。学士王庭筠曾在林虑创建黄华书院[④],河南地区书院较少,整体发展缓慢,后因连年战争,河南书院毁坏严重。元朝入主中原后,注意借鉴历代北方少数民族政权的统治经验,推

① 〔清〕朱彝尊辑,〔清〕朱昆田补遗:《日下旧闻》卷十一《城市二 · 中城下》,清康熙二十七年刻本。

② 钱穆:《国史新论》,生活 · 读书 · 新知三联书店 2001 年版,第 43 页。

③ 〔清〕单履咸:《重修洛西书院碑记》,〔清〕张楷纂修:《永宁县志》卷七《政事部 · 书院》,清乾隆五十五年刻本。

④ 王泽溥修,李见荃纂:《林县志》卷七《教育》,民国二十一年石印本。

行汉法,重教兴学,以礼义治国,以文致太平,注重实施尊儒重道的文化政策。在元朝政府和社会各阶层的共同努力下,河南各地修复并创办了十余所书院,推动了河南书院的持续发展。史称“洛中书院之盛,始于元时邑儒温格孟同薛友谅数辈,曰同文,曰嵩阳,曰颍谷,曰伊川,曰洛西”①。

一、主要发展原因

(一)元政府鼓励书院发展

元朝在统一过程中,受中原士人影响,逐渐认识到中原文化对稳定统治的重要性。随着民族和文化的融合发展,统治者大力推行儒家思想和学校教育,特别是采取了一系列兴办、保护和发展书院的政策措施。元世祖忽必烈“崇重儒术”,把“汉法”作为施政的重要依据,“设官分职,征用儒雅,崇学校为育材之地,议科举为取士之方”②。中统二年(1261)六月,元世祖颁旨:“先圣庙,国家岁时致祭,诸儒月朔释奠,宜恒令洒扫修洁。今后禁约诸官员、使臣、军马毋得于庙宇内安下,或聚集理问词讼,及亵渎饮宴,管工匠官不得于其中营造,违者治罪。管内凡有书院,亦不得令诸人搔扰,使臣安下。钦此。”③此旨将书院等同于庙学进行保护,体现了元世祖对书院的重视程度,有利于提高书院地位,维护书院的正常教学秩序,对元代书院的后续发展意义重大。至元二十八年(1291),元世祖诏令“其他先儒过化之地,名贤经行之所,与好事之家出钱粟赡学者,并立为书院”④。这一鼓励兴办书院的政策,直接促进了元代书院的发展兴盛。史称元世祖“信用儒术,用能以夏变夷,立经陈纪,所以为一代之制者,规模宏远”⑤,诚有所征。

---

① 〔清〕龚崧林修,汪坚纂:《洛阳县志》卷五《学校》,清乾隆十年刊本。

② 陈高华等点校:《元典章》卷三一《礼部四 · 学校一 · 儒学》,天津古籍出版社 2011 年版,第 1095 页。

③ 王颋点校:《庙学典礼(外二种)》卷一《先圣庙岁时祭祀禁约搔扰安下》,浙江古籍出版社 1992 年版,第 12 页。

④ 〔明〕宋濂等:《元史》卷八十一《选举志一 · 学校》,中华书局 1976 年版,第 2032 页。

⑤ 〔明〕宋濂等:《元史》卷十七《世祖十四》,中华书局 1976 年版,第 377 页。

元世祖的书院政策，为其后历代君主所遵行。元成宗即位之初，谕令“中外百司官吏人等：孔子之道，垂宪万世，有国家者，所当崇奉。曲阜林庙，上都、大都、诸路府州县邑庙学书院，照依世祖皇帝圣旨，禁约诸官员、使臣、军马，毋得于内安下，或聚集理问词讼，亵渎饮宴，工役造作，收贮官物等。其赡学地土产业及贡士庄田，外人毋得侵夺。所出钱粮，供春秋二丁、朔望祭祀及师生廪膳。贫寒老病之士为众所尊敬者，月支米粮，优恤赡养。庙宇损坏，随即修完。作养后进，严加训诲，讲习道艺，务要成材。若德行文学高出时辈者，有司保举，肃政廉访司体复相同，以备选用。本路总管府、提举儒学、肃政廉访司，宣明教化，勉励学校。凡庙学公事，诸人毋得沮坏”。此诏令除重申世祖当年禁约之外，分别对学田产业、钱粮用途、贫士抚恤、庙宇修缮、生徒教养、人才荐举、官府兴学等事关学校书院发展的诸多事项做出了明确规定，并称“彼或恃此非理妄行，国有常宪，宁不知惧？宜令准此”。[①] 恩威并济，可谓用心良苦。

至大四年（1311）正月，元武宗谕称：“依着薛禅皇帝、完者笃皇帝累降圣旨体例里，不拣甚么差发休当。各处有的庙学、书院房舍里，不拣那个官人每、使臣每、军人每，休安下者。休断公事，休做筵会者。休造作者。系官钱物，不拣甚么休顿放者。属学校的田地、水土、贡士庄，不拣是谁，休争占侵犯者。学校田地内出产的钱粮，月一，十五、春秋二丁日，交祭祀者。师徒贫穷病证、老秀才每，教养济者。损坏了的房舍每，教修理者。自今之后，学官每好的委付着，尽心教着，升加优赏。生徒每好生学的，他每的本事觑了，教行者。学校的勾当里，不拣是谁，休沮坏者。各处廉访司、总管府、提举官人每，常加敦劝者。”[②]此谕内容基本上是前代皇帝兴学治教圣旨的再版。由此可以看出，数代皇帝的文教政策可谓萧规曹随，一以贯之。也正是因为相关政策的连续性，为元代书院的持续发展提供了坚实的制度保障。

---

① 陈高华等点校：《元典章》卷三一《礼部四 · 学校一 · 儒学》，天津古籍出版社 2011 年版，第 1088~1089 页。

② 陈高华等点校：《元典章》卷三一《礼部四 · 学校一 · 儒学》，天津古籍出版社 2011 年版，第 1094~1095 页。

（二）理学渊源与元初北传

“宋兴伊洛，元大苏门”[①]，河南理学素有渊源。理学发轫于北宋，程颐、程颢为代表人物，其学谓“洛学”。靖康之乱，宋室南迁，理学“自伊洛入于江汉，自江汉入于闽越”[②]。朱熹集理学大成，是谓“闽学”。宋金之际，道路隔绝，北方理学式微。蒙古伐宋，南下汉水，姚枢奉诏即军中求儒士，携理学名儒赵复北归。中书令杨惟中与姚枢等在燕京建立太极书院，聘赵复等主讲理学，开有元一代兴办书院之风尚。赵复“倡明指示，心传口授”，录出“所记程、朱所著诸经传注”，作《传道图》《伊洛发挥》，以标其宗旨；“取伊尹、颜渊言行，作《希贤录》，使学者知所向慕”，史谓“北方知有程、朱之学，自复始”。[③] 时人称，“吴楚、巴蜀之儒与其书浸淫而北，至于秦雍，复入于伊洛，泛入三晋、齐鲁，遂主燕云、辽海之间”[④]。姚枢退隐后，携家至辉州苏门，师事赵复，并传其学，与许衡、窦默等名儒相与讲明濂洛之学，理学自此复盛于北方。“在蒙、汉统治阶级及儒生们的共同努力下”[⑤]，理学特别是朱学被元朝正式确立为官方学说，理学教育思想也成为官方主导教育思想。姚枢、许衡等中原理学名儒以传播理学为己任，收徒授学，著述明道，有力地推动了河南书院教育的发展。

（三）社会力量的广泛参与

元朝完成统一后，国家局势相对安定，社会经济有所恢复，为书院正常运行和发展创造了良好条件。在元朝政府“尊儒重道”和鼓励书院发展等文教政策影响下，各种社会力量，如关心书院事业的政府官员、热心地方文化教育的贤达人士、隐居不仕讲学民间的大宋遗民，以及主动接受中原文化的蒙古、色目等少数民族士人，均参与到书院建设中来，书院呈现出蓬勃发展之势。元儒黄溍论

---

① 〔清〕孙奇逢：《夏峰先生集》卷四《〈洛学编〉序》，张显清主编：《孙奇逢集》中册，中州古籍出版社2003年版，第624页。

② 〔元〕郝经撰，秦雪清点校：《郝文忠公陵川文集》卷二十四《与汉上赵先生论性书》，山西人民出版社2006年版，第342页。

③ 〔明〕宋濂等：《元史》卷一百八十九《儒学一·赵复传》，中华书局1976年版，第4314页。

④ 〔元〕郝经撰，秦雪清点校：《郝文忠公陵川文集》卷二十四《与汉上赵先生论性书》，山西人民出版社2006年版，第342页。

⑤ 刘泽华主编：《中国政治思想史》（隋唐宋元明清卷），浙江人民出版社1996年版，第473页。

当时书院之兴，谓“昔州县未有学之时，天下四书院而已。其后州县既皆立学，而前贤讲授之地与其所居所游，亦莫不别建书院。近世好事之家，又多慕效创为之。日增月益，而学与书院参立于州县间，亦已盛矣”①。观其所言，可略窥元代地方书院发展繁盛之一斑。河南籍官员是本省书院建设的重要力量。大定四年（1164），河南左司郎中张惟敏创嵩洛书院，“自备己财，储书延师，作养后进，建文昌祠，春秋从祭”②。至正五年（1345），工部郎中温格非率乡人集资创建登封颍谷书院，“县尹阎询具其始末，请于河南守郡使者，覆如言，乃闻于朝。如请，扁曰‘颍谷书院’”。③ 元代河南兴建书院十余所，其中的鲁斋书院、涑水书院、伊川书院等均为汉化少数民族士人所建。民间倡建书院的行动，往往都会获得政府的鼓励和支持。

二、主要分布特征

元代河南书院的发展，呈现出数量多、增长快、范围广等特征。

从数量上看，元代河南书院是宋代河南书院的近两倍，处于全国中游、北方前列。特别是部分州县，成功创建本地首所书院，实现了从无到有的跨越，对当地文教事业具有历史性的意义。元儒许有壬曾称：“我元戡定伊始，即崇文教，南北既一，黉舍遂遍区宇，渐濡百年，而书院之辟，视前代倍矣。”④以此观元代河南书院的发展状况，庶为恰当。

从时间上看，元代河南书院创修时间可考者，从元世祖至元元年（1264）到元惠宗至正年间都有分布，时间跨度大，连续性强，说明元代河南书院呈持续发展态势。

从地域上看，元代河南书院分布更为广泛，空间布局更趋合理。除河南、南

---

① 〔元〕黄溍著，王颋点校：《黄溍集》卷一一《石峡书院诗序》，浙江古籍出版社 2013 年版，第二册，第 396 页。

② 杨保东修，刘莲青纂：《巩县志》卷二十《丛载 · 元创设嵩洛书院文牒》，民国二十六年刊本。

③ 〔元〕王沂：《颍谷书院记》，《嵩书》卷二十一《章成篇三 · 元》，郑州市图书馆文献编辑委员会编：《嵩岳文献丛刊》第 1 册，中州古籍出版社 2003 年版，第 505 页。

④ 傅瑛、雷近芳校点：《许有壬集》卷四三《缑山书院记》，中州古籍出版社 1998 年版，第 508 页。

阳、应天等地区继续保持明显优势外,卫辉路、怀庆路、汴梁路出现多所新建书院,与苏门理学中心的形成和北方理学传播密切相关。

第二节 元代河南书院制度

书院与私学的最大区别,就在于拥有一系列规范化的运行制度。元朝统治者推行“尊孔崇儒”的文教政策,大力支持、保护和鼓励书院发展。在继承前代书院相关重要制度的基础上,元代书院的组织制度、教学制度、经费制度、藏书制度等又有所发展创新,特别是官学化特征明显。元代河南书院制度的发展变化,基本上是当时全国书院制度演进的一个缩影。

一、组织管理官学化

元代书院实行以山长为中心的教育行政管理体制,一般设山长一二员,直学一员,学录、学正各一员,斋长、教谕各一员,员额标准等同于散府,而高于县学[①]。元朝政府认为山长属于“儒门教官,乃后进之本源模范,作育人才以备时用”,因而对山长的荐举选任、学行标准要求严格,规定官员荐举山长,必须是“文行兼备、众所敬服、可为后进师范之士”,“文字委是中程,堪以传授”,“年高德劭”,“委是为众推服”。[②] 只有符合上述条件,才能“依例保申体复委用,无得滥行差设”[③]。

---

① 王颋点校:《庙学典礼(外二种)》卷五《行台监察举呈正录山长减员》,浙江古籍出版社 1992 年版,第 112~113 页。

② 王颋点校:《庙学典礼(外二种)》卷四《廉访司体察教官学职》,浙江古籍出版社 1992 年版,第 84 页。

③ 王颋点校:《庙学典礼(外二种)》卷五《行台坐下宪司讲究学校便宜》,浙江古籍出版社 1992 年版,第 102 页。

书院山长等职多由官府委任,并按学官身份进行考核管理。各路州县及书院所置学正、山长、学录、教谕皆“命于礼部及行省及宣慰司”,“由集贤院及台宪等官举充之”,后又“以下第举人充正、长,备榜举人充谕、录,有荐举者,亦参用之”。三年满考,“谕、录历两考,升正、长。正、长一考,升散府上中州教授。上中州教授又历一考,升路教授”。路府州书院直学“以掌钱谷,从郡守及宪府官试补”,三年考满,“又试所业十篇,升为学录、教谕”,后改成“考满为州吏”。元朝政府规定,“自京学及州县学以及书院,凡生徒之肄业于是者,守令举荐之,台宪考核之,或用为教官,或取为吏属”①,将书院生徒视同官学生员对待和管理。同时,应书院创建者的请求,元朝统治者还为书院委任山长、赐名赐额,以示对兴办书院的鼓励和肯定。皇庆元年(1312),河南平章何玮建诸葛书院于卧龙冈,即“奏置山长一人掌其教,而请敕赐碑与额”②。类似情况还有洛西书院、嵩洛书院、颍谷书院、伊川书院等。《创设嵩洛书院文牒》记载了申报的具体程序:“皇帝圣旨里中书礼部据奎章阁学士院参书厅呈承奉学士院札付蒙古文字译说,该至正五年七月,别儿怯不花大学士奏,左司郎中张惟敏是河南人,自备己财储书,欲为义学,延师教授,将书舍名作嵩洛书院。奉旨:那般者,钦此钦遵外,使院就呈该部分款依施行。承此具呈照详得此。本部议得:左司郎中张惟敏,自备己财,储书延师,作养后进,建文昌祠,春秋从祭。奎章阁大学士奏准,名嵩洛书院。宣都省移咨河南行省,钦依施行。除已具呈中书省,照详本部,合行宜关请,照验施行,右关左司郎中张惟敏。”③

元代书院的官学化,集中体现在政府将书院视同官学进行管理。考其本意,当是少数民族政权在推行“崇儒重道”文教政策过程中,对书院采取的一种特殊优待式管理制度,以表达对书院师生的尊重和对书院教育模式的重视。然而,书院毕竟不同于官学,官学化制度设计在实践中对书院产生了一系列不良影响,特别是使书院在人事、财务等关键问题上受制于政府,形成一定程度的依附关系,从而严重损害了书院所特有的自由性和独立性。这种情况的出现,很大程度上是因为当时少数民族统治者对书院教育本质缺乏了解而造成的。对

① 〔明〕宋濂等:《元史》卷八十一《选举志一·学校》,中华书局1976年版,第2033页。
② 〔清〕潘守廉修,张嘉谋纂:《南阳县志》卷六《学校》,清光绪三十年刊本。
③ 杨保东修,刘莲青纂:《巩县志》卷二十《丛载·元创设嵩洛书院文牒》,民国二十六年刊本。

元朝政府来说,官学化无疑大大加强了对书院的管理和控制,虽不一定是初衷,成效却很明显。当然,官学化对部分书院的稳定和持续发展功不可没,但这毕竟是以损害书院自身特性为代价的。需要注意的是,元代书院官学化主要存在于路州县级书院,级别较低的民间书院受其影响较为有限。

二、教学制度完善化

学规学约是保证书院正常教学秩序和规范运行的一项重要制度。元代河南书院学规多承袭前代,特别是朱熹在南宋淳熙年间制定的《白鹿洞书院揭示》。在此蓝本基础上,各书院往往又有所发明。元泰定三年(1326),长院刘鹗制定《齐安河南三书院训士约》六条:一是崇德行。“自昔圣贤教人”以三德之法:至德以为道本,诚意正心、端本澄源;敏德以为言本,强志力行、崇德广业;孝德,以知逆恶,尊祖爱亲、不忘本始。此三德“精粗两尽、本末相资,而不倚于一偏”。二是端士习。“多士一步一趋,当以圣贤为法,慎毋竞佻达而薄检绳,尚浮华而贱悃愊,则品行端而正学明矣。”三是重实学。何谓实学?“凡有资于经济、达于政事者是也。夫士学以待用,因待用而学,而学又皆无用,可谓知务乎?”“今日岂乏异材学者?不可不求实效也。”四是正文体。《论语》《孟子》,其言平易,其意精深,“使人观之显然,味之无极矣”。“其言不近,则众人亦惑;其旨不远,则君子易厌。此圣贤立言之法,万世操觚者,所必宗焉者也。”五是勤会课。士子当各自奋发,思良友,以友辅仁,以文会友,“随便立会,不拘人数”,遵白鹿洞教规,“恒以实心敦励,质疑问难,相与开发心胸,显示默规,相与砥砺名节”。六是禁浮伪。“国家设学造士,欲求真才,实能共理天下。”士子当以远大自期,先从为士做起。“希天一事,旷世不谈,即希圣希贤,姑亦未论。诸生且先希士,士志于道,不耻衣食之恶,无恒产而有恒心,自能爱养廉节、砥砺末俗。”此学约要求书院生徒“遵白鹿洞教规”,崇德行,端士习,重实学,正文体,勤会课,禁浮伪,学宗程朱,“勉循旨要,以为立身行己之本、下学上达之阶。由尼山邹峄以远溯唐虞,如康庄直达,可无他岐也”。[①] 总的来看,元代书院学规规约与前代一脉

---

① 〔元〕刘鹗:《惟实集》卷二《齐安河南三书院训士约》,清道光二十八年刻本。

相承,对后世影响深远,具有承上启下的历史地位和作用。

元代河南书院教学内容一般以儒家经典为主。南宋末年,理学开始学术转向,出现与政权相结合的趋势,并在元代成为占统治地位的思想学说。元朝政府还通过颁布一系列政令,确立朱熹学说的正统地位,深刻影响了元代的学校和书院教育。皇庆二年(1313)十一月,元仁宗颁旨称,"若稽三代以来,取士各有科目。要其本末,举人宜以德行为首,试艺则以经术为先,词章次之。浮华过实,朕所不取。爰命中书,参酌古今,定其条制"。后颁行的考试程式规定,明经从"《大学》《论语》《孟子》《中庸》内出题,并用朱熹《章句集注》"。[①] 元朝统治者认为,"明经内《四书》《五经》,以程(氏)〔子〕、朱晦庵注解为主,是格物致知、修己治人之学。这般取人呵,国家后头得人才去也"[②]。在朝廷尊崇朱子学说,特别是科举取士政策的影响下,朱熹理学思想成为多数河南书院的主要教学内容。值得注意的是,部分书院也开设有医学、军事、书学、数学等,可见元代书院教育内容较前代有所丰富。此外,元代河南书院教育还出现了分层授课制。如至治三年(1323),光山涑水书院"辟斋五,聚邑士之俊造与幼而学者分教之","日讲周公孔子之道、诗书六艺之习"。[③]

三、经费来源多元化

经费是书院赖以生存和发展的基本保障。元朝政府对书院的重视,主要体现在对书院资产的保护和经济的扶持上。至元二十八年(1291)四月,元朝政府命令"将在前僧人强行占据诸人房屋、田土、山林、池荡,并宫观、庙宇、学舍、书院,照依归附时为主,尽行给还元主"[④],从而为元初河南书院的恢复发展奠定了基础。学田历来是书院的主要经济来源之一,数量充足的学田,往往能为书院

---

① 陈高华等点校:《元典章》卷三一《礼部四 · 学校一 · 儒学》,天津古籍出版社 2011 年版,第 1095~1096 页。

② 陈高华等点校:《元典章》卷三一《礼部四 · 学校一 · 儒学》,天津古籍出版社 2011 年版,第 1098 页。

③ 〔元〕王纬:《涑水书院记》,〔明〕沈绍庆修,王家士纂:《光山县志》卷三《建置志》,明嘉靖刻本。

④ 王颋点校:《庙学典礼(外二种)》卷三《郭签省咨复杨总摄元占学院产业》,浙江古籍出版社 1992 年版,第 64 页。

的持续发展提供坚实的经济保障。元朝政府特别重视为书院设置一定数量的学田。至元三十一年(1294)四月十四日,元成宗登宝位诏赦内一款称,“学校之设,所以作成人才,仰各处正官、教官钦依先皇帝已降圣旨,主领敦劝”,“其无学田去处,量拨荒闲田土,给赡生徒,所在官司,常与存恤”。[①] 七月,成宗又颁布谕旨,禁止他人侵夺书院“赡学地土产业”,规定将所出钱粮“供春秋二丁、朔望祭祀,及师生廪膳”,修缮损坏房屋,并对“贫寒老病之士、为众所尊敬者,月支米粮,优恤养赡”。[②] 据史料记载,大德元年(1297)明道、南轩两书院“名儒耆宿月支学粮”,“有每名一石者,有五斗者”,待遇尚属优厚。[③]

书院的创建、修复和发展,大都离不开热心书院事业的有识之士的捐助义行。至治三年(1323),光山县侯帖木儿不花倡议创建涑水书院,与“同僚及邑之耆德”“买县治西偏故第,袤若干亩,楮以缗计者万七千奇”,修建“讲肄之室,庖廪井厩,靡不备具。贫无资学及四方宦而游者,至则如归”,又“置稻若干亩,为收岁入以赡,且以供祀事”。[④] 元代礼部尚书王沂记颍谷书院创建过程颇详。登封古有颍考叔庙,皇庆二年(1313)春,乡人在城西北隅宣圣庙废址发现三块断碑,为“宋大观初所颁学制,元丰崇宁间建修所立石也。乃即其处刈榛棘剪恶木,心营目顾,因高就下,为殿以祀先圣先师,为堂以讲诵,岁久圮坏不葺”。(后)至元五年(1339)秋,工部郎中温格非居颍阳,瞻拜之际,“见其区位湫逼,垢蚀埃翳,大惧神弗临享,率其里之士出私财斥新之,堂殿宏敞深靖,像设以制,翼以修廊,缭以崇墉,栖有庐,斋有室,又为祠以舍考叔像,岁时邑吏率僚属诸生奉笾豆饔醪以荐,捐重币以聘学完行修士为师,以教其乡之子弟,于是岩才里秀履接户外,弦诵之声相继矣”[⑤]。颍谷书院的创建,正是得益于众人“出私财”“捐重币”,兴学办教的义举。

---

① 王颋点校:《庙学典礼(外二种)》卷四《正官教官训诲人才议贡举拨学田》,浙江古籍出版社 1992 年版,第 85 页。

② 王颋点校:《庙学典礼(外二种)》卷四《崇奉孔祀教养儒生》,浙江古籍出版社 1992 年版,第 85 页。

③ 王颋点校:《庙学典礼(外二种)》卷五《行省坐下监察御史申明学校规式》,浙江古籍出版社 1992 年版,第 106 页。

④ 〔元〕王纬:《涑水书院记》,〔明〕沈绍庆修,王家士纂:《光山县志》卷三《建置志》,明嘉靖刻本。

⑤ 〔元〕王沂:《颍谷书院记》,《嵩书》卷二十一《章成篇三·元》,郑州市图书馆文献编辑委员会编:《嵩岳文献丛刊》第 1 册,中州古籍出版社 2003 年版,第 504~505 页。

四、藏书制度规范化

元儒欧阳玄认为,“唐宋之世,或因朝廷赐名士之书,或以故家积善之多,学者就其书之所在而读之,因号为书院”①。藏书作为书院存在的基本条件和功能,是书院独具实力的重要表征之一,而藏书制度也最能够体现出不同书院的管理规范程度。

元代河南书院藏书具有来源广泛、丰富多样、制度规范等特点,为书院开展教学提供了基本保证。一是藏书来源广泛。元朝政府将书院视同官学,通过皇帝赐书、颁发政令指定书院藏书等方式,保证书院藏书符合官方正统思想和标准,从而达到统一思想和维护统治的效果。元贞元年(1295),政府命各学“置买四书、九经、《通鉴》各一部,装背完整,以备检阅”②。地方官员负有教化之责,往往自己以身垂范,并动员属吏、亲友向书院捐赠书籍。一些本地学者、民间贤达人士也常常主动为书院捐赠图书。同时,书院自身一般也会积极向社会募集图书,而有一定经济实力的书院则会自行购买或刊刻书籍,以满足书院日常教学和学术研究之需。二是丰富多样。元初杨惟中与姚枢谋建太极书院时,即“选取遗书八千余卷”③。大德年间,伊川书院“起稽古阁,贮书万卷”④。邓州“大姓李氏,集书万卷,建书院”⑤。辉州张思明“自始仕好蓄书,洎通显矣,益缩取奉钱,转市四方,积三十年,得凡经史子集若干卷。既以藏之其居共城苏门百泉之上,而类次其目录”为《共山书院藏书目录》。延祐三年(1316),名儒柳贯“来京师,实客授其家,间乃得其所谓目录者而观之。盖其所储,自五三载籍外,

① 〔元〕欧阳玄:《圭斋文集》卷五《贞文书院记》,四部丛刊影印本。

② 王頲点校:《庙学典礼(外二种)》卷五《行台坐下宪司讲究学校便宜》,浙江古籍出版社1992年版,第104页。

③ 〔明〕宋濂等:《元史》卷一百八十九《儒学一·赵复传》,中华书局1976年版,第4314页。

④ 〔元〕薛友谅:《勅赐伊川书院碑记》,〔清〕施诚修,裴希纯纂:《河南府志》卷八十四《艺文志》,清同治六年刻本。

⑤ 〔明〕潘庭楠纂:《邓州志》卷十六《人物列传》,明嘉靖四十三年刻本。

群圣百家之言咸在"，"所聚之书，浩穰若是"。[①]《元史》亦称其"平生不治产，不蓄财，收书三万七千余卷"[②]，以此可知，张思明共山书院藏书还是相当丰富的。三是制度规范。随着书院藏书的增多，为方便书籍的保管和利用，编制书院书目势在必行，正所谓"谱而稽之，固其势有不得不然者"[③]。上述《共山书院藏书目录》等书目的出现，标志着元代书院藏书事业渐趋规范化和制度化。

第三节　元代河南书院与社会

元代理学与书院发展相辅相成，这一历史规律在河南表现得尤为明显。元初理学北传，辉州苏门百泉一度名儒云集，成为北方重要的理学中心，有力地推动了中州书院教育事业的发展。宋代理学诞生于伊洛地区，河南著名书院是理学大儒学术思想形成和传播的重要场所，也是后世景仰瞻拜的地标与胜迹。元代书院之兴，"大抵皆因先贤之乡邑，及仕国遗迹所存而表显之，以为学者之依归。不然，则好义之家创为之以私淑其人者也"[④]。元代河南书院的兴复与创建情况也大致如此。元朝政府"崇儒重道"的文教政策，对社会力量兴办书院产生了重要影响，特别是主动接受中原文化的少数民族士人也积极参与书院建设，成为推动河南书院快速发展的一股新生力量。

---

① 〔元〕柳贯著，柳遵杰点校：《柳贯诗文集》卷十六《共山书院藏书目录序》，浙江古籍出版社 2004 年版，第 337 页。

② 〔明〕宋濂等：《元史》卷一百七十七《张思明传》，中华书局 1976 年版，第 4124 页。

③ 〔元〕柳贯著，柳遵杰点校：《柳贯诗文集》卷十六《共山书院藏书目录序》，浙江古籍出版社 2004 年版，第 337 页。

④ 〔元〕黄溍著，王颋点校：《黄溍集》卷一七《西湖书院田记》，浙江古籍出版社 2013 年版，第三册，第 664 页。

一、太极书院与北方理学中心

燕京太极书院为元朝首所书院，由杨惟中、姚枢等创建，“贮江、淮书，立周子祠，刻《太极图》及《通书》《西铭》等于壁，请云梦赵复为师儒，右北平王粹佐之，选俊秀之有识度者为道学生”。元儒郝经称，“今建书院以明道，又伊洛之学传诸北方之始也”，“使不传之绪，不独续于江、淮，又继于河、朔者，岂不在于是乎！”“推本谨始，以‘太极’为名，于是伊洛之学遍天下矣。”[①]太极书院以其书院建设、理学教育和教学模式等方面的开创之功，在元代理学史和书院史上占有重要地位。元定宗二年(1247)，随着姚枢、杨惟中等人的先后去职，太极书院无以为继，赵复亦遁隐于世。

百泉太极书院[②]，清儒孙奇逢称系姚枢于苏门隐居时所建。其《元儒赵江汉太极书院考》云：“余移家共城，尝往来百泉书院。苏门一片地，为古昔诸君子所徘徊临眺，称地灵人杰者，始于晋，大于宋，而盛于元。晋之有公和居士(土)窟，啸声出林谷。答嵇康数语，见道甚明。考其生平，亦高蹈仙隐之流耳。宋之康节，其来也，受《易》于共城令李公之才安乐窝，盖不炉不扇之地，所称内圣外王之学也。至元，则可谓德星聚矣。耶律晋卿嗜邵学来居于此。若姚雪斋、许鲁斋、赵仁甫、窦肥乡诸公，开有元一代之运，纲维世道，羽翼圣教，人皆知尊而信之矣。考《百泉志》中，明成化间，河南提学使吴公伯通，创百泉书院。弘治间，提学车公玺，又建思贤亭，以祀孙、邵、姚、许、窦诸公，独不及仁甫。万历间，邑令聂公良杞修《百泉志》，并遗其姓名。噫，仁甫之懿行表著，意泯灭而无传者，岂文献之不足耶？抑尚论者之疏略耶？《元史》及《函史》载江汉先生赵仁甫复，传甚详。又《鲁斋年谱》中，载姚雪斋隐苏门，传伊洛之学于赵仁甫，鲁斋即诣苏门访求之，得伊川《易传》、晦庵《论孟集注》《中庸·大学章句》《或问》《小学》等书，读之深有默契，遂手钞以还。聚学者谓之曰：‘吾今始知问学之序矣。’

---

① 〔元〕郝经撰，秦雪清点校：《郝文忠公陵川文集》卷二十六《太极书院记》，山西人民出版社2006年版，第373页。

② 百泉太极书院是否存在历来多有争议。参见邓洪波：《中国书院史》(增订版)，武汉大学出版社2012年版，第233~235页。

按本传载,元兵南下德安时,姚文献枢以行台郎从军,得赵仁甫执手定交,携与俱北。是时洛闽学未行于中国,仁甫乃以所记忆程、朱诸经传注,录出之以传。枢于苏门山建太极书院,立周子祠,以二程、张、杨、游、朱六子者配食,日夕礼焉。刻诸经授学者,求遗书至八千卷,请仁甫讲授其中。乃原羲、农、尧、舜所为继天立极,孔子、孟轲所垂世立教,周、程、张、朱所发明演绎者,标其宗旨,揭其条绪。北人知有学,则枢得复之力也。呜呼!江汉之学,不独有适于姚、许,而开北方之草昧,由是刘因、郝经、杨奂皆得其书而尊信之,且先生终身其不得荣以禄,是先生洁一身之进退犹小,而振一代之学术则更大也。今诸先正,雍雍济济,皆得享俎豆于一堂,而令先生灭没于寒石冷草,九原可作,不独叹共学之失朋,而并迷渊源之所自。后学者岂可视前人之疏略,而任其缺漏与?有志于风教者,其将有考于斯。"①

此文的主要价值在于:一是明确指出元代苏门为名儒荟萃之地。耶律楚材、姚枢、许衡、赵复、窦默等人,或隐居于此,或讲学于此,所谓德星相聚,"纲维世道,羽翼圣教","开有元一代之运",使苏门一席地成为北方理学中心。二是揭示出赵复在元初学术史上的重要地位。认为元代理学北传,赵复功不可没,"振一代学术","北人知有学,则枢得复之力也"。

此文中"枢于苏门山建太极书院"一句,则开启后世一段学术公案。明代以前,百泉太极书院史无明载。元许有壬《雪斋书院记》称,朝廷至正七年(1347)始立"书院设山长以淑诸人"②。明刘健《百泉书院记》认为,邵雍寓共城从李之才学易,"百泉之名始著,书院之建则始于河南提学佥宪吴君伯通"③。乾隆十三年(1748),孙用正在《百泉书院志》序中发挥其祖孙奇逢之说,认为"姚文献深嗜邵学,与赵江汉偕隐百泉,辟太极书院讲明濂洛之旨,一时闻风兴起,许鲁斋来自覃怀,窦子声来自肥乡,多士景从,担簦负笈,德星快聚,几与鹅湖鹿洞并传",并称"昔先征君亦有《太极书院考》,其言书院始于晋,大于宋,盛于元,已

---

① 〔清〕孙奇逢:《夏峰先生集》卷十一《元儒赵江汉太极书院考》,张显清主编:《孙奇逢集》中册,中州古籍出版社2003年版,第875~876页。

② 〔元〕许有壬:《圭塘小稿》卷六《雪斋书院记》,《四库全书荟要》第402册,世界书局1985年印行,第651页。

③ 〔明〕刘健:《百泉书院记》,〔明〕张天真纂修:《辉县志》卷六,明嘉靖刻本。

明言太极书院之不容抹却矣”。[①] 道光年间，辉县知县周际华径称，“太极书院之名，辟于姚、赵二公偕许、窦诸公讲明太极之理，此书院之所由始也。明吴伯通为提学副使，更名百泉。百泉云者，盖忧俗学支离，冀诸生探本穷源，得蒙养之道耳”[②]。综合来看，“姚枢在辉州读书讲道不以书院相称”，“在其卒后数十年才建立‘雪斋书院’以作为纪念”[③]，更符合史实。值得注意的是，姚枢寓居苏门期间，讲学授徒，祠祀先贤，刊刻经传，姚燧《中书左丞姚文献公神道碑》记之甚详[④]，可谓虽无其名而有其实。

二、颍昌书院与藏书制度创新

河南地区在北宋时处于国家政治文化中心，以嵩阳书院、应天府书院为代表的河南书院在全国具有较高影响力。金元之际，江南社会稳定，经济富庶，书院获得了长足发展。元儒黄溍称，“昔天下未有学，惟四书院在梁、楚间。今江浙行中书省所统吴、越间之地，偏州下县，无不立学，而其为书院者至八十有五”[⑤]。而此时的河南书院发展缓慢，无论在数量上还是质量上均与南方产生了明显差距。江南人郑元祐敏锐地意识到了这一问题，颇有感触地说：“国家右文崇儒，路、府、州、县莫不有学，犹以为未也，故所在有书院，即其地之贤者而祀之。江南归职方，书院之建几十倍于昔。若中州先哲之所过化，礼乐刑政夫岂东南所可企及？然由仁庙设科取士，考于各省士额多寡，河南许洛为天下中，然河南士额视江浙裁十之六，则夫两地学校盛衰概可见已。”郑元祐指出，中州自古人物古迹胜于江南，现时书院则远逊于江南，所谓“今声明文物乃独盛于东

---

① “始于晋，大于宋，盛于元”之说，孙奇逢似指“苏门一片地”，而非太极书院。〔清〕孙用正：《〈百泉书院志〉序》，〔清〕周际华修，戴铭纂：《辉县志》卷十七《艺文志》，清光绪二十一年刻本。

② 〔清〕周际华：《移置百泉书院城内记》，〔清〕周际华修，戴铭纂：《辉县志》卷十七《艺文志三》，清光绪二十一年刻本。

③ 王元黎：《百泉书院的发展阶段与影响试探》，《河南科技学院学报》2015 年第 3 期。

④ 〔元〕姚燧：《牧庵集》卷十五《中书左丞姚文献公神道碑》，查洪德编校：《姚燧集》，人民文学出版社 2011 年版，第 216 页。

⑤ 〔元〕黄溍著，王颋点校：《黄溍集》卷一七《西湖书院田记》，浙江古籍出版社 2013 年版，第三册，第 663~664 页。

南，内外异势，详略乖方”。他认为，书院关乎治道，“先王之敷治也，每详内而略外，先近而后远，故自其礼乐之文，诗书之泽，渐之以仁恩，摩之以德义，未有不本乎一人心术之精微，而能见乎庙朝家国之近远”，期待中州有识之士能够“动心于兹”[①]，一改河南书院的落后局面。颍昌书院正是在这种南北异势的社会政治文化背景下创建的。

颍昌书院创建者许昌人冯梦周，曾任温州路经历、平江路推官、静江路总管等职。多年的南方仕宦经历，无疑对冯梦周在家乡创建书院产生了一定的心理影响。《颍昌书院记》描述筹建书院缘由，称冯梦周“以为颍昌秦汉以来以武以文，以功以德，知名海内，布在方册者概以多矣，然皆莫若苏右丞（苏辙）万里出蜀，用其所学以相其君。及其老也，归休乎颍上，自号曰颍滨老人。于是梦周请于其长兄尚书公及许下乡曲之老，咸以为宜”[②]。这也是继承了设书院以纪念寓居先贤的优良传统。

颍昌书院的制度建设颇具特色。一是书院建筑规制完备。冯梦周“捐衣布之赢，卜地于许下之某乡某原，营构结筑，为屋若干楹。中严寝以安燕居之圣师，后蠲祠以安苏公像，门庑斋庐，库庾庖湢，凡书院所宜有者无不备”。颍昌书院为冯梦周捐资所建，内部建筑完整，设有祭祀孔子、苏辙的大殿和祠堂，亦称完备。二是书院教学制度严格。书院设山长，由政府委派，即“官设山长固不问”；另有训导之师，“则慎严其选，必经明行修可以成就人才者，岁以地三顷之入给之”；生徒限制名额，“弟子不逾廿员，多则耗其师之力”；实行考课制度，“旬、月、季严课试法，必第其高下，激赏以示劝惩”。三是书院藏书制度完善。颍昌书院藏书丰富，主要来自于冯梦周的刊刻或购买。他任温州路经历时，“尝梓锓《六经图》诸书。及为平江路推官，得《庸》《学》《语》《孟》善本并小学书，梦周更为高经下注。其为书版凡若干卷，悉以归之书院，而不以私于其家。其平日捐金以购买之书籍，自六经传注、子史别集以至稗官杂说，其为书凡若干万卷，亦悉归之书院”。书院制定了具体的借阅制度，“师生有欲借之者，则具姓

---

① 〔元〕郑元祐撰，徐永明校点：《郑元祐集》卷九《颍昌书院记》，浙江大学出版社 2010 年版，第 215~216 页。

② 〔元〕郑元祐撰，徐永明校点：《郑元祐集》卷九《颍昌书院记》，浙江大学出版社 2010 年版，第 216 页。

名,列书目,而以时谨其出纳”。[①] 据许有壬《冯氏书堂记》称,冯梦周“幼失怙,育于兄。早从铅椠,就令自力于学,而迫贫,禄仕沐胶不可解也。兹欲惩吾盲而欲人人之察秋毫也,惩吾聩而欲人人之闻蚁斗也。不有教之,恐里之不悉而约之或渝也”,遂“买书千卷,构堂蓄之,以待里之不能有书者。为之约曰:凡假者,恣所取,记其名若书目,读竟则归,而销其籍;损者不责偿,不归者遂与之;以激其后,缺者随补之”[②]。冯梦周还针对书院“书版所在民间得印者十无二三,强有力胁之使印者十则六七,是书板为学校累”的实际情况,“又买某乡桑枣地若干亩,计一岁之所入,毕一岁纸墨,装褙工食之费则止矣”[③],比较圆满地解决了这个困扰书院正常运行的问题。

对于冯梦周创建书院的义举,郑元祐称,皆士可与士启两兄弟“躬履俭素,铢寸积累,不忍令其子孙独有之也,于是建书院与乡里共”。时人张翥题诗赞曰:“不惜黄金为买书,要令弦诵被乡闾。圣贤事业千年上,经史文章万卷余。借送讵论鸱有酒,收藏长爱蠹无鱼。他时许下成精舍,岳麓匡山恐未知。”[④]冯梦周兄弟将书院各种规制“不惟勒之石,又且闻之官。其间防闲之纤悉,意度之委曲,记有所不能竟者皆镌之碑阴”。“事已毕具,梦周言之官,官言之宪省,宪省言之中书,中书、礼部皆允其所请,由是颍昌书院遂表著于北方”[⑤],为中州书院比肩江南书院做出了重要贡献。

三、伊川书院与少数民族兴学

元朝是以蒙古族贵族为主的统一多民族政权,体现在书院建设事业上,就

① 〔元〕郑元祐撰,徐永明校点:《郑元祐集》卷九《颍昌书院记》,浙江大学出版社 2010 年版,第 216 页。

② 〔元〕许有壬:《冯氏书堂记》,傅瑛、雷近芳校点:《许有壬集》第三十八卷,中州古籍出版社 1998 年版,第 465 页。

③ 〔元〕郑元祐撰,徐永明校点:《郑元祐集》卷九《颍昌书院记》,浙江大学出版社 2010 年版,第 216 页。

④ 〔元〕张翥:《蜕庵诗》卷四《题冯士启士可藏书堂》,四部丛刊续编景明本。

⑤ 〔元〕郑元祐撰,徐永明校点:《郑元祐集》卷九《颍昌书院记》,浙江大学出版社 2010 年版,第 216 页。

是使其具有了明显的多民族特征。“元代,至少有蒙古族、女真族、苗族参与书院建设。少数民族的加入,标志着书院建设队伍的扩大,它是元代书院的特色和贡献所在。”[①]元代河南少数民族官绅积极兴办书院,其中尤以蒙古人克烈士希所建河南鸣皋伊川书院影响为大。

鸣皋旧有伊皋书院,是北宋元丰年间著名理学家程颐所创,是洛学的重要发源地之一。宋室南渡后,仅存废址。克烈士希即其地创为伊川书院。克烈士希本名勖实戴,“虽生贵族,长戎马,而廉敏好学”[②],“喜读书,尤潜心程子易传,坚苦刻励而欲有得焉,更名士希”[③]。其“大父昔里吉思,父兀都,世为炮手军千户。自太宗以来,破金伐宋皆有功。始屯闻喜之西薛庄,后徙鸣皋,家焉。至元中,命君世官将众,从丞相伯颜南征。以渡江功,赐白金三百两,授武义将军,佩金符。寻迁武德将军,进本军总管”。南征伐宋之际,克烈士希“所至破军,杀将,降城邑。人争取金帛妇女,君图书而已”。大德二年(1298),克烈士希以足疾赋闲,“大肆于学,手不释卷,与中书右丞陈君天祥,翰林学士承旨姚君燧、卢君挚,侍御史趟君简诸老游,名声籍甚”[④]。

克烈士希身处“两程子故里,在迩瞻望”,亦有乔木高山仰止之思。他说:“人之生也,天与之至善之性,苟不为物欲所蔽,操存涵养真积力久,去圣贤之域夫何远哉?吾儒读书学道,必以成己成物为第一义。每欲礼聘师儒,合里之俊秀教养之,使知圣门义礼之学,以少副方今开设学校作新士类之美意。”[⑤]后天下既定,兵革偃息,“乃即所屯建书院,立社,以教导民”。书院初名伊皋,历时十年乃成。“殿堂门庑、斋序庖廪、庋书之阁,为屋五十楹。请于有司,置山长一人,割田千亩以备祭养,事悉如制。”[⑥]书院礼祭祀历代先贤,“上以奉先圣先师,其

① 邓洪波:《中国书院史》(增订版),武汉大学出版社2012年版,第261页。

② 〔元〕程钜夫著,张文澍校点:《程钜夫集》卷二十二《故炮手军总管克烈君碑铭》,吉林文史出版社2009年版,第268页。

③ 〔清〕康基渊纂修:《嵩县志》卷二十三《宦迹》,乾隆三十二年刊本。

④ 〔元〕程钜夫著,张文澍校点:《程钜夫集》卷二十二《故炮手军总管克烈君碑铭》,吉林文史出版社2009年版,第268页。

⑤ 〔元〕薛友谅:《敕赐伊川书院碑记》,〔清〕施诚修,裴希纯纂:《河南府志》卷八十四《艺文志》,清同治六年刻本。

⑥ 〔元〕程钜夫著,张文澍校点:《程钜夫集》卷二十二《故炮手军总管克烈君碑铭》,吉林文史出版社2009年版,第268页。

殿两庑，东则以祀程夫子兄弟，及濂溪、康节、横渠、温公、南轩、东莱、晦庵九先生，西则以祀鲁斋许文正公”①。克烈士希去世后，其子慕颜铁木继承父志，“复起稽古阁，贮书万卷”。延祐三年（1316）三月，慕颜铁木进京请皇帝为书院赐名。他在拜请薛友谅相助时说：“先子闻道晚而为学力，其于勉励后进之志，老不自已。所创书院倘获上赐之名，庶其不朽。”元仁宗闻知后，“嘉之，且曰：力役之大，财用之广，成于一家诚不易得也。宜赐额曰‘伊川书院’。其命翰林直学士友谅文诸石，集贤学士赵孟頫书丹，参知政事郭贯篆额”。皇帝的这一举动，充分显示出元朝政府对蒙古贵族兴办书院的支持与肯定。薛友谅认为，“士希培植人才之心，慕颜铁木继承前人之美，皆甚盛矣，而非圣天子慨然俞音，彰厥成绩，则来游来歌之士何所观感兴起哉？是举也，岂徒河洛多士之幸，实世道之幸也，感叹不足而声之诗”，诗曰：“天王垂拱天九重，一家四海车书同。洛邑奥区天地中，乡庠术序俗可封。伊川发原昼夜东，东归洙泗犹朝宗。先贤之传后所崇，士希志学能反躬。人生而静由降衷，莹然妙理恒昭融。邪思一动万欲攻，养正乃得成圣功。欲将此说开群蒙，倾囊倒囷兴学宫。圣人像设申申容，传道诸儒俨以恭。春秋释菜廪饩丰，贮书有阁高凌空。乃子肯构成厥终，延师聚徒鸣鼓钟。齐鲁一变鸣皋风，焉知主善无王通，焉知来游无轲雄。他时取材预登庸，补裨治道三代隆。大臣含香闻席聪，深嘉此举心何公。集贤老笔摇长虹，大书恩纪碑穹窿，百千其龄垂无穷。”②

如同克烈士希一样，元代河南一些少数民族贵族注重学习儒学，诗礼传家，逐渐成为汉化的典型。顺阳（今河南淅川）孛术鲁翀，字子翚，女真贵族，历任襄城学官、国史院编修官、监察御史、江浙行中书省参知政事等职，“年出二十，号称巨儒”，“践履一以仁义为准”，“为学务博而约，自六经、诸史传注，下至天文、地理、声音、律历、水利、算数，皆考其说”，晚年“欲于顺阳建博山书院，以淑其人。分置六斋曰：治礼、治事、经学、史学、书学、数学。方经营之，而疾已革”③。孛术鲁翀欲在书院特设书学、数学两斋，是对传统书院教育内容的创新，可惜天

---

① 〔明〕邹守愚修，李濂纂：《河南通志》卷十六《学校・贡院书院》，明嘉靖三十五年刻本。

② 〔元〕薛友谅：《敕赐伊川书院碑记》，〔清〕施诚修，裴希纯纂：《河南府志》卷八十四《艺文志》，清同治六年刻本。

③ 〔元〕苏天爵：《元故中奉大夫江浙行中书省参知政事追封南阳郡公谥文靖孛术鲁公神道碑铭》，陈高华，孟繁清点校：《滋溪文稿》卷八，中华书局 1997 年版，第 121～126 页。

不假年，未竟其志。

元代中后期，随着社会发展和民族融合的不断加深，蒙古、色目、女真等少数民族部分人士主动接受程朱理学思想教育，转型为具有较高文化素养的传统士人。他们通过兴办书院，孜孜淑淑，为继承和传播儒家文化，促进地方文教事业发展贡献了自己的力量。元代少数民族士绅自觉兴办书院的现象，反映了中原先进文化的感召力与影响力，体现了汉化少数民族士绅的文化自觉，具有重要的社会政治文化意蕴和时代意义。

第四章 明代河南书院的勃兴

明初注重文教,倡导官学。洪武二年(1369),太祖朱元璋谕称,“治国以教化为先,教化以学校为本”,“令郡县皆立学校,延师儒,授生徒,讲论圣道”。[①]他大力兴办官学教育,但对书院却严加防范,屡有禁令,因而书院在明初发展缓慢。明中叶以降,随着官学的日趋衰败,王学(王阳明的学说)的蓬勃发展,以及近代化的兴起,书院在全国一度呈现出爆炸式的增长。然而,这一时期的书院发展也并非一帆风顺。嘉靖十六年(1537)、十七年(1538),万历七年(1579),天启五年(1625),书院屡遭禁毁。其中,尤以万历时期张居正禁毁书院为剧。至明末,天灾战乱频仍,社会动荡不安,各地书院频遭劫难。明代河南书院的发展,大体依循全国书院变迁态势,屡废屡建,持续传承中原文脉。

第一节　明代河南书院概况

元末河南战乱不断,书院大多损毁。明初,由于政府兴官学限书院,河南书院少有兴建。成化以后,官学日渐衰落,书院得以逐步复兴,并在嘉靖年间形成发展高潮。与元代相比,明代河南书院的数量有较大增长,分布地域更加广泛,地方官员成为书院的主要创办者,考课式书院成为主流。明代河南书院勃兴,有力地促进了中原文化的繁荣与发展。

---

① 〔清〕张廷玉等:《明史》卷六十九《选举一》,中华书局 1974 年版,第 1686 页。

一、主要发展原因

（一）国家书院政策的调整

与前代相比，明代书院发展受政府书院政策影响巨大。明初，政府大力兴办官学，用程朱理学教育士子，以科举制度取士，使书院的发展受到很大限制。明中叶，官学教育日渐废弛，科举制度腐败愈演愈烈，政府逐渐改变前期消极的书院政策，开始在各地倡导和兴办书院，鼓励士子切磋学问，砥砺品行，以弥补官学教育的空疏，为国家培养更多有用之材。

明中期以后，书院在全国范围内获得长足发展。然而，此阶段的书院发展并非一帆风顺，其间多有波折。明神宗年间，首辅张居正禁讲学革书院，使书院发展受到沉重打击。万历三年（1575）初，张居正针对当时学官存在的诸多弊端，提出一系列整顿学校教育的改革措施。其《请申旧章饬学政以振兴人才疏》称，“养士之本，在于学校；贞教端范，在于督学之臣。我祖宗以来，最重此选。非经明行修，端厚方正之士，不以轻授。如有不称，宁改授别职，不以滥充”，“圣贤以经术垂训，国家以经术作人。若能体认经书，便是讲明学问，何必又别标门户，聚党空谈。今后各提学官，督率教官生儒，务将平昔所习经书义理，着实讲求，躬行实践，以需他日之用，不许别创书院，群聚徒党，及号召地方游食无行之徒，空谈废业，因而启奔竞之门，开请托之路。违者，提学御史，听吏部都察院考察，奏黜；提学按察司官，听巡按御史劾奏；游士人等，许各抚按衙门访拿解发”。张居正明确提出要生儒自行讲求学问躬行实践，不许创立书院聚众空谈，并对提学御史、提学按察司官、游士人等违规人等进行惩处。五月初三日，明神宗对此谕称，“学校人才所系，近来各提学官不能饬躬端范，精勤考阅，只虚谈要誉，卖法市恩，殊失祖宗专官造士之意。卿等所奏，俱深切时弊，依拟再行申饬。所开条件，一一备载敕内，着各着实遵行。有仍前违怠旷职的，吏部、都察院务要指实考察奏黜,不许徇情"[①]。在随后"换给提学官敕谕"中规定,"今后各提学官,督率教官生儒,务将平昔所习经书义理,着实讲求,躬行实践,以需他日之用,不许别创书院,群聚徒党,及号召地方游食无行之徒,空谈废业,因而启奔竞之门,开请托之路"[②]。万历七年(1579)正月,明神宗诏毁天下书院。时因常州知府施观民私创龙城书院,"赃私狼藉,不止科敛民财",命将"其所创书院,并各省直有私建的,着遵照皇祖明旨,都改为公解(廨)衙门,田粮查归里甲,再不许聚徒游食,扰害地方。各巡按御史,仍将查过缘由,立限从实具奏"[③]。同年七月、十月又两次下旨,明令"巡盐御史再不许仍立书院名色,旷废本职,聚徒讲授,致滋奔竞嘱托之弊"。次年二月,明神宗鉴于抚按"虚文塞责",谕令将"变卖书院土地等项,都依限造册报部,还入考成查参"[④]。在严格的书院禁令之下,江西南康白鹿洞书院、吉安白鹭书院、河南应天府等书院六十四处,一律改为公廨衙门[⑤],书院讲学一度陷入沉寂。

有明一代,书院之废兴实与政府书院政策息息相关。周亮工曾在《书东林书院印后》中说:"有明盛时,各省俱有书院,自张江陵当国,始行严禁。江陵殁,复稍稍建置,一时著名者,徽州、江右、关中、无锡而四。至天启中,京师始有首善书院。然人不知各处书院,而统谓之东林,又不知东林所自始,而但借东林二字,以为害诸君子之名目。盖东林乃无锡书院名也,宋杨龟山先生所建,后废为僧寺。顾泾阳先生自吏部罢归,购其地建先生祠,同志者相与构精舍居焉。至甲辰冬,始与高忠宪数公开讲其中,立为会约,一以考亭《白鹿洞规》为教,然躬与讲席者仅数人。时泾阳先生已辞光禄之召不赴,于新进立朝诸公漠无与也。适忠宪起为总宪,风裁大著,疏发御史崔呈秀之赃。呈秀遂父事忠贤,日嗾忠贤曰:'东林欲杀我父子。'忠贤初不知东林为何地,东林之人为何人,辄曰:'东林杀我。'既而杨左诸公交章劾珰,珰益信诸人之言不虚也。于是有憾于诸君子者,牵连罗织,以逢逆珰之恶,锒铛大狱,惨动天地,遂首毁京师书院,而天下之

---

① 〔明〕张居正:《张文忠公全集》奏疏四《请申旧章饬学政以振兴人才疏》,商务印书馆1935年版,第57、59、62页。

② 〔明〕申时行等修:《大明会典》卷七十八《礼部三十六》,明万历内府刻本。

③ 《万历邸钞》上册,万历七年正月,江苏广陵古籍刻印社1991年版,第81页。

④ 《万历邸钞》上册,万历七年正月,江苏广陵古籍刻印社1991年版,第82页。

⑤ 樊树志:《晚明史1573—1644》上册,复旦大学出版社2015年版,第216页。

书院俱毁矣。”[①]天启年间阉党和东林党政治斗争，使书院成为牺牲品，对全国书院的发展造成了沉重打击。

明代河南书院的发展可谓一波三折，总体上与全国书院情况基本一致。嘉靖、万历年间政府禁毁书院，河南书院也受到不同程度的破坏，但每次禁毁之后，都会伴随着更大规模的修复和重建，书院数量不但没有减少，反而有很大上升[②]。天启年间，河南书院又遭到大规模禁毁。明代汝阳天中书院历经多次重修，颇为典型。嘉靖十三年(1534)，汝宁府知府廖自显在城北门外创立笃志书院，建聚奎堂五楹，贮书阁三楹，号舍十六间，旁列漆雕开祠。嘉靖四十一年(1562)，知府徐中行建天中阁三间，讲堂五间，漆雕开祠五间，蓍台一，表台一，改称天中书院。万历四年(1576)，知府宋豸移漆雕开祠于院东。万历二十二年(1594)，知县岳和声请于御史涂宗浚，重建漆雕祠开三楹、前仪门、大门，后立讲堂五楹，对庭五楹，号舍二十间。天启七年(1627)，巡按邱北麟重修前堂、增号舍二十二间[③]，至明末倾毁。天中书院兴废与明朝禁毁书院时间大致吻合，充分体现了国家书院政策对地方书院盛衰的深刻影响。

(二)官学废弛与教育缺失

“书院之兴，自儒学衰始也。儒学之师既无以教士，而士乃群移于书院。”[④]明初官学经过近百年的发展，制度废弛，百弊丛生。明后期科举日益腐朽，弊窦极多，“其贿买钻营、怀挟倩代、割卷传递、顶名冒籍，弊端百出，不可穷究，而关节为甚。事属暧昧，或快恩仇报复，盖亦有之。其他小小得失，无足道也”[⑤]。官学日益凋敝，科举教育日渐空疏。辉县“官学渐毁，公廪不续，学官奉空腹而卧，士或易衣而行”[⑥]。夏邑县儒学“环学皆水，而号舍倾圮，青衿无肄业之地，黉宫绝讲诵之声，日复一日，渐沦于废”[⑦]。嘉靖年间，禹州陈东光在《修学记》中称，

---

① 〔清〕周亮工：《赖古堂印人传》卷一《书东林书院印后》，华东师范大学出版社 2009 年版，第 9～10 页。

② 王洪瑞、吴宏岐：《明代河南书院的地域分布》，《中国历史地理论丛》2002 年第 4 期。

③ 〔清〕邱天英修：《汝阳县志》卷五《典礼志 · 书院》，清康熙二十九年刊本。

④ 王琴林等纂：《禹县志》卷八《学校志》，民国二十六年刊本。

⑤ 〔清〕张廷玉等：《明史》卷七十《选举二》，中华书局 1974 年版，第 1705 页。

⑥ 〔明〕张天真纂修：《辉县志》卷六《学校》，明嘉靖年间刻本。

⑦ 〔明〕郑相修、黄虎臣纂：《夏邑县志》卷四《学校》，明嘉靖刻本。

有司“视学校不啻秦越，竟无能注意者，故栋桷蛊挠，墁瓦崩坠，诵读之地，遂成蔬圃。士气销缩，士习萎薾”。他指出，儒学“不及百年，已非其初”，实因“法久则弛，守令奉行之过也”。[①] 正是由于官学的废弛，已无法满足士人求学和国家求才的需要，从而为河南书院的兴起提供了前提条件，也腾出了巨大的发展空间。

（三）积淀深厚的学术传统

明初官学主要宣讲正统程朱理学。明中期以降，注重心性的王学兴起，书院成为王学传播的重要阵地。王阳明力主良知之说，一生门徒几遍天下，对后世社会影响极为深远。与其同时，湛若水一主“随处体认天理”之说，与王阳明灿若明代心学的双子星。二人的弟子至各地教授讲学，进一步推动了心学传播和书院发展。河南名儒尤时熙、孟化鲤、吕维祺等以传授阳明心学自任，促进了河南书院的繁荣发展。

明成化年间，襄城人浙江按察使李敏在家乡创建紫云书院，河南提学副使刘昌为之作记云：“天地辟而圣人出。圣人者，代天地而有为者也。其言《易》《诗》《书》《春秋》《礼》《乐》，其道父子、君臣、夫妇、长幼、朋友，其德孝弟忠信礼义廉耻，其法政刑。然而圣人不世出，而世之人志将有为，使学非圣人之言非正学，教非圣人之道非善教，治非圣人之德化非盛治，必资之而无不尽，则推之而无不准，其明效大验有不可诬也。唐虞远矣，三代相继，禹、汤、文武，以圣人而位乎上；伊尹、周公、孔子，以圣人而处乎下。故当是时道德光华，教被万类，薄海内外，治称盛极，史更汉唐，其君多号有为。若董仲舒、韩愈，亦皆有圣人之志，而以能茂于其实以成其业，而遂至衰微。宋朱徽公熹，始以圣人之学追寻河南程氏两夫子之绪，以修明《易》《书》《诗》《春秋》之训，讲求父子君臣夫妇长幼朋友之义，以弼成孝弟忠信礼义廉耻之俗，而期以措乎政刑以收正学善教之功，而不能尽用，无怪乎治之不盛也。自后百年之久，而鲁斋许文正公衡起河内，相元世祖。今又百余年，而河东薛文清公瑄起鄢陵，相我英宗皇帝。”在序列河南历代名儒道统传承与功业之后，他推究李敏兴建书院之由，认为“凡儒者慨然于千载之后，欲身遇三代之时，得以正学善教，昌被庶类，以乐谈盛治者，至是乃有

---

① 王琴林等纂：《禹县志》卷八《学校志》，民国二十六年刊本。

以慰于心，而及于身。夫身岂我之所私有哉？圣贤之事之所寄也。非学无以成教，非教无以广治。矧欲仰师伊尹、周公、孔子，以及程氏，又考求朱徽公正学善教之功，期如鲁斋、河东之有遇，而或旷无宁居理固有未安者。此浙江按察使襄城李公紫云书院所以作欤？”[①]由此可见，源远流长、积淀深厚的中原学术传统，激励后人学习传承，成为推动河南书院发展与复兴的重要内在动力。

（四）官方与民间合力兴办

明永乐年间，一些地方官员和学者就开始在河南兴复书院。嵩县伊川书院，始建于元至正年间，明初倾坏日甚，“莽苍荆棘中，败屋岿然，无门墙扃钥以为限”，“萝丛纷翳，兽蹄鸟迹交乎其中”。永乐十四年（1416），河南按察使刘咸以书院地处两程夫子之乡，积极倡议重修，“尽出廪资以付河南府经历解希渊、嵩县知县吴祥，俾持以为谋始之计，而郡中官属，若知府李遵义、教授杨旦以下”闻之，“亦皆忻然割俸以相厥役。未数月殿庑像设焕然一新”。[②] 永宁洛西书院，元学士薛友谅所建，宣德二年（1427），刘咸“按部至邑，四顾凋弊，重加修葺”[③]。成化八年（1472）南阳知府段坚修复创建诸葛书院、豫山书院、志学书院。成化年间，河南提学副使吴伯通“病时流学务枝叶不根理致，尝白巡抚都宪李公衍建四书院（百泉书院等）于河南境内，以祀前贤而励后进”[④]。嘉靖年间，登封知县嘉定举人侯泰“以教养为先，修理文庙，增社学，复嵩阳书院，葺建许由、周公、二程诸祠，凿崚嶝坡之为坦途”[⑤]。嘉靖七年（1528）至十一年（1532）五年间，知州刘魁在禹州创建、改建儒林、白沙、东峰、仙棠等四所书院[⑥]。万历三十一年（1603），河南巡抚方大美重修祥符县治西南崇祀孟子的游梁祠，“捐资三百余金”[⑦]，“大其规模，立学舍，置学田，聚生徒而讲习之，兼为养育人才地，

---

① 〔明〕邹守愚修，李濂纂：《河南通志》卷十六《学校》，明嘉靖三十五年刻本。

② 〔明〕邹守愚修，李濂纂：《河南通志》卷十六《学校·贡院书院》，明嘉靖三十五年刻本。

③ 〔明〕敖衡：《重修洛西书院碑记》，〔清〕张楷纂修：《永宁县志》卷七《政事部·书院》，清乾隆五十五年刻本。

④ 〔明〕刘健：《百泉书院记》，〔明〕佚名修：《卫辉府志》艺文志上，明万历刻增修补刻本。

⑤ 〔清〕陆继萼修，洪亮吉纂：《登封县志》卷二十一《循吏传》，清乾隆五十二年刊本。

⑥ 王棽林等纂：《禹县志》卷八《学校志》，民国二十六年刊本。

⑦ 〔明〕方大美：《修祠设书院碑记》，〔清〕张淑载修，鲁曾煜纂：《祥符县志》卷五《建置志·书院》，清乾隆四年刻本。

而标名游梁书院”[①]。

明代河南士绅积极兴办书院，成为推动书院发展的重要力量。当时，河南名儒多自创书院，传播理学，培育人才。新安县理学家孟化鲤，学承洛阳尤时熙，“年十六，慨然以圣贤自期。举万历八年进士，授户部主事。时相欲招致之，辞不往。榷税河西务，与诸生讲学河西，人尸祝之”，后改吏部历文选郎中，因建言忤旨，斥为民。“既归，筑书院川上，与学者讲习不辍，四方从游者恒数百人。”[②]永城人黄运泰万历十七年（1589）进士，初授陕西凤翔府司李，谳决明允，以卓异擢升户部。神宗中叶，储嗣未定，人情危疑，慨然曰“青宫为天下根本，岂可任其摇动，今日之事孰大于此？”“纠垣台诸人合疏立谏，帝震怒，祸几不测，大臣力救，得削籍”。黄运泰返乡后，“辟黄门书院，延文士读书，课业其中，贫乏者供膏火助资斧，历二十五年如一日”[③]。天启四年（1624），理学名儒吕维祺在家乡新安创建芝泉书院，《明儒学案》称，“逆奄之时，拆天下书院，以学为讳，先生与张抱初方讲于芝泉书院”，后“立伊洛社，修复孟云浦讲会，中州学者多从之”。[④]

二、时空分布特征

在明代河南地区分属11个府（州），其中开封府、归德府、汝宁府、南阳府、河南府、汝州、怀庆府和卫辉府完全在今河南省境内；有3个府跨今河南部分地区，彰德府辖今林县、安阳、汤阴等地，大名府辖今长垣、滑县、浚县、内黄、清丰、南乐、濮阳等地，东昌府辖今范县、台前等地。

（一）地域分布特征

据统计，在明代河南地区共有126所书院，其中开封府31所、南阳府17所、

① 〔清〕冯泌：《改建书院碑记》，〔清〕张淑载修，鲁曾煜纂：《祥符县志》卷五《建置志·书院》，清乾隆四年刻本。

② 李希白纂修：《新安县志》卷十一《人物上》，民国二十七年铅印本。

③ 〔清〕周正纪、侯良弼纂修：《永城县志》卷六《人物》，清康熙三十六年刻本。

④ 〔清〕黄宗羲著，沈芝盈点校：《明儒学案（修订本）》下册，中华书局2008年版，第1310页。

河南府 16 所、汝宁府 15 所、汝州 14 所、大名府 12 所、怀庆府 9 所、归德府 6 所、彰德府 4 所、卫辉府 1 所、东昌府 1 所。明代河南书院分布已遍及全境各个府(州),大部分州县有一所以上书院,其中禹州多达 7 所。开封府、南阳府、河南府位居前三,数量共占河南书院的半数以上,其中开封府约占四分之一。明代河南书院在府、县二级均存在发展不均衡现象。“从各府(州)内部的分布特点可以看出,其均衡程度与发展水平有一定的相关关系。各府(州)内书院分布不均衡的地区要么是较为发达的地区,要么是极端落后的地区。各府(州)内书院分布均衡的地区,则往往是发展水平一般的地区。”明代河南书院集中分布于开封、汝州等地,其原因主要“与这一地带各府州的地理位置、自然条件、政治地位、经济状况和地方官的热情密切相关。当然其余各府,像河南府、归德府与宋代的相比,政治地位下降,归德府和卫辉府在明代又频遭洪水,影响了当地经济与文化教育事业发展,从一个侧面也突出了开封府、汝州等地书院发展的兴盛”①。

(二)时间分布特征

明代河南书院创修时间可考者共 102 所,分布于明代 17 朝中的 10 朝内。其中有确切年代可考者 69 所,占全省书院总数的 55%。从总的时间分布特点来看,在时间可考的 102 所书院中,前期 137 年间共设置书院 23 所,后期 139 年共设置 74 所,分别占 22.55%和 77.45%,后期明显多于前期,是其三倍以上。在有书院设置的 10 朝内,嘉靖朝最多,有 34 所,以下依次是万历朝 31 所,成化朝 13 所,弘治朝 6 所,正德朝 6 所,崇祯朝 5 所,隆庆朝 3 所,天顺朝 2 所,永乐朝 1 所,宣德朝 1 所。嘉靖朝和万历朝合占 10 朝总数的 64%。从年平均设置数上看,嘉靖朝和万历朝亦是最多的,分别为 0.75 和 0.65,远远大于其他各朝的年平均设置数。嘉靖、万历两朝时间长达 93 年,占 10 朝年代总数 213 年的 44%,是明代河南书院发展的两个高峰期②。

① 参见王洪瑞、吴宏岐:《明代河南书院的地域分布》,《中国历史地理论丛》2002 年第 4 期。

② 参见王洪瑞、吴宏岐:《明代河南书院的地域分布》,《中国历史地理论丛》2002 年第 4 期。

第二节 明代河南书院制度

明代河南书院较宋元数量增多，官学化进程加快，相关制度更为严格规范，"督率必简师儒，教育务得英士，学术一尊孔孟"①。河南书院的组织教学制度对山长、主讲等有严格规定，从教学内容、方式、考核加强生徒管理；经费制度对经费的来源、生息、支出管理做出详细规定；藏书制度对书籍来源、编目、刊刻、借阅都有具体规定。

一、组织制度较为严密

明代书院设山长一人，为教学和内部事务的最高管理者，多由学识渊博、德行高尚的名儒担任。监院一人，监理书院日常运作。斋长数人，由品行优良的生徒担任，主要负责生徒日常学习生活管理。主讲一人，一般由山长兼任，为生徒传道授业。此外还有助讲、襄校、董事、司纠、杂役等相关人员，由各书院依据实际情况聘任。弘治十一年(1498)，汝南知府张子麟"建上蔡书院于谢子祠，敦请李文简公设帐传经，率汝属学者五六十人就学"②。上蔡张伊"为诸生，郡守张见而器重之，令诸子师事焉。弘治辛酉领乡荐，赴春官不第"，后"补蒲城令。因母病，遂弃官归服阕。或劝之仕，伊曰昔捧檄为亲屈也，今二亲俱逝，岂计温饱为妻子谋也。终身不仕。学使来，聘公主大梁书院，一时名士多出其门"③。

① 〔明〕方大美：《修祠设书院碑记》，〔清〕张淑载修，鲁曾煜纂：《祥符县志》卷五《建置志 · 书院》，清乾隆四年刻本。

② 〔清〕杨廷望：《明四孝义传》，杨廷望修，张沐纂：《上蔡县志》卷十一《人物志下》，清康熙二十九年刊本。

③ 〔清〕杨廷望：《明四孝义传》，杨廷望修，张沐纂：《上蔡县志》卷十《人物志中》，清康熙二十九年刊本。

大梁书院作为官办书院,设地方学官监督管理。隆庆年间“典教大梁书院”的浙江余杭人举人盛意,亦是“才识明敏,学问优长”①。

二、教学制度更为完善

明代河南书院一般延请名师主讲,而不少有学养、有情怀的地方官也会亲自参与书院教学并制定教学制度。南阳知府段坚为景泰进士,“博通五经,尤邃于易”,“少尝师河东薛文清公(薛瑄),得伊洛之传”。他认为,“养才在蒙,则建书院以育之;肄业贵专,则葺学宫以聚之”。段坚毁城西尼寺为志学书院,“遴郡邑子弟之秀者得五百人,群处其中,择端谨之士分六馆而教之”,“日一往视,且命之歌孝顺俚言及《诗》关系世教者数章,歌竟,辄谕以大义,使众皆醒悟然后去”。② 这种先歌后教的教学模式还是比较独特的。嘉靖七年(1528)三月,巡按御史谭缵创建陈州知德书院,实行书院士子入学选拔制、日常管理专员督导制、学业成绩考课制,“取州属诸生中有美质者于此作养,选教官中有学行者一员督之,守州者月课季试,用警勤惰”③。隆庆二年(1568),永城知县左思明创建太丘书院,“集儒学诸生而校之,拔其尤及有志者俾肄业其中,丰其廪给,正其科条,时其考课”④。他不仅重视保证生源质量、提高士子津贴,还注重从制度方面加强对书院教学的管理。万历二十九年(1601),徐即登“以按察使驻节于陈,倡明正学,建讲堂于中,更名思鲁书院”⑤,每月二次“集诸生以时会讲经书,质疑问难,务抉奥旨,课艺则悉心评阅,两河士闻风踵至者百人,皆自相淬励,日进于学”⑥。“宪副翟公留心课士,细加品评,额外奖赏,诸生感奋。乙卯举三人,

---

① 〔清〕安如泰修,张慎为纂:《阳武县志》卷五《职官志》,清康熙年间刻本。

② 〔明〕柴升:《段太守祠记》,〔清〕潘守廉修,张嘉谋纂:《南阳县志》卷三《建置》,清光绪三十年刊本。

③ 〔明〕谭缵:《增修厄台改为绝粮祠知德书院碑》,郑康侯修,朱撰卿纂:《淮阳县志》,《淮阳文征·外集》,民国二十三年铅印本。

④ 〔明〕左思明:《新建太丘书院碑记》,〔清〕周正纪、侯良弼纂修:《永城县志》卷七《艺文·碑记》,清康熙三十六年刻本。

⑤ 〔清〕王清彦修,莫尔漼纂:《续修陈州志》卷一《书院》,清康熙三十四年刻本。

⑥ 〔清〕王清彦修,莫尔漼纂:《续修陈州志》卷二《宦迹》,清康熙三十四年刻本。

皆公所赏识者，人服其藻鉴”[①]。这些热心书院教育的地方官员，注重书院教学管理，会讲以时，品评悉心，奖赏有加，推动了书院教学制度的进一步完善。

三、经费制度渐趋成熟

与官学由政府拨款不同，民间书院经费多需自行筹措。随着明代书院的官学化，少数书院经费在一定程度上能够获得政府支持，但大部分书院的经费仍需主持者多方筹措。明代河南书院的经费有三个主要来源：一是政府拨款。一些著名的大型书院，往往能够获得地方政府数额不等的公费资助，甚至是朝廷的直接赐予。二是个人捐助，主要是地方官员、乡绅、普通民众的捐资，多为银两、院基或田地。嘉靖十二年（1533），邓州张定受命建临湍书院，因“工料之费，旧院资价所获无几”，余皆张定所捐，“不支官帑一钱”。[②] 个人捐助的银两一般用于书院建筑修葺、山长脩金、生徒膏火等，也有部分用来收取租银。永城太丘书院初创于隆庆二年（1568），岁久而圮。崇祯三年（1630），知县贺鼎重修，“生员李支奕施地四顷并庄一处，供书院课士公费”[③]。睢陈兵备道张鹏翀崇祯九年（1636）为与言书院“置学田，岁入其租以供费”[④]。学田一般出租给民人耕种，每年收取租银。万历二十九年（1601），徐即登改建思鲁书院，“设田租银二十四两，以克公费，择生员二人董之”[⑤]。万历三十一年（1603），河南巡抚创修游梁书院，“然供亿之费无从出也，于是诸大夫各捐赎羡买地若干顷，坐落祥符之某乡，岁收租银若干，贮之理问所，支给听之守道，循环报之本院，著为令甲”。[⑥] 设置专人和专门机构监督管理经费，无疑能够更为有效地保证书院经费的合理使用。三是其他收入。部分书院依据自身情况，因地制宜，灵活筹措经费。如襄

---

① 〔清〕王清彦修，莫尔漼纂：《续修陈州志》卷一《书院》，清康熙三十四年刻本。

② 〔明〕蓝瑞：《重修临湍书院记》，〔清〕蒋光祖修，姚之琅纂：《邓州志》卷二十二《艺文上》，清乾隆二十年刻本。

③ 〔清〕周正纪、侯良弼纂修：《永城县志》卷二《建置·学校》，清康熙三十六年刻本。

④ 郑康侯修，朱撰卿纂：《淮阳县志》，《淮阳文征·外集》，民国二十三年铅印本。

⑤ 〔清〕王清彦修，莫尔漼纂：《续修陈州志》卷一《书院》，清康熙三十四年刻本。

⑥ 〔明〕方大美：《修祠设书院碑记》，〔清〕张淑载修，鲁曾煜纂：《祥符县志》卷五《建置志·书院》，清乾隆四年刻本。

城紫云书院群山环绕,故“栽种树木数千余株,就为师生学廪之用”[①],可谓为之计久远。

四、祭祀制度更为完备

书院祭祀历代先贤,其制由来已久,而对儒家先贤的祭祀更是重中之重。景泰三年(1452),永宁知县于渊重修洛西书院,“命埏塑设色之工重修宣圣及四配之像。先时堂废,因时制宜,以殿之东房为五贤堂(祀康节、温公、横渠、明道、伊川),西房为二妙祠(祀薛庸斋及其子友谅),十哲未有位次,公则迁五贤二妙列于东西二庑,以十哲位于东西二房,井乎有条,伦序不紊”[②]。弘治十二年(1499),浚县知县刘台创修黎公书院,祠祀子路。汪伟《黎公书院记略》云:“浚古卫地也,城东里许黎公子贡墓在焉。先是,长吏岁再有事于其所,而城中未有专祠,或风雨不期,则弗克修事。刘君衡仲治浚之三年,始经营之。择地得御史分司之西,比丘居而墟其地,中建祠堂四楹,前为小阁,后列斋居之庐,旁翼以两庑,至于庖廪门垣咸修以固,竖坊于衢,题曰黎公书院,又置田亩,牧所入以供祠事,储其余以备补葺之费。使可继处以守,购书史以待士子愿藏修于其间者……祀之期,旧以寒食及十月朔,今易以春秋丁祀后三日。”[③]万历四十五年(1617),上蔡知县郎兆玉重修宋代理学名儒谢良佐祠与书院,欲“与髦士时集而讲德问业,以追踪先哲,敷锡文明”[④]。在大儒家乡建书院祀先贤育英才,尤疑是对其最好的纪念。

对于曾寓居本地的大儒名士,地方多建书院加以崇祀。郏县崇正书院七贤祠,祀周敦颐、程颢、程颐、张载、朱熹、苏轼、苏辙。知县王策《重修七贤祠记》

---

① 〔明〕《敕赐紫云书院建置缘由约》,〔清〕汪运正纂修:《襄城县志》卷十四《艺文志》,清乾隆十一年刻本。

② 〔明〕敖衡:《重修洛西书院碑记》,〔清〕张楷纂修:《永宁县志》卷七《政事部·书院》,清乾隆五十五年刻本。

③ 〔明〕汪伟:《黎公书院记略》,〔清〕熊象阶修,武穆淳纂:《浚县志》卷六《建置志》,清嘉庆六年刊本。

④ 〔明〕郎兆玉:《重修谢上蔡先生祠记》,〔清〕杨廷望修,张沐纂:《上蔡县志》卷十五《艺文》,清康熙二十九年刊本。

云："郏崇正书院即七贤祠也。七贤者，周、程、张、朱、眉山兄弟也。数君子虽非郏产，然后先寓止于郏，故郏人侈为盛事，尸而祝之。"他认为"宋真儒辈出，采天地之精秘，衍圣贤之道脉，上洗汉唐章句之陋，下开昭代文明之雅，其有功世运者非浅鲜，而七贤尤其最著者。七贤之学，大都以诚正为宗，而极之乎格物穷理，及睹其立朝事业，率著忠节，无依阿澳涊之容，乃知其生平所讲明者，不托之空言已，且博文渊识，各峻门墙，各宏阃奥，著述洋洋，阐经翼传为后学蓍蔡。虽其人往矣，而令范光仪自尔炳日星而垂宇宙。不佞实欲与多士共师之，数百载之下，若旦暮遇耳。故于其祠稍加修葺，而又砌其台榭，护以松柏，置高龛以供其主，且撮其生平一事绘为图赞，以数语而镌之石，聊以见七贤重郏，郏重七贤之意"①。鄢陵陈氏尊文书院，则是陈棐"为尊汉宗贤太邱长陈文范公、明寓贤礼部尚书薛文清公而设也"。此二人一为陈氏宗贤，一为地方寓贤。陈棐《鄢陵陈氏尊文书院事状》称："文范公讳实，字仲弓，颍川人。鄢陵汉属颍川郡，令仲弓祠墓在鄢城西漆井村，春秋秩祀。棐宗族坟墓距仲弓祠南二里许，自上世来传为公裔。先少参君溥每捐赀葺公祠，更铸公像，从汉制，上司每录寒族一人，衣巾供祠祭扫。南坞贾公浚川王公为先祖考碑志俱载其详。是文范实棐家之宗贤也。文清公讳瑄，字德温。本山西河津人，父贞曾任鄢学谕，公以时例补鄢庠增广生，中河南庚子解元，明年登进士，历官礼部侍郎，入内阁增尚书，谥文清。鄢陵于公之存也，曾竖解元坊，而于公之没也，复祀之于乡贤祠。棐自幼读公遗书，景仰尤切。前岁叨官礼科，为公题请建祠于鄢，专祀并修解元坊于鄢学宫之右。礼部题覆允行，颇称表扬。是文清实鄢土之寓贤也。"陈棐"以二公鄢虽祠祀，然皆公典，而私淑展礼之义未伸，乃于邑中置基地一区，四面通衢，周以联屋外向，中建堂匾曰尊文堂，堂之后曰在兹轩，用以藏二公遗像碑籍，前后各东西二厢外，立石坊曰陈氏尊文书院。棐时勤瞻谒，且延邑英集族彦于斯，以为讲诵之所。思挹二公之余芳剩馥以自淑其身，庶不大谬于先民也"。②

明代河南书院不仅礼祀乡贤，对曾主政地方的先贤名儒，亦祀于本地书院以表尊崇。嘉靖十年（1531），河南参政、分守汝南道刘漳，"行部至邓，周咨古

---

① 〔明〕王策：《重修七贤祠记》，〔清〕姜篪原本，张熙瑞续修：《郏县志》卷十一《艺文志》，民国二十一年刊本。

② 〔明〕陈棐：《鄢陵陈氏尊文书院事状》，靳蓉镜修，王介纂：《鄢陵县志》卷十二《教育志》，民国二十五年铅印本。

迹，公慨然有怀”，对知州张定说：“兴废举坠，有司事也。文公（韩愈）邓人，书院在焉，寇（准）、范（仲淹）又皆以重望，守兹土不固，可为后人师耶？且三君子之在当时，虽其人品不同，要之皆世之杰也。其别置书院以复韩公之旧，并祀三公于中，俾士之室迩者于兹诵读焉。”张定“素好古重义乐育人才者”，遂“相城之坤隅，得废尼寺一区，其长二十四丈，其阔一十六丈，规址宏邃”[①]，创为临湍书院，“内竖祠三间，曰三君子祠，祀韩、寇、范三君子也。前为大堂三间，题曰仰德堂，仰三君子之德也”[②]。

五、建筑规制更加严整

明代书院建筑规制较前代更为成熟，一般由教学、祭祀、生活、藏书等功能区组成。明代河南书院建筑虽遵循一定之规，但各处因实际情况而有所不同。嵩阳书院自宋代以来，历经多次修整。嘉靖年间，“知县侯泰即嵩阳观故址复建书院，祀二程先生，仍曰嵩阳，诸生以时讲业其中”[③]。嵩阳书院在明代形成标准的书院建筑模式。浚县的书院建筑发展历程比较典型。性道书院旧在察院西，知县刘台改尼寺为书院，其地“湫隘，规制弗称”。巡按御史段汝砺命“改建于预备仓隙地，因故里碑也。中为堂祠祭黎公，东西建学舍十间”。天启二年（1622），知县赵建极“重修堂祠并像，东西又建号舍二十四间，退亭五间，火房二间，门牌二座，周围墙壁整饬坚固，课诸生其中。崇祯五年（1632），知府卢集诸生每月课之”。[④] 明代浚县书院建筑从无到有，由少到多，建筑规制逐步完善，反映出河南书院建筑制度的日趋成熟。

成化八年（1472），南阳知府段坚改尼寺创建的志学书院，建筑规制蕴含了精湛的理学设计理念。其《重建志学书院碑记》记之甚详，“于临街之署榜曰书

---

① 〔明〕蓝瑞：《重修临湍书院记》，〔清〕蒋光祖修，姚之琅纂：《邓州志》卷二十二《艺文上》，清乾隆二十年刻本。

② 〔明〕王聘：《重修临湍书院记》，〔清〕蒋光祖修，姚之琅纂：《邓州志》卷二十二《艺文上》，清乾隆二十年刻本。

③ 〔清〕叶封：《重建嵩阳书院记》，〔清〕耿介撰，李远校点：《嵩阳书院志》卷二《文翰》，郑州市图书馆文献编辑委员会编：《嵩岳文献丛刊》第4册，中州古籍出版社2003年版，第92页。

④ 〔清〕熊象阶修，武穆淳纂：《浚县志》卷六《建置志》，清嘉庆六年刊本。

院”。次为大成殿,“肖吾夫子像于中,四配十哲东西列,岁两释奠,司教者主其事”。次为企德堂,“首以申伯,第列国、汉晋、隋唐、宋有名贤君子之官于斯生于斯者,岁以羊豕二祀之。于以觊后生小子有所观感兴起也”。又次为志学堂,伊尹、颜渊,昔之大贤,“伊尹耻其君不为尧舜,一夫不得其所,若挞于市。颜渊不迁怒不贰过,三月不违仁。盖欲诸士子志伊尹之所志,学颜子之所学。一出也一处也,一穷也一达也,而乐而仕皆在乎道焉”。旁列斋舍,士子“欲学伊尹、颜子,而非敬不可也,故又颜其读书所在曰‘主一无适’,曰‘整齐严肃’,曰‘其心收敛’,曰‘一心主宰’,曰‘万事本根’,曰‘常惺惺法’”,“欲诸士子心一乎敬,无时无处无往而不用其力,则涵养本源以为大学之基本,进德修业而收小学之成功。庶几颜学可学,伊志可志,不为流俗之所染,不为利势之所移,而变化气质之不难矣”。斋之东为两亭,“甃石开井,井覆以亭,其泉寒冽,汲水以车,杂植花木草树,生意蔼然,曰‘庭草交翠’”。“又次东,凿方塘畜莲数本,曰‘独爱’,盖皆取元公庭前草不除‘与自家意思一般’及‘予独爱莲’之说”,欲诸生“有以识取先生之襟次也”。斋之西,“有竹百千竿,清森可爱,复题曰‘清风高节’”,使“学者暇游于此,凛乎岁寒之操,穷冬大雪而不渝也”。段坚称,“士子果能人人有得于此,庶几有以尽人之理,而人之名为不负,圣贤可学而至,辟异端距杨墨,为圣人之徒。坚于是院之作,不为徒然矣”。① 志学书院将建筑布局与理学工夫为学次第密切结合,寓理学于建筑,以建筑喻理学,赋予书院建筑以理学之灵魂,堪称古代理学思想与书院建筑理念相统一之典范。

明代河南兴修书院颇重选址,除设在省府州县官员驻节之地外,还有许多书院处于景色优美、环境清幽之区,以利于士子亲近自然,涵养品行,陶冶情操。这些书院往往与周围山水融合,成为一处亮丽的人文风景。嘉靖年间创建的归德府锦襄书院,位于州治东“驼冈之岭,其冈高数仞,峰峦挺秀,水环如壁,远而望之,俨然瀛海中一小岛也”②。在古人心目中,书院关乎一方文运,因而尤重形胜。万历三十年(1602),济源县令创建启运书院,其地在“西北里许,坦辟高原,

① 〔明〕段坚:《重建志学书院碑记》,〔清〕潘守廉修,张嘉谋纂:《南阳县志》卷六《学校》,清光绪三十年刊本。

② 〔明〕刘淮:《锦襄书院记》,〔清〕宋国荣修,羊琦纂:《归德府志》卷九《艺文下》,清顺治十七年刻本。

坐落泷水之澳，蓊蔚清幽，形家以为济邑支龙结脉之处”[①]。如果在兴建书院时，恰好出现奇异之兆，则是值得大书特书之事。万历年间，黄茂任唐县知县，欲“与诸生更质互订，取仕学之义而紬绎之，顾安所得善地而游息耶？”后谒文昌祠，见其地“前列紫玉山，左绕桐柏渡，崒嵂沕潏，若争吐瑰奇于几案者”[②]，乃命工修葺，“辟土获玉石一，镌‘仙音楼’三字，端楷伟丽，石下覆一盂，内书‘状元及第’，又磁钟三，铜海马四，占者谓为‘人龙天马’之兆”[③]。黄茂“始瞿然惊，已辗然喜曰：‘兹唐邑人文炳烺科名赫奕之征乎？缮治胡可已耶？’”[④]因于其地创建敷文书院。

第三节 明代河南著名书院

明代河南书院数量多，制度完善，理学特色鲜明，教育成果丰硕。相较而言，家族式的紫云书院、历史悠久的百泉书院、官学化的大梁书院具有一定的代表性，对河南区域历史发展产生了较大的社会影响。

一、襄城李氏紫云书院

襄城西南二十里有紫云山，“蜿蜒而南，曲折而东，复回顾而西北，众山群

---

① 〔清〕任绝：《重建启运书院记》，〔清〕萧应植纂修：《济源县志》卷十五《艺文》，清乾隆二十六年刊本。

② 〔明〕李长春：《敷文书院记》，〔清〕平鄗鼎修，李璜纂：《唐县志》卷八《艺文志》，清康熙三十五年刻本。

③ 〔明〕李长春：《敷文书院记》，〔清〕平鄗鼎修，李璜纂：《唐县志》卷八《艺文志》，清康熙三十五年刻本。

④ 〔明〕李长春：《敷文书院记》，〔清〕平鄗鼎修，李璜纂：《唐县志》卷八《艺文志》，清康熙三十五年刻本。

领”[1]。成化三年(1467),时任浙江按察使的李敏丁忧,以紫云山为“居忧读礼之处,辟田种树,立祠堂,建学舍,以待从游之士”[2],日久遂成书院。“因山取号,遂以紫云名。”[3]紫云书院建在紫云山麓,环境清幽,“有活水涧,出小鲜石蟹,浑然一环滁也”。[4] 书院“处万山中,峰峦重叠,溪涧回环,幽深不闻鸡犬声,真高人读书地也”。[5] 紫云书院创建于成化四年(1468),为明中期河南私人兴复书院的先驱,开一时风气之先。

图 4-1　紫云书院形胜图(〔清〕李来章,李琇璞纂:《紫云书院志》卷一《形胜》,清康熙三十年刊本)

李敏创建紫云书院的动机主要有三个方面:一是传承河南理学道统。李敏称:“自程氏两夫子起倡道学,数百年相承,至鲁斋、河东两公,皆出河南。古今岂不相及?学之未正,教之未善,循至乎治之未盛,厥则有由然矣。吾辱生于两夫子之乡,得私淑鲁斋与河东公之教,且遭逢圣明之治,以与群弟子修明易书诗春秋之训,讲求父子君臣夫妇长幼朋友之义,用弼成孝弟忠信礼义廉耻之俗,期以措乎政刑之说,亦独何幸!朱徽公作白鹿书院而天下仰之,今河南所在有书

① 〔明〕李敏:《紫云书院碑记》,〔清〕汪运正纂修:《襄城县志》卷十《艺文》,清乾隆十一年刻本。
② 〔明〕林鸾辑:《襄城县志》卷二《志宫室》,明嘉靖三十年刻本。
③ 〔明〕李敏:《紫云书院碑记》,〔清〕汪运正纂修:《襄城县志》卷十《艺文》,清乾隆十一年刻本。
④ 〔明〕林鸾辑:《襄城县志》卷二《志宫室》,明嘉靖三十年刻本。
⑤ 〔清〕李来章:《礼山园文集》卷六《叔祖少泉公家传》,清康熙襄城李氏赐书堂刊本。

院,而惟伊川、鲁斋为盛,则吾之复为此举,要亦不为无助于时。”[①]他“慨然思道学之传,孔孟而后绍述于河南程氏两夫子,新安朱公紫阳慕其学起而昌明之,数百年相承,至元鲁斋许公暨明河东薛公,火尽薪传,而天中之学确有根源,异说不得争喙。岂可当吾身而中熄,爰以讲学为己任”[②]。二是居家读书静修之需。“先君捐馆舍,敏居忧于家,无以为读书所”,是以选择在风景秀丽的紫云山创建学舍。三是士人的文化担当。李敏称自己居官时,“听讼断狱殆无虚日,寡闻浅见遗忘几尽,而荆棘草莽杂然集乎心胸矣!”“年逾四旬而道不加修,官居三品而功无寸补。孔子曰‘四十五十而无闻焉,斯亦不足畏也已’。又曰‘邦有道,谷,耻也’,吾为此惧。”在经过认真反思之后,李敏“始知自勉,且欲激励将来,俾宗族乡党有所效慕,咸知修身以读书为本,明道以力学为先,同兴礼让之风,共享文明之治”,“此书院所由立也”。[③] 应该说,李敏创建紫云书院主要是缘于一个理学家传承道统的使命感和高度的社会责任感。

(一)建筑

据李敏《紫云书院碑记》所记,书院草创之时,“始建小屋三楹,覆以草茆,仅蔽风雨,周筑土垣,聊作藩篱,间尝与一二学徒观书其间”。后旧交侍御史白行中、同科进士副都御史王齐巡历郡县,过襄城拜访,“二公雅好斯文,见其隘陋,遂命有司改作之。时知县赵璘,县丞张冕,主簿宋环,典史高志安,奉命惟谨,而教谕王昉,训导王冕,亦克襄之,鸠工集材,谋传不朽。于是易土垣为石壁,撤草茅为砖瓦,而又翼以两廊,匾以名额”[④],书院方初具规模。成化十五年(1479),李敏入京,出任兵部右侍郎,称“乡人因有书院之目,然犹未有名号也”,请诏赐名“紫云书院”。工部行移河南藩司,“于是河南藩臬诸公暨郡县守令重其事,稍董工役,遂易以崇垣,建大成殿、东西庑于前,祀宣圣及从祀诸贤明伦堂左右斋于后,居师生,悉如近时学校之制。堂之后有阜高起,又即址建尊经阁,藏所辇

---

① 〔明〕邹守愚修、李濂纂:《河南通志》卷十六《学校》,明嘉靖三十五年刻本。

② 〔清〕许子尊:《读紫云书院记书后》,〔清〕佟昌年原修;陈治安增修:《襄城县志》卷九,清康熙增刻本。

③ 〔明〕李敏:《紫云书院记》,《敕赐紫云书院志》,清康熙三十年刻本。

④ 〔明〕李敏:《紫云书院碑记》,〔清〕汪运正纂修:《襄城县志》卷十《艺文》,清乾隆十一年刻本。

之经书，书院之名，于是乎始著焉”[①]。紫云书院至此规制大备，大成殿、两庑、棂星门、明伦堂、后堂、两斋、厢房、尊经阁、塑圣贤像，如邑学之制[②]。明末，北方战乱纷扰，紫云书院建筑多遭毁坏。

（二）教学

注重理学教育。李敏学宗“程朱”，为襄城教谕姑苏名儒顾昌“及门弟子”[③]。许子尊《紫云书院记》称其“登进士官御史时，读礼居山，以讲学为己任，一时从者至室不能容足，因僦其舍为书院，辇仕宦四方所得经书贮其中而读之，以讲明圣贤之道，严理欲之分与斯世辨人禽之界，析义利之别与天下立性命之宗，凡有裨于国计民生者，靡不究悉本末。”[④]李敏“尝摘取程朱许薛五子书名曰《辑要》”[⑤]，以为后学津梁。紫云书院在李敏主讲之际，“聚书千卷，生徒常数百人，而李氏世为书院主，家学绳绳”[⑥]。其侄曾孙李继业，早年就学紫云书院，“尊薛文清公《读书录》，发奋为圣贤之学，承先人之志，于敕赐紫云书院益加修葺，读书其中，以程朱许薛四子书训迪后进，期于躬行实践”，嘉靖中辞官归里，“移居西南山中，复兴紫云书院，课授生徒，四方来学负笈者众，皆称为肖云先生，识者以为有洛学之风”。[⑦]

制定书院规条。李敏晚年“以久病告归，日与诸生讲习其中，取程朱许薛四子之书立为条约，期在躬行实践，而襄许之间彬彬有理学之风矣”[⑧]。他主张“读书为本”“力学为先”。耿介称李敏“开理学之传，远绍程朱”[⑨]，而李继业“立

---

① 〔明〕刘健：《敕赐紫云书院碑记》，〔清〕佟昌年原修，陈治安增修：《襄城县志》卷八《艺文志》，清康熙增刻本。

② 〔明〕林鸾辑：《襄城县志》卷二《志宫室》，明嘉靖三十年刻本。

③ 〔清〕汪运正纂修：《襄城县志》卷四《志官师》，清乾隆十一年刻本。

④ 〔清〕许子尊：《紫云书院记》，〔清〕佟昌年原修，陈治安增修：《襄城县志》卷九，清康熙增刻本。

⑤ 〔清〕徐永芝：《南阳书院讲学纪事》，〔清〕朱璘纂修：《南阳府志》卷六《艺文上》，清康熙三十三年刊本。

⑥ 〔清〕冉觐祖：《明东鹿令李公肖云先生传》，〔明〕李敏：《敕赐紫云书院志》，清康熙三十年刻本。

⑦ 〔清〕汪运正纂修：《襄城县志》卷六《儒硕》，清乾隆十一年刻本。

⑧ 〔清〕耿介：《中州道学编》卷二《李恭靖公敏传》，清康熙三十年嵩阳书院刻补修本。

⑨ 〔清〕耿介：《李霄云先生墓表》，〔清〕汪运正纂修：《襄城县志》卷十三《艺文》，清乾隆十一年刻本。

为学程规,一遵敏教”[①],“源流似续,益光而大之”[②]。

(三)学田

紫云书院作为家族书院,经费主要源于自筹。耿介《李恭靖公敏传》记载,李敏“设置学田以供膏火之资”[③]。李敏《紫云书院碑记》称,“有田足以给廪饩”[④]。成化年间,李敏多次为书院购置学田。据《敕赐紫云书院建制缘由约》记载,成化四年(1468)正月,王玘“同男王得闰,为因艰难,凭说和人王理等将自己开垦山荒不起科地二十亩,东南至山,西北至岭,四至明白,出卖于本县里仁坊丁忧大人李敏起盖书院,议定价银七两,当日交收”。成化七年(1471)五月初一日,王玘“又同男王得闰,将书院前山荒地一段,西至王亮并书院后山荒地一段,北至玘自己地土为界,亦卖于丁忧大人李敏作书院供给师生之用,得价银九两整,当凭王理等眼同收讫”[⑤]。关于李敏购置学田总数等情况,据李来章称,“昔吾先子继恭靖東鹿公遗意修葺书院,略有次第,又以为廪食无所出,将不足以垂永远,乃出橐中资,买置学田百二十亩,临终之夕,尤谆谆谕戒子孙,勿以贫故私攘学田所入及擅鬻于人。违者,吾目且不瞑,不孝莫大焉”[⑥]。为保书院田产不被侵占,李敏之子李镠呈请河南按察司确认书院地权,“诚恐年远被人侵占地土,及恐无知小人偷斫树木损毁书院。如蒙准告,乞行本县委官一员,踏勘地土四至明白,置立界碑,仍乞禁约一应人等不得偷斫树木,作践书院”。襄城知县奉上命实勘,将地土四至“埋立界石”,并于成化七年五月十五日立下禁约。[⑦]然而,虽李氏防范如此严密,但书院后竟被不肖族人盗卖。李来章《叔祖少泉公家传》所记云:“公讳本立,字少泉,行三,大司徒恭靖公之族孙也,世居邑南之辛店。……李一望者,族之妄人也,尝以博售紫云书院于邑之赵某。赵固豪猾,人

① 王钟翰点校:《清史列传》卷六十六《儒林传上一·李来章》,中华书局1987年版,第17册,第5315页。

② 〔清〕耿介:《李霄云先生墓表》,〔清〕汪运正纂修:《襄城县志》卷十三《艺文》,清乾隆十一年刻本。

③ 〔清〕耿介:《中州道学编》卷二《李恭靖公敏传》,清康熙三十年嵩阳书院刻补修本。

④ 〔明〕李敏:《紫云书院碑记》,〔清〕汪运正纂修:《襄城县志》卷十《艺文》,清乾隆十一年刻本。

⑤ 〔清〕佟昌年原修,陈治安增修:《襄城县志》卷九《敕赐紫云书院建置缘由》,清康熙增刻本。

⑥ 〔清〕佟昌年原修,陈治安增修:《襄城县志》卷九《紫云书院学田记》,清康熙增刻本。

⑦ 〔清〕佟昌年原修,陈治安增修:《襄城县志》卷九《敕赐紫云书院建置缘由约》,清康熙增刻本。

不敢问。公适猎其处，知故，惊曰：吾先祖尚书公尝读书于此，又创学舍以诲子弟。弘治朝皇帝尝赐御书额，彼何人，敢以计盗吾家物？吾虽废学，独不为后世子孙计乎？遂鸣于邑令，令不为直，又鸣于抚军，抚军以赵某官契诘之。公昂首曰：弘治皇帝赐本立先祖读书地，御书额今固尚在，煌煌天语固不足重，而乃谓契为可据耶？且尺地莫非王土，是数亩荒山，皇帝尝亲赐吾家，赵氏虽有资庸得而买乎？抚军曰：尔言是。笞赵某命立归其地，而紫云书院复属李氏。”①

（四）藏书

紫云书院藏书丰富，至少有七万九千余卷，主要来源于皇帝赐书和家族购书。李敏创建紫云书院之初，“辇仕宦四方所得经书，贮其中而读之”②，后又“建尊经阁藏所辇之经书”③。耿介《李恭靖公敏传》记载，李敏“于县南紫云山建小屋数楹，积书数千卷，与学者讲读其中”④。李来章《李氏赐书堂记》记载，“赐书堂者吾李氏之堂也，其以赐书名者何？吾先人以君赐为荣，因而志之于堂也。先少保公积书至七万九千余卷，多宋元善本。已而官大司农，疏请举耕籍礼，礼成，褒赐《通鉴纲目》一椟，绫帙龙章，识以御宝。少保公构屋贮之，附以所积诸书，因名赐书堂……崇祯戊寅，天下将乱，先子云麓公知中州必先受兵也……携家走怀孟，侨寓山西泽州。久之，兴朝定鼎，始间关归，故居椟中书及旧所积书七万九千余卷与堂皆归灰烬”⑤。数万卷书如此灰飞烟灭，着实令人惋惜。

---

① 〔清〕李来章：《礼山园文集》卷六《叔祖少泉公家传》，清康熙襄城李氏赐书堂刊本。

② 〔清〕许子尊：《读紫云书院记书后》，〔清〕佟昌年原修，陈治安增修：《襄城县志》卷九，清康熙增刻本。

③ 〔明〕刘健：《敕赐紫云书院碑记》，〔清〕佟昌年原修，陈治安增修：《襄城县志》卷八《艺文志》，清康熙增刻本。

④ 〔清〕耿介：《中州道学编》卷二《李恭靖公敏传》，清康熙三十年嵩阳书院刻补修本。

⑤ 〔清〕李来章：《礼山园文集》卷四《李氏赐书堂记》，清康熙襄城李氏赐书堂刊本。

二、辉县苏门百泉书院

百泉书院位于辉县苏门山麓百泉湖畔，“峰峦奇胜，甲于汴洛”①。其地“源泉泌沸，真幽僻佳境也。晋孙登、嵇康辈亦尝啸歌放达其中”②，宋邵雍结行窝，为读书研易之所。元初姚枢、赵复、窦默、许衡等相聚构屋讲学于此，一度成为北方理学中心。其后人事代谢，渐就倾圮。

（一）沿革

明初百泉书院，仅存前贤讲学基址。成化十四年（1478），山东肥城举人张谦，以本府同知升任卫辉府知府，“修学校，课农桑，平赋役，政多可纪”③。河南提学副使吴伯通至卫辉，张谦倡建书院。吴伯通平素“病时流学务枝叶，不根理致”④，欲建书院“以祀前贤而励后进”，听闻张谦此言，“喜其重风教之本也，若豫约而为谋者，乃白今大司徒李公（李衍），时为右副都御史巡抚至卫，遂檄怀庆、彰德倪颙、焦显二郡守，辉邑知县张麟合出所需”⑤，由“卫守张君谦营财费，辉县丞李懋、庠生张德秀等董工役。以成化庚子（1480）四月始事，至壬寅（1482）三月毕工”⑥。百泉书院似以面临百泉而得名，然据清人周际华称，其中别有深意在焉。“明吴伯通为提学副使，更（元太极书院）名百泉。百泉云者，盖忧俗学支离，冀诸生探本穷源，得蒙养之道耳。”⑦

弘治十年（1497），知县刘玉重修百泉书院，谆切诲诱，生徒多所成就。次年，提学使车玺檄知县李琼创建思贤亭，改先贤祠为孔庙。正德十五年（1520），卫辉知府翟鹏，“以清严治卫，事明作而民安”，议修百泉书院，在获得御史汪渊、参政陶照、提学副使王韦等支持后，“发帑羸财，市材易甓，檄下知辉李杰肇事，

---

① 〔明〕吴节：《建百泉书院记》，〔明〕张天真纂修：《辉县志》卷六《文章》，明嘉靖刻本。

② 〔明〕车玺：《思贤亭记》，〔明〕张天真纂修：《辉县志》卷六《文章》，明嘉靖刻本。

③ 〔明〕佚名修：《卫辉府志》官师志下，明万历刻增修补刻本。

④ 〔明〕刘健：《百泉书院记》，〔明〕佚名修：《卫辉府志》艺文志上，明万历刻增修补刻本。

⑤ 〔明〕吴节：《建百泉书院记》，〔明〕张天真纂修：《辉县志》卷六《文章》，明嘉靖刻本。

⑥ 〔明〕佚名修：《卫辉府志》人物志下，明万历刻增修补刻本。

⑦ 〔清〕周际华修：《辉县志》卷十七《艺文志三》，《移置百泉书院城内记》，清光绪二十一年刻本。

推官杨惠来责工”,“作楼三楹于思贤后,树表广涂,复地之隐于豪右者六十亩、房六间”。[①] 嘉靖十二年(1533)知府吕颛,嘉靖三十三年(1554)巡按御史霍冀等,“先后修葺,且增大之。由是中州之胜概,盖称百泉云”[②]。

万历七年(1579),张居正以“书院群聚党徒,空谈废业”为由下令毁天下书院。《推官武陵龙德孚》云:“会江陵力禁浮谭,殃及精舍,大都务名高恣横议者激之,风旨一承,玉石俱毁,百泉、大梁亦在废中。”[③]后署县事卫辉府推官龙德孚始议兴复,知府周思宸、辉县知县卢大中同修,“内有先师庙三间,在书院仪门南,旧祀邵许姚三先生,继而议者谓学当以濂洛关闽为的,并祀周子、二程子、张子、司马温公、朱子、南轩张子、东莱吕氏,以姚窦二公配享”[④]。崇祯十五年(1642)李自成率部攻打开封,明军掘黄河以阻挡义军,省城被淹,当年乡试中断。次年议补,诏令科场暂移河朔,辉县知县郁英请于御史苏京,百泉书院遂移作贡院,名存而实亡。

(二)建筑

成化年间,吴伯通主修百泉书院,“为屋三重,为楹六十有二。扁其前曰先贤祠;中曰讲道堂,左右为斋,凡八;后曰主敬堂,为斋凡四”[⑤]。“中构堂五间,高二丈有奇,广五丈有奇,深四丈有奇,后堂五间,东西斋舍五十余间,外门树方扁曰‘百泉书院’,正堂三间……题曰‘十贤祠’”,“四周缭以高墉,窗户、房厨、祭器,巨细备具”。[⑥] 至万历初年,百泉书院建筑规制更为完备,主要有文庙、敷教堂、斋舍、主敬堂、过亭、藏书阁、仰止亭、俯泉亭、思贤亭、内号门、仪门、百泉书院坊、继往圣开来学坊等。百泉书院思贤亭前有栖凤阁,即藏书阁,“四围有竹万竿,因以栖凤名”[⑦]。

---

① 〔明〕崔铣:《百泉书院重修记》,〔明〕张天真纂修:《辉县志》卷六《文章》,明嘉靖刻本。

② 〔明〕聂良杞编:《百泉书院志》卷一《建革志》,赵所生,薛正兴主编:《中国历代书院志》第6册,江苏教育出版社1995年版,第110页。

③ 〔清〕赵开元修,畅俊纂:《新乡县志》卷十一《学校上》,清乾隆十二年石印本。

④ 〔明〕佚名修:《卫辉府志》建置志中,明万历刻增修补刻本。

⑤ 〔明〕刘健:《百泉书院记》,〔明〕佚名修:《卫辉府志》艺文志上,明万历刻增修补刻本。

⑥ 〔明〕吴节:《建百泉书院记》,〔明〕张天真纂修:《辉县志》卷六《文章》,明嘉靖刻本。

⑦ 〔明〕佚名修:《卫辉府志》建置志中,明万历刻增修补刻本。

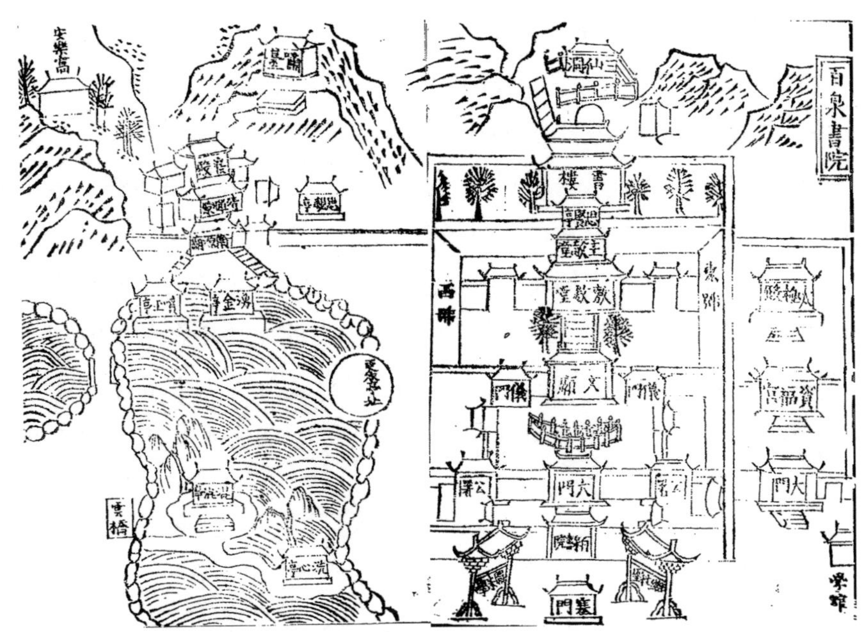

图 4-2　百泉书院图(〔明〕马书林:《百泉书院志》,明嘉靖十二年刻本)

(三)学规

提学副使吴伯通于百泉书院建成之初,"选庠生之秀敏者数十人,肄业其中","亲为定教条,每行部至,辄率守令督课焉"。而后"提学佥宪石君淮、卫守张君咨,所以督课之者,视昔益严"。① 据嘉靖《百泉书院志》记载,卫辉知府翟鹏"选所属学官五经各一人",将朱熹白鹿洞书院教规"揭之于屏以教卫士"。其中五教之目:"父子有亲,君臣有义,夫妇有别,长幼有序,朋友有信";为学之序:"博学之,审问之,慎思之,明辨之,笃行之";修身之要:"言忠信,行笃敬,惩忿窒欲,迁善改过";处事之要:"正其谊不谋其利,明其道不计其功";接物之要:"己所不欲,勿施于人。行有不得,反求诸己"。② 万历时期,百泉书院学规较前代更为完善。知县聂良杞立会约六条:一是立志。"匪志则百为无成,安望远大",立志"常在千仞之上"。二是虚心。强调要善于向别人学习,提倡一字师,"初学当资老成而亦出新奇,老成当训初学而间有不逮,务宜彼此相下,各成丽泽。勿以小成自盈,勿以直言怀愧,勿以套语相谀"。三是励勤。勉励勤奋学

① 〔明〕刘健:《百泉书院记》,〔明〕佚名修:《卫辉府志》艺文志上,明万历刻增修补刻本。

② 〔明〕马书林纂:《百泉书院志》卷一《学约志》,明嘉靖十二年刻本。

习,“经书子史,勉力青灯,日就月将,毋间久暂。勿以外务自扰,勿以多欲自昏,勿悻悻于一时而溃溃于异日”。四是辨文。切记为文要“理期于精莹,词期于古雅,意期于浑融,义期于闳洽”,力除“泛言剿说、鄙俚艰深,诸为文害者”。五是刻期。为“别勤惰而示劝惩”,规定“月为会者三。会之日,以五人授课本一册,每会录完,本学类送以凭品第。其前列数人,量给笔墨示劝。若最不用心潦草塞责者,送本学量责示惩”,倘无故不至,“一会再会,姑记三会,请不与焉”。六是饬行。要求“士人以行检为第一义”,知行合一。此约前五条,皆“以举业相告勉”,最后一条则突出强调品行的重要性,士子“行之不饬,则虽奋金碧之文,窃通显之路,徒为国家一蠹物耳,安所用之!”期望士子“痛惩而力去”昔日之非,以成将来“无瑕之璧”。①

(四)祠祀

刘健《百泉书院记》云:百泉书院“初议专祀邵子,既而更议祀宋濂溪周子,邵子,司马温公,明道、伊川两程子,横渠张子,晦庵朱子,南轩张氏,东莱吕氏,元鲁斋许氏,凡十贤,以姚枢、窦默二氏配”。“邵子深探物理,妙悟神契,不爽锱铢。至于今,虽田夫野老皆熟其名字,专祀之百泉固无不可。然余尝反复其遗言之妙。其为诗曰:一阳初动处,万物未生时。为书曰:一动一静之间者,天地之至妙。至妙者欤?似未免指气之初动,茫昧未形者以为理。方之孔子曰一阴一阳之谓道,程子曰在物为理处物为义,盖有间矣。书院之建,欲使学者究极本源,上溯尧舜以来相传之正脉,岂可以周、程、张、朱数子未尝至其地而不之祀也?诸公之祀议始欲专而终不果意者,或有在于此乎?”河南按察副使胡谧闻其言,“极以为是”。② 书院建成后,于“正堂三间,祀康节先生、周濂溪、司马温公、二程夫子、东莱吕氏、张横渠、朱文公、张南轩、许鲁斋,题曰十贤祠。以姚文献公枢、窦文正公默配享”③。

岁月既久,更张渐多。弘治十一年(1498),提学使车玺“檄知县李琮、县丞

---

① 〔明〕聂良杞编:《百泉书院志》卷一《学约志》,赵所生,薛正兴主编:《中国历代书院志》第6册,江苏教育出版社1995年版,第116、117页。

② 〔明〕刘健:《百泉书院记》,〔明〕佚名修:《卫辉府志》艺文志上,明万历刻增修补刻本。

③ 〔明〕邹守愚修,李濂纂:《河南通志》卷十六《学校》,明嘉靖三十五年刻本。

赵泉、庠生卢瑢构亭于书院，以勖多士，而名曰'思贤'"[①]，奉祀孙登、嵇康、邵雍、李之才、姚枢、许衡、窦默诸大儒，又改先贤祠为孔庙，增祀先圣孔子，以群贤配享。隆庆六年（1572），河南巡抚栗永禄以诸贤配享非礼，增祀四配十哲，而诸贤又列于配哲之后。万历六年（1578），辉县知县聂良杞对此评论说："二公改创之意，非不各有谓也。然国家尊师重道，稽古定制，立庙于庠序而规制森严，致祭以上丁而仪文周备，配享有礼，从祀有谊，非若淫祀者之可以私创而擅增也。"他认为，"今学宫祀先师矣，而书院复设圣像；上丁祭于学宫矣，而下丁又渎祭于书院。况仪门之中，车马往来于斯，隶卒杂立于斯，及祭之日，堂阶甚隘，骏奔不容，且十贤于夫子非可聚首于一堂，而柳城（姚枢）与肥乡（窦默）岂宜僭处乎文庙？谓之渎祀则不享，谓之侮圣则不敬。不敬不享，又安用此庙祀为哉？"为"克盖前衍而有光祀典"，聂良杞在报请"督学李公、郡守暴公"后，"将文庙仍改为先贤祠，移之东隅，而圣像则别藏之"[②]。

（五）藏书

明代百泉书院所置书籍丰富，贮于藏书阁，以供师生研读。嘉靖年间，百泉书院藏有经部《易经大全》《书经大全》《诗经大全》《礼记大全》，子部《四书大全》《性理大全》《五伦书》《扬子法言》《理学类编》，史部《资治通鉴纲目》《续资治通鉴纲目》《史记》《汉书》《三国志》《晋书》《宋书》《南齐书》《梁书》《陈书》《魏书》《北齐书》《周书》《隋书》《唐书》《五代史》《宋史》《元史》，集部《文献通考》《秋涧文集》，文部《文章辨体》等书籍。[③] 万历年间，知县聂良杞以百泉书院书籍"近多残缺，所存十之一二"，遂购置《五经大全》《文章正宗》《大学衍义》《文章正宗抄》《大学衍义补》《六子》等，"置之藏书阁"[④]。明代辉县曾两修百泉书院志，一是知县马书林所纂嘉靖《百泉书院志》，分沿革、建造、古迹、田、祀典、名贤、学约、文、诗、人才、书籍、器皿等志，凡四卷，嘉靖十二年刊刻。二是知

---

① 〔明〕车玺：《思贤亭记》，〔明〕张天真纂修：《辉县志》卷六《文章》，明嘉靖刻本。

② 〔明〕聂良杞：《书院先贤祠议》，〔清〕周际华修，戴铭纂：《辉县志》卷十七《艺文志》，清光绪二十一年刻本。

③ 〔明〕马书林纂：《百泉书院志》卷四《书籍志》，明嘉靖十二年刻本。

④ 〔明〕聂良杞编：《百泉书院志》卷一《学约志·书籍附》，赵所生，薛正兴主编：《中国历代书院志》第6册，江苏教育出版社1995年版，第117页。

县聂良杞重修的万历《百泉书院志》，设建革志、祀典志、名贤志、学约志、文志、诗志，凡三卷，万历六年刊印。

三、中州省城大梁书院

大梁书院位于河南省城开封，是明代规模较大的官办省级书院。自创办后，大梁书院受到政府和各界民众的支持与关注，对明代河南书院的发展具有标志性意义。

（一）沿革

大梁书院前身为丽泽书院，天顺五年（1461）由河南提学副使刘昌创建于府城南薰门内蔡河北岸。成化十五年（1479）“因改建巡抚治所，都御史李衍徙建于丽景门外，东南距城二里许，繁台之东”①，“规制宏备，眄望烟沙云树，雅称大观”②。万历七年（1579），明廷诏毁天下书院，大梁书院于“万历九年毁，十三年诏复”③。天启二年（1622），河南巡抚冯嘉会、巡按丘兆麟、分守道王瑊重修，“若缭垣、坊表、门屏、石桥，若讲堂、文会堂、二程夫子木主堂，若高明楼、八角亭、碧玉泉，与夫诸生读书号舍、诸仕宦生祠，密致辉煌，倏告成事”④。明崇祯十五年（1642）九月，李自成农民军围攻开封，时“决河灌城，墉垣基址荡入波臣，无由问诸水滨矣”⑤。

（二）经费

作为官办书院，大梁书院的经费主要为政府拨款。此外，官员捐资也是一

① 〔明〕邹守愚修，李濂纂：《河南通志》卷十六《学校》，明嘉靖三十五年刻本。

② 〔明〕陈腾凤：《重修书院碑记》，〔清〕陈梦雷辑：《古今图书集成方舆汇编职方典》卷三百八十六《开封府部艺文五》，清雍正铜活字本。

③ 〔明〕宋伯华修，朱睦㮮、宋金纂：《开封府志》卷十《学校》，明万历十三年刻本。

④ 〔明〕陈腾凤：《重修书院碑记》，〔清〕陈梦雷辑：《古今图书集成方舆汇编职方典》卷三百八十六《开封府部艺文五》，清雍正铜活字本。

⑤ 〔清〕阎兴邦：《重建大梁书院厘正祀典记》，〔清〕王士俊修：《河南通志》卷四十三《学校下》，清文渊阁四库全书本。

项重要来源。据河南提学使陈腾凤《重修书院碑记》记载，“浙文陆钟公、豫章镜源涂公、岭南九虞曾公莅兹，各置学田若干亩”，“核得学租若干金，计一千二百两有奇”。①

学田收入相对稳定，在书院经费中占有较大比例，是书院赖以生存的重要经济支柱。正德年间，大梁书院购置学田，河南巡抚“都御史内江李公（李充嗣）、监察御史吉水毛公实倡之，而提学副使历城边公（边贡）赞之，后都御史道州何公（何天衢），而监察则信州汪公、大名王公、桂林喻公成之”。李梦阳在为此所作的《大梁书院田碑》中指出，书院要有学田，方能庙祭养士。“赵宋之肇也，睢阳、石鼓、岳麓、白鹿四者，其巨矣。然必田焉祭也，以达乎养。何也？聚人之所，必庙其所师，庙必有祭，祭非田，何出矣？”他认为，书院要以学田生财，以财聚士。“聚而不养则散，制散成聚，莫先乎财。《易》曰：‘何以聚人？曰财。’故田者，财以之生，养以之成者也。”他还从养士之身、专士之志、精士之业、考士之成的高度论述了学田的重要性。“闻之先王，天地非养无以物，圣人非养无以民，士非养无以成身。故养者，天以之生，地以之行，人以之成。是故二气推荡，风霆流形，消息往来，各足其精，天地之养也；则明因利，嘉谷时成，制恒备奸，寿康安平，圣人之养也；审今酌古，仁纬义经，厚积广施，性坚德明，士之自行也。是故先王之士也与民异，田则代耕，何也？不如是，无以专志而业精也。故士所之庠序，别其冠衣，程其饩廪，端其术业，凡以异民也。后世则又选胜而区，稔拔其良聚焉，于是有积书之院，祭养之田，又以异士而考成也。”针对“士易聚而难成”的问题，李梦阳称，皆因“聚非其聚也”。“予尝蹑大梁之台，造院谒祠，登堂陟阁矣，丛篁茂林，长廊委翳，鸟鸣狸走，问曰：‘士奚不聚也？’曰：‘无田。’曰：‘祭乎？’曰：‘祭，有司办之。’今田矣，士仍不聚也。问之，曰：‘无倡之尔。’”时人称，“知难聚而必田之，何也？”李梦阳充满激情地回答说：“善身者不以一噎而捐食，善田者不以一歉而弃穑。故宁伪行欺世而不可使天下无信道之名，宁矫死干誉而不可使天下无仗义之称。宁田而难聚，聚而难成，而不可使天下无养士之人。于乎识斯义者，可与成亹亹言变通与？《诗》曰‘视民不恌，君子是则是效’，兹之谓也。”他认为此次大梁书院学田之成，“更数君子而其势愈兴，久而

① 〔明〕陈腾凤：《重修书院碑记》，〔清〕陈梦雷辑：《古今图书集成方舆汇编职方典》卷三百八十六《开封府部艺文五》，清雍正铜活字本。

弥贞”,不由感叹说,“吾士自是其聚也夫,其聚也夫!’”[①]期待大梁书院蒸蒸日上。

(三)祭祀

大梁书院初祀“河南程氏两先生”[②],后建十贤祠,“内祀周敦颐、程颢、程颐、邵雍、张载、司马光、朱熹、吕祖谦、张栻、许衡”[③]。

(四)藏书

大梁书院自购大量书籍,并自行刊刻图书,如嘉靖六年(1527),刊刻于谦《于肃愍公集》8卷《附录》1卷。[④] 万历年间,刊刻刘节《春秋列传》、李梦阳《文选增订》等。[⑤]

第四节 明代河南书院与社会

书院作为重要的地方文化中心,在选址修建、制度制定、管理运行、选聘师生、教学活动、经费筹措等方面,都与地方社会各阶层存在着千丝万缕的联系,其中既有政府官员、乡绅的倡导支持,也有普通民众的广泛参与。从历史上看,明代河南书院对提振一方士风文风,教化民众,改良风俗,促进社会发展等,均具有积极而深刻的意义。

---

① 〔明〕李梦阳:《空同集》卷四十一《大梁书院田碑》,清文渊阁四库全书本。

② 〔明〕陈腾凤:《重修书院碑记》,〔清〕陈梦雷辑:《古今图书集成方舆汇编职方典》卷三百八十六《开封府部艺文五》,清雍正铜活字本。

③ 〔明〕宋伯华修,朱睦㮮、宋金纂:《开封府志》卷十五《祠祀》,明万历十三年刻本。

④ 瞿冕良编著:《中国古籍版刻辞典(增订本)》,苏州大学出版社2009年版,第17页。

⑤ 参见肖东发主编:《中国书院藏书》,贵州人民出版社2009年版,第88页。

一、提振士风文运

明代河南地方官主持创建书院，意在提振士风。南阳知府段坚认为，“士习易靡，则倡周程张朱之学以正之，一时人才为之丕变”。他创建志学书院，遴选五百生童，亲加训迪，教以诗书，“谕以大义，使众皆醒悟然后去。于是五百之童各以所闻者归而语诸父兄，而父兄无不悦；父兄各以其所闻者口而播之乡党州闾之人，而乡党州闾之人又无不悦”。时人称其“善教得民心”。[①] 济源“据怀(怀庆府)之西偏，风气醇朴，士斌斌质有其文。溯明制科以来，荐贤书者相属，而甲第未之前有。比正德庚午后，更三十一宾兴鹿鸣绝响者将百年”。有论者认为这种情况，实是“天地气运使然，非人所胜”。而那些“青衿负俊声者，一再试不售，扼腕功名之会，谓此茫茫者为政尔”。时人王所用则称，“‘君子道其常’，亦恃以人事夺造化。操豚蹄而祝污邪，奈何哉以气运解？”至万历三十年(1602)，史记言莅任济源，“加意振起，谓良农不以无年辍荐蓘，百工不以成事忽居肆，而况学者哉？遂卜爽垲于城西北隅，构讲室焉，正堂四楹，东西两号，计十四间。大门仪门各一，庖偪之周缭以垣。始于壬寅之冬，讫明年夏，凡五月竣事，而聚俊彦其中，标之曰启运书院”。[②] 史记言“馆谷课多士，文风丕振，一时名士如吴公应举、段公国璋、周公维新，咸出其门”[③]，在科举中一改济源“士不登贤书有年”的局面，士子“激昂青云，登一榜者三”。[④] 万历三十九年(1611)，归德知府郑三俊重建范文正公书院，“创大之以储归之材。居有号舍，赡有田，课试有约，行之既久，归之名公钜卿接踵其间，出为当世用不绝，而士风亦群感

---

① 〔明〕柴升：《段太守祠记》，〔清〕潘守廉修，张嘉谋纂：《南阳县志》卷三《建置》，清光绪三十年刊本。

② 〔明〕王所用：《创建启运书院碑记》，〔清〕萧应植纂修：《济源县志》卷十五《艺文》，清乾隆二十六年刊本。

③ 〔清〕萧应植纂修：《济源县志》卷八《职官・名宦》，清乾隆二十六年刊本。

④ 〔明〕王所用：《邑侯史公生祠碑记》，〔清〕萧应植纂修：《济源县志》卷十五《艺文》，清乾隆二十六年刊本。

动淬厉,烝烝以变”①。

官员修建书院,在为士子创造良好学习条件的同时,更注重对他们进行儒家“修齐治平”思想的教育。隆庆二年(1568),永城知县左思明迁太丘驿于城外,在原址创建太丘书院,选拔诸生读书其中,制定规条,勤加考校,其告士子文曰:“咨尔诸生,惟时勉时绎思时勿玩愒!夫百工居肆以成其事,谓业精于专也,然则学校者,贤士之关也。书院者,诸生之肆也。昔胜国张公思立,尝为浍滨书院以教生徒,但去县辽远,岁久圮废。惟兹书院与学宫伊迩诸生,出此入彼,相与藏修息游,朝经暮史,近文章,砥砺廉隅,勿荒于怠,勿夺于外诱,勿欲速以徼近功。吾见日就月将,学必底于大成,由是而掇巍科,跻膴仕,辅世长民,以流芳当时垂美后世者,胥此焉出也。况文者造化之英气,天地之启发,治教之陶镕,贞元之会合,夫岂偶然者哉?永城宿应房火,川流汴浍,山雄芒砀,诸生胎清育秀,得以贯天之元精,揭地之灵异,兼以我祖宗稽古右文,储才造士二百余年,大化之浃洽,昌期之钟萃,彬彬郁郁。其生也有时。迩来甲第联翩,科目接踵,与河洛争衡,非复昔日之永城矣。察其地考其时,凡诸生敬业乐群于斯者,皆俊髦也,襟怀期待,庸肯以第一流人自诿耶?以博学则出入古今,以穷理则究极蕴与,以为文则驰骤风云,以克念则羽翼贤圣,以景行则乡贤有孝友,名宦有仲弓,忠献固不必远,有所慕能自得师也。优游厌饫,深造息得之余,舒光吐熖,不无诣翰墨之纯懿者,于以黼黻皇猷,纲纪政教,康阜民物,俾世之人如景星庆云,皆侧目而睹之曰某某太丘书院中作养人也。是则人固以地而成,地亦因人而重欤!经营落成,作兴奖劝之劳,于兹亦有光焉。若曰群居狎嬉,诡言昧行,志惰业荒,不承权舆,固非我所敢望于诸生,抑岂诸生之所以自望者哉?”②

左思明在上文中指出,书院为诸生习业之地,士子要珍惜在书院求学的机会,潜心经史文章,砥砺名节,切勿荒怠学业,诱于外物,急功近利。唯其如此,才能学有所成,金榜题名,济世救民,名垂千古。他认为永城人杰地灵,国家注重文教,诸生皆可造之才,劝勉士子以先贤为榜样,做“第一流人”,为太丘书院争光添彩。在左思明的谆谆教导和勉励下,永城文风日盛,科举勃兴。“时永二

① 〔清〕侯方域:《重修书院碑记》,〔清〕宋国荣修,羊琦纂:《归德府志》卷九《艺文下》,清顺治十七年刻本。

② 〔明〕左思明:《新建太丘书院碑记》,〔清〕周正纪、侯良弼纂修:《永城县志》卷七《艺文·碑记》,清康熙三十六年刻本。

百年无甲榜,是科胡公格诚,遂捷于南宫”[①]。崇祯三年(1630),因太丘书院岁久而圮,知县贺鼎就其“遗址扩而大之,东西二十武,南北五十武。门以北东西各建五楹。北则讲堂五楹,东西各有廊。堂之北亦有廊。东西又各五楹,北则又堂五楹,藏书楼五楹,并祀陈公左公像”,“萃诸生课其中”。贺鼎“以文学甲海内,所拔士皆先后飞鸣去”。[②]

地方官创建书院,往往对求学士子充满期许。万历三十年(1602),唐县知县黄茂创建敷文书院,“为堂曰‘大雅’,左兴贤右育才。堂后隙地构亭其中,曰‘蜚英’,杂植诸花卉实之。距亭十数武,岿然南向者文昌阁也。由阁而后为堂曰‘锡类’,旁置高明、中庸二斋,拱若两翼。循斋而后乃执经弟子谋建静正堂一区,旁以洗心堂佐之”。从书院各处命名来看,一方面代表官员的文化管理职能,另一方面体现儒家文化的教化功能。特别是洗心堂命名,更是含义深刻。黄茂称:“盖命工之初,即与诸弟子员约,吾儒事业原从心始,圣人以此洗心,神明其德。今诸生日萃于中,裒抟盘辟,取六经四书诸史肄业焉,幸无读非圣书与百家言以淆正学而犯时禁。令俊髦之矜揖让彬如也,弦诵琅如也,辞章蔚如也,庶几与中原之艺苑争为雄长矣。”[③]其兴学传道、望士成才殷殷之情,可谓溢于言表。

二、改良社会风俗

明代河南地方官大力创修书院,以改良民风民俗。万历三十一年(1603),河南巡抚方大美在《修祠设书院碑记》中称,“风俗之表倡在士人,士人之兴起在教化”[④]。万历四十二年(1614)十二月,郎兆玉出任上蔡知县,初以《上蔡县志》

---

① 〔明〕李荫岩:《重修太丘书院碑记》,〔清〕周正纪、侯良弼纂修:《永城县志》卷七《艺文·碑记》,清康熙三十六年刻本。

② 〔明〕李荫岩:《重修太丘书院碑记》,〔清〕周正纪、侯良弼纂修:《永城县志》卷七《艺文·碑记》,清康熙三十六年刻本。

③ 〔明〕李长春:《敷文书院记》,〔清〕平鄗鼎修,李璜纂:《唐县志》卷八《艺文志》,清康熙三十五年刻本。

④ 〔明〕方大美:《修祠设书院碑记》,〔清〕张淑载修,鲁曾煜纂:《祥符县志》卷五《建置志·书院》,清乾隆四年刻本。

"称蔡为周遗壤人，性清和意，其俗淳淳也"，颇感欣慰。然"居无何，争以不情角胜者嚣喙公府，率武断不相下"，以至于他"日起视城旦书，漏下三十刻无寐，每扼腕太息，憾吾民之矜于讼也！风遐皇虞，民犹三代，兹邑且敝，上下千伯载，宁微雅修饬行型范吾民者？何偷之甚哉？"郎兆玉因而"载阅县志，追考先民"，发现上蔡先贤"芳模懿轨，皆足千古"，特别是北宋理学名儒谢良佐，"渊源深沉敏毅，上剖蓍蔡之秘，下接孔漆之传"，"受业于河南两夫子，真知灼见，笃志励躬"。他认为上蔡之今日颓风已甚，"使先生诞生之地，敷教之区，不能存其脉于如线，安望锄茅山径而印月川流也？"遂于万历四十五年（1617）修复上蔡先生祠，并"创精舍十楹，复书院之旧"，希望上蔡人"顾瞻庙貌，旷世相感"①，使民风复敦于淳厚。据《洁己乡与言书院碑》记载，"洁己乡，即古之互乡，乡之人讳其字为古廧（墙）"。互乡声名不佳，自《论语》问世后，更是恶名远播。明崇祯九年（1636），睢陈兵备道张鹏翀"悯其土瘠民悍，择官宋景运督理，于集所创建书院，颜曰与言。立东西两社，延名师集乡之子弟而董率之，更其乡曰洁己，盖祖宣圣教童子之教以教之也"，又"朔望鸣铎，月终会文，顽者廉之，椎鲁者诗书润泽之，骎骎乎风俗丕变"。张鹏翀创建与言书院的目的，正是为了以诗书礼乐更易民风民俗。其影响极为深远，清人仍称"至今永赖云"②。

在地方官的倡导下，民众兴学办教，民风趋善。万历三十四年（1606），秦之英由选贡任武陟县令，"初下车，见陟民好负气，多骄悍难御，私窃怪之，岂其积习固然，或者礼义久废，而教导疏与？大抵幼习不端，长成遂若自然。因督社师孙廓等二十人，令设教毋徒句读，先讲以礼义，又谋创书院"，公务之余，"与诸博士弟子讲学，以示风励"。有义民宋登先自愿捐址，"构屋数楹，延社师教导邑中小子，仰佐作人至意。仍置有驹牧田三十一亩，永为义学田。岁取其租，俾为延师用"。秦之英认为，"自末世之趋利若鹜也，人鲜知礼义矣，谁有能为义学者？而今若是，礼教其有兴乎！"命免其赋役，赐"首倡义学"匾额，以示嘉奖。此后，"虹桥之周氏，草亭之王氏，贾作之武氏，马棚之李氏，皆建有义学与义田"，秦之英一律加以奖劝。时人认为这些义举的出现，是秦之英"创书院，与诸弟子朔望

① 〔明〕郎兆玉：《重修谢上蔡先生祠记》，〔清〕杨廷望修，张沐纂：《上蔡县志》卷十五《艺文》，清康熙二十九年刊本。

② 〔清〕王清彦修，莫尔漼纂：《续修陈州志》卷一《书院》，清康熙三十四年刻本。郑康侯修，朱撰卿纂：《淮阳县志》，《淮阳文征·外集》，民国二十三年铅印本。

讲学之所致”。秦之英则颇为谦逊，自称“予不敢当，但众著于学，而夙昔骄悍之风可藉以变之，所关于风化匪眇”。[①]

三、辟佛道兴儒学

明代河南地方官尊崇儒家正统思想，摒斥佛道，化民成俗，多有毁寺观兴书院之举。南阳知府段坚，师从明儒薛瑄，力传伊洛之学。其《重建志学书院碑记》云：“书院旧梵宇也，在南阳城西百丈许。其地十有六亩余，内殿屋及栖室之处散乱无次序，垣周若干堵，不知始于何时，而尼僧百数居之。壬辰秋七月，坚奉命来守斯土，以为教化者守之急务，暇中呼耆老而告之曰：‘男女居室，人之大伦。彼名为僧为尼者，能忘情于男女之欲乎？第往复俾年少而皆有夫，以遂室家之好，则无不可。否则，吾将持之以法。’旬日之间，果于吾言无所拂而室庐皆空矣。于是悉撤其旧而更新之，增置八十楹有奇。刊小学及刊注古文孝经，实以军民俊秀子弟近五百人，俾朝夕诵习焉。又取学而正者五人以专训诲，于临街之署榜曰书院。”他期望“学者暇游于此，凛乎岁寒之操，穷冬大雪而不渝也。士子果能人人有得于此，庶几有以尽人之理而人之名为不负，圣贤可学而至，辟异端距杨墨，为圣人之徒。坚于是院之作不为徒然矣”。[②] 时人对段坚此举赞誉有加，唐成王朱弥鍗《志学书院诗》云：“人心溺已久，异说戕吾真。至理既蒙昧，颓俗成因循。卓哉贤太守，悯恻情何勤。政首定民志，教敷先人伦。城西古梵刹，焕作学宫新。罢黜彼夷教，陶我多儒绅。懿训谨诗礼，雅奏谐韶钧。弦诵日不辍，人才亦彬彬。拔茅尚连茹，早见充国珍。所幸千里间，坐复民风淳。邹鲁斯已远，君侯踵芳尘。援笔记嘉绩，允矣垂千春。”[③]

睢州锦襄书院，“世传为宋襄公游观遗址。前有襄台表志，岁久寻为梵寺之

---

① 〔明〕秦之英：《义学记》，〔清〕王荣陛修，方履篯纂：《武陟县志》卷十五《建置志》，清道光九年刊本。

② 〔明〕段坚：《重建志学书院碑记》，〔清〕潘守廉修，张嘉谋纂：《南阳县志》卷六《学校》，清光绪三十年刊本。

③ 〔明〕朱弥鍗：《志学书院诗》，〔清〕潘守廉修，张嘉谋纂：《南阳县志》卷六《学校》，清光绪三十年刊本。

有”。地方官“尝有欲废之者，莫能举也”。嘉靖三年(1524)秋，雅安林干莅任，“一览之余，爱其地而恶其人，慨然谓‘其寺可废也，其院可举也！’诹日兴役，狭者仍其隘，下者因其卑，朴者循其质，敝者葺其颓。他惟书斋几楹，池亭几区，率更新为之。其基不拓余地，其用不烦公府，其日不废时务，基成不过一祀，扁曰锦襄书院”。“旧襄邑学宫后有濯锦池，故名。”书院“肖程氏两夫子而奉祀焉”。时人称，“清风古今，盖将与濂溪、横渠、紫阳诸院可并行于世矣！”林干又“毁境内诸淫祀为社学者，凡三十有二，皆有师以养蒙，有田以养师，田有数有界有税有里有甲，详悉周密，足传永久”。嘉靖五年(1526)，有乡贤认为“邪说诬民，自古有之，仰惟国家新政之初，首窜佛子诛法王剪除哈密邪说，俾无惑我民心，古帝王之治也夫。何近世号吏治者一切法度从事，而置风教于可缓，何政令之为也？公有淫斯废，有正斯举，有动斯变，事关风教”。刘淮对此颇为赞同，“道统之传有自来矣，自周衰，孟轲氏殁，而此道之传，不属天下之入于异端也千有余岁，至宋程氏中兴绝学，辨异端似是之非，破百代未明之惑，继往开来，天实启之。蔡季通曰，天先生伏羲尧舜文王，后又不生孔子不得，后又不生孟子亦不得，二千年后又不生二程亦不得，其从祀孔庙百世推尊，出于天理人情之不容已者，薄海内外孰不仰止，况睢水与伊洛密迩一脉，其考德之念将不尤亲且切乎？自今观之，义路礼门一庙堂也，春弦夏诵一庠序也，鸢飞鱼跃之境，活泼泼地，士不必早夜思之。其所谓玉色金声者，温乎其可亲也；其所谓规圆矩方者，肃乎其可畏也。即此而有得焉。《晋》则‘失得勿恤’以自持。一有不幸，尤当爱其死而患其生。扶天常立人纪，使吾人有所赖，实惟今日建院之意也。若夫见利而忘义，旅逐浮沉，卑也，又何士之贵？惟公斯举，追两夫子辟邪卫道之功，化民成俗之意至矣。所谓圣贤事业者，微公，吾谁与归？流风善政，其将同斯院之不朽也”。在称赞林干之功后，又激励“后之君子，果善继焉，其为一方元气，风俗之系，岂小补之哉？”①

郏县东北古有书院，“天顺年间，为尼僧据改高阳寺。其名固在，前令相袭，未有能复之者”。弘治十三年(1500)，华亭曹文蔚“以名进士来知县事，修废举坠，百度聿新，尤以兴学育才化民正俗为急，表湮没，考载籍，而书院之复，盖拳

① 〔明〕刘淮：《锦襄书院记》，〔清〕宋国荣修，羊琦纂：《归德府志》卷九《艺文下》，清顺治十七年刻本。

拳也。间以谋诸士夫,佥庆其地之有灵,时之有待,不无数者存乎其间。遂赞成之,以状白当道,撤其寺,驱其徒众而散之,乃加兴作,宏其规制,立门宇,建七贤祠,中为讲堂,旁起斋舍,计十有九楹,斋之后左聚奎亭,右游息所,计六楹,厥材惟良,厥绘惟式,厥役攸司,晨夜惟谨,远近向慕,肃然一方之文会也。因黜浮图以隆正学,遂榜曰崇正书院。择士之通敏博洽有器局者居之,聚书营道相与刮磨,希踪先正焉”①。嘉靖十二年(1533),汝南道刘漳废尼寺创临湍书院,建三君子祠,祀韩愈、寇准、范仲淹。其有诗云:“拟去淫祠清世俗,又从书院聚儒冠。文章政事三君子,把与诸生作样看。”②这首诗充分体现了地方官员对儒学教化的倡导,以及对士子希贤希圣的殷切期盼。

---

① 〔明〕贾咏:《崇正书院记》,〔清〕姜篪修,郭景泰纂:《郏县志》卷十一《艺文志》,清咸丰九年刻本。

② 〔明〕潘庭楠纂:《邓州志》卷十二《学校志》,明嘉靖刻本。

第五章

清代河南书院的繁荣

清代是中国传统社会的末期,也是传统思想文化和教育制度的集大成时期。明清鼎革后,重建社会伦理秩序成为清朝统治者面临的紧迫任务。在满洲家法祖制与中原儒家学说的艰难抉择中,清廷最终确立了程朱理学的主导意识形态地位。当时,以孙奇逢为首的一些理学家明确提出了主敬躬行的主张,并致力于用理学来恢复和维护儒家伦理纲常。河南许多理学名儒躬行实践,创复书院,主持讲坛,传道授业,有力地推动了清初理学的传播和书院发展。"顺治、康熙二朝,迄于雍正初的八九十年间,是书院教育由衰而复盛的一个转变时期",而举业化、官学化是"清初书院演进趋势"[①]。雍乾之际,清政府大力倡导兴办书院,河南书院在清中期发展到顶峰,无论在质量上还是数量上都有了长足发展。嘉道以后,书院制度日趋僵化,随着西学的快速传入,河南书院逐渐衰落。

第一节　清代河南书院概况

明末以降,河南战乱不断,灾荒频发,社会动荡不安,大量书院在战火和动乱中遭到损毁。如永宁县洛西书院,"始修于元之完颜先生,继修于明之于先生,一时人文炳炳烺烺,如宋张子英辈,其功业忠烈洵有卓越千古者。明季遭流

---

① 陈祖武:《清儒学术拾零》,湖南人民出版社 2002 年版,第 103~105 页。

寇之变,毁于兵燹,鞠为茂草,未免中落”①。入清后,在地方官员和士绅的共同努力之下,大河两岸书院渐增。康熙年间,清朝政权儒学化进程加快,大量理学名儒执教河南,一时文风丕振,人才辈出,河南书院又现兴盛之象。雍乾时期,由于政府对书院的支持和提倡,河南书院数量骤增,基本普及全境。清末西学东渐,出现致用经舍等新型书院,河南书院步入新的发展阶段。

一、主要发展原因

(一)清朝文治政策的演变

1. 顺治时期

顺治元年(1644)十月一日,顺治帝定鼎燕京,即皇帝位。次日,应山东巡抚方大猷疏请,命“孔子六十五代孙孔允植,仍袭封衍圣公”,“其在汶上县管圣泽书院事、世袭太常寺博士”,“以衍圣公第三子承袭。至尼山书院、洙泗书院,及四氏学录等官,俱照旧留用”②,即书院相关管理事务一仍其旧。这是清朝建立后对书院问题的最早表态。十一月,国子监祭酒李若琳等奏称,“近奉旨,满洲官员子弟,咸就成均肄业。而臣衙门僻在城东北隅,诸子弟往返,晷短途遥。臣等议,满洲八旗地方各觅空房一所,立为书院,将国学二厅六堂教官,分教八旗子弟。各旗下仍设学长四人,俱就各旗书院居住,朝夕诲迪,臣等不时亲诣,稽察勤惰。仍定于每月逢六日,各师长率子弟同进衙门,臣当堂考课,以示劝惩”③。李若琳等奏请设立满洲八旗书院,教育满洲官员子弟,并初步拟定了场所、学官、考课等制度,但这一建议当时并未被清廷采纳。从目前所见史料来看,洛阳天中书院是清初河南创建最早的书院。顺治二年(1645)三月,和硕豫

---

① 〔清〕余廷璋:《重修洛西书院碑记》,〔清〕张楷纂修:《永宁县志》卷七《政事部·书院》,清乾隆五十五年刻本。

② 《清世祖实录》卷九,顺治元年十月丙辰,《清实录》第3册,中华书局1985年影印版,第92~93页。

③ 《清世祖实录》卷十一,顺治元年十一月庚戌,《清实录》第3册,中华书局1985年影印版,第112页。

亲王多铎率兵进攻河南,以"内院中书赵文蔚升为河南兵备道"①,十一月,清廷"以署道事中书舍人赵文蔚为河南按察使司副使兼参议,分守河南道"②。据《洛阳县志》记载,天中书院即河南道赵文蔚于顺治二年任内所建。③

随着统治的不断加强,清廷对士子的管理也日趋严格。顺治九年(1652),顺治帝谕令"各提学官督率教官,务令诸生将平日所习经书义理,着实讲求,躬行实践,不许别创书院,群聚结党,及号召地方游食之徒空谈废业,因而起奔竞之门,开请托之路。违者,提学御史,听都察院处分,提学道,听巡按劾奏,游士人等,问拟解发"④。这一禁讲学、禁书院政策,是清承明制的重要体现。次年四月,顺治帝称,"国家崇儒重道,各地方设立学宫,令士子读书,各治一经,选为生员。岁试、科试、入学肄业,朝廷复其身,有司接以礼,培养教化。贡明经,举孝廉,成进士,何其重也。朕临御以来,各处提学官,每令部院考试而后用之,诚重视此生员也。比闻各府州县生员,有不通文义,倡优隶卒,本身及子弟,厕身学宫,甚者出入衙门,交结官府,霸占地土,武断乡曲",士习之日敝,而"提学官未出都门,在京各官开单嘱托,既到地方,提学官又访探乡绅子弟亲戚,曲意逢迎,甚至贿赂公行,照等定价。督学之门,竟同商贾。正案之外,另有续案。续案之外,又有寄学,并不报部入册。以致白丁豪富,冒滥衣巾,孤寒饱学,终身淹抑,以及混占优免,亏耗国课",其间"种种积弊,深可痛恨!"顺治帝令谕礼部,"今后提学御史、提学道,俱宜更新惕励,严察前项冒滥,尽行褫革","其入学生员,提学御史、提学道严谕府州县卫各学教官,月加课程,不得旷废",希望此举能"使士风丕变,人才辈出"。⑤

顺治中期,清廷根据形势发展开始调整统治策略,提出了"兴文教崇经术,以开太平"的文治政策。顺治十二年(1655)三月,顺治帝谕礼部:"朕惟帝王敷治,文教是先;臣子致君,经术为本。自明季扰乱,日寻干戈,学问之道,阙焉未

---

① 《清世祖实录》卷十五,顺治二年三月壬子,《清实录》第3册,中华书局1985年影印版,第134页。

② 《清世祖实录》卷二十一,顺治二年十一月戊寅,《清实录》第3册,中华书局1985年影印版,第190~191页。

③ 〔清〕龚嵩林修,汪坚纂:《洛阳县志》卷九《职官》,卷五《学校》,清乾隆十年刊本。

④ 〔清〕素尔讷:《钦定学政全书》卷二十六,清乾隆三十九年武英殿刻本。

⑤ 《清世祖实录》卷七十四,顺治十年四月甲寅,《清实录》第3册,中华书局1985年影印版,第585页。

讲。今天下渐定，朕将兴文教，崇经术，以开太平。尔部即传谕直省学臣，训督士子，凡经学、道德、经济、典故诸书，务须研求淹贯，博古通今。明体则为真儒，达用则为良吏。果有此等实学，朕当不次简拔，重加任用。又念先贤之训，仕优则学。仍传谕内外大小各官，政事之暇，亦须留心学问。俾德业日修，识见益广，佐朕右文之治。"①在这一政策影响下，全国各地开始兴修书院。顺治十四年(1657)八月，礼部议复偏沅巡抚袁廓宇疏言："衡阳石鼓书院，崇祀汉臣诸葛亮及唐宋臣韩愈、朱熹等诸贤，聚诸生讲学其中，延及元明不废，诚盛事也。值明末兵火倾圮，祀典湮坠。今抚臣袁廓宇倡率捐修，表章前贤，兴起后学。所请祀典，应查旧例，照常致祭。从之。"②清廷同意修复衡阳石鼓书院崇祀先贤，成为清初书院复兴的一个标志性事件。此后，河南的辉县百泉书院、汝阳县天中书院等陆续得到修复并有所发展。

顺治末年，清廷对士子结社等行为管控趋于严格。顺治十七年(1660)正月，礼科右给事中杨雍建疏言："朋党之害，每始于草野，而渐中于朝宁。拔本塞源，尤在严禁结社订盟。今之妄立社名，纠集盟誓者，所在多有。而江南之苏松、浙江之杭嘉湖为尤甚。其始由于好名，其后因之植党，相习成风，渐不可长。请敕部严饬学臣，实心奉行，约束士子，不得妄立社名，纠众盟会。其投刺往来，亦不许用同社同盟字样，违者治罪。倘奉行不力，纠参处治，则朋党之根立破矣。"鉴于明末党争之害，顺治帝对朋党深恶痛绝，为防患于未然，谕称："士习不端，结社订盟，把持衙门，关说公事，相煽成风，深为可恶，着严行禁止。以后再有此等恶习，各该学臣即行革黜参奏。如学臣徇隐，事发一体治罪。"③

2. 康熙时期

科举取士政策关乎人才培养选拔。康熙四年(1665)三月，礼部右侍郎黄机疏言："制科取士，稽诸往例，皆系三场。先用经书，使士子阐发圣贤之微旨，以观其心术。次用策论，使士子通达古今之事变，以察其才猷。今甲辰科止用策

---

① 《清世祖实录》卷九十，顺治十二年三月壬子，《清实录》第3册，中华书局1985年影印版，第712页。

② 《清世祖实录》卷一百十一，顺治十四年八月辛巳，《清实录》第3册，中华书局1985年影印版，第868页。

③ 《清世祖实录》卷一百三十一，顺治十七年正月辛巳，《清实录》第3册，中华书局1985年影印版，第1016页。

论,减去一场,似太简易。恐将来士子剿袭浮辞,反开捷径。且不用经书为文,则人将置圣贤之学于不讲,恐非朝廷设科取士之深意。臣请嗣后复行三场旧制,则士子知务实学,而主考鉴别,亦得真儒,以应国家之选。”①黄机重经书,讲圣贤之学,以得真儒的建议,对推动清初经学实学教育具有重要意义。康熙六年(1667)六月,内弘文院侍读熊赐履遵旨条奏:“学校废弛而文教日衰。学校为贤才之薮、教化之基,而学术事功之根柢也。今者,庠序之教缺焉不讲,师道不立,经训不明,士子惟揣摩举业,以为弋科名之具,绝不知读书讲学,以求圣贤理道之归。其高明者,又或泛滥百家,沉沦二氏,惑世诬民,莫斯为甚。伏乞皇上隆重师儒,兴起学校,畿辅则责成学院,各省则责成学道,使之统率士子,讲明正学,非六经语孟之书不读,非濂洛关闽之学不讲,敦崇实行,扶持正教,命府州县择士子中志趋端卓、英俊可造者,各举一二人,贡之国雍,宽其馆舍,厚其廪饩。又于廷臣中择道高德劭之人,俾司成均,日进诸生而陶淑之。其道必本于人伦,达乎天德,其教自洒扫应对,以至于义精仁熟,渐摩诱掖,循循有序。三载之后,学成材就,司成次其优劣,汇送吏部,量其材之大小,学之浅深,而授之秩。其公卿大夫之子弟,亦如之。至于山林隐逸之士,有经明行修德业完备者,仍请敕下地方官,悉心咨访,据实奏闻,朝廷优礼延聘,加意褒崇,以为士习人心之劝。则道术以正,学术以明,教化大行,人才日盛,其有补于国家也,宁浅鲜哉!”②熊赐履针对当时学校废弛文教日衰的状况,提出崇儒重道以讲明正学,兴起学校以培养人才的文治方略。

康熙帝在众多理学名臣的影响下,潜心研习理学,以崇儒重道为国策。他非常重视书院的发展,多次颁赐书院匾额、书籍。康熙二十四年(1685)七月二十九日,清廷“颁发四书易经书经讲义于白鹿洞书院”③。康熙二十五年(1686)十一月十六日,“御书‘学达性天’四字匾额,颁发宋儒周敦颐、张载、程颢、程颐、邵雍、朱熹祠堂及白鹿洞书院,又以湖广长沙府岳麓书院为宋儒张栻、朱熹讲学

---

① 《清圣祖实录》卷十四,康熙四年三月壬寅,《清实录》第4册,中华书局1985年影印版,第221页。

② 《清圣祖实录》卷二十二,康熙六年六月甲戌,《清实录》第4册,中华书局1985年影印版,第309页。

③ 《清圣祖实录》卷一百二十一,康熙二十四年七月丁亥,《清实录》第5册,中华书局1985年影印版,第282页。

之所,一体给匾,并颁日讲解义经史诸书”[①]。康熙三十二年(1693)六月初三日,“颁御书‘学达性天’匾额于江南徽州紫阳书院”[②]。康熙四十二年(1703)正月二十四日,康熙帝南巡,驻跸济南,“书‘学宗洙泗’匾额,令悬省城书院”[③]。康熙四十四年(1705)闰四月初三日,“御书‘正谊明道’匾额,令悬董仲舒祠;‘经术造士’匾额,令悬胡安国书院”[④]。康熙六十一年(1722)九月二十二日,“御书‘学道还淳’匾额,命江苏巡抚吴存礼悬于苏州府紫阳书院”[⑤]。

3. 雍正时期

雍正帝继位之初,继续执行崇儒重道国策,开科广额,以鼓励人才、兴起教化。雍正元年(1723)五月二十一日,雍正帝谕大学士等:“《孝经》一书,与五经并重。盖孝为百行之首。我圣祖行皇帝钦定《孝经衍义》,以阐发至德要道,诚化民成俗之本也。乡会试二场,向以《孝经》为论题,后改用《太极图说》《通书》《西铭》《正蒙》。夫宋儒之书,虽足羽翼经传,岂若圣言之广大悉备。今自雍正元年会试为始,二场论题,宜仍用《孝经》。庶士子咸知诵习,而民间亦敦本励行。即移孝作忠之道,胥由乎此。”命“通行直省督抚,俾副朕崇教育才之意”。[⑥]雍正帝复以《孝经》为乡会试二场论题,正是其一贯倡导忠孝思想的体现。在对科举具体内容进行改革的同时,雍正帝对科举文风也进行了整饬。雍正十年(1732)七月二十八日,雍正帝谕礼部:“制科以四书文取士,所以觇士子实学,且和其声以鸣国家之盛也。《语》云‘言为心声’。文章之道与政治通,所关巨矣。韩愈论文云‘惟陈言之务去’,柳宗元云‘文者所以明道’,不徒务采色夸声音,而以为能也。况四书文号为经义,原以阐明圣贤之义蕴,而体裁格律,先正具在,典型可稽,虽风尚日新,华实并茂,而理法辞气,指归则一。近科以来,文风

① 《清圣祖实录》卷一百二十八,康熙二十五年十一月丙申,《清实录》第5册,中华书局1985年影印版,第370页。

② 《清圣祖实录》卷一百五十九,康熙三十二年六月乙亥,《清实录》第5册,中华书局1985年影印版,第748页。

③ 《清圣祖实录》卷二百十一,康熙四十二年正月庚午,《清实录》第6册,中华书局1985年影印版,第140页。

④ 《清圣祖实录》卷二百二十,康熙四十四年闰四月丙申,《清实录》第6册,中华书局1985年影印版,第222页。

⑤ 《清圣祖实录》卷二百九十九,康熙六十一年九月甲辰,《清实录》第6册,中华书局1985年影印版,第893页。

⑥ 《清世宗实录》卷七,雍正元年五月己亥,《清实录》第7册,中华书局1985年影印版,第148页。

亦觉丕变,但士子逞其才气辞华,不免有冗长浮靡之习。是以特颁谕旨,晓谕考官,所拔之文,务令雅正清真,理法兼备。虽尺幅不拘一律,而支蔓浮夸之言,所当屏去。秋闱期近,可行文传谕知之。"①次年正月二十四日,雍正帝又谕内阁:"国家以制科取士,原以觇士子所学,而士子所学,关乎世道人心,是文体之所系,固甚重也。士子读圣贤书,果能讲求明体达用之学,则以平日蕴蓄,发为文章,自然法正理纯,得圣贤语气,可以传世而行远。此则有本之学,有用之文,为国家所重赖者。若不于根柢讲求,而但以华靡相尚,则连篇累牍,皆属浮词,圣贤精义,既全无发明,圣贤语气,又毫不相肖,国家亦安用此浮夸浅薄之士哉。至于二三场策论,尤足觇经济实学,乃向来士子多不留心,而衡文者,又每以经义已经入彀,遂将策论滥收恕取,不复加意阅看,殊非设科本意。今会试伊迩,着礼部先期晓谕应试士子,于二三场文艺,均应努力殚心,毋得潦草完卷,试官如以限于时日,不能细心校阅后场,不妨奏请展限,务得真才,以收实用。若所取试卷中,有经义可观,而策论疵缪荒疏者,朕惟于主考官是问。"②雍正帝试图通过科举改变文风士风,使天下士子"讲求明体达用之学",不为"浮夸浅薄之士"。

生祠书院,为崇祀所谓有功于地方的名宦所建,多非真正的讲学式书院。雍正元年(1723)九月二十九日,雍正帝谕大学士等:"人臣膺命效职,果能实心爱民,清白自矢,则官去民思,甘棠留咏,有愈久而不能忘者,从古有之。若今之生祠书院,不知始自何人。自督抚提镇,以及监司守令,所在多有。究其实,不过该员在任之时,或系属员献媚,或系地方绅士逢迎,甚至有出入公门,包揽词讼之辈,倡议纠合,假公派费,占地兴工,以致园囿亭台,穷极华丽,劳民伤财,一无顾惜。营造之后,或为宴会游玩之场,或本官竟据为产业。果系官去民思,不忘遗爱,特为兴建者甚少。此事向曾禁止,而踵弊如故,应加严饬。嗣后如有仍造生祠书院,或经告发,或被纠参,即将本官及为首之人,严加议处。其现在之生祠书院,如实系名宦去任之后,百姓追思盖造者,准其存留。其余俱着地方官查明,一概改为别用,或为义学,延师授徒,以广文教。如此,则以无用为有用,

① 《清世宗实录》卷一百二十一,雍正十年七月壬子,《清实录》第8册,中华书局1985年影印版,第602页。

② 《清世宗实录》卷一百二十七,雍正十一年正月丙午,《清实录》第8册,中华书局1985年影印版,第668页。

惜民财力，杜绝虚浮，于地方风俗，大有裨益。”[①]雍正帝认为，生祠书院分两种，一种是属员、士绅、包揽词讼之辈为献媚逢迎在任官员而建，一种是百姓为追思去任名宦而建。至于其功用，前者或为宴会游玩之所，或为官员据为已有；后者则为百姓祭祀名宦之所。雍正帝命将“百姓追思盖造者”予以保留，对其他生祠书院一律改为别用，或直接办成义学，以兴文教，以善风俗。

雍正帝对士人结社亦存戒备之心。雍正三年(1725)“议准，士子纠众结社，于人心风俗实有关系，应饬令直省督抚学臣，嗣后除宿学之士授徒讲学，及非立社订盟，实系课文会考，无论十人上下，俱无庸议外，如有生监人等，假托文会，结盟聚党，纵酒呼卢者，该地方官即拿究申革。其有远集各府州县之人，标立社名，论年序谱，指日盟心，放僻为非者，照奸徒结盟律，分别首从治罪。如地方官知而故纵，或被科道纠参，或被旁人告发，将该管官从重议处”[②]。针对当时的“士习不端”，雍正帝不断予以整饬。

首先，他要求学臣、教官尽职尽责，教育督导士子潜心向学、砥砺品行。雍正四年(1726)九月二十八日，“谕内阁，为士者，乃四民之首，一方之望。凡属编氓，皆尊之奉之。以为读圣贤之书，列胶庠之选，其所言所行，俱可以为乡人法则也。故必敦品励学，谨言慎行，不愧端人正士。然后以圣贤诗书之道，开示愚民，则民必听从其言，服习其教，相率而归于谨厚。或小民偶有不善之事，即怀愧耻之心，相戒勿令某人知之，如古人之往事，则民风何患不淳，世道何患不复古耶。朕观今日之士，虽不乏闭户勤修，读书立品之人，而荡检逾闲，不顾名节者，亦复不少。或出入官署，包揽词讼；或武断乡曲，欺压平民；或抗违钱粮，藐视国法；或代民纳课，私润身家，种种卑污下贱之事，难以悉数。彼为民者，见士子诵读圣贤之书，而行止尚且如此，则必薄待读书之人，而并且轻视圣贤之书矣。士习不端，民风何由而正。其间关系，极为重大。朕自即位以来，加恩学校，培养人才，所以教育士子者，无所不至。宜乎天下之士，皆鼓舞奋兴，争自濯磨，尽去其佻达之习矣。而内外诸臣条奏中，胪列诸生之劣迹，请行严惩者甚多。朕思转移化导之法，当先端其本原。教官者，多士之仪型也；学臣者，教官

---

① 《清世宗实录》卷十一，雍正元年九月乙巳，《清实录》第7册，中华书局1985年影印版，第213页。

② 〔清〕素尔讷：《钦定学政全书》卷二十六，清乾隆三十九年武英殿刻本。

之表率也。教官多属中材,又或年齿衰迈,贪位窃禄,与士子为朋俦,视考课为故套,而学臣又但以衡文为事,任教官之因循怠惰,苟且塞责,漫不加察。所以倡率之本不立,无怪乎士习之不端,风俗之未淳也。朕孜孜图治,欲四海之大,万民之众,皆向风慕义,革薄从忠,故特简学之臣,慎重教官之职,欲使自上而下,端本澄源,以收实效也。凡为学臣者,务须持正秉公,宣扬风化,于教官之称职者,即加荐拔,溺职者,即行参革;为教官者,训诲士子,悉秉诚心,如父兄之督课子弟,至于分别优劣,必至公至当,不涉偏私。如此各尽其道,则士子人人崇尚品诣,砥砺廉隅,不但自淑其身,而群黎百姓,日闻善言,日观善行,必共生感发之念,风俗之丕变,庶几其可望也"①。

其次,雍正帝劝勉士子争做"端人正士",报效国家。雍正五年(1727)三月二十四日,值礼部奏会试举子"叨荷特恩,合词陈谢"之际,雍正帝谕曰:"朕视天下万民,皆为一体。况读书乡荐之人,异日俱可作朕股肱耳目,是以朕心待之,实有一体联属之意。爱养培护,皆出于中心之自然,并非欲邀天下士子之感颂也。今举子等,以会试叨荷特恩,合词陈谢,是尚不能深悉朕一体相关之意,而存上下彼此之形迹矣。朕待天下,惟有一诚。而崇儒重道之心,尤为笃切。但所崇者皆真儒,所重者皆正道。若徒尚虚文,邀取名誉,致贻世道人心之害,朕不忍为也。尔等读书之人,实四民之所观瞻,风俗之所维系,果能诵法圣贤,躬修实践,宅心正直,行己端方,则通籍于朝,必能为国家宣猷树绩,膺栋梁之选。即退处乡间,亦必能教孝劝忠,为众人之坊表。故士习既端,而人心尚有不正,风俗尚有不淳者,无是理也。尔等既感朕恩,即当仰体朕心,恪遵朕训,争自濯磨,或出或处,皆端人正士,为国家所倚赖。如此,方为实心报效,不在感恩奏谢之仪文也。"②

雍正朝的书院政策,经历了一个从限制到提倡的过程。雍正四年(1726)四月十三日,礼部议复江西巡抚裴徫度疏言:"白鹿书院,已经修葺。请于各省荐举孝廉方正中,简发一人,授以官职,或于词臣中遴选文行兼优者为掌教。应不准行。"雍正帝谕称:"朕临御以来,时时以教育人才为念,但期实有益于学校,不

① 《清世宗实录》卷四十八,雍正四年九月丁巳,《清实录》第7册,中华书局1985年影印版,第732~733页。

② 《清世宗实录》卷五十四,雍正五年三月辛亥,《清实录》第7册,中华书局1985年影印版,第825页。

肯虚务课士之美名。盖欲使士习端方,文风振起,必赖大臣督率所司,躬行实践,倡导于先,劝学兴文,孜孜不倦。俾士子观感奋励,立品勤学,争自濯磨。此乃为政之本。至于设立书院,择一人为师,如肄业者少,则教泽所及不广;如肄业者多,其中贤否混淆,智愚杂处,而流弊将至于藏垢纳污。若以一人教授,即能化导多人,俱为端人正士,则此一人之才德,即可以膺辅弼之任,受封疆之寄而有余。此等之人,岂可易得?当时孔子至圣,门弟子三千余人,而史称身通六艺者,仅七十有二,其余不必皆贤。况后世之以章句教人者乎?是以朕深嘉部议。不肯草率从裴徕度之请也。其奏请颁发未备之典籍,亦不知未备者是何等书,不便颁发。至于奏请特赐匾额,当年既经圣祖仁皇帝赐以御书,朕亦不必再赐。"①在上谕中,雍正帝认为教育人才当于学校求其实而不务虚名,为政之本在于官长倡率士子奋励。书院不如学校,生徒少则无济于事,多则良莠不齐,且良师难得,高徒难出。他认为书院"以章句教人",与昔之圣贤讲学大有不同。因此,雍正帝对礼部拟议深表赞同,对江西巡抚裴徕度请赐典籍、匾额一律予以驳回。这反映出雍正帝继位初期对官学教育的倚重和对书院讲学的排斥。

雍正八年(1730)正月,衍圣公孔传铎上疏称:"兖州府属屯庄集税银两,旧充尼山书院,及林墓岁修之用。今各省清查税课,请将此项报明归公充饷。"孔传铎响应朝廷清查税课功令,自献税银。谁知雍正帝览此大怒,称"目今他省有清查税务之事,盖因税课一项,向无定额,地方官吏每多侵蚀欺隐,高下其手,刻剥小民,是以令将实数查出。凡旧额之外,所有赢余,即留为本地官民之用,并未将丝毫归入公项也。兖州屯庄集税银两,向充书院林墓岁修之费,正是阙里之公用,而孔传铎忽请解部充饷,是将此项税银,视为私橐也。朕于文庙工程,敬谨办理,一切动用帑金,所费不下数十万。孔传铎宁不知之?而为此卑鄙之陈奏,甚属不合。嗣后着将此项集税银两核实支给,为书院林墓之用"。② 雍正帝整顿税务,原为清查官吏欺隐,不涉公用款项。不意孔传铎竟欲将公用书院林墓岁修之费充公饷,直接触动了雍正帝无意"加派"、力行"崇儒重道"的敏感神经。雍正帝在对孔传铎严辞申斥后,命将屯庄集税银两嗣后拨给尼山书院及

---

① 《清世宗实录》卷四十三,雍正四年四月乙亥,《清实录》第 7 册,中华书局 1985 年影印版,第 631~632 页。

② 《清世宗实录》卷九十,雍正八年正月丙申,《清实录》第 8 册,中华书局 1985 年影印版,第 215 页。

林墓岁修之用。

雍正十一年(1733)正月初十日,是清代书院发展的重要转折点。雍正帝谕内阁:“各省学校之外,地方大吏,每有设立书院,聚集生徒,讲诵肄业者。朕临御以来,时时以教育人才为念,但稔闻书院之设,实有裨益者少,浮慕虚名者多,是以未尝敕令各省通行,盖欲徐徐有待,而后颁降谕旨也。近见各省大吏,渐知崇尚实政,不事沽名邀誉之为,而读书应举者,亦颇能屏去浮嚣奔竞之习。则建立书院,择一省文行兼优之士读书其中,使之朝夕讲诵,整躬励行,有所成就,俾远近士子观感奋发,亦兴贤育材之一道也。督抚驻扎之所,为省会之地。着该督抚商酌举行,各赐帑金一千两,将来士子群聚读书,须豫为筹画,资其膏火,以垂永久。其不足者,在于存公银内支用。封疆大臣等,并有化导士子之职,各宜殚心奉行,黜浮崇实,以广国家菁莪棫朴之化。则书院之设,于士习文风,有裨益而无流弊,乃朕之所厚望也。”①这道谕令是雍正帝对其前期书院政策的总结回顾,同时,也为其后的书院发展开辟了新局面。雍正帝继位初期,有鉴于书院“实有裨益者少,浮慕虚名者多”,对书院发展持观望态度。后因各省书院举办日多,且卓有成效,而士子学风颇正,雍正帝认为书院“亦兴贤育材之一道也”,遂决定命督抚在省会创办书院,并各赐经费,要求封疆大吏实心奉行,使之有裨于士习文风,对书院寄予了厚望。

4. 乾隆时期

官学化是清代书院的一个重要特点。清代书院的官学化,主要是从院长、经费、管理、生徒方面进行控制。乾隆元年(1736)六月初一日,乾隆帝训饬直省书院师生的谕令,可视为清廷推动书院官学化的重要标志。其谕云:“书院之制,所以导进人才,广学校所不及。我世宗宪皇帝,命设之省会,发帑金以资膏火,恩意至渥也。古者乡学之秀,始升于国,然其时诸侯之国皆有学。今府州县学并建,而无递升之法。国子监虽设于京师,而道里辽远,四方之士,不能胥会。则书院即古侯国之学也。居讲席者,固宜老成宿望,而从游之士,亦必立品勤学,争自濯磨,俾相观而善,庶人才成就,足备朝廷任使,不负教育之意。若仅攻举业,已为儒者末务,况藉为声气之资,游扬之具,内无益于身心,外无补于民

---

① 《清世宗实录》卷一百二十七,雍正十一年正月壬辰,《清实录》第8册,中华书局1985年影印版,第665~666页。

物,即降而求文章成名,足希古之立言者,亦不多得,宁养士之初旨耶！该部即行文各省督抚学政,凡书院之长,必选经明行修,足为多士模范者,以礼聘请。负笈生徒,必择乡里秀异,沉潜学问者,肄业其中。其恃才放诞,佻达不羁之士,不得滥入书院中。酌仿朱子白鹿洞规条,立之仪节,以检束其身心,仿分年读书法,予之程课,使贯通乎经史。有不率教者,则摈斥勿留。学臣三年任满,咨访考核,如果教术可观,人才兴起,各加奖励,六年之后,著有成效,奏请酌量议叙。诸生中材器尤异者,准令荐举一二,以示鼓励。"[①]在上谕中,乾隆帝肯定了书院"导进人才"的功用和"广学校所不及"的地位,将其视为"古侯国之学"。为使书院"居讲席者"与"从游之士"能够不负朝廷文教,乾隆帝对书院之长、负笈之徒的资格与挑选程序进行了规范,要求依照朱熹白鹿洞书院规条制定学规,以加强对士子的管理,并制定了对学臣和诸生的奖励措施。此上谕对书院"诸生中材器尤异者,准令荐举一二,以示鼓励"之规定,可谓一大创举。乾隆二年(1737)二月二十日,吏部议复"国子监奏称,各省在监肄业贡生,三年期满,其中果有学优品卓者,该监详加考校,照各省书院之例,秉公荐举,带领引见录用,应如所请"[②]。乾隆帝予以允准。可以看出,国子监对此政策也是极为羡慕的。

对书院之长与生徒的奖励措施,从实践来看,并未得到地方官员的认真施行。比如对生徒的荐举,当时并未形成具体制度。乾隆三年(1738)十二月初七日,"礼部议复,安徽学政郑江疏报,安徽敬敷书院肄业之南陵县廪生陶敬信、桐成县廪生江有龙,材器堪膺保荐。查乾隆元年谕旨,令学臣于诸生中,材器尤异者,举荐一二,以示鼓舞。该学政保举廪生陶敬信,留心经学,人品端谨。江有龙留心史学,人品笃实。自系遵旨保举,但此等生员荐举到部,作何奖劝,未经定议。请照学政举报优行生员之例,准作正贡,札监肄业"。乾隆帝谕允,并命将"陶敬信、江有龙,仍着送部引见"[③]。至此,荐举鼓励书院优异生徒算是有了

---

① 《清高宗实录》卷二十,乾隆元年六月甲子,《清实录》第9册,中华书局1985年影印版,第487~488页。

② 《清高宗实录》卷三十七,乾隆二年二月戊寅,《清实录》第9册,中华书局1985年影印版,第674页。

③ 《清高宗实录》卷八十二,乾隆三年十二月乙酉,《清实录》第10册,中华书局1985年影印版,第294页。

先例。乾隆四年(1739)六月二十一日,谕曰:“安徽优生陶敬信所进《周礼正义》一书,经朕披览,其注解尚属平妥明顺。着赏缎二匹,令其在三礼馆纂修上行走。”①而对书院之长的奖励,时间则要拖得更久。直至乾隆三十年(1765)十月六日,乾隆帝谕军机大臣等:“刘藻奏滇省五华书院山长张甄陶,自主讲席以来,迄今五载,实能尽心训迪,著有成效。请令为黔省贵山书院山长,俟届满六年,抚臣就近考核,或照例奏请议叙,或送部引见示奖,临期再行酌办等语。所奏甚是。已如议行矣。省会设立书院,所以乐育人才。前经降旨,令督抚等慎选山长,如果教术可观,六年之后,著有成效,奏请酌量议叙。原以山长为多士观摩,若徒视为具(见)文,漫无考核,既无以为激劝之资,则日久因循,未免怠于训课,惟知恋栈优游,诸生或且习而生玩,恐于教学无裨。且在籍闲居之人,未尝无端谨绩学可主讲席者。若实心延访,使之及瓜更代,自必鼓舞振兴,共相淬励,方不负设馆育材之意。乃自降旨以来,各督抚并未见有遵旨具奏者。即如齐召南之在敷文书院,廖鸿章之在紫阳书院,岂止六年之久,何以从前未经办及。朕所知已有二人,恐各省似此者尚复不少。着各该督抚,将因何不行遵旨办理之处,查明具奏。嗣后均以六年为满,秉公考察,分别核办。庶于劝学程功,均有实济。着传谕各督抚知之。”②乾隆三十七年(1772)二月庚辰,吏部议准,“调任贵州巡抚李湖奏称,黔省书院掌教张甄陶,由编修改授云南昆明县知县。以驿务懈弛革职。留五华书院,掌教五年。经前督刘藻奏移贵山书院。年满克著成效。请照五华书院掌教孙见龙例。议叙八品职衔。从之”③。

乾隆元年(1736)的书院上谕,成为清代中后期书院发展的重要政策性文件,对书院官学化产生了重要的影响。值得注意的是,书院官学化也是有重点的,即主要掌控书院师生遴选和考核等关键环节。乾隆元年五月三十日,乾隆帝谕称,“凡书院之长,必选经明行修足为多士模范者以礼聘请;负笈生徒,必择乡里秀异沉潜学问者肄业其中,其恃才放诞佻达不羁之士不得滥入,书院中酌

① 《清高宗实录》卷九十五,乾隆四年六月丙申,《清实录》第10册,中华书局1985年影印版,第448~449页。

② 《清高宗实录》卷七百四十六,乾隆三十年十月戊申,《清实录》第18册,中华书局1986年影印版,第210页。

③ 《清高宗实录》卷九百〇二,乾隆三十七年二月庚辰,《清实录》第20册,中华书局1986年影印版,第47页。

仿朱子白鹿洞规条立之仪节，以检束其身心，仿分年读书法予之程课，使贯通乎经史，有不率教者则摈斥勿留。学臣三年任满，谘访考核，如果教术可观，人才兴起，各加奖励。六年之后著有成效，奏请酌量议叙。诸生中材器尤异者，准令荐举一二以示鼓舞"[①]。这是乾隆朝书院政策的纲领性文件，对书院院长、诸生的遴选标准等做了严格规定。清朝统治者特别注意慎选书院师儒，书院山长必以学问、品行见长。如河南大梁书院陈浩原任詹事府詹事，"品端学邃，教法精勤"[②]。

乾隆九年（1744）七月，湖北巡抚晏斯盛奏称，"国家于学校外，设立省会书院，慎选院长。伏念人师经师，实难其选，请嗣后各省本乡，如有老成望重，可膺讲席者，督抚奏明请旨。如乏其人，仰恳于现任编检内，各拣发一人前往，六年一更替，以观教育人才之效"。乾隆帝谕称，"养士育贤，固为政之先务，然亦不可好名而无实。若各省皆遣翰林往居皋比之席，是又添一学政矣，有是政体乎！"[③]乾隆帝的这一谕旨，或许是对改变书院的民间属性有所顾忌，现书院之师，已多"官为延请"，如若院长亦由官员担任，则与学校何异！所以，乾隆帝的书院官学化意识，更多体现在规范书院之长的称呼。乾隆三十年（1765）十一月八日，乾隆帝谕称，"各省书院延师训课，向有山长之称。名义殊为未协，既曰书院，则主讲席者，自应称为院长。着于各督抚奏事之便，传谕知之"[④]。但山长传统影响较大，不但民间未能全称山长，至嘉庆二十年（1815）十月十九日，嘉庆帝还在上谕中称，"其省会及府州县之大者，复各建有书院，士为四民之秀，各该教官山长，诚能尽心化导，则士知束身砥行，即编户齐民，亦可互相观感"[⑤]。山长、院长，虽一字之差，其义大变。院长有收编之义，前贤闻之当不胜感慨，大约失

---

① 《著各省督抚学政慎选书院山长严加考核事上谕》，《乾隆朝书院档案》（上），《历史档案》2012年第3期。

② 《河南巡抚阿思哈为请将书院山长陈浩再留二三年事奏折》，《乾隆朝书院档案》（下），《历史档案》2012年第4期。

③ 《清高宗实录》卷二百二十一，乾隆九年七月，《清实录》第11册，中华书局1985年影印版，第857页。

④ 《清高宗实录》卷七百四十八，乾隆三十年十一月己卯，《清实录》第18册，中华书局1986年影印版，第235页。

⑤ 《清仁宗实录》卷三百十一，嘉庆二十年十月庚午，《清实录》第32册，中华书局1986年影印版，第130页。

其自由山林之义，失去“山长的野性”，沦为朝廷、官学的附庸。

严格书院主讲资格。守制人员不能主讲书院。乾隆三十年(1765)，陕甘总督杨应琚奏称，“甘省兰山书院，于去岁延请丁忧在籍之府丞史茂，来主讲席”。乾隆帝认为“此甚非是”。其理由有二：一是“史茂系回籍守制之员，理应闭户家居，以尽三年之礼。至读礼之余，或在家课训子弟，自属分所应为。古人尚有庐墓终制者，即不能取法，亦当杜守里门。若竟住居省会书院，教授生徒，与地方官长宾主应酬，则与居官何异！此不过冀得膏火，以资赡给，遂置礼制于不问。微特人子之心难安，其又何以为多士表率乎？”二是“督抚有维持风教之责，缙绅中绩学砥行，足备师资者，谅不乏人，何必令丁忧人员，腼居讲席？是应聘者固不能以礼自处，而延请之地方大吏，亦复不能以礼处人，于风俗士习，颇有关系”。他从维护礼制、维持风教的角度，反对延聘丁忧官员主讲书院，又“恐他省不无类此者，特为明切晓示通谕知之”。①

规范书院院长聘请制度。乾隆四十年(1775)二月癸巳，乾隆帝谕曰：“毕沅奏陕西关中书院延请掌教一折，据称访察各属院长，向来多系上官同僚，互相推荐，遂至徇情延请，有名无实。现饬各属，务选端谨积学之人，加意振作，将所请院长姓名籍贯，更换到馆日期，造册详报抚藩衙门察核等语。所办好，已于折内批示。书院为作育人才之地，如果院长得人，实心课导，自可冀造就英才，以收实效。如江苏紫阳书院之沈德潜、彭启丰，尚堪称师儒之席。各省类此者，自不乏人。而如毕沅所称，上官同僚，互相推荐，遂尔瞻徇情面，委曲延请，不问其人之是否文行兼优，而各院长等，亦惟以脩脯为事，不以训迪为心，甚有视为具文，讲席久虚，并不上紧延师，以致师徒星散，有名无实者，所在谅皆不免。其事自当责成督抚，以期实济。着传谕各督抚，嗣后无论省城，及各府州县大小书院，务访学行兼优者，俾主讲席，其一切考核稽查之法，并照毕沅所奏办理。着于各督抚奏事之便，传谕知之。”②乾隆帝这一上谕，对剔除书院院长聘任积弊是具有积极意义的。

严格书院掌教晋升制度。陕西巡抚毕沅，以关中书院掌教戴祖启六年期

---

① 《清高宗实录》卷七百四十九，乾隆三十年十一月己亥，《清实录》第18册，中华书局1986年影印版，第247~248页。

② 《清高宗实录》卷九百七十六，乾隆四十年二月癸巳，《清实录》第21册，中华书局1986年影印版，第41~42页。

满,尽心教迪,保奏送部引见。“军机大臣出题考试,不但不能清真雅正,其文笔枯涩、字迹潦草,且有讹错之字。”乾隆四十五年(1780)五月,乾隆帝谕军机大臣等:“毕沅原奏称其学术纯正,于时文致力尤深,实能取则前辈等语。毕沅系鼎甲出身,非不能文者,其所出看语不应过优若此。戴祖启业经加恩以学正学录用,着将考试原卷发寄毕沅阅看。岂毕沅任巡抚事,于文学近亦略荒疏乎?”[①]乾隆帝对地方保送书院掌教考核之严,由此可见一斑。

教官不准兼充讲席。乾隆五十年(1785),四川学政钱樾奏称,“各府州县设立书院,以广学校所不及,岂容久虚讲席。教官本有课士之责,不准兼充”。八月,礼部议复,“从之”。[②] 但此项谕令在实际执行中并不严格,随着时间的推移,仅成具文而已。项城人郭鹤龄,“嘉庆甲戌选浚县教谕,焚香告父母,以廉正修职自誓。每月朔望课士,无异家塾。革丁祭夙弊,修圣殿学舍,礼乐器皆焕然一新。浚令杨公重其品,聘主希贤书院,生徒百余人,讲论不倦”[③]。教谕夏蓉峰,“司铎孟津,同县主王团练守城,并主讲河清书院,终于任所”[④]。乾隆九年(1744)十月甲寅,大学士鄂尔泰等议准内阁学士秦蕙田条奏内称,“教官月课,宜重经史。请将已经颁发之《周易折中》《书》《诗》《春秋》《传说汇纂》,及《性理》《通鉴纲目》,并将次告成之《三礼义疏》诸书,令各省督抚藩臬多行刷印,给发每学二部,以供士子抄诵。教官每月面课四书文外,兼课经史。又各省书院生徒,令州县秉公选送,布政使会同专司稽察之道员,考验才可造就、质非佻达者,方准入院肄业。从之”。[⑤] 清廷进一步从官方教材、生徒资格遴选等方面加强对书院的管控。

书院生徒一般从优秀生员中选拔,但也有例外。乾隆四十七年(1782)三月,乾隆帝谕称,“朕恭阅实录内载原任广西巡抚灭寇将军傅宏烈,当吴三桂肆逆时,督师讨贼,屡著勤劳,嗣复捐躯死事,忠荩可嘉。因令军机大臣,行查傅宏

---

① 《清高宗实录》卷一千一百〇七,乾隆四十五年五月己亥,《清实录》第22册,中华书局1986年影印版,第814页。

② 《清高宗实录》卷一千二百三十六,乾隆五十年八月辛巳,《清实录》第24册,中华书局1986年影印版,第613页。

③ 张镇芳修,施景舜纂:《项城县志》卷二十二《人物志一》,民国三年石印本。

④ 张镇芳修,施景舜纂:《项城县志》卷二十三《人物志二》,民国三年石印本。

⑤ 《清高宗实录》卷二百二十六,乾隆九年十月甲寅,《清实录》第11册,中华书局1985年影印版,第927页。

烈原籍,有无子嗣,曾否出仕。兹据奏称查明傅宏烈后裔,现在曾孙傅世海一人,又六世孙傅徽珑等三人,俱未出仕等语。傅宏烈系为国宣劳效命之臣,后裔式微,深堪悯恻。着传谕郝硕,即将傅宏烈曾孙一人,及六世孙三人,此四人内,调取验看。择其中人才有可造就者一人,将伊平日所习或文或武之处,据实保送到部,带领引见”。再降谕旨,“寻奏,傅宏烈曾孙傅世海,文武皆无可造就。又六世孙傅徽珑,年九岁;徽琥,年六岁;徽奉,年四岁,皆甫就学,现饬收入书院肄业。俟年及岁时,选择一人保送引见。下部知之”。[①] 乾隆五十七年(1792)五月,“署江西巡抚姚棻奏,遵查傅宏烈后裔,现有六世孙傅徽珑,年十七岁,家计赤贫,父母早故。相依七十余岁祖母齐氏,生长乡曲,识字无多,业于上年将傅徽珑调入省城豫章书院肄业,约束督课,上紧教导,按月给予膏火银两。其在县应领膏火银两,仍留与伊祖母食用。一年以来,颇有长进。俟来岁年力长成,识见渐进,再为送部引见。批,好。又批,是。知道了”[②]。由此可见,官府对书院生徒选择具有决定权,虽仅四岁幼儿亦可入书院学习。此为特例,但在一定程度上也反映了政府对书院的控制程度。

乾隆帝对书院的支持和倡导,主要体现在以下五个方面:一是为书院赐匾额。乾隆八年(1743)十二月二十二日,“赐湖南岳麓书院御书扁曰‘道南正脉’”[③]。乾隆九年(1744)五月二日,“赐江西白鹿洞书院御书扁曰‘洙泗心传’”[④]。九月二十九日,“赐徽州紫阳书院御书扁曰‘道脉薪传’”[⑤]。乾隆十一年(1746)十月十日,“赐莲池书院御书扁曰‘绪式濂溪’”[⑥]。乾隆十六年(1751)

---

① 《清高宗实录》卷一千一百五十二,乾隆四十七年三月乙巳,《清实录》第23册,中华书局1986年影印版,第435页。

② 《清高宗实录》卷一千四百五,乾隆五十七年五月,《清实录》第26册,中华书局1986年影印版,第887页。

③ 《清高宗实录》卷二百〇七,乾隆八年十二月辛未,《清实录》第11册,中华书局1985年影印版,第670页。

④ 《清高宗实录》卷二百十六,乾隆九年五月己卯,《清实录》第11册,中华书局1985年影印版,第774页。

⑤ 《清高宗实录》卷二百二十五,乾隆九年九月癸卯,《清实录》第11册,中华书局1985年影印版,第912页。

⑥ 《清高宗实录》卷二百七十六,乾隆十一年十月壬申,《清实录》第12册,中华书局1985年影印版,第610页。

二月二十一日，“御书紫阳书院扁曰‘白鹿遗规’”①。乾隆三十年(1765)闰二月二十四日，大学士傅恒等奏，“江苏学政李因培奏，宋臣朱长文乐圃书院、文天祥专祠，请敕赐扁额。臣等承旨恭拟呈览。至韩世忠祠庙，乾隆十六年已恩赐扁额。惟丘垄尚虞薪采，请交地方官修理。得旨，应修理者修理。寻赐朱长文乐圃书院扁曰‘道园养素’，文天祥祠曰‘正气成仁’”②。二是颁赐书院各种书籍。乾隆十六年(1751)三月一日，“颁赐江浙各书院殿板经史”，谕，“经史，学之根柢也。会城书院，聚黉庠之秀而砥励之，尤宜示之正学。朕时巡所至，有若江宁之钟山书院、苏州之紫阳书院、杭州之敷文书院，各赐武英殿新刊十三经、二十二史一部，资髦士稽古之学”。③ 三是巡幸天下书院。乾隆帝出巡之时，还经常巡视书院。乾隆十五年(1750)十月一日，“上幸嵩阳书院”④。乾隆十六年(1751)三月三日，“上幸敷文书院”⑤。四是加恩书院生徒。乾隆二十六年(1761)三月十日，乾隆帝“赏莲池书院进献诗册之肄业生张郝元等十四人缎匹”⑥。乾隆二十七年(1762)三月十三日，乾隆帝谕，“浙江敷文书院和诗之翟灏、朱大勋、成城、王诰、李旦华、孙士毅、汪孟鋗、邵昌皋、徐延、茅德芬、祝德麟、阮庆荣，俱着各赏荷包一对”⑦。五是为书院划拨经费。乾隆二十八年(1763)八月，“湖南巡抚乔光烈奏，湖南省城对江，有岳麓书院一区，地方灵秀，有宋大儒朱熹、张栻于此讲学，人文辈出，为海内四大书院之一。明季残毁，本朝修复，

---

① 《清高宗实录》卷三百八十三，乾隆十六年二月己丑，《清实录》第 14 册，中华书局 1986 年影印版，第 34 页。

② 《清高宗实录》卷七百三十一，乾隆三十年闰二月己巳，《清实录》第 18 册，中华书局 1986 年影印版，第 50 页。

③ 《清高宗实录》卷三百八十四，乾隆十六年三月戊戌，《清实录》第 14 册，中华书局 1986 年影印版，第 44~45 页。

④ 《清高宗实录》卷三百七十四，乾隆十五年十月庚午，《清实录》第 13 册，中华书局 1986 年影印版，第 1126 页。

⑤ 《清高宗实录》卷三百八十四，乾隆十六年三月庚子，《清实录》第 14 册，中华书局 1986 年影印版，第 45 页。

⑥ 《清高宗实录》卷六百三十二，乾隆二十六年三月己酉，《清实录》第 17 册，中华书局 1986 年影印版，第 56 页。

⑦ 《清高宗实录》卷六百五十六，乾隆二十七年三月丙午，《清实录》第 17 册，中华书局 1986 年影印版，第 345 页。

再颁扁额,复赏帑金”[①]。

5. 嘉庆时期

嘉庆帝的书院政策变化不大,主要措施有四项:一是巡幸书院。嘉庆十六年(1811)闰三月二十日,嘉庆帝“幸莲池书院”[②]。二是慎选师儒。至嘉庆年间,书院在运行中已显露出不少弊端。嘉庆二十二年(1817)十一月,嘉庆帝谕内阁,“御史周鸣銮奏请整饬学校一折,直省各府州县建置学校,官以教谕训导为名,原令其训诲士子,宣扬教化,即书院、义学之设,亦以讲明正学,造就人才,非徒为庸儒餔餔地也。如该御史所奏,各省教官废弃职业,懒于月课,书院、义学,夤缘推荐,滥膺讲席,并有索取束脩,身不到馆者,殊失慎选师资之义。着该督抚学政等,于所属教官时加考核,令各勤修职事,以明伦讲学为士子倡率。其书院、义学,务延经明行修之士,讲习讨论。如有学品庸陋之人,滥竽充数者,立即斥退,以励师儒而端教术”[③]。嘉庆二十四年(1819)六月,御史张元模奏称,“直省各府州县设立书院,延师训课,原令其讲明正学,造就人才,与学校互相表里”,然各处书院“多由本省大吏推荐亲友以充院长,只图索取束脩,并不亲身到院,甚至屋宇坍圮,栖止无所,殊失教育人才之意”。嘉庆帝遂命“各督抚于所属书院,饬令随时修葺,务延经明行修之士讲习讨论,毋得滥竽充数,致成旷废”。[④]三是严控生祠书院。嘉庆二十三年(1818)十一月,嘉庆帝谕称,“朕恭阅皇考高宗纯皇帝实录,内载乾隆六年七月钦奉谕旨,‘外省官员现任之时,不许建立生祠,例有明禁。或去任之后,实有功德在人,甘棠留咏,彼地官民建祠以志去思者,准其留存。如郝玉麟、卢焯之在闽省,居官平常,并无出众名誉,而建立生祠书院肖像置牌,妄行崇奉。似此滥觞之举,何以示旌扬而昭激劝!闽省如此,恐他省亦复相同。着各督抚秉公察核,慎勿瞻徇情面,务使群情允协,公道常存,庶于人心风俗,有所裨益’”。他认为此事应“循名责实”,“直省名宦乡贤,必其

---

① 《清高宗实录》卷六百九十三,乾隆二十八年八月,《清实录》第17册,中华书局1986年影印版,第772页。

② 《清仁宗实录》卷二百四十一,嘉庆十六年闰三月戊戌,《清实录》第31册,中华书局1986年影印版,第253页。

③ 《清仁宗实录》卷三百三十六,嘉庆二十二年十一月庚戌,《清实录》第32册,中华书局1986年影印版,第430~431页。

④ 《清仁宗实录》卷三百五十九,嘉庆二十四年六月癸卯,《清实录》第32册,中华书局1986年影印版,第736页。

人实有嘉言懿行,方可俎豆馨香,使后人知所则效。若以碌碌无所表见之人,厕名其间,则贤否混淆,转不足以兴士民景仰之思。即如近日原任侍郎万承风、内阁学士钱樾,皆经礼部奏准入祀乡贤。伊二人平日居官,不过循分供职,并无杰出谋猷,只以官登卿贰,本籍绅士私相推誉,遂得崇奉乡祠。但似此滥竽,凡居官通显者,身后人人得登祀典,岂合古人表里旌闾之义?"他谕令,"除既往者无庸追论外,嗣后直省督抚,遇有呈请入祀名宦乡贤者,务核明其人生前居官政绩,确有裨于国计民生,胪举事实,方准具题,礼部秉公覆核,再行具奏请旨遵行。如仅以人品端方,学问优长,空言誉美,并无实迹者,该部即行议驳,以昭慎重"①。嘉庆帝将生祠书院批准权掌握在自己手中,有助于遏制地方滥建官员生祠书院的不良之风。四是严格掌教资格。嘉庆二十五年(1820)三月,因直隶总督方受畴将"已革知府沈华旭,延至莲池书院掌教,遇有刑名疑难事件,间向询问",嘉庆帝颇为震怒,认为"革知府沈华旭,本系永不叙用之人,该督即应早行饬令回籍,乃任其逗遛省垣,延至书院教课,并与商榷刑名,干与公事",难辞其咎,命将"方受畴着交部议处","沈华旭着加枷号两个月。满日发往乌鲁木齐。不许干与公事。永远不准释回,以为钻营奔竞者戒"。②

6. 道光时期

道光帝继位之初,曾针对书院诸多弊端大力进行整饬。道光二年(1822)二月乙未,"谕内阁,松筠奏整顿直隶省书院一折,所办甚是。各省府厅州县,分设书院,原与学校相辅而行,近日废弛者多,整顿者少。如所称院长并不到馆,及令教职兼充,且有并非科第出身之人,腼居是席,流品更为冒滥,实去名存,于教化有何裨益?着通谕各直省督抚于所属书院,务须认真稽察,延请品学兼优绅士,住院训课。其向不到馆,支取乾俸之弊,永行禁止。至各属教职,俱有本任课士之责,嗣后亦不得兼充,以专责成。并着各饬所属,如有书院房屋坍塌应修之处,即行修整,俾各士子聚处观摩,以收实效,用副朕振兴教化至意"③。道光

① 《清仁宗实录》卷三百五十,嘉庆二十三年十一月辛亥,《清实录》第32册,中华书局1986年影印版,第620~621页。

② 《清仁宗实录》卷三百六十八,嘉庆二十五年三月己巳,《清实录》第32册,中华书局1986年影印版,第864页。

③ 《清宣宗实录》卷三十,道光二年二月乙未,《清实录》第33册,中华书局1986年影印版,第532~533页。

十四年(1834),清廷又规定,“各省会书院院长,令学政会同督抚共同举报。其各府县院长,由地方官会同教官绅耆公同举报。务择经明行修之人,概不得由上司挟荐,亦不得虚立院长名目,并不亲赴书院训课。仍令学政于案临时稽查,以昭核实”①。

清后期书院废弛,积弊难除。道光帝认为书院“仍属具文,于造就人才毫无裨益”,对地方兴办书院持消极态度。道光二年(1822)五月,徐锟奏称,“西安驻防八旗各佐领下生员,及已冠童生,必须设立书院,以资教导。请于马厂地租项下余剩银两,并存库马价银内,暂行借拨,发商生息,以为延师脩脯,及月课奖赏之用”。道光帝谕称,“满洲风俗,以清语骑射为重,其有志读书,勤学上进者,原可自得师资。岂尽在官为训课,始能获益?且近来各省书院,日就废弛,均系有名无实,朕所深知。该将军奏请拨款设立书院,行之日久,必至仍属具文,于造就人才,终无裨益。所奏着不准行”②。六月,吉林将军富俊奏称,“吉林向有白山书院,八旗及民籍子弟,俱在内肄业”,“书院教读乏人”,“仅聘本地诸生教读,难收实效。请将发遣废员马瑞辰,改发吉林,专司教读”。道光帝谕内阁,称富俊“所奏实属谬悠之见”。他认为,富俊此举已触及清朝立国之本,“东三省为我朝根本之地,原以清语骑射为重。朕屡次申谕,总期崇实黜华,弓马娴熟,俾知共守淳风。富俊系满洲大员,且在东三省年分最久,于该处旗民本计,自应遵照旧规,实力讲求,方为不负委任。乃议课生徒,学习文艺,必致清语日益生疏,弓马渐形软弱”。而且,在道光帝看来,“究之书院仍属具文,于造就人才毫无裨益,是舍本逐末,大失朕望矣。况马瑞辰系发遣黑龙江充当苦差之员,何得率请改发吉林,俾司课读”。基于上述原因,道光帝认为富俊“所奏断不可行”,并令“传旨严行申饬”。③

(二)文化传承与书院传统

中原为华夏之源,有着深厚的历史积淀和悠久的文化传统。洛阳处天下之

---

① 〔清〕刘锦藻:《清朝续文献通考》卷一百《学校考七·书院》,上海商务印书馆1936年版,第8590~8591页。

② 《清宣宗实录》卷三十五,道光二年五月丙子,《清实录》第33册,中华书局1986年影印版,第621页。

③ 《清宣宗实录》卷三十七,道光二年六月辛未,《清实录》第33册,中华书局1986年影印版,第670页。

中，尤得风气之先。宋儒熊禾称，“三代以前之王化，实始北方；两间最盛之人文，莫如中土。盖天地既分混沌，而河洛首出图书，伏羲以此画八卦以前民，神禹以此叙九畴而建极。卜东瀍卜西涧，周公定太平六典之书；观太庙观明堂，孔子垂后代百王之法。历观往迹，皆在中都，况天下四书院之兴，亦必嵩阳之地。而河南二夫子者出，又明洙泗之传”。字里行间，充溢着高度的文化自信与自豪。熊禾“生长中州，宦游南下，每见江左斯文之盛，实惟文公正学之宗，精庐接畛之相望，文籍九州之遍满，不量微力小创精黉，虽窃取义学之名，终未究书生之志”。他从历史变迁的角度提出，“维东汉之末，正气久郁于偏方，时有元魏之兴，文教诞敷于诸夏，遐观一时，文物之盛绰，有三代庠序之遗。天运有往则必复之几，地气无郁而不伸之理”，认为“推行斯道，固系乎人”，表示兴建书院，“内当为之事，愿与天下共责其成”，书院之兴，“岂但绍列圣之道统，实以培昌运之人才”，“将见君子闻大道，小人蒙至治，必有作者出，为往圣继绝学万世开太平”。[①] 这种传承道统的文化自觉、培养人才的文化担当和历史责任感，是推动河南书院发展的动力源泉。

河南文化积淀深厚，理学名儒辈出。无锡邹升恒称，“韩子云：‘中州清淑之气，蜿蟺扶舆，磅礴而郁积。’乃距韩子后百余年，而濂溪周子遂生于衡岳之间，一时相继而起者，河南二程夫子，暨明月川、新吾二先生，并能接洙泗之薪传。岂非九州为四海之中，而豫州又为中州之中，尤得扶舆清淑之正气，故郁积者越数百年而一泄，而其精者遂钟于人欤！”是以有名儒“生于其乡，伊洛渊源，耳濡目染，得之最真，以为理学之传，其任在己”。[②] 河南书院的发展，正是得益于深厚的理学土壤。自宋代以降，河南作为理学名区，书院发展水平一直处于全国前列，创建了大量闻名全国的书院，出现了一批学养深厚的理学名儒，形成了一些良好的书院教育制度，为清代河南书院复兴奠定了坚实基础。

清初，“承宋元明历代相传之统绪，中州乃独能儒硕迭起，文献相望”。“六七十年间，征君（孙奇逢）倡道于夏峰，潜庵（汤斌）嗣音于睢水，而登封逸庵耿（介）先生又同时后先颉颃于潜庵者也。厥后柘城窦敏修（克勤）氏、中牟冉

---

① 〔宋〕熊禾：《勿轩集》卷四《洛阳新创同文书院》，清文渊阁四库全书本。

② 〔清〕邹升恒：《寓理集跋》，〔清〕赵开元修，畅俊纂：《新乡县志》卷二十二《艺文中》，清乾隆十二年石印本。

永光(覲祖)氏,又皆砥砺躬修,精心著述”[①],共同推动中州理学和书院走向繁荣。

(三)举业理学观念的发展

清初理学复兴,是河南书院教育大发展的重要前提。康熙元年(1660),汝宁府知府金镇考书院之由来,认为“古无书院之名,而党庠术序以文教为帝王首务,一方俊秀董之于学,又取才行完洁者以为师,日讲月察,使俛然修其德行道义,备公卿大夫百执事之选。其所以立范垂训者至宏远也。教之既殷,士群居族处于学中者,仅习章句课文字,追逐时好取青紫,学官徒取充位,不复有所讲明,而二帝三王立学之本意寝晦。故宋世诸大儒慨然思补绝扶微,以道学为天下倡,更立书院授徒,使四方簦笈云集共服习于圣贤之业。如考亭会讲于鹅湖,象山说书于鹿洞,其最著矣。则书院所以扶庠序之衰而补其不足也。自宋迄明,书院几遍天下”。后“虽天下郡若邑多有书院之设”,然已“非若鹅湖鹿洞发明道学德性之分,剖晰喻义喻利之辨”,往往“教之以连篇累牍为工勉,其特试于乡校,角艺于制科,至于洙泗之源流,伊洛之终始,漫不加省,则犹然章句文字已尔”。金镇叹曰:“古人之书院果若是乎!”[②]

重理学,重举业?正确认识和处理两者之间的关系,成为清初书院发展所面临的重要问题。清因明制,八股取士。曾有人问大儒孙奇逢:“八股之业,即无关于圣贤,又无关于经济,今英雄杰士困顿棘闱,风尘皓首,不亦劳而无用乎?”孙奇逢说:“八股之业,体不益性,用不经国,致恨于安石之作俑者多矣。然祖宗三百年功令,名世叠出,谁受此八股累者?”所谓“国家数百年功令,行止斯文系盛衰”。[③] 且“英雄杰士无所以寄其才而用其心者,则必别有所用,故为此制以收束之”,“大圣人一代之制度,固非苟焉而已也”。[④] 康熙二年八月,清廷

---

① 〔清〕汪晋徵:《耿逸庵先生敬恕堂集叙》,〔清〕耿介:《敬恕堂文集》,清康熙四十八年柘城窦氏刻本。

② 〔清〕金镇:《重立天中书院记》,〔清〕陈伯嘉修,李成均等纂:《重修汝南县志》卷二十《艺文志上》,民国二十七年石印本。

③ 〔清〕孙奇逢:《日谱》卷二十,康熙二年八月十八日,张显清主编:《孙奇逢集》下册,中州古籍出版社2003年版,第854页。

④ 〔清〕孙奇逢:《日谱》卷十九,康熙二年四月二十一日,张显清主编:《孙奇逢集》下册,中州古籍出版社2003年版,第812页。

曾命“乡会考试,停止八股文,改用策论表判”[①]。孙奇逢于此甚为忧虑,他说,“恐科举罢而八股废,将无所以安顿此人心也”[②]。时人称,“盖士生今日,除科举外无进身之地,且立身行道,扬名显亲,皆资于此”[③],“舍此无以自见”[④]。

举业无妨于理学。理学名臣耿介指出,“明洪永间,颁四书五经、性理通鉴大全于天下学宫。当此之时,为秀才便将数部书熟烂胸中,体认精切,政欲明体达用,异日为国家桢干,功名事业皆从此出,所以三百年理学名臣接迹比肩。理学何尝妨举业也?”[⑤]孙奇逢称,“举业不妨德业”[⑥],“此业精,何业不可精,何妨于圣贤,何妨于经济?”[⑦]昔“阳明谓学正有益于举业,迩木忻亦谓举业无妨于学”。“鹿忠节(善继)与及门子论举业而兼之论学,人谓其多此论学也。没二十余年,学人读其遗集,又谓其多此论举业也。”“予谓无时而非学,无一事而非学。况举业以吾之心灵发圣贤之蕴,而谓其有妨于学也,岂不谬与?不知非举业与学异,而举业之心与学异,遂成岐响耳。周程诸大儒,孰非举业之人?”他勉励杜孟南说,“今日攻举子业,读圣贤书,明圣贤理,功名富贵听之于天,此便是真实学人,真实举业”。[⑧] 孙奇逢在《示淳孙》中说:“夫读圣贤书,是欲做圣贤之人耳。圣贤之人,岂专在举业哉?亦岂有外于举业哉?茂才、明经、孝廉、贤良、方正,皆非举业也,然皆精于经术。□心学问之人,举业其绪余耳。”[⑨]

---

① 《清圣祖实录》卷九,康熙二年八月癸卯,《清实录》第4册,中华书局1985年影印版,第154页。

② 〔清〕孙奇逢:《日谱》卷十九,康熙二年四月二十一日,张显清主编:《孙奇逢集》下册,中州古籍出版社2003年版,第812~813页。

③ 〔清〕耿介撰,梁玉玮、孙红强、陈亚校点:《敬恕堂文集》第六卷《与刘凫山》,中州古籍出版社2005年版,第310页。

④ 〔清〕金镇:《重立天中书院记》,〔清〕陈伯嘉修,李成均等纂:《重修汝南县志》卷二十《艺文志上》,民国二十七年石印本。

⑤ 〔清〕耿介撰,梁玉玮、孙红强、陈亚校点:《敬恕堂文集》第三卷《理学举业是一非二解》,中州古籍出版社2005年版,第127页。

⑥ 〔清〕孙奇逢:《励学文》,〔清〕周际华修,戴铭等纂:《辉县志》卷十八《艺文》,清光绪二十一年补刻本。

⑦ 〔清〕孙奇逢:《日谱》卷十九,康熙二年四月二十一日,张显清主编:《孙奇逢集》下册,中州古籍出版社2003年版,第812页。

⑧ 〔清〕孙奇逢:《日谱》卷十八《与杜孟南语二则》,康熙元年九月初九日,张显清主编:《孙奇逢集》下册,中州古籍出版社2003年版,第742页。

⑨ 〔清〕孙奇逢:《日谱》卷二十九《示淳孙》,康熙七年七月初二日,张显清主编:《孙奇逢集》下册,中州古籍出版社2003年版,第1196页。

举业理学原只是一事。

耿介认为,“理学举业是一非二”,“举业理学原只是一事”。① 他说:“古之学者,体用一原,所以性道文章未尝判为二事。自科举兴,而体用稍分矣。虽竭毕生攻苦之力,揣摩成熟,只是为文章用,语以性道,则群起而疑之。讵知性道文章犹根本枝叶,根本不培,则根叶不茂。前辈冯少墟云,‘以理学发挥于词章便是好举业,以举业体验诸身心便是真理学。’旨哉,何其言简而意尽也!”耿介进一步指出,“今日论学正不必烦多其辞,只是于举业上加一行字”。② “盖今之为举业者,都是把圣贤言语作举业料用,如此则与吾人身心性命无涉。”③其友柘城名儒窦克勤认为,“举业之与理学诵读不异,所异者求道德邀功名之一念耳。此即所谓孳孳为善舜之徒,孳孳为利跖之徒,但能移孳孳为利之心,去孳孳为善,便是圣贤之归。若移邀功名之念去求道德,其去圣贤奚远哉?”耿介深是其言,并与之相发明,“愚亦尝谓治举业者,讲理学者,能外六经四子之书否?六经四子之书所言者,有一不是阐发身心性命之旨否?今举业何尝不说辨别义利,何尝不说去人欲存天理,何尝不说毋自欺谨其独?往往流于小人之归。病在以此作文字,不知反求诸身心,而乏躬行实践耳。故曰:只于举业上加一行字,则即举业即理学矣。而人往往谓举业有妨理学,治举业者不足与言理学也。今国家庠序育才,科目取士,天下士子,无虑尽治举业矣。天下尽治举业,天下尽不足与言理学矣。则必求不治举业者与之言理学而后可。而又不能外六经四子之书,身心性命之旨也。况天地生一人,即以天地万物之责寄之,必不使了却一身之事而止。若使人人了却一身之事,是虚无寂灭之学也,非天地生我之意也。且使举业之外有学,是有二理也。有二理是有二心也。今讲理学者,此心此理;治举业者,亦此心此理。然有终年治举业而不知为理学者”④,“异日如何任得天下国家事?毋怪乎人才日坏,而风俗日偷也”。耿介满怀喜悦地说:“诚知理

---

① 〔清〕耿介撰,梁玉玮、孙红强、陈亚校点:《敬恕堂文集》第三卷《理学举业是一非二解》,中州古籍出版社 2005 年版,第 127 页。

② 〔清〕耿介撰,梁玉玮、孙红强、陈亚校点:《敬恕堂文集》第三卷《辅仁会约》,中州古籍出版社 2005 年版,第 140 页。

③ 〔清〕耿介撰,梁玉玮、孙红强、陈亚校点:《敬恕堂文集》第六卷《回洛中齐广文书》,中州古籍出版社 2005 年版,第 323 页。

④ 〔清〕耿介撰,梁玉玮、孙红强、陈亚校点:《敬恕堂文集》第六卷《与窦敏修先生书》,中州古籍出版社 2005 年版,第 334~335 页。

学举业原非二事，博学审问，慎思明辨，而加之以笃行，则伊洛之间大儒辈出”，“人谓两程子数百年之后重兴洛学”，“其乐当何如哉？”①

不宜舍本逐末。耿介形象地将理学与举业“譬之种树然”，理学为“根本”，举业为“枝叶”，“只培植其根本，枝叶自然茂盛”。他认为，“今则习举业者，闻理学二字，则曰恐妨举业。不知此所谓拔去根本而求枝叶茂盛也。父勉其子，师教其弟，都只以此为取功名之路，而身心性命之学毕生无闻，究之理欲之辨不明，义利之界不严，一事蹉跌，身名俱丧，人心既失，风俗随坏，日复一日，愈趋愈下，有人心世道者，所以三复致叹于今日也”②。窦克勤主张把举业与理学结合起来，但不能舍本逐末，“专攻举业，是舍其本而图其末矣。时光易迈，至诣难成。每日在举业上用功，忽而三十四十而老矣，更有何日做身心工夫耶？”③耿介曾说：“古之学者为己，盖身心性命原与他人无干涉。若说到用处，便是为人。”④他正是以此“为人”之心，“慨然以倡明绝学为己任，兴复嵩阳书院”，“日孜孜以讲学为事”。⑤ 淮阳知县潘钟瀚在《柳湖书院记》中指出：“顾说者谓昔之书院教化出其中，今之书院功名出其中，良以举业之学世所争趋，士子舍此则仕进无路。斯即实求而实应，其去古大学之教不已远乎？然此特逐其末而不思反其本，故士风一敝几无可救耳。”他清楚地认识到了科举书院对士风的不良影响，试图以先儒的治学之法加以补救。“朱子曰‘举业亦不害为学’。北溪、潜室两陈先生亦谓圣贤义理之学未尝有妨于应举，而如曰文字一道非专用力者不能精也，则有程子、饶双峰之法在。程子谓一月之中十日为举业，余即可以为学；饶氏谓一日之间，上半日讨论经传下半日理会举业。”两相比较之后，他“窃思饶氏之法近世为尤便也。虽然举业以穷经析理为本，穷经析理犹有其本在焉。晋虞鄱阳作诰以训士，有曰孝弟忠信学者之资，行有余力则以学文。吁，得其要

① 〔清〕耿介撰，梁玉玮、孙红强、陈亚校点：《敬恕堂文集》第六卷《回洛中齐广文书》，中州古籍出版社2005年版，第323页。

② 〔清〕耿介撰，梁玉玮、孙红强、陈亚校点：《敬恕堂文集》第三卷《理学举业是一非二解》，中州古籍出版社2005年版，第127页。

③ 〔清〕窦克勤：《静庵窦先生语录》。转引自王日新、蒋笃运主编，李文成、介新副主编：《河南教育通史》上，大象出版社2004年版，第634~635页。

④ 〔清〕耿介撰，梁玉玮、孙红强、陈亚校点：《敬恕堂文集》第六卷《自课》，中州古籍出版社2005年版，第322页。

⑤ 〔清〕陆继萼修，洪亮吉纂：《登封县志》卷二十一《先贤传》，清乾隆五十二年刊本。

矣！夫学者惟祇恭其伦纪,笃厚其身心,乃就诗书所发明先儒所传习者,反而求之,推而广之,有真性情,然后有真学问真文章真经济,然后谓之真人才。否则,虽与之诵法先王高谈性命,有不日趋于伪且妄者哉?"①

(四)官方倡导和民间参与

在清廷崇儒重道政策影响下,河南地方官重视文教,以兴复书院为己任,积极修复和创建书院。康熙二十五年(1686),上蔡知县杨廷望"甫下车,即次第厘举,既有成效矣,于是景企前哲,思用弦歌继阜成之后,而使斯人咸以君子长者自治焉。乃于学宫而外益求教士之地"②,重建上蔡书院。乾隆三十一年(1766),嵩县知县康基渊称,"维嵩民土风淳厚,士多勤悫简质,犹古周南之遗。其间单寒子弟,无力延师,方其童时,不胜衣冠也,则相率嬉戏里闬,习为鄙俚不经之谈,及稍能力作,又祇入山樵薪,逐食市井,有终其身不知礼让为美诗书可贵者。予心恻焉,得绝业地若干亩,因三元阁废基建社学为四乡倡,以处城关子弟之贫不能学者"。他置社学如此,对书院自不待言。康基渊遂将伊川书院裁归乐道书院,"改颜伊川,以昭近绍先儒","以崇实效",并捐廉"添建房屋捐备经书"。上官称其"乐育人才","诚为有功名教之举"。③ 贵州天柱县举人袁大选,嘉庆六年(1801)、二十三年(1818)两任郾城知县,"振士风恤民隐,终始咸有足称。先是,郾城二十二年无举于乡试者,甚至辛酉拔贡亦缺额,大选引以为耻。乃振兴景文书院,延名宿为山长,捐赀给膏火,朔望校士课殿最,厚其奖金。士争自琢磨,不数年而所诣日进。至甲子科,而李云卿中式举人"④。道光七年(1827),中牟知县董敏善称,"我国家声教翔洽,文治日隆,自京师以至郡邑咸建学,复有书院之设,延山长课生徒,以辅学校之所不逮。名都胜地修建林立,而中牟独阙如,其有待于兴举盖亟亟矣"。他"思欲修废举坠,鼓舞而振兴之",遂

① 〔清〕潘钟瀚:《柳湖书院记》,郑康侯修,朱撰卿纂:《淮阳县志》,《淮阳文征·外集》,民国二十三年铅印本。

② 〔清〕俞森:《上蔡书院记》,〔清〕杨廷望修,张沐纂:康熙《上蔡县志》卷十五《艺文》,清康熙二十九年刊本。

③ 〔清〕康基渊纂修:《嵩县志》卷十六《学校》,清乾隆三十二年刊本。

④ 陈金台纂修,周云续纂:《郾城县记》第十二《职官篇下》,民国二十三年刊本。

率士民筹建景恭书院，“鸠工庀材，凡八阅月而工竣”。[①] 同治八年(1869)，安徽歙县监生程国棠莅任项城，时“项罹兵燹，民风凋敝，道路平毁，沟渠淤塞，曰此司牧者之责也。乃一意与民更始，重修莲溪书院，延请山长，捐增膏火，民间始闻有读书声”[②]。

河南官员主动参与书院管理，甚至亲自主讲书院，为国家培养有用之才。康熙年间，柘城知县史鉴“以兴学育才为急，定朱阳书院成规，确有条理。值会讲期，率髦士毕集，肫恳启牖，虽风雨寒暑勿辍。自是来学者众，远迩啧啧称盛事”[③]。乾隆年间，新乡知县赵开元，“建鄘南书院，亲授生徒，第甲乙，从游甚众，彬彬如也”[④]。河南郏县人郭景泰，以品学著于乡里，道光时举人大挑二等，选滑县教谕，“日以讲学授徒为事，历寒暑无倦容。两次主讲欧阳书院，当日受课者如魏君彦生、王君考卜同领乡荐，秦君宝林继登副车，刘君明伦登拔萃科，皆蒙先生教育以成名”[⑤]。同治年间，鄢陵知县张吉梁，“最爱读书人，每逢文清书院月课，案卷亲加批评，增设会课文社。鄢之士人及门受业者甚多。”[⑥]光绪年间，石庚代理鄢陵知县，“下车伊始，即以振兴教育为先”。县旧有文清书院，“月设官斋两课”。他“广而三之，复于正课外加课经古杂作及字学。既优其廪饩，更于课暇讲解淑身济世之道，俾士子知所依归”[⑦]。许州聚星书院，原每月例有两课，知州刘人熙“加课古作，酌增膏奖，以示鼓励”，州判陈凤恩学问优长，主讲聚星书院，“每月两课生童，课卷多亲删改，造就良多”[⑧]。

清代河南书院的发展，官方倡导是重要因素，而地方士绅积极投身书院建设亦功不可没。一是主持或参与筹建书院。雍正四年(1726)，孟县顺涧村监生崔秉纯，“尝于其乡建学仁书院”，“乡子弟多所成就”。[⑨] 道光年间，许昌庠生史

① 〔清〕董敏善：《新建景恭书院碑记》，萧德馨修，熊绍龙纂：《中牟县志》三《人事志·艺文·碑记》，民国二十五年石印本。

② 张镇芳修，施景舜纂：《项城县志》卷三《秩官表·附名宦传》，清宣统三年石印本。

③ 〔清〕窦克勤：《朱阳书院志》卷四《朱阳书院创建圣殿记》，清康熙三十四年寻乐堂刻本。

④ 田芸生总编，韩邦孚监修：《新乡县续志》卷五《循吏传》，民国十二年刊本。

⑤ 马子宽修，王蒲园纂：《重修滑县志》卷十四《职官第十一·宦绩》，民国二十一年铅印本。

⑥ 靳蓉镜修，王介纂：《鄢陵县志》卷十四《宦迹志·县令》，民国二十五年铅印本。

⑦ 靳蓉镜修，王介纂：《鄢陵县志》卷十四《宦迹志·县令》，民国二十五年铅印本。

⑧ 王秀文修，张庭馥纂：《许昌县志》卷八《官师上·宦迹》，民国十二年石印本。

⑨ 〔清〕仇汝瑚修，冯敏昌纂：《孟县志》卷六《人物下·孝义》，清乾隆五十五年刻本。

锦堂“捐地七十二亩、钱百千”，设立思诚书院。[①] 中牟增广生胡繁柱，“襁褓失怙，母贾氏守节，抚之成立，孝养维谨。与堂兄弟八人终身友，于生平排难解纷见义必为，遇邻里婚葬竭力经营，虽值疾病亦不忍辞”，曾监修景恭书院，知县董敏善以“‘义勷乐育’旌其门”。[②] 庠生闫恒泰，“孝友勤俭，乐善好施”，以“监修景恭书院，议叙八品职衔”[③]。候选州同刘敬堂，“轻财重义，不自封殖。遇借贷不能归者，召之而焚其券”，督修景恭书院，知县董敏善“以‘义勷乐育’额旌之。其妻宋氏，能体厥志，亦不吝施予焉”。[④] 其妇从夫好善，亦属难能可贵。

二是主教书院，讲学育人。新乡人白润，自幼贫苦好学，中道光进士，“主讲卜里书院，督课文艺必根经术，造就人才颇众。每谕诸生云，‘学必有体有用，方不愧为儒者，不区区在科第间也’”[⑤]。项城郭瑗“教人以敦品植节为先，文辞一秉先正轨范。游其门者掇芹香纡青紫踵相接。历应上蔡景贤书院，本邑毋欺山房、会文山房、夹河书院之聘，拥皋比者廿余年”。曹学礼“主讲莲溪书院。郡守刘公伯瑗、邑令程公国棠极为尊重，比之澹台灭明云”，历主西华衍畴、汝郡南湖两书院，“讲席岁得数百金，供养外多用以修桥庙刻善书，天性然也”。[⑥] 项城举人杨凌阁，“其学一本程朱”，主讲许昌聚星书院，“诲人以正心诚意，循循善诱。士子听其言论，如寐初醒”。[⑦] 同治十三年（1874），孟县知县姚诗雅改建溴西精舍，“先后委邑绅张琇、李丹林等董其事，经理学租，延聘教师。温县郑孝廉济川、李孝廉春溪主讲最久，两先生一为名士一为道学，性各不同，而教人以穷经读史、明体达用则异途同归，不沾沾于文艺而文艺亦因之弥工。春秋两闱，门下捷南宫赋鹿鸣者科恒数人，一时称极盛焉”[⑧]。

清代河南书院之所以能够发展兴盛，正如乾隆年间永宁知县单履咸在《重修洛西书院碑记》中总结工程进展时所言：“夫以为工如是之钜，而成功如是之速者，皆由于圣天子恩德广被，各上宪教诲周详，益见秉彝之良，人所固有，有感

① 王秀文修，张庭馥纂：《许昌县志》卷十三《人物下·义行》，民国十二年石印本。
② 萧德馨修，熊绍龙纂：《中牟县志》三《人事志·孝友》，民国二十五年石印本。
③ 萧德馨修，熊绍龙纂：《中牟县志》三《人事志·耆寿》，民国二十五年石印本。
④ 萧德馨修，熊绍龙纂：《中牟县志》三《人事志·懿行》，民国二十五年石印本。
⑤ 田芸生总编，韩邦孚监修：《新乡县续志》卷五《人物·宦望》，民国十二年刊本。
⑥ 张镇芳修，施景舜纂：《项城县志》卷二十四《人物志三》，民国三年石印本。
⑦ 王秀文修，张庭馥纂：《许昌县志》卷十三《人物下·流寓》，民国十二年石印本。
⑧ 阮藩侪修，宋立梧纂：《孟县志》卷五《教育》，民国二十一年刊本。

斯应,故吾永之人无不好学慕义,争先恐后如此也。"[①]以此概见河南书院之兴,实为上下同心,士民协力的结果。

二、时空分布特征

据统计,清代河南书院开封府 60 所、河南府 52 所、卫辉府 30 所、南阳府 30 所、怀庆府 28 所、汝宁府 21 所、归德府 15 所、陈州府 15 所、许州 15 所、汝州 16 所、光州 12 所、彰德府 11 所、陕州 10 所。

(一)时间分布特征

康熙、乾隆、光绪时期是河南书院数量较多的三个时期,尤以乾隆朝为最。顺治、咸丰、同治时期是数量较少的三个时期,尤以咸丰朝为最。康熙、雍正、乾隆三朝,河南书院年均数量较高,顺治、嘉庆、咸丰三朝年均数量较低。清代前期河南书院总量和年均数量均远高于后期。这种情况的出现,与清廷书院政策的变化密切相关。

(二)空间分布特征

一是普及度高。清代河南书院基本遍及全省,仅个别县未置书院。二是发展不均衡。开封府、河南府书院数量最多,陕州数量最少;洛阳县最多,除南召县没有书院外,部分州县仅有一所。书院发展的不平衡,与辖区多少、经济文化发展程度关系很大。[②]

---

① 〔清〕张楷纂修:《永宁县志》卷七《政事部·书院》,清乾隆五十五年刻本。

② 参见王洪瑞:《清代河南书院的地域分布特征》,《史学月刊》2004 年第 10 期。

第二节 清代河南书院制度

清代是中国传统书院发展的高峰，各种规章制度渐趋完备，而官学化亦是日渐加深。清人称，“书院之设，仿古之党庠州序，所以辅翼学校，其用意至深至远。然无师长则质问无端，无书籍则考订无资，无膏火则奖进无术，三者固缺一不可”[①]。可见，师长、藏书、经费在书院发展中的重要地位，而其相关制度的制订与修改完善则至为关键。从历史上看，清代河南书院的组织制度、教学制度、经费制度、祭祀制度等多方面制度已日趋成熟。

一、组织制度严密

清代河南书院组织架构基本沿袭前代，一般设有山长（院长）、监院、提调、斋长、首事、杂役等。

山长（院长）是书院的主持者，负责管理教学、行政等事务。从清代河南书院的实际情况来看，一般是遵循着书院传统和清廷的规定，书院山长、主讲多为学问淹博、德行高尚之人，其中不乏理学名儒。清初的河南书院复兴，正是得益于理学士人的倡导。登封理学名臣耿介主持修复嵩阳书院，聘请四方名儒主讲。上蔡名儒张沐，“性耿介，笃信好学，不愧古君子”，“足不入城市”，“昔称非公不至，先生即公事亦不至也”，品行高洁，学问优长。“当事者景先生高风，即欲一见颜色而不可得”，后知县杨廷望“延请先生主持书院，而蔡之文教始骎骎盛焉”。[②] 他“尝以避荒居禹，主讲丹山书院”[③]，后受河南巡抚之聘主讲游梁书

① 〔清〕《郾城县筹增景文书院经费酌拟章程禀》，陈金台纂修，周云续纂：《郾城县记》第三十《文征外篇下》，民国二十三年刊本。

② 〔清〕杨廷望修，张沐纂：《上蔡县志》卷十《人物》，清康熙二十九年刊本。

③ 车云修，王棽林纂：《禹县志》卷二十八《寓贤传》，民国二十年刊本。

院，造就颇多。中牟名儒冉觐祖，"家业儒，累世簪缨。生而静重颖异，年十七补博士弟子员，即倾囊构（购）诸经史，沈酣钩纂，无间寒暑。癸卯举乡试第一。困公车，几三十年毫不介意，而学问行谊日益纯粹"。时耿介"更新嵩阳书院，延主讲席，弟子环侍，耿公亦侧坐敛容以听"。中进士后，请假归，张伯行"素与交契，重其学行，延掌请见书院教事，而登封令力请还嵩，不得已，乃东西两赴。尤以太极西铭指示圣学脉路，而向道者日益众"。其人"生平潜心理学，一言一行必与圣贤印合，教人以敦本立品为先。游其门者类德成名立，称一时儒宗"。汤斌"叹服，以为真名士。黄少宰谓为孔孟功臣，程朱后身"。一生著述颇丰，主要有《四书五经详说》《寄愿堂诗集文集》《选古诗》《唐诗字书》《诗传同异》《孝经详说》《性理纂要》《正蒙补训》《类书考正》《为学大指》《天理主敬图》《阳明疑案》及语录诸书，"学者宝之"①。新乡名儒尚重，"弱冠为诸生，潜心理学"，曾至孙奇逢之兼山堂"受业焉。凡所指授，辄能解悟，退则身体力行之。事亲孝，待诸弟以友"，"一时缙绅士大夫家争延致为子弟师"。尚重尝诲人曰："子臣弟友，即道之着落；日用饮食，即道之实证；四书五经，即道之统宗会元。""邑长闻其贤，礼聘为书院掌教。重以躬行为先，次及文艺。及门百有余人，皆检身制行，循礼法，畏清议，修德工文。如郭培祉、郭培乾、张来旬、郭培远、孔兴暹，尤卓卓可纪者。"②值得注意的是，随着官学化的加深，清廷任用学官执掌书院，加强对书院的控制。嘉庆年间，伊阳举人刘仲舒，"授考城训导、上蔡教谕，性耽经史，尤通周易，为文有法度，一时碑版多出其手。掌教紫逻书院，多所成就"③。辉县教谕郭士冠，"和平爱士，常课外益以斋课，兼长书院，分纂辉县志，考订颇精"④。

监院的地位仅次于山长，负责书院的行政、财务管理及生徒品行稽察等工作，多由政府委派学官兼任，也是官学化加深的重要体现。嘉庆年间，林县人路镇藩"平日讲学以躬行实践为主，尝谓应酬世故莫非学问"，出任"开封教授，甫下车，即捐俸三百修葺学署。上宪嘉其勤敏，委大梁书院监院"。他对书院"诸

---

① 萧德馨修，熊绍龙纂：《中牟县志》三《人事志·理学》，民国二十五年石印本。
② 〔清〕赵开元修，畅俊纂：《新乡县志》卷三十二《儒林传补遗》，清乾隆十二年石印本。
③ 〔清〕张道超修，马九功纂：《伊阳县志》卷四《人物》，清道光十八年刊本。
④ 〔清〕周际华修，戴铭纂：《辉县志》卷二《职官表》，清光绪二十一年刻本。

生有贫乏者佽助之,年终在院度岁者给以炭资”。[①] 西华人于锦堂“学宗洛闽”,从温县理学名臣李棠阶游。咸丰年间,“学使景其浚荐,授光州训导,以端士习励风俗为首务”,后河南巡抚涂宗瀛“调署开封府学训导,兼大梁书院监院”。他在任内“整厉院规,尚德崇贤。时受课者数百人,莫不怀畏于监院也”。[②]

提调与监院相类。鲁山人宋足发,“岁贡生,任开封府儒训导,提调大梁书院,立规约十余事训诸生。时,布政使图某推重之。在官五年,自奉俭约,节俸周恤贫士”[③]。卫辉府浚县人周遇渭,亦曾“以陈留教席,奉檄提调大梁书院”[④]。

斋长,负责协助书院山长、监院管理诸生,多由山长选调学行兼优之士担任。魏鼎为“淮阳三先生”之一,少聪慧,好经史,“敦尚行实,不经意时艺”,其学“祖述孔孟,宪章程朱,距佛老而辟陆王,汉学西学一律屏黜”,“教人专读五经四书,而以朱子小学五子近思录为之阶级。先儒语录择其精粹者,时加体玩,博文约礼,循循善诱,问伊落之源头,寻孔孟之乐处”。光绪年间,“邵伯英(邵松)学使创明道书院,聘黄曙轩(黄舒昺)先生主讲席,荟萃通省文人,昌明洛学,调取先生为斋长”[⑤]。同时延为斋长的还有孙举海,“增广生,持躬端严,笃信守礼。尝谓讲学必本于敬,因号敬庵。性孝友,事亲色养备至,于兄弟推财让产。弱冠即志圣学,与王柳圃、曹次楩诸子相友善,所学益进,洞见姚江之偏,极服膺胡敬斋之《居业录》,涵泳体行,无间寒暑。言九思为主敬之本,九容为主敬之方。又曰诸友宁攻我于生前,勿议我于身后,言期可行,行期践言,居恒勇于自治,待人亦直言无隐”[⑥],“与之交者皆畏而爱之。礼之废久矣,君独勇而行之,授徒先小学,尤拳拳九容九思。忌日必哀素服居于外,事师心丧三年”。“子弟及冠,必前期,筮宾不以菲废礼,居丧不以酒肉待客。为人治丧亦然,期功缌麻皆如礼。”其人品行高洁,湖南进士刘人熙称,“笃实任事,开诚见心,未有如孙先生者。就其所至而论之,可谓笃信守礼之君子矣”。时“学使邵因二程祠创明道

① 王泽溥修,李见荃纂:《林县志》卷十二《人物上》,民国二十一年石印本。

② 凌甲烺修,吕应南、张嘉谋等纂:《西华县续志》卷十二《人物志》,民国二十七年铅印本。

③ 〔清〕武亿、董作栋总纂,孙德高等注释:《鲁山县志》卷二十三《列传》,鲁山县地方志编纂委员会 1984 年重刊本,第 246 页。

④ 〔清〕熊象阶修,武穆淳纂:《浚县志》卷二十《艺文录 · 著述》,清嘉庆六年刊本。

⑤ 王新桢:《魏肇峙教思碑》,郑康侯修,朱撰卿纂:《淮阳县志》,《淮阳文征 · 外集》,卷六《人物》,民国二十三年铅印本。

⑥ 郑康侯修,朱撰卿纂:《淮阳县志》,《淮阳文征 · 外集》,卷六《人物》,民国二十三年铅印本。

书院，聘院长，湘潭黄君专讲伊洛之学，特调取入院为斋长。君推本素志，力挽颓风。诸生或目为迂，未尝不敬其为人”。[①] 品行端正的斋长，往往备受世人敬重。新乡恩贡马少波，“安贫乐道，不求闻达。茅檐蔀屋，疏水不给，宴如也。教授生徒，不受贫者脩脯。见有恃衿妄为者，以为有玷胶庠，辄羞与为伍。充鄘南书院斋长，处事公正，一介不苟。邑侯、山长皆敬重之”[②]。

首事，负责管理书院具体事务，多由士绅推举公正廉洁者担任，按职责分为监课首事、经管首事、值课首事、值年首事等。中牟岁贡段玉琪，“中年失怙，母曹氏忧戚成疾，卧床三年，医药必亲手，昼夜不离母侧，衣不解带，寒暑无间，读书尚手不释卷。三年余，母病乃痊”。光绪七年(1881)，“众推为本县景恭书院首事，兼办义仓储谷事宜。历任六年，公正无私。乡邻有讼争者，辄亲为排解，息讼无算，合邑称道。邑令黄公表其门‘孝友可风’”。[③] 项城邓文垣，“秋闱屡踬，遂绝意进取。后进从游日众，随材造就，无少长皆推以诚，暇则编篱种菊，秋深花盛，招知交吟哦其中，号曰友菊以自况。因平日守正不阿，同人交推经理书院事，出纳会计，必公必慎”[④]。滑县卢自新，“弱冠游泮，性豁达不为贫累，教授东门义塾十有余年，学生贫者助以纸笔费。光绪年间被举为书院首事，书院经费支绌，与同事邑绅郭景新禀明县尊，变卖逆产发当生息，充书院生童膏火”[⑤]。

杂役，承担书院日常杂务役力人员，如门斗、斋夫、车夫、厨子、樵采、水火夫、更夫等。

二、学规制度完备

清代河南书院制度的成熟，主体表现在学规的制订、完善和普及等方面。雍正年间，新乡鄘南书院掌教张资淇撰《鄘南书院条规》一卷。乾隆时，山长畅

① 〔清〕刘人熙：《孙立庭传》，郑康侯修，朱撰卿纂：《淮阳县志》，《淮阳文征 · 外集》，民国二十三年铅印本。

② 田芸生总编，韩邦孚监修：《新乡县续志》卷六《人物传下 · 廉介》，民国十二年刊本。

③ 萧德馨修，熊绍龙纂：《中牟县志》三《人事志 · 列传》，民国二十五年石印本。

④ 〔清〕杨凌阁：《邓君文垣墓志铭》，〔清〕施景舜等纂修：《项城县志》卷十九《丽藻志八》，民国三年石印本影印本。

⑤ 马子宽修，王蒲园纂：《重修滑县志》卷十八《人物 · 义行》，民国二十一年铅印本。

俊又撰《鄘南书院课则》一卷,“一遵鹿洞、鹅湖矩矱”[1]。钱塘缪瑧序称,“课则敷陈乎座右,善比文翁;箴言胪列于案头,严逾常爽。言言导窾,直通若孔之情;字字警心,曲尽铸颜之术。器识文艺,先后攸分;学问交游,正邪必辨”[2]。道光六年(1826),辉县知县周际华因见百泉书院已颓垣碎壁,乃捐俸筹资,将书院移建城内,设文生月课、童生常课,延聘名师张梧凤、刘屺南等为主讲。他教导生徒,为学“须深求乎姚、许诸儒讲学之旨,与夫太极、百泉之所以名,各正性命,自课身心,俾道学之传,不让前贤独步。斯文风日振,士习可端,家诵户弦,科名不待问矣”[3]。周际华制定《学约十条》:一是立学,“学于古训乃有获。学者,教也。教为父子,教为君臣,教为长幼夫妇朋友,全要在五伦上用功”,同时还要见诸于行,如有所获,方为实学。二是立教,“传道、授业、解惑之谓教,教者必先明乎道之所由修,业之所由成,惑之所由辨,然后以其所得使人各得,庶几乎师道立而善人多也”。三是立志,“士先志,凡事必要立定注意站定脚跟咬定牙关做去,事方有成”。四是立身,“内而格致诚正,外而齐治均平,皆以一身任之”,“爱身为学人第一要务”。五是立品,“所谓正其谊不谋其利,明其道不计其功,其立品者峻也”。当远离卑污之习、声色货利之谋。六是立德,“道之不明,何问乎德?德之不立,何所为据?诸生能于家常行习间,事事物物逐处讲求,先明乎道,乃可蓄德,事业文章何所施而不顺也”。七是立功,“生人际遇各殊,莫不各有当为之事,即莫不有当尽之功。幸而得志于时,则为相为卿,功在天下。等而下之,一官一邑,各随其职分之所为,皆可以展吾抱负。即不幸山林终老无所发挥,而遇事程材,亦足以成人善俗”,须有“立功之愿”。八是立言,“言以阐道,古来载籍极博,必其道明于心见于行,而后发于言也”。九是立名,“声闻过情,君子所耻,盖无其实而荣其名,实足为士行之累耳。然疾没世而名不称,其又谓之何也”,“无近名之心而不可无立名之道”。十是立诚,“所谓诚其意者,毋自欺也。这是人间生死关头,诚则为人,不诚则为鬼。诚伪之辨,敬肆之所由分,即人禽之所由判也,是以君子慎之。孔子曰谨、曰信、曰忠、曰敬,千言万语总是

---

① 田芸生总编,韩邦孚监修:《新乡县续志》卷五《人物传》,民国十二年刊本。

② 〔清〕赵开元修,畅俊纂:《新乡县志》卷二十二《艺文中》,清乾隆十二年石印本。

③ 〔清〕周际华:《移置百泉书院城内记》,〔清〕周际华修,戴铭等纂:《辉县志》卷十七《艺文志三》,清光绪二十一年刻本。

要学人矢一片诚心,心信得过,方可为人。若自问先不自信,又何以求信于人乎”。[①] 此《学约十条》标准之高,要求之严,期望之厚,堪称当时书院学规之典范。

康熙二十五年(1686),上蔡知县杨廷望创建上蔡书院,制定十项规条:一是慎选经师。必须拣选文行兼优者以为生徒模范,“竭诚礼聘,在院训迪,不得徒慕虚名,延致匪人。纵有学富五车而行乖三德者,不得徇情引荐,上得罪于圣贤,下有负于后学”。二是注重品行。书院原系先儒谢子讲道读书处,生徒在院就学,必须“先器识而后文艺。倘有品行不敦,徒事佔哔,或有天资刻薄放荡为高,或有盗袭虚声分立门户,诸如此类有忝名教者,经师尽法处究,立行驱逐。如师长徇庇,许院长率阖院生徒鸣鼓共攻”。三是食宿安排。“诸生附近书院者供给不议外,如有路途遥远城中无处寄食者,自备粮食交厨役代爨。”四是会文饮食。“诸生会文日,午间院中备点心一顿,或汤面,或米粥,论人数多寡,书记公同院长支领麦谷,先期舂办,登簿汇算报销。”五是严肃院纪。“生徒及诸色人等,不得在院饮酒赌博,违者送官按律究拟,并不得呼朋引类在院嬉游。”六是杜绝滋扰。“蠹胥乡地不得假称上司过往,暂□驿舍邮亭。间有官司借寓游客及宴宾演戏者,院长婉辞。至于乡绅衿士借院设席及闲人擅入坐卧骚扰者,轻则院长面斥,重则鸣公。”七是排斥佛道。“奸徒不得借守院名色,延致僧道诵经修斋、装塑神像。”八是严禁贪墨。院长、书记、门斗、庄头,“有侵欺租课通同作弊冒破支销者,查出重则,申宪按律究拟,□则送县尽法究追”。九是管理学田。“武生刘瞻武将垦熟荒小地贰顷陆拾贰亩□愿输书院,知县杨廷望给瞻武牛工银捌两,以其地给守院人耕种办粮,如后有更替者,即将此地交代,不得据为己业私相典卖。”十是保护院产。“义庄地亩将坐落四至号段,书院勒石外,备造清册二本,一存县库一付院长收执。其各庄地界俱勒石立于地旁。如有奸民及蠹胥学霸私将界石毁弃希图侵占,或将册籍改补移丘换段朦胧影射,许在院生徒呈告院、司、道、府按律究拟。”[②]此规条对书院经师选聘、生徒行修、道统传承、秩序维护、经费报销、院务管理、田产保护等方面做了比较全面和细致的规定,为上蔡书院长远发展奠定了重要的制度基础。

---

① 〔清〕周际华修,戴铭等纂:《辉县志》卷八《学校志·书院》,清光绪二十一年刻本。

② 〔清〕杨廷望修,张沐纂:《上蔡县志》卷二《建置志·书院》,清康熙二十九年刊本。

乾隆年间,伊阳知县李章堉制定的紫逻书院规条,则专门对士子如何为学做出了明确规定。一是端模范。伊阳为二程夫子故里,“遗徽不远,景仰弥新”。“诸生幸生其地,沐其泽,便当以古贤喆之徒自期。如一月春风,如深夜立雪,师型具在,求之有余。”设两夫子神主于讲堂,“每月朔望率诸生展拜,共起仰止之思,庶几知所矜式,克端宗尚”。二是植品行。士人读圣贤书,宜正心术勤问学。“诸生或身列胶庠,或名挂儒籍,便当以礼义廉耻四字悬诸心目,勿以才华让人,勿以名节自隳”。读书作文之余,“不得干涉户外”“匍匐公庭,或夤缘私谒”,“各自爱鼎,凛非公不至之训”。三是勤讲解。“圣贤精蕴具在经籍,索之则愈出,析之则弥旨”,不可以一知半解便夸心得。要求诸生“平日各将四书五经,以及宋儒性理诸书、四子近思录,悉心玩味,折衷于御纂钦定诸经,其有疑义未彻,随手录记,遇朔望或课期公集,各出所知,互相辨难,勿执故见,勿蓄已疑”,以不负教学相长之意。四是正文体。制义代圣贤立言,浮浅艰深皆有未得。“日变者风气,不变者义理,诚能以义理运其心思,不拘体裁高下,皆以愚将吾乡汪吴名选中采择百篇,用示之鹄,使尔诸生屏从前之揣摩,知作文之变化,庶几得所准的。”五是严课程。“业精于勤荒于嬉”,“盖以心思日用则愈灵,学业不进则渐退,从未有中立之介”。诸生“约朔望齐集讲堂,命题校试。余期听候院长秉笔,务期各出心裁,交相砥砺”。“如有连次不到,及文理荒谬者,传至讲堂,面加训饬。其中学业勤谨屡列前茅者,亦必量加奖赏,用昭鼓劝。”①上述规条讲解为学之道,意在激励士气,津梁后起。李章堉称,“不徒学殖之勿荒,而在士品之克立;不患始基之不奋,而在终事之有恒。爰是胪列规条为诸生勖。言近乎迂,事务夫实。幸各触目潜心,一加体验,或未必无小补云”②。其言谆谆,其情殷殷。

道光初年,伊阳知县张道超又制定紫逻书院章程,规定了书院课试制度、膏火标准、奖励名额等。一是每月逢三日斋课,二十八日官课。二是官课“集署内扃试,以昭慎重”。三是增加生员、童生膏火名额,“每名每月增作钱六百文”。四是每月初三日发给膏火,“即以上月官课正取人名为准”。五是每月斋课三次,给予奖赏。“生员一二名,每名增作钱三百文,三四名每名增作钱二百文,五名增作钱一百六十文;童生一二名,每名增作钱二百文,三四名每名增作钱一百

---

① 〔清〕张道超修,马九功纂:《伊阳县志》卷三《学校志·书院》,清道光十八年刊本。

② 〔清〕李章堉纂修:《重修伊阳县志》卷二《学校·书院》,清乾隆三十一年刻本。

六十文，五名增作钱一百一十文。”五是住院各生童“每名每月仍照旧给煤油钱二百四十文，如前半月不院中过十五日以外者，不得领一月煤油”。[①]

三、经费制度完善

稳定充足的书院经费，卓有成效的财务管理，是书院正常运行和发展的重要保证，所谓“必经费有余而后事可经久”[②]。反之，“饔飧不继，犹能专心学业者，几人哉？”[③]“枵腹而习诗书，徒手而谈礼义，虽智士亦知其难”[④]。经费短缺的情况一旦出现，必然会影响到书院的生存与发展。清代河南书院经费与前代相比，具有经费来源多元化、生息方式多样化等特点。

（一）经费来源多元化

1. 政府拨款

清廷为鼓励举办书院，保障书院正常运行，曾多次下令为书院拨款。雍正十一年(1733)正月，雍正帝命各省督抚于省会设立书院，选择文行兼优之士读书其中并严加考核，朝廷则发帑金千两以资书院膏火，其不足部分，准许于存公银内支用。[⑤] 政府拨款一般用于官办书院，开封大梁书院即是如此。

2. 官员筹资

关心文教的地方官员，经常会为书院多方筹措经费。康熙年间，河南巡抚李谋建书院，“设诚断行，两月间不惜数千金而书院垂成，复谋各宪台捐俸制地城南二十顷，以供永远食用之费”[⑥]。上蔡知县杨廷望为筹集书院经费，不仅自己“蠲资置买地亩，买牛招佃垦种，收课完纳学租”，还“将崇礼等三里赔累虚粮，

---

① 〔清〕张道超修，马九功纂：《伊阳县志》卷三《学校志·书院》，清道光十八年刊本。

② 〔清〕史致康：《彝山书院志序》，《彝山书院志》，清道光二十三年刊本。

③ 〔清〕罗汝廉辑：《浏东洞溪书院志》卷下四《产业》，清光绪二十五年刻本。

④ 〔清〕张道超修，马九功纂：《伊阳县志》卷三《学校志·书院》，清道光十八年刊本。

⑤ 《清朝文献通考》卷七十《学校八》，杭州古籍出版社2000年版，第5504页。

⑥ 〔清〕耿绣彝：《上李大中丞书》，周振西修，刘盼遂纂：《太康县志》卷六《艺文志下》，民国二十二年铅印本。

详请豁除讫,以其余粮供书院之用”。[①] 柘城知县史鉴以“书院之立,与学校相表里,必使学者耳目定心志一,而后可以语至道,乌容不祀孔子以定所宗”,“遂蠲吉度地”,“捐俸百二十五金,构木运石,次第作兴”,于朱阳书院中央建圣殿三楹。[②] 乾隆二十八年(1763),镶红旗人富勒赫由孝廉任太康知县,次年“以养廉银四百两捐入书院,振兴文教”[③]。伊阳紫逻书院初建时,知县邓国藩与教谕孙嘉“共筹建置堂庑舍宇,并设更谋购地亩为掌教馆谷之资”,“惟肄业生徒膏火尚缺”。知县徐文弼莅任后,“会有张陈两姓因售地未成讼于官,质讯之,张售地于陈,业已定约,而陈营价不足退约,令张别售而无主”,“遂代给价留地,以平其讼,意欲归之书院,为生徒膏火。计据原约载价二百金,先予之半,将续益其数”。后因徐令解任,教谕王煜“毅然捐清俸以勷之,然以冷官薄禄,力难独肩”。乾隆四十二年(1777),汝州知州汪涛得知后,“嘉二君之育才培士,因乐佽助而玉成之”。[④] 浚县希贤书院的经费来源有生息银、田租等。乾隆四十六年(1781),知县吴学曾“以公费银四千两生息作经费,后又以银易地十四顷、小地六十六亩”。嘉庆四年(1799),知县熊象阶“增买小地二十一亩”,“俱召佃领种,以为膏火。田地肥瘠不同,不敷银两,知县熊象阶捐给”。[⑤] 道光年间,淮宁雷兼山,学行兼优,历四任郾城教谕,“从学者日众,殷殷诱掖,其寒苦者月给膏火,成就良多”,“至印结陋规绝不斤斤较量,遇寒士不惟不取,且多所与也”。雷兼山俸满升南阳教授,“将去郾,出积俸三百两,以其半交邑宰为捍御资,下余百五十两捐入书院,而泐山西常君星五名”。据项城举人杨凌阁《雷静斋墓表》称,“盖常君曾在陈开典铺,公入都朝考时贷于常君,常君旋里不复归,故以代捐为还项,求无愧于心而已”[⑥]。观雷兼山为人行事,颇有古风。

一些书院之所以能够多历年所,正是得益于历任地方官的持续筹资修缮。清代河南有许多书院得到地方官的长期捐修维护,长垣寡过书院即是其中之

---

① 〔清〕杨廷望修,张沐纂:《上蔡县志》卷二《建置志·书院》,清康熙二十九年刊本。

② 〔清〕窦克勤:《朱阳书院志》卷四《文翰·朱阳书院创建圣殿记》,清康熙三十四年寻乐堂刻本。

③ 周振西修,刘盼遂纂:《太康县志》卷七《职官表》,民国二十二年铅印本。

④ 〔清〕汪涛:《捐置书院地亩碑记》,〔清〕张道超修,马九功纂:《伊阳县志》卷六《艺文志》,卷三《职官志》,清道光十八年刊本。

⑤ 〔清〕熊象阶修,武穆淳纂:《浚县志》卷六《建置·书院》,清嘉庆六年刊本。

⑥ 杨凌阁:《雷静斋墓表》,郑康侯修,朱撰卿纂:《淮阳县志》卷八《外集》,民国二十三年铅印本。

一。该书院初建于康熙五十九年(1720)。乾隆五十年(1785),知县傅轶宗因双忠祠义学倾废,将祠内原设义学田地五十六亩拨入寡过书院,以资膏火。乾隆五十七年(1792),署知县方其畇"捐元银二百两,交当典生息,每岁收息银四十两内,送山长薪水银十六两,岁修银四两,生童考试盘费银二十两"[①]。道光二十五年(1845),知县焦家麟筹资增置号板坐凳。次年,知县王兰广捐修书院门前桥梁道路,并添膏火。同治元年(1862),知县易焕书"劝捐大钱一千五百千,发当生息,增加经古课膏火。同治三年(1864),又劝捐大钱七百千,发当生息"。同治四年(1865),知县王兰广"复一律补葺生童号板坐位"。同治十年(1871),知县陈金式"劝捐修补书院讲堂、斋房、书斋、大门等处及蘧大夫祠,甫及动工,调署邢台知县,观祜接办修理"[②]。

官员长期捐资书院,多获嘉尚,但势难持久。乾隆三十一年(1766),嵩县知县康基渊多次捐廉扩建书院、购买书籍。其上司河南知府朱称,"至于每岁捐费多金,更见急公之雅。但捐项难垂久远,如再妥筹以为久远计,则物不唐捐,垂爰无穷矣"。[③] 的确,仅凭官员一己之力,实难长期维持一座书院的生存,必须深思熟虑,扩大经费来源,为书院筹措稳定而充足的经费,以利于书院的长远发展。郾城县景文书院,"乾隆时傅豫创建以课士,置田以为经费,岁既久,经费因移转而无所借,故兴废无恒。最近者,咸丰时庞交赞、同治时王凤森能勤于月课,然未暇为久远计。自凤森后又数年,皆辍置不复计议,馆舍仅存而已"。光绪五年(1879),顺天武清县举人曹星焕莅任后,"愁然忧之,于各保籍书每年例缴县署津贴、驿站公费项内提拨归入书院,于是经费有所出"。[④]

官员为书院筹资,亦可能出现公私不分的情况。乾隆六年(1741)十一月,乾隆帝"闻德沛私借盐道库银八千两,捐给书院膏火",甚为不满,认为"清正大臣行事,断无擅动公帑以博私誉之理。且德沛以理学自居,刻书太多,夸张传播,亦非真理学之所为也"[⑤]。类似德沛之"慷慨"者恐亦不少,官员动用公款捐

① 〔清〕李于垣修,杨元锡纂:《长垣县志》卷六《建置志第七・书院》,清嘉庆十五年刊本。

② 〔清〕观祜等修,齐联芳等纂:《增续长垣县志》卷上《学校》,清同治十二年刊本。

③ 〔清〕康基渊纂修:《嵩县志》卷十六《学校》,清乾隆三十二年刊本。

④ 陈金台纂修,周云续纂:《郾城县记》第十二《职官篇下》,民国二十三年刊本。

⑤ 《清高宗实录》卷一百五十五,清乾隆六年十一月庚寅,《清实录》第10册,中华书局1985年影印版,第1216页。

助亦应有所界限。

3. **民间捐资**

在多数情况下，书院民间筹资多由地方官“以上率下”，带头倡捐。乾隆年间，南阳知府庄有信创建宛南书院，“首蠲六百金以为之倡，而属州县继之，而绅士而鹾商俱闻风慕义，各捐数千百锾，以供卜筑之用，而财不匮；日役数千匠，厚其佣力之值，而工不病；采木石于他州，邪许之声载道，丰其辇运之资，而役不困；牒移别驾，稽其出纳之管，而察之也详。举绅士之廉能者八人，司其支给之数而散之也均。委广文五员，佐杂五员，或董其程而督之也勤，或度其材而择之也精。十月兴工，岁毕而工竣”①。伊阳知县李章堉称，紫逻书院经费短缺，“旧拨入田一顷余，给院长脩脯资廩焉犹且弗给，而于诸生未能波及焉。责其肄业毋荒，势将难继”。他莅任后“即为经画，计无所出，谋欲量力捐廉，入地几亩，以为众倡”，呼吁广大民众“如或有公众余产，或有寺院废业，各相劝输，以助诸生膏火，兼可贮书籍，广斋舍，俾小邑之中大沾文明之盛化，则惓惓之私愿。有志未逮，非敢以驱迫从事者也”。② 其态度诚恳，言辞恳切，体现了造福民众的十足诚意。济源知县萧应植重修甘俞二公书院，“首捐俸以为绅士倡，而绅士亦翕然从风，有重擎易举之请。助粟者不吝，捐金者不乏，于是辇长材构众工，缺者补之，露者葺之，欹者扶之，坏者易之，上栋下宇，既勤朴斫，又涂丹垩。向也垣之颓者，今则高其闬闳，厚其墙垣矣；向也屋之圮者，今则如鸟斯革，如翚斯飞矣”，各界同心协力，共襄盛举，“阅数月而落其成”。③ 鄢陵知县保麟于乾隆五十六年（1791）莅任，“振兴文教，崇重师儒。鄢邑文清书院无延师养士之资，劝各绅士捐银一千七百两贮之质库，计年生息，脩脯膏火俱有所出，文风丕振，人士戴之弗忘”④。嘉庆年间，项城知县邵杰计划筹资重修莲溪书院，“捐廉以为首倡，并设募簿，属邑之绅士广劝同人黾勉乐输以复盛业”。民众积极响应，踊跃捐

---

① 〔清〕庄有信：《宛南书院碑记》，〔清〕潘守廉修，张嘉谋纂：《南阳县志》卷六《学校》，清光绪三十年刊本。

② 〔清〕张道超修，马九功纂：《伊阳县志》卷三《学校志・书院》，清道光十八年刊本。

③ 〔清〕萧应植：《重修甘俞二公书院碑记》，〔清〕萧应植纂修：《济源县志》卷十五《艺文》，清乾隆二十六年刊本。

④ 靳蓉镜修，王介纂：《鄢陵县志》卷十四《宦迹志・县令》，民国二十五年铅印本。

资,“未几而集腋之举已成”。[①] 咸丰年间,陈州知府刘拱宸“来守是邦,首以培养人才为务”。淮阳知县李澍欲修复弦歌书院,因“膏火无存,商之大守”。刘伯瑗慨然曰:“此吾两人事也,当首捐输以为士民倡。”于是捐钱二百串,知县亦捐钱三百串。在他们的榜样带动下,“适有于(鳌)翁者,家素封,好善乐施,闻之欣然仗义,捐钱一千串”。李澍对此举极为赞赏,称“上行下效,势固必然。所异者,当此屡遭兵燹之余,不以民力凋敝为辞,犹能出重赀以为作养人才计,于翁之德诚厚矣。余不忍没其善,将贞诸石而并及太守之绪论焉”[②]。

对于倡捐修建书院,一些官德较好、注重清誉的地方官则是持审慎态度。乾隆十二年(1747),伊阳知县邓国藩捐资兴复紫逻书院,地方士绅初有公捐之议,被他婉言谢绝。“及工将半,而请者益力。”邓国藩向他们解释自己的初衷:“余之不诺捐,非簿伊人也,非欲专善也。昔贤有训,‘君子信而后劳其民,未信则以为厉己也’。余任未久,而兴是役,若上捐议而后成,是恐未信而劳之也。”鉴于工程进展顺利,士绅捐助积极性高,他慎重考虑后同意民众捐资,“人之好善谁不如我。今吾伊人士,既有力能捐而心乐捐者,余亦何辞!”为此制定了详细的筹资章程,“与司工务者立簿列号以待之,请捐有呈,发捐有领,相续而请,计得四十六号”。在伊阳各界的努力下,“书院遂以苟完苟美矣”。他在《修紫逻书院碑记》中称:“汝州即古汝坟。今伊隶汝属,汝坟书院之名仍旧似未协。伊之山紫逻最奇秀,余题紫逻书院以新之,盖政地灵人杰之意。书院惟名创于余,其余财费心力皆出自吾伊绅士之乐善勇为,与同诸君子之和协赞勷也。”[③]邓国藩修建书院,以“后食之心以行之”,“上下洽服,感之即应”,不居功,不掩“伊绅士之美”,洵称良吏。

光绪初年,华北地区大旱成灾,史称“丁戊奇荒”,河南受灾严重。阳武县“嗷鸿遍野,流亡载道”,时“议赈议蠲者日不暇计,而于斯文一道置而不讲者年余”。光绪三年(1877)冬,“丹徒茂才悠之严君携重赀来助赈”。知县孟宪章与

① 〔清〕邵杰:《(莲溪书院)记》,张镇芳修,施景舜纂:《项城县志》卷九《学校志》,民国三年石印本。

② 〔清〕李澍:《弦歌书院捐钱碑》,郑康侯修,朱撰卿纂:《重修淮阳县志》,《淮阳文征·内集》卷五《民政下·教育志》,民国二十三年铅印本。

③ 〔清〕邓国藩:《修紫逻书院碑记》,〔清〕张道超修,马九功纂:《伊阳县志》卷五,清道光十八年刊本。

之“晤言之下，相得甚欢”。孟宪章《捐书院暨恤嫠生息记》云：“谈及此邦书院，余以绌于经费告，悠之慨然以千缗相助，为一邑倡。邑之人起而相应者亦复不少，共醵金九千缗，发当生息，以强半归书院，余作为恤嫠之费，恤其穷而保其节也。悉以县绅司其权衡，而官为稽核焉。后之人延名师勤考课，将见人文蔚起。”他认为“是役也，不成于年谷顺成之日，而成于饥馑流亡之后，余因感废兴之故，有莫之为而为莫之致而致也”[①]，于是特书以为纪念。值此大荒之年，知县孟宪章仍心系文教，不忘为书院倡捐，实属难得。

地方官对民间捐资助学的善举懿行，往往通过赐匾额、建坊、记文勒石等方式加以表彰。据《太康县志》记载，岁贡生郭书，“雍正十三年输赈谷一百石；乾隆八年输赈谷一百石，十二年输书院银五十两，十四年输普济院银五十两，太守邑令屡给匾奖”。贡生杨玉铎，性孝友，乐善好施，“嘉庆癸酉岁饥，周急邻里不可枚举，并助赈输粟三百石，邑侯高匾奖。复捐弦歌书院膏火银二千两，太守李匾奖”。杨木铎，“平生好义举”，其子“绍先与弟继先能继父志，于道光八年捐五百余金助修书院讲堂，县令为文泐石记之”。[②] 中牟校琬，性笃孝友，嘉庆十八年（1813）“岁歉，次春更荒，斗米千钱，出粟百余石以济贫，不计值，亦不责偿。其无告之亲族，迎养于家者四十余口。人咸德之。邑令于公旌其室曰‘庆集贤兴’”。在他的影响下，子玉堂“孝悌慷慨能继家声”，“捐银三百两为景恭书院膏火之资，议叙八品顶戴”。[③] 新乡国学生赵学礼，“性诚笃，乐善好施”，“慷慨仗义，周恤贫乏而绝不求报。捐巨赀助修鄘南书院，又捐修民乐桥。乾隆丙申，邑令积善以‘辟门吁俊’匾额表其门”。[④] 长葛孟继圣，“捐入陉山书院四百缗，邑侯王锡晋旌其门曰‘翼辅文明’”。[⑤] 项城冯利见，“性肫笃，慷慨好施。读书有大志，久困名场，年四十始入庠。邑修莲溪书院，肄业者苦无膏伙资，利见捐地七十亩充经费。知县李公以‘乐善不倦’旌之”[⑥]。武陟刘村镇人刘名扬，“性醇厚好施予，凡亲友疾病婚丧，有求助者无不应也。河朔、安昌两书院捐赀皆千

---

① 孟宪章：《捐书院暨恤嫠生息记》，窦经魁修，耿愔纂：《阳武县志》卷二《赈恤》，民国二十五年铅印本。

② 周镇西修，刘盼遂纂：《太康县志》卷十《人物传下》，民国二十二年铅印本。

③ 萧德馨修，熊绍龙纂：《中牟县志》三《人事志・孝友》，民国二十五年石印本。

④ 田芸生总编，韩邦孚监修：《新乡县续志》卷五《人物・义行》，民国十二年刊本。

⑤ 陈鸿畴修，刘盼遂纂：《长葛县志》卷九《人物传》，民国十九年铅印本。

⑥ 张镇芳修，施景舜纂：《项城县志》卷二十五《人物志四》，民国三年石印本。

余金。道光十六年,邑令张以‘功襄乐育’旌其门”[①]。孟县刘万清,“捐金修河阳书院,其妻党氏承夫志,于宗祠中施田百亩以为祭先办学经费。咸丰元年,旌表建坊”[②]。清代河南绅民慷慨好义,子承父志,妻承夫志,积极捐修书院,官府予以特别嘉奖,从而带动更多民众捐资兴学。

雍正年间,孟县监生崔秉纯,“疏财乐施,尝于其乡建学仁书院,又捐田十八亩为延师之资”[③]。乾隆年间,武陟窑头村孙乙玉,“蒙先业善持家,与弟乙鸣友爱甚笃,内而农事外而商业,皆一力担任,俾弟专志于学为名诸生。慷慨好施,邑里有大举,捐数千金,并身任其难”。时河北道朱岐、知县刘德尊于城内修覃怀书院,孙乙玉“首捐巨资,偕在事各绅董其役,阅五月工竣”[④]。嘉庆年间,浚县候选州同知太学生柴象观,因“文昌书院膏火缺,捐田五十二亩”[⑤]。道光年间,中牟马鹗,“富而好义”,“邑令董公创书院既成,而脯脩膏膳无所出。鹗慨入三百金以襄盛举”。[⑥] 庠生辛来弼,“以讲学为业,门下多知名士。邑令倡修书院,慷慨助赀”[⑦]。浚县西街武举人李煜文,“平时好施不吝”。知县朱凤森建韫山书院,“煜文捐地一顷、钱六百缗”。[⑧] 宜阳黄凤阁,“捐锦屏书院膏火钱三百串,以资费用”[⑨]。新乡庠生李镕,“性峭直,见义勇为”。其居近潞王坟,悉知万圣庵僧不法行为,如占垦无主荒地数十顷,私改碑记等。他“深恶之”,“摩拓原碑,呈请勘丈。僧恃富营干涉讼数年,屡蹶屡起。卒得省委袁继长会县勘讯明确详准,以僧占种熟田三十余顷,归鄘南书院招佃收租以充经费”。《新乡县续志》称,“迄今百有余年,诸生膏火之资,咸受其赐”。[⑩] 孟县西河庄人梁俊,“居平治家严肃,而自奉则极俭约。虽历官中外,不失书生本色。尤喜培植学校,本县河阳书院经费不足,慨捐银千两为基本金”。[⑪] 武陟北旺村谢宝琛,“天性孝

---

① 〔清〕史延寿修,王士杰纂:《续武陟县志》卷十七《孝义传》,民国二十年刊本。

② 阮藩侪修,宋立梧纂:《孟县志》卷七《人物下》,民国二十二年刊本。

③ 〔清〕仇汝瑚修,冯敏昌纂:《孟县志》卷六《人物下・孝义》,清乾隆五十五年刻本。

④ 〔清〕史延寿修,王士杰纂:《续武陟县志》卷十七《孝义传》,民国二十年刊本。

⑤ 〔清〕熊象阶修,武穆淳纂:《浚县志》卷十六《人物・集记》,清嘉庆六年刊本。

⑥ 〔清〕吴若烺修,路春林等纂:《中牟县志》卷八《人物志・懿行》,同治十年刻本。

⑦ 萧德馨修,熊绍龙纂:《中牟县志》三《人事志・懿行》,民国二十五年石印本。

⑧ 〔清〕黄璟修,李作霖纂:《续浚县志》卷六《人物》,清光绪十二年刊本。

⑨ 〔清〕谢应起修,刘占卿纂:《宜阳县志》卷八《人物》,清光绪七年刊本。

⑩ 田芸生总编,韩邦孚监修:《新乡县续志》卷五《人物・义行》,民国十二年刊本。

⑪ 阮藩侪修,宋立梧纂:《孟县志》卷六《人物上》,民国二十二年刊本。

友,事母怡怡色养,事伯兄如父。家世素封,尤乐于为善,诸凡捐修省垣,县城考院、书院,以及资助军饷、赈济荒歉,善行不可枚举”①。项城张致远,“见义勇为,乐善不倦”,“尝独输千金修复书院,且亲督役,观落成焉”。② 长葛木工王明山荐其弟至城内钱庄司账,“弟竟窃去白金三百,自署其名而逃。明山慨然曰死不可负人,即鬻宅以偿钱庄主人李荣甲。李不自安,乃以此金捐入本邑陉山书院置学田”③。

(二)经费生息多样化

1. 收取田租

伊阳紫逻书院初建时,“共捐田一百八十亩九分零”。乾隆十三年(1748),知县邓国藩“拨义学田七十亩归并书院”。嘉庆四年(1799),知县陈培英“甫下车即诣院,核前邓侯所置义产亩数,设档二,钤以印,一存置科,一发文斋长,俾两无混”。“会上店里有控河患地段,鞫之无粮,约例入官。乃筹请上宪,入于书院。又斋长赵某与庠生刘某,并高姓、刘姓等讼滩地无粮,均请入院。诺之。计各官地凡壹顷壹拾捌亩贰分叁厘玖毫陆丝伍忽,岁可收课钱七拾贯零玖百肆拾肆文,以此益广院中膏火。”④后“又历前任陆续增水旱荒熟地六百五十七亩九分三厘五毫”。道光八年(1828),知县张道超“履亩查出隐占地八十九亩九分五厘、开荒成熟地八十一亩二分七厘、新增入官地七十五亩九分五厘,计共水旱荒熟地一千二百五十七亩八分三厘五毫,内分水地八百五十六亩二分七厘五毫,熟五百一亩七分二厘五毫,旱地三百八十四亩,熟三百六十八亩,未开荒地共三百八十七亩七分四厘,现在行粿熟地八百七十亩九厘五毫,钱租麦秋二租不一,每年共纳租钱三百四十一千三百五十五文,麦租二十三石三斗六升,秋租十六石六升”。⑤

---

① 〔清〕史延寿修,王士杰纂:《续武陟县志》卷十七《孝义传》,民国二十年刊本。

② 张镇芳修,施景舜纂:《项城县志》卷二十五《人物志四》,民国三年石印本。

③ 陈鸿畴修,刘盼遂纂:《长葛县志》卷九《人物传》,民国十九年铅印本。

④ 〔清〕陈文琬:《倡劝筹设紫逻书院膏火感德碑记》,〔清〕张道超修,马九功纂:《伊阳县志》卷六《艺文志》,清道光十八年刊本。

⑤ 〔清〕张道超修,马九功纂:《伊阳县志》卷三《学校志》,清道光十八年刊本。

2. 交商生息

乾隆十二年(1747),永宁知县余廷璋到任后,发现书院"规模粗就,巍乎几成,仰观栋榱,未经丹垩,俯视地址,未铺砖石。询其院长,俸金从游膏火皆未之就理也,现积者若干,拖欠者若干,亦皆未为之熟计而审处也"。他考虑到"物每坏于垂成,业易败于末路","于是将收者付诸盐当,岁讨其息,其拖欠者陆续纠来,亦取息于盐当,为书院师弟之费,一切器具胥备罔有缺失"。[①] 乾隆十七年(1752),杞县知县藩思光"率绅士捐银一千两,以五百两典侯怙毓旧宅为志学书院,余五百两加二生息,为书院延师之费"。后知县汪修镛"将捐项付盐商生息"。"绅士复公捐银五百两,共一千两,知县徐如源将捐项付当店加二生息"。[②] 乾隆二十年(1755)秋,温县知县王其华倡修卜里书院,"士民乐鸠金计二千余,酌分寄盐当收息,为历年膏火资"[③]。收取生息银是伊阳紫逻书院的一个重要经济来源。嘉庆十年(1805),知县陈培英"捐银一百两,拨邑公剩银一百两,贡生何德隆百五十两,监生王所钦百五十两,千总黄士俊一百两,共本银六百两交典生息,每年息银七十二两"。至道光年间,"纳钱七十五千文"。[④] 道光二十六年(1846),长垣知县王兰广筹增寡过书院经费。其记云:"适县案有罚锾二百五十缗,余复捐俸一百五十缗,以三百缗发当商,长年得息金四十五缗,用益膏火之费。"[⑤]同治十二年(1873),知县费瀛"以新旧捐赀制钱九千余缗,发典生息,为延名师之束脩,助生童之膏火",并"立条规,书之于版,以冀垂诸久远"。[⑥] 光绪五年(1879),商水县教谕于学濂"在任内倡捐谷四十石,仿朱文公社仓法设仓,试办不数年,积谷二百余石"。光绪二十一年(1895),"经该县绅董售息谷一百石,得钱四百串文,入该县文富书院发商生息,作课士奖资"。[⑦]

---

① 〔清〕张楷纂修:《永宁县志》卷七《政事部・书院》,清乾隆五十五年刻本。〔清〕余廷璋:《重修洛西书院碑记》,贾毓鹗修,王凤翔纂:《洛宁县志》卷六《艺文》,民国六年铅印本。

② 〔清〕周玑纂修:《杞县志》卷五《建置志・书院》,清乾隆五十三年刊本。

③ 〔清〕王其华:《卜里书院碑记》,〔清〕唐侍陛修,洪亮吉纂:《重修怀庆府志》卷三十《艺文志》,清乾隆五十四年刻本。

④ 〔清〕张道超修,马九功纂:《伊阳县志》卷三《学校志》,清道光十八年刊本。

⑤ 〔清〕王兰广:《筹增寡过书院生童膏火并捐修桥路记》,〔清〕观祜等修,齐联芳等纂:《增续长垣县志》卷下《艺文志》,清同治十二年刊本。

⑥ 〔清〕费瀛:《重修寡过书院增添试院记》,〔清〕观祜等修,齐联芳等纂:《增续长垣县志》卷下《艺文志》,清同治十二年刊本。

⑦ 阮藩侪修,宋立梧纂:《孟县志》卷七《人物下》,民国二十二年刊本。

书院经费交商生息，在资产增值的同时，也易形成“官商结纳之渐”，不无借肥私囊情弊。乾隆二十四年（1759）三月初一，乾隆帝就曾谕令各省督抚就公项银两营运生息事“悉心筹画详议”。河南巡抚胡宝瑔称，“书院一项，蒙赏赐帑金之外，不无筹拨公捐，而收息不多，亦应仍存其旧，以明教养兼重之义”①。各地督抚也大多持此意见。道光九年（1829），御史刘光三奏称，“河南省经前任巡抚程祖洛，饬各州县设立义学多处，或劝绅民捐赀，或劝富户创修，规模既定，穷檐子弟皆得入学肄业。第此项银两，发商生息，仍由地方官经理，终非善策。即如新郑县捐输义学之项，于道光八年发商，即于本年勒令呈缴。洧川县书院，道光八年甫经创立，今年已废讲课。请明立章程，令各州县分派老成殷实绅民经管，发商生息、买田招佃，听其自便。地方官设簿立案，公事稍暇，亲赴义学考其功课。其繁要地方，即令教官代为稽察”。道光帝谕军机大臣，“地方设立义学，最为善举。各绅民所捐经费，必须筹画经久之计，乃为有益。着杨国桢查明所属绅民捐出义学经费，各就地方情形，妥为筹议，立定章程，务须行之久远，断不可令地方官任意侵挪，日久视为具文，以致有名无实”②。此谕虽是对义学经费而发，但于书院无疑也是适用的。此后，河南地方官采取措施，加强对书院经费生息的管理。道光十二年（1832），温县知县张向辰主持重修卜里书院，“聚金六千两，靡金一千两，余金五千两，存诸质库，永为生息，谨出入，杜侵挪”③。同治四年（1865），王兰广复任长垣知县，发现寡过书院“前捐膏火及旧存息项悉经当事挪用”，不禁“为之怅然”，认为“盖宜为者而不乐为，非尽力不能为也。于是方与首事李君兆钱等筹筑埝工，兴修大王庙，因将集赀与充公各项择修双忠祠、八蜡庙、东岳庙、仲子祠，并将书院一律补葺，生童号板座位如式分购，交院夫具领，以专责成。每逢课期，亲为扃试”④。书院经费管理不易，于此可见一斑。咸丰年间，淮阳知县李澍称，弦歌书院“旧有民捐钱三千串有奇，交当生息，为肄业

① 《河南巡抚胡宝瑔为遵旨筹议公项银两营运生息未可一概禁止事奏折》，《乾隆朝书院档案》（上），《历史档案》2012 年第 3 期。

② 《清宣宗实录》卷一百六十三，清道光九年十二月辛巳，《清实录》第 35 册，中华书局 1986 年影印版，第 532 页。

③ 〔清〕张向辰：《重修卜里书院碑记》，王兴亚等编：《清代河南碑刻资料》第 4 册，商务印书馆 2016 年版，第 240 页。

④ 〔清〕王兰广：《重修寡过书院记》，〔清〕观祜等修，齐联芳等纂：《增续长垣县志》卷下，清同治十二年刊本。

生童每月膏火之费。自咸丰二年前任挪用,而今废已久矣”。有鉴于此,他将倡捐所得款项“交本地方绅董筹画生息,为长久计”[①]。光绪年间,荣城闫庆华莅任许州,闻知聚星书院“士子每月膏奖,恒经胥吏手折扣侵蚀”后,为杜其弊,“每开课亲自莅院,点名核发膏奖”。[②]

(三)经费使用规范化

书院经费支出主要用于院长脩金、生徒膏火、购书、维修、节仪、夫役工食等项。清代河南书院不断加强资产管理,细化项目,制定章程,推动经费使用规范化。

康熙三十二年(1693),襄城名儒李来章将紫云书院学田勒石为记,称“昔吾先子继恭靖東鹿公遗意修葺紫云书院,略有次第,又以为廪食无所出,将不足以垂永远,乃出橐中赀买置学田百二十亩,临终之夕犹谆谆谕戒子孙,勿以贫故私攘学田所入,及擅鬻于人,违者吾目且不瞑,不孝莫大焉。数年以来,雇工辟垦,熟而可种者已得若干亩,今将胪列学田段数坐落刻于石上,置紫云书院中,使后人有所遵守,以终竟吾先子之志”。他又请于知县许子尊,“非得明廷一言,不足以为征信”。许子尊敬佩李氏家族经理书院,“担荷斯文,陶淑善类”之功,欣然作《紫云书院学田记》云:“表章惟恐或后,亦人世之不可多得者也。百世之下,闻李氏之风者,有不奋然而兴起者哉?”“学田段数坐落具列左方,不独诫李氏子孙,且将使通邑之人有所考云。”[③]这一学田碑记,成为保障紫云书院田产的明证。

康熙三十四年(1695),襄城知县刘子章捐俸修建希贤书院,“中庭祀颖考叔、李元礼、范尧夫三先生,后为诚意堂,前后两庑一二楹,以为训迪生徒处,又查出青冢寺僧欺隐地二顷,又捐买生员刘青莲地壹顷玖亩叁分,入之祠中,为诸生每岁肄业之费”。然“祠成,未及延师训课”,“即奉行取入都,愿不能毕,甚为憾事”。离任之前,他对书院未来发展预作筹谋,“祠之启闭,则附之祖师庙耿道

① 〔清〕李澍:《弦歌书院捐钱碑》,郑康侯修,朱撰卿纂:《重修淮阳县志》,《淮阳文征·内集》,民国二十三年铅印本。

② 王秀文修,张庭馥纂:《许昌县志》卷八《官师上·宦迹》,民国十二年石印本。

③ 〔清〕许子尊:《紫云书院学田记》,〔清〕佟昌年原修,陈治安增修:《襄城县志》卷九,清康熙增刻本。

人;延师训课,则待之将来之贤令君”,“独是其地亩无所处置,恐不免于耗费,徒靡财力,今为之处置”。其《处置希贤书院地亩案》云:“地户免纳粮银,官任之,每亩每岁令地户纳麦市斗壹斗五升,秋粮壹斗五升,官为经收,贮之常平仓中。其田粮之梗楷可供柴薪者,每亩亦纳二十斤,积之院中,旱涝则免。如其岁延有师儒训课子弟,则以麦禾等物供院中之用;如未延有师儒,则此项粮食不许擅动,待至科年,于常例起送外,另以益诸生乡试之资斧。”“凡我同寅来宰此邑者,前后造册交代,有吏胥、里役侵蠹者,治之以法。如此,则此项地亩可以久存,而此书院亦可以常留而不废。其官任钱粮一事,似累后人,然为数无多,清俸尚足供之。”刘子章敬告“后之贤同寅,咸有父师士民之责,亦必咸有父师士民之心,未必以此事为迂而膜外视之,任其耗费而不理也。故存此案,以告后之同志者”。[①] 他将详情勒之于碑,以为后世规约。

乾隆三十一年(1766),嵩县知县康基渊将伊川书院归并乐道书院,“以一规模而收实效”。其申详公文对书院经费的来源和支出有较为详细的记载。经费来源:“统计二百六十五两五钱七分五厘,除每年协济周南书院银三十六两外,共计二百二十九两五钱七分五厘。”主要支出:一是“向例院长脩金八十两,今较宽余,议增定每年一百两”。二是“拟录生童住院肄业者三十名,每年各给膏费银四两”,“其实在有志向学,而贫寒舌耕不能住院者,请亦录取二十名,按月会课,每年各酌予膏火银二两,以资鼓励”,共需银一百六十两。三是“其他完粮、贽见、节仪、学夫工食等项,共应银三十五两五钱三分”。以上“统计需银二百九十七两五钱三分”,“除地稞银二百二十九两五钱七分五厘,不敷银六十九两九钱五分五厘”,康基渊表示“愿即分廉捐给,按年造册报销。俟有可拨,再为抵补,以垂永久”。[②]

同治初年战乱,灵宝“当西路冲,一时供支筹御需用浩繁”,将宏农书院“生息本银提用,弗克归”。同治九年(1870)春,周淦莅任,“观风之次,生徒寥寥,询其故,心忧之,即议兴复,而以兵差络绎未遑也。至次年,差渐减,岁复大熟,爰集绅耆议,佥谓民困甫苏,骤捐原款力弗逮。现在办差设局已历多年,不如合计

---

① 〔清〕刘子章:《处置希贤书院地亩案》,〔清〕佟昌年原修,陈治安增修:《襄城县志》卷九,清康熙增刻本。

② 〔清〕康基渊纂修:《嵩县志》卷十六《学校》,清乾隆三十二年刊本。

每年需费若干,即由差局催办,势顺易行”。周淦于是决定“本年由差局捐银一千两,以八百两充书院师徒束脩膏火资,以二百两合从前废余稞租复义学十一处,即以同治十一年为始,厘定规条,认真训课,行之期年,向学颇众,书院请业者屦满。义学设未遍,向隅者多,于是复捐赀添建书院斋房十一间,又由差局每年再捐银二百两,连前共置义学十九处”。据其《捐复灵宝书院义学及乡会试经费记》记载,书院经费章程大略如下:“山长束脩银一百两,火食一百二十两,由合邑公举品学兼优者官订之。每月官课一次,斋课两次,官课每次膏火银二十四两,斋课每次奖赏银半之。每年二月初二日起,十一月二十二日止。斋长二名,一在书院考定,一由差局公举,一切银钱公事悉以委之。”周淦将此章程“禀明上宪立案”,并勒石为记,以垂久远。[①] 据民国《许昌县志》记载,聚星书院“自乾隆六年始,每年延师课士于其中。凡束脩膏火,皆一州四县捐俸,及绅士捐助生息。许州则四十保车马款项,每年提出二千生息。文人便之”[②]。总体来看,清代河南书院经过二百余年的发展,经费制度已经比较成熟完善。

四、藏书制度严格

清代河南书院藏书日趋丰富,其来源主要有朝廷赐书,官员、书院主持者募集、刊刻捐赠,书院自行购买、刊刻等方式。藏书类型多种多样,经史子集无所不包,地方名人文献成为特色藏书。藏书管理制度较为严格、规范和具体,已日渐成熟。

清代河南书院藏书的主要来源:一是朝廷赐书。清政府鼓励书院发展,颁赐书籍是一项重要举措。乾隆帝继位之初,就开始赐书各地书院。乾隆元年(1736)三月十三日,协办大学士三泰奏请“颁发十三经、二十一史各一部,于各省会府学中,令督抚刊印,分给府州县学。部议,应令督抚于省会书院,及有尊

① 〔清〕周淦:《捐复灵宝书院义学及乡会试经费记》,〔清〕周淦修,高锦荣纂:《灵宝县志》卷七《艺文志中》,清光绪二年刊本。

② 王秀文修,张庭馥纂:《许昌县志》卷五《教育·书院》,民国十二年石印本。

经阁之府州县，就近动项购买颁发”，乾隆帝随即批准施行。[①] 五月二十七日，清廷又“颁发圣祖仁皇帝《御制律历渊源》于直省学宫书院”[②]。乾隆九年(1744)十月甲寅，大学士鄂尔泰等议准内阁学士秦蕙田条奏内称，“教官月课，宜重经史。请将已经颁发之《周易折中》《书》《诗》《春秋》《传说汇纂》，及《性理》《通鉴纲目》，并将次告成之《三礼义疏》诸书，令各省督抚藩臬多行刷印，给发每学二部，以供士子抄诵。教官每月面课四书文外，兼课经史。又各省书院生徒，令州县秉公选送，布政使会同专司稽察之道员，考验才可造就、质非佻达者，方准入院肄业”，从之。[③] 清代书院官学化，主要是从院长、经费、管理等方面进行控制，此时则进一步从教材、生徒资格遴选等方面加强了对书院的管控。乾隆十六年(1751)三月一日，“颁赐江浙各书院殿板经史”。乾隆帝谕称，“经史，学之根柢也。会城书院，聚黉庠之秀而砥励之，尤宜示之正学。朕时巡所至，有若江宁之钟山书院、苏州之紫阳书院、杭州之敷文书院，各赐武英殿新刊十三经、二十二史一部，资髦士稽古之学”。[④] 乾隆年间，嵩阳书院获“御颁《五经》《康熙字典》《朱子全书》《性理精义》《日讲四书》，贮藏书楼”[⑤]。二是官员、书院主讲募集捐赠。康熙年间，河南巡抚李筹建书院，“聚集古书，如五经廿一史、性理纲鉴、程朱全书，以及律例子书等”，“俾人人得以博古通今上下数千载，微求性命道德之旨，显辨兴衰治乱之源，论世尚友，不甘为一世士”。[⑥] 道咸年间，理学名儒苏源生主讲鄢陵文清书院，“刊陈北溪《严陵讲义》、薛文清《读书录》、吕新吾《省心纪》、陈确庵《圣学入门书》、彭访濂《儒门法语》，令学者切己体行”[⑦]。光

① 《清高宗实录》卷十四，清乾隆元年三月丁未，《清实录》第9册，中华书局1985年影印版，第405页。

② 《清高宗实录》卷十九，清乾隆元年五月庚申，《清实录》第9册，中华书局1985年影印版，第482页。

③ 《清高宗实录》卷二百二十六，清乾隆九年十月甲寅，《清实录》第11册，中华书局1985年影印版，第927页。

④ 《清高宗实录》卷三百八十四，清乾隆十六年三月戊戌，《清实录》第14册，中华书局1986年影印版，第44~45页。

⑤ 〔清〕陆继萼修，洪亮吉纂：《登封县志》卷十七《学校志·附书院》，清乾隆五十二年刊本。

⑥ 〔清〕耿绣彝：《上李大中丞书》，周镇西修，刘盼遂纂：《太康县志》卷六《艺文志下》，民国二十二年铅印本。

⑦ 严云绶、施立业、江小角主编：《桐城派名家文集》第9卷，《方宗诚集》卷十一《苏菊村传》，安徽教育出版社2014年版，第569页。

绪年间,密县知县张锡圭"捐俸买书数十种,储藏桧阳书院以饷士子"[①]。三是书院自购。清廷鼓励书院自购图书,供师生研读之用。乾隆四十年(1775)十月,奉天府府丞李绶奏,"奉天沈阳书院,向未颁有书籍,坊肆亦少藏书。请将书院充公盈余银五百两,购买士子应读各书,存贮书院,以资生徒讲贯"。乾隆帝谕令"嘉奖"。[②] 乾隆三十一年(1766),嵩县知县康基渊鉴于"惟嵩山僻小,邑生童欲读无书",遂于"正月内捐购钦定经书、性理精义、朱子纲目、唐宋大家诗文等"。上司称其"添建房屋捐备经书,具见乐育人才雅意,深堪嘉尚"。[③]

清代河南书院制定了一系列采购、登记、编目、借阅、赔偿、保管等制度,并设置相应的专职人员进行管理。康熙年间,太康书院将藏书"贮之一室,责令封掌,入此取彼"[④],即设置专门的图书室保存书籍,指定专人进行管理,实行一借一还的借阅手续。乾隆年间,温县知县王其华倡捐卜里书院,并购买书籍,建藏书楼。[⑤] 嵩县知县康基渊鉴将伊川书院书籍"开明书目,置院内,专令斋长经管",并在"伊尹祠前建藏书楼一间,以贮书籍"。[⑥] 他将书院图书编列书目,设斋长管理,修建藏书楼储藏图书,足见其对书院藏书制度的重视。

清代河南书院在增加书籍种类和数量的基础上,更为注重图书的保护和利用,进一步完善了我国古代的书院藏书制度。

五、建筑制度严整

书院为讲学、祭祀、藏书、修身之所,其建筑亦与上述功能相匹配。上蔡书院原为县治南关外的谢显道祠,明末毁于战乱。后知县张学礼"治蔡多善政,政

① 汪忠修,阎凤舞纂:《密县志》卷十五《循政志》,民国十三年刻本。

② 《清高宗实录》卷九百九十二,清乾隆四十年十月丙戌,《清实录》第21册,中华书局1986年影印版,第257页。

③ 〔清〕康基渊纂修:《嵩县志》卷十六《学校》,清乾隆三十二年刊本。

④ 〔清〕耿绣彝:《上李大中丞书》,周镇西修,刘盼遂纂:《太康县志》卷六《艺文志下》,民国二十二年铅印本。

⑤ 〔清〕王其华:《卜里书院碑记》,〔清〕唐侍陛修,洪亮吉纂:《重修怀庆府志》卷三十《艺文志》,清乾隆五十四年刻本。

⑥ 〔清〕康基渊纂修:《嵩县志》卷十六《学校》,清乾隆三十二年刊本。

成而人不忍忘,醵金买栗姓地基,建祠三间,左右廊各三间,前客厅三间,塑关帝像于其中,左右角门各一间,前大门三间,其后有余地数武,荒芜不治”。康熙二十五年(1686),知县杨廷望面请驿盐道张思明修建书院。“公,学礼子也,以其有裨后学,且得拥护祠宇,喜而从之。”杨廷望遂捐资创建上蔡书院,“又买霍从见荒地基建庖厨仓库,又捐置义田以给廪饩生徒肄业,日就月将,中州士子就学其中者实繁有徒焉”。上蔡书院建筑布局依次为:大门三间,匾额为“上蔡书院”;耳门二间;客听三间;志道门一座;据德门一座;讲堂三间,为诸生会讲处,中立大中丞阎公碑记;教养堂三间;依仁门一座;敬业堂五间,为诸生读书会文处;两廊各三间,为诸生会文处;游艺门一座;善下斋八间,为经师居处;斋西房四间,为门斗住处;书房两处各四间;厨房四间;仓房五间;厢房二间,为守院人居住;□□□,为守院人居住;通共大小房屋六十三间。院内东北隅隙地一区种菜蔬,院外西北隅官地一段作射圃。[①] 上蔡书院建筑布局合理,功能完备,能够较好地满足书院师生的学习和生活需要。

清中期,随着政府的重视和地方社会经济的繁荣,河南书院建筑制度也有了长足发展。乾隆四年(1739),许州知府董思恭创建聚星书院,置邵公祠、棠荫斋、七先生祠、见贤斋、希贤斋、思诚斋、思敬斋、惺惺斋、存存斋、近智斋、近仁斋、近勇斋,各处厨房十四间,大门,门旁七间,“皆教授孙用正监造”。乾隆七年(1742),知州甄汝舟重筑杏坛周围墙,创建先圣先贤祠。[②] 经过多年的持续建设,聚星书院建筑规制日趋完备。宜阳县旧有甘棠书院,在明伦堂东奎星楼前,斋房十间。乾隆五年(1740)训导张而咏主讲,“生徒甚繁”。乾隆十八年(1753),山东历城杨大昆莅任宜阳知县,在城外东南隅锦屏山奎壁峰下白衣堂故址创修锦屏书院,“讲堂三间,颜曰锄经,大门三间,后正房三间,东厢房八间,西厢房八间,东西耳房两间,西厨房三间”[③],较前书院规模更盛。温县知县王其华认为,“为宰莫要于兴利,兴利莫大于立教”,遂于乾隆二十年(1755)捐俸倡建卜里书院,“院有讲堂,后有更衣轩,又后有藏书楼,楼之左右为四箴亭、二铭亭,讲堂左右斋房二十八间,为诸生肄业所”。温县为覃怀古地,北负太行,南面黄

---

① 〔清〕杨廷望修,张沐纂:《上蔡县志》卷二《建置志·书院》,清康熙二十九年刊本。

② 王秀文修,张庭馥纂:《许昌县志》卷五《教育·书院》,民国十二年石印本。

③ 〔清〕谢应起修,刘占卿纂:《宜阳县志》卷五《学校》,清光绪七年刊本。

河。王其华在书院“前大门之东建奎星楼”，称“读书之暇，登临远眺，太行大河胜概胥收，岂不壮哉？”①

乾隆十六年(1751)，南阳知府庄有信改城东弥陀寺为宛南书院。其《宛南书院碑记》云：“前临淯水，后依独山。绘图鸠工，筑垣数仞，环之以为书院。院前辟地列栅，左曰礼门，右曰义路。由大门而入为先贤祠，次为总讲堂，旁各有厢，又次为尊经阁，其后列屋以藩之，左右分为四斋，曰敦仁，曰集义，曰复礼，曰达知，斋各有讲堂，堂之前各有大门，仪门后有燕室有庖厨，左右有门，东西向以通往来，而各为书屋数十间，若轩若廊若曲房若斗室，错落棋置，环四讲堂而列焉。其东为射圃亭，亭后为草庐为池为桥，叠石为山。东北为文昌阁，东南为奎星楼，西南为土地祠。度垣外隙地置驻汛以为御。凡为讲堂者五，为祠者二，为楼阁者三，为亭者二。其地以亩计者七十有余，其屋以间计者三百三十有六，以楹计者千，以椽计者万，以瓦石计者千亿，其朱提以缗计者亦万有余焉。……书院既成，可容诸生三百人，绘奎文二星辰于楼阁，则天文可像；设周、程、张、朱、武乡侯诸葛公、昌黎伯韩公诸神位于先贤祠，则人文可师；绘明儒王文庄公之容貌衣冠于土地祠，则乡先生可祀；于社购经史子集诸书籍于尊经阁，则可以稽古；设鹄的于射圃亭，则可以观德。中设总讲堂，令诸生会文于此，而旁设四讲堂为掌教之所。日校而月课之，则师严道尊而士无龙杂。至于脩脯之资，饔饩之费，牲牢铏鼎之供，奔走扫除之役，及床几庋阁瓢罍匜桁之具，罔不毕备。”②观其所记，宛南书院建筑功能齐备，制度严整。《南阳县志》亦称，宛南书院“规模闳敞，为豫州书院之最”③。

六、祭祀制度严谨

祭祀，是书院的一项重要功能。书院祭祀先贤，重在传承道统，砥砺士习，

① 〔清〕王其华：《卜里书院碑记》，〔清〕唐侍陛修，洪亮吉纂：《重修怀庆府志》卷三十《艺文志》，清乾隆五十四年刻本。

② 〔清〕庄有信：《宛南书院碑记》，〔清〕潘守廉修，张嘉谋纂：《南阳县志》卷六《学校》，清光绪三十年刊本。

③ 〔清〕潘守廉修，张嘉谋纂：《南阳县志》卷六《学校》，清光绪三十年刊本。

激励士气。清廷以崇儒重道为基本国策，尤其重视书院对孔子的祭祀。乾隆九年(1744)六月，河南学政右通政林枝春奏称，"豫省标立三教名目，立堂设像，至五百九十余处，使万世之师，屈居释道之下，举事不经，诬民实甚，竞施耗产，以蔑典常。请敕该抚严行禁止"。礼部议奏，"应如所请。并令查明通省书院、义学宜于安奉圣像处，渐次奉迎安设。僧道酌令迁于别寺观居住。其佛老诸像，亦即听其移奉，并移知各省，一体禁止"。乾隆帝允准。[①] 当时社会上儒释道合一三教堂盛行，清廷令书院、义学祀奉孔子圣像，意在维护儒家的正统地位。据《项城县志》记载，康熙初年，项城义学在城内文昌阁西。康熙二十七年(1688)，知县顾芳宗捐俸创建"藜照堂三间，讲堂三间，头门一间，每岁延师教训民间俊秀子弟"。后知县钱国宝"颜曰虹阳书院"。至乾隆九年(1744)，"奉文三教堂圣像不应与二氏为伍，移于义学讲堂供奉"。[②]

清人称，"就书院而论，必得羽翼孔子之道者，立为标准，始知希圣法天，道归一代传人。就中州之书院而论，又必得中州羽翼孔子之道者，奉为典型，乃见尊闻行知，学衍两河正派"[③]。清代河南书院祭祀对象，主要有先圣先贤、乡贤名宦、文昌魁星等，具有明显的多元化特征。卫地"俗本仁厚，素称君子之乡"[④]。春秋卫大夫蘧伯玉是古代君子的典范，深受世人景仰。康熙三十四年(1695)，新乡知县李登瀛创建省身书院"于县署之西，因邑东北君子村，旧有蘧伯玉庙大废，改建此祀之"[⑤]。雍正十二年(1734)，内黄知县陈锡辂建求慊书院，"就蘧公祠扩建，总督王士俊题额"[⑥]。项城知县梁作文，"仁心为质，政出以宽"，灭蝗防汛，改建书院，功绩卓著，时称良吏，乾隆二十五年(1760)积劳殉职。项城人在莲溪书院建梁公祠，"祠临虹水，公尚如生。莲溪不改，亦襩同情"[⑦]。受官学化和科举取士影响，一些书院奉祀职掌科名的文昌帝君，以求文运昌盛。嘉庆十

① 《清高宗实录》卷二百十八，清乾隆九年六月甲寅，《清实录》第11册，中华书局1985年影印版，第810页。

② 张镇芳修，施景舜纂：《项城县志》卷九《学校志》，民国三年石印本。

③ 〔清〕窦克勤辑：《朱阳书院志》卷二《祀典・请祀七贤五儒公呈》，清雍正中寻乐堂刊本。

④ 〔清〕孙奇逢：《日谱》卷十三，顺治十七年三月初五日，张显清主编：《孙奇逢集》下册，中州古籍出版社2003年版，第506页。

⑤ 〔清〕赵开元修，畅俊纂：《新乡县志》卷十二《学校下》，清乾隆十二年石印本。

⑥ 〔清〕阿思哈嵩贵纂修：《续河南通志》卷三十九《学校志・书院》，清乾隆三十二年刻本。

⑦ 张镇芳修，施景舜纂：《项城县志》卷十《祠庙志》，民国三年石印本。

三年(1808),怀庆知府张翶、河内知县钟崇保“于覃怀书院内创建大殿,供祀文昌神位,春秋祭享”[①]。鄢陵旧有龙冈书院,乾隆二十七年(1762),知县陈子桧增修,改称文清书院,盖以“前明薛文清(瑄)公由寄籍起家,统濂洛关闽之传以树河汴之帜,而鄢之人始以理学闻”[②],以资纪念。咸丰元年(1851)十月,鄢陵名儒苏源生醵赀在文清书院西偏创建朱子祠。其《重摹先贤朱子遗像跋》云:“先贤朱文公,当宋光宗绍熙元年年六十一对镜写真,神情毕肖。公卒后,摹勒建阳祠中,拓本流传,源生得之,欲重刻于石久矣。”次年春,“丹雘毕,敬置木主,复摹斯像于石”。他感叹说:“呜呼!以今日上溯绍熙之世可谓远矣,乃遗像一设而公之德容道范宛然在目,则因瞻礼以兴则效之心,不在于学者之自励乎哉!源生窃愿与同志共勉之矣。”[③]此外,苏源生还将理学名儒薛瑄遗像刻石于文清书院。他说,“薛文清公随父宦游鄢陵,由此发籍。而其致仕也,仍归河津故里,故遗像不传于鄢陵。源生读公文集,开卷首列公像,盖摹自河津祠中者,其传至真”,遂于重修书院之际,“命工敬谨摹勒上石,安置壁间”。其《重摹薛文清公遗像跋》称:“窃尝读公本传,谓公肤如水晶,五藏皆见,斯刻虽不以传之,而淳古真庞盎然有道之容,则固可一览而得矣。刻石既竣,敬记始末,俾来者有所考,且以志生平仰企之私云。”[④]苏源生建朱子祠,摹刻朱熹、薛瑄遗像于书院,意在崇祀先贤,激发士子上进之心。

由于清代河南一些书院祭祀驳杂,以至出现“美而未善”的不妥之祀,因而地方官员对书院崇祀多有修正。康熙末年,郏县知县陈王绶莅任初期,访求名迹,“见夫高邱之上老树扶疏,荒榛苍莽,缺垣堆砾中破瓦三楹,即所谓七贤祠也。展礼而出,稍后又三楹,残破亦如之。阅其主,则祀老苏文公,以明清两代邑令曹、熊、王、解、陆、张六公配之,再后为石屏,七贤之图赞在焉。因遍读碑碣,然后书院之沿起兴衰,七贤合祀之由、老泉独祀之说、六令配祀之故,始孑孑心目,而不禁美矣未善之叹也”。他在《重修七贤等祠碑记》中称:“夫七贤合祀

---

① 〔清〕袁通修,方履篯纂:《河内县志》卷十六《营建志》,清道光五年刊本。

② 〔清〕何萼联:《改建书院碑记》,〔清〕何萼联修,洪符孙纂:《鄢陵县志》卷九《学校志》,清道光十三年刻本。

③ 〔清〕苏源生:《重摹先贤朱子遗像跋》,靳蓉镜修,王介纂:《鄢陵县志》卷七《建置志二·祠庙》,民国二十五年铅印本。

④ 〔清〕苏源生:《重摹薛文清公遗像跋》,靳蓉镜修,王介纂:《鄢陵县志》卷十二《教育志》,民国二十五年铅印本。

之当否，前贤已论之屡矣，兹不复辨。至老泉之专祀，盖以父子不宜并祀，故特祀之。夫特祀以明尊，而从以六令，六令虽贤，当亦有蹙然者。且更有说焉，郏为汝颍名区，三代以后人物辈出，所谓乡先生沿而可祀于社者亦复不少，如汉之臧愍侯、铫忠侯，唐之马北平，亦既胥膺祀典矣。而愚庵李公、苍谷王公，节义文章为有明一代声名之最，何以不闻专祀也？愚意老泉之祔享，易六令以二公，虽亦觉不伦，不犹为彼善于此乎？且六令亦非废厥祀也，即于老苏祠之东偏更立三楹以祀六令，额曰六公祠，似亦未尝不可。”后兴工重修，“建七贤祠三楹、文公祠三楹、东偏建六公祠三楹，神主位置即如予初之所拟”。[①] 陈王绶对郏县崇正书院祠祀进行重新调整，思虑精详，位置妥帖，是清代厘正书院祭祀的一个典范。

第三节　清代河南著名书院

康熙以降，在政府的倡导与鼓励下，河南官绅士民积极兴办书院，全省书院发展呈现繁荣景象。清代河南书院不仅数量众多、分布广泛、特色鲜明，而且不少书院规模宏伟、规制完备、人才辈出。其中比较著名的书院有登封嵩阳书院、柘城朱阳书院、开封大梁书院等。

一、理学名儒兴复的嵩阳书院

登封嵩阳书院历史悠久，形胜绝佳。《嵩阳书院志》有云：“书院在太室之麓。太室有二十四峰，其中峰逶迤南下，平衍数十亩，结为书院。溪流环绕，万岁、虎头诸峰峙其东，象鼻山翼其西，前则县城作近案，殿阁楼台，掩映参差。又

① 〔清〕陈王绶：《重修七贤等祠碑记》，〔清〕张楣修，聂宪纂：《续修郏县志》卷五《艺文》，清乾隆八年刻本。

西则少室巍峨，插霄连云，朗朗如玉芙蓉，峰峰内向，疑侍立然。折而南，万叠层峦，势若奔马。大小两熊朝拱作远案，箕山横亘巽方，颍水汇众流东出，此其大概也。院内旧有柏树三株，相传汉武帝登嵩时封为将军者，今焚其一，所存二株，嶙峋苍老，洵称宇内第一奇观”。①

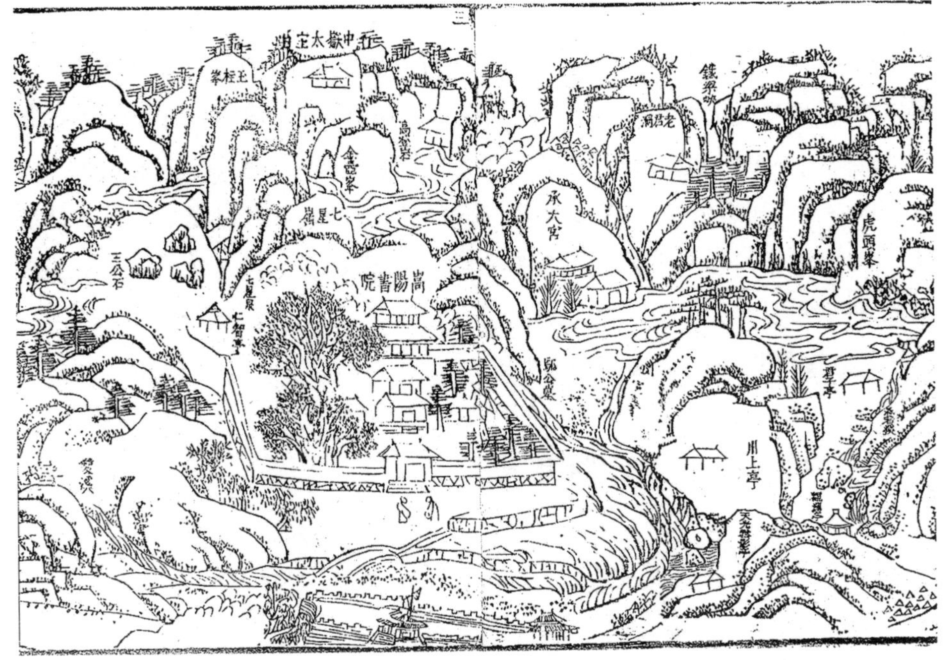

图 5-1　嵩阳形胜图（〔清〕耿介撰，李远校点：《嵩阳书院志》卷一《图绘》，郑州市图书馆文献编辑委员会编：《嵩岳文献丛刊》第 4 册，中州古籍出版社 2003 年版，第 4~5 页）

（一）布局注重道统

清代嵩阳书院的修复始于康熙十三年（1674）二月，时任登封知县的叶封“相度故基东南十许步，筑堂三楹，庖湢门阶以次而及，缭以周垣五十丈，并护二柏于内”，祀“宋提举主管崇福宫程朱而下十四人，皆大贤名世”。② 嵩阳书院的复兴，主要得力于理学名儒耿介的倡导。耿介（1623—1693），字介石，号逸庵，登封人，顺治九年（1652）进士，历任福建巡海道、江西湖东道、直隶大名兵备道。

① 〔清〕耿介撰，李远校点：《嵩阳书院志》卷一《形胜》，郑州市图书馆文献编辑委员会编：《嵩岳文献丛刊》第 4 册，中州古籍出版社 2003 年版，第 12 页。

② 〔清〕叶封：《重建嵩阳书院记》，〔清〕耿介撰，李远校点：《嵩阳书院志》卷二《文翰》，郑州市图书馆文献编辑委员会编：《嵩岳文献丛刊》第 4 册，中州古籍出版社 2003 年版，第 92 页。

康熙三年(1664)丁艰后,“绝意仕进,家居讲学,一以圣贤之统绪自任”。康熙十六年(1677),“毅然修复”嵩阳书院,“特建祠祀两程子、朱子,举数百年坠而不举之事,一旦化草莱为弦诵之地,四方学者闻风向往,从之者众”。次年,长洲张埙莅任登封,“加意书院,极鼓舞作兴之法”,耿介新建“圣殿、讲堂、诸贤祠,及东西两斋”。[①] 经过数年“扩而大之,踵而成之”修建,嵩阳书院面貌焕然一新,“其中有祠、有堂、有居、有斋、有房舍、有义田、有庖湢之所、有丽牲之碑,缭以周垣,翼以廊庑,而规制始大备”[②]。康熙二十三年(1684),河南巡抚王日藻捐“建藏书楼五楹”,“楼成,凭槛四望,中天清淑之气郁纷磅礴,与教泽文风相辉映”[③]。耿介赋诗云:“居近龟龙地,神游洙泗堂。望洋道有岸,拯溺川成梁。大义日星炯,微言河汉长。天中开圣域,岳麓起宫墙。雪霁晨光淡,风归晚色凉。图书藏历代,钟鼓动遐方。层楼拟虎观,飞阁比云章。冠盖名贤集,唱酬志不忘。”[④]知县王又旦在藏书楼旁“添修斋房十间,巍峨轮奂,殊改常观”[⑤]。康熙二十八年(1689),河南巡抚阎兴邦“以嵩岳古阳城池,尧所尝游,禹避位,周公测景于此,三圣人皆道统所关”,捐俸创建道统祠。[⑥]

---

① 〔清〕窦振起:《嵩阳耿先生纪略》,〔清〕耿介撰,梁玉玮、孙红强、陈亚校点:《敬恕堂文集》附录,中州古籍出版社 2005 年版,第 535 页。

② 〔清〕王日藻:《嵩阳书院碑记》,〔清〕耿介撰,李远校点:《嵩阳书院志》卷二《文翰》,郑州市图书馆文献编辑委员会编:《嵩岳文献丛刊》第 4 册,中州古籍出版社 2003 年版,第 82 页。

③ 〔清〕耿介撰,梁玉玮、孙红强、陈亚校点:《敬恕堂文集》第六卷《嵩阳书院创建藏书楼记》,中州古籍出版社 2005 年版,第 353 页。

④ 〔清〕耿介撰,梁玉玮、孙红强、陈亚校点:《敬恕堂文集》第七卷《藏书楼落成,五言排律八韵和焦锡三》,中州古籍出版社 2005 年版,第 373~374 页。

⑤ 〔清〕耿介撰,梁玉玮、孙红强、陈亚校点:《敬恕堂文集》第六卷《寄张牖如父母书》,中州古籍出版社 2005 年版,第 369 页。

⑥ 〔清〕耿介撰,梁玉玮、孙红强、陈亚校点:《敬恕堂文集》第八卷《与窦静庵先生》,中州古籍出版社 2005 年版,第 465 页。

表 5.1　康熙年间嵩阳书院建筑创修表

建筑名称	创修时间	创修人	主要功能	备注
三贤祠	康熙十六年	邑绅耿介	祀两程、朱子	原程朱三子合祀于诸贤祠,耿介以书院宜重道统,故专祀焉
诸贤祠	康熙十三年	邑令叶封	祀司马光、韩维、杨时、范纯仁、吕诲、李纲、刘安世、李邴、倪思、王居安、崔与之	孔子十四代孙孔鲋藏书于壁,隐于嵩山。祔主于诸贤祠祀
丽泽堂三楹	康熙十六年	邑绅耿介		
观善堂三楹	康熙十七年	邑绅耿介		
辅仁居三楹	康熙十九年	邑绅耿介		
博约斋五楹	康熙二十年	邑绅耿介		
敬义斋五楹	康熙二十一年	邑绅耿介		
仁智亭	康熙二十一年	邑绅耿介		七星泉上
藏书楼五楹	康熙二十三年	巡抚王日藻	藏书	
三益斋五楹	康熙二十三年	邑侯王又旦		
四勿斋五楹	康熙二十三年	邑侯王又旦		
讲堂三楹	康熙二十三年	河南提学道林尧英重建		

续表

建筑名称	创修时间	创修人	主要功能	备注
讲学				
川上亭	康熙二十四年	邑绅耿介		叠石溪上
先圣殿	康熙二十五年三月	邑绅耿介	祀孔子	
崇儒祠三楹	康熙二十五年	邑绅耿介	祀王日藻、阎兴邦、汪楫、张埙、王又旦、吴子云、林尧英、张朝瑞、叶封、侯泰、傅梅	
君子亭	康熙二十五年	窦克勤		叠石溪上，为书院别墅
观澜亭	康熙二十六年	邑绅耿介		叠石溪上
道统祠三楹	康熙二十八年	巡抚阎兴邦	祀尧、禹、周公	
天光云影亭	康熙二十八年	邑绅耿介		叠石溪上

资料来源：〔清〕耿介撰，李远校点：《嵩阳书院志》卷一《沿革》，郑州市图书馆文献编辑委员会编：《嵩岳文献丛刊》第4册，中州古籍出版社2003年版，第18~22页；〔清〕陆继萼修，洪亮吉纂：乾隆《登封县志》卷十七《学校志》，乾隆五十二年刊本。

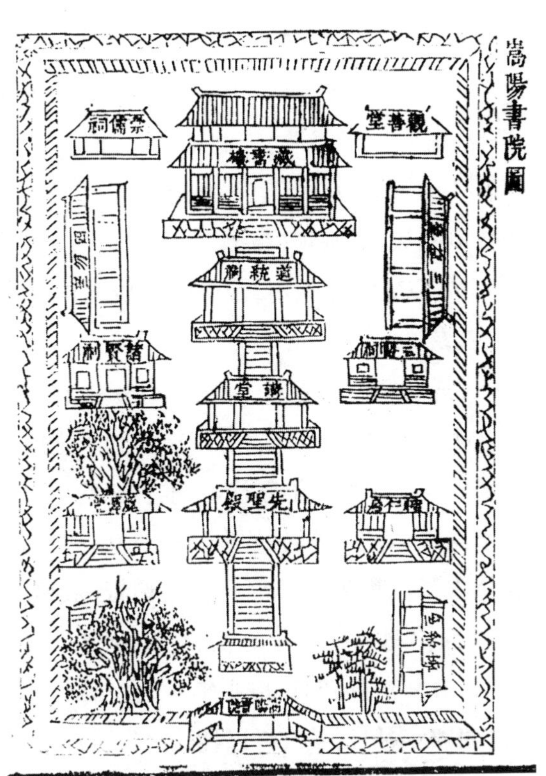

图 5-2　嵩阳书院图(〔清〕耿介撰,李远校点:《嵩阳书院志》卷一《图绘》,郑州市图书馆文献编辑委员会编:《嵩岳文献丛刊》第 4 册,中州古籍出版社 2003 年版,第 10 页)

耿介兴复嵩阳书院,以“重道统”理念来规划书院建筑布局。他在《〈嵩阳书院图〉说》中指出,“考《白鹿书院志》,中辟礼圣殿祀先圣,旁建宗儒祠祀先贤,重道统也。今嵩阳书院亦仿此制,别为三贤祠,祀二程、朱子,以程子曾提点崇福宫,为过化之地,朱子虽系衔未至嵩而接程之传也。览斯图者,其知渊源之所自已”①。从嵩阳书院图可以看出,位于中轴线的建筑从前往后依次为先圣殿、讲堂、道统祠、藏书楼,在讲堂与道统祠之间,左为三贤祠,右为诸贤祠。嵩阳书院建筑布局严整,次序谨严,道统之意存焉。

① 〔清〕耿介撰,李远校点:《嵩阳书院志》卷一《〈嵩阳书院图〉说》,郑州市图书馆文献编辑委员会编:《嵩岳文献丛刊》第 4 册,中州古籍出版社 2003 年版,第 11 页。

（二）祀典仪制完备

耿介重视书院祭祀，待以诚敬之道。其论祀典有云："吾夫子之道，与天地同不朽。自国学府州县学以至于书院，崇德报功，尸而祝之宜也。《学记》云：'大学始教，皮弁祭菜。'示敬道也。释菜礼之至简者也，不在多品，贵其诚也。《礼记·祭义》曰：'祭不欲数，数则烦，烦则不敬；祭不欲疏，疏则怠，怠则忘。'是故君子衷诸义礼，不数不疏，以昭敬焉。"[①]嵩阳书院制订有较为完备的祀典礼仪制度，祀以专祠，祭以专仪。

先圣殿。祀孔子。其祭仪："每春秋二仲朔日，做古释菜之礼，用诸果品菜蔬十二器祀先圣，书院山长率肄业诸生行礼。"其告文："维康熙年月日，某官谨以蘋藻洁清之仪，致祭于至圣先师孔子之神曰：惟神德配天地，道贯古今。书院重建，启佑斯文。颍水洋洋，嵩岳嵚岑。仲春（秋）释奠，仿佛来歆。尚飨。"[②]

三贤祠。祀两程、朱子。程朱三子原合祀于诸贤祠，耿介"以书院宜重道统，故专祀焉"[③]。其祭仪："每春秋祭丁之次日，以少牢一祀先贤祠，或县令亲祭，或委学博代祭。""每春秋二仲朔日，以少牢一祀三贤祠，书院山长率肄业诸生行礼。"其告文："维康熙年月日，某官谨以牲醴之仪，致祭于先贤程子纯公、程子正公、朱子文公之神曰：惟神表章圣学，昭若日星。继往开来，启迪无穷。书院再建，祀典宜先。仲春（秋）朔日，特牲告虔。尚飨。"[④]

诸贤祠。祀司马光、韩维、杨时、范纯仁、吕诲、李纲、刘安世、李邴、倪思、王居安、崔与之。汤斌《嵩阳书院记》称："国朝崇儒右文，知县事黄州叶封建堂三楹，祀二程、朱子，而以地邻崇福宫，凡宋臣之带崇福宫衔者，皆祀之。叶侯既迁京职，邑人大名兵备副使逸庵耿先生介，家居讲学，以程朱为道统所宗，不当与

---

① 〔清〕耿介撰，李远校点：《嵩阳书院志》卷一《祀典》，郑州市图书馆文献编辑委员会编：《嵩岳文献丛刊》第4册，中州古籍出版社2003年版，第23页。

② 〔清〕耿介撰，李远校点：《嵩阳书院志》卷一《祀典》，郑州市图书馆文献编辑委员会编：《嵩岳文献丛刊》第4册，中州古籍出版社2003年版，第23页。

③ 〔清〕耿介撰，李远校点：《嵩阳书院志》卷一《沿革》，郑州市图书馆文献编辑委员会编：《嵩岳文献丛刊》第4册，中州古籍出版社2003年版，第19页。

④ 〔清〕耿介撰，李远校点：《嵩阳书院志》卷一《祀典》，郑州市图书馆文献编辑委员会编：《嵩岳文献丛刊》第4册，中州古籍出版社2003年版，第23页。

诸贤列。”[①]徐乾学《嵩阳书院记》云:“耿逸庵介复建堂三楹,迁二程朱子主特祀之。”[②]因“考《阙里志》,孔子十四代孙孔鲋为秦太傅,值焚书之变,遂藏《虞夏商周》之书及《论语》《孝经》于屋壁,隐于嵩山。夫以圣人之裔,有功于吾道甚巨,且尝遁迹此地,其俎豆于书院宜也,乃以康熙二十三年(1684)嘉平吉日,祔主于诸贤祠祀”[③]。诸贤祠用三牲行礼,不用祭文。[④]

道统祠。祀帝尧、神禹、周公,是嵩阳书院的灵魂式建筑。河南巡抚阎兴邦认为,“治统得道统而盛,道统赖治统而光”。其《嵩阳书院新建道统祠碑记》云:“古今有治统有道统,皆君相师儒共为任之者也。以治行道,天于是生尧舜禹汤文武周公以立乎上,而治益隆;以道佐治,天于是生孔子以修乎下,而道不坠。统之所在,惟孔子为集其成,历千万世学术以明人心以正邪说,暴行者不得作,所以为贤于尧舜,而自周公以来未有敢与之并者。”他在阐明孔子神圣地位的同时,又指出世人惟孔子而尊的局限性,进而提出崇祀尧舜禹汤文武周公的必要性。一是人同此心,心同此理。“孔子之圣圣于古帝王卿相,而古帝王卿相之道则传于孔子。生平祖述宪章,羹墙梦寐未之有忘焉。盖起孔子于今日,必以得见尧舜禹汤文武周公而后快。即起尧舜禹汤文武周公于今日,亦必以得见孔子而后快。无他,此心同此理同也。”二是溯本以求源。“从孔子而上溯于尧舜禹汤文武周公,犹之祭川者先河而后海,祭山者先配林而后泰山,夫固有所本也。”阎兴邦推测说:“乃世之诵法孔子者,往往自周程张朱诸贤始,不敢及尧舜禹汤文武周公,岂贤希圣众人希贤各循其途,未可一蹴而至耶?古之说简,今之说详;古之旨微,今之旨显。先从其近者而取法耶?或者帝王卿相未可并列于瞽宗,抑山岨水滨之区,古圣人不安其俗耶?非然,何其宜祀之而莫之祀也?”在他看来,尧舜禹汤文武周公无疑是最应当崇祀的古圣先贤。“登封在唐虞为阳城,在周为洛邑之东,帝尧之所游,大禹之所避,周公于此正日景宅土中焉。县

---

① 〔清〕汤斌:《嵩阳书院记》,〔清〕耿介撰,李远校点:《嵩阳书院志》卷二《文翰》,郑州市图书馆文献编辑委员会编:《嵩岳文献丛刊》第4册,中州古籍出版社2003年版,第84页。

② 〔清〕徐乾学:《嵩阳书院记》,〔清〕耿介撰,李远校点:《嵩阳书院志》卷二《文翰》,郑州市图书馆文献编辑委员会编:《嵩岳文献丛刊》第4册,中州古籍出版社2003年版,第86页。

③ 〔清〕耿介撰,李远校点:《嵩阳书院志》卷一《沿革》,郑州市图书馆文献编辑委员会编:《嵩岳文献丛刊》第4册,中州古籍出版社2003年版,第19页。

④ 〔清〕耿介撰,李远校点:《嵩阳书院志》卷一《祀典》,郑州市图书馆文献编辑委员会编:《嵩岳文献丛刊》第4册,中州古籍出版社2003年版,第24页。

东隅旧有大禹庙，告成里有周公庙，虽帝尧无专庙，而此三圣人过化存神之地。”阎兴邦称：“览其山川，眺其遗址，孰不睪然远望，喟然叹息也哉！”“且士自入小学，咸知孔子，及读诗书易礼，并知尧舜禹汤文武周公。倘有告之曰：此数圣人者生于某里居于某乡，曾税驾于某都，其有不即褰裳欲往者，非人情矣。凡此者所谓性善也，所谓良知也，所谓仁义礼智我固有之也。不于此而感动之，彼将何以培育长养，日引于圣人之域焉。”他认为，在尧舜禹汤文武周公“过化存神之地”，兴景仰之思，起向道之心，不仅是士子为学之基上进之阶，更是人性和良知的具体表现。他在嵩阳书院“藏书楼前辟阶基、饰轩楹以祀三圣，颜曰‘道统祠’”，奉祀帝尧、大禹、周公，三圣人“相炙于一堂”，一方面尽“崇德之礼”，另一方面可使“后之陟二室者”得识“帝尧、大禹、周公之轨迹”。康熙中期，康熙帝崇儒重道，精研理学，欲集治统道统于一身。阎兴邦称，“今圣天子表章孔子，冠绝百王，大禹、周公次第褒举，心源所传，比于尧舜，不谋而合。治统道统，千载一时”，“治统得道统而盛，道统赖治统而光”。“士生其间，而不能希踪夔龙毕召，虽经年佔哔，究于斯道有何重轻。故书院之建必曰周程张朱，此引而进之也。今并及唐虞三代，此推而上之也。惟推而上之，则孔子之道益尊，而治统道统皆在是矣。”①阎兴邦倡建嵩阳书院道统祠，意在推动治统与道统合一，反映出他敏锐的政治觉察力和卓越的行政执行力。中州学人对道统渊源及其意蕴存有一种天然的亲近与体悟。康熙年间，李来章作《谒道统祠》诗云：“茫茫九州内，名岳首中嵩。游者纷难纪，辙迹不可穷。其间称圣哲，曰尧禹周公。尧昔尝税驾，阳城存禹风。土圭测日影，公旦开群蒙。维此三圣人，犹传过化功。云何缺祀典，不闻事尊崇。天封既有观，三阳亦有宫。法王与嵩岳，照耀金碧丛。王化不复作，圣迹杂蒿蓬。重哀此下民，环为百邪攻。忽瞻新祠美，朱拱摩苍穹。一堂相晤对，渊源后先同。有司肃烝尝，牲醴何洁丰。柷敔间笙簧，应鼓声逢逢。于斯知圣道，相传惟一中。银钩悬霄汉，日月洗鸿濛。”②其祭仪：“每春秋二仲祭丁之次日，以少牢祀道统祠，或县令亲祭，或委学博代祭。”其告文：“维康熙年月日，某官谨以牲醴之仪，致祭于帝尧、神禹、周公之神曰：惟神继天立极，

① 〔清〕阎兴邦：《嵩阳书院新建道统祠碑记》，〔清〕陆继萼修，洪亮吉纂：《登封县志》卷十七《学校志·附书院》，清乾隆五十二年刊本。

② 〔清〕李来章：《谒道统祠》，〔清〕耿介撰，李远校点：《嵩阳书院志》卷一《诗章》，郑州市图书馆文献编辑委员会编：《嵩岳文献丛刊》第4册，中州古籍出版社2003年版，第41页。

允执厥中。道接精一，地平天成。无逸垂训，主敬为宗。嵩颍过化，先后所同。书院合祀，景仰高风。仲春(秋)蠲吉，牲醴将诚。神其鉴止，来格雍雍。尚飨。"①

崇儒祠。奉原任河南巡抚王日藻、阎兴邦兴复书院长生位，原任河南提学道吴子云、林尧英嘉意书院之位，特简翰林院检讨、河南知府汪楫兴复书院长生位，原任登封县知县张埙、王又旦、张朝瑞、叶封、侯泰、傅梅嘉意书院之位。② 这些官员均有功于书院兴复，耿介特为其建祠，"俾道德遗泽，俎豆馨香，与名山不朽"③。

(三)理学特色鲜明

1. 名儒汇聚

在清初社会重建和学术转型过程中，理学发挥了重要而独特的作用。以"中州八先生"为核心的理学群体，兴办书院，著述讲学，推动了清初河南理学、书院与社会的复兴。"中州八先生"之称由来已久。据《国朝先正事略》记载，陈宏谋在乾隆十五年至十七年任河南巡抚期间，"尝以先生(李来章)及夏峰(孙奇逢)、潜庵(汤斌)、逸庵(耿介)、静庵(窦克勤)、起庵(张沐)，合以张敬庵(张伯行)、冉蟫庵(冉觐祖)为中州八先生"④。项城人袁保恒在《跋窦柘城登嵩岳诗后》一文中亦称，"陈文恭抚豫时，曾以先生与夏峰、潜庵、逸庵、上蔡张起庵、仪封张敬庵、襄城李礼山、中牟冉蟫庵为中州八先生云"⑤。最晚至咸丰年间，"中州八先生"之称已为士人所熟知。时许州学正祥符人宋继郊与主讲许州聚星书院的桐城人张承华，"倡明理学正传，手抄中州八先生传付梓，以劝许人

① 〔清〕耿介撰，李远校点：《嵩阳书院志》卷一《祀典》，郑州市图书馆文献编辑委员会编：《嵩岳文献丛刊》第4册，中州古籍出版社2003年版，第24页。

② 〔清〕耿介撰，李远校点：《嵩阳书院志》卷一《沿革》，郑州市图书馆文献编辑委员会编：《嵩岳文献丛刊》第4册，中州古籍出版社2003年版，第21页。

③ 〔清〕耿介撰，梁玉玮、孙红强、陈亚校点：《敬恕堂文集》第八卷《寄张牖如父母书》，中州古籍出版社2005年版，第450页。

④ 〔清〕冉觐祖：《李礼山先生事略》，〔清〕李元度纂，易孟醇校点：《国朝先正事略》卷三十《名儒》，岳麓书社2008年版，第945页。

⑤ 〔清〕袁保恒：《跋窦柘城登嵩岳诗后》，丁振铎编：《项城袁氏家集・文诚公文稿拾遗》，中国台北文海出版社1996年版，第3315页。

士"[①]。此书名为《中州八先生凝道录》,"特取八先生生平著述,择其最精者,前载本传,后附语录,刊板以教诸生,俾诸生用功,立身为人,一以此八先生为法者也"[②]。道光、同治年间,书肆中往往得见。值得注意的是,早在康熙三十年(1691)十月,时任河南学政的张润民曾将李来章"与耿逸庵、冉永光称中州三先生"[③]。"中州八先生"之说亦或渊源于此。

"中州八先生"之首孙奇逢(1584—1675),字启泰,号钟元,直隶容城(今属河北)人。曾坚辞明清两朝征聘十三次,世称孙征君。晚年移居河南辉县夏峰村,学者尊称夏峰先生。孙奇逢与浙江黄宗羲、关中李颙并称清初"三大儒"[④],而"气魄独大,北方学者奉为泰山北斗"[⑤]。作为明清之际"硕果独存"的理学大儒,孙奇逢倡道苏门,博学高行,门徒广众,"天下望之如泰山乔岳"[⑥]。"上自公卿大臣以及儒生隐士,近自畿辅河洛以及齐鲁晋楚吴越之间,有志斯道者无不负笈从游。"[⑦]"于是苏门一席地遂为海内理学渊薮"[⑧],"无异隋之河汾,宋之伊洛也"[⑨]。河南士人近水楼台,纷纷问道夏峰。康熙五年(1666)十月初九,辞官回乡的汤斌至夏峰村拜见孙奇逢,留居十余日,"得侍起居,仰见先生动静语默,无非道妙。一堂之上,太和元气。朱公掞见程子,如坐春风中,景象不是过

① 〔清〕沈传义等修,黄舒昺纂:《新修祥符县志》卷十六《人物志·儒林》,清光绪二十四年刊本。

② 〔清〕萧穆撰,项纯文点校:《敬孚类稿》卷十一《张舜卿先生墓志铭》,黄山书社 2014 年版,第 304 页。

③ 〔清〕张润民:《南阳书院学规序》,赵所生、薛正兴主编:《中国历代书院志》第 6 册,江苏教育出版社 1995 年版,第 196 页。

④ "当是时,北方则孙先生夏峰,南方则黄先生梨洲,西方则先生(李颙),时论以为三大儒。"见〔清〕全祖望撰,朱铸禹汇校集注:《全祖望集汇校集注》上册,《鲒埼亭集内编》卷十二《二曲先生窆石文》,上海古籍出版社 2000 年版,第 237 页。

⑤ 〔清〕徐世昌著,陈祖武点校:《清儒学案》卷一《夏峰学案》,第 1 册,河北人民出版社 2008 年版,第 1 页。

⑥ 〔清〕汤斌:《汤子遗书》卷四《在内黄上孙征君先生书》,汤斌著,范志亭、范哲辑校:《汤斌集》上册,中州古籍出版社 2003 年版,第 147 页。

⑦ 〔清〕汤斌:《汤子遗书》卷四《在内黄上孙征君先生书》,汤斌著,范志亭、范哲辑校:《汤斌集》上册,中州古籍出版社 2003 年版,第 260 页。

⑧ 〔清〕桂良:《辉县志序》,〔清〕周际华修,戴铭等纂:《辉县志》,光绪二十一年补刻本。

⑨ 〔清〕汤斌:《汤子遗书》卷四《在内黄上孙征君先生书》,汤斌著,范志亭、范哲辑校:《汤斌集》上册,中州古籍出版社 2003 年版,第 147 页。

也”[①],深为孙奇逢之学术涵养所折服。耿介与汤斌在顺治年间同为翰林院庶吉士,起居共处,“朝夕以淡薄宁静砥砺”[②],“风雨晨夕,三阅寒暑,切琢之功为多”[③]。康熙九年(1670),耿介在登封致书汤斌,自谓“投闲以来,静坐中读程夫子‘内主于敬而行之以恕’之语,佩服之。然斯道大,数年无入处。嗣得夏峰孙先生《理学宗传》书,潜心玩味,方知我辈只为气质拘定,便有无限病痛,所以张横渠先生教人先须变化气质,然我之病痛不能自知,都被圣贤一一道破,每有所触,如晨钟初觉,惊汗浃背”[④],表达了对孙奇逢的仰慕之情。康熙十二年(1673)正月初,耿介以“夏峰先生,今之程朱也。弟仰企有年,未敢造次”,请汤斌“一字先容,弟将遣使纳贽受学。俟贱恙大可,然后策蹇苏门,登堂执弟子礼耳。求教甚切,伏惟不吝。弟暂息梁园,冀得回音,乃西归也”[⑤]。正月二十五日,汤斌回书称:“年兄践履笃实,学术正大。天雄之政,脍炙人口。居家居乡,趋涉中矩,远近推报。弟生平心折,未有在年兄之右者。前在苏门,已久向征君先生言之。征君先生亦想慕丰采久矣。”[⑥]汤斌上书孙奇逢引见耿介,“登封耿逸庵与斌壬辰同馆,德性醇朴,学术正大,宦辙所至闽南豫章,皆有善政可纪,秉宪天雄,茹蘖饮冰,厘奸剔弊,士民讴歌,至今无斁。居家孝友,内外无间言。其坚定之操守礼之严,斌生平交游未多见也。……忆昔躬侍座右,言及中州人物,斌即首举逸庵,以为此躬行实践之士,真不易得”[⑦]。正月二十七日晚,耿介收到汤斌“手教并上征君先生书,披读一过,顿使沉疴去体,遂于二十八日起行,至河

---

① 〔清〕汤斌:《汤子遗书》卷四《在内黄上孙征君先生书》,汤斌著,范志亭、范哲辑校:《汤斌集》上册,中州古籍出版社2003年版,第159页。

② 〔清〕耿介撰,梁玉玮、孙红强、陈亚校点:《敬恕堂文集·自叙》,中州古籍出版社2005年版,第2页。

③ 〔清〕耿介撰,梁玉玮、孙红强、陈亚校点:《敬恕堂文集》第二卷《〈省克录〉叙》,中州古籍出版社2005年版,第103页。

④ 〔清〕耿介撰,梁玉玮、孙红强、陈亚校点:《敬恕堂文集》第二卷《〈省克录〉叙》,中州古籍出版社2005年版,第103页。

⑤ 〔清〕耿介撰,梁玉玮、孙红强、陈亚校点:《敬恕堂文集》第二卷《与汤孔伯年兄书》,中州古籍出版社2005年版,第113页。

⑥ 〔清〕耿介撰,梁玉玮、孙红强、陈亚校点:《敬恕堂文集》第二卷《附录:汤孔伯年兄回书》,中州古籍出版社2005年版,第114页。

⑦ 〔清〕耿介撰,梁玉玮、孙红强、陈亚校点:《敬恕堂文集》第二卷《附录:汤孔伯年兄上夏峰先生书》,中州古籍出版社2005年版,第114~115页。

干，大风不可渡，日已夕，无投止处，向三家村借茅屋半间一宿。由柳园北渡，二月初二抵夏峰拜先生”①。孙奇逢对耿介来学非常高兴，称“与明公一河之隔，家居十载，向从孔伯识其为学人也。远承枉顾，虚怀下询。数日来，或口语相印，或手疏相质，具见近里着己知行并进之功。而公犹竞竞然于气质之未能变化，途径之或有差失，此足以见公好学之切矣。仆尝闻鹿伯顺言学，说心在事上见，说己在人上见。政有实迹，便学有实用，离事物而虚谈性命，性命何着？外性命而泛言事物，事物何归？公所云‘敬恕’，本体功夫一齐俱到。变化气质，须戒慎操存，久则不放，方能见活泼泼地，而气质自能变化矣。事无棘手，从学无歇手来。公与孔伯为友，洛学之兴，有厚望焉”②。耿介亦以从学夏峰为幸，称“蒙先生不弃，朝夕提命，闻所未闻”③，“开发以大道之要，觉得触处皆性命流行”④。初六日，耿介辞行之际，孙奇逢以“逸庵论学，服膺江村（鹿善继），欲得其手迹，朝夕相对，如见其人焉”，“因简箧中，有少年手录唐诗一纸付之。笔墨有灵，精神相合，逸庵当不徒以字观之”。⑤

在孙奇逢的教育和影响下，清初河南出现了一大批理学名儒。他们或师门传承，或学友砥砺，文风日盛，人才辈出。耿介与汤斌既有同年之谊，又有师门之情。“共数晨夕者三载”，“先后同立容城雪”。⑥ 他们“在馆中，守淡薄宁静之常，其志趋同；及至外转，敦羔羊素丝之节，其操履同；先后致身于强仕之时，其恬退同；归来负笈夏峰先生之门，切琢为圣贤之学，其道德同”⑦。二人时常书信往来，相互论学慰问，情真意切。耿介曾说：“汤潜庵先生时时惠我翰教，诱掖谆

① 〔清〕耿介撰，梁玉玮、孙红强、陈亚校点：《敬恕堂文集》第二卷《与汤孔伯年兄书》，中州古籍出版社 2005 年版，第 116 页。

② 〔清〕耿介撰，梁玉玮、孙红强、陈亚校点：《敬恕堂文集》第二卷《附录 · 夏峰先生手书》，中州古籍出版社 2005 年版，第 115 页。

③ 〔清〕耿介撰，梁玉玮、孙红强、陈亚校点：《敬恕堂文集》第二卷《与汤孔伯年兄书》，中州古籍出版社 2005 年版，第 116 页。

④ 〔清〕耿介撰，梁玉玮、孙红强、陈亚校点：《敬恕堂文集 · 自叙》，中州古籍出版社 2005 年版，第 5 页。

⑤ 〔清〕孙奇逢：《日谱》卷三十三《题江村手迹后》，清康熙十二年二月初六日，张显清主编：《孙奇逢集》下册，中州古籍出版社 2003 年版，第 1291 页。

⑥ 〔清〕耿介撰，梁玉玮、孙红强、陈亚校点：《敬恕堂文集》第三卷《寄呈汤孔伯年兄》，中州古籍出版社 2005 年版，第 178 ~ 179 页。

⑦ 〔清〕耿介撰，梁玉玮、孙红强、陈亚校点：《敬恕堂文集》第八卷《与汤元博》，中州古籍出版社 2005 年版，第 469 页。

至,启迪为多。”[①]汤斌上疏康熙帝举荐耿介,“赋质刚方,践履笃实。服官冰蘗自矢,家居淡泊自甘。潜心经传,学有渊源。与臣旧为同官,相别多年,闻其造诣精进,心窃叹服。今虽年逾六旬,精力尚健。老成宿素,罕见其俦”[②]。汤斌与张沐亦甚友善。张沐,字仲诚,河南上蔡人,顺治进士,康熙元年(1662)授直隶内黄知县,多有善政,“讲学明伦堂,请业恒数百人”[③]。汤斌自夏峰归过内黄晤张沐,谈论学问,称其“任道之勇,求道之切,今日罕见其匹。得此良友,殊为欣慰”[④]。

康熙十四年(1675),张沐至登封过访耿介,二人相互论证辨析,言谈甚欢。耿介赋诗相赠:“凉秋九月菊花开,策蹇过我嵩少来。欢然下榻十日谈,变化屈伸靡不该。发箧示我周孔书,指点本体及功夫。戒惧曾无一息停,乃可明善复其初。”[⑤]当时论道嵩阳的中州名儒还有:窦克勤,字敏修,柘城人。康熙十九年(1680)八月十一日,窦克勤过嵩阳,与耿介“极相得,欢留敬恕堂订学旨,累月始归。自是岁至嵩阳,阅寒暑不能去。其志同道合如此”[⑥]。耿介称其为“程朱正派”[⑦],“身任斯道,为世醇儒”[⑧]。二人交往密切,友情颇深。窦克勤凡十余年间“六游书院”,“留居敬恕堂,晨夕考业,印心莫逆”。[⑨] 耿介称,“一生取友,同心

① 〔清〕耿介撰,梁玉玮、孙红强、陈亚校点:《敬恕堂文集·自叙》,中州古籍出版社 2005 年版,第 5 页。

② 〔清〕汤斌:《汤子遗书》卷二《特举贤才疏》,汤斌著,范志亭、范哲辑校:《汤斌集》上册,中州古籍出版社 2003 年版,第 87 页。

③ 赵尔巽等撰:《清史稿》卷四百七十六《张沐传》,中华书局 1977 年版,第 43 册,第 12973 页。

④ 〔清〕汤斌:《汤子遗书》卷四《在内黄上孙征君书》,汤斌著,范志亭、范哲辑校:《汤斌集》上册,中州古籍出版社 2003 年版,第 159 页。

⑤ 〔清〕耿介撰,梁玉玮、孙红强、陈亚校点:《敬恕堂文集》第三卷《赠张仲诚先生》,中州古籍出版社 2005 年版,第 157 页。

⑥ 〔清〕窦振起:《嵩阳耿先生纪略》,〔清〕耿介撰,梁玉玮、孙红强、陈亚校点:《敬恕堂文集》附录,中州古籍出版社 2005 年版,第 536 页。

⑦ 〔清〕耿介撰,梁玉玮、孙红强、陈亚校点:《敬恕堂文集》第四卷《与窦敏修》,中州古籍出版社 2005 年版,第 213 页。

⑧ 〔清〕耿介撰,梁玉玮、孙红强、陈亚校点:《敬恕堂文集》第五卷《窦敏修先生〈家乘〉序》,中州古籍出版社 2005 年版,第 269 页。

⑨ 〔清〕窦克勤:《耿嵩阳先生传》,〔清〕耿介撰,梁玉玮、孙红强、陈亚校点:《敬恕堂文集》附录,中州古籍出版社 2005 年版,第 533 页。

同德,惟睢阳(汤斌)与先生两人而已"[①],曾作诗云:"孰令斯道,晦而复明?前有睢阳,后有柘城。柘城伊谁?敏修先生。希天希圣,愿大力宏。远绍孔孟,近接朱程。"[②]冉觐祖,字永光,号蟫庵,中牟人。耿介与其"神交在十年之间",康熙二十七年(1688)秋,相约游嵩阳。冉觐祖"至则甚爱此间山水,徘徊流连不忍去"。次年冬,"遂移家来居于此,每值风日晴和,携友登临,随意所适。遇有幽胜,见之吟咏"。[③] 耿介称其"屹然当代,主持正学","一动一静,一语一默,莫非妙道精义之着",直谓"先生今之朱子也"。[④] 李来章,字礼山,襄城人。尝从学名儒魏象枢、孙奇逢、李颙等,"其持论以不背先儒有益世用为主"[⑤]。康熙二十九年(1690)春,李来章至嵩阳书院拜访耿介,"据手订交,两心莫逆,遂留藏书楼下。风雨晨夕,阅历寒暑,时游川上、叠石之间,观大化流行,静会道体,怡然乐也"[⑥]。这些理学名儒常常会聚嵩阳,寄情山水,联句畅饮,陶冶情操,砥砺学术。康熙二十九年(1690)四月十三日,冉觐祖与李来章、耿介、焦钦宠等人登顶嵩山。冉觐祖《游嵩顶记》云:"予卜居嵩阳,礼山以庚午初春至,同就逸庵先生问伊洛宗旨。每从书院至叠石溪,行而吟,坐而论,于川上悟慎独,于鸢飞鱼跃得有事勿正之意。固不徒在山水间也。然遥瞩中峰亦不禁有旷然遐举,想锡三先生时以韵语相唱酬,莫逆于心,畅谈所及,嵩少六十峰罗列胸中,实未尝履中峰也。会礼山将归,因共订游嵩","集予寓舍,并辔出东门,道经启母石,左抵万岁峰下","归庙各易衣呼酒,予以脾病辍饮,亦乘兴嚼一卮","转而西南取道田间,穿岳庙遵大道而归,回望虎头、万岁诸峰,又复穹然高大矣。因悟学苟自画即培塿亦为高,若不自足登一峰而向之高者失矣,更登一峰而继之高者又失矣。中峰之境要不可不一至也。又因登山之竭蹶,归路之坦适,而知精进者上达,颓

① 〔清〕耿介撰,梁玉玮、孙红强、陈亚校点:《敬恕堂文集》第六卷《与窦敏修先生书》,中州古籍出版社2005年版,第355页。

② 〔清〕耿介撰,梁玉玮、孙红强、陈亚校点:《敬恕堂文集》第五卷《秋日送窦敏修先生四章》,中州古籍出版社2005年版,第271页。

③ 〔清〕耿介撰,梁玉玮、孙红强、陈亚校点:《敬恕堂文集》第九卷《跋冉永光先生嵩阳诗》,中州古籍出版社2005年版,第487页。

④ 〔清〕耿介撰,梁玉玮、孙红强、陈亚校点:《敬恕堂文集》第八卷《与冉永光先生》,中州古籍出版社2005年版,第451页。

⑤ 赵尔巽等撰:《清史稿》卷四百八十《李来章传》,中华书局1977年版,第43册,第13136页。

⑥ 〔清〕耿介撰,梁玉玮、孙红强、陈亚校点:《敬恕堂文集》第九卷《〈礼山园文集〉序》,中州古籍出版社2005年版,第486页。

惰者下达，可作是观也。礼山曰：'游之通于学也如是夫。'"[①]诸儒游览之际，竟能触类旁通，亦可见处处留心皆学问，所得多在无意间。河南知府张汉《嵩阳书院耿少詹逸庵先生教思碑》云："先生出夏峰孙钟元先生之门，学得其正。先生与潜庵尤夏峰高第弟子。至先生讲学嵩阳，一时上蔡张起庵、中牟太史冉蟫庵、柘城太史窦静庵、襄城李职方诸先生咸会嵩阳，道学之盛，与夏峰坛坫后先比隆，亦中州近世得未曾有。"[②]

2. 注重仁孝

耿介"学问之大成，以仁为主宰，而握其要于孝，专其功于敬，先之以格物致知，终之以推己及人"[③]。他从《论语》中体会孔门言仁言孝之旨，"盖仁孝一理。仁者孝之本体，孝者仁之发用。不言仁无以见孝之广大，不言孝无以见仁之切实"[④]，提出"吾人要学为圣贤，先要学为仁人；学为仁人，先要学为孝子"。那么如何学呢？"惟敬恕而已。敬则存养得这天理完全，恕则推广得这天理周遍，无一处非孝之所流通，即无一处非仁之所贯注。"[⑤]耿介在《与张牖如父母》中说："近思得吾人为学，只须理会仁孝二字，以敬字作功夫。先儒每说孔门言仁之旨，而未及孝。然仁道至大至精，圣人亦罕言之，非罕言之也，往往说与求仁之方。夫求仁之方，莫过于孝，孝是仁之发端。孩提知能之良，最容易理会，所以孔门弟子不是问仁便是问孝。曾子得道统之传，曰仁以为己任，而一生得力只是个孝。其言曰：'战战兢兢，如临深渊，如履薄冰。'敬莫敬于此矣。诚能日用之间以仁为体，以孝为用，以敬为工夫，则立身行道，扬名显亲，都不出此，舍此

---

① 〔清〕冉觐祖：《游嵩顶记》，〔清〕张圣诰修，焦钦宠、景日昣纂：《登封县志》卷十《艺文志上》，清康熙三十五年刊本。

② 〔清〕张汉：《嵩阳书院耿少詹逸庵先生教思碑》，〔清〕陆继萼修，洪亮吉纂：《登封县志》卷十七《学校志·附书院》，清乾隆五十二年刊本。

③ 〔清〕窦振起：《嵩阳耿先生纪略》，〔清〕耿介撰，梁玉玮、孙红强、陈亚校点：《敬恕堂文集》附录，中州古籍出版社2005年版，第538页。

④ 康熙二十六年(1687)四月，耿介受命以詹事府少詹事辅导东宫。六月初十日，康熙帝命耿介写字，耿介即写此四十三字。〔清〕耿介撰，梁玉玮、孙红强、陈亚校点：《敬恕堂文集·自叙》，中州古籍出版社2005年版，第8~9页。

⑤ 〔清〕耿介撰，梁玉玮、孙红强、陈亚校点：《敬恕堂文集》第六卷《孔门言仁言孝之旨》，中州古籍出版社2005年版，第341页。

又安有所谓学哉?”[①]他为学者指明津梁,仁孝二字“便是尧、舜、孔子相传心法”[②],“周程张朱子所以接孔曾思孟之心传者”,亦此而已,“学者其知所以用力矣”。[③] 耿介称,“人能尽得此二字,将圣贤人品、心术、学问、事业包举完全,无少欠缺。教直须此以为教,学直须此以为学”[④]。

耿介讲学嵩阳书院,即“以仁孝为本,以敬字为功夫,以诚字为通贯,以恕字为推暨”[⑤],“平日谆谆以仁孝为劝勉”,教导书院诸生,“孝为德之本”[⑥],“《孝经》当熟读讲究”[⑦]。其《与徐健庵先生》云:“近悟得仁孝一理,从孝字看出‘仁’字,方知孝道之大。而欲求仁,必先尽孝,所以教成人小子皆读《孝经》,背诵讲解,责以躬行。”[⑧]康熙二十三年(1684),耿介“以为孔子作《孝经》,非第明家庭问视之节,实欲以至德要道顺天下,使民和睦,上下无怨耳”,遂“发明孔子之意”[⑨],“折衷前儒之说,辑成《孝经易知》一编以示学者”[⑩],“俾书院及阖邑成人小子皆读《孝经》。每春秋约来背诵,尝数十百人,面命以躬行孝道”[⑪]。冉觐祖主讲嵩阳书院时,曾“两与其事,久而不能忘”。他回忆说:“嵩阳耿逸庵先生有

---

① 〔清〕耿介撰,梁玉玮、孙红强、陈亚校点:《敬恕堂文集》第六卷《与张牖如父母》,中州古籍出版社 2005 年版,第 325 页。

② 〔清〕耿介撰,梁玉玮、孙红强、陈亚校点:《敬恕堂文集》第十卷《与窦静庵先生》,中州古籍出版社 2005 年版,第 516 页。

③ 〔清〕耿介撰,梁玉玮、孙红强、陈亚校点:《敬恕堂文集》第六卷《批李九畹〈神明孝弟不是两事〉文》,中州古籍出版社 2005 年版,第 356 页。

④ 〔清〕耿介撰,梁玉玮、孙红强、陈亚校点:《敬恕堂文集》第十卷《与窦静庵先生》,中州古籍出版社 2005 年版,第 516 页。

⑤ 〔清〕耿介撰,梁玉玮、孙红强、陈亚校点:《敬恕堂文集》第六卷《书院讲书仪注》,中州古籍出版社 2005 年版,第 308 页。

⑥ 〔清〕耿介撰,梁玉玮、孙红强、陈亚校点:《敬恕堂文集》第七卷《嵩阳书院学规》,中州古籍出版社 2005 年版,第 400 页。

⑦ 〔清〕耿介撰,梁玉玮、孙红强、陈亚校点:《敬恕堂文集》第六卷《书院课程》,中州古籍出版社 2005 年版,第 309 页。

⑧ 〔清〕耿介撰,梁玉玮、孙红强、陈亚校点:《敬恕堂文集》第七卷《与徐健庵先生》,中州古籍出版社 2005 年版,第 413 页。

⑨ 〔清〕窦振起:《嵩阳耿先生纪略》,〔清〕耿介撰,梁玉玮、孙红强、陈亚校点:《敬恕堂文集》附录,中州古籍出版社 2005 年版,第 536 页。

⑩ 〔清〕耿介撰,梁玉玮、孙红强、陈亚校点:《敬恕堂文集》第八卷《〈梁氏家乘〉序》,中州古籍出版社 2005 年版,第 445 页。

⑪ 〔清〕耿介撰,梁玉玮、孙红强、陈亚校点:《敬恕堂文集·自叙》,中州古籍出版社 2005 年版,第 5~6 页。

《孝经易知》,遍给童蒙,每岁春秋集童子于书院,令其倍(背)诵,授之饮食,奖以纸笔。及期,童子塞途而至会,讲堂下揖让如礼,朗然成诵。既毕,纵游书院中外,遍林麓泉石间,垂髫总角,嘻笑歌呼,天真烂漫,太和在宇。"[①]耿介认为,"孝可忠于君,仁者不私己"[②],敦行仁孝,"即可力挽颓风,返之醇古,有关世道甚钜"[③]。他倡扬仁孝,意在经世。其《与抚台王印周先生书》云:"窃惟风俗之醇漓系乎人心,人心之邪正关乎学术,学术明则人心正而风俗醇,即以三代之治无难。老公祖为世道人心虑深远,兴复书院,开坛讲学,诚本朝数十年所希遘。介谬辱宠召,不敢违命,敬以素所闻于师友者为多士告之。初次浑浑说个天理,就中提出'仁'字,乃仁之发而为孝,于是恍然于孔门言仁孝之旨。这'孝'字包括甚广大,所谓至德要道,塞天地横四海,无以复加,学者能于此处求之,庶不负老公祖兴学至意,有益于世道人心匪小也。"[④]知县张埙莅任后,"雅意作人,课举子业之暇,即切琢以身心性命,成童以上,悉令读《孝经》",耿介称其"从家庭庸行处着力,由是风俗人心丕变"。[⑤]《孝经》"具有稳定上下秩序、移孝作忠、敬顺君父的教化功能",因而受到清初帝王的提倡。[⑥] 耿介在《孝经易知》序言中说:"今天下车书一统,海寓乂安,圣天子躬行仁孝,以《礼》《乐》彝伦化导天下,将见太和之气在宇宙间。然则欲求德之本,而教所由生,舍《孝经》何以哉?诚使凡为子者人手一编,朝夕讲贯,心得躬行,由一家,而一国,而天下,和顺吉祥之气洋溢充周,以之为臣则忠,以之为弟则弟,以之交友则信。礼者履此者也,义者宜此者也,智者知此者也,信者诚此者也,乐者乐此者也,孝之所融液者深,

---

① 〔清〕冉觐祖:《孝经详说》卷六《丧亲章》,清光绪七年刻本。

② 〔清〕耿介撰,梁玉玮、孙红强、陈亚校点:《敬恕堂文集》第七卷《题〈放怀泉石〉卷有序并诗》,中州古籍出版社 2005 年版,第 414 页。

③ 〔清〕耿介撰,梁玉玮、孙红强、陈亚校点:《敬恕堂文集》第七卷《与汤孔伯年兄》,中州古籍出版社 2005 年版,第 411 页。

④ 〔清〕耿介撰,梁玉玮、孙红强、陈亚校点:《敬恕堂文集》第六卷《与抚台王印周先生书》,中州古籍出版社 2005 年版,第 348~349 页。

⑤ 〔清〕耿介撰,梁玉玮、孙红强、陈亚校点:《敬恕堂文集》第七卷《题〈放怀泉石〉卷有序并诗》,中州古籍出版社 2005 年版,第 413~414 页。

⑥ 吕妙芬:《孝治天下〈孝经〉与近世中国的政治与文化》,联经出版事业股份有限公司 2011 年版,第 214 页。

则仁之所讫暨者溥，唐虞雍穆三代熙皞之象，无难再见今日矣。”[①]耿介纂辑《孝经易知》时，“务归简要，编次成帙，刊行以广其传”[②]。其《与万圣阶先生》云：“近见得‘仁孝’二字亲切，欲令成人小子悉读《孝经》，谨折衷前儒及吕忠节先生《本义》及先生《行注》，编辑成轶，使后生一览便晓。盖有先生《行注》，似不必复有此刻。然《行注》广大深奥，必先得此简易明白以诱引之，再读《行注》，看《大全》，便易为力。”[③]由于此书浅显易懂，大受欢迎，流传极广。“远方来求取《孝经》者，岁不下数百本。”[④]“服习之者遍豫土。汤潜庵先生开府吴中，颁行所属。傅子公定宰福清、永丰二邑，复梓之，以广其传。以故两江浙闽间，无不家弦户诵焉。”[⑤]时人称，“其于夫子孝治天下之意，盖几几乎有可行之兆矣”[⑥]。

3. 慎选师儒

耿介认为，“人才成就系于学校，学校振兴董之师儒，治化之源流莫先于此”[⑦]，“欲求天下之治，须慎选师儒。盖学校系人才根本，人才关民生休戚”[⑧]。他为嵩阳书院遴选师儒定下标准：“德行为主，文艺次之。”耿介在向知县推荐窦克勤时说：“自非平日知之有素，未敢率意敦请也。屈指同心，无如窦敏修先生者。敏修弱冠登贤书，即励志圣贤之学，十余年如一日。其为人克敦孝友，持身治家皆有法度，虽陋巷箪瓢，而为学孜孜不倦。其与人为善之诚，恳款笃挚。最可敬者，‘利’之一字不着胸中。方今东南讲学，汤睢阳先生之外即推敏修。向

---

① 〔清〕耿介撰，梁玉玮、孙红强、陈亚校点：《敬恕堂文集》第六卷《〈孝经易知〉序》，中州古籍出版社 2005 年版，第 336 页。

② 〔清〕耿介撰，梁玉玮、孙红强、陈亚校点：《敬恕堂文集》第六卷《〈孝经易知〉序》，中州古籍出版社 2005 年版，第 336 页。

③ 〔清〕耿介撰，梁玉玮、孙红强、陈亚校点：《敬恕堂文集》第六卷《与万圣阶先生》，中州古籍出版社 2005 年版，第 350 页。

④ 〔清〕耿介撰，梁玉玮、孙红强、陈亚校点：《敬恕堂文集 · 自叙》，中州古籍出版社 2005 年版，第 6 页。

⑤ 〔清〕窦克勤：《耿嵩阳先生传》，〔清〕耿介撰，梁玉玮、孙红强、陈亚校点：《敬恕堂文集》附录，中州古籍出版社 2005 年版，第 533 页。

⑥ 〔清〕窦振起：《嵩阳耿先生纪略》，〔清〕耿介撰，梁玉玮、孙红强、陈亚校点：《敬恕堂文集》附录，中州古籍出版社 2005 年版，第 536 页。

⑦ 〔清〕耿介撰，梁玉玮、孙红强、陈亚校点：《敬恕堂文集》第三卷《与履泰兄书》，第 181 页。

⑧ 〔清〕耿介撰，梁玉玮、孙红强、陈亚校点：《敬恕堂文集》第六卷《与栗上枝》，第 334 页。

三过嵩下,共晨夕者,将近一载,中心实佩服之。"[①]窦克勤与耿介志同道合,"始则居敬穷理,守为学要,继而'仁孝'二字溯流穷源,直到希圣希天"[②]。归创朱阳书院,讲习讨论,一以仁孝为本。[③] 冉觐祖,早登"乡荐第一",后"淡志功名,以希圣希贤自命,著书垂训"。耿介称其"为今之程朱","邀主坛坫,朝夕承聆绪论《大易》,所谓二人同心,断金如兰不足以喻之"。[④] 冉觐祖主教嵩阳,"与诸生讲《孟子》一章,剖析天人,分别理欲,众皆悚听"[⑤],为学"一尊程朱,于陆王不稍假借","著《为学大指》十八则,以示学者;又著《一本论》三篇,以辟异教死生之说"。[⑥] 他以耿介《孝经易知》"过简,成童而后欲敷析文义者不能不取证于他书",遂编订《孝经详说》,"与《易知》相辅而行,分长幼授之"。[⑦]

(四)学规仪注完善

康熙年间,嵩阳书院教学研究活动管理规范,主要得益于耿介制定的《辅仁会约》《为学六则》《嵩阳书院学规》《书院讲书仪注》《书院课程》等一系列学规制度。

康熙十三年(1674),耿介兴复嵩阳书院之初,即倡立辅仁会。他认为"古之学者,体用一原,所以性道文章未尝判为二事。自科举兴,而体用稍分矣"。"今日论学,正不必烦多其辞,只是于举业上加一行字。然非藉同人切磋砥砺之益,恐不能相与有成",遂取曾子"君子以文会友,以友辅仁"之意立辅仁会,以使"吾人之所攻苦揣摩者,验之于心,体之于身,性道文章合而为一,则修其辞为有德之言,见诸用为有本之学"。其《辅仁会约》凡七则。一是每月初三日师生聚会于嵩阳书院,"为文二艺日长渐加。不用柬邀,晨刻齐集,序揖序坐。须体貌

---

① 〔清〕耿介撰,梁玉玮、孙红强、陈亚校点:《敬恕堂文集》第七卷《与王子明父母》,中州古籍出版社2005年版,第379页。

② 〔清〕耿介撰,梁玉玮、孙红强、陈亚校点:《敬恕堂文集》第六卷《与窦敏修先生书》,中州古籍出版社2005年版,第355页。

③ 〔清〕彭鹏:《朱阳书院进说》,〔清〕窦克勤辑:《朱阳书院志》卷四,清雍正中寻乐堂刊本。

④ 〔清〕耿介撰,梁玉玮、孙红强、陈亚校点:《敬恕堂文集》第九卷《明经冉公墓表》,中州古籍出版社2005年版,第494页。

⑤ 赵尔巽等撰:《清史稿》卷四百八十《冉觐祖传》,中华书局1977年版,第43册,第13137页。

⑥ 王钟翰点校:《清史列传》卷六十六《儒林传上一·冉觐祖》,中华书局1987年版,第17册,第5313~5314页。

⑦ 〔清〕冉觐祖:《孝经详说》卷六《丧亲章》,清光绪七年刻本。

严肃，精神收敛，题出沉静构思，庶使心志专一，文益精妙”。二是会中“宜崇简约”，“日用饮食围坐，止四簋，不用酒，恐乱精神”。三是“培养根本，惟是读书”。“所读之书大约以《孝经》《小学》《四书五经大全》《性理大全》及《通鉴纲目》为主。立定课程，不致间断，于发愤忘食之中，尝乐以忘忧之味。”积累久之，“和顺于道德，优游于矩度，到得充实光辉”。四是每月十八日嵩阳书院一会，“将一月来所读之书互相考究印证”，以收友朋“丽泽之益”。五是“士君子以品行为先”，须辨“义利公私”，“克去己私”。六是“须就日用间事亲从兄、动静语默、辞受取与、应事接物试验学力，而要归于迁善改过”。每当会时，互相检点一月内言行得失，“善则称美，过则规正，务本至诚，毋徇形迹”。自己省察克治，以受忠告之益。七是“学求为己”，“誉则勉以副之，毁则自修自治，行有不得，反求诸己”。①

《辅仁会约》是“于举业上加一行字。举业大段是穷理，是知；加一行字，是行”。其意重在实知实行。“然使志不立心不存，则又无以为致知；力行之地而不谦虚，则不能受益；有初鲜终，则学业亦无成。”耿介续作《为学六则》，以为纲领。一是立志。学者先须立志，“若能激励奋发，用为学功夫，则尽性至命，希圣希贤皆己分内事。若只因循怠惰，随俗浮沉，不克尽得天之所以与我，便于天地生我之意有亏，日月逾迈，而有泯然与草木同腐之叹，亦可悲已”。二是存养。“此心原自包涵万理，原自光明广大”，须用持敬功夫，“操存涵养此心，不令放失，使常自惺惺明明作我主宰”，整顿提撕，勿为私欲所蔽。三是穷理。格物致知，以明善择善。“须用学问思辨功夫，穷尽天下至善之理”，“考古验今，体会推寻，内外参合，使天理、人欲、义利、公私辨别分明，不使有毫厘之差，以为应事接物之本”。四是力行。知易行难，“既已穷尽事物之理，尤加敦笃实践”，躬行以为君子。五是虚心。“立志有强懦，存养有密疏，穷理有明昧，力行有得失，所贵有亲师取友之助。”“满招损，谦受益，古人有戒。”“必须有若无，实若虚，乐取于人以为善，则学问之益日异而月不同也。”六是有恒。“为学功夫，最怕间断。”“天行健”，圣贤为法天之学，“君子以自强不息”，“然亦不得欲速助长，只是必有事焉而勿正勿忘”。耿介认为，能行此立志、存养、穷理、力行、虚心、有恒者，

① 〔清〕耿介撰，梁玉玮、孙红强、陈亚校点：《敬恕堂文集》第三卷《辅仁会约》，中州古籍出版社 2005 年版，第 140~142 页。

“不患不到圣贤地位也”。①

康熙二十一年(1682),耿介制定《书院讲书仪注》,对嵩阳书院讲学活动进行规范。一是讲前准备。“逢讲期前一日,预定司讲二人(生员公服),并定所讲书二章。司讲案二人(儒童)。司赞二人(生员公服)。”二是进讲仪注。“逢讲期,父师将至,同人齐出书院门迎揖。司赞引至圣殿,行两叩礼,引至三贤祠行两叩礼毕。到讲堂,同人先揖,父师次揖,学师次揖院长毕,分两旁坐,同人列坐。稍后茶毕,司赞唱供讲案,同人齐起,再唱司讲进某章书。司讲从容至案前向上揖。宣讲务音韵洪亮,字义真切。讲毕向上揖退。司赞唱撤讲案毕讲结,同人皆坐,或父师触境有所阐发,或同人质问,务辞气从容,论辩详审,归于身体力行,迁善改过。”三是讲学内容。“讲学大意以仁孝为本,以敬字为功夫,以诚字为通贯,以恕字为推暨。”②

耿介还制定《书院课程》,为嵩阳书院士子指示津梁。一是明确宗旨。“书院之设,性道文章,本末兼修,知行并进”。“其为学功夫详于《辅仁会约》,务时置案头,体诸躬行。”二是熟读典籍。《理学要旨》,“性命原头,须渐次理会,久之自然有所得也”;《孝经》,“当熟读讲究”;《通鉴》,“亦当熟看,详于古今治乱得失之故,方为有用学术”。三是课前预习。“敬恕堂所拟书,各写一本,熟诵以备讲习。”四是友好相处。“《易》有断金之训,《礼》有乐群之言。同人各宜虚心砥砺,相与有成,庶不负此居诸。”③

康熙二十五年(1686),耿介称:“书院同人,皆有志于圣贤之学,须从德性涵养中来,致知力行,而后可渐渍,以几于道。今有逾一年,或二年三年,而气质犹未变化,德性未见涵养,殊非设立书院之意。”有鉴于此,耿介强化对书院的管理,“仿白鹿书院,立堂长一人,斋长二人,相与鼓舞董率之,庶几有所成就”,制定了严格的《嵩阳书院学规》:“孝为德之本,故平日谆谆以仁孝为劝勉。诸生中有在家庭不能尽孝道者”;“威仪为定命之符,诸生中有衣冠不肃,手容不恭,步

① 〔清〕耿介撰,梁玉玮、孙红强、陈亚校点:《敬恕堂文集》第三卷《为学六则》,中州古籍出版社2005年版,第142~143页。

② 〔清〕耿介撰,梁玉玮、孙红强、陈亚校点:《敬恕堂文集》第六卷《书院讲书仪注》,中州古籍出版社2005年版,第308页。

③ 〔清〕耿介撰,梁玉玮、孙红强、陈亚校点:《敬恕堂文集》第六卷《书院课程》,中州古籍出版社2005年版,第309页。

履急遽者";"言者心之声也,心存则言语必谨。诸生中有言不及义,或好议论人过失者";"君子自强不息,古人所以惜寸阴也。诸生中有好为嬉游,或当昼而寝,妨废学业者";"义利之辨,君子小人之分,须是看得利字轻,方有长进。诸生中有较量锱铢,损人利己者";"满招损,谦受益。若能抑抑虚怀,乐取为善,其造诣自不可量。诸生中有骄矜自满者";"书院以礼让为先,即一饭之顷,必循循有序。诸生中有少长参差紊乱坐次者";"朋友有劝善规过之义,必能自改悔,然后可复于无过。诸生中有刚愎自用,不受规正者";"《理学要旨》《孝经》《辅仁会约》皆有切于身心性命、日用伦常之事,自当时加温得玩味,身体而力行之。诸生中有漫不加省者",皆"录过"。并将"以上诸条,置一簿籍,堂长、斋长随时观察,有犯此者录记,月终送敬恕堂。有过多者,发回家肄业"。①

(五)学田经费充足

耿介"阅《白鹿书院志》,生徒每数十百人,旧设学田常二千余亩",认为"盖君子固穷,使北门有屡(窭)贫之伤,而泌水乐饥以对,圣贤抑亦难已",遂于"书院初建,诸事草创"之际,率先"竭力置田贰百亩,为来学薪水灯火之资"。② 据河南知府张汉《嵩阳书院耿少詹逸庵先生教思碑》所记,"先生家固贫,乃倾产若干入于院,俾诸生肄业馆粥俱无缺"。他"慨然长叹曰:'甚哉,先生之大也!'夫天下人所吝,惟利与名。夫人之情,未有不谋子孙乃谋他人者。窃见富人之子,水碓田园遍天下,谈施与掩耳而不听矣。又其愚者,惑福田报应之说,不惜倾家资以崇淫祀,豢养游食乱教之狂僧若犬彘而不尸其德,而闾里寒俊之士欲乞丝粟以济贫乏,又口吃面赤不以出。囊先生而倾家以入于院也,视范文正义田之见,犹私于一家一族,而巍巍乎公天下而不有之盛心,推之即尧舜气象。此朱子所以许曾皙也夫,亦岂为斯言过哉?"③为使嵩阳书院能够获得充足的经费,耿介

---

① 〔清〕耿介撰,梁玉玮、孙红强、陈亚校点:《敬恕堂文集》第七卷《嵩阳书院学规》,中州古籍出版社 2005 年版,第 400~401 页。

② 〔清〕耿介撰,李远校点:《嵩阳书院志》卷一《学田》,郑州市图书馆文献编辑委员会编:《嵩岳文献丛刊》第 4 册,中州古籍出版社 2003 年版,第 27 页。

③ 〔清〕张汉:《嵩阳书院耿少詹逸庵先生教思碑》,〔清〕陆继萼修,洪亮吉纂:《登封县志》卷十七《学校志·附书院》,清乾隆五十二年刊本。

希望世人"倘有同心,踵而增之,谅亦懿德之好也"[①]。在他的感召下,社会各界踊跃捐助,为嵩阳书院置田达一千余亩。

表 5.2　康熙年间嵩阳书院捐助学田表

捐助人	时间	数量	备注
邑绅耿介	康熙十八年	二顷	
河南提学道吴子云	康熙二十一年	一百亩	
孟津县乡绅王鹤	康熙二十七年	五十亩	
河南府太守汪楫	康熙二十八年	一百亩	
邑侯张埙	康熙二十一年	六十亩	未置去任,今邑侯张圣诰代补足
邑侯王又旦	康熙二十六年	一百亩	未置去任,今邑侯张圣诰代补足
邑侯张圣诰	康熙四十年	二百亩	连补前田地共三百六十亩
河南提学道林尧英		一百亩	
知县杨世达		二百亩	
邑生员焦健银		九亩	
邑绅耿介		一百三十亩	开垦地
知县薛国瑞		三十八亩	
河南巡抚鹿佑		一百四十亩	

资料来源:耿介撰,李远校点:《嵩阳书院志》卷一《学田》,郑州市图书馆文献编辑委员会编:《嵩岳文献丛刊》第 4 册,中州古籍出版社 2003 年版,第 27 页;〔清〕陆继萼修,洪亮吉纂:乾隆《登封县志》卷十七《学校志》,乾隆五十二年刊本。

嵩阳书院每年学田收入,主要有应纳条银、应收夏租麦和秋租谷,"学田每年学租完欠,随时价值贵贱"。嵩阳书院对经费进行严格管理,"书院修理、会文、供撰、肄业诸生米盐薪水及厨子工食,一切支销俱敬恕堂开,有清历存查"。[②]

(六)藏书种类丰富

耿介十分重视书院藏书,认为"《易》有学聚问辨,《礼》有知类通达。圣贤

---

① 〔清〕耿介撰,李远校点:《嵩阳书院志》卷一《学田》,郑州市图书馆文献编辑委员会编:《嵩岳文献丛刊》第 4 册,中州古籍出版社 2003 年版,第 27 页。

② 〔清〕耿介撰,李远校点:《嵩阳书院志》卷一《学田》,郑州市图书馆文献编辑委员会编:《嵩岳文献丛刊》第 4 册,中州古籍出版社 2003 年版,第 27 页。

之道，散见典籍，缺而不备，则博综无由，应渐次购求，以资考究”①。康熙年间嵩阳书院藏书极为丰富，具有种类多、涉及面广、针对性强等特点。其藏书主要有：一是经籍类，《诗经注》《诗经注疏大全》《书经解义》《书经注》《书经近指》《周礼》《礼记注》《易经直解》《读易大旨》《春秋胡传》《孝经》《孝经易知》《河图洛书释义》《羲文八卦释义》《新颁四书解义》《四书通典人物备考》《四书语录》《四书玩注详说》《五经译》《大学衍义》等。二是理学类，《两程子言行录》《二程摘要》《邵康节先生击壤集》《朱子全集》《紫阳大指》《小学》《陆象山先生全集》《谢上蔡先生语录》《性理》《吕新吾先生去伪集》《曹月川先生全集》《薛文清先生读书录》《尤西川先生要语》《理学宗传》《岁寒居答问》《为学次第书》《汤潜庵先生文集》《北学编》《熊青岳先生学统》《理学要旨》《理学正宗》等。三是史书类，《史记》《汉书》《魏书》《廿一史钞》《通鉴》《朱子通鉴纲目》《纲目前编》《纲目续编》《纲目分注拾遗》《明朝分省人物考》《函史》《万世玉衡录》《臣鉴录》等。四是诗文集类，《诗宿》《李翰林诗集》《杜工部诗集》《古唐诗归》《曾南丰先生全集》《金华黄先生全集》《天中许子政学合一集》《馆课》《奏疏》《浅说》等。五是类书，《册府元龟》《天中记》《稗编》《字汇》《修辞指南》《初学记》《韵府群玉》《韵会小补》等。六是志书类，《白鹿书院志》《河南通志》《登封县志》《嵩高志》等。七是谱牒类，《孟云浦先生年谱》《夏峰先生年谱》《家礼酌》《敬恕堂家规》《董氏尚书家训全集》《寻乐堂家规》等。八是善书类，《渡世宝筏》等。嵩阳书院藏书大多是士子修身、齐家、治国、平天下的必读书，其中经传、理学类图书，特别是二程、邵雍、谢良佐、吕坤、曹端、孙奇逢、张沐、汤斌、耿介等河南理学名儒的著作所占比重较大，充分体现了康熙年间嵩阳书院的理学特色。

嵩阳书院藏书主要来源于耿介等人的“渐次购求”，而各方捐赠亦是书院藏书的重要来源。江西瑞州同知焦贲亨辞官归里，时值嵩阳书院兴复，“远近来学日众，推公主坛坫，公引绳持衡，文风丕变”，寝疾之日，在病榻前向耿介“从容询

① 〔清〕耿介撰，李远校点：《嵩阳书院志》卷一《藏书》，郑州市图书馆文献编辑委员会编：《嵩岳文献丛刊》第 4 册，中州古籍出版社 2003 年版，第 25 页。

及嵩阳书院,因赠书二种[①],命置之藏书楼为诸生诵习”[②]。鲁山教谕李兆元,“闻耿逸庵倡学嵩阳书院”,“命子瀚往问策,复购书送藏书楼”[③]。据《嵩阳书院志》记载,“《诗经注疏大全》一部、《诗宿》一部、《纲目分注拾遗》一部、《博物典汇》一部、《修辞指南》一部,以上五部焦锡三先生赠书”;“《明朝分省人物考》一部、《万世玉衡录》一部、《臣鉴录》一部、《馆课》一部、《奏疏》一部、《浅说》一部,以上五部学宪蒋莘田(伊)先生赠书”;“《朱子通鉴纲目》一部、《纲目前编》一部、《纲目续编》一部,以上三部张膅如(埙)先生赠书”;“《四书通典人物备考》一部、《四书语录》一部,以上二部李仲显先生赠书”。[④] 此外,嵩阳书院还自行刊刻书籍,如冉觐祖的《天理主敬图》《为学大旨》,耿介的《中州道学编》《理学要旨》《嵩阳书院志》等。

嵩阳书院的图书,主要贮于藏书楼,以供书院师生阅览研读。耿介将友人赠书“置之藏书楼,为名山不朽之业”[⑤]。其藏书楼对联“万卷缥缃藏名山传其人究竟本原无二理,千秋文献继往圣开来学要知体认总一心”[⑥],高度概括了藏书楼的功能,精妙阐释了读书为学的道理。

兴复嵩阳书院,是康熙年间众多人士的共同心愿。河南巡抚王日藻称,“嵩岳宅天中,为阴阳风雨之会”,昉自五代,嵩阳书院与“岳麓、睢阳、白鹿棋列而为四”,“顾沧桑屡易,书院兴废不常”,“良可深慨”。“夫理学之不明非一日矣,岂尽运会使然？亦无人焉表章绝业,扶起坠续,以至此耳。兹当圣天子投戈讲艺、崇儒右文之时,薄海内外莫不蒸蒸向化。登邑僻处万山中,赖有贤士大夫增修

① “《魏书》一部、《廿一史钞》一部,以上二部焦丘园先生赠书。”见〔清〕耿介撰,李远校点:《嵩阳书院志》卷一《藏书》,郑州市图书馆文献编辑委员会编:《嵩岳文献丛刊》第4册,中州古籍出版社2003年版,第25页。

② 〔清〕耿介:《江西瑞州府同知焦公贲亨墓志铭》,〔清〕钱仪吉纂,靳斯标点:《碑传集》卷九十,中华书局1993年版,第2587~2588页。

③ 〔清〕靳让:《鲁山教谕李君兆元墓志铭》,〔清〕钱仪吉纂,靳斯标点:《碑传集》卷一百十一,中华书局1993年版,第3193页。

④ 〔清〕耿介撰,李远校点:《嵩阳书院志》卷一《藏书》,郑州市图书馆文献编辑委员会编:《嵩岳文献丛刊》第4册,中州古籍出版社2003年版,第25~26页。

⑤ 〔清〕耿介撰,梁玉玮、孙红强、陈亚校点:《敬恕堂文集》第七卷《与张膅如先生》,中州古籍出版社2005年版,第418页。

⑥ 〔清〕耿介撰,梁玉玮、孙红强、陈亚校点:《敬恕堂文集》第六卷《藏书楼对联》,中州古籍出版社2005年版,第355页。

兹院,率邑之誉髦,讲学弦诵于其中,倡之一隅,俾四方闻风慕义,于以矩步先贤,扶掖来学,不几与鹅湖、鹿洞后先媲美哉。”[①]冉觐祖亦认为,“四大书院,当尤重嵩阳、白鹿,盖嵩阳为二程过化之地,而白鹿为朱子规恢之所也。较二者之中,程子又开其统,为理学不祧之宗,凡有志私淑,而不知振兴嵩阳书院可乎哉”[②]。耿介将“一生精神萃于嵩阳书院,盖自淑人之念至老不衰”。[③] 在他的精心主持下,嵩阳书院培养了众多人才,推动了中州理学的复兴,在清代河南书院史上具有标志性意义。汤斌称耿介“倡道名岳,一时群贤鼓吹,遂使伊洛正传如日中天”[④]。窦克勤感叹“伊洛宗风,其在斯乎! 其在斯乎!”[⑤]康熙二十八年(1689),耿介希望友人相助,“援江西湖南白鹿岳麓之例,题请御赐扁额,颁发经书,则嵩阳为不朽矣”[⑥],但生前未能如愿。时至乾隆十五年(1750)十月初一,“天晴日朗,风和景明”,乾隆帝巡视“嵩阳书院,观汉柏,登藏书楼,瞻眺峻极柱诸峰,徘徊良久,御制诗二章”。其《嵩阳书院》诗云:“书院嵩阳景最清,石幢犹纪故宫名。虚夸妙药求方士,何似菁莪育俊英。”[⑦]这是对历代嵩阳书院造士之功的肯定,也是对耿介兴复嵩阳书院的一种慰藉。

二、窦氏家族创建的朱阳书院

清初河南理学复兴,各地建书院讲学之风甚盛。归德府柘城县窦氏“族大

---

① 〔清〕王日藻:《嵩阳书院碑记》,〔清〕耿介撰,李远校点:《嵩阳书院志》卷二《文翰》,《嵩岳文献丛刊》第4册,中州古籍出版社2003年版,第81~82页。

② 〔清〕冉觐祖:《嵩阳书院考》,〔清〕耿介撰,李远校点:《嵩阳书院志》卷二《文翰》,《嵩岳文献丛刊》第4册,中州古籍出版社2003年版,第148页。

③ 〔清〕汪晋徵:《耿逸庵先生敬恕堂集叙》,〔清〕耿介:《敬恕堂文集》,清康熙四十八年柘城窦氏刻本。

④ 〔清〕耿介撰,李远校点:《嵩阳书院志》卷二《汤潜庵先生书》,《嵩岳文献丛刊》第4册,中州古籍出版社2003年版,第125页。

⑤ 〔清〕耿介撰,李远校点:《嵩阳书院志》卷二《嵩阳书院讲学纪事》,《嵩岳文献丛刊》第4册,中州古籍出版社2003年版,第106页。

⑥ 〔清〕耿介撰,梁玉玮、孙红强、陈亚校点:《敬恕堂文集》第八卷《与窦静庵先生》,中州古籍出版社2005年版,第465页。

⑦ 〔清〕陆继萼修,洪亮吉纂:《登封县志》卷一《皇德记》,清乾隆五十二年刊本。

才多”，自明季以来兴学不辍。康熙二十九年（1690），窦大任、窦克勤父子创建朱阳书院。[①] 书院之创，一是继承先志。窦克勤称，“吾邑柘城为朱襄氏之都，明末寇乱，先王父筠峰公讲学于兹而未竟厥志，及予大人继述之，谋讲习地非一日”[②]。二是接续睢阳。嵩阳、睢阳（应天）、白鹿、岳麓，宋称四大书院。冉觐祖认为，“嵩阳、睢阳并在中州，东西数百里间，风教相鼓动，固极盛已。元明以来，两地寂无传人。今值右文之世，书院宏兴，登封耿逸庵先生修复嵩阳书院视昔有加，而睢阳书院竟成绝响不可复问。论者以为昔之四大书院，今有其三，而在中州，则二大书院仅有其一。嵩阳即盛，其势孤立，终当让美于前人也”[③]。窦克勤亦因念“应天湮没无可问，深以为憾”[④]。康熙三十四年（1695），窦克勤回首往事，称“登封耿逸庵先生兴复嵩阳既就，谓余曰：‘四大吾豫居二。前人已往，后人未来。习此业，公此事。可因则因，不则创以为因，何弗追曩徽也？’余大人闻之称善。因继先筠峰公未竟之志，于邑东门外创建朱阳书院”[⑤]。虽曰始创，实皆宿缘。

（一）建筑布局齐整

传统书院选址，多择形胜之地。在窦克勤看来，“朱阳书院虽少崇山巨津之险，然地脉蜿蜒，黄河委折，实嵩洛一派，由汴睢蝉联而下，但平衍旷邈，隐而未见，岂道以远近殊以时地异耶？”[⑥]他在《朱阳书院记》中详细阐释了书院的形胜奥妙。“其势西临雉堞，桥梁耸峙，清流回绕，自旧城纡徐南来，不使湍激奔腾，

---

① 朱阳书院名称由来，据陈迁鹤记云：“道康公（窦大任）辟地于柘城东门外为书院，以其地为古朱襄氏之墟也，拟其名曰朱丘。静庵（窦克勤）以问于予，予曰：书院当朱襄之阳，以为朱阳何如。静庵、道康二先生闻而称许，遂额书院从今名。”窦克勤称，“以其地在朱襄之阳，拟名曰朱阳，尝与耿嵩阳先生、陈介石太史订”。耿介亦称，“朱丘书院之名犯吾夫子圣讳，改为朱阳甚善，于此服陈介石先生之高见也”。分别见陈迁鹤《朱阳书院记》、窦克勤《朱阳书院记》（《朱阳书院志》卷四，清雍正中寻乐堂刊本）、耿介《与窦静庵先生》（《敬恕堂文集》第九卷，中州古籍出版社 2005 年版，第 478 页）。

② 〔清〕窦克勤辑：《朱阳书院志》卷四《朱阳书院记》，清雍正中寻乐堂刊本。

③ 〔清〕冉觐祖：《朱阳书院记》，〔清〕窦克勤辑：《朱阳书院志》卷四，清雍正中寻乐堂刊本。

④ 〔清〕尹会一：《窦静庵先生传》，〔清〕元淮、傅钟浚纂修：《柘城县志》卷九《艺文志》，清光绪二十二年刻本。

⑤ 〔清〕窦克勤辑：《朱阳书院志》，《朱阳书院志序》，清雍正中寻乐堂刊本。

⑥ 〔清〕窦克勤辑：《朱阳书院志》卷一《形胜》，清雍正中寻乐堂刊本。

而别有沼沚以蓄于亭垣之右,斯固一奇境也。南望横郭如案,峰峦隐秀,傍东西两路,合抱会于郭外,如两翼然。东南一带,郁郁苍苍,柏干参差,竹林茂密,中有别墅,以通其气脉,而近则烟火相连,市廛相错。次北而先筠峰祀乡祠,巍踞旧屏山之阳,与此正坎离相向,复左右纬以唐宋古寺及余学箕园,俨然层镇叠幛,拱其项背。噫!势之所极,人文萃焉。"①

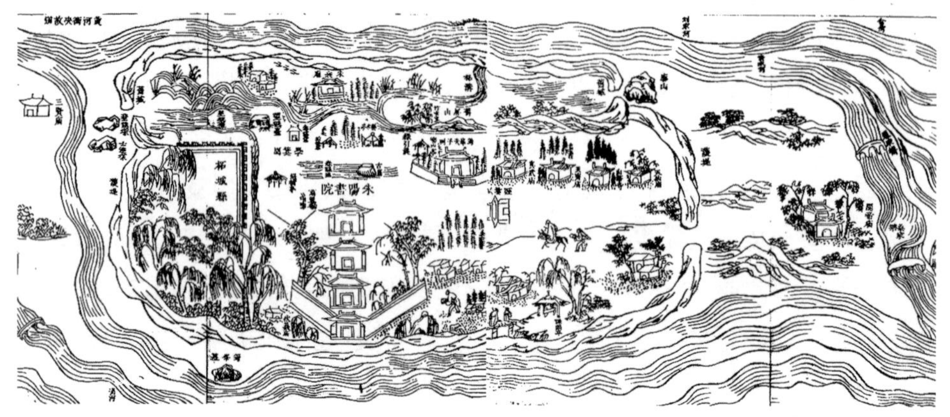

图 5-3　朱阳书院形胜图(〔清〕窦克勤:《朱阳书院志》卷一《图绘》,清雍正中寻乐堂刊本)

窦克勤曾为朱阳书院规划蓝图,"圣殿、讲堂、藏书楼位置中央,祠宇堂舍并峙左右,次斋房,周列外墙垣环卫。此书院胜概也"②。书院创建之初,限于财力,建筑未广。窦克勤称,"余葺朱阳书院,来学者抠衣而趋。余惧寡陋,不足探索学旨高明沉毅或为荒说榛埋,益滋汗漫。顾学者手一编,阅寒暑弗能去,时堂隘难以容众,每值讲期,设帐两楹外,列坐相向,经溽暑几不可留"③,且"诸祠斋堂未及弘整",他呼吁"专望倡道扶教诸先生按图力输丕成,鸿造肇美构于一日,勒盛事于千秋。人地相纬,号杰称灵,不能不有待巨公云"。④ 地方官员、士绅等积极响应,共襄盛举,朱阳书院面貌大为改观。时河南按察使胡介祉称,书院"基址广袤,门垣宏丽,进而圣殿三楹,再进而讲堂三楹,存诚在其东,主敬在其西,庖湢厩舍无不具备"⑤。

① 〔清〕窦克勤辑:《朱阳书院志》卷四《朱阳书院建修讲堂记》,清雍正中寻乐堂刊本。
② 〔清〕窦克勤辑:《朱阳书院志》卷四《朱阳书院建修讲堂记》,清雍正中寻乐堂刊本。
③ 〔清〕窦克勤辑:《朱阳书院志》卷四《朱阳书院建修讲堂记》,清雍正中寻乐堂刊本。
④ 〔清〕窦克勤辑:《朱阳书院志》卷一《图绘》,清雍正中寻乐堂刊本。
⑤ 〔清〕胡介祉:《朱阳书院记》,〔清〕窦克勤辑:《朱阳书院志》卷四,清雍正中寻乐堂刊本。

表 5.3　朱阳书院建筑创修表

建筑名称	创修时间	创修人	功能	备注
先圣殿三楹	康熙二十九年	邑侯史鉴	祀孔子	捐俸百二十五金
门楼一座	康熙二十九年	邑绅窦大任		
存诚斋三楹	康熙二十九年	邑绅窦大任		
主敬斋三楹	康熙二十九年	邑绅窦大任		
厨舍三楹	康熙二十九年	邑绅窦大任		
居仁斋三楹	康熙三十年	归德郡守薛晋		
由义斋三楹	康熙三十年	归德郡守薛晋		
讲堂三楹	康熙三十六年	河南提刑按察使孟世泰、开封郡守管竭忠、陈州州守张喆、太康令朴怀宝、获嘉令何远、鹿邑令冯际时、西平令刘斯蕃		
友善堂三楹	康熙三十七年	邑绅窦大任		
寡过堂三楹	康熙三十七年	邑绅窦大任		
藏书楼三楹	康熙三十八年	河南巡抚李国亮		
先儒祠三楹	康熙四十七年	邑绅窦大任	祀周敦颐、程颢、程颐、张载、朱熹、许衡、薛瑄	

续表

建筑名称	创修时间	创修人	功能	备注
正学祠三楹	康熙四十七年	柘城教谕苏名勋、邑绅窦大任	祀曹端、吕坤、窦如珠、汤斌、耿介	
爱莲亭三楹	康熙四十七年	河南提督学院汤右曾、守道崔征壁、归德府郡守陈尧策、鹿邑令谢乃果、柘城令连肖先		
朱阳夫子祠三楹	康熙四十七年	书院肄业诸生	祀窦克勤、窦容端、窦容庄	
三乐堂			祀窦大任	
崇道祠			祀史鉴等二十有功书院者	

资料来源:〔清〕窦克勤:《朱阳书院志》卷二《沿革》《祀典》,清雍正中寻乐堂刊本。

(二)祀典仪礼谨严

朱阳书院请祀程序规范,士绅生员联名公呈,官府逐级审核批准。其崇祀先圣先贤,以“有关道脉,斟酌尽善”①;崇祀名宦士绅,因“有功书院”,“斟酌允当”。② 祀典有专祀,有合祀,有附祀,各有祭仪,礼制完备而谨严。

先圣殿。祀孔子,以重道统,“以定所宗”③。附祀复圣颜子、宗圣曾子、述圣子思子、亚圣孟子。其仲丁之祭,“每岁春秋仲月上丁日,祭至圣先师孔子。主书院者公服,率书院肄业诸生暂行九拜礼,暂用蔬果一桌。肄业生读祝文焚楮帛。俟后日官长主祭再酌仪注”;朔望之仪,“每月朔望日,主书院者率书院肄业诸生拜先师,行四拜礼”;每日常仪,“每日诸生肄业书院者,晨起入先师殿一揖”。④

---

① 〔清〕窦克勤辑:《朱阳书院志》卷二《祀典 · 请祀书院公呈》,清雍正中寻乐堂刊本。
② 〔清〕窦克勤辑:《朱阳书院志》卷二《祀典 · 请祀书院公呈》,清雍正中寻乐堂刊本。
③ 〔清〕窦克勤辑:《朱阳书院志》卷四《文翰 · 朱阳书院创建圣殿记》,清雍正中寻乐堂刊本。
④ 〔清〕窦克勤辑:《朱阳书院志》卷二《祀典》,清雍正中寻乐堂刊本。

先儒祠。祀周敦颐、程颢、程颐、张载、朱熹、许衡、薛瑄七贤。“此七贤者，或得不传之秘，或表六经之绪，或集成于诸儒，或力肩夫道脉，皆宜特祀书院，以示远有所宗。”①其仲丁之祭，“每岁春秋仲月上丁日，祭先师孔子毕，随祭先儒祠七贤”，“主书院者公服，率书院肄业诸生暂行九拜礼，暂用蔬果一桌。肄业生读祝文焚楮帛。俟后日官长主祭再酌仪注”。②

正学祠。祀曹端、吕坤、窦如珠、汤斌、耿介五儒。“此五儒者，或藉师席而表人伦之模，或历中外而致网纪之肃，或守洛闽而抱遗经以终老，或同时地而倡斯道以及时，亦宜特祀书院，以示近有所守。”③其仲丁之祭如先儒祠。

朱阳夫子祠。祀窦克勤。“先生理学直宗濂洛，教泽远媲河汾”，“崇祀书院，以正学术，以端师范”④。附祀窦容端、窦容庄二子，“庶理学渊源见缵承之有自，心源接续信递衍于无穷”⑤。有仲丁之祭。

三乐堂。祀窦大任。“先生上接筠峰先生之薪传，下开静庵太史之统绪，创建书院，缔造不遗余力，大启讲坛。”崇祀书院，“庶不没创始之功”⑥。有仲丁之祭。

崇道祠。祀邑侯史鉴等二十有功书院者。“崇道诸公，或声教传流大启讲堂之盛，或惠泽渐被丕振文明之风，或讲学院中留謦欬于去后，或亲炙堂上著芳型于将来。”崇祀书院，“庶不泯翊赞之力”⑦。有仲丁之祭。

（三）教学注重经史

1. 经史为主

《朱阳书院志》收录讲语 19 篇，内容多是书院主讲对“四书五经”的发明。如耿介《讲〈大学〉首章》《讲〈中庸〉首章》，窦克勤《拟讲其为人也孝弟章》《拟讲弟子入则孝章》《拟讲如有博施于民章》《拟讲孝经》《拟讲小学》《拟讲仰之弥高章》《拟讲譬如为山章》《拟讲孝哉闵子骞章》《拟讲曾点言志大意》《拟讲君子

---

① 〔清〕窦克勤辑：《朱阳书院志》卷二《祀典 · 请祀七贤五儒公呈》，清雍正中寻乐堂刊本。

② 〔清〕窦克勤辑：《朱阳书院志》卷二《祀典》，清雍正中寻乐堂刊本。

③ 〔清〕窦克勤辑：《朱阳书院志》卷二《祀典 · 请祀七贤五儒公呈》，清雍正中寻乐堂刊本。

④ 〔清〕窦克勤辑：《朱阳书院志》卷二《祀典 · 请祀窦夫子公呈》，清雍正中寻乐堂刊本。

⑤ 〔清〕窦克勤辑：《朱阳书院志》卷二《祀典 · 请祀书院公呈》，清雍正中寻乐堂刊本。

⑥ 〔清〕窦克勤辑：《朱阳书院志》卷二《祀典 · 请祀书院公呈》，清雍正中寻乐堂刊本。

⑦ 〔清〕窦克勤辑：《朱阳书院志》卷二《祀典 · 请祀书院公呈》，清雍正中寻乐堂刊本。

以文会友章》《拟讲君子之所以教者五章》《拟讲富与贵是人之所欲也章》《拟讲自诚明谓之性章》《拟讲子张学干禄章》《拟讲贤贤易色章》《拟讲所谓诚其意者章》《拟讲周易乾坤二卦》等。窦克勤称,“讲语诸篇,明圣贤之指趣,定学者之法程,诚恐圣经贤传晦于异术,亦聊存区区之见耳”[①]。窦克勤将“有道挥洒义理之言”“名公讲论规劝之旨”中“词之烦简或不类敷陈之篇者”,辑为记录,“以明只字片言有裨训诫”,“是亦考道论德之切务”。康熙四十六年(1707)八月十八日,河南学使汤右曾讲学朱阳书院,“施诲不倦,自日中至暮方休”。他训示书院诸生:“为学之道,先须立定根基,务为天下第一等人、第一等事。”“五经之在天下,如日月丽天,江河行地。”“为学务必留心探讨五经之旨,使明达晓畅而一一可见诸施行,将处则为真儒,出则为名臣。”汤右曾指出,“学问之事,初无止境,先之以博闻强识,是最切要工夫。穷经之外,莫如读史”,“将礼乐刑政井田学校之属,既考其名,复核其实,闻见日广,根本日固,发为文词,自斐然成章,措之事业,岂空疏无具?如此方是真学问真经济”。“制艺一道,固属学问末节”,如“诸生能寝食于古,又细心体认书理,以此为文,自当羽经翼传”,非“但取科名”而已。他勉励诸生“深心大力,担当天地间道理,方不愧造物生人之意”,“于日用伦常躬行实践”,父子、夫妇、昆弟、朋友须各尽其道,力行忠孝廉节。[②]

2. 仁孝为本

窦克勤“学术渊源考亭,于金谿、姚江辨析必求至当,不为附和之词”[③]。他认为,“圣道之大,原出于天。圣学之要,旨在复性。天生人,而即以仁、义、礼、智赋之,是天命无日不在人中也”。考虑到“与学者骤而语此,鲜有能会其微者”,他提出惟有循序渐进,“使之居处渐磨、涵育积累,逊志于学问思辨之内,而实体乎人伦日用之常,致功于戒惧慎独之际,而推极乎体忠行恕之间”,如此行之既久,“则存养熟体察精,始知天命之流行,即一事一物而在,亦即万事万物而在,即一朝一夕而常存,亦即百年千年而常存。由一本而体于万殊,仍由万殊而会于一本。举天之赋我以形者,不役役于耳目之用,而惟心之官是主,则形践矣;举天之赋我以性者,不逐逐于私欲之途,而惟善之体是复,则性尽矣。践形

① 〔清〕窦克勤辑:《朱阳书院志》卷三《记录》,清雍正中寻乐堂刊本。

② 〔清〕窦克勤辑:《朱阳书院志》卷三《记录》,清雍正中寻乐堂刊本。

③ 王钟翰点校:《清史列传》卷六十六《儒林传上一・窦克勤》,中华书局 1987 年版,第 17 册,第 5311 页。

尽性,虽自尧舜以传之孔孟,其道何以逾此?”窦克勤说:“书院中讲明此理,学习此事。苟人心有存无亡,是即天理之有得无失也;苟学术有纯无杂,是即道脉之有续无绝也”,否则,“狃于习见而不知化,日纠扰于辞章,妄觊觎于禄位,始则利欲扰之,既则未必不奇袤乱之,将不虑其蠹圣道而坏人心乎?是又学之不可不谨也”。[①] 时人称,“窦太史朱阳书院讲习讨论,以仁孝为本,此即钦承今上敦孝弟以重人伦之首谕也。孝弟为为仁之本,心和气顺,岂不太和在宇宙间哉?”[②]其“教人之法,确有要旨,如道原自天,学在复性,仁为孝本,孝为仁用,主敬存诚,体忠行恕,皆圣贤精微之学,其言深切著明矣”[③]。

3. 方式多样

窦克勤自述朱阳书院日常讲学,“仍泌阳教士之法,讲学会文,以初二、十六日为率,每值讲期,携仲弟振起随大人后三揖进,邑侯、广文、诸绅于前,诸生以次序坐。少间,司讲者揖立讲案前,讲书某章,人皆肃然起敬无惰容。讲毕,揖而退。官士析疑解惑,互阐学旨,于天人性命盖油油如也。日过中,稍休,具麦食、菜羹,器以五,设席以十计。史公亦时具馔礼。学者鼓舞,作兴不辍。以故箪瓢疏水之味,屡尝于古柏阴森之下,而人之不之厌也。会文亦然。其余日皆来学者讲习之常,与邑人士少长咸集,盖不同云”[④]。李熠《夏日诸同人侍先生大树下讲学》诗云:“炎气逼人甚,熏风自日边。抠衣趋讲席,执卷侍前川。细草承朝露,密阴下野田。求仁存道脉,说理契名贤。鸟去山花静,风来树影翩。时行物生意,指示在吾前。”[⑤]自朱阳书院兴起,“远近之士闻风景从”,窦克勤不仅在讲堂上“津津焉与之论说,无非人伦日用之常”,还“间与浏览吟眺,以发其自得之趣,学者无不欢欣鼓舞,而亹亹不倦,觉天光云影水流花开,触目无非道机,

---

① 〔清〕窦克勤辑:《朱阳书院志》卷四《文翰·朱阳书院记》,清雍正中寻乐堂刊本。

② 〔清〕彭鹏:《朱阳书院进说》,〔清〕窦克勤辑:《朱阳书院志》卷四《文翰·朱阳书院记》,清雍正中寻乐堂刊本。

③ 〔清〕锺德音:《谒朱阳书院纪言》,〔清〕窦克勤辑:《朱阳书院志》卷四《文翰·朱阳书院记》,清雍正中寻乐堂刊本。

④ 〔清〕窦克勤辑:《朱阳书院志》卷四《文翰·朱阳书院记》,清雍正中寻乐堂刊本。

⑤ 〔清〕李熠:《夏日诸同人侍先生大树下讲学》,〔清〕窦克勤辑:《朱阳书院志》卷四《文翰·朱阳书院记》,清雍正中寻乐堂刊本。

其所成就,殆与嵩阳相方”。[①] 他曾于暮春偕书院诸子登旧屏山,即地讲学论说,并赋诗纪事:“讲书讨得我生闲,领略春风到此间。旁人未识春风趣,却说登山是爱山。偶把讲坛移碧岑,水流花放尽关心。相看都是行生意,要得寻时无处寻。”[②]景理生情,理趣悠远。

(四)条规仪注严格

窦克勤任泌阳教谕时,“仿朱子白鹿洞规,略辑圣贤切要之言”,编订《泌阳学条规》,“列居敬、穷理、力行、制事、接物五者”,“又益之以劝善规过簿,立社、讲学、会文三则”,称“学者能守此而施之于人伦之间,其于古圣敬敷五教之旨庶乎其无所失矣”,“庶几从事身心者有所依据而循行无难矣”。他“又虑平日有未加克治之功者,不可不先使身心收于法度之中,耳目范于规矩之内,故又就朱子增损吕氏乡约而僭以己意,变通而增减之,总置劝善规过簿,列若干条,参以近今之易行,酌乎日用之罔越,亦曰由此而之焉,则士行检束士气激励,然后理道之精微,学问之纯全可渐几无难也”。[③] 清人尚标称窦克勤“身为倡率,相诫勉于铜山泌水之间,真无忝厥职”,“观其言,首曰立志,盖趋向定而效法有宗也;次曰明伦,盖彝纪叙而本务已端也,静存动察而学为有体也,制事接物而学为有用也,以至劝善规过,井井有条;讲学会文,循循有序”。[④]

窦克勤创立朱阳书院后,在《泌阳学条规》的基础上,参酌古今,制定更为严格的书院规条。他告诫从学士子,“书院之设,所以待贤者诸君讲习其中”,“考证身心,求得于己”,期望“共订学旨”,“与诸君正其趋,坚其守,鼓其力,成其诣,以无负今日来学之意”。[⑤]

1. 开示学旨

窦克勤劝勉诸生:一是“原天地生我之故”,“方知人性之善处,即人类之所

---

① 〔清〕田兰芳:《朱阳书院志序》,〔清〕窦克勤辑:《朱阳书院志》卷四《文翰 · 朱阳书院记》,清雍正中寻乐堂刊本。

② 〔清〕窦克勤辑:《朱阳书院志》卷四《戊子暮春偕书院诸子登旧屏山讲论移时》,清雍正中寻乐堂刊本。

③ 〔清〕窦克勤:《泌阳学条规》,《窦氏丛书》,清光绪大兴黄振河重刊本。

④ 〔清〕尚标:《泌阳学规序》,〔清〕窦克勤:《泌阳学条规》,《窦氏丛书》,清光绪大兴黄振河重刊本。

⑤ 〔清〕窦克勤辑:《朱阳书院志》卷三《条规》,清雍正中寻乐堂刊本。

以不绝处”,“能明善以复其性,而答天地生我之意焉,察识而扩充之”。二是“明君亲成我之恩”,“此中植立不定,人品学术俱不堪道”。三是“尽天地之大伦”,“父子之亲,君臣之义,实为首重。忠之道不讲,必苟且于服官之年。孝之道不尽,已薄植于门内之地。此二端欠缺,更何问夫妇之别、长幼之序、朋友之信乎?”“若窥见君亲成我之恩,同天罔极,不可一朝辜负,则其勉勉于道德者自无时可已。”四是“举圣贤教我之实”,博文约礼,穷理诚意,知行并进,“虚心平气,随诵诗读书应事接物间精察义理,而力行以求至焉”。五是“肩古今之重任”,当“弘阔志力,当荷此远大,倘不负圣贤之教我,即不亏君亲之成我,无忝天地之生我者也。学求真得道不虚行,亦在诸君自勉之而已矣”。[①]

2. 订立学要

窦克勤指出,“书院条规拟为人之正鹄,千虑一得,或有当焉。从事于斯,不审进为之序非躐等则怠弃,其失均耳。窥探妙蕴,约以要方。行升一助,甘苦自知”。其订学要八条:“立志有任无让,共学损高就卑。致功专一不迁,养神从容多暇。进德尝怀靡及,读书深味自得。涵泳客气消除,充裕道心久贞”,要求诸生“凡既入书院,于此八者实心体玩”。[②]

3. 制定戒条

窦克勤称,“书院旧有条规,是以贤者期诸生也。以贤者期诸生,诸生亦当以贤者自爱。倘来学者有非道之干,已学者有犯义之过,难望置身贤者之林矣”。他劝诫“此辈早宜检束”。其订书院“戒条”:凡为“求讲官情、求照私事、求发书函、求荐馆宾”入书院者,在所摈斥;凡有“讥刺时事、谈人闺门、戏谑滋慢、诳诈长伪、爱取人物、忌毁人善、藉匿书籍、阴窥私箧”者,“亟宜禁绝”。[③] 这些戒条一方面从源头入手,确保进入书院诸生目的的纯正性;另一方面严格院纪,加强对诸生品行的管理。

4. 创设仪注

中国古代社会重视礼制,荀子称“人无礼则不生,事无礼则不成,国家无礼则不宁”[④]。窦克勤以书院为讲学之所,对礼仪尤为重视。“书院旧有条规,是

---

① 〔清〕窦克勤辑:《朱阳书院志》卷三《条规》,清雍正中寻乐堂刊本。

② 〔清〕窦克勤辑:《朱阳书院志》卷三《条规》,清雍正中寻乐堂刊本。

③ 〔清〕窦克勤辑:《朱阳书院志》卷三《条规》,清雍正中寻乐堂刊本。

④ 〔战国〕荀况著,杨倞注:《荀子》第一卷《修身》,上海古籍出版社 1989 年版,第 10 页。

与诸生讲明为学大义也。然少长不齐,先务检束。细行不谨,终累大德”。他创立朱阳书院仪注,以使“来学者约守画一”。一是拜先师。要求“书院诸生每晨早起,入先师殿一揖致敬。朔望日随拜先师毕,入讲堂一揖,诸生东西向各一揖”。二是明尊卑。他认为“礼教不明,尊卑失序。其在于今,师弟尤甚”,遂拟定书院礼仪,“隅坐随行,断不容越,诸生宜明大体,无论在书院及入先生之家,俱循此礼”。三是序年齿。“诸生既系同学,宜以年齿为序。齿序既定,凡登堂讲习,只以长幼分行,坐之先后,不必牵缠固让。”四是来贽仪。“凡来学者,必有介绍。通其姓名里居,以及为人之大概。入见时只用红帖全幅,书姓名于其上投之。以此当贽,不用仪物。”五是勤考课。“每逢三六九日,主人至书院考课,诸生齐集赴讲堂,疑义相质,身心互证,以毕讲习之功。”六是专其事。“书院有宾客之应酬,有文字之记录。宾客应酬,司应对者专其事;文字记录,司笔札者专其事。每岁随时派四人掌之。”七是礼尊长。规定“凡尊长至书院,司应对者延入讲堂,集诸生齐赴一揖,卑幼则否”。八是礼远宾。“凡远宾至书院,司应对者周旋之,司笔札者书明姓名里居。有道者,诸生齐集一揖,寻常则否。”九是清事由。“学者有事回家,司笔札者登籍记之,书明某人于某日因某事回家,来则书至日。”十是礼官长。“凡官长至书院讲书,诸生于大门外候迎,回则候送,常至则否。”[①]窦克勤所订书院仪注,尊礼有序,简繁有度,涵盖了士子修身立德、为人处世等诸多方面,对规范书院礼制贡献颇大。

(五)藏书种类多样

朱阳书院注重藏书质量,所收书籍多为“经天纬地之书”“羽经翼传之文”,“诸家之害道者无与焉”。[②] 朱阳书院藏书种类丰富,一是经籍类,有《诗经注疏》《诗经集传》《诗经大全》《书经注疏》《书经蔡传》《书经大全》《书经会编》《礼记注疏》《礼记集注》《礼记大全》《乐经》《易经注疏》《易经程传》《易经本义》《易经大全》《春秋左传》《春秋公羊传》《春秋穀梁传》《春秋胡传》《春秋纂例》《颁行书经解义》《颁行孝经衍义》《颁行四书解义》等。二是史书类,有《史记》《汉书》《文献通考》《唐鉴》《资治通鉴》《通鉴纲目》《纲目前编》《纲目续

① 〔清〕窦克勤辑:《朱阳书院志》卷三《条规》,清雍正中寻乐堂刊本。
② 〔清〕窦克勤辑:《朱阳书院志》卷五《藏书》,清雍正中寻乐堂刊本。

编》《廿一史钞》《宋元通鉴》《函史》《明政统宗》《经济类编》等。三是理学类，有《两程子言行录》《程氏遗书》《伊洛渊源录》《邵子击壤集》《小学大全》《近思录》《朱子全集》《金华四先生全集》《太极图西铭述解》《月川语录》《夜行烛》《王学质疑》《道学正宗》《性理会通》《谢上蔡语录》《理学宗传》《孝经易知》《理学要旨》《中州道学编》《学统》《明儒言行录》等。四是诗文集类，有《李翰林诗集》《杜工部诗集》《韩文公全集》《曾南丰文集》《八大家文钞》《杨椒山文集》《高子遗书》《刘文烈公集》《汤潜庵先生遗稿》《敬恕堂存稿》《田篑山先生文集》《礼山园集》等。五是志书类，有《白鹿书院志》《武夷山志》《虎丘山志》《嵩阳书院志》《紫云书院志》《南阳书院学规》《柘城县志》《嵩高志》《河南通志》《一统志》等。六是谱牒类，有《路氏族谱》《耿氏家乘》《文公家礼》《家规辑略》《敬恕堂家规》《朱子年谱》《曹月川年谱》《邵二泉年谱》《孙征君年谱》等。七是其他类，有《大清律例集解》《律吕心法》《天官纪略》《历范》等。

朱阳书院藏书的主要来源：一是官府赐书；二是书院自购；三是各界人士赠书，如柳德裕赠七部，路衷炎赠十部，高培节赠五部，孙静紫赠四部，耿介赠十三部，王维德赠三部，商严赠十部，彭无山赠三部，李来章赠三部，张勋赠三部，袁英玉赠四部，王汪如赠一部；四是刊刻，《筠峰先生语录》《祀乡录》《四书待》《小学敬业》《孝经阐义》《四书阐义》《圣学集成》《理学正宗》《寻乐堂家规》《寻乐堂学规》《乐饥集》《泌阳学条规》《天德王道编》《事亲庸言》《昏礼辑略》《丧礼辑略》《崇祀乡贤录》《游燕日录》《游嵩杂记》《嵩阳酬和集》《朱阳书院讲习录》《朱阳书院志》《寻乐堂文集》《寻乐堂诗稿》《为学录》《同志谱》《悼亡汇稿》《毋欺集》《建祠祀乡纪实》《礼闱分校诗》《悲饥诗》《戒子孙不欺文》《劝善歌》《四书文》等，均为窦氏寻乐堂藏本。

时人对窦克勤创办朱阳书院颇为赞赏，称其“为中州理学正宗，身肩道统，盖继汤尚书潜庵先生而起者也”，“先生每月集邑子弟讲诵其中，理学之盛，继美嵩阳，甚盛举也”，“今书院之建所在多有，然惟嵩阳、朱阳为盛，是何也？一则耿先生逸庵主之，一则窦先生静庵主之也。故曰‘经师易得，人师难求’。周子曰‘师道立而善人多’，岂不视乎主教之人哉？”①时“远近来学，讲舍不能容。中州

① 〔清〕冯景：《朱阳书院志跋》，〔清〕窦克勤辑：《朱阳书院志》，清雍正中寻乐堂刊本。

自夏峰、嵩阳外,朱阳学者称盛矣"[①]。"先生率多士诵习其中,揖让进退,彬彬有序,俨然鹿洞、鹅湖再见于今日也。"[②]河南学政汤右曾称,"朱阳一席,可与四大书院并峙"[③]。窦氏家学渊源,绳绳相继。河南按察使胡介祉称,"太史(窦克勤)祖筠峰(窦如珠)先生力辟异端,尊崇圣学,绍关闽濂洛之传,阐鹿洞鹅湖之教,惜乎未竟厥志,而太史父道康(窦大任)先生及太史接踵前徽,海内称窦氏三世讲学焉"[④]。窦克勤去世后,其兄弟子侄又相继主持书院。四弟窦克让居家孝友,"训教子弟,恪守懿规",知县"敦请主书院,后学多所成就"[⑤]。三子窦容邃"继主朱阳讲席者几四十年。其学以诚敬为宗,以日用伦常为实际。澄心危坐,衣冠肃然,朝夕潜玩儒先诸书,体认独真,接引后进尤亹亹不倦","念朱阳书院为太史公成己成物之地,筑约守精舍,以承先志,远近求学者日益众"。[⑥] 窦氏一族,绳其祖武,朱阳与嵩阳并峙,家学与理学长兴,成为清中期家族创办书院的典范。

三、官方主办的省会大梁书院

清代河南共有近四百所各级各类书院,由于人事更迭、自然灾害、战争损毁等原因,其中大多数书院往往兴废无常,难以持久。即便是清初盛极一时的嵩阳书院,在耿介、冉觐祖等主讲名儒去世后也渐归沉寂。而位于省城开封的大梁书院,在康熙至光绪朝二百余年间,"两河之士翕然归之,多所成就"[⑦],始终保持着旺盛的生命力,产生了颇为深远的历史影响。究其原因,除拥有省城政

① 王钟翰点校:《清史列传》卷六十六《儒林传上一·窦克勤》,中华书局 1987 年版,第 17 册,第 5310 页。

② 〔清〕锺德音:《谒朱阳书院纪言》,〔清〕窦克勤辑:《朱阳书院志》卷四《文翰》,清雍正中寻乐堂刊本。

③ 〔清〕窦克勤辑:《朱阳书院志》卷三《记录》,清雍正中寻乐堂刊本。

④ 〔清〕胡介祉:《朱阳书院记》,〔清〕窦克勤辑:《朱阳书院志》卷四《文翰》,清雍正中寻乐堂刊本。

⑤ 〔清〕李志鲁纂修:《柘城县志》卷十《人物志》,清乾隆三十八年刻本。

⑥ 〔清〕王绂:《直隶忻州知州樗村窦公墓志铭》,〔清〕李志鲁纂修:《柘城县志》卷十六《艺文志》,清乾隆三十八年刻本。

⑦ 赵尔巽等撰:《清史稿》卷四百七十六《张沐传》,中华书局 1977 年版,第 43 册,第 12973 页。

治、经济、文化中心等的区位优势，主要得益于官方主办、名儒主讲、藏书丰富等重要因素。

（一）持续重修扩建

明代大梁书院，崇祯末年毁于大水。清康熙十二年（1673），巡抚佟凤彩于城内西北隅天波府旧址重建。康熙二十八年（1689），巡抚阎兴邦重修大梁书院。康熙三十五年（1696），巡抚李国亮移建于城西南隅周桥西，古汴水经行处。康熙五十八年（1719），康熙帝御赐“两河文教”匾额。雍正八年（1730），大梁书院积水倾圮。雍正十一年（1733），清廷颁发创建省城书院上谕，河南扩建大梁书院，建先贤祠、讲堂、仕宦祠、藏书楼、斋舍等。乾隆十五年（1750），大梁书院院长桑调元捐资建奎文阁。乾隆十九年（1754），按察使沈廷芳重建五贤祠。道光五年（1825），巡抚程祖洛迁大梁书院于行宫东路北。同治九年（1870），巡抚李鹤年重修。光绪十九年（1893），学政邵松年扩建书院，增修立雪轩、春风堂、论学斋、道统祠等。

（二）崇祀先贤名臣

康熙二十八年（1689），巡抚阎兴邦议祀河南先贤及名臣于大梁书院讲堂。“自大贤卜子外得名贤百十五人”，如子夏、干木、信陵君、张子房、李元礼、徐元直、诸葛武侯、张中丞、颜鲁公、包孝肃、范文正、欧阳文忠、张忠定、苏文忠、岳忠武等。其人“或生于斯，或仕于斯，或寄迹于斯，立德立功与嵩同峻，与河同深，皆于大梁有光，则进而祀之大梁书院。后之继起者，有能与前人比迹，亦从而配食”。阎兴邦厘正祀典，意在使“缙绅知所则效，子弟知所尊崇。以之事君，以之立身”。①

乾隆二年（1737），巡抚尹会一祀宋程颢、程颐、邵雍、吕希哲、尹焞、谢良佐、张绎、刘绚、李吁、朱光庭、邵伯温、孟厚、程迥，元许衡、姚枢、姚燧，明曹端、薛瑄、阎禹锡、王鸿儒、许诰、何瑭、崔铣、李承恩、王尚䌹、尤时熙、鲁邦彦、孟化鲤、吕坤、杨东明、杨涧、徐养相、王以悟、张信民、贺仲轼、吕维祺、刘利顺、王慕祥，

① 〔清〕阎兴邦：《重建大梁书院厘正祀典记》，〔清〕王士俊等修：《河南通志》卷四十三《学校下》，清文渊阁四库全书本。

清孙奇逢、汤斌、耿介、张沐、窦克勤、张伯行、冉觐祖等“河南先贤于讲堂”①。

乾隆四年(1739),巡抚雅尔图见大梁书院“所供神位甚夥”,“怪其庞杂”,再次厘正祀典。他认为,康熙二十八年(1689)时大梁书院“专属大梁,原非一省之公局”,“故阎公于大梁书院而厘正祀典,盖已忘其为讲学之书院,直以为大梁之公祠而已。既以为公祠,则凡大梁之乡贤、名宦、忠臣、烈士,无一不当在致祀之列矣,又何怪其庞杂也哉?”至康熙五十八年(1719),“蒙颁御书‘两河文教’额于讲堂,于是大梁书院始为一省之书院”。雍正十一年(1733),诏令督抚驻扎省会之所建立书院,“于是即大梁书院为豫省之书院,而书院之名始践其实矣。既正其名,复修其实,故大梁二字虽仍其旧,而书院之在大梁则非阎公时之大梁书院矣。夫书院既为讲学之地,自非讲学之当师者不祀也。大梁书院既为一省之书院,自不独产于大梁之当师者始祀也,是非再行厘正之不可”。然“厘正之将奈何?”雅尔图称,“为学必以圣人为依归,学圣当以伊洛为标准。今欲厘书院之祀,宜以汤文正公《洛学编》为定编,内共四十一人,附见者十人。现在奉祀已三十四人,由二程而上,汉有四人,唐有一人,宋有一人,向所未及宜祀之二程而后宋之诸儒亦既备矣,惟明少一人,曰王浚川,宜祀之;附见之十人,已祀者三人,其七人宜祀之。其《洛学编》未载而见于《理学备考》者有一人,曰邱方山,亦宜祀之。其本朝则豫夏峰至冉蟫庵七先生,皆能绍伊洛之绪,副宪尹公《续修洛学编》载焉,现在奉祀,宜仍之。又现在奉祀之李君赐先生,《洛学编》未载,而《通志》内列入理学传,宜仍之。其余各神位宜迁之,另择肃清公所以栖之。名抚祠久圮于水,宜修葺公所,仍以名抚颜之,移诸神位其中以妥之。至孔孟七十二子中,宋卫陈蔡约十六人,汤文正公云:‘系统圣门,不敢以方域论。’斯言至当。旧有子夏神牌,宜与端木漆雕诸贤概不列书院中,示不敢专也”。他在厘正祀典之后,“额其祠曰‘豫贤祠’,且议于二八月中丁,藩臬两司率诸生灌献,用展明禋,以昭诚敬”。雅尔图重新厘正大梁书院祀典,意在“以此邦之先达,树后进之典型。近循孙、汤之规模,远溯程、邵之派脉,使诸生望此而趋率是而行。步履既正,成材可期。居家则为令子,出仕则为良臣。高者可以为希圣达天之士,

① 〔清〕阿思哈、嵩贵纂修:《续河南通志》卷三十九《学校志 · 书院》,清乾隆三十二年刻本。

下者亦不失为谨身寡过之人。庶不负国家设立书院造士作人之令典也”。[1]

（三）延请名师硕儒

康熙年间，清廷崇儒重道，河南理学复兴，地方官重视书院教育，经常聘请理学名儒讲学书院。康熙二十二年（1683），巡抚王日藻素慕耿介“学擅江都，醇正文章卓冠西京；理探洛下，精微义蕴独标中岳”[2]，请其讲学于大梁书院。耿介遂“于九月望后，赴中丞王公之约，一车一马，行李萧然。到时，书院供帐，尽行彻还，自用惟箪瓢疏水”。巡抚王日藻“虚怀高谊，适馆授餐之勤，有加无已。学使林公，嘉意绝学，襄赞甚力”[3]。耿介在大梁书院“作《太极图疏义》，以阐不传之秘，举孔门言仁言孝而贯之以诚敬，一时人心知所宗”[4]。他“流连月余，前后开坛三次，阖省绅士会集，环桥门而观听者几千人，讲学之盛，数百年而一见也”[5]。时“讲堂洞开，冠盖云集”，“父老皆叹息，以为数百年旷典也”。耿介深受鼓舞，作诗记其事云：“圣主崇文教，儒臣总方岳。一心运乾元，斯道推先觉。中天开坛坫，千古振绝学。冠盖众如云，大雅今复作。渊源绍洙泗，统绪接伊洛。宫墙峻万仞，抽关启其钥。弦歌有诗书，陶淑先礼乐。中庸阐明诚，孔门训博约。士习敛浮华，风气还醇朴。我来觐德辉，洒洒江汉濯。大义与微言，亲炙悉领略。触处天理存，鸢鱼亦飞跃。建牙分南国，调梅跻东阁。庶几虞阶下，再见舞韶箾。”[6]耿介还欣然为大梁书院题写了对联，藏书楼为“斯文千古圣贤心，藏贮楼头岁月深；万卷缥缃残缺尽，几人曾向此中寻”。正业堂为“踞艮岳以开坛，秉铎高呼，再见孔曾思孟面目；临汴水而结社，环桥静理，咸闻濂洛关闽心

① 〔清〕雅尔图：《大梁书院再行厘正祀典记》，〔清〕王士俊等修：《河南通志》卷七十九《艺文八》，清文渊阁四库全书本。

② 〔清〕耿介撰，梁玉玮、孙红强、陈亚校点：《敬恕堂文集》第六卷《附录：王抚台请大梁书院讲学启》，中州古籍出版社 2005 年版，第 330 页。

③ 〔清〕耿介撰，梁玉玮、孙红强、陈亚校点：《敬恕堂文集》第六卷《寄张牖如父母书》，中州古籍出版社 2005 年版，第 369 页。

④ 〔清〕窦振起：《嵩阳耿先生纪略》，〔清〕耿介撰，梁玉玮、孙红强、陈亚校点：《敬恕堂文集》，中州古籍出版社 2005 年版，第 536 页。

⑤ 〔清〕耿介撰，梁玉玮、孙红强、陈亚校点：《敬恕堂文集》第六卷《寄张牖如父母书》，中州古籍出版社 2005 年版，第 369 页。

⑥ 〔清〕耿介撰，梁玉玮、孙红强、陈亚校点：《敬恕堂文集》第六卷《大梁书院讲学纪事》，中州古籍出版社 2005 年版，第 343 页。

传”;“诚意正心集诸儒之大成,想见晦翁开鹿洞;知言养气符神禹之洪烈,如逢亚圣到梁园”。三堂为“冠佩气清华自是玉堂仙客,鼎彝心密瑟僩然理学宗风”;“尊道统礼名儒大小从公于迈,辟异端崇正学古今理道同归”;“万卷星罗揽诸子百家何似亲承有道,片言雪亮合五经六艺相看指授无私”。[①] 河南巡抚邀请耿介讲学大梁书院,体现了政府“崇文教”“尊道统礼名儒”的兴学诚意,反映出康熙中期社会蒸蒸日上的兴盛气象。

雍正年间,巡抚田文镜延聘嵩县名儒张星煜主讲大梁书院。其人“端重不苟言笑”,“博涉经史,尤熟《左》《国》,为文卓荦精核入理”,“潜心理窟,以讲学传经为己任”。主持大梁书院六年,“严课程,务实行,皆以身率,一时从游百余人”。[②]

乾嘉之际,学风丕变,理学中衰,经学称盛。乾隆初年,钱塘名儒桑调元主讲大梁书院。其学“出于劳史。史之教人,一以程朱为法”。桑调元“从之受性理之要”,“言敬言仁,一宗程朱”,“而亦不斥陆王”。[③] 他说:“儒者尝言‘一为文人,便无足观’,亦薄其徒侈才藻骛雕章琢句之为,其行义不足重也。若摅其宏负峥嵘,激发大有关于昭揭天常世运治忽之故,细亦拈举动容深入人心之隐,如古诗三千篇圣人删之为经,敢少之乎哉?”[④]桑调元认为,“不通群经,不足以治一经;不知史法,不足与谈经术;不博研象纬、山川、方名、器数之宏赜,不足穷遐极幽,俾微言大义之可考而彰也”[⑤],“士通经乃足用”,并为士子指出博综、折衷、自得三大“穷经之方”[⑥]。后人称“斯又名通之言,足为治经之式也”[⑦]。桑调元在大梁书院“式教多士,以尚志力行为先”[⑧]。禹县余六韬曾游学大梁书院,从桑调元问业。其所撰《读史录要类编》,始汉迄元,分主德、将相、贤能、循良、

---

① 〔清〕耿介撰,梁玉玮、孙红强、陈亚校点:《敬恕堂文集》第六卷《大梁书院讲学纪事》,中州古籍出版社 2005 年版,第 347~348 页。

② 〔清〕康基渊纂修:《嵩县志》卷二十八《列传·艺林》,清乾隆三十二年刊本。

③ 张舜徽:《清人文集别录》,华中师范大学出版社 2004 年版,第 106~107 页。

④ 〔清〕桑调元:《大梁书院五贤祠记》,〔清〕阿思哈、嵩贵纂修:《续河南通志》卷八十《艺文志·记二》,清乾隆三十二年刻本。

⑤ 〔清〕桑调元:《弢甫集》卷二《春秋三传明辨录序》,清乾隆刻本。

⑥ 〔清〕桑调元:《弢甫集》卷十七《大梁书院学规》,清乾隆刻本。

⑦ 张舜徽:《清人文集别录》,华中师范大学出版社 2004 年版,第 107 页。

⑧ 张舜徽:《清人文集别录》,华中师范大学出版社 2004 年版,第 106 页。

直谏、孝友、气节、先识、知遇等二十二门,“略如宋陈枢《通鉴总类》、明徐枋《通鉴记事》类聚之例”,史称“其著述亦具有师法也”。[①]

道光十六年(1836)春,江南经学家钱仪吉应河南巡抚桂良之聘主讲大梁书院。其人为学服膺朱子,读史长于地理,“讲求实学,以裕实用”[②],治经“先求古训,博考众说,一折衷本文大义,不持汉、宋门户”[③]。他“主讲大梁十有余年,谆谆以通经为多士勖”[④],“各就所志而导之,或问性理,或谈诗文,因材教督,不拘一格。颁日程课读经及语录文字,旬日考定甲乙,随课升降”[⑤]。苏菊生、翟允之、程履平、郝醴、宋继郊等人“研求诂训,均于经义有所发明”,“而四方之负笈来者,执经辨难,屦满户外”。[⑥]

一般来说,书院美誉度与影响力的大小,往往取决于主讲是否为名师大儒。康熙以降,除上述主讲名儒外,郏县仝轨、仁和余集、“吴中七子”吴泰来、河内白守廉、固始祝庆蕃、瑞安黄体芳、商城蒋艮等人迭主大梁书院讲席。他们德行高尚、学识渊博、课士有方,代表了不同时期的学术风格,使得大梁书院能够在二百余年间顺应时代变化,引领一方风气之先。

(四)学规八法一戒

乾隆年间,大梁书院以宋代朱熹《白鹿洞条规》、元代程端礼《读书分年日程》为规条,桑调元主讲大梁书院后,制定新的《大梁书院学规》。他认为,“读书植品,士之所有事,而非实胜之是务,则终无由立。人即知识开明,一心所窥者浅,故必充之问学,而知乃日进高明。顾千言万语,只使收已放之心,约之入身,以为向上之寻,斯下学上达之功见。倘文与行二之,则全无一是。幸而轨辙

① 车云修,王棽林纂:《禹县志》卷九《经籍志》,民国二十年刊本。

② 〔清〕王儒行:《经苑跋》,转引自璩鑫圭主编:《鸦片战争时期教育》,上海教育出版社2007年版,第181页。

③ 赵尔巽等撰:《清史稿》卷四百八十六《钱仪吉传》,中华书局1977年版,第44册,第13416页。

④ 〔清〕王儒行:《经苑跋》,转引自璩鑫圭主编:《鸦片战争时期教育》,上海教育出版社2007年版,第181页。

⑤ 〔清〕苏源生:《书先师钱星湖先生事》,〔民国〕闵尔昌:《碑传集补》卷十,文海出版社1973年版,第613~614页。

⑥ 〔清〕王儒行:《经苑跋》,转引自璩鑫圭主编:《鸦片战争时期教育》,上海教育出版社2007年版,第181页。

求合，抑犹虞其涂泽为之，则根已全虚，虽自诡文之淹通、行之魁特，终其身无分毫之实获，为尤可哀也”。桑调元指出，“立诚为学者之关中、河内，舍是无以定其基址”，勉励诸生敦行孔子“文、行、忠、信”四教，“其中审端用力之方，自有节目次第。循序而进之以渐，虽资性未敏，亦或先或后、或疾或徐，骎骎赴乎是而莫之量”。其学规开列“为法者八，戒者一”。

八法：一是辨志。“学莫先于辨志。志如悬的，萃心与力中之，苟其的一差，误中之害莫可诘。”桑调元以“中州风气淳朴，前圣遗泽最深且厚，近为汤、耿诸先生讲学之乡邦”，告诫诸生不可不早辨其志。二是立本。“立本之道，在孝弟慈。”“君子之于孝弟慈注力也笃。移之忠，移之顺，推诸子，惠万民，莫不基于此。”他认为厚培其本而枝叶方能敷昌，以“今之人有亲而不知事为可惜”，劝勉诸生“感恻于中”，油然生发“孝友子谅之心”。三是穷经。其大致有三：“曰博综，曰折衷，曰自得。”“先之以博综，所见广而参稽有资，则疑义从之生；然后会众说而折其衷，则至当归一而论乃定；久之动乎天机自得之妙，不待游刃而豁然中开，非侈谓前贤之粗，而我得其精也。”他认为，“士通经乃足用，自来之引经断事见诸猷为者尚矣。即一操觚而不本之于经，则根柢薄而论说皆肤”。他为士子指明“穷经之方”，“自少及多，通其少而多者徐由之贯”。如将《四书》专经，“条分缕析，融会贯通，不墨守断烂之讲章，时有心得。一经毕更及一经，群经可次第程功，不苦其难，不惮其烦，不好奇以妄为之说，则经义如脱颖，岂独锥末之见已哉”。四是学古。以“古之器至坚厚”“古沉而今浮，古用力深而收功远”，主张尚古，“人不学古，则其人也凡近，或遂至嵬琐而不足论；文不学古，则肤庸拙僿，纷杂无章，甚且剿袭雷同，文坏而士品亦丧”。他举平生论文六字诀“出落清，柱意明”与诸生共勉。五是博习。他以“学术文章不尽其才，致为可惜”，认为“诸史群书、诗古文辞、举足以开广识见，裨益性情，俾德器深以醇，才猷闳以达”，“大儒通三才，综群术，断非拘墟自域、抱残守固为也”。鼓励“诸生中有才地超群、孜孜好学、志为宏通博硕之彦裕，廊庙之徽猷，发山川之鸿藻”。六是静。他认为，“为学莫先于养心。心凝然不妄动，渐几于澄澈，以之穷理而理明，以之处事而事当，以之执笔为文，而渊然之思探入深微，俾出之晃朗，而无纤毫之翳杂，单微所萦能穿溟涬，胥由此也”，“故人须沉静而器识斯广，学业斯宏，他日之所成就亦远大莫可测量”。勉励士子“主静”“慎动”，“务期默多于语，止多于作，则气渐宁谧，诸事就安，详而静可几也”。七是恒。他指出，“天恒覆则恒清,地恒载则恒宁,日月恒照则恒明,圣人纯亦不已,故贞。夫一常人,心有断续,讵便妄几乎是,然不可不勉强秉持,以注于是也”。以“书之难句读者”与“解事为之难合者”为例,指出“其方莫善于恒”,“日日往复之,而疑意忽开朗,即得其理”;“日日经营之,而机缘忽凑讫有所成就”。劝告诸生“有恒者之不二其心,其于可否无所择”,为学当持之以恒。八是整。“凡人心志整则无非僻,举止整则无倾邪,事务整则无纷庞,文思整则无杂乱。竟日课程,限定作何诵习,整饬不紊,则日起有功”。他认为,“读书时思讲求作字,即谓之务外,当读此书时忽欲研究彼书”,此谓放心不收,实不可取,“读一书,自序文以至终篇,首尾勘究,不令一字放过。案头惟专对展读之书,余列他几,不更纷陈,若时当次及,则掩此卷而更易之”。他指出,“杜绝诸妄,端在一整”,“愿诸生深得力于整”。

一戒:勿聚谈。“废学百窦之滋,总由于聚谈。”他认为“若聚谈,则多说一句无益之话,少读一句有益之书,既已双失之。且‘不及义’‘行小慧’,势所必至人品沦败,将不可穷究”。学者切勿闲坐聚谈,“即稍有余力,亦须静坐凝神以涵养德性”。他称自己“平生所痛惩者,在聚谈一节”,是以对诸生“动色相戒”,希望他们“厉志精进,决不蹈此”,以收防微杜渐之效。

桑调元认为,以上八法一戒,“能尽事此法,则无所庸戒。一或稍不戒,即足以败法有余。循法为之,有无穷之益”。他对大梁书院诸生动之以情,晓之以理,“吾翘首拭目相待,深为诸生愿望之也。所戒或忘,便有无穷之损,我心恻,我颜忸,不愿诸生之出此也。仆来自浙汜,诸生居中州,不远数千里相聚,所事何事,此中固有至情关切,教之所以为教,学之所以为学,讵等泛泛悠悠。期诸生争自濯磨,相与有成。处则为经明行修、束修圭璧之身,出则建致泽黴猷、彰黼黻鸿业,用以副圣天子振宣文教之隆,贤执事乐育群材之盛,并峥嵘自立,郁为时栋,吾亦与有荣施焉。尚其勉旃谨旃”。[①] 其兴教造士之意、鼓舞振兴之方,堪称师者楷模。桑调元总结历年治学心得,将“平生向学之方”与“平生所痛惩者”定为规约,引经据典,罗列贤哲,传授理学心法功夫,开示诸生绵密修行。整体来看,《大梁书院学规》思维开阔,法度谨严,实为士子津梁。

(五)经费充足稳定

作为官办书院,大梁书院经费主要为政府拨款与书院学田租息收入,比较

---

① 〔清〕桑调元:《弢甫集》卷十七《大梁书院学规》,清乾隆刻本。

充足稳定。大梁书院从创建到历次重修，均由地方大吏主持，除官绅捐助外，政府又多次划拨学田，以增加书院租息收入。雍正、乾隆间，“屡赐帑金租息，赡给经费”[①]。雍正十一年(1733)，清廷“赐帑银一千两，岁取租息，赡给师生膏火”[②]。此后，政府规定每年拨给经费银近三千两，若不敷使用，可从省藩库存银中补给，每年造册报销。自光绪二十二年(1896)始，大梁书院还从“节省饭项银下”，每年拨给明道书院“经费银六百两”[③]，亦可见书院经费之充裕。顾璜主讲大梁书院，颇以图书“寥寥数种，蠹穿蛛罥”为憾，遂与巡抚刘树堂、布政使额勒精额、按察使长禄“诸公谋醵资增置，共得千余金”。[④] 灵活多样的经费筹措方式，为大梁书院的稳步发展奠定了坚实的基础。[⑤]

(六)藏书丰富多样

大梁书院藏书的主要来源为自购、刊刻、清廷赐书以及社会捐赠等，尤以前者为主。乾隆初年，河南巡抚尹会一“委员在江苏购买”“十三经、二十一史”，运回存贮大梁书院等处，令士子“熟习讲贯”。[⑥] 大梁书院还“刊刻宋朱子熹《白鹿洞规条》及元程端礼《读书分年日程》于课斋”[⑦]。道光初年，大梁书院大量刊刻乡邦文献，有冉觐祖《孝经详说》《五经详说》，巡抚杨国祯《十一经音训》等。钱仪吉主讲大梁书院时，主持刊刻清初名儒孙奇逢的《夏峰先生集》。嘉庆年间，清廷编纂儒林、文苑传，钱仪吉曾助史官采辑图书，得读孙奇逢《岁寒居》之文，深以未得完璧为憾。他任大梁书院主讲后，“旁求久之未获。学使许信臣编修至，适予子悫醇馆于辉，学使命之采访”，乃得于孙奇逢七世孙秀才孙锟之所。时学使捐俸倡刊，钱仪吉负责校勘，“以明季所作，语涉禁避者，遵乾隆间廷议，

① 〔清〕顾璜：《大梁书院藏书序》，转引自陈谷嘉、邓洪波主编：《中国书院史资料》下册，浙江教育出版社1998年版，第2320页。

② 《清会典事例》卷三百九十五《礼部·学校·各省书院》，中华书局1991年版，第5册，第411页。

③ 《光绪二十二年续定明道书院章程二十条》，转引自刘卫东、高尚刚：《河南书院教育史》，中州古籍出版社1991年版，第103页。

④ 〔清〕顾璜：《大梁书院藏书序》，转引自陈谷嘉、邓洪波主编：《中国书院史资料》下册，浙江教育出版社1998年版，第2320页。

⑤ 参见刘卫东：《论大梁书院的办学特色》，《河南社会科学》2004年第4期。

⑥ 〔清〕尹会一：《健馀奏议》卷六《河南上疏》，清乾隆刻本。

⑦ 〔清〕沈传义修，黄舒昺纂：《祥符县志》卷十一《学校》，光绪二十四年刊本。

删去数篇。及酬应之作，亦间汰一二”，又采辑遗漏，增为十六卷。道光二十五年（1845），《夏峰先生集》刊行，方使“百余年之藏山旧籍，一旦复出于世”①。鉴于大梁书院旧藏古本无多，钱仪吉称，“士欲通经，允宜博古，自书遭秦火，遗经阙如，历汉晋唐宋，诸儒纂辑注疏，阐发古义，昭如日月，俾遗经晦而复明，有功经学，洵非浅鲜；惟古本流传，汴中亦未概见，况地滨大河，河伯肆虐，行箧中书尚半沦瀸渍，何论其他？”②遂精选宋司马温公《易说》六卷，张根吴园《易解》九卷，杨万里诚斋《易传》二十卷，徐继幹《易传证》四卷；元黄泽《易学滥觞》一卷；宋郑伯熊敷文《书说》一卷，黄伦《尚书精义》五十卷，赵善湘《洪范统一》一卷，王质《诗总闻》二十卷，吕祖谦《吕氏家塾读诗记》三十卷，戴溪《续吕氏家塾读诗记》三卷，王安石《周官新义》十六卷附二卷，李如圭《仪礼集释》三十卷，《仪礼释宫》一卷；唐陆淳《春秋集传纂例》十卷、《春秋微旨》三卷；宋苏辙《春秋集解》十二卷、《朱子孝经刊误》一卷；明吕维祺《孝经本义》二卷、《孝经或问》三卷，吕维祜《孝经翼》一卷；宋郑汝谐《论语意原》四卷，熙时子《孟子外篇注》一卷；元许谦《读四书丛说》七卷，熊朋来《瑟谱》六卷，共二十五种，“名曰《经苑》，缺者补之，讹者正之，日夕丹铅，躬自雠校”，历时五年，至道光三十年（1850）完成。尚有16种经籍“皆已写清本，未及授梓而先生卒矣”③。此外，他还“属河道张公捐置经史诸籍，励诸生学；辑《赋选评注》，刊刘念台《人谱》；又属方伯张公刊《近思录集注》，颁发书院诸生”④。同治七年（1868），王儒行认为大梁书院刊刻《经苑》“嘉惠儒林，上为国家作养人才，下为中州转移风化，甚盛事也”，然“经传未广，论者惜之”，请于监院庞星垣，遂重刊“俾多士得读遗经”。⑤ 清代中后期，大梁书院刊刻书籍种类繁多，据统计，乾隆年间3种，嘉庆年间1种，道光

---

① 〔清〕钱仪吉：《重刻夏峰先生集序》，张显清主编：《孙奇逢集》中册，中州古籍出版社2003年版，第1320~1321页。

② 〔清〕王儒行：《经苑跋》，转引自璩鑫圭主编：《鸦片战争时期教育》，上海教育出版社2007年版，第181页。

③ 〔清〕苏源生：《书先师钱星湖先生事》，闵尔昌：《碑传集补》卷十，文海出版社1973年版，第620~622页。

④ 〔清〕苏源生：《书先师钱星湖先生事》，闵尔昌：《碑传集补》卷十，文海出版社1973年版，第614页。

⑤ 〔清〕王儒行：《经苑跋》，转引自璩鑫圭主编：《鸦片战争时期教育》，上海教育出版社2007年版，第182页。

年间9种,同治年间26种,光绪年间4种。[①] 大梁书院藏书刻书,保存了不少珍贵文献典籍,也为书院形成浓厚学术氛围起到重要作用。[②]

清代大梁书院"藏书有一定规模,而且管理相对规范,书院藏书能够满足教学和学术研究的需要,这些宝贵的典籍,在当时的社会条件下,也成为吸引士子来学的重要因素之一"[③]。从顾璜《大梁书院藏书总目》所记载的主要内容来看,清末大梁书院在图书采购、著录、保管借阅等管理制度方面独具特色。一是书籍"期于有用"。大梁书院"讲求朴实之学,而先以书籍扩充其眼界",所购之书,"上之研穷性理,讲求经济,次之博通考据,练习词章,四者其大较也"。由于"近刻种类日繁,备购匪易,择其最有用者购之","医卜星相及一切技艺之书,均未购置"。[④] 二是编目"取便检阅"。"自晋李允为著作郎,以五经为甲部、史记为乙部、诸子为丙部、诗赋为丁部,一变刘歆七略、荀勖四部之旧,而经史子集之名遂为隋唐以来志经籍艺文者所不废。兹编亦因之,惟近刻丛书多有单行不经见之本,而品类杂糅,不得不于四部外别列一部。"图书编目分类虽因循而有创新,"某书应归某类,必从其用之所近,如《经世文编》或有入史部诏令奏议类者,实觉未协,兹则归入政书类。又如各朝学案入史部传记总类,《读史兵略》入子部兵家,皆取其便于用"。著录图书则"详列其目录,取便检阅","书名从近刻本","前朝人所撰各书,皆注明某朝某人,若国朝人所撰辑者,则注其籍贯"。[⑤] 三是规则"疏密得中"。"书院藏书一事,立法最难,太密则阅者惮烦,必束之高阁;太疏则散漫无纪,卒归于乌有。"[⑥]大梁书院设置藏书室,将"各项书籍均存院长院内西偏精舍"。安排专人负责,"用司书吏一人经管,用司阍一名典守锁钥"。严格借阅手续,"置一阅书籍,交司书吏收执,凡肄业生欲阅书者,必邀同斋长一人告司书吏检取,于簿内记明某月某日取某书几卷几本,某生阅,斋长某

① 参见刘耀:《清代开封书院刻书探究》,《商丘师范学院学报》2018年第8期。

② 参见刘卫东、邱建章主编:《河南大学人才培养ABC》,中国文史出版社2006年版,第12页。

③ 张佐良:《清代大梁书院兴盛原因探析》,《中国社会科学报》2011年3月3日。

④ 〔清〕顾璜:《大梁书院购书略例》,转引自陈谷嘉、邓洪波主编:《中国书院史资料》下册,浙江教育出版社1998年版,第2320、2321页。

⑤ 〔清〕顾璜:《大梁书院编次目录略例》,转引自陈谷嘉、邓洪波主编:《中国书院史资料》下册,浙江教育出版社1998年版,第2322、2323页。

⑥ 〔清〕顾璜:《大梁书院藏书序》,转引自陈谷嘉、邓洪波主编:《中国书院史资料》下册,浙江教育出版社1998年版,第2320页。

人,各于簿下书押。每次取书每人□许一种,不得过五卷,至迟十日交还,不得逾期,交还后再取”。明确查验程序,“肄业生欲阅书,如不邀同斋长于簿内分书名押,司书吏勿擅给。取出各书交还后,司书吏即于阅书簿内注明某日交还,并查明原书有无损坏,无则归架,有则询明,呈监院官核办”。实行赔偿制度,“每月给司书吏银三两,司阍役银一两,俾知照管。如书籍损失,必分别责赔。肄业生取阅各书,均当加意护惜,如有损失,势须购补,否则累及斋长”;司书吏负责保管图书,“损失则著赔”。进行定期查验,“每届一季,司书吏将阅书簿呈监院官阅,年终送院长阅”;“每届一年,监院官将所存各书抽查一次”。加强图书保护,“所存各书,每至伏日酌量抖晾一次,由司书吏呈明监院官,遴派数人细心经理,勿使凌乱”;“书籍年久,函线损敝,司书吏呈明监院官,酌易重装”。[①] 四是“典籍须爱护”。“北齐颜之推有云,‘典籍须爱护’,亦士大夫百行之一。济阳江禄读书未竟,虽有急速,必待卷束整齐然后得起。唐陆龟蒙借人编简,坏者缉之,故借者不厌”,劝诫“肄业诸生宜共体斯意,以效法古人,庶乎院中书籍可以常存”。[②]

作为河南最高级别的书院,大梁书院集全省“文行兼优之士”而教之,培养了一批有用之材。钱仪吉主讲大梁书院时,“诸生游其门者,如固始蒋湘南、商丘陈凝远、密县翟允之、洛阳曹肃孙、祥符徐篯龄,皆彬彬有以自见”[③]。鄢陵人苏源生,自少嗜学,从游钱仪吉于大梁书院,“得闻为学之要”,“聚书数万卷,博观约取,至老弥勤。尤喜读宋儒之书,毅然以圣贤为可学而至,反躬实践,不求利达,亦不为浮华杂博之文,以竞名于时”,“故其读书遇事,体察克治,戒欺求慊,不遗余力”,振兴鄢陵文清书院,“主讲十有五年,一以正学淑士子”[④],一生“超然于势利之外,以自乐于名教之中”[⑤]。与民间书院相比,大梁书院深厚的

① 〔清〕顾璜:《大梁书院藏书阅书规则》,转引自陈谷嘉、邓洪波主编:《中国书院史资料》下册,浙江教育出版社 1998 年版,第 2323 页。

② 〔清〕顾璜:《大梁书院藏书总目》,转引自陈谷嘉、邓洪波主编:《中国书院史资料》下册,浙江教育出版社 1998 年版,第 2324 页。

③ 〔清〕苏源生:《书先师钱星湖先生事》,闵尔昌:《碑传集补》卷十,民国十二年刊本。

④ 严云绶、施立业、江小角主编:《方宗诚集》卷十一《苏菊村传》,安徽教育出版社 2014 年版,第 568~569 页。

⑤ 〔清〕孙依言:《逊学斋文钞》卷五《苏菊村墓表》,刘雪平点校:《孙依言集》中册,浙江古籍出版社 2017 年版,第 424 页。

官方背景,为其生存与发展提供了比较持久和有效的保障,成为清代中州教育中心。因其级别高,规模大,师资雄厚,影响深远,在河南乃至全国书院中占有重要地位。

第四节　清代河南书院与社会

书院大多是地方区域的文化高地,具有重要的文化地标意义。一所比较成功的书院,必然会影响到地方政治经济、社会文化、民风民俗等方方面面,而这种影响往往深刻而持久。书院与地方社会相互影响、相互作用,地方社会的历史文化从根基上涵育和造就了书院,而书院则在继承和弘扬传统中更新地方文化,甚至重塑地方文化面貌。书院与地方社会之间的良性互动,使两者的发展相得益彰。

一、书院兴修与地方治理

地方官员若能实心实政、为民谋利、为民尽责,民众看在眼里,记在心里,不但会内心感激,还会付诸实际行动。清初河南一些主政官员积极实施豁免河夫、改折漕粮和豁除包荒等善政,苏民苦累,得到广大民众的拥护与认同。各地民众纷纷勒石建祠、兴修书院以纪其德。

清初黄河夫役为河南大累。远离黄河的辉县本有卫河夫役,又增黄河之役,“每岁派里民七十余名,每名约费三五十金,且病饿困苦,难以备悉,极称永害”。康熙初年,河南巡抚佟凤彩临辉,“目睹泉头夫役,浚河薙草,以济漕运,垂怜重累,遂允转咨总河,将辉县黄河夫役永准豁免,每岁可省里费三千余金”,辉县民众以“利民莫逾于此，遂勒石涌金亭颂德”。[①]

河南巡抚王日藻在任期间，关心民瘼，善政颇多，据温县知县滑彬称，“温邑食盐旧隶河东，频年池不产盐，价腾课急，官民皆受其累。公为题请改食长芦，味佳而价平，而民间无淡食之苦。虽然，此犹与覃怀通郡均其沾被者也”；“温邑滨河之田，颇称膏腴，河流迁徙不常，半至塌没，贫民无地赔粮，产业耗尽，继以逃亡。公允以河沙新涨之地项补旧塌之粮，永着为令。每年一行丈量，而沿河百姓无赋粮之虞”；“温邑陋规，现年大差十载一轮，强者因而射利，弱者遂至破家。公檄照河内等县，从地土十四供一年徭役，而里甲遍枯之窭塞”；“更虑民不知教，风俗日靡，公谕设义学以训秀民，讲乡约以化编氓。比年以来，稍知礼让，返于淳朴，弦诵之声殆遍四境焉”。滑彬认为，“凡此者，公之德泽，其被之豫省者，固自不穷，而加意温民更若，独殷且挚也”。于是温县绅民“卜地县治中区，创建王公书院”，设“王公祠，祀巡抚王日澡（藻）”。[②]

康熙二十二年（1683），长葛县民众因河南巡抚王日藻疏请改折漕粮受益，捐资修建王公书院以为纪念。清初“漕粮一项为中州常贡。国朝除荒征熟，虽各色多寡之数不同，而经制银两每石限有定例。第以道路修阻、输挽维艰，必采买以小滩。以各方买役丛集一处，则奸贾视为奇货，自腾高其米价，至额银不给，势复取足于民间。如蠹胥之侵渔，交兑之掯勒，种种弊端，难更仆数。且迩来采买正数之余，复有节省之名，是节省之名一立而民间又开一弊窦，节之实，所以费之也”，“小民割肉医疮，茹荼吞炭，亦直听之莫可如何”。河南巡抚王日藻，“轸念民艰，爰鉴厥弊，大破积习，疏请改折，安上全下。一经入告，遂蒙睿照嘉纳俞允敕行。由是大河南北颂声四作，不啻出之水火之中，而登之衽席之上焉”。长葛本为“弹丸之区，地瘠民贫，南北交衢，其苦尤最。今幸漕粮既免采买，河夫又减额数，其沐恩戴德较他邑为独厚也。属吏元让本年初夏承乏赴任，甫入豫境，口碑戴道，欢腾无分乎遐迩。一至葛邑，仁声盈耳，感佩乃遍于童叟”。于是长葛“绅士耆老群聚县庭，公请曰：‘抚军实再造吾邑，愿乞言刻石以志不朽。’”知县李元让亦称，“今漕粮一事，已令中州数十万之苍生均被无涯之

① 〔清〕冀应熊：《康熙庚午志跋》，〔清〕周际华修，戴铭等纂：《辉县志》卷末《旧跋》，清光绪二十一年刻本。

② 〔清〕王其华修，苗于京纂：《温县志》卷八《祠祀》，清乾隆二十四年刊本。

福泽,洵无愧宣德达情之任,而可以铭彝鼎,垂竹帛,而寿诸奕祀也”。长葛民众遂“刊厥碑用存永感”[①],“建书院以铭其德”。康熙二十九年(1690),河南巡抚阎兴邦体恤民生,疏缓一年“本色”漕米之运,长葛民众感恩不尽,公请邑令何鼎为文以为记,并重修王公书院,改称大中丞书院。[②]

上述纪念官员德政的书院在清初较为常见,多为官员生祠书院。这些书院一般冠以官员姓氏,如某公书院等,但也并非完全如此。洧川知县周师望《洧阳书院碑记》称,“豫为理学名区,昔称抚治兹邦者,韩范文富诸公媲美伊洛”,“天子念豫处风气先,教养维亟,命大中丞王公(王日藻)移镇两河”,“仍奏计请罢漕之输挽,概议改折,而豫民得苏。寻又计郡县饶瘠,剂治河之役夫柳协募,宽以农时,不至为闾左困,而大工卒举。爰檄郡县师儒,严为约束,以程士子业而董正其艺,殿最之,更给膏火以为劝,彬彬然质有其文,士趋因之一变”。洧川民众“感诸大政,诣幕府称谢”。王日藻“概却之,曰:‘若女贡谀,无宁亟归,励乃业可矣。’”士绅以“洧密迩会城,沭公教养尤深”,公请“筑宫祀之,俾邑诸生及子弟之俊秀者旦暮肄业俎豆间,不愈颂祷也乎”。周师望遂“躬为倡率而董其役,阅月告竣,遂延师教授生徒于其中。俾洧人士朝夕沭公之教,如朝朝觐公之光云尔”[③]。可见,洧阳书院虽不以河南巡抚王日藻为名,而实为颂扬和纪念其治理功绩而建。

值得注意的是,官员生祠类书院并不都具有书院属性,有的仅是纪念官员的生祠。康熙初年,全州邓琪棻莅任渑池,“不畏强御,一意拊循,建学宫修邑志。初至,官城中仅七十户,后至三百余户”[④],绅民为其“建生祠,邓公不敢居,命易为邓公书院”[⑤]。河内县东郭有李公书院,因知县李枟曾“集士讲学于此,终岁不倦,邑士感之,去任后于康熙三十五年奉祀其中,题额以志去思”[⑥]。有的

---

① 〔清〕李元让:《王公书院碑记》,〔清〕何鼎纂修:《长葛县志》卷七《艺文志》,清康熙三十年刻本。

② 〔清〕何鼎:《大中丞书院碑记》,〔清〕何鼎纂修:《长葛县志》卷七《艺文志》,清康熙三十年刻本。

③ 〔清〕周师望:《洧阳书院碑记》,〔清〕孙和相修,罗汝芳等纂:《洧川县志》卷八《艺文志》,清乾隆二十年刻本。

④ 〔清〕甘杨声修,刘文运纂:《渑池县志》卷三《职官·县令》,清嘉庆十五年刻本。

⑤ 陆绍治修,上官骏谟纂:《渑池县志》卷七《教育·书院》,民国十七年石印本。

⑥ 〔清〕唐侍陛修,洪亮吉纂:《重修怀庆府志》卷十《学校志·书院》,清乾隆五十四年刻本。

则是兼有书院和生祠功能。据乾隆《济源县志》记载,“俞公书院,在梨林村,康熙四十七年建。公讳沛,字水心,浙江监生,康熙四十三年任,调河内,今士民怀之,立祠孔道,后为义学,岁久倾圮”①。如果单从这条史料来看,俞公书院就仅是一般性的官员生祠类书院。然而,李含章《邑侯俞公书院碑记》中的详细记载,却能改变这一常识。其文称,知县俞沛“自莅任以来,七载于斯,敬礼师儒,爱养百姓,修理黉宫,重建明伦堂。其兴学劝士为何如也!又如捐修千仓渠以兴水利,疏诸沟洫以除水害,朔望实心宣讲圣谕。宣毕,必谆谆然指名呼姓,惩恶劝善,且教以安家勤业,教训子孙。至于子弟之英才者,乐育之。尝曰学宫之立,以教诸生也,作圣在于养蒙,小子之学可不讲欤?或谓其如馆谷之费何?公曰为国储材,奚惜于费。由是济之绅衿百姓爱如父母,将欲立生祠以报。既而调任河内,礼士爱民,政平讼理,亦与治济同。以故河民德之,与济民议曰,各立生祠,不如同建书院于河济之间以成公储材之忘以酬公爱民之德,于是两邑绅衿百姓翕然乐从而河内遂辇木植于梨林村,曰此公设立义学之所也,可即□地筑室。庶民闻之,输心趋事,构堂三楹,不逾年而落成,乃集俊秀子弟训课其中,仍篆公长生禄位碑于内,颜之曰俞公书院。虽古畏垒之祝、桐乡之祠,何以异是?”②可见,济源、河内两地绅民同感邑令俞沛德政,共建书院,实深体其兴教重士之心。济源知县萧应植《重修甘俞二公书院碑记》称,“渤海甘公开支河于梨林等村,水有所归,而低洼之处不被湮没。继之钱塘俞公捐修千仓等渠,而民乐其生。于是梨林士民思所以不朽二公者,鸠工庀材,先后建书院于魁星阁之左右”③。俞公书院承担了具体的教育功能,如果没有上述记载,俞公书院就会被视为一般性的官员生祠类书院。由此来看,由于缺乏类似详细的史料,部分官员生祠类书院也许就是具有教育功能真正意义上的书院。

作为地方文化中心,书院往往成为举办文化工程的重要场所。清代地方政府多聘请名儒,在书院设局修志。康熙三十年(1691),河南巡抚阎兴邦“节制两

---

① 〔清〕萧应植纂修:《济源县志》卷三《建置》,清乾隆二十六年刊本。

② 〔清〕李含章:《邑侯俞公书院碑记》,〔清〕萧应植纂修:《济源县志》卷十五《艺文》,清乾隆二十六年刊本。

③ 〔清〕萧应植:《重修甘俞二公书院碑记》,〔清〕萧应植纂修:《济源县志》卷十五《艺文》,清乾隆二十六年刊本。

河，经理之暇，留心典籍，开馆嵩阳书院，以成一省之通志，复徼豫属州郡通行续修”[①]。道光年间，太康知县戴凤翔“奉文建立义学，既与都人士共议举行矣，爰语及修志事，询谋佥同，乃设局于兴贤书院，延旧尹高晴谷、明经江澄园两先生主其事”[②]。同治年间，南乐县“就乐昌书院设局”[③]续修县志。书院设局修志，往往由书院院长主持。光绪元年（1875），灵宝知县周淦称：“今幸海宇荡平，连岁丰稔，民间咸以诗书为贵，书院屡常满，城乡各义学诵读之声琅琅不绝，而登乡荐者亦渐有人。是时，李汇川先生主宏农讲席已将两载，因与商曰：余向者早有意于修志，今其时乎。爰乃集赀于甲戌（同治十三）五月，设局书院，即以李先生总其事。”[④]

书院也是地方士人的雅集之所。咸丰二年（1852），苏源生在《志仁堂记》中称，去年十月“重修文清书院成，复于院之西偏辟一室，名曰志仁堂。夫堂何以名志仁也？溯自道光戊申己酉间，源生尝萃集众赀，拾废字掩枯骨，其时邦伯大夫倡率于上，而章逢韦布之士亦皆欢欣鼓舞共相应和。行数年，人益广赀益多，于是商之同人，买田赋粟以垂永久。然条约虽具而岁时出纳无所，人皆病焉。兹因兴造之余，饰幽闲之地而讲求斯事于其中，名以志仁，固其宜也。顾或谓仁道至大，类非寻常之所能与，岂知极其大，虽贤哲有所不能尽，而察其端，则人人之所固有，特恐扩充不力，往往据可为之势遇得为之时，而竟有漠然以置之者。非降衷之有异，实立志之不预也。今诸君不惜己赀，而思与人同善，谓非有志于仁而能然乎？惟望同志诸君于斯事也，尽心经画，举前日所已行者维持之，未行者推广之，殚其力之所能及而勿使至于堕坏。孟子曰‘仁者，以其所爱及其所不爱’。程明道云‘一命之士苟存心于爱物，于人必有所济’。是则司其事者之责也夫！”[⑤]观此记，苏源生于书院中建志仁堂，类似江南“同善会”聚会之所。

---

① 李庚白纂修：《新安县志》卷十五《杂记》，民国二十七年铅印本。

② 〔清〕戴凤翔：《太康县志序》，周镇西修，刘盼遂纂：《太康县志》卷十二《县志厓略》，民国二十二年铅印本。

③ 〔清〕施有方：《重修南乐县志序》，〔清〕施有方修，武勋朝纂：《南乐县志》，清光绪二十九年刊本。

④ 〔清〕周淦：《重修灵宝县志序》，〔清〕周淦修，高锦荣纂：《灵宝县志》，清光绪二年刊本。

⑤ 〔清〕苏源生：《志仁堂记》，靳蓉镜修，王介纂：《鄢陵县志》卷六《建置志 · 救济》，民国二十五年铅印本。

二、书院之设与提振士风

“书院之设，所以阐教化育人才而培士气也。”[①]士风之变，端在地方主政之倡导。康熙年间，河南巡抚阎兴邦在《重建南阳卧龙冈诸葛书院记》中云：“予以为，书院之建，非务乎其名，欲使士子入而讲习之，其忠孝廉洁仁义智勇能如公之万一，亦可以不负斯民。若优游坐论，托之于抱膝长吟，岂公之所望于后人，岂予之所望于士子哉？”[②]他重视书院士风建设，以诸葛亮为诸生之榜样，反对坐而论道，期望士子践行忠孝廉洁仁义智勇的传统美德。太康进士耿绣彝“崇重礼教”，“性行端谨，学问优长”，数掌书院，“勤讲习，精训课”。[③] 他在《上李大中丞书》称，“窃惟书院之设，聚四方人文而董之学，典隆任重”，“振士风而进于三代之隆者，恃此具也”。他认为，“古之学者以实，今之学者以名，而又倡为求士三代以下，惟恐不好名之说以济其私，此又与好名之甚者也”。有鉴于此，他接着说：“阁下谓此四方之来学者，将讲学论道以求实而来乎，抑沽名要誉欲托阁下以自显著者乎？人心之不同如其面焉，此诚不可得而知者也。语云‘上有好者，下必有甚焉’。是在风励自上耳。”[④]其意在期待河南巡抚能够倡导于上，使士风日振。

清代众多河南地方官员重视兴办书院，以整饬士习、振起士风为职志。康熙三十年（1691），南阳知府朱璘改建南阳书院，“聘襄城李来章为之师，来章严立学规，勤于训迪”[⑤]，“一时四方来学者多至数百人，蔬米薪水无不周给，然咸出公冰蘖之余，不以一毫累里闬，又为选梓制义左国史汉唐宋八大家之文，振起颓靡，示以正鹄，继此又从事濂溪、康节、明道、伊川、横渠、鲁斋、敬轩诸大儒之

---

① 前人：《重修明道书院记》，郑康侯修，朱撰卿纂：《淮阳县志》，《淮阳文征・内集》，民国二十三年铅印本。

② 〔清〕阎兴邦：《重建南阳卧龙冈诸葛书院记》，〔清〕朱璘纂修：《南阳府志》卷六《艺文志上》，清康熙三十三年刊本。

③ 〔清〕武昌国修，胡彦升纂：《太康县志》卷五下《人物》，清乾隆二十六年刻本。

④ 〔清〕耿绣彝：《上李大中丞书》，周镇西修，刘盼遂纂：《太康县志》卷六《艺文志下》，民国二十二年铅印本。

⑤ 〔清〕潘守廉修，张嘉谋纂：《南阳县志》卷六《学校》，清光绪三十年刊本。

书，分章断句，附以笺注，盖规模弘敞，条约严整，南阳书院蔚乎称大观"。工部侍郎李元振《南阳书院记》云："今日南阳书院，固青岩公所以本先王之遗法，而又仰体九重崇儒重道之意，而宣布其流者也，岂不与学校称并重哉！尝见公于政事之暇，必亲诣书院，其训诸生曰：'诵诗读书，非徒为工词章计也，盖将以复性正心治其根本，庶乎异日身登仕版，抒为经济，能挽偷薄之习而归于淳朴。'"[①]可见，朱璘兴复南阳书院，意在改变士风，使士子不宥于科举之学，成为经邦济世之人才。"督学使张润民尝过书院，听诸生讲学而叹美之。"至光绪时，人称"南阳自康熙以来，士风朴厚，朱李之教也"。[②]

乾隆时期，新乡知县赵开元极为推崇书院造士之功，认为"士习之下究也为风俗，而其上章也为治绩。人才之养，不可以不豫。故古者造士之法最为详慎。今之学宫，缘古而丧其真者也；今之书院，变古而不失其正者也"。他在《增修鄘南书院记》中称，"我圣祖仁皇帝上下古今之变，特命各省并建书院，其具既设而所以诱掖激励渐摩而成就之者，又复详而有法，使并此而怠玩之，则士习益偷而不可救药，下既无以振颓风，而上即无以待朝廷之用。然则书院有兴废，而人才之升降因之；人才有升降，而风俗之醇疵与治绩之隆替由之。岂可谓天下之小故耶？守令受天子方面之寄，而不加意于是，则虽百废具兴，皆苟道而已"。因此，他于莅任伊始，即慨然捐资扩建鄘南书院，勉励士子秉持"卫河沁水、三冈五陵，山川秀杰之气"，奋起而"精研义理，洁治身心"，以复古鄘"蘧瑗史鱼之风"。[③]

嘉庆初年，因"教匪纵横，当事者疲于军务"，伊阳紫逻书院"未暇专延名师，或仅以代庖塞责，生徒日月至，亦不在院训课，因而虚室无人，风霜摧败，讲堂斋舍器物垣庸一切残缺不备"。知县陈培英莅任后，捐廉倡复书院，"每课必亲临讲贯，每课卷必细意阅评，甲乙必公，奖赏必厚，有武健者必鸣鼓而攻，以故士习端方，人才蔚起。炙其光者皆务为先辈根柢之学、韩柳欧苏结构之文。暇更指画风雅，鼓吹汉唐"。嘉庆十年（1805），陈文琬《倡劝筹设紫逻书院膏火感德碑

① 〔清〕李元振：《南阳书院记》，〔清〕朱璘纂修：《南阳府志》卷六《艺文志上》，清康熙三十三年刊本。

② 〔清〕潘守廉修，张嘉谋纂：《南阳县志》卷六《学校》，清光绪三十年刊本。

③ 〔清〕赵开元：《增修鄘南书院记》，〔清〕赵开元修，畅俊纂：《新乡县志》卷十二《学校下》，清乾隆十二年石印本。

记》云："伊向不解诗，而今比户弦歌矣。"[①]是以一地士风之振起，必在官员之实心与实政。

同治年间，南乐教谕赵钟麟推究书院传道经世之义云："夫鹅湖鹿洞讲学明经，所以延道统于千秋，裕经纶于一世也，岂第饰文词沽名誉，博取人间富贵以夸盛于一时哉？"他认为"乐邑为仓圣肇造人文之域，名儒硕彦代有闻人，卓卓先型昭然在目，又非徒甲科之盛拟迹江南而已也（南乐文风盛时，世称小江南）"。时南乐响应上官号召，筹建乐昌书院，"以开创之举首先应命，不期年而百务告成"。赵钟麟在《乐昌书院碑记》中称，"固风俗人心之厚意者，亦上应文运郁而将发之机乎。从此科第联绵，日新月盛矣。夫复何疑？尤愿凡诸君子讲学明经，勿徒慕鹅湖鹿洞之名，而务求其实。凡所读书，皆与身心性命日用伦常间亲切体验，必使无愧于己而后已，将文章根于德性，学问裕为经猷，处为良士出为良臣"[②]。他阐明书院讲学修身育才之意，对书院士子期以厚望。灵宝知县周淦鉴于当时士气不振，大力捐资兴学。他告诫宏农书院诸生说："非徒为尔等猎取科名计也。军兴以来，上失其教，民不兴行。风俗淫靡，趋利好讼，甚至父子兄弟不相顾，非世风之大变乎？本县德薄，不能化民，士为四民首，其名敦品力行，以礼义为乡人表率。他日得志，必求为朝廷建不朽之业，以光邦家而荣闾里。此本县志也。若徒有文无行，或恃符唆讼为害乡间，或贪利偷安虚应故事，则诸父老每年捐资以豢养尔等者何赖焉？有一于此，人人得而攻之。"[③]淮阳知县潘钟瀚针对当时书院士风之敝指出，"说者谓昔之书院教化出其中，今之书院功名出其中，良以举业之学世所争趋，士子舍此则仕进无路。斯即实求而实应，其去古大学之教不已远乎。然此特逐其末而不思反其本，故士风一敝几无可救耳"。他认为，"夫学者惟祇恭其伦纪，笃厚其身心，乃就诗书所发明先儒所传习者，反而求之，推而广之，有真性情然后有真学问真文章真经济，然后谓之真人才。否则，虽与之诵法先王高谈性命，有不日趋于伪且妄者哉？"他在《柳湖书院记》中

---

① 〔清〕陈文琬：《倡劝筹设紫逻书院膏火感德碑记》，〔清〕张道超修，马九功纂：《伊阳县志》卷六《艺文志》，清道光十八年刊本。

② 〔清〕赵钟麟：《乐昌书院碑记》，〔清〕施有方修，武勋朝纂：《南乐县志》卷八《艺文》，清光绪二十九年刊本。

③ 〔清〕周淦：《捐复灵宝书院义学及乡会试经费记》，〔清〕周淦修，高锦荣纂：《灵宝县志》卷七《艺文志中》，清光绪二年刊本。

称，“于书院创建之始，即以正其趋者勖多士，以有志于本也。若夫广励儒风，绵而翼之，经师人师扶而进之，正学昌明，人文日上，以光我国家朴棫菁莪之雅化”①。潘钟瀚期望书院士子能够昌明正学，成为“真人才”，从而一改士风之弊。

清代理学名儒有鉴于士习不端，欲以书院教育提振士风。康熙年间，理学名臣张伯行称，“夫世风日降，士人自束发授书以后，富贵利达之念即已浸淫盘结于胸，牢不可拔，于是日营营于进取之途，冀得一当以快吾志，而于考道论德无闻焉。间与一二缙绅先生绸缪款曲，无非广为声援，资其标榜，至于天人理数之微、治乱兴衰之故，概茫乎未有得”。他作《请见书院记》，劝“儒衣儒冠者”向圣人学习，不要仅满足于“富贵利达”，“愿学者之登斯堂入斯室，顾名思义，羹墙往哲毅然以斯道为己任，不沦于俗学，不溺于异端，处则为幽独不愧之身，出则为家国有用之士”，更期望地方官员“维持风教，推奖英才，乐今日之有成，防他年之废坠”。② 名儒李来章主教南阳书院，曾作诗告诫诸生：“古人重躬行，文艺其末耳。实于五伦中，求为天下士。后人冀速化，汲汲惟青紫。渺兹七尺躯，高阁庋经史。一旦乘风云，表见将何以。古今不相逮，途分实自此。吾侪生中土，居近伊洛水。缅怀两夫子，高风留乡里。黾勉诵遗书，鞭辟求在己。矢共盟幽独，一洗俗儒耻。”③他勉励士子仪型前贤，躬行实践，耻为俗儒，争为高士。

主讲书院的理学士人，除博学外，往往以品行影响士子。滑县丁栾集举人马心镜，“祖母丧明，尽心奉养，数十年如一日。父早殁，事母亦然。与兄鼎终身无间言。品行端方，为一方矜式。少年违法者望尘远避，不敢与之晤面。人以汉王彦方拟之。学问渊博，极群书，文章深奥。道光时学使赵公光案临卫郡，考试文生，批其卷曰‘不料此地竟有此文，咄咄怪事’，悬牌示众。卫属十县文生以马心镜为第一。及俞学使长赞岁科两试，又皆一等第一。见新进辄问曰：‘识马某否？’其见重如此。因文品太高，不合时宜，晚年始登乡榜。尝主讲长垣寡过书院，先品行后文艺，一时士风丕变。如举人吕允慧、焦思浚、曹洧川、牛允修等

① 〔清〕潘钟瀚：《柳湖书院记》，郑康侯修，朱撰卿纂：《淮阳县志》，《淮阳文征 · 外集》，民国二十三年铅印本。

② 〔清〕张伯行：《正谊堂续集》卷六《请见书院记》，清乾隆刻本。

③ 〔清〕李来章：《示南阳书院从游诸子》，〔清〕朱璘纂修：《南阳府志》卷六《艺文志上》，清康熙三十三年刊本。

皆出其门后学。至今称之”①。

三、书院振兴与化民成俗

“风俗者,天下之元气。风俗美则世道昌,而宇宙有所维而不坠。”②康熙年间,时人称,“方今圣天子重道崇儒,讲学不倦,亲幸阙里,异数有加焉。海内之士喁喁向风。凡在位公卿大夫莫不以教化为己任”③。清朝统治者将书院视为辅治教化、移易风俗的重要场所。自康熙朝始,清廷的书院政策相对稳定,未出现明朝屡次禁革书院的情况。嘉庆二十年(1815)十月十九日,嘉庆帝谕内阁:“夫欲使民兴起于善,不外教养二端。今各府州县卫皆设有学官,其省会及府州县之大者,复各建有书院。士为四民之秀,各该教官山长,诚能尽心化导,则士知束身砥行。即编户齐民,亦可互相观感。其道府州县与民切近,著各就所属地方,察其民风习尚,有染于污俗,惑于邪说,及不知崇尚礼义者,各救其弊,切指而告诫之。即恭阐圣谕广训之旨,衍为直解,刊刻告示,晓谕众庶,俾知彰善瘅恶之意。其事较为简而易行,但正德由于厚生。州县有牧民之责,尤当各于所治之境,兴利除害,尽心民事,以裕民生,使衣食足而礼义兴,自可期风俗日淳,邪慝不作矣。”④

吕妙芬认为,“河南地区在经历晚明战乱之后,清初的学术生态明显有一股乘着新帝国而开拓的新现象,一时之间,建书院、兴士习蓬勃地展开,提倡孝弟礼法教育的史料十分丰富,充分显示地方配合中央,上下合力推广教化的情形”⑤。事实的确如此,清代河南地方官绅对书院的社会教化作用非常重视。河南巡抚阎兴邦在《重建大梁书院厘正祀典记》中称,大梁书院讲堂奉祀“或生于

---

① 马子宽修,王蒲园纂:《重修滑县志》卷十六《人物》,民国二十一年铅印本。

② 〔清〕刘仲舒:《杜氏世德录序》,〔清〕张道超修,马九功纂:《伊阳县志》卷六《艺文志》,清道光十八年刊本。

③ 〔清〕窦克勤:《泌阳学条规》,《窦氏丛书》,光绪大兴黄振河重刊本。

④ 《清仁宗实录》卷之三百十一,嘉庆二十年十月庚午,《清实录》第32册,中华书局1986年影印版,第130页。

⑤ 吕妙芬:《孝治天下:〈孝经〉与近世中国的政治与文化》,联经出版事业股份有限公司2011年版,第219页。

斯,或仕于斯,或寄迹于斯,立德立功”之先贤名臣,以使“缙绅知所则效,子弟知所尊崇”。[①] 其《重建上蔡书院碑记》云:“皇上御宇以来,文德武功,震叠海外,乃赞扬道统,两幸阙里,表章先师,树碑纪盛,又洒宸翰曰‘学达性天’,悬之书院。其绍往圣之绪启万古之业者,卓越百王矣。而大小臣工乃不能崇学术以广教化,使先哲之遗绪鞠为茂草,何由仰答圣神风励一方哉?”“予所莅之境,洛阳在于西,汝蔡在于东,其伊洛书院有先我而修之者,独上蔡书院得杨令以遂我志,使一百七属皆以教养为心,则予可藉手而观成,以之入告,岂不雍雍然一道同风之盛哉!”[②]乾隆二年(1737),河南巡抚尹会一在书院增祀宋以来程颢、程颐等乡邦理学名儒,以体现清廷崇儒重道力行教化之意。

康熙年间,理学名臣张伯行在《请见书院记》中称:“吾邑旧有饮泉书院,盖因孔子饮泉远迹而构椽于此,以纪其胜。一邑之士得以时讲习焉。自明中叶迄于国初,闻人学士杰出乎其中者实繁有徒。余髫龀时往游其地,私心窃慕,低徊不忍去。亡何,邑令某议欲毁之。余闻而骇,以为闻有建书院者矣,未闻有毁书院者也。阖邑绅士欲出一言沮之,卒畏其严厉,相顾不敢发,而书院竟毁,令亦寻卒。”[③]所记虽以春秋笔法,亦可侧见多数时人对书院之重视。

雍正年间,洧川知县常琬论称,“周官党有庠,术有序,国都之学与里巷之学大小相维。要以聚材多作育广,使人无不学,学无不至于成德进业,出则弥纶政教,处则端表风俗。其用基于闾里聚庐,而其极至于化成天下”。他莅任之初,“即措意延经学之士陶冶吾民之秀者,以共臻于恢廓大方之间”。时“洧之人士亦欣欣相望”。雍正十三年(1735),常琬捐俸“营为书院一区,颜之曰奎文。构堂三楹,颜之曰濯锦,外周廊庑,前置门宇”,“□构始成,即延经师授学徒,请业者四十余人。□□暇日亦时课之,所谓歌阳春讴白雪者,未始不耴于余之一倡也”。他“犹冀后之人有所继续有所扩充,不以学徒之聚卢冒为廨舍府藏,则是书院之幸也”。[④]

① 〔清〕阎兴邦:《重建大梁书院厘正祀典记》,〔清〕王士俊修:《河南通志》卷四十三《学校下》,清文渊阁四库全书本。

② 〔清〕阎兴邦:《重建上蔡书院碑记》,〔清〕杨廷望修,张沐纂:康熙《上蔡县志》卷十五《艺文》,清康熙二十九年刊本。

③ 〔清〕张伯行:《正谊堂续集》卷六《请见书院记》,清乾隆刻本。

④ 〔清〕常琬:《奎文书院碑记》,〔清〕孙和相修,罗汝芳等纂:《洧川县志》卷八《艺文志》,清乾隆二十年刻本。

乾隆年间,浚县知县鲍志周改新镇废巡检署为黎阳书院。马上品作《黎阳书院记》云,“昔康叔以作新立国,而卫遂少顽□;文公以劝学经邦,而卫即多君子久矣。夫贤良非无自而成,人文必有因而起也。新镇为浚邑南鄙,亦古卫地。前代为其商贾辐辏而远于浚治,爰设巡检司一署以平物价,以治争讼,盖已多历年所矣。我国家鼎兴以来,至康熙年间,不识所因而裁革,此司成为废署。后奉文估卖,士商争购致讼,鹬蚌相持,而无人排难解纷于其间。迨鲍公宰浚伊始,即秉公审处,慨捐己俸以改建书院,崇文教尚德化,诚千古不刊之美举也。雅抚台嘉其听断无曲,处分有方,于息事宁人之中敦此兴贤育才之本,而给匾荣奖之不已,又升调开封之首邑”,“盖自此院之设,而后生小子肄业其中者,聆师教如公之耳提焉,承师训如公之面命焉,公之厚德为不忘矣。极之商贾居处于侧,往来于是门者,耳闻诵读之声,目见揖逊之度,安知不化为信义,变为礼让乎?是又大有造于商贾也。且学于是而果经则明而行□修,将为纯儒而化及一乡,为纯臣而化及天下,何□□□之能□洋溢于无穷哉。是则良法美意足以移风易俗□与康叔文公后先辉映者,即此院之设也”。[①] 据此文所称,黎阳书院建于商贾辐辏之地,不仅能教育士子,且能使商贾在潜移默化中敦行礼仪诚信,实于地方移风易俗大有裨益。鄢陵知县保麟服膺汉公孙弘所言“劝学修礼,崇化励贤,以风四方,太平之原也”[②],注重人才培养,“而于读书士子尤加意焉”,“思黉序所以育人才,书院所以辅黉序,顾设科置条”,为文清书院筹措经费。他认为,“从来善俗有方资乎教,善教有本资乎养。自古化民成俗者,隆师儒优廪饩,俾学者优游涵泳,日迁善而不自知”,对“贤才辈出,烝烝响风,教化行而风俗美”之治充满期待。[③]

嘉庆二十二年(1817),项城知县邵杰称,“郡县之有书院也,与乡学并重。凡乡之美秀而文者,自成人以及小子,咸得攻诗书习礼乐交相鼓励于其中,是其作养人才培植风化为功岂浅鲜哉!夫固不可一日而或废也”,“因思化民成俗,立学为先,而书院为兴教宣化之地,宰是邑者苟坐视其剥落废坠而不思所以新之,非惟无以励士子,抑亦有辜创建者之初心矣”,遂捐廉重修莲溪书院。他希

---

① 〔清〕熊象阶修,武穆淳纂:《浚县志》卷六《建置·书院》,清嘉庆六年刊本。

② 〔汉〕司马迁:《史记》卷一百二十一《公孙弘传》,中华书局1959年版,第3119页。

③ 〔清〕保麟:《文清书院加增膏火记》,靳蓉镜修,王介纂:《鄢陵县志》卷十二《教育志》,民国二十五年铅印本。

望"究之落成之后,藉以作人才培风化,有裨于一邑者甚大。方今圣天子崇文重道,车书明备,礼乐光昌,洵人文蔚起之会。项之学者,尚其努力进功,奋勉从事,庶无负建者修者作养培植之始意,则予之厚望也"。[①]

咸丰初年,"兵火连年,军饷支绌",淮阳弦歌书院"膏火无存",一度废弛。后刘拱宸莅任陈州府,认为"方今盗贼蜂起,地方不靖,皆以学校不修之故。苟能留心学校,使斯民熏陶诗书,讲明孝悌,则百姓皆知理义尚廉耻,自不作奸犯科盗,将不捕而自戢矣。御乱之策,虽则讲武弭乱之源,实在修文。'下无学,贼民兴',孟子之言可为警惕",遂首捐倡复弦歌书院。[②] 修文以偃武兴,学以励俗,既是传统政治智慧,也是古代士人的社会理想。

书院对地方社会的教化作用,似春风化雨,润物细无声,随着时间发展而日渐显现。康熙年间,灵宝知县江蘩创建宏农书院,"后经历任筹捐,又置义学十四处,凡与宾兴者膏秣皆有资,其经费生息银至一万四千两有奇,以故士习文风蒸蒸日上,童试尝千余人,登甲乙榜者踵相接"。时人称灵宝"风俗敦庞,人情朴质,尤于豫西诸邑中称最,则学校之化远也"。[③] 温县是孔子高弟卜子夏故里,乾隆二十年(1755),知县王其华捐俸"因巡按旧署,建卜里书院。上述西河传诗之教,以礼性情;旁参涑水资治之书,以增才识。又石刻程子四箴、张子二铭。俾肄业其中者,目击道存,以仰俯我国家昌明正学之至意"[④]。他认为,"为宰莫要于兴利,兴利莫大于立教。余之建书院,不过踵孙(平谷)、祖(念修)二公而为之,但立法较备,庶几教可久泽可深,岂仅以文彩风流为斯邑庆?亦曰崇本务实,经明行修,溯西河之遗教,继卜氏之流风,是则余所望于温多士焉"。[⑤] 八十余年后,张向辰在《重修卜里书院碑记》中称,"温虽僻壤,至今异端邪说不得入

① 〔清〕邵杰:《(莲溪书院)记》,张镇芳修,施景舜纂:《项城县志》卷九《学校志》,民国三年石印本。

② 〔清〕李澍:《弦歌书院捐钱碑》,郑康侯修,朱撰卿纂:《重修淮阳县志》,《淮阳文征·内集》,民国二十三年铅印本。

③ 〔清〕周淦:《捐复灵宝书院义学及乡会试经费记》,〔清〕周淦修,高锦荣纂:《灵宝县志》卷七《艺文志中》,清光绪二年刊本。

④ 〔清〕张向辰:《重修卜里书院碑记》,王兴亚等编:《清代河南碑刻资料》第 4 册,商务印书馆 2016 年版,第 240 页。

⑤ 〔清〕王其华:《卜里书院碑记》,〔清〕唐侍陛修,洪亮吉纂:《重修怀庆府志》卷三十《艺文志》,清乾隆五十四年刻本。

我乡而煽惑之者，东溪之力也”[①]。

中国古代社会素有崇儒重教的传统，“万般皆下品，唯有读书高”的观念深入人心。一些普通人可能因条件所限未曾读书识字，但他们对知识的渴望，对读书求学的向往却是矢志不渝的，甚至将这种期望付诸子孙后世。南阳人乔世龙，“早孤，值流寇之乱，七岁播迁南阳，依外氏以长家。少经乱离，无资以学，遂终身不知书。以居积业饶于资，好施与，乡里常以为赖。值岁祲，为粥以食饥者，所活至千余人。郡邑长者皆以君为非常人，宜大其家也。而君性好书独异甚，有三子，其欲教以书，虽饥渴弗若。顾窃轻其里之名能文者，求吴越名士馆之家，岁不惜百金费。人皆以为非其家所称，君卒不懈。每听诸子读书，则屏息户外，不使其知，虽严冬必猬缩以伺，率至夜分以为常。有少懈者，旦日必与笞。每垂涕谓曰：‘吾以少遭乱失学，恒自痛。若辈第以读书偿吾志，吾死不恨矣。’以故诸子感刻苦于学能立”。长子思谦为增广生，次子思恭为廪生，“尤南阳知名士也，教受里中，生徒至百余人；次思让，邑庠生”。孙男女十有一人，“皆业儒”，长孙梦灵，以廪生就学大梁书院，“文行崭崭”，颇受知于学使。大梁书院主讲金坛王汝骧应乔世龙孙梦雷之请表其墓云：“君一不知书布衣耳，其性命于书若是。语曰造物之报人也，不于其人，而于其人之天。若君非以书为其天者耶？视世之为达官贵人，皆货之急而书之厌者，与君之得报宜何如也？余于君诸子末及交，即梦雷观之，其将有以报君未可量。故书之于墓石，未能悉举其善，而独详其好书之概若是，使乔氏世世子孙食书之报而勿忘其所自。呜呼，是君之志也夫！”[②]正是由于乔世龙的坚持，其子孙才能读书业儒，进入官办河南省会大梁书院求学。书院士子的身后，往往是家人默默而无私的付出。在那些已婚士子的求学之路上，更是少不了贤内助的鼎力支持。项城庠生张彬早年家徒四壁，然“贫而嗜学，赴上蔡书院读书，苦无资”，其妻戴氏“勤女红”，“以纺绩所积布数匹以助之。内而事翁姑操家政，皆氏任之，恐分彬读书心也”。“彬好客，每知交来，氏必竭力供饮馔，而自奉则必约焉。”[③]正是戴氏的辛勤劳作和关心体贴，为丈夫的学习生活提供了有力保障。

---

① 〔清〕张向辰：《重修卜里书院碑记》，王兴亚等编：《清代河南碑刻资料》第4册，商务印书馆2016年版，第240页。

② 〔清〕潘守廉修，张嘉谋纂：《南阳县志》卷十一《人物下》，清光绪三十年刊本。

③ 张镇芳修，施景舜纂：《项城县志》卷二十六《列女志一》，民国三年石印本。

理学士人通过讲学书院，传播理学，更新民风民俗。康熙年间，耿介兴复嵩阳书院，“倡明道学，力行嗜古，为士宗范。时与邑侯墉如张公，集诸子讲学课艺，历寒暑不辍，作人之化，猗欤盛哉！而惧其典籍弗传也，旁搜博采，汇辑成书，千圣之微言大义，可得而明；学者之尊闻行知，可得而正；千百年之人心风俗，可得而维持”，其功甚巨。[①] 窦克勤《重游嵩阳书院》云：“此地重过来问津，嵩阳真是接关闽。书声山谷遥相应，灯火斋头半作邻。学旨中天开后起，英才满座有传人。讲堂历历风犹昨，丕变斯文气象新。”[②]耿介曾应河南巡抚王日藻之邀讲学大梁书院，窦克勤赋诗云：“相别才十日，恍如隔三秋。霏霏惊雨雪，行旌应暂留。大道兴隆会，先觉启群俦。中国拥皋比，四方聚杨游。绝学开后起，挥尘阐前修。道德明尧舜，仁义讲鲁邹。孝弟忠信旨，使人知返求。倏忽风移易，是谁挽中流。宫墙悬渴想，予曰胜校雠。镕铸名贤出，真学佐皇猷。知是先生意，不虚大梁游。”[③]窦克勤以耿介为榜样，创建朱阳书院，加惠后学，“倡道朱阳者十有九年，教化大行”，“说者谓朱阳崛起，媲美嵩阳”。[④] 乾隆年间，泰州陈燮为覃怀书院山长，“诗文尤工，诲迪青衿，日趋风雅，复好旌别淑慝阐扬幽行，闻有孝友节烈之伦辄为表章其美，纪以咏歌，一时民俗为之兴起”[⑤]。

清代河南书院培养了一大批学人，他们或出仕或隐居，或著述或教授，通过不同的方式进行社会教化。乾隆宝丰举人李海观曾求学于大梁书院，所著《歧路灯》十二册，“全部纯是布帛菽粟家常琐语，而间杂以经史掌故话头，俾雅俗共赏，于民彝物伦朋友父子兄弟以及闺阁妇孺无不曲体入微，与他说部非妖则怪非盗则淫者不啻上下床之别。海观自序亦谓为田父所乐观，闺阁所愿闻。子朱子曰：善者可以感发人之善心，恶者可以惩创人之逸志。友人皆谓于彝常伦类间煞有关系。是书实有如此价值”[⑥]。这部浸淫理学思想的教化小说，自问世后在民间广为传抄，对移易社会风俗产生了深远影响。

---

① 〔清〕郭文华：《序》，〔清〕耿介撰，李远校点：《嵩阳书院志》，郑州市图书馆文献编辑委员会编：《嵩岳文献丛刊》第 4 册，中州古籍出版社 2003 年版，第 2 页。

② 〔清〕窦克勤：《嵩阳酬和集·重游嵩阳书院》，光绪大兴黄振河重刊本。

③ 〔清〕窦克勤：《嵩阳酬和集·思耿嵩阳先生赋呈书院诸君子（时抚军王迎先生于汴讲学）》，光绪大兴黄振河重刊本。

④ 〔清〕窦容庄：《寻乐堂日录·校刊日录纪略》，光绪大兴黄振河重刊本。

⑤ 〔清〕王荣陛修，方履篯纂：《武陟县志》卷二十四《名宦传》，清道光九年刊本。

⑥ 李庚白纂修：《新安县志》卷十三《艺文》，民国二十七年铅印本。

第六章 近代河南书院的衰落与转型

1840年,西方列强凭借坚船利炮发动鸦片战争,打开了中国封闭已久的大门,标志着中国近代史的开端。此后,西方列强入侵日急,中华民族危机日深,正所谓"创不谓不巨也,痛不谓不深也"①。时人对书院改革的诉求也愈来愈强烈,一些有识之士不断探求书院转型之路。陈宝箴创办的致用精舍以及李时灿创办的经正书院,就是近代书院转型的突出代表。然而,正当书院改革逐步推进之时,清廷谕令书院改学堂,河南书院短期内改为大、中、小三级学堂。随着书院改制的完成,河南近代学校教育体系也初步形成。一言以蔽之,近代河南书院的发展过程可以概述为衰落—短暂复兴—废止。

第一节　书院衰落概况

近代以来,尽管河南每年都创办一定数量的书院,但大部分仍属于传统性质。受政治、自然、社会以及书院自身等综合因素的影响,河南书院渐趋衰落,最终改制为各级学堂,退出活跃了千余年的历史舞台。此时的河南书院,出现了一些值得关注的新现象,如教会书院的开办、书院院生的反洋教斗争、改良书院的创设等。

---

① 〔清〕汤震:《书院》,见陈谷嘉、邓洪波:《中国书院史资料》(下册),浙江教育出版社1998年版,第1962页。

一、基本情况

清朝后期,根据辖属关系的不同,河南全境书院可以划分为三个等级:第一等级是省辖书院,包括大梁书院和明道书院两所;第二等级是道辖书院,包括河朔书院和豫南书院两所;第三等级是各府、州、县辖书院,此类书院数量最多。

1. 大梁书院

大梁书院是清代河南最高学府,至光绪末年,每年招收院生人数达 200 余名,招生规模在全国书院中首屈一指。道光十六年(1836),钱仪吉应河南巡抚之邀主持大梁书院。他针对时弊,从道光二十年(1840)开始对大梁书院进行系统改革。一是作文形式。要求院生不必囿于传统八股文形式,更新院生作文优劣的判定标准,"为文理明词达,便是佳作";提倡实学,反对空谈义理心性,积极引导学生正确意识到"五经诸史其根也"[①],切忌曲意逢迎举业而忘乎所以。二是改革院生课试命题的具体内容,打破当时传统书院考试命题仅限于"四书五经"的桎梏,扩展考试内容所涉及的范围,拓宽院生眼界。每半月举行一次课试,课试内容"以经史之学为主,并及小学、天文、地理、算学、象纬、历律、水利和农田诸学"[②],与传统书院有较大不同,考试结束之后,鼓励学生积极参与相关话题的讨论。三是改革书院录取方式,增加录取名额。除按照规定录取正额院生外,还增加录取备额、附额院生,这两种院生收录与否取决于钱仪吉的面试,这样就大大增加了有志于书院学习者的入学机会。如仅在道光二十五年(1845),大梁书院就在一次面试中录取备额、附额院生 17 人。钱仪吉对大梁书院的改革,冲击了河南死气沉沉的书院教育传统。但这些举措引起了当时旧派官僚的极力反对与苛责,改革也以钱仪吉被迫辞职而终结。同治元年(1862)后,河南各级书院相继被旧派儒士掌管,书院旧制得以重新恢复,书院随之走向衰落,大梁书院亦不例外。虽然后来巡抚李鹤年、学政邵松年等均对书院进行了重修与整顿,但书院衰落之势却始终难以逆转,在清末书院改制的大势下,大梁书院于

---

① 〔清〕苏源生:《记过斋文稿·钱星湖先生遗事》,河南大学图书馆馆藏,清咸丰六年本。

② 王日新、蒋笃运:《河南教育通史》(中),大象出版社 2004 年版,第 11 页。

光绪三十年(1904)改为河南大学堂。

2. 明道书院

原开封二程书院,道光年间毁于水。光绪二十年(1894),河南学政邵松年为“励实学”“育人才”,改建为“明道书院”,地位仅次于大梁书院。设院长1名,提调3名,有院生200人。经费由大梁书院和各州县负责筹集,书院经费的使用有详细而完备的规定。招收院生均为“品学兼优之士”,肄业的举贡生员均是由学政探访其学行,酌量调取,坚持宁缺毋滥的原则。肄业诸生正额为20名,每月给膏火银四两,后来又调入20名作为备额,每月给膏火银二两,其中肄业孝廉正额为4名,每人给膏火银四两,发放时限为每年的二月至十一月。肄业生贡正额为16名。规定院生需要学习经学、史学、道德、经济、天文、舆地、礼乐、诗文、考据、科举等十科课程。院生每天须黎明即起,读道德诸书以明体,早饭后读经济诸书以达用,午饭后读古诗文以载道。要求院生“以经书为根柢,以史鉴为作用,尤须熟玩二程夫子遗书、朱子全书、小学及所颁近思录、续近思录、广近思录……”此外,还积极倡导“读书期于有用,非空谈心性,遂足谬托学道之名,经史先儒语录外,如兵、农、典礼、水利、河渠,凡一切吏治、天下郡国利病书,皆当留心。所尤要者,《大学衍义》《大学衍义补》《皇朝经世文编》,胡文忠、曾文正全集不可不读”①。清末,主持该书院的著名学者黄曙轩先生,对书院发展做出了重要贡献。黄舒昺(1834—1901),字晓澄,号曙轩,湖南湘潭人,贡生,官至常州府学教授。直至光绪二十六年(1900),他才因病请辞院长之职。后来,吕扉青和郑福门二人相继任书院院长。明道书院在办学过程中培养了李月生、牛景武等一批栋梁之材,在书院教育史上占据重要地位。在清末新政的大潮下,明道书院最终被改建为中州公学、师范传习所。

3. 河朔书院

道光十六年(1836),河北道刘体重于武陟县安昌公庙“延师开馆”,招收学生;同年十一月,又购得民地55.3亩,以此开工建设更为宽敞的教学场所,最终于次年五月完工,很快便移诸生于该馆中。招收的学生经过严格的甄选,入学考试每三年举行一次。坚持“敦请名师”以主持书院的惯例,延请的山长均是其时有名之士。历任山长有袁素珊、李棠阶、金瀛仙等人,但他们思想守旧,竭力

① 〔清〕黄曙轩:《明道书院钞存》,清光绪间刊本。

维护封建社会的统治。开馆时间是每年二月上丁日(初四)至十一月底。在院诸生每月需要进行道课、轮课和斋课,分别于每月的初八日、十八日、二十八日进行,其中轮课是书院的一项新举措。在教学上倡导实学,要求诸生要做到"务期实得于身心,措之于事业,以副圣天子务实学、求真才之至意"[①],希望院生成为具有真才实学之人,早日成为朝廷之栋梁。在提倡实学的同时,也不断适应科举制度,使院生走科举之途,尤其是在延请进士袁俊为书院主讲之后,聚集了三郡优秀之人,肄业诸生中多有"登拔萃科及捷甲乙科者"。李棠阶任书院山长时说:"因文题深劝诸生因端察识,切实为己……力克私利之心,则今日良士,则他日好官,读书方为有益。"[②]可见,李棠阶的教育路径是使学生通过克己修身而成良士,然后成为"好官"[③],从而为朝廷效力。光绪二十八年(1902),河朔书院改为河朔中学堂,退出历史舞台。

4. 豫南书院

由南汝光道朱寿镛创建于信阳。光绪十五年(1889),朱寿镛调任河南兵备南汝光道后即着手恢复文教,先是重新整顿旧有的申阳书院,但终因该书院"规模太狭,经费未充,应课诸生以膏火无多,未能踊跃使者,间月一课,亦不过敷衍塞责而已",不得不另寻他处。光绪十六年(1890)夏,适值倪简武校阅信阳,朱寿镛提请"以捐存之款,创建书院,集三州俊髦而试之"[④],得到大力支持。于是朱寿镛捐资5000两,又加上筹集所得,于光绪十七年(1891)建成豫南书院。书院主张"聘名师为主讲席",延请江南著名学者耿植任山长。设山长、监院官、斋长、斋夫、门夫、扫地夫等职位,各司其职,负责书院的日常工作。书院每年招收60名学生,其中正课20名,副课20名,随课20名,且永为定制,同时要求所有院生一律住院,正课生每月发膏火2两,副课生减半,随课生不发膏火;书院于每年的二月开学,十二月停课;院生于每月的初二日课文诗,十二日课经史、词章、算数及杂学,二十二日山长师课。书院制定了《学规四则》以敦促院生学习:

---

① 〔清〕李棠阶:《河朔书院谕诸生》,见〔清〕黄舒昺:《中州名贤集·文园李先生文抄》,清光绪十九年刻本。

② 〔清〕李棠阶:《李文清公日记》,穆易点校,岳麓书社2010年版,第658~659页。

③ 黄涛:《鸦片战争后知识界的反应再思考——以理学家李棠阶为例》,见中国社会科学院历史研究所清史研究室:《清史论丛》(2015年第1辑),社会科学文献出版社2015年版,第139页。

④ 〔清〕朱寿镛:《创建豫南书院存略·碑记》,清光绪二十一年刻本。

一是“敦德行以端本原也”，二是“勤探讨以几实学也”，三是“重师友以求夹持也”，四是“谨交游以遵礼法也”。[①] 书院建立之初广购书籍，“以为多士观摩之助”。值得注意的是，其购买的书籍中有大量关于西学的书报，如《电学》《航海简法》《时务报》等。豫南书院在清末时改为简易师范班，虽然书院存在的时间较短，但其在教学、管理等方面都独具特色。

近代以来，河南各级书院的创办主要是为封建社会服务的。书院的恢复亦主要为了“举业不致久废，而人心可以底定”，即是维护封建教化，免于滋生事端，束缚士子思想。教育内容日愈陈腐僵化，陷入“义理”“考据”“词章”之中，院生的学习失去活力，终日埋首于故纸堆，于实际无大裨益。教育方法趋于守旧，传统的讨论式教学已不多见。教育的目的也与初创时相去甚远，考课式书院占据半壁江山，沦为科举的附属物。

但同时也应该注意到，近代河南书院出现了三个新现象：一是教会书院的出现。教会书院是传教士进入中国之后出现的一种新型书院，教会书院的发展经历了由外围到本土的过程。[②] 教会书院虽名为书院，实为西方社会中普遍存在的学校。在 1884 年之前，河南尚无固定的传教事业，但“河南省是中国的心脏”[③]的重要地理位置是不容小觑的。1884 年，内地会在周家口获得房舍，并以此为起点，开始了传教事业，但是他们的传教事业并不顺利，因为河南农民居多，他们“性极守旧，拘墟固陋，变化实难”，同时河南“排斥西人之举动最烈，至今乃稍敛迹”[④]。同治八年(1869)，意大利人安西满任河南教区主教，各国的传教士蜂拥至河南。直到 1898 年，清廷宣布实行新政，进行变法，河南各地相继将学校变为学堂，“外国传教士也开始在各地设立教会学校”[⑤]。1901 年，意大利传教士于省城开封理事厅街创建培文书院，书院有教职员 3 人，学生 50 人，每年所需的费用开支由教会支付。书院在同治年间是教会初级小学，1901 年时升格为教会中等学校。培文书院属于改良性质的书院，它与其时的其他教会学

① 〔清〕朱寿镛：《创建豫南书院存略 · 学规四则》，清光绪二十一年刻本。

② 邓洪波：《中国书院史》(增订版)，武汉大学出版社 2012 年版，第 596~597 页。

③ 曾友山：《河南基督教沿革述略》，见《河南文史资料》(第 17 辑)，政协河南省委员会文史资料研究委员会编辑出版 1986 年版，第 113 页。

④ 中华续行委办会调查特委会编：《中华归主——中国基督教事业统计(1901~1920)》，中国社会科学出版社 1988 年版，第 183~184 页。

⑤ 河南省地方史志编纂委员会：《河南省志 · 教育志》，河南人民出版社 1993 年版，第 2 页。

校一样,在教育内容上主要学习西方的《圣经》、外语、数学等,同时中国传统的儒家经典,如《小学》《三字经》等内容也会兼顾。教会书院是为西方列强推行奴化教育服务的,“栽培中国子弟”①,维护和巩固自身在华利益。这一做法必然遭到包括河南人民在内的广大中国人民的强烈抵制与反抗。

二是书院的反洋教斗争。自西方列强与清政府签订关于教会传教的不平等条约以后,传教士便凭借着条约特权在中国各地胡作非为,引起人们的普遍不满,导致“教案”频发。传统书院的院生也参加到这一活动之中,较为有代表性的是大梁书院的反洋教斗争,这是书院迈入近代后出现的新现象。同治八年(1869),意大利人安西满任河南教区主教。自此,西方传教士与其他地方所谓的“传教士”大量涌入河南地区,他们纷纷在河南各地建立起规模与形式不一的教会,并创办附属于教会的教会学校,此时在河南建立的教会学校有开封培文书院、信阳鸡公山美文学校等十余所。他们的主要目的是“愚弄广大的中国人民”。同时,在安西满的支持与纵容下,河南各地传教士利用各种卑劣的手段攫取不正当利益,诱骗人们进入教会学校。安西满的种种行径引起河南人民极大的愤慨与不满,反洋教斗争呼之欲出。安西满就任主教后,积极索要先前被充没的教堂财产。1869 年,安西满到北京与清政府交涉退还教堂财产的情况,在返回途中又到省城开封面见省抚、宪长官,要求地方返还先前的教堂。面对这种无理要求,位于开封城的大梁书院、游梁书院、二程书院、彝山书院等书院的数百名院生在王光甫的带领下举行罢课、游行等活动,并把安西满等人的住所“宝馨斋”和“天津果店”重重包围,高喊“反对洋教”“外争国权”等口号。外国传教士由于受到惊吓而不敢出门,龟缩于屋内。最终,此次斗争以祥符县令派兵解围而结束,展现了清政府在洋人面前的无能与卑微。书院院生的反洋教斗争充分显示了河南人民勇于维护主权、敢于斗争的勇气和决心,打击了西方侵略者的嚣张气焰,是一次伟大的爱国运动。后来,为了纪念这次反洋教斗争,开封流传着这样一首歌谣:“东宝馨,西宝馨,两面关门;大书院,小书院,一齐停课。”以此可见,此次反洋教斗争已深入人心。

三是改良书院的出现。“鸦片战后,国人方知外洋坚甲利兵之可畏,及经甲

① 林乐知:《中西书院课程规条》,见邓洪波主编:《中国书院学规集成》,中西书局 2011 年版,第 131 页。

午庚子两役,复知外洋各国除坚甲利兵而外,尚有足资取法的政治。”[①]西方列强不断加紧侵略中国,民族危机逐渐加剧,清廷中要求改变现状的呼声越来越强烈,不断有人主张以教育为救国之良方,改革书院教育“陋习相沿,牢不可破”的状况被提上日程,“务各延请耆硕,以副敦崇实学至意”。[②] 尤其是甲午战争后,清廷决定实行维新变法,改良书院在维新气氛浓厚的省份不断出现,他们推崇实学,引进西方先进的科学技术。直至清末新政时期,全国范围内改良书院仍是人们关注的焦点。河南地处内陆腹地,“受外界之刺激缓,故人心之觉悟钝”,但是“至今日而海禁大开,欧风东渐,列强环立,其视耽耽,即使前圣处此,安有守旧而不变者哉?”[③]河南有识之士不断探索书院的改良之路,其中陈宝箴创建的致用精舍和李时灿创办的经正书院就是其中的突出代表。陈宝箴分守河北道(治所位于河南武陟)时创办了致用精舍,“储典籍,立规制,延师儒以为之导”,他大力倡导实学,要求求学之人“尊其所闻,行其所知”;鼓励学生关注社会现实,而不是汲汲于举业与功名利禄。质言之,其创办精舍的目的就是“为国造数有体有用之才”[④]。李时灿亲身经历了旧式教育的腐朽与空疏,决心另辟蹊径,寻找新的教育方法。光绪九年(1883),他先是与好友王锡彤等成立了汲县读书学社,改良旧教育,吸引了大量好学者,后来又受康梁维新变法思想的影响,创办了经正书院。书院废除了传统书院中陈腐的教育内容,代之以一切有用之学,组织院生开展分门别类的探讨,以期培养出于国于民有用之人,这与封建教育模式截然不同。陈宝箴与李时灿对书院的改良是河南书院史和教育史上的大事,与当时封建科举教育相比,实属难能可贵。光绪二十七年(1901),清廷为了维持统治而被迫实行“新政”,企图以此缓解诸多矛盾。同年,清廷谕令各省改书院为学堂,“着各省所有书院于省城均设大学堂,各府厅直隶州均设中学堂,并多设蒙养学堂”。河南各地的书院也在政治强令下退出了历史舞台,改为各级学堂。

---

① 郑康侯修,朱撰卿纂:《淮阳县志》,《淮阳文征·内集》,民国二十三年铅印本。

② 《清穆宗实录》卷八十八,同治二年十二月庚寅,《清实录》第46册,中华书局1987年影印版,第861页。

③ 潘龙光修,张嘉谋纂:《西华县续志》卷十一,民国二十七年铅印本。

④ 汪叔子、张求会编:《陈宝箴集》,中华书局2005年版,第1878页。

二、衰落原因

近代以降，康乾盛世余晖已散，西方列强发动的殖民侵略逐年加剧，鸦片战争、第二次鸦片战争、中法战争、甲午中日战争、八国联军侵华战争，使中国一步步走向半殖民地半封建社会的深渊。加之太平天国起义和义和团运动，内忧外患不断升级，国势衰颓势成必然。在诸多因素的合力影响下，书院作为重要的教育场所，走向衰落并非偶然。

（一）政治因素

伴随着帝国主义列强对中国的侵略，以及一系列不平等条约的签订，清廷封建统治的原有稳定秩序被打破，政治腐败越来越严重，社会危机四伏，衰败之象凸显。河南从省、府、州、县到乡里，各级官吏腐朽十分严重，由此产生的后果更是贻害无穷，地方教育受到的冲击不言而喻。同时，与抗御外辱相比，创建书院被视为“舍本逐末”之举，对书院发展负面影响甚大。

政府盘剥削弱地方经济。为应付日益增加的开支，清政府加收各种租税，各级地方政府也随之加紧对农民与商人的经济掠夺，正赋、杂税名目繁多，有增无减。如睢州地方官规定要“月报税契”，不论实际收入多少，统一按官方标准征收，否则“里书必受挞罚”，民众生活苦不堪言。新安县令邹萼棠主政期间，贪虐无度，“逮系敲比，殃及邻里，新民坐是流离死亡，十损六七，地荒人稀矣”①。周家口作为商业重镇，在沉重的税赋影响下，也出现了“行旅为之裹足，商贾日益萧条”的情况。河南经济状况江河日下，“民生日蹙”成为必然趋势，以经济为基础的书院走向衰落也就不足为奇了。

政府加强对书院的控制。为加强思想控制，发挥书院的教化作用，清廷强化对书院教育的政治干预，把创办书院视为“各督抚地方官应办之事”②。书院

① 李庚白纂修：《新安县志》卷四《职官》，民国二十七年铅印本。

② 《清宣宗实录》卷三百八十，道光十八年四月壬寅，《清实录》第37册，中华书局1986年影印版，第790页。

在办学、管理、经费筹集使用等方面均需要通过政府批准，损害了书院的独立性。同时书院财权被官方垄断，极易滋生腐败和形成急功近利等不正之风。在“吏治日偷”的情况下，书院经费就成为地方官吏侵吞的对象，“有意肥己”之事层出不穷，对书院的影响十分严重。如长垣县书院的“膏火及旧存息项悉经当事挪用”①；淮阳弦歌书院，因咸丰二年（1852）知县戴成文动用之前百姓捐款三千串，书院遂废②；许昌聚星书院院生的每月膏奖之资“恒经胥吏手，折扣侵蚀”，闫庆华莅任后，“每开课亲自莅院点名，核发膏奖”，情况才有所好转③；道光二十年（1840），绅耆刘乾箴等重建永城浍滨书院，捐款千金以为膏火，结果“被人借用干没”④；开封彝山书院，咸丰三年（1853）因经费被官府挪用，屋宇渐颓；河内知县徐本华，“用度豪奢，性尤贪横”，该县的“书院义仓等项公费，全数提讫，不知所归”。书院资产是其发展的根基，也往往是官吏贪污腐败的对象，这就对书院发展产生了严重的负面效应。

西方教育思想的冲击及政府主导教育改革。随着西方列强侵略的加剧，国破家亡的危机迫在眉睫，为维护自身统治，实现国家富强，教育救国成为社会共识。清朝统治阶级痛定思痛，实行了一系列教育改革，如洋务运动兴办学堂、戊戌维新运动中教育改革、清末新政中教育革新等。这些教育改革均涉及书院，书院教育弊端受到了各方抨击。在西方教育思想的影响下，改良书院、教会书院等新型书院不断建立，传统书院受到剧烈冲击，逐渐走向衰落。

（二）自然因素

自然因素对书院发展的影响大部分是因自然灾害引起的，主要有间接与直接两个方面的表现：一是自然灾害对社会造成的诸种损失，影响社会教育事业的发展。从1871年开始，气候异常，各种自然灾害频发，晚清社会进入了所谓的“清末灾害群发期”。河南三面环山，一面平原，地形呈阶梯状。在气候上属暖温带—亚热带，降水分布不均匀，既体现在一年内降水集中于夏季，又体现在每年之间降水不均匀。由于降雨集中，再加之平原地区排泄不畅，极易出现洪

① 〔清〕观祐等修，齐联芳等纂：《增续长垣县志》卷下，同治十二年刊本。

② 郑康侯修，朱撰卿纂：《淮阳县志》卷五，民国二十三年铅印本。

③ 王秀文修，张庭馥纂：《许昌县志》卷八《官师上》，民国十二年石印本。

④ 〔清〕岳廷楷修，吕永辉纂：《永城县志》卷六《学校志》，清光绪刻本。

涝灾害。洪水之后,往往又出现降水稀少的情况,造成旱魃肆虐。除此之外,蝗灾、震灾、雹灾等在河南也不时出现。1861~1895年间,河南受灾县的数量在全国一直处于前四位。[①] 下面仅以水灾与旱灾两种常见且频发的灾害为例来说明灾害对书院发展造成的不利影响。

清后期,特别是1850~1855年、1882~1890年、1893~1896年,均出现连续多年的水灾,洪水如猛兽般冲毁房屋、淹没庄稼,对人们的生命财产造成极大损害。清末河南水灾可以分为两个时期:一是道咸同时期,二是光宣时期。前一时期,河南境内几乎每年均有水灾,如道光二十三年(1843),河南境内夏秋季节依旧大雨滂沱,又加黄河于中牟县境溃口,水灾导致“滨河及低洼各州县村庄均被淹渍”[②],全省临近黄河之地域受灾较重,如中牟、祥符、通许等县。咸丰十一年(1861),河南境内安阳、汤阴等州县出现“山河并涨,禾稼被淹”[③]的惨象。后一时期,河南水灾呈现出加剧的态势,受灾州县往往是连片式的,受灾面广。后一时期,光绪十三年(1887)夏,河南段黄河出现决口,“豫省下游被水者十五州县,待赈者一百八九十万人口”[④]。光绪十八年(1892)、光绪二十一年(1895)、光绪二十四年(1898)、光绪三十二年(1906)等年份,河南境内都出现了严重水灾。被灾地区出现众多受灾人口,屋舍倾圮,庄家无收,人们无以为生,社会失序状态严重,陈州府和归德府就出现了大量的闹事饥民。

旱灾是发生概率仅次于水灾的第二大自然灾害。旱灾时往往“禾苗尽枯,野无青草”,危害性不亚于水灾。道光二十六年(1846),河南境内的汲县、新乡、辉县等地出现旱灾,造成“二麦被旱无收”;咸丰八年(1858),汲县、获嘉等县夏季雨量减少,“秋禾被旱”。旱灾中以1877~1878年的“丁戊奇荒”尤为严重,致使许昌出现“秋无禾大饥,饿死逃亡,道殣相望,各镇立卖人市”[⑤]的惨剧,而孟县亦出现“饿殍者无数,几于村落为墟”[⑥]的景象,还有浚县“十室九空,逃亡相

---

① 夏明方:《从清末灾害群发期看中国早期现代化的历史条件——灾荒与洋务运动研究之一》,《清史研究》1998年第1期。

② 《河南巡抚鄂顺安折》,《录副档》,第一历史档案馆藏,转引自李文海:《近代中国灾荒纪年》,湖南教育出版社1990年版,第29页。

③ 水利水电科学研究院编:《清代海河滦河洪涝档案史料》,中华书局1981年版,第461页。

④ 水利水电科学研究院编:《清代淮河流域洪涝档案史料》,中华书局1988年版,第925页。

⑤ 王秀文修,张庭馥纂:《许昌县志》卷十九,民国十二年印本。

⑥ 阮藩侪修,宋立梧、杨培熙纂:《孟县志》卷十,民国二十二年刊本。

继,极目赤地,往往行数里不见一人”①。林县、安阳等地出现的情况与上述基本相同。仅仅两年内,全省人口数量就减少了182.9万人之多。② 旱灾导致庄稼减产甚至绝收,人们无以为食,造成的严重后果正如李棠阶于1847年所说的那样:“连年荒旱,累次捐输,商贾不行,殷实者皆空虚。”③

自然灾害发生时,首当其冲的就是农业,加之其时小农自然经济抗灾能力较弱,农业的再生产能力受到严重破坏,导致物价上涨,进而引发商业、手工业等连锁反应。自然灾害破坏生产力的发展,导致人口锐减,财产受损,经济发展缓慢,社会危机不断出现,如项城就出现了数千饥民起事的状况,④其他社会事件亦是层出不穷。这些情况的发生,严重影响各项社会事业的正常发展,其中也包括对书院造成的不利影响,从而加速书院的进一步衰落,如汜水县三山书院就出现了“经济不给,旋作旋辍”⑤的现象。

二是自然灾害对书院发展造成的直接损失。清代书院数量庞大,而因灾受损数量也远超前代,有研究者称“毁于水灾者八所”⑥,但实际上毁于水灾者远不止此,加之因其他自然灾害直接受损甚至废毁的书院也不在少数。如大梁书院曾没于水;巩县的东周书院,原址位于旧城东街南隅,后来为了避水患而移置至县考院之左;⑦郑县的东里书院,由于“地甚洼下,当夏月积潦,四面皆水,不无浸卤之患,虽不时修葺,旋修旋圮”⑧;长垣县县境频遭水患,导致书院经费短缺,书院所收之资尚不足以抵销修缮书院之费用,遑论书院扩大规模。⑨

总之,清末河南自然灾害连绵不绝,导致出现“各州县以连年荒歉、政繁财绌”⑩的情况,对社会的正常运作产生了较大的不利影响。清廷及地方官常忙于救荒及社会维稳,对文化教育有心无力。自然灾害对书院造成的不利影响主要

---

① 〔清〕黄璟修,李作霖、乔景濂纂:《续浚县志》卷五,清光绪十二年刊本。

② 严中平:《中国近代经济史统计资料选辑》,科学出版社1955年版,第371页。

③ 〔清〕李棠阶:《李文清公日记》,穆易点校,岳麓书社2010年版,第623页。

④ 王天奖等编著:《河南近代大事记》,河南人民出版社1990年版,第99页。

⑤ 〔清〕赵五星:《龙山书院记》,〔民国〕田金祺修,张登云纂:《重修汜水县志》卷十《艺文下》,民国十七年铅印本。

⑥ 陈元晖等编著:《中国古代的书院制度》,上海教育出版社1981年版,第97页。

⑦ 杨保东修,刘莲青纂:《巩县志》卷六,民国二十六年刊本。

⑧ 周秉彝修,刘瑞璘纂:《郑县志》卷十六,民国二十三年重印本。

⑨ 〔清〕观祜等修,齐联芳等纂:《增续长垣县志》(卷下),清同治十二年刊本。

⑩ 贾毓鹗修,王凤翔纂:《洛宁县志》卷三,民国六年铅印本。

有学田歉收、经费困难、发展政策的变化以及自身物质条件的恶化等。

（三）社会因素

近代以来，中国局势动荡，外有步步紧逼的西方列强入侵，内有此起彼伏的农民起义以及匪患等，河南情形亦是如此。对河南各级书院影响最大的是太平军起义、捻军起义以及由此产生的社会后遗症，而这些影响往往又是交织缠绕在一起的。

1851 年，轰轰烈烈的太平军起义在广西境内爆发，起义军迅速壮大，于 1853 年定都天京，由此进入了军事全盛时期。太平军起义对河南的影响，主要集中于北伐和西北远征这两次战争。

1853 年 5 月 8 日，太平军组成了由林凤祥、李开芳等率领的约一万余人的北伐军，自扬州出发，径直指向清廷都城北京。6 月 12 日，太平军进入处于“南北关键”位置的河南境内，13 日抵达归德（今商丘）城外，驻守归德的知府陈介眉等官员望风而逃，太平军共击毙清军 3000 余人，在归德人民的引导下从南、北、西三个方向攻入城内。太平军进入城内后，树起反孔孟及儒家经书的大旗，孔庙受到猛烈的扫荡，归德府学、书院、社学等教育机构中的孔子牌位被无情地焚烧与摧毁。他们认为孔子和皇帝一样都属于被推翻的对象，斥责儒家经书为“妖书”，宣扬“推勘妖魔作怪之由，总追究孔丘教人之书多错”[①]，凡涉及孔孟诸子的书籍一律不准私藏、买卖及阅读，违反者要“问罪”。太平军极力否定封建传统教育，一个突出的事例就是太平天国的考试试题。试题与科举考试的命题在内容与作答方式等方面均有极大的不同，带有浓厚的宗教色彩。[②] 占领归德之后，太平军以摧枯拉朽之势，接连攻克宁陵、睢州、杞县、中牟、巩县、温县、密县、新郑、长葛、临颍、郾城、西平、遂平等数十城。7 月，太平军围攻怀庆（今沁阳），清政府调派直隶总督为钦差大臣，调集约二万军队与太平军展开殊死搏斗。经过两个月的激烈争夺，北伐军最终撤围，转入山西，复经河南转战直隶。由于北伐军孤军直入，后续援军迟迟未到，加之没有主动联系和发动群众，1855 年李开芳被清军俘获，北伐最终失败。为扭转太平天国所处的不利形势，1862

① 姜秉正：《洪仁玕年谱长编》，上海三联书店 2015 年版，第 33 页。

② 中国史学会：《太平天国》（六），上海人民出版社 1957 年版，第 462 页。

年,英王陈玉成派遣扶王陈得才、遵王赖文光、启王梁成富等组成西北远征军再次北上,2 月进入河南,迅速攻克新蔡、确山、镇平、内乡、卢氏、宜阳、阌乡、南阳、邓州等地。远征军每到一地,采取的举措与北伐军大同小异,焚毁官学、书院、社学中至圣先师孔子牌位,粉碎传统"三纲五常"的精神桎梏。同时,远征军还积极向群众宣传《天朝田亩制度》以及太平天国的其他主张,激发民众的反清斗志。西北远征军一直持续到 1864 年 11 月,其间曾五进五出河南,攻占许多县境,杀死地方官吏,影响很大。

太平军在河南境内发动的战争加剧了社会动荡,阻碍了书院等传统教育机构的正常发展。据统计,河南被太平军攻占的县以上城池有 36 个,约占当时河南全省府、州、县城的三分之一。[①] 太平军在战争中极大地冲击了清朝统治秩序,一些地方官吏被杀害,如 1853 年 6 月 13 日,商丘知县钱文伟在太平军攻占归德时被杀;1862 年 6 月 1 日,阌乡知县王其昌在西北远征军攻占阌乡时被杀等。太平军还焚毁监狱和县衙,如永城"监狱旧在县治内,咸丰四年,粤匪毁"[②]等。连年战争使得社会风气日益败坏,如叶县出现"浸假而礼让衰,讼狱繁,醇者日漓,朴者日侈"[③]的状况。

太平天国初兴之时,河南境内各种力量伺机而动,"咸丰之初,粤匪之乱,皖匪与土匪蜂起"[④]。太平军进入河南后,民众更是迸发出了极大的反清热情,其中规模最大、影响最深的当数捻军起义。河南境内的捻军起义包括安徽捻军和河南土捻两部分。捻军起义前后持续十数年(1853 ~ 1868),战争波及安徽、河南等八省,参与人数高达几十万人。其活动中心主要集中于河南东部和安徽北部,而河南又是捻军流动作战的必经之地。捻军在河南境内活动频繁,如张洛行等分股屡至许昌境内[⑤],咸丰帝亦称"河南捻匪横行"。捻军在河南主要是"打粮",夺取生活物品,严重破坏当地正常社会秩序,如 1853 年,捻军攻打归德

① 顾健娣:《太平天国运动对河南社会的冲击》,《上海师范大学学报(社会科学版)》2001 年第 6 期。

② 〔清〕岳廷楷修,吕永辉纂:《永城县志》卷五,清光绪刻本。

③ 〔清〕欧阳霖修,仓景恬纂:《叶县志》卷一,清同治十年刊本。

④ 王秀文修,张庭馥纂:《许昌县志》卷十九,民国十二年石印本。

⑤ 王秀文修,张庭馥纂:《许昌县志》卷五,民国十二年石印本。

马牧集,“所掠妇女、轻重车辆、马匹,络绎两百余里”①。此外,捻军还和太平军趋向联合,太平军在河南境内运动的时候吸纳了不少“新兄弟”,这其中有许多都是捻军战士。咸丰四年(1854),河南巡抚英桂在奏折中就使用了“长发贼”“短发贼”的称呼,可见二者有联合的事实,而正式联合则是以 1857 年的固始战役、正阳关战役等为标志。② 此后,他们在河南取得了一系列的胜利,所攻陷之处,“烧掳一空,疮痍满目”。

太平军与捻军在河南进行的一系列战争严重影响了各地书院的正常发展,主要表现在:一是战争直接摧毁书院,导致书院衰颓。如:灵宝桃林书院,“自粤匪捻逆蹂躏后,书院久废”③;禹县丹山书院,“咸丰军兴,书院恒充往来军帅馆舍,弦诵遂辍”④;夏邑崇正书院,“咸丰中毁于兵燹”⑤;宁陵“自粤匪煽乱之后,民难安堵,各处书院类皆毁于兵燹,继虽遵奉部文亟为修复,而废坠者正非鲜”⑥;睢州洛学书院,咸丰年间“粤贼焚州署,乃借书院为署,诸生肄业失所”⑦。二是战争中兵差频繁,费用浩大,书院经费被大量挪用,导致书院衰颓。如:灵宝宏农书院,“同治初粤逆扰窜,是邦当西路冲,一时供支筹御需用浩繁,竟将前项生息本银提用,弗克归,三事坐废,士气滋不振,即中乡试者亦数科无人焉”⑧;修武宁城书院,“兵燹数载,防堵缺资,有因差务而借用者,有因城工而支取者,始暂挪移,继难弥补”⑨;郑县东里书院,“粤匪窜扰之后,兵差络绎,赀费荡然,朝夕诘戎,未遑文事”⑩。三是战争破坏书院发展的政治生态环境。鸦片战争后,国内政治生态发生剧变,战争连绵,兵差络绎不绝,社会不稳定因素骤增。如:灵宝“粤皖各逆,东西窜突,蹂躏乡井,逼近城垣,加以兵差络绎如织”⑪;项

① 尹耕云等:《豫军纪略》,见中国史学会主编:《捻军》(第二册),神州国光社 1953 年版,第 301 页。

② 韩学儒:《捻军的活动对太平天国有利还是有害》,《江淮学刊》1963 年第 2 期。

③ 〔清〕周淦修,高锦荣纂:《灵宝县志》卷三,清光绪二年刊本。

④ 车云修,王棽林纂:《禹县志》卷八,民国二十年刊本。

⑤ 韩世勋修,黎德芬纂:《夏邑县志》卷二,民国九年石印本。

⑥ 孟广赞纂:《宁陵县志》卷十一,民国三十年铅印本。

⑦ 〔清〕王枚修,徐绍廉纂:《续修睢州志》卷九,清光绪十八年刻本。

⑧ 〔清〕周淦修,高锦荣纂:《灵宝县志》卷三,清光绪二年刊本。

⑨ 萧国桢修,焦封桐纂:《修武县志》卷十三,民国二十年铅印本。

⑩ 周秉彝修,刘瑞璘纂:《郑县志》卷十六,民国二十三年重印本。

⑪ 〔清〕周淦修,高锦荣纂:《灵宝县志》卷七,清光绪二年刊本。

城“咸同间,土匪扰乱,地尽荒芜”[①];封丘县的书院经费常常被地方官借端提用,而本地绅士凡遇修成团练等事紧急要需,唯恐官长派捐,一时难于筹措[②]。四是战争破坏书院发展的文化生态,“中原兵兴,乡氓转徙,或有学而无师,或有师而无教”[③]。各级官吏竭力维护统治秩序,其间耗费大量的人力和财力,文化教育事业被搁置,书院发展的文化生态遭到严重破坏,从而导致书院走向衰颓。如:太平军宣传“敢将孔、孟横称妖,经史文章尽日烧”[④],打击封建教育;永城“咸同烽火频惊,版籍化为乌有”[⑤];光绪年间,郾城境内“不闻有弦诵声”。虽不免有言过其实之处,但战争对教育的破坏作用是肯定的。光绪十四年(1888),卢氏县令韩炬在下乡查访民情中得知,咸丰、同治以来,由于太平军、捻军兵乱,百姓疾苦,读书之声几乎绝迹,于是,他决定邀集乡绅在莘原书院原址上重修经正书院。[⑥]

战争对书院的影响可以从另一个侧面凸显出来,即清政府为了恢复秩序、笼络人心采取的两方面措施:一是把“逆匪”的田产划拨给书院,以扩充书院田产。如永城太丘书院,同治八年(1869)“充入匪首赵浩然逆产地一顷九十八亩,坐落城北赵庄埠”,“又充入匪首赵有志逆产地六十七亩,坐落浍河南赵楼”[⑦]。项城莲溪书院,同治二年(1863)“入城西北范集牌尚店逆匪赵凤冈等地,共一顷三十亩零五分四厘六毫五丝四忽”,“赵凤冈宅基地一处,计七分八厘一毫二丝五忽”;光绪五年(1879)“入城南商家林牌张庄李店牌小朱庄黄集牌苏阁新兴集牌小胡坡郭庄南张庄教匪地,共四顷二十五亩一分二厘二毫六丝八忽”[⑧]。二是修复书院,恢复正常儒学教育。同治二年(1863),清廷针对战争中侵吞书院公产的情况,下诏要求各省“作速清理其有原存经费”,支持书院的复兴。这一时期修复的书院有:咸丰六年(1856)知县王联陛修复叶县昆阳书院,咸丰八年

---

① 张镇芳修,施景舜纂:《项城县志》卷三,民国三年石印本。

② 姚家望修,黄荫楠纂:《封丘县续志》卷二十,民国二十六年铅印本。

③ 〔清〕欧阳霖修,仓景恬纂:《叶县志》卷二上,清同治十年刊本。

④ 《山曲寄人题壁·禁孔孟书》,《太平天国史料丛编简辑》(第六册),中华书局1963年版,第386页。

⑤ 〔清〕岳廷楷修,吕永辉纂:《永城县志》,重修志序,清光绪刻本。

⑥ 〔清〕郭光澍修,李旭春纂:《卢氏县志》,清光绪十八年刊本。

⑦ 〔清〕岳廷楷修,吕永辉纂:《永城县志》卷六,清光绪刻本。

⑧ 张镇芳修,施景舜纂:《项城县志》,《淮阳文征·外集》,民国三年石印本。

(1858)知州刘庆恩修复邓县春风书院，同治五年(1866)知州宫国勋修复禹县丹书书院，同治八年(1869)署知县吴若烺修复中牟县景恭书院等。

(四)自身因素

如果说前述政治因素、自然因素和社会因素对书院日趋衰颓的影响是“外缘因素”，那么书院自身弊病的影响则是书院走向衰落的“内在理路”。

雍正后期，清廷对全国各地创办书院的态度发生重大转变，由先前的“不许别建”到后来的积极鼓励，书院进入到空前未有的普及化发展阶段，各省省会及各府、州、县陆续建立书院，书院数量大大超过前代，河南“郡县城会之地，各建书院，延明师主讲席，罗英俊之士读书其中，立为规条以定其志，给之膏火以赡其身”[①]。在这为数众多的书院中，虽不乏名师硕儒讲习其中，但由于其时已处于封建社会的末期，教育制度日益走向腐朽，书院教育也不例外。迨至晚清时期，书院制度已经到了弊端丛生、积重难返的地步。

清代统治者在大力鼓励书院发展的同时，也加大了对书院的控制力度。书院逐步变成仅是“广学校之不足”的官学附庸，书院主持者和主讲人多不再讲学修德，而只是应付科举考试；读书士子也多迷恋于八股试帖，领取每月膏火。时人衡量与评价书院成败得失也多以登科人数多寡为标准，书院讲学的积极性与主动性大为降低，学风日渐急功近利。书院教学与时代需求相比越来越显得格格不入。

道光末年时，河南情势犹如“人病不仁，耳目手足犹是，而五仓内空，气血不流”[②]，整体状况极其糟糕。河南各级书院与当时全国大部分书院一样逐渐走向衰落，官学化趋势空前加强，而官学化导致的一个严重后果就是“学习内容的僵化和学术空气的淡薄”[③]，书院在教育内容和方法上空洞而无生气，众多院生们关注的也仅是科举考试，而非国家实用之识，变得保守与反动。书院自身弊病进一步把书院推向衰落的泥淖之中，主要表现在以下几个方面：

---

① 周秉彝修，刘瑞璘纂：《郑县志》卷十六，民国二十三年重印本。

② 〔清〕蒋湘南：《七经楼文钞》卷四，清道光二十七年刊本。

③ 章柳泉：《中国书院史话——宋元明清书院的演变及其内容》，教育科学出版社1981年版，第28页。

1. 书院创建或修复的主体以官吏为主

清代书院在创建或修复的过程中,官民两种力量所起的作用大体上遵循明代已经出现的格局,民力下降,官方则上升为书院建设的主要推动力。关于清代书院创建或修复的主要人物,曹松叶先生统计得出的结果是:清代书院,为官力最盛的时期,民力已在无足轻重的地位了。而邓洪波先生统计之后得出结论说:最激进的表述,也只能说是民力地位下降,官力超过民力成为影响清代书院的主要力量。[①] 无论这两种说法哪个更接近历史真实,他们都显示出这样一个不争的事实:在清代,官力超过民力成为书院建设的主要力量。虽然清代建立了民间捐输制度,对引导民间力量参与书院发展起到了积极作用,但当我们深入探赜其中的运作机制时就会发现,这些捐输活动却是官本位为中心的社会文化效应的集中体现。[②]

清代书院创建或修复的主体以地方官吏为主,主要是因为他们中的大多数都是通过科举竞争走向仕途的,自然十分关注书院的发展,而且出仕为官的过程中也为他们创建或修复书院积累了一定的物质基础。同时由于清代"儒学浸衰,教官不举其职,所赖以造士者,独在书院。其裨益育才,非浅鲜也"[③]。书院这个特点是地方官吏所倚重的。

清代河南创建或修复书院的力量亦是以官力为主,主体以官吏为主。如濮州的丹陵书院荒废已久,光绪十六年(1890)时,知州彭锡瑞慷慨捐赠常年陋规三百金,同时提倡州内人士捐款,议定重建,但未及开工而卸任。至光绪二十年(1894)知州与绅董修大厅等,次年续修后厅等,次第落成,遂名曰丹陵书院;浚县韫山书院在城内浮丘山,光绪十年(1884)知县黄璟重修;浚县黎南书院,在道口镇三官庙街路北,光绪八年(1882)知县黄璟创建;南阳县崇正书院,在县治东北,常平仓右,知县任恺实主之,这是县书院之始,恺又置田及宅岁租钱三十万为师生资,不足则取之县。[④] 希贤书院,在县城东门内,知县朱凤森移建南街路西,后来知县王步鳌增建号舍,咸丰十年(1860)知县李德坊重修,增置石桌石凳,光绪元年(1875)署知县欧阳霖筹款三千缗生息为山长脩金,光绪十一年

① 邓洪波:《中国书院史》(增订版),武汉大学出版社 2012 年版,第 459~460 页。

② 雷菁:《论清代书院官学化的消极作用》,《湖南社会科学》2015 年第 6 期。

③ 赵尔巽等撰:《清史稿》卷一百六十《选举一》,中华书局 1977 年版,第 3119 页。

④ 〔清〕潘守廉修,张嘉谋纂:《南阳县志》卷六,清道光三十年刊本。

(1885)知县黄璟复增号舍、石桌凳;商水静远书院,光绪初年胡朝彦、胡体纲、刘冠军、杨洁心等创建,旧在周家口南寨东南隅文昌宫,光绪二十年(1894)知县孙多祺移建新街西路;文富书院,在城内文昌宫,光绪十年(1884)贡生王聚典、廪生史书楷等创设;考城县梦笔书院,相传与县治同时创建,惜无可考,同治七年(1868)知县事李璋重修,改名为生花书院,光绪十八年(1892)知县事郭藻改名为江花书院;新乡东湖书院,咸丰元年(1851)由知县陈桂龄创立;还有正谊书院、河阳书院、葵丘书院、棠荫书院、同山书院、荆山书院、广韶书院、三门书院、景恭书院等也是如此。

地方官吏对书院发展起作用比较有代表性的是在光绪十九年(1893)创建的开封明道书院,河南学政邵松年在二程书院旧址的基础上建讲堂3座,斋屋200余间,名曰“明道书院”,调取优秀士子肄业其中。书院由学政主持,院生的考试归学政核查,院长的延请亦是由学政决定。《明道书院钞存》对此有明确记载:“天下之治理恃人才,人才之盛衰视学术,近今学术多歧,人才难得,庠序聪颖之士,读书佔毕之儒,大半趋于功利”,特请增建明道书院,“至诗文考课仍归大梁书院,肄业诸生则当令讲求性理、经史、时务之学,由臣颁给课程,按季考核”。“抑臣更有请者,陕西关中书院督抚主之,宏道书院学政主之,臣拟仿其例,请将明道书院由学政主持,凡肄业诸生,均由学政访察调取,功课统归学政考核,即聘请院长亦由学政访求经明行修之儒秉公延订,不得瞻徇情面,亦不得崇尚虚文,敷衍塞责。”①

2. 书院经费筹集上官方是主要来源

在书院经费方面,清廷规定:“各省书院公费,各有恩赏银,委员经理。或置产收租,或筹备赏借,以充膏火。不敷,在存公项下拨补,每年造册报销。”这样,官方就从经济根源方面控制了书院,而至于各府、州、县的书院,清廷也绝不允许其放任自流,清政府规定:“其余各府、州、县书院,或绅士出资创立,或地方官拨公款经理,俱申报该管官查核。”②这就决定了各级书院的经费筹集以官方为主,同时,书院经费的开支也要接受官方的严格管理。

---

① 〔清〕黄曙轩:《明道书院钞存》,清光绪间刊本。

② 〔清〕昆冈等纂:《钦定大清会典事例》,卷三九五《礼部》。

“经费为教育之命脉，教育之隆替，视经费之盈绌。”①如淮阳弦歌书院，咸丰二年(1852)，知县戴成文动用旧日民捐钱三千串，书院遂废；咸丰十年(1860)，举人万更新赴省控追，后知府刘拱宸倡捐二百串，知县李澍捐三百串，邑绅捐一千串，书院才逐渐兴盛。无论是省、道辖书院，抑或是各郡县书院，都十分重视经费的筹集，在这一过程中，官方都扮演着重要角色。省、府、州、县所在地的官办书院，由政府出资供其膏火，保证书院正常运作。尤其是省会书院的建立，将传统书院变成了“朝廷出资、地方官负责管理的准官方教育机构”②，书院的经费被官方控制，被强制纳入了官方的政治统治圈之中，其走向衰落也是自然之事。

省辖书院中大梁书院作为省会书院，政府拨款支持其发展自不待言。明道书院作为省辖书院的另一个代表，其情况也大致如此。明道书院归开封府兼管所有，奏明每年由大梁书院节省饭项银下，拨给经费银六百两，即由开封府按季向粮道署支领。每年摊解经费共一千三百两，均按季解交开封府以备支用，年底未解到，由开封府负责催促。同时，明道书院在《明道书院续章程》中明确规定了不同级别官吏的捐款数目，如：大学士、尚书每任捐银一千两，总宪、侍郎每任捐银五百两，卿寺、御史、给事中每任捐银二百两，翰林、郎中、员外主事每任捐银一百两。督抚每任捐银一千两，学政每任捐银五百两，藩司捐银八百两，臬道捐银四百两，知府、直隶州捐银三百两，知州、知县捐银二百两，教职捐银四十两。官员到任后需在六个月内把捐银送至书院，如若逾期不送，由提调专差取走。这就保证了书院经费具有极大的稳定性。创修明道书院捐款名单中，捐款来源亦是以官吏为主，如学台邵伯英宗师捐银一千两，抚台裕泽生中丞捐银一百两等。

道辖书院中豫南书院和河朔书院在经费筹集上也是以官方为主。豫南书院在南汝光道朱寿镛的极力支持下得以创建，《捐集豫南书院经费题名》中官吏占据绝大多数，如南汝光道朱寿镛捐银五千两，南阳府知府濮文暹捐银一百两，汝宁府知府李德洞捐银五十两，淅川厅抚民同知陈履忠捐银五十两等。河朔书院在创建过程中，河北道刘体重积极倡捐、率先垂范，捐款一千二百千文，同时

---

① 周镇西修，刘盼遂纂：《太康县志》卷四，民国二十二年铅印本。

② 李国钧、王炳照：《中国教育制度通史》(第5卷)，山东教育出版社1999年版，第205页。

邀集同僚捐款,共募得款项一万三千四百八十二千文;为了书院的可持续发展,刘体重发布《创建河朔书院劝捐启》,鼓励世人捐款助学,其后彰德府、卫辉府、怀庆府等相继发布《彰德府劝捐启》《卫辉府劝捐启》以及《怀庆府劝捐启》以为响应,以此而号召绅民慷慨解囊。到道光十七年(1837),河朔书院共筹集银二万四千七百二十三点五二六两,存当生息,其中河北道所属各级官员共捐银二万四千三百九十五点零五六两,占共筹集银两的98.7%,绅民捐银三百二十八点四七两,占总筹集银两的1.3%。可见,官员成为河朔书院经费来源的绝对主体。

各地方官吏作为各郡县书院的创建或修复主体,书院经费的主要来源自然也来自他们,他们或直接捐款,或率先倡导劝捐,或公款资助,或拨给学田,或断罚款项归书院等。如欧阳书院,道光三十年(1850),知县徐士琦倡捐银八百两,同时又劝城乡绅商共捐钱八千缗,发当生息以为书院经费。咸丰元年(1851)四月,知县徐士琦率同绅民捐添欧阳书院经费钱文发当生息,并拟定条规详请立案。林县黄华书院,久负盛名,但是由于书院并无稳定的经费来源,不能延师招生。县令右文者,间或捐俸课士,然课或旋举旋罢,书院亦旋修旋圮,未能有较大发展。长垣寡过书院,建自康熙年间,道光二十五年(1845),知县焦家麟增加号板坐凳,次年知县王兰广捐修书院门口桥梁、道路,并添膏火。同治元年(1862),知县易焕书劝捐大钱一千五百千发当生息,增加经古课和膏火。同治三年(1864)又劝捐大钱七百千发当生息,又有前存生息项一千千,着令户房存放出息,俱加增书院月课膏火。同治四年(1865),知县王兰广一律补葺生童号板坐位。同治十年(1871),知县陈金式奉上宪指令整理书院,劝捐修补书院讲堂、斋房、书斋、大门等处。[①] 郾城景文书院,光绪六年(1880)知县曹星焕,定议自次年起,由车马案提拨籍书,每年津贴驿站公费银三百三十四两内提出二百两作为书院经费。光绪二十五年(1899),知县周云车马改定章程案禀准,每亩完钱三十文内提书院经费一文,每年约得钱八百千作为生童膏火之用。游梁书院,知县张淑载又拨给河滩地亩五顷以供公费。永城太丘书院,光绪十九年(1893),"又断罚监生刘继贤捐地八亩"[②]归书院,用作书院常年经费开支。

---

① 〔清〕观祜等修,齐联芳等纂:《增续长垣县志》(卷上),清同治十二年刊本。

② 〔清〕岳廷楷修,吕永辉纂:《永城县志》卷六,清光绪刻本。

3. 书院山长选择以官选为主

书院山长,即所谓"掌书院讲习者谓之山长","山长亦称院长","亦称山主"。"近时山长有以本学教官兼管者,亦自古有之"①。山长本应是由才、学、识俱备之人充任,以保障书院正常运作。至清末之时,书院"所请之长,乡大夫之耄而无学,并经史之名不能悉数"②,山长所选非人,使书院偏离了正常轨道,与传统教育旨趣越来越远。

嘉道时期,清廷屡下谕旨,不断强调山长需是科第出身的原则,这种官学化的政策改变了传统书院山长的一般推举方法,官方意愿成为决定山长去留的关键性因素,从深层次上为书院成为官学附庸扫除了障碍,书院学风渐衰也与此有着密切的内在关联。熊希龄在光绪二十四年(1898)曾一针见血地指出各地书院山长五个方面的弊端,即一是论资格,二是分畛域,三是山长不住院,四是山长不敦品,五是山长由私荐。③ 当然,熊希龄所言及的积弊绝非仅限于湖南一地,而是具有相当的普遍性,诚如陈宝箴所言的"此实书院通弊"。书院山长在书院教育中热衷于教授的不过是"科举文章","而罕有反而求之于实学者"④,书院教育中的腐朽性因子陡增。

河南书院延聘山长的过程中也多存在上述弊端。书院山长由官选,如西华县的衍畴书院,创于何时无可考,清初吴溶重修该书院,由县令聘任教师一名,名曰山长。开封明道书院由学政主持,院长听学政访请经明行修之儒,每年九月关定,并规定"或将来经费充足可以延聘院长,均由臣移文新任学臣随时酌议办理",曾任明道书院山长的黄曙轩就是湖南湘潭的举人出身。书院的其他管理人员也多由官选,且又有功名在身。如信阳豫南书院在《豫南书院章程十条》中规定书院监院官1人,由信阳州学正、训导按年轮流充任;斋长4人,于住院本州举贡生监中选取品行端方者充任。在一些规模较小的书院,山长多由当地的知名士绅担任,但优先考虑的要素仍是此人是否有功名。

书院管理者,尤其是山长由官方选择,其间极易出现名不副实的问题,如林县书院自扩张以来,出现了山长"不尽称职"的现象。清廷为解决这一问题,命

① 〔清〕梁章钜:《退庵随笔》卷六,清道光十九年刊本。

② 〔清〕黄以周:《儆季杂著七种》,《史说略》卷四,清光绪年间刊本。

③ 林增平、周秋光编:《熊希龄集》(上册),湖南人民出版社1985年版,第47~48页。

④ 璩鑫圭编:《鸦片战争时期教育》,上海教育出版社2007年版,第306页。

地方官绅自行延访品学兼优之人。河南部分书院采取了相应措施,如豫南书院规定山长必须住院;大梁书院山长的确定也是“由督抚学臣不分本省邻省已仕、未仕、择经明行修足为多士模范者,以礼聘请”;滑县规定本地书院“每年延请山长由地方绅士公举学品兼优、人地相宜者”。[①] 但这些规定并未发挥预想中的功效,在社会上也未引起连锁反应,主要是因为:这些规定流于书面,并未认真实地执行,或执行过程中大打折扣;制定类似规定的书院可谓凤毛麟角,与传统书院数量相比犹如沧海一粟,很难起到大的效用;随着社会危机的不断上升,书院制定的各项制度相继遭到破坏,书院发展也进入到了衰落期。

随着社会腐败的不断加剧,书院延请的山长大多是有名无实,不能起到“以资表率”的作用,很难担负书院发展之大任。如河南著名的嵩阳书院,自耿介之后,其继任山长无论是社会知名度,抑或是学术造诣方面都相去甚远,与之前书院教育繁荣的局面相比,此时显得十分萧条。又如大梁书院经过钱仪吉的教育改革,在社会上影响力显著提升,但封建顽固势力极力阻止相关的革新举措,钱仪吉被迫辞去书院院长之职,其后继者多是旧派儒士,大梁书院的声誉迅速下降。嵩阳书院、大梁书院尚且如此,遑论其他数量众多的乡里书院了。

山长承担着书院发展的大任,“有整饬士习培植人才之责”,对书院学风、院生管理都有直接且较大的影响,清廷加强对书院山长的选拔、聘用及控制,就等于是直接控制了书院的发展方向,对书院产生了巨大的消极影响,这也加速了书院的衰落。

4. 书院加强对院生的控制

书院对院生的管理,从入院选拔、膏火发放、课程考核到肄业管理等方面都极其严格,使其在政府规定的范围内活动,不断加强在思想、行动等方面的控制。

院生入院。书院教育非普及性教育,院生入院必须经过严格甄选,书院通常均会有相关的明文规定。如道光十七年(1837),河北道刘体重在木栾店东南边创立河朔书院,以“聚三郡秀士肄业其中”为己任;朱寿镛于信阳创办的豫南书院,主要是遴选南阳府、汝宁府、光州、信阳州、邓州、裕州等豫南各府州县儒学生员肄业其中;明道书院规定“凡肄业举贡生员,均由学政采访学行,酌量调

---

① 马子宽修,王蒲园纂:《重修滑县志》卷十,民国二十一年铅印本。

取，宁缺毋滥，功课颁给册子，归学政按参考核”。院生经过选拔录取进入书院学习，书院根据成绩将院生分为正课、副课、随课等类别（不同的书院会依据实际需要增减类别，但总体是大同小异）。此外，官府一般也会参与其中，掌控书院院生的录取，以此加强对书院的监督。如彝山书院规定书院甄别、取定肄业生童名数，由监院造具清册，每月官、斋各课，挨顺等第名次抄写，某课续报，注明月日，添写于后，逢官课前一日，监院即将此册呈送轮课衙门查看。

院生膏火发放。书院发放膏火主要是为了保障院生的日常起居，不被生活所累，安心学习。膏火发放的标准主要是根据考课成绩的好坏。如彝山书院道光二十二年（1842）《彝山书院重定章程》中规定：书院膏火，每年定正课四十名，每名一两；副课六十名，每名四钱。住斋仅限于外州县诸生，至多三十名，每名给薪水银四钱。[①] 豫南书院规定书院住院肄业生额以60人为限，由南、汝、光3郡考列一等生员选送肄业，其中正课20人，副课20人，随课20人。每月初二首课诗文，拔取超等20人为正课，特等20人为副课，一等20人为随课，每月都有升降；若3次首课不应即黜名，倘若抄袭雷同，亦即斥黜；十二课经史、词章、算数、杂学，不拘名次，考居前列者有奖；廿二山长师课，亦不分等次，优者有奖，无故不应师课，即扣除本月应得膏火的一半。院生为了竞争有限的膏火不惜相互攻讦，甚至出现考课舞弊现象，书院学风日愈败坏。

院生课程考核。课程考核是书院教育的重要组成部分，加之考课式书院在清代书院总数中占据较大比例，故考课一直是各书院管理中的重中之重。清代书院的考课一般分为官课、师课等，各书院大同小异，考课形式的名称会有所不同，种类也会有所增减。官课，顾名思义是由官员主持考课，如省会书院是总督、巡抚、学政或布政使、按察使等轮流考课；府、州、县书院由知府、知州、知县或训导主持考课。大课、堂课一般是由官员亲自出题、阅卷，然后评卷。师课一般是按照官课形式，考试内容较官课多。无论官课，还是师课，抑或是其他形式的考试，都有固定的时间，成绩好坏一般与院生膏火的多少直接相关联。如明道书院，教学以考课为主，课程考试按月、季进行，考试的主要内容是性理、经史、时务之学。彝山书院有府课、县课、斋课等形式的考试，并规定每月初二日府课，十六日县课，初九日、二十四日斋课，四课中三课一文一诗，一课出赋论古

① 邓洪波编著：《中国书院章程》，湖南大学出版社2000年版，第165页。

今体诗题目。每年请学院课一次。官、斋课不到者，扣膏火。每月膏火按四次均分，一次不到，扣四分之一；两次不到者，扣一半；一连三次不到者，正课降副课，副课降随课，所扣膏火留作写经奖励。陉山书院规定每月初八、二十进行月课考试，腊月初二进行大课考试，成绩优异者会给予奖励。官方力量通过考课直接渗透到书院的管理之中，直接参与书院教学。

院生日常行为。清朝对书院的政策经历了从抑制到鼓励的过程，其主要用意是在因应“遗民”问题。后来，清廷大力支持书院发展就是为了发挥其“底定人心”、“补学校之不足”、化“遗民”为“臣民”的教化作用，使广大院生埋首读书，与清廷相靠拢，从而维护封建统治。明道书院对院生规定：“肄业诸生，不准谈论时事，讪谤官长，所作文字不得妄议时政。至于心切忧时，讲求经济实学，自是吾儒职分内事。所当砥柱中流，挽回世运，为宇宙长留元气，为苍生长延福命，为中国读书人大吐一口气，大程子兴起斯文，范希文担当天下，窃于诸生有厚望焉。”①

5. 书院总体趋向科举化

清代书院官学化趋势不断强化，达到了空前的程度，并取代官学成为培养国家所需人才的主要教育机构，而科举制度则是其时社会知识分子进入仕途极其重要的一条途径，书院自然不能脱离科举制度之外而独立存在，换句话说就是，书院发展几乎与科举的变迁保持同步，“科举制度是书院发展的政治基础”。② 因此，全国绝大多数书院在教育目的、教育内容、教育课程，甚至在书院学规、章程等方面也处处以科举为指向。

河南是受清廷政策影响较深的地区之一，书院与全国绝大多数书院一样，均是以科举为“指挥棒”，在具体功能上主要是科举的“预备机关”，这也是传统书院在科举盛行的时代存在的合法性的主要依据，出现“书院亦即学校之遗，但行之而弊，不求其本，而专务其末，只习八股试律小楷以为取爵禄之具”③的局面，与前人建设书院的初衷——以待四方友士，相与讲学，非止为科举计相背离。

① 〔清〕黄曙轩：《明道书院钞存》，清光绪间刊本。

② 胡青：《书院的社会功能及文化特色》，湖北教育出版社1996年版，第50页。

③ 史延寿修，王士杰纂：《续武陟县志》卷十四，民国二十年刊本。

创建或修复书院以科举为目标。清廷“以科举为抡才大典”,不断强化科举的选举取仕功能。各级地方官吏为迎合这一现实,或自己捐资,或自己提倡,纷纷在所辖地域创建或修复书院,使其成为科举人才诞生的地方,清代社会中常常会出现“一门科第,为邑美谈”的佳话,科举教育为人们所认可。就连书院发展的超高速时期同光时期,书院出现的一个突出特征仍旧是培养科举出仕人才,“庶举业不致久废”,从而达到维护政治稳定的目的。河南境内建修的书院如《乐昌书院碑记》所记载的一般,“通省郡邑建修书院,仰体朝廷作人之至意”,最终达到“从此科第连绵,日新月盛矣”[①]的社会效果。项城莲溪书院,在道光二十六年(1846)时阖邑绅董劝捐重修,同治八年(1869)邑侯李慰乔暨阖邑绅董扩建,从此文人蔚起,科甲连绵不绝。项城虹阳书院,在同治年间重建之后,“自是而项人文蔚起,科甲连年不绝”。鹿邑鸣鹿书院,旧在升仙台前,道光年间知县梅茂南改建于芙蓉街,久而颓敝。光绪二年(1876),知县张书绅重修并拓基建号舍,为岁科试儒童战艺之所,因易名为试院,而移鸣鹿书院匾于崇广堂后。[②] 彝山书院是开封知府栗毓美为解决大梁书院出现的“课既不便,人亦难容”问题而修建的,其主要目的是“专为童子月课之地”,后书院被洪水损毁,道光二十二年(1842)在原址基础上进一步扩大其规模,“建考棚二十余间,设课时可以扃试”。

书院教育以科举内容为核心。清代大为普及的书院,为迎合乡试、会试等考试,在教育内容上主要以科举考试的内容为主。各书院为提高院生的考试能力,在日常教育中主要是做相关的针对性训练,“今天下州郡各建书院,以训迪士子,然月有课而岁有程,率不越乎论文讲艺,鲜闻以实行相砥砺者,盖士习之日趋于文久矣”[③]。明道书院“十学”中就有“科举”之学。清代河南著名的嵩阳书院得以声名远播的一个重要条件就是巡抚、学政、知府、县令等各级官员的大力支持,书院在主要传习儒家经典的同时,也附带有一定的官学课程,因此,在嵩阳书院中也有不少准备走科举之途的院生。林靖光,字梅甫,福建侯官人,举人,道光年间知开封,事多惠政治。为培植书院,“遇科举,每月六课,文必亲阅,

---

① 〔清〕施有方修,武勋朝纂:《南乐县志》卷八,清光绪二十九年刊本。

② 〔清〕于沧澜、蒋师辙纂:《鹿邑县志》卷七,清光绪二十二年刊本。

③ 王秀文修,张庭馥纂:《许昌县志》卷十五,民国十二年石印本。

捐廉俸加倍奖赏,一时士人深受其益"[①]。明道书院则是"论科举诸说,酌立课程,以期文行并进,其大梁、信陵、瓣香三书院官课、斋课,悉所诸生前往"。信阳余履齐,咸丰元年(1851)中辛亥科进士,光绪初年,信阳州牧张嗣麟闻其贤名,特聘其主讲申阳书院。光绪以前,信阳科第颇艰,名不见经传,自余履齐主讲申阳书院后,每逢考期,信阳人必中二三,皆其门下。光绪二十二年(1896),在面临严峻内外形势的背景下,安阳绅耆常培绪、任景兰等始倡修后渠书院,是为县立书院之开始,同时延聘吉樟为书院山长,但"课士之法仍按照书院惯例"[②]。孟县河阳书院也是如此,该书院每月初二、十六为官、斋两课,集全县士子课以诗文,光绪二十三年(1897)加课经古。经世致用的实用之学、挽救国家危亡的现代器物依然没有出现在书院教育中,书院仍旧遵循着传统轨迹,没有太大的改观。这就导致书院无法培养出当时社会需要的人才,为社会服务的功能也就无法实现。长此以往,书院必然会失去其主体地位,并最终难逃走向衰亡的历史命运。

书院的教学形式以适应科举为目的。清代大多数书院的教学依据主要是科举,教学形式也主要是"读书写字习文练程式为主"[③],书院主讲者对生徒开展的训练主要是围绕科举而进行的,主要是八股文写作训练,"罕有教学",所做的也是"但知从事考课"[④]而已,甚至书院创立之初的自由讲学、教学与研究相长的形式也不见踪迹了,从中完全看不到现代教学相关形式的踪迹。为了鼓励生徒进行科考,书院一般均会给予相关奖励,如豫南书院在乡试之年,七、八、九停课 3 个月,六月底示期决科 1 次,限日交卷,额外生员亦许参考。无论额内额外生员,如考试成绩优异,则按名次奖给膏火,以助赶考。如科举中试,除照发卷资,另有重奖。可见,书院的这种教学形式与当时"西学东渐"的大背景格格不入,院生忽视科技实践能力的培养,着重培养道德,书院逐渐与官学重合,使其很难在现代教育格局中独立存在,不能融入现代教育进程中。

6. 书院教育以维护封建统治为目的

鸦片战争以降,清廷内忧外患接踵而至,西方文化纷至沓来,作为社会统治

---

① 〔清〕陈兆麟修,祁德昌纂:《开州志》卷四,清光绪七年刊本。

② 方策修,董作宾纂:《续安阳县志》卷八,民国二十二年铅印本。

③ 张传燧、袁浪华:《传统书院何以消亡?》,《大学教育科学》2017 年第 1 期。

④ 王德昭:《清代科举制度研究》,中华书局 1984 年版,第 113 页。

重要支撑的书院教育却没有主动适应这一潮流，承担起救国救民的应有职责。虽然在晚清时期，一些开明之士努力进行革新书院教育的种种尝试，试图纠正其中的偏颇，但他们只是抱以实用态度，过多地关注技术器物层面，没有彻底认识到封建统治对书院发展的侵蚀与阻碍。正所谓“关乎人文，以化成天下”，而这其中所蕴含的政治教化与人格修养，正在一定程度上说明了中国古代教育的初衷与旨趣。[①] 这就使得书院在国家“时局多艰，需才尤急”的非常时期，无法主动或被动地适应时代潮流与需求，并最终失去了介入 20 世纪初极富激情和想象力的制度创新的机会。[②] 清廷主持书院教育的主要目的是维护其自身的统治和固有利益，而非主动适应社会需要。

河南书院创建或修复以及其后的教育主要是为了“兴教宣化”，维护封建统治，这与清廷支持书院发展“兴文教，崇经术，以开太平”[③]的初衷不谋而合。咸丰时，清廷针对当时社会“邪教流传，蔓延各省”的情况，遂令书院教授生徒性理诸书、圣谕广训等，以期达到“导民正轨”的功效。[④] 所谓“古者治民，先德礼而后政刑，轻法网而重文教，天下无不可化之人，无不可善之俗，与其令之革面，不若俾以格心；与其俯首刑章，不若束身名教，诚以科名一途，所以伸天下之士气，正以柔天下之士心也哉”[⑤]，正是此意。

河南书院创建或修复的主要背景是社会动乱，“粤匪借教滋事，以致乡曲愚民，惑于异说”[⑥]。官民每日忙于防剿、筑寨、练团，岁无或息，无暇其他，致使教育衰颓，人心不稳，这时就需要发挥书院教育“淬励培士气而固人心”及“正人心而闭邪说”的“社会稳定器”作用，即“兵戈扰攘之际，欲作士气正人心，必先兴文教”[⑦]。如同治五年(1866)、七年(1868)，叶尔安曾两次任商水知县，但商水

---

① 许结：《中国文化史论纲》，江苏教育出版社 2006 年版，第 94 页。

② 陈平原：《中国大学十讲》，复旦大学出版社 2002 年版，第 70 页。

③ 赵尔巽等撰：《清史稿》卷一百六十《选举一》，中华书局 1977 年版，第 3114 页。

④ 《清文宗实录》卷二十三，道光三十年十二月己巳，《清实录》第 40 册，中华书局 1986 年影印版，第 335 页。

⑤ 〔清〕黄璟修，李作霖、乔景濂纂：《续浚县志》卷四，清光绪十二年刊本。

⑥ 《清穆宗实录》卷十一，咸丰十一年十一月丁未，《清实录》第 45 册，中华书局 1987 年影印版，第 283 页。

⑦ 姚家望修，黄荫楠纂：《封丘县续志》卷二十，民国二十六年铅印本。

"自遭兵燹，创痍未复，户鲜诵读，田多荒芜"[①]，他决定要"首以培文教，正民俗为务"[②]，从而使商水县邑大治，在他离任时，商水绅民自发为其立有"去思碑"。同治八年（1869），程国棠莅项城，甫下车知项罹兵燹，民风凋敝，道路被毁，沟渠淤塞，乃一意兴民，更始重修莲溪书院，延请山长，捐增膏火，使项城境内民风恢复如初，最终实现"庶蒸蒸然而日臻上理"的统治目的。

封建社会的顽固势力极力控制书院，反对危及其统治基础的书院改革。钱仪吉曾在大梁书院进行改革，在河南全省产生了重要影响，这一行为引起了旧派势力的不满，遭到他们的大力攻讦。钱仪吉被迫辞去院长职务，封建势力重新占据了大梁书院，并获得实际控制权。州县书院的管理也大抵如此，如《光绪年扩修太丘书院碑记》载："州县立学，选属部为教授，今之教官是也，不足则取于乡里宿学之有道者，今之山长是也。"[③]

第二节　书院的近代转型

晚清时期，书院创造了其发展史上的最高辉煌，但它在政治腐败、自然灾害、社会战争以及自身积弊等诸多因素的综合影响下而走向了下坡路。同时，书院也面临着"西学东渐"的不断加强以及西方列强愈演愈烈的侵扰的新情况，在一些有识之士的共同努力下，书院也跟随时代步伐，将"西学"引入，书院自身开始在传统发展中尝试多层次、多方位的革新，其中陈宝箴、李时灿就是引领河南书院改革趋势的典型代表。然而，正在书院革新有序推进之时，清廷于匆忙之中下达了改制诏令，全国各级书院被强行改制，在短期内变成了大、中、小三级学堂，河南书院的命运也是如此。改制后的书院逐步走向近代化，转型为新的教育场所，和新成立的教育机构以及厘定的教育宗旨一起，为河南近代教育

① 徐家遴、宋景平等修，杨凌阁纂：《商水县志》卷十四，民国七年刊本。

② 北京政治官报局：《政治官报》（第29册），文海出版社1965年版，第449页。

③ ［清］岳廷楷修，吕永辉纂：《永城县志》卷六，清光绪刻本。

体系的建设奠定了基础。

一、书院的改革与改制

随着西方列强坚船利炮的到来,清代书院也在坚守传统的同时做出了相应的改变,书院改革的呼声日嚣尘上。书院的改革之路经历了改—照旧办理—再改的曲折过程,这其中既有革除自身弊端的考量,又有外部压力的影响。书院改革并未能使书院走出困境,反而在曲折的改革中加重了业已存在的种种弊端。清光绪时期,清廷决定施行新政,下诏将书院改为三级学堂,书院在改制中结束了业已存续千年的生命,退出了历史舞台。

(一)旧院新颜:书院改革

书院改革既有西方列强入侵带来的外部缘由,也有书院积弊而不得不改的内部依据。鸦片战争对中国人的触动不大,范围仅限于道光帝、知识精英、参战人员、与英交涉人员以及战争波及的地区,待战争结束之后,人们的生活又回到了昔日的轨道。① 其后,又相继发生了第二次鸦片战争、中法战争、甲午战争、八国联军侵华战争等一系列侵略战争,尤其是甲午战争是"吾国四千余年大梦之唤醒"②的开始,国家被瓜分的危机感迅速上升,为挽救民族危机,针对传统书院的改革呼声日益强烈。除此之外,书院积重难返的弊端也多为世人诟病,或谓之完全沦为科举附庸,毫无教学之为,或谓之书院山长滥竽充数者多,不闻学问,抑或谓之书院所课者仅"八股试帖之业",无实际用处。质言之,即是书院与其时的社会需求不相适应,无论是教育目标、教育内容、教育形式,还是学术研究都不能对当时的社会发展有所裨益,书院改革势在必行。

一般来说,同治、光绪年间的书院改革包括两层内容:一是对传统书院的改造,二是新型书院的创建。针对传统书院的改造,在其内容上主要有两个方面

① 茅海建:《天朝的崩溃:鸦片战争再研究》,生活·读书·新知三联书店2005年版,第560~577页。

② 中国史学会主编:《戊戌变法》(一),上海人民出版社1957年版,第249页。

的表现：一方面是极力排除无裨实用的科举之业的影响，将实学、西学等引入其中，如长葛陉山书院，光绪二十八年(1902)，知县周云捐廉添建斋舍九间，购买中西时务书籍百余种[①]，将西学引入书院。另一方面是在书院管理方面引入民间力量，限制官方权力，在制度上保证书院的良性发展，如滑县规定本地书院“每年延请山长，由地方绅士公举学品兼优、人地相宜者”[②]。可见，传统书院在时代的要求下也做出了一些调整，在“中体西用”思想的指导下，“西学”进入书院教育的范围，但同时也要清楚地明白：这些调整范围有限、力度不足，还不能调和书院与现实之间的矛盾。

创建新型书院是书院适应时代发展要求最突出的表现，其与旧书院的改革齐头并进，这方面以陈宝箴创办的致用精舍与李时灿创办的经正书院为代表，这也是需要着重介绍的两个新型书院。

1. 陈宝箴与致用精舍

陈宝箴(1831—1900)，字右铭，江西省义宁州(今江西修水县)人。咸丰元年(1851)中举后，曾立志要“以十年之功讲求实学，于身心性命之源、治国平天下之要”[③]，讲求“因时达变”之道，兼顾义理和经济之学，劝诫读书人要知时务，做到学以致用，不尚“虚美”。光绪六年(1880)，陈宝箴任职河北道台，并于次年在河南武陟县创建致用精舍，致用精舍成为河南改革传统书院的代表。致用精舍在城东关，建有大门、二门各三间，讲堂三间，藏书楼三间，栋楼三间，平房三间，观鱼亭一座，山长院房七间，左右斋房十四间，厨房两间。

陈宝箴创建致用精舍，主要是针对当时书院存在的弊端，即“后之书院，亦即学校之遗，但行之而敝，不求其本而骛其末，只习八股、试律、小楷，以为取爵禄之具，而国家之所以爵禄之而求其实用者，不暇问也。既止为爵禄而不求实用，则自私自利，患得患失，扩而充之，抑将何所不至？即所读圣经贤传，不过聊供举业词藻之资，其大经大法所系、希圣希天之理、修己治人之方，悉等若六合之外，存而不论，有语及者，且诧为河汉之无极也”[④]。鉴于此，为革除书院积弊，因应国势衰微、亟须培育实用人才这一现实，陈宝箴在任职河北道时，“不避僭

① 陈鸿畴修，刘盼遂纂：《长葛县志》卷四，民国十九年铅印本。

② 马子宽修，王蒲园纂：《重修滑县志》卷十，民国二十一年铅印本。

③ 汪叔子、张求会编：《陈宝箴集》，中华书局2005年版，第1816页。

④ 汪叔子、张求会编：《陈宝箴集》，中华书局2005年版，第1878～1879页。

妄,延访隽异有志之士,与为讨论,筑精舍以居之。储典籍,立规制,延师儒以为之导,使之优游于学问思辨之中,见诸行事,而希古者有之用学"①。致用精舍以"明体达用"为宗旨,在学习经史之外,"诗文、地舆、水利、农田、兵法,凡关经世各书,无不讲究",教学内容十分广泛。精舍先后延请邓保之、王少白两位先生担任主讲,共历时七八年之久,造就了"耆儒设教,多士翕然向风,是时有河朔以考时艺,有精舍以励实学,河北士习人才于斯为盛"的盛况,这也充分检视了精舍在现实中发挥的作用。②

致用精舍选取"居所属郡县士之朴异者""少年有志之士"读书其中,并"授资购群书,延名师课之",以明体达用之学教授之。同时,陈宝箴为发挥致用精舍造士之用,特作《河北致用精舍课士录》作为"为培养人才而作的讲义"③,其主要包括《致用精舍记》《致用精舍学规》《说学》等部分,这是致用精舍教书育人的主要原则与方针。

《致用精舍记》深入阐明了"学"的重要性,即所谓"昔者三代人才之盛,后世弗及焉。无他,其所以造士者有其具也。造士奈何?上之人有以教,下之人有以学。方其少也,束之以小学,始基立矣;十五入大学,而教之以内圣外王之道、修己治人之术,则成德达材之选也。故其时士之所学莫不有用,所用莫不壹出于学"④。要求学生"尊其所闻,行其所知",重视其所见所闻,而后积极践行其所知,不能仅仅停留在纸上谈兵的层次和阶段。致用精舍看重的是"见诸行事,而希古者有之用学",注重经世致用之学的获得。求学其间的有志之士要"卓立万物之表,而凝其神于淡泊",诫勉士人要凝神淡泊,不能陷于媚俗之流,更不要埋首于功名、汲汲于利禄,通过"笃之,培之,扩之,充之",早日成为于国于民有用之才。

致用精舍制定了十五条学规,以此作为管理精舍、促进学生学习的总根据。《致用精舍学规》是针对近世以来培养人才中凸显的种种弊端而制定的。乾嘉时期所培养出的多为擅长辞章、考据之士,缺乏因时通变的才能,而近世的读书人又沉溺于义理、经济、词章和考据之中,这是人才培养中的"大病"。当今的读

---

① 汪叔子、张求会编:《陈宝箴集》,中华书局 2005 年版,第 1871 页。

② 史延寿修,王士杰纂:《续武陟县志》卷九,民国二十年刊本。

③ 胡迎建:《陈宝箴学术思想述评》,《江西师范大学学报(哲学社会科学版)》2012 年第 6 期。

④ 汪叔子、张求会编:《陈宝箴集》,中华书局 2005 年版,第 1870 页。

书人,要以“明体达用”为追求,在学习经史之外(诸生需要专治一经和专治一史),还要广泛涉猎有关诗文、天文、算学、盐漕、地舆、水利、农田、兵法、河工、屯牧、舰炮等近世所亟须的学问。学生在日常的学习中,可以把所想所思记录在日记册中。精舍培养的人才是“千百孝子忠臣、贤相良将”,“合体用为一”,“德”与“才”不可偏废其一。同时,精舍也加强了对学生功课的监督和考核。

《说学》是陈宝箴在致用精舍中与诸生讲论之语,其中一针见血地指出传统书院出现的沦为科举之具、不问实学等种种弊端,并要求诸生思考自身在当下社会“应居何等”这一问题:“当以君子自待乎,抑小人乎?当以忠臣孝子自待乎,抑罪臣悖子乎?当碌碌以苟富贵乎,抑兢兢以励名节乎?当稍求自别于庸众乎,抑蕲至于古之名儒名臣以无忝所生乎?”[①]如此一番扪心自问之后,诸生自然志气奋发,一切流俗之见也就会自然慢慢消失。此外,广大士子还应苦学立志,知耻明理,做到“身体力行”,因为“真道学必有实用,盖未有体立而用不行者”。致用精舍的创办既是对其他省份新型书院的承袭,如学海堂、诂经精舍等,同时也看到其中的不足之处,增添了新的内容,即“诸行省经学精舍,多以‘校经’‘诂经’为名,于经学亦不为无功,顾仆之目以‘致用’者,欲诸君就前人已经校诂之书,为明体达用之学,知当务之为急耳”。[②]

陈宝箴创建的致用精舍“学有规,课有程,多士彬彬,知古今,习世务焉,河北风趋为一变”[③]。致用精舍以明体达用为宗旨,崇尚时务,追求实学,为国谋真才,肄业其中者多成为于国于民的有用之才,“出其中者多有成就”[④],就是真实写照。后来陈宝箴调离河南,任职湖南,在湖南积极推行新政,其在湘的一系列做法是与《致用精舍学规》《说学》思想一脉相承的,其间有明显的思想承袭关系。然而,在传统教育巨大惯性的影响下,致用精舍“嗣后改课时文、试帖,与他书院等矣”[⑤],但它在河南书院改革历史上占据着重要地位,所起的历史作用亦是毋庸置疑的。

---

① 汪叔子,张求会编:《陈宝箴集》,中华书局2005年版,第1879页。

② 汪叔子,张求会编:《陈宝箴集》,中华书局2005年版,第1881、1883页。

③ 陈三立:《皇授光禄大夫头品顶戴赏戴花翎原任兵部侍郎都察院右副都御史湖南巡抚先府君行状》,见《散原精舍诗文集》下册,上海古籍出版社2003年版,第850页。

④ 史延寿修,王士杰纂:《续武陟县志》卷十四,民国二十年刊本。

⑤ 史延寿修,王士杰纂:《续武陟县志》卷九,民国二十年刊本。

2. 李时灿与经正书院

李时灿(1866—1943),字敏修,号“闇斋”,河南汲县(今河南卫辉)人,以其字而著称于世。李时灿生于书香之家,文化气息浓厚,自幼聪颖好学,饱读诗书,依循科举考试的轨迹不断跃升:16岁考中秀才,20岁考中举人,26岁考中进士,27岁授职刑部比部曹,从而走向仕途。其后,李时灿又先后担任了河南教育总会会长、河南学务公所议长兼优级师范学堂监督、救灾公所所长、河南救灾总会会长、资政院议员;民国成立之后,又先后担任河南教育司司长、北洋政府参议员及众议员等职。

李时灿虽深受封建传统教育影响,但思想不守旧、不僵化、不迂腐,主张立足中原传统文化,追求通古知变,通达务实。他认为中原文化是“华夏物质之源始”“实开一新纪元”的文化①,但这并不代表它可以闭目塞听,而是需要融合中西、与时俱进,不断谋求中西融汇之道。李时灿一生致力于教育改革与创新,尤其是书院教育,积极投身于振兴中州教育的伟大事业之中。即便是在古稀之年,他“一有机会便要传播文化,教育后学诸生”②,可谓为“一代耆儒”、世之楷模。李时灿在河南教育界中具有极高的声望,所谓“当清朝末造,新学初兴。各省开明而负众望之士绅,挺身出而领导者,江南则张季直,河北则严范孙。其在吾豫则先生也”③,便是最为中肯的评价。

1883年,17岁的李时灿书生意气、风华正茂,他目睹了府学、县学、社学以及私塾等传统封建教育在形式、内容上的落后与空洞,亲身经历了书院教育的日趋衰落,在思想深处决定对旧式教育进行变革。于是,李时灿决定联合他的同窗好友王锡彤、高幼霞另辟蹊径,共同倡导新的文化教育,开创教育新局面。他们三人很快在家乡发起成立了汲县读书学社,捐集数百种珍贵书籍,且每人捐银四两以便学社采购新书。汲县读书学社成立之后,囿于财力所限,并没有固定的阅览室和开展教学活动的场所,但它以新颖的教育方法与内容很快就吸引了周边地区的一批读书之人。李时灿、王锡彤、高幼霞三人商定轮流作为此次文化活动的主持者,并定于每月的初一、十五两日在主持者家中集会,与会的

① 李敏修辑录,申畅总校补:《中州艺文录校补》,中州古籍出版社1995年版,第2页。

② 李在亮口述,耿玉儒代笔:《回忆二伯父李敏修》,《河南科技学院学报》2015年第9期。

③ 嵇文甫:《嵇文甫文集》(中),河南人民出版社1990年版,第398页。

会员一起学习文章,讲读各种时务新书,相互交流学习心得体会,从而达到"以博其见闻"的目的。学社的这一活动对读书人习得新知、相互启发具有重要意义。以李时灿为代表的一批青年志士,成为河南革除封建传统教育的先锋。汲县读书学社"在事实上成为河南省近代最早推行进步教育的读书学社"。[①]

1892 年,李时灿中进士,次年任刑部比部曹之职。其时清朝往昔的辉煌已不见踪迹,他看到的更多是政治腐败、国力衰弱,对旧式教育也有了更为深刻的认识,改革教育的种子在心里逐渐萌芽、长大。1896 年,维新人士汪康年、梁启超等人创办《时务报》,刊登关于变法的奏折、文章以及域外大事,以此来宣传维新思想。李时灿对时务、新学、维新情有独钟,受维新思想影响较深,这更坚定了他献身河南教育事业的决心。[②] 他积极向汲县读书学社推介《时务报》,学社会员们踊跃订阅,学社遂成为河南宣传维新变法的一个重要阵地。

1898 年,戊戌变法在康、梁等一批维新人士的大力倡导下开始,但在保守势力的阻遏下仅坚持一百余天就归于失败。李时灿对清廷产生了失望之情,决意返乡兴办教育,以新教育培养新人才,以培养新人才强壮新国家。此时的汲县读书学社仍继续存在,李时灿决定以此为根基开拓出一条教育新路。李时灿等人亲自到读书学社为社员们上课,提出"振民"的口号,并把这一口号作为学社的教育旨归。汲县读书学社社员人数不断增长,一度达到了 150 余人,其办学规模更是接近道辖豫北最大的河朔书院。

1900 年,八国联军发动侵华战争,北京陷落。为安定乡里,宣传新教育,李时灿先后主讲长垣蒲城书院、武陟致用精舍、禹县颍滨经舍等书院,他认为中国被侵略,究其原因在于科学文化落伍,清廷无能,而救国之途,必在于普及教育,创建新式学校,培养新型人才。李时灿为了进一步实现其反对旧教育、提倡新教育的主张,使汲县读书学社成为具有"燎原之势"的新事业,积极与史小周(辉县)、王静波(新乡)等人取得联系,决心创办"幻想中之楼阁"[③]——经正书院,"经正"即是对儒家经学进行修正之意。其实,经正书院的筹备可以追溯到更早的时间。经正书院是经过卫辉府郡守曾与九批准成立的,在当时具有合法程序

---

① 刘卫东、高尚刚:《河南书院教育史》,中州古籍出版社 1991 年版,第 82 页。

② 刘喆:《河南近代著名进步教育家李时灿》,《河南大学学报(哲学社会科学版)》1985 年第 6 期。

③ 王锡彤:《抑斋自述》,河南大学出版社 2001 年版,第 190 页。

与地位，这与李时灿、高幼霞、史小周、王静波等人的努力密不可分，这对他们来说无疑也是一个很大的激励。其后，李时灿等人不断向社会募集办学资金，先后共筹集到银三千余两，同时还搜集到数万卷诸种书籍。李时灿待时机成熟之时，适时地推动经正书院的成立，院址位于明朝给谏苏相宗旧址，李时灿任院长，王亦琴任副院长，王静波等人任董事。

经正书院与传统书院有很大的区别，首先表现在教学内容与教育方法上。传统书院教育注重举业考试内容，知识空疏无用，并未把“教”与“学”放在同等重要的位置上。李时灿主张经正书院要仿效宋儒，分斋设堂，使来书院求学之士集中精力专攻一业，以求诸生皆有所长。诸生在院学习，需要做到“研究经义，以穷其理；博综史事，以观其变；参考时务，兼习算学”，凡是涉及天文、地理、农务、兵事以及其他一切有用之学，统归“格致”课，院生要分门别类地探讨其间的奥秘。在日常的学习中，书院注重躬行实践之道，切忌空谈。书院还废除了当时传统书院教育中的扩帖制义等腐朽课程，代之以实用新颖之学，以期培育出“学通中西，体用兼赅”之才，能够为国、为民谋实事。书院广泛邀请各地知名学者任教、讲学其中，涉及的地域包括卫辉府、开封府、新乡、浚县、郑州、禹州、密县等。

其次表现在书院的考核方法上。传统书院对院生的考核主要是通过不同形式的考课，文章主要是八股文，答题的内容是相对固定的，严重束缚了院生的思想。经正书院作为新型书院，在考课上也不断进行新的尝试。经正书院对院生的考核分为月课、季考、年试三个方面：月课，于每月的朔日举行，考试地点就在书斋内，由各斋教习严格监督院生答题，考试时限为半天，答题完毕后由教习评阅，其后评定出甲、乙、丙三个等次，注册备查。季考，顾名思义即是每季度考核一次，于每年的二、五、八、十一月的朔日进行，考试形式是分斋进行，答题完毕后评定出等次，其中甲等次的试卷需要报董事会备查，防止弄虚作假，并相应给予学生一定的物质奖励。年试，于每年十月望日进行，分斋考试，各斋评定出甲等前十名，并报董事会，经过核实之后由院里统一发放助学奖金。在具体的考试内容上，各斋可以有所侧重，不求完全统一，突出各自的特点；在答题方面，书院也允许院生自由发挥，不设置答案的条条框框，鼓励发表独特见解。经正书院的考核方式与传统书院相比是一大进步。

再次表现在书院的教学指导思想上。传统书院的教学指导思想以科举为主,按照科举考试的要求开展相关的教学活动。经正书院创办时,正值清末改革之际,李时灿看到"清季当局者鉴于国力之弱,改法图自强,地方率积重难返"①。经正书院在教学指导思想上一方面取法于"中体西用",另一方面取法于康有为、梁启超的维新教育主张,因为自道光以降,传统书院教育的内容逐渐被经世致用的学风所浸染。李时灿主张把"学以致用"作为经正书院的办学要义,倡导为学要"知一字行一字,知一句行一句",痛恨那些"饱食终日,无所用心,群居终日,言不及义"之人,教育诸生要务实与务时,心忧天下、与时共进。李时灿还强调院生要重视西学,切忌妄自尊大,正确对待西学"振兴实业"的做法,这与传统教育中"唯儒独尊"的做法相去甚远。

最后表现在书院产生的实际功效上。传统书院培养出的不过是维护封建统治和保护既得利益者利益的人,最终实现的也只是如此而已。经正书院坚持平民办学思想,要求院生不仅要自己努力学习,还要不断向周边传播新知识,用新知识振奋国家。同时,李时灿还主张书院要"造就修己淑世之通材",以国家富强为办学目的。在李时灿等人的不断努力下,经正书院的院生数量常达三四百人之多,规模远远超过大梁书院和明道书院。经正书院把教育的矛头直指封建传统旧式教育,与一般书院的空谈义理大不相同,使人们眼界大为开阔,知晓了传统科举之外的学问。这是对清代书院弊端的有力拨正。经正书院可被视为河南资产阶级新学运动的先声,产生的积极社会功效不可小觑。

李时灿等人创办的经正书院虽冠之以书院之名,但其实已不同于一般的书院,而是集书院、图书馆、研究机构等功能于一身的综合性文化传播机构。"卫辉文明之权舆,河南学堂之嚆矢"的定位就十分准确。它的创办是应时之作,符合时代潮流,给河南书院教育事业带来了生机与活力,反映了其时民众改革封建教育的强烈愿望。1901 年,丧权辱国的不平等条约《辛丑条约》签订之后,清廷面临严峻的社会危机,为谋求封建统治的继续,清廷被迫实施"新政",在教育上也开始树起"改良"的大旗。同年 9 月,清政府下达《兴学诏》,"着各省所有书院于省城均改设大学堂,各府厅直隶州均设中学堂,并多设蒙养学堂",书院改制在全国范围内推行开来。经正书院也在此浪潮下,于光绪三十二年(1906)

---

① 李敏修:《清直隶分省知县赵丹臣墓志铭》,民国三年刻,藏于河南省新乡市博物馆。转引自苏全有《李敏修社会思想探析》,《华北水利水电学院学报(社科版)》,2011 年第 6 期。

改为卫辉府初级师范学堂。

在清末新政中,李时灿因势利导,积极参与创办新型教育机构活动,对全省文化教育事业做出了重要贡献。他亲自制定《学务管见十六条》,以此回击河南各地对新学采取的阳奉阴违态度,将书院学田、庙产一律充作教育公款,对教育科目、教育方法等进行改革,使河南教育逐渐走向以近代科学知识为主要内容的道路。民国建立后,李时灿任河南省教育司司长,继续加强对河南文化教育事业的引导。李时灿"讲学五十年,两河士子,受其甄陶者,无虑数千百人。抚善类,伸正气,虽以此罹累,触危机,不恤也"[①],实为一代之楷模。

(二)走向现代:书院改制

书院改制发生在中国面临数千年未有之大变局的背景下,其原因是多方面的。嘉道以降,"官学积渐废弛",名存实亡,难以发挥兴贤育才的作用,此时出现"广修书院者,所以辅学校之不逮也"的现象,但这些书院从最初准许创办到经费划拨,从院生选择到院生管理,从教学内容到教学方法,从教学目的到教学功效无不向官学靠拢,变成科举的附庸,"娴习举业博取科名"成为书院和院生的最终目标。传统书院教育制度已经不能很好地适应中国出现的新形势,也与世界主流教育制度格格不入,书院培养人才的模式以及最终输送的人才与社会实际需求之间存在着严重的不对等。这一不对等也决定着传统书院必须走向近代。此外,在帝国主义侵略者的重击下,尤其是甲午战争之后,民族危机空前严重,与鸦片战争前后清廷"不谙夷情,震于英吉利之名,而实不知其来历"[②]的情形已大不相同,抵御外辱、谋求富国强兵之道成为时人的需求。人们普遍认为"时局日急,只有兴学育才为救危之法",而"整顿书院,尤刻不容缓"。[③] 加之西方教育思想在中国加速传播,其最主要的传播主体是传教士,最明显的表现就是教会学校的大量出现,尤其是教会书院的创办,对传统书院来说是一个有力的冲击。总之,书院积弊已久,未能满足时代需求是书院改制的原因;社会变革,书院未能及时调适是书院改制的根本动因;西方教育思想、理论与实践的大

---

① 嵇文甫:《嵇文甫文集》(中),河南人民出版社1990年版,第398页。

② 〔清〕林则徐:《林则徐集·奏稿》(中册),中华书局1965年版,第649页。

③ 林增平、周秋光编:《熊希龄集》(上册),湖南人民出版社1985年版,第71页。

量涌现,更进一步推动书院改制。书院改制分为两个阶段,第一阶段是戊戌书院改制,第二阶段是 20 世纪初清末新政中的书院改制。

河南书院存在的状况与全国书院大体相同,但“河南居中国之腹,受外界之刺激也缓,故人心之觉悟钝,而风气之开通亦最迟”①。河南书院教育的内在传统因素更浓,沿传统道路发展的惯性更大。在戊戌维新运动的影响下,书院改制走入人们的视野。清末,书院教育制度走到尽头,在政治因素的强制推动下,书院改制出现最高潮,书院改学堂在全国铺展开来。河南书院也追随全国书院的步伐,在改制的道路上前进着。

甲午战争之后,时局愈艰,人们普遍要求整顿书院,书院改革的大潮势不可挡,成为书院改制的前奏。经过对书院改革的一番讨论,最终形成了三套方案:

一是改革章程以整顿书院。由山西巡抚胡聘之、翰林院侍讲学士秦绶章二人于 1896 年 6 至 8 月相继提出。胡聘之认为书院改学堂的做法实不可行,因为此举会使中国数千年薪火相传之道术毁于一旦,对中国文化是极其有害的,但书院弊病又是不可忽视的一个现象。所以,他综合二者提出了关于变通章程以整顿书院的观点:“查近日书院之弊,或空谈讲学,或溺志词章,既皆无裨实用,其下者专摹帖括,注意膏奖,志趣卑陋,安望有所成就。宜将原设之额,大加裁汰,每月诗文等课,酌量并减,然后综核经费,更定章程,延硕学通儒,为之教授。研究经义,以穷其理,博综史事,以观其变。由是参考时务,兼习算学,凡天文、地舆、农务、兵事,与夫一切有用之学,统归格致之中,分门探讨,务臻其奥。此外水师、武备、船炮、器械,及工技制造等类,尽可另立学堂,交资互益,以儒学书院会众理以挈其纲维,而以各项学堂操众事以效其职业,必贯通有所宰属,然后本末不嫌于倒置,体用不至于乖违。”②

胡聘之按照自己的设想,将整顿书院的方案付诸实践,他对令德书院进行一系列整改,例如增加算学、广购西学书籍等。他认为此方案确有可行之处,可在全国各省详议推广。

及至 8 月时,秦绶章就整顿书院之法上折朝廷,对整顿书院提出了更为详

---

① 仗剑:《豫报之原因及其宗旨》,《豫报》第 1 号。

② 〔清〕胡聘之:《请变通学堂章程折》,见陈谷嘉、邓洪波:《中国书院史资料》(下册),浙江教育出版社 1998 年版,第 1988 页。

细的方案,包括“定课程”“重师道”“核经费”三个方面。这个方案提出了更为切实可行的具体方法,清廷礼部认为各省督抚学政可以参酌采用。

二是创办新型书院。由陕西巡抚张汝梅、学政赵维熙于 1896 年 4 月 12 日提出。他们以创办格致实学书院为例,阐述其“延聘名师,广购古今致用诸书,分门研习,按日程功,不必限定中学西学,但期有裨实用”[①]的主张。其实在这个方案出台前,全国诸省就已创办了一系列的新型书院,其中河南省就有致用精舍等,方案出台之后,加速了新型书院建设的步伐。

三是改书院为学堂。由顺天府尹胡燏棻于 1895 年提出。他通过对比中西教育制度,主张“应先举省会书院,归并裁改,创立各项学堂”。待至数年之后,“由省而府而县,递为推广。将大小各书院,一律裁改,开设各项学堂”。[②] 胡燏棻设想的这个方案自上而下,不贪一时之功,逐渐递进式开展,但这个方案在当时并未引起较大反响。到了 1896 年 5 月,刑部左侍郎李端棻又再次重提这一方案,他提出“今可令每省每县各改其一院,增广功课,变通章程,以为学堂”[③]。改书院为学堂是三种方案中较为激进的一个,清廷总理衙门对此方案并不支持,但仍然通报各省进行讨论。

清廷对三种书院改革方案并未明确表态,而是通报各省,令根据实际情况酌情执行。河南根据三种方案采取了相应措施,对书院做出调整,如:明道书院于 1896 年续定章程二十条,对书院肄业举贡生员规定严格,做到“宁缺毋滥”。经费由大梁书院拨给 600 两,各州县共摊解经费 1200 两,按季解交开封府以备用。经费开支也有详细的规定。豫南书院除按期考课诗文之外,尤其注重西学知识的学习,书院藏书中西学书籍有 86 种,共 408 册,占有相当大的比重,涉及西学中的政治、经济、军事、铁路、天文、地理、造船、理化、数学、电气、冶金、医药、测绘、航海及开矿等学科。如政治方面的《东西交涉记》《列国岁计政要》等,军事方面的《兵船炮法》《行军铁路工程》等,医学方面的《西药大成》《内科

---

① 〔清〕张汝梅、赵维熙:《陕西创设格致实学书院折》,见陈谷嘉、邓洪波:《中国书院史资料》(下册),浙江教育出版社 1998 年版,第 2249 页。

② 〔清〕胡燏棻:《变法自强疏》,见朱有瓛:《中国近代学制史料》(第一辑下册),华东师范大学出版社 1986 年版,第 473 页。

③ 《刑部左侍郎李端棻奏请推广学校折》,见陈谷嘉、邓洪波:《中国书院史资料》(下册),浙江教育出版社 1998 年版,第 1982 页。

理法》等,数学方面的《代数难题》《微积》等,科技方面的《冶金录》《开煤要法》等。

1. 戊戌书院改制

清代书院正式改制是从戊戌维新运动时开始的。戊戌书院改制的倡导及设计者是康有为。19 世纪七八十年代,中国面临着亡国灭种的危机,以康、梁为代表的维新派极力主张维新变法。他们十分注重教育改革,认为中国积弱的原因在于教育之病,甲午之战中日本之所以能够取得胜利,在于"其国遍设各学,才艺足用"①。救国之道应首先从教育入手,改革传统教育、兴办新学。其中一个重要方面,就是改书院为学堂。

1898 年 5 月 15 日,康有为向光绪皇帝上奏《请饬各省改书院淫祠为学堂折》,详细阐述其关于改革书院的主张,奏折中要求"改直省书院为中学堂,乡邑淫祠为小学堂",同时,"开办大学堂,停止八股,举行经济常科"。这一改革要"严课地方官",限期两个月办理,如若延宕不理,则"劾其一二",加以惩处。22 日,光绪帝发布《改书院为学校上谕》,要求各省书院在两个月内全部改为学校,"著各该督抚督饬地方官各将所属书院处所、经费项目,限两个月详复具奏,即将各省府厅州县现有之大小书院,一律改为兼习中学、西学之学校。至于学校阶级,自应以省会之大书院为高等学,郡城之书院为中等学,州县之书院为小学,皆颁给京师大学堂章程,令其仿照办理"②。

改制诏令颁布后,全国各省奉旨执行,多地的书院纷纷被改为学堂,是为戊戌书院改制。如河南、江苏、贵州、湖南、湖北、山西、天津、江西等省均有书院改为学堂,其中河南省将书院改为学堂的有:乐善两等小学校,位于周口河北顺河街,光绪二十四年(1898)由乐善书院改设,由保甲局委托鄢世仁偕同绅董丁朝栋、白云卿、萧明德等人具体实施;崇正初级小学校,位于周口河北文昌宫街,光绪二十四年(1898)由崇正书院改设而成,由镇绅马玉琳、贾庆韶等负责具体实施。③

随着慈禧太后发动政变,戊戌变法仅维持百余天就迅速走向失败,此次书

---

① 周德昌编:《康南海教育文选》,广东高等教育出版社 1989 年版,第 89 页。

② 《改书院为学校上谕》,见陈谷嘉、邓洪波:《中国书院史资料》(下册),浙江教育出版社 1998 年版,第 2470 页。

③ 郑康侯修,朱撰卿纂:《淮阳县志》卷五,民国二十三年铅印本。

院改制收效甚微。然而在事实上,关于改书院为学堂这一做法的异样声音也从未消除过,“何必尽改学堂”的疑问此起彼伏。是年9月,清廷礼部要求恢复传统的八股取士制度,同时奏请“各省书院请照旧办理,停罢学堂”,此次改制中的一些地方官员也受到了不同程度的处罚。数日后,慈禧太后批准礼部所奏请的内容,并颁布《申明旧制懿旨》,懿旨称:清廷取士旧制是尽善尽美之制,宜当恢复,“书院之设,原以讲求实学,并非专尚训诂词章,凡天文、舆地、兵法、算学等经世之务,皆儒生分内之事,学堂所学亦不外乎此,是书院之与学堂,名异实同,本不必定须更改。现在时势艰难,尤应切实讲求,不得谓一切有用之学非书院所当有事也”。[①] 至此,戊戌变法中关于书院改制的相关内容被清廷上层彻底否定。在他们看来,书院与学堂之间的关系是“名异实同”,文化教育层面的改革就这样被政治斗争所挟持。

为进一步发挥书院在维护封建统治中的作用,清廷上层在停止戊戌书院改制,消除康梁变法影响的同时,积极利用各种方法扶持书院发展。河南也相应地采取了相关措施:河南学政朱福诜上奏清廷,“令书院士子崇尚程朱之学,并刊刻朱子小学近思录,颁发各书院,令朝夕讲贯。如有用释老之书,及一切时说,阑入四书文字者,予以严议”[②]。其后,他又奏,固始县知县杨溶等,捐建诂经精舍课士,已饬地方官加意维持,以垂久远。同时,朝廷还大力表彰对书院发展做出贡献的主要人物,如给予河南荥阳县教谕李恒春等五员、项城县举人杨凌阁等四名、洛学明道两书院主讲湖南孝廉方正黄舒昺等二名奖叙。

戊戌书院改制过程中,维新派人士带有过多的理想主义色彩,没有认清斗争形势。同时,他们要求各地的书院改制要在两个月内完成,这对于已经存续了千年之久的书院而言是极其困难的,毕竟其自身具有一定的发展惯性。再者就是戊戌变法中政令频发,各地方官员以书院改制为不急之务,把朝廷此项谕令视为具文,没有付诸实施。再加上戊戌变法时间短暂,书院改制各项事业尚未全面展开就又被拽回到了旧有的发展轨道。但是,戊戌书院改制为20世纪初的书院改制埋下了伏笔,毕竟书院改制的方案已经进入了人们的视野。

---

① 《申明旧制懿旨》,见陈谷嘉、邓洪波:《中国书院史资料》(下册),浙江教育出版社1998年版,第2486页。

② 《清德宗实录》卷四百四十九,光绪二十五年八月丙子,《清实录》中华书局1986年版,第919页。

2. 20 世纪初的书院改制

1900 年,随着义和团运动在直隶及其他地区的迅猛蔓延,英、法、德、意、俄、美、日、奥等八国组成联军由天津向北京进犯,清廷被迫宣战。经过激战,8 月 14 日,北京陷落,朝廷慌忙西逃。为了维护统治,1901 年,慈禧太后被迫宣布实行变法,再行“新政”。1901 年,清廷重臣刘坤一、张之洞联名上奏《江楚会奏变法三折》,提出“参酌中外情形,酌以今日设学堂办法”,建立各类近代学制。在具体操作上,效仿日本学校教育,建立大、中、小三级学校教育体系;在教学内容上,经史词章仍专门列出,经学居诸学之首;在考取录用上,将学堂和科举合二为一,学生在学堂中修学期满后,通过考试给予附生、廪生、举人、进士出身;传统书院教育上,书院改为学堂,从而达到快速实现学制转型的功效。

清末新政中关于学制改革方面,清政府采用了刘、张二人的建议,光绪二十七年(1901)八月初二日,书院改为学堂的上谕下达:“人才为政事之本,作育人才,端在修明学术。历代以来学校之隆,皆以躬行道艺为重,故其时体用兼备,人才众多。近日士子,或空疏无用,或浮薄不实,如欲革除此弊,自非敬教劝学,无由感发兴起。除京师已设大学堂,应行切实整顿外,著各省所有书院,于省城均改设大学堂,各府及直隶州均改设中学堂,各州县均改设小学堂,并多设蒙养学堂。其教法当以四书五经纲常大义为主,以历代史鉴及中外政治艺学为辅,务使心术纯正,文行交修,博通时务,讲求实学,庶几植基立本,成德达材,用副联图治作人之至意。著各该督抚学政,切实通饬,认真兴办。所有礼延师长,妥定教规,及学生毕业,应如何选举鼓励,一切详细章程,著政务处咨行各省悉心酌议,会同礼部复核具奏,将此通谕知之。”①

清末新政中书院改制上谕通行各省,因其前已经做了政治动员,其后又有壬寅学制和癸卯学制相配套,所以此次改制之路较为顺畅。至清末时,各省书院均已经基本完成改制,但也有少量书院延续到了民国初期。据统计,全国书院改制主要集中在光绪二十八年(1902)、二十九年(1903)、三十年(1904)、三十一年(1905)、三十二年(1906),分别占全部改制书院的 13.01%、15.94%、

---

① 《改书院为学堂上谕》,见陈谷嘉、邓洪波:《中国书院史资料》(下册),浙江教育出版社 1998 年版,第 2489 页。

11.08%、15.37%、14.25%。[1] 以1905年为界限，书院改制出现了两个高潮，出现这种情况的原因主要是：1901年，书院改学堂上谕通谕各省后，各省督抚及各地官员鉴于戊戌改制中的教训，唯恐重蹈覆辙而受惩处，持观望态度者居多数，真正遵照上谕将书院改为学堂者无几。直至1902年、1903年，清政府又相继颁布实施了壬寅学制、癸卯学制，各地官员看到清廷改书院为学堂、建立现代学校体系的坚定决心，才开始认真执行，改制为学堂的书院数量迅速增加。书院改制中，全国书院改为小学堂、中学堂者居多数，数量达到了1103所、180所，占全部改制书院的69.94%、11.41%，这与全国各地书院中县级书院居多的实际情况是相符的。

在书院改制中还有一个特别值得关注的历史事件——废科举。自古以来，书院育才、科举取士，二者相互依托，共同发展，已成为普遍认同的事实。但是，书院沦为科举的附庸却一直备受世人诟病，尤其是清末新政实施后，有人认为科举的存在是书院改制以及学堂发展的一大阻力。袁世凯、张之洞等人大力反对科举，认为"谓入学堂亦不过为得科举地耳"。河南巡抚锡良也抨击科举取士制度，主张"欲补救时艰，必自推广学校始。而欲推广学校，必自先停科举始"。1905年8月，袁世凯、张之洞等重臣联名上书，阐明他们"科举之阻碍学堂"的观点，奏请朝廷停科举、兴新学。经过一番激烈争论，1905年9月2日，清廷发布上谕："丙午科为始，所有乡会试一律停止，各省岁科考试亦即停止。"至此，在中国延续1300余年的科举取士制度被废止，代之以近现代学校之法。书院改制道路上的障碍被清除，书院改学堂出现一个高潮。

书院改制的诏令发布后，河南书院与全国其他省份的一样，纷纷改制为大、中、小三级学堂。《清创修西华县学堂碑记》记载："至今日而海禁大开，欧风东渐，列强环立，其视耽耽，即使前圣处此，安有守旧而不变者哉？景皇帝乾枢独运，下诏各督抚停科举、兴学堂，以育人才，而图自强，时也盖有不得不变者也。西华令舒公树基仰承宪札，欲就学署旧地设立中学堂、小学堂、师范学堂"。[2] 特别是科举废除之后，"停止乡会试及各省岁科考试，于是乎学堂林立"[3]，城乡地

① 邓洪波：《中国书院史》（增订版），武汉大学出版社2012年版，第644页。
② 凌甲烺修，吕应南、张嘉谋纂：《西华县续志》卷十一，民国二十七年铅印本。
③ 贾毓鹗修，王凤翔纂：《洛宁县志》卷三，民国六年铅印本。

主士子失去了传统的科举取士之路,被迫转向学堂。受各地风气所趋,河南的"青年志士,稍识时危者,莫不持兴学救亡之策,奔走呼号,日聒于父老兄弟之前"①。存续千余年之久的书院转型为近现代学校,成为沟通传统教育与现代教育的桥梁与纽带。

在20世纪初的书院改制过程中,河南全省的书院被改为各级学堂、学校,具体情况参见下表:

表6.1　河南书院改制一览表

书院名称	院址	改制时间	改制后名称	备注
省办大梁书院	开封城	1902年	河南大学堂	锡良奏设
省办明道书院	开封城	1907年	中州公学	李时灿改建
河北道河朔书院	武陟城东	1908年	河朔中学堂	
南汝光道豫南书院	信阳城内	1904年	豫南师范学堂	
游梁书院	开封孟子祠	1903年	私立知新中学堂	
信陵书院	开封新街口	1903年	河南省豫河客籍高等学堂	曹福元改建
开封府彝山书院	开封大纸坊街	1904年	开封府中学堂	孙继英改建
东里书院	郑州城东门外	1906年	郑州中学堂	梁有庚改建
汴溪书院	郑州府常庄村南贾鲁河北岸	1911年	汴溪小学	
人龙书院	荥阳县城	1904年	荥阳县高等小学堂	赵鑫改建

① 《修武富绅之热心兴学》,《豫报》第2号。

续表

书院名称	院址	改制时间	改制后名称	备注
茨山书院	新郑县城	1904 年	新郑县官立高等小学堂	刘鸿猷改建
汴源书院	荥阳县城五桂街	民国	并入县立高等小学堂	张绍旭改建
东渠书院	河阴城南(今荥阳高村)	1904 年	河阴官立高等小学堂	苏鹏翥改建
三山书院	汜水县周固寨(今属荥阳)	1908 年	汜水县周固寨公立高等小学堂	牛邦宪改建
须右书院	荥阳县治东须水河右侧的天王寺	辛亥革命后	私立须右中学	
龙山书院	汜水县城东关	1904 年	汜水县官立高等小学堂	杨乃撰改建
育才书院	中牟县城西街路南	1904 年	中牟县官立高等小学堂	阎凤舞改建
桧阳书院	密县城西街	1904 年	密县官立高等小学堂	付赞枢改建
颍滨经舍	禹州城颍水之滨	光绪末年	师范学堂、高等小学堂	
咸平书院	通许县城	1904 年	通许县官立高等小学堂	王树生改建
莲池书院	尉氏县城小东门	1904 年	尉氏县官立高等小学堂	张梦松改建
洧阳书院	洧川县城(今属尉氏县)	1904 年	洧川县官立高等小学堂	陈诗林改建
东安书院	杞县县城	1904 年	杞县官立高等小学堂	张南陔改建
江花书院(梦笔书院)	考城(今属兰考)	1905 年	考城县官立高等小学堂	王靖清改建

续表

书院名称	院址	改制时间	改制后名称	备注
葵丘书院	考城县旧城寨西北隅(今民权老北关)	1924年	考城县第二高等小学校	张之清改建
嵩阳书院	登封县西山林	1905年	登封县师范传习所	许蓝田改建
蔚文书院	兰封(今属兰考县)	1904年	兰封县官立高等小学堂	赵连城改建
周南书院	洛阳	1905年	洛阳县官立高等小学堂	卫敬修改建
洛西书院	洛宁县老城东门内	1905年	洛宁县官立高等小学堂	
东周书院	巩县城内南大街	1906年	巩县师范传习所	张南陔改建
莲山书院	巩县七里铺	1907年	七里铺公立初等小学堂	曹瑞卿改建
二程书院	偃师县城	1904年	偃师县官立高等小学堂	吴璜改建
伊川书院	嵩县县城西北隅	1905年	嵩县官立高等小学堂	程膏田改建
鸣皋书院	嵩县鸣皋镇	1906年	嵩县公立高等小学堂	蒋峨改建
紫逻书院	伊阳县城(今汝阳)	1905年	伊阳县官立高等小学堂	陈凌云改建
锦屏书院	宜阳县城郊	1905年	宜阳县官立高等小学堂	李政改建
和乐书院	伊川县酒后乡	1913年	和乐学校	时君膏改建
汝阳书院	汝州城西大街	1904年	汝州中学堂	李清珮改建

续表

书院名称	院址	改制时间	改制后名称	备注
希贤书院	襄城县城内	1904 年	襄城县官立高等小学堂	海春改建
龙山书院	郏县城西大街	1904 年	郏县官立高等小学堂	史作周改建
崇正书院	郏县城内	1906 年	郏县官立师范传习所	吴之干改建
昆阳书院	叶县城内十字街西	1904 年	叶县官立高等小学堂	王荣楷改建
琴台书院	鲁山县城北门	1905 年	鲁山县官立高等小学堂	赵景濂改建
雅集书院	宝丰县城内东大街	1905 年	宝丰县官立高等小学堂	刘燮改建
巾车书院	宝丰县翟家集	1906 年	翟家集公立初等小学堂	邑人改建
培文书院	宝丰县白雀寺	宣统年间	白雀寺公立初等小学堂	邑人改建
经正书院	卫辉府城	1906 年	卫辉府初级师范学堂	
淇泉书院	卫辉府城	1906 年	卫辉府官立中学堂	石秉钧改建
百泉书院	辉县百泉	1904 年	辉县官立高等小学堂	林际昭改建
古鄘书院	新乡县城东街	1906 年	新乡县官立高等小学堂	张恒上改建
同山书院	获嘉县城内泥街	1903 年	获嘉县官立高等小学堂	陈熙光改建
廪延书院	延津县城	1905 年	延津县官立高等小学堂	申普照改建

续表

书院名称	院址	改制时间	改制后名称	备注
正谊书院	阳武县城（今属原阳县）	1904 年	阳武县官立高等小学堂	知县改建
昼锦书院	彰德府城（今安阳市）	1904 年	彰德府官立中学堂	1900 年时曾改为昼锦学堂
后渠书院	安阳县城小颜巷中段	1904 年	安阳县官立高等小学堂	
繁阳书院	内黄县城西南隅	1903 年	内黄县官立高等小学堂	周云改建
黄华书院	林县	1905 年	林县官立高等小学堂	吕泰初改建
演易书院	汤阴县衙东南	1904 年	汤阴县官立高等小学堂	姜汾改建
覃怀书院	怀庆府城（今沁阳市）	1902 年	怀庆府官立中学堂	刘莲青改建
安昌书院	武陟县木栾店	1904 年	武陟县官立高等小学堂	刘名馥改建
启运书院	济源县城	1905 年	济源县官立高等小学堂	陈其彬改建
学山书院	孟县城	1903 年	孟县西街初等小学堂	刘耀三改建
溴西精舍	孟县马桥庄	1905 年	孟县马桥庄初等小学堂	魏巨传改建
学仁书院	孟县顺涧村		顺涧初级小学校	
韫山书院	浚县浮丘山（今姑山）	清末	小学堂	
黎南书院	滑县道口镇	清末	小学堂	

续表

书院名称	院址	改制时间	改制后名称	备注
欧阳文忠公书院	滑县城内东南隅	1903 年	欧阳学堂	王公鐫改建
绿筠书院	淇县城文庙西侧	1906 年	淇县官立高等小学堂	王同文改建
进贤书院	清丰县城	1903 年	清丰县官立模范初等小学堂	洪保兴改建
莘原书院	卢氏县		卢氏县官立高等小学堂	
召南书院	陕州城(今三门峡市)	1904 年	陕州官立中学	张坤高改建
砥柱书院	会兴镇北门内	1906 年	高等小学堂	民国后改名砥柱小学
三门书院	会兴镇	1906 年	高等小学堂	
红亭书院	灵宝县虢略镇	1908 年	灵宝县官立第二小学堂	
宏农书院	灵宝县城西街	1906 年	灵宝县官立高等小学堂	知县改建
荆山书院	阌乡县城(今属灵宝)	1904 年	阌乡县官立高等小学堂	知县改建
龙城书院	范县旧城	1903 年	范县第一小学堂	
聚星书院	许州城(今许昌市)	1904 年	许州官立中学堂	恒豫改建
丹山书院	禹州城	1905 年	禹州官立中学蚕桑学堂	王锡彤改建
云衢书院	鄢陵县城	1904 年	鄢陵县官立高等小学堂	马文焕改建

续表

书院名称	院址	改制时间	改制后名称	备注
舞阳书院	舞阳县城	1903年	舞阳县官立高等小学堂	黄心芳改建
鸿文书院	舞阳县城	1900年	舞阳县官立高等小学堂	知县改建
颍川书院	临颍县城	1904年	临颍县官立高等小学堂	刘启恒改建
文正书院	归德府城(今商丘市)	1905年	归德府官立中学堂	薛鸿先改建
太丘书院	永城县城	1905年	永城县官立高等小学堂	李伯海改建
文修书院	宁陵县城东门大街	1906年	宁陵县官立高等小学堂	肃春溶改建
崇正书院	夏邑县城南门大街	1905年	夏邑县官立高等小学堂	彭麟昌改建
古虞书院	虞城县城东马道街	1904年	虞城县官立高等小学堂	冯汝麒改建
文起书院	柘城县城义惠街	1905年	柘城县官立高等小学堂	刘逊哲改建
柳湖书院	陈州府城(今淮阳县城)	1904年	陈州府中学堂	苗德垢改建
弦歌书院	陈州府城(今淮阳县城)	1906年	官立两等小学堂	左辅改建
兴贤书院	太康县城西门文庙东街	1903年	太康县官立高等小学堂	吴东鼎改建
平舆书院	沈丘县城南门	1904年	沈丘县官立高等小学堂	李阴楠改建
鸣鹿书院	鹿邑县城芙蓉街	1904年	鹿邑县官立高等小学堂	张克铭改建

续表

书院名称	院址	改制时间	改制后名称	备注
崇正书院	周口镇文昌宫街	1908 年	崇正初级小学堂	邑人改建
莲溪书院	项城县(今项城市)	1904 年	项城县官立高等小学堂	县令改建
文富书院	商水县城文昌宫旁	1907 年	商水县官立高等小学堂	县令改建
静远书院	商水县新街口路西	1905 年	商水县高等小学堂	
凤台书院	商水县城内南门里偏东坑北岸	1904 年	商水县初等小学堂	即今城关中心小学东院
衍畴书院	西华县“箕子台”旧址	1906 年	西华县官立小学堂	
大程书院	扶沟县城内	1906 年	扶沟县官立高等小学堂	
南湖书院	汝宁府城(今汝南县城)	1905 年	汝宁府官立中学堂	苏甲林改建
天中书院	汝宁府(今汝南县)	1907 年	汝南县高等小学堂	
寒溪书院	汝南县城西 50 里韩庄		学堂	
金乡书院	汝南县金乡铺集东部		学堂	
天中书院	汝南县拱北门外旧三公祠址	民国	汝南县第一高级小学校	
新建书院	伊阳县(今汝阳县)	1904 年	汝阳县官立高等小学堂	李澈改建
奎林书院	正阳县城东南隅	1905 年	正阳县官立高等小学堂	万云蒸改建

续表

书院名称	院址	改制时间	改制后名称	备注
吴房书院	遂平县城南关外	1904 年	遂平县官立高等小学堂	曹守先改建
文成书院	西平县城南街	1904 年	西平县官立高等小学堂	张凤歧改建
阎公书院	西平县仪封镇	1906 年	西平县第二高等小学堂	
景贤书院	上蔡县城西门里	1907 年	上蔡县官立师范传习所	夏伯揆改建
大吕书院	新蔡县城	1904 年	新蔡县官立高等小学堂	雷同声改建
铜峰书院	泌阳县城西门内	1907 年	泌阳县官立师范传习所	吴心广改建
泌阳书院	河内县老县署北	光绪末年	泌阳县官立高等小学堂	
瞻韩书院	泌阳县本城何街	清末	泌阳县官立高等小学堂迁入	
铜川书院	确山县城	1905 年	确山县官立高等小学堂	刘青选改建
宛南书院	南阳府城东关外	1903 年	南阳府中学堂	熊廷杰改建
崇正书院	南阳县城	1902 年	南阳县官立高等小学堂	任学椿改建
志学书院	南阳城西	1905 年	劝忠小学堂	
菊潭书院	内乡县	1904 年	内乡县官立高等小学堂	
淯阳书院	镇平县城西北隅	1905 年	镇平县官立高等小学堂	

续表

书院名称	院址	改制时间	改制后名称	备注
白水书院	新野县城	1907 年	新野县官立中学堂	陈庭爵改建
花洲书院	邓州城内	1905 年	邓州官立高等小学堂	郑济川改建
申阳书院	信阳州城	1905 年	信阳州官立高等小学堂	张保荃改建
南城书院	光州(今潢川县城)	1904 年	光州官立高等小学堂	王炳元改建
临淮书院	固始县城内大城坊东	1909 年	固始县模范高等小学堂	
龙池书院	罗山县城内文庙御书楼后	1904 年	罗山县官立高等小学堂	
涑水书院	光山县城内流庆山	1905 年	光山县官立高等小学堂	
新息书院	息县城东街	1905 年	息县官立高等小学堂	陈尧改建
文峰书院	商城县城东南隅	1906 年	商城县第二官立高等小学堂	县令改建
正义书院	封丘县	1905 年	封丘县官立高等小学堂	
陉山书院	长葛县老城衙前街东端西侧	1903 年	长葛县官立高等小学堂	周云改建
宁城书院	修武县东关大街路北	1903 年	修武县高等小学堂	王舍棠改建
致用精舍	武陟县	清末	乙种农业学校	

河南全省共计有 135 所书院先后被改为大学堂、高等学堂、中学堂、小学堂、师范学堂、农业学校等，改制时间及学堂类别具体分布如下所示：

表 6.2　河南书院改制时间一览表

时间	1902 年	1903 年	1904 年	1905 年	1906 年	1907 年	1908 年	清末	民国年间	其他	合计
数量	3	13	42	29	18	7	4	10	4	5	135
百分比	2.22%	9.63%	31.11%	21.48%	13.33%	5.19%	2.96%	7.41%	2.96%	3.71%	

表 6.3　河南书院改学堂类别一览表

学堂类别	高等学堂	中学堂	小学堂	师范学堂	其他	合计
数量	2	17	104	8	4	135
百分比	1.48%	12.59%	77.04%	5.93%	2.96%	

合观以上三表可知:河南的书院与全国其他各地书院命运相同,于 1902 年以后逐渐被改制为各级学堂,改制时间主要集中于 1904 年、1905 年、1906 年,所占比例分别是 31.11%、21.48%、13.33%;学堂类别主要是中学堂和小学堂,所占比例分别是 12.59%和 77.04%。河南书院改制与全国总体情况大体一致。

书院改制为近代学堂的过程并非一帆风顺,其间困难重重。如在入学学生、教材使用、用人制度等方面,各省学堂虽已创办,但"以不合格之学生入不完全之学堂"的情况普遍存在。有的地方官员持旧想法,认为学堂与书院是"名异实同",学堂的建立只是书院的翻版,"新瓶装旧酒",实际上没有太大区别。如光绪二十九年(1903),长葛知县周云蒙上宪催办高等小学,因思学堂书院名异实同,即就陉山书院而整顿之。[①] 书院改学堂中最具代表性的是河南高等学堂。河南高等学堂创办于 1902 年,由河南巡抚锡良创设,成立之初名为"河南大学堂",后改为"河南高等学堂"。学堂初办时,由于风气未开,出现了"曾通饬各县选送学生,无敢应者"的现象,学堂不得已"乃就乡试落榜卷中选取生员若干名迫令入学,不至则由各该县令催送就道"[②]。这种情况在河南最高学府尚且如此,遑论其他各级学堂了。

但是,在清政府的强势主导下,书院最终还是在曲折中改为各级学堂。这一改革顺应了社会形势与发展趋势,是教育史上的一件大事,推动了中国近代

① 陈鸿畴修,刘盼遂纂:《长葛县志》卷四,民国十九年铅印本。

② 张邃青:《记河南初开办的学堂——河南高等学堂》,见朱有瓛:《中国近代学制史料》(第二辑上册),华东师范大学出版社 1987 年版,第 638 页。

教育制度的发展，沟通了传统教育与近代教育，促进了教育转型，为中国近代教育的发展夯实了根基。书院改学堂的过程，不仅是名称的更换，同时还包括传统教育内部各要素的近代转化，以及合科举为一途的近代国家教育体系的建立。①

书院是一种具有极强中国特色的文化现象，在清末新政中，各地书院全部改制为各级学堂，书院教育戛然而止，这一现象是否是历史发展的必然呢？这个问题值得我们深思。书院改制是在书院数量快速增长中强制实行的，“实属非常之举”。同时，书院改制并非是书院改革的唯一途径，传统书院改造以及创建新型书院也是书院改革的选项之一，逐渐增加西学知识、重订章程、创建新型书院等对传统书院的改革活动不断出现，在传统书院自身的努力下，是“完全有能力”“从古代走向近现代”的。② 从民国开始，不断有学者对书院改制提出批评，如蒋百里、蔡元培、胡适、毛泽东等，胡适感叹“书院之废，实在是吾中国一大不幸事”③，以后不断有学者以书院为视角对学校教育提出合理修正。其中毛泽东的观点较有代表性，认为“书院比学校实在优胜得多”④。在这一思想指导下，他创办湖南自修大学作为书院与学校融合发展的实践之所，培养出了大量人才，对中国革命做出了积极贡献。⑤

二、新学体系初步形成

清末，传统教育日暮途穷、衰败不堪，官学徒有其名，私学和书院虽有发展，但已沦为科举的附庸，传统教育体系逐渐转型为近代学校教育体系。这一转变过程在河南的表现是：“鸦片战后，国人方知外洋坚甲利兵之可畏；及经甲午庚子两役后，复知外洋各国除坚甲利兵而外，尚有足资取法的政治。日本变法图

---

① 谢丰：《从书院到学堂的三重变化》，《湖南大学学报》（社会科学版）2011 年第 6 期。

② 邓洪波：《晚清书院改制的新观察》，《湖南大学学报》（社会科学版）2011 年第 6 期。

③ 胡适：《书院制度史略》，《东方杂志》1924 年第 3 期。

④ 毛泽东：《湖南自修大学创立宣言》，见湖南省图书馆校编：《湖南革命史料选辑——新时代》，湖南人民出版社 1980 年版，第 80 页。

⑤ 师永伟：《湖南自修大学与马克思主义群体探究》，《长沙理工大学学报》（社会科学版）2014 年第 2 期。

强之事,实更足以激起我国模仿之心理。因之改革教育之大业便于是时开端,新式教育之进行亦于是时发轫,从此一改其旧有之教育制度,而变为新式学校之设立。考自新式学校设立以至现在,已有数十年之历史。其间由同文馆而政治、机器、武备、水师学堂,而北洋大学,而各省、各道、各府、各州县之大学、中学、小学堂,而专门师范职业高中、初中、高小、初小、幼稚园各等学校。在学校等级及类别方面,可云应有尽有,而在教育实施方面,亦可谓无美不备,学校之发达至是极矣。”[①]河南新学系统和新教育行政机构的设置、教育宗旨的厘定,是延续数千年的传统教育正式瓦解的标志。新型学校教育系统的建立,为现代河南教育的发展夯实了根基。

(一)学校系统的建立

1. 普通教育

清末新政中,书院被改制为各级学堂,其后,清廷又颁布了学制规定,在全国范围内实施。河南巡抚锡良遵循朝廷旨意,遂开办各级各类学堂。

高等学堂。1902 年 3 月 7 日,河南巡抚锡良于开封创办了河南大学堂,这是河南高等学堂教育史上的一个重要事件。河南大学堂招收学生 200 名,其中内附客籍学生五分之一,招收的学生多为乡试落榜中优秀之人。学堂设置总教习 1 人,中西教习 12 人,任孙葆为总教习。学堂教育以“四书五经纲常大义为主,以历史鉴及中外政治、艺学为辅”,带有浓厚的“中体西用”意味。学堂开设的课程有中学、西学和算学三门。其后,河南大学堂改为河南高等学堂(后又分立河南客籍高等学堂),学堂管理方面则是裁撤了总办、总教习等职位,由监督一人总责。学堂教授学生近代知识,要求学生必须选修两种外语。至 1908 年时,河南高等学堂及客籍高等学堂共招收学生 303 人,有各类教职员工 43 人,年度支出教育费用银 37570 两。

中学堂。河南创办中学堂较早的是 1900 年彰德府昼锦书院改设的昼锦学堂,旋即改为彰德中学堂。其后,中学堂在河南各地不断出现,多由书院改设而成,如开封府、怀庆府、陈州府、河南府、卫辉府、汝宁府等均是如此。河南中学堂初办时,学堂的行政机构一般设置有监督、堂长、监学,办学规模较大的中学

---

① 郑康侯修,朱撰卿纂:《淮阳县志》,《淮阳文征 · 内集》,民国二十三年铅印本。

堂还会设置有教务长、文案收支、庶务员、图书管理员等职位。民国成立后，中学堂易名为中学校，改堂长为校长。中学堂学制 5 年，修学科目共有 12 门（修身、读经讲经、中国文学、外语、历史、地理、算学、博物、理化、法制理财、图画、体操），每周学习时间为 36 学时。在修学科目中，讲经读经科目所占学时最多，每年均为每周 9 学时，以《左传》《周礼》为必读教材；外语科目要在日、英、德、法、俄之间任选一种，入学前三年为每周 8 学时，其后两年为每周 6 学时；修身课主要是摘讲陈宏谋的《五种遗规》。至 1908 年，河南中学堂有 20 余所，教职员百余人，学生数量 2000 余人。

小学堂。河南小学堂分为高等小学堂和初等小学堂两种。高等小学堂原则上各州、县设立一所，规模较大的乡镇也可以设置。学制 4 年。开设修身、读经讲经、中国文学、算术、中国历史、地理、格致、图画、体操等 9 门课程，其中修身课程以“四书”为主，每周 2 学时，格致课程则是教授声、光、化、电的自然科学常识。同时，注重加强对学生的封建道德教育。至 1908 年，河南高等小学堂共创建有 150 所，在校学生数量达到 7334 人。初等小学堂主要设在各乡镇，私人亦可创办，学制 5 年。每周安排学习时间不超过 30 学时，教授科目仅比高等小学堂少图画一门，读经讲经课每周安排 12 学时，占总学时的 40%，比例较大，所学课程以《孝经》《论语》《大学》等经书节本为主。至 1908 年，河南共创办有初等小学堂 1964 所，各类教职人员有 3974 人，在校学生数量达到 39985 人。

2. 师范教育

优级师范学堂。这是河南近代高等师范学校教育的开端。清末河南共有两所优级师范学堂，即 1905 年创建的河南第一师范学堂和 1907 年创建的河南第二师范学堂，均在开封。该类学堂主要招收初级师范学堂或中学堂毕业生，学生毕业后充任中等学校教师、职员，学制 5 年。学习科目为公共科、分类科、加习科。1908 年，两所学堂共有教职员工 40 人，招收的在校生 267 人。

初级师范学堂。这是河南近代中等师范学校教育的发端。河南初级师范学堂分为完全科、简易科两类。前者称为初级师范学堂，学制 5 年，清末时河南共有 11 所，生源来自高等小学堂的毕业生，主要为小学堂培养教职员，到 1908 年时，河南有从事初级师范学堂的教职员工 86 人，在校学生数量 798 人。后者称为师范传习所，学制 1 年，到 1908 年时，河南省基本实现各个州县均有一所，从事该项工作的教职员工有 355 人，学生数量为 4598 人。

河南师范教育中有一个值得注意的现象，即女子师范教育学堂的创办。1907 年，汝阳县和荥阳县分别创办了女子师范教育学堂。同年，李时灿等人发起成立女子师范学堂，定名为中州女学堂，次年正式招生。该女子师范学堂与男子师范学堂所教授的课程大同小异，取消了读经课，增设家事、裁缝、手艺和音乐 4 门课，以此突出女子教育的特性。

3. 实业教育

清末河南实业教育分为初、中、高三个等级，此外还有工艺学堂、艺徒学堂、实业师范学堂和专科学堂等类别，不同等级的实业教育各具特色。

初等实业学堂。河南初等实业学堂共分为 5 类，具体开办情况如下表所示：

表 6.4　清末河南初等实业学堂一览表

类别	学堂名称	创办地点	创办时间
蚕桑学堂	养蚕传习所	荥阳县	1902 年
	初级蚕桑学堂	南召县	1908 年
	蚕业讲习所	汜水县	1908 年
	初等蚕桑学堂	西平县	1911 年
商业学堂	商立第一初级学堂	汲县	1905 年
	民立商业初级学堂	南阳县	1902 年
农工实业学堂	初等农工实业学堂	舞阳县	1907 年
	崔庙镇农工实业学堂	荥阳县	1907 年
工业学堂	旅汴初等工业学堂	开封	1908 年
	初等工业学堂	开封	1908 年
	私立速成工业学堂	开封	1908 年
	工业学堂	西平县	1910 年
	官立初等工业学堂	通许县	1910 年
	速成工业小学堂	中牟县	1908 年
官立初级实业学堂	初级实业学堂	唐县	1910 年

清末河南初等实业学堂教育程度，基本与高等小学堂相同。由于该类学堂处于初创期，在具体操作中出现了诸多问题。1911 年，河南提学使司针对这种情况，规定初等实业学堂招收的正科学生，必须在初等小学四年毕业且有案可

查方有收入的资格，不得有丝毫通融，弄虚作假。而当时各地小学堂教育制度亦不甚完备，初等实业学堂的学制一般为 3 年，速成实业学堂的学制更短，有 1 年甚至半年者。

中等实业学堂。河南中等实业学堂在开封、禹州、荥阳、邓州、许昌等地均有创办。名称上有中等农业学堂、中等工业学堂、中等商业学堂、蚕桑中等实业学堂等。实业学堂开设的课程，因门类不同而各有所重。以蚕桑学堂为例，其学制为 3 年，教育程度相当于中学堂。开设的课程分为普通与专门两种，前者开设修身、中国文学、算学、历史、地理、博物、图画、物理、化学和体操等 10 门课程，后者开设养蚕、栽桑、制种、解剖、生理、病理、外语、实习、理财、制丝、气候和农学等 12 门课程。二者所学习的知识有较大差别，专门类凸显了专业教育的特殊性。蚕桑学堂还为学生提供实习场所，并购买所需要的实验仪器设备，如显微镜等，这与以往的土法养蚕大有不同，“嗣蚕桑学校兴，始渐改良”。学校注重理论与实践的有机结合，“学生实地练习，成绩甚佳。其毕业学生散归乡里，自育劝育，风气日开。是项利源从此有发达之望矣”[①]。

高等实业学堂。河南高等实业学堂以焦作路矿学堂的创办为代表。焦作路矿学堂是由英国福公司（PeKing Syndicate Limited）于 1909 年投资建立的，其主要目的是培养采矿、冶金、筑路等方面的专业人才。福公司的成立主要是为外国侵略者在中国内陆地区修筑铁路、开采煤矿等侵略活动服务，是侵略中国的英美财阀[②]中的重要一员。1898 年 6 月 21 日，福公司代表罗沙第与河南豫丰公司商董吴式钊签订了《豫丰公司与福公司议定河南开矿制铁以及转运各色矿产章程》（简称为《河南矿务合同章程》），共 20 条。此章程议定福公司在河南开采矿产的地理区域主要集中于“怀庆左右、黄河以北诸山各矿”。另外，章程第 13 条明确规定：“福公司于各矿开办之始，即于矿山就近开设矿务、铁路学堂，由地方官绅选取青年颖悟学生二三十名，延请洋师教授，以备路、矿因材选用。此项经费由福公司筹备。”[③]该章程经清政府批准后生效。后来由于义和团运动等种种原因，原定在河南开设的矿务学堂迟迟未得到落实。直到 1909 年 2

① 田金祺修，张登云纂：《重修汜水县志》卷七，民国十七年铅印本。

② ［日］萍叶登著：《侵略中国的英美财阀》，李公绰等译，生活·读书·新知三联书店 1956 年版，第 69 页。

③ 王铁崖编：《中外旧约章汇编》第 1 册，生活·读书·新知三联书店 1959 年版，第 770、772 页。

月,《河南交涉洋务局与福公司会议见煤后办事专条》再次明确开设路矿学堂的决定,且议定在"本年春季开办"。根据此项规定,焦作路矿学堂于3月正式创办,招收20名学生,由田程出任监督,总管学校一切事务。学堂主要开设"西文"和"西艺"课程,由李恒礼、哈瑞同等4名外籍教师和华人陈筱波担任教习,该学堂在教学内容、教育方法、学生管理等方面均效仿西方。焦作路矿学堂是近代中国创办最早的矿业高等学堂,对培养高级工程技术人才、发展实业起到了积极作用。

工艺学堂和艺徒学堂。河南共创办有7所此类型的学堂,分布在荥阳、河内、孟县、荥泽县、巩县回郭镇、禹州以及唐县。工艺学堂主要是教授具体的操作技艺,培养实用人才。如1906年创办的荥阳县公立工艺学堂,设置有染、织两个学科。每个学堂每年招生人数不同,如禹州速成工艺小学堂学额为41人,孟县公立工艺学堂学额40人等。艺徒学堂具有实业补习性质。至1910年,全省共有此类学堂9所,主要分布在开封、邓州、孟县、遂平、通许等地。

实业师范学堂。顾名思义,实业师范学堂的创办是为了解决实业学堂的师资匮乏问题,为实业学堂培养专门人才。全省实业师范学堂的创办情况如下表所示:

表6.5　清末河南实业师范学堂一览表

学堂名称	创办时间	创办地点	备注
旅汴工艺传习所	1908年	开封	学额80名
温县公立工艺教员讲习所	1908年	温县	学额46名,后改名为温县公立工业中等别科学堂
卫辉府蚕桑讲习所	1908年	卫辉	
开封农业传习所	1910年	开封	
开封蚕业讲习所	1911年	开封	

专科学堂。清末全省共有各类专科学堂6所,分别为开封官医学堂、东文普通学社速成医学堂、河南法政学堂、彰德法政学堂、河南公立体育专科学堂、河南测绘专科学堂。专科学堂主要是因时需要而设置,故大多皆有学习西学的要求,如医学堂延聘有西医以教授学生西方医学知识,体育学堂开设有教授瑞典式体操的课程,测绘学堂则需要学习英语等。这类学堂的学习内容主要根据其特点而设置,以河南法政学堂为例,其由河南巡抚林绍年1907年设立于开

封，主要为满足清政府预备立宪的需要。开办之初分正科、别科和讲习科三种。正科，“俟原有预科学生毕业后，即行增设正科，以期完备”，开设的课程有政治、法律两门，学生在入学之初选定，学制三年；别科，学制三年，内分为法律、经济二系；讲习科，学制一年半，分为三学期。①

清末河南的实业教育虽多以新学自居，教授的内容也确有新学，与以往传统书院教育不可同日而语，为近代河南实业发展起到了一定的历史作用，但实业学堂也同时存在着“教科简陋，已达到了极点”的弊端，选聘的教习也“多由请托，或系当道之同年，或系当道之旧好，蝇营狗苟，滥竽其间”，名不副实，存在选人不当的问题。此外，学堂教育中的陈腐内容仍为数不少，对学堂教育产生了诸多负面影响。

4. 社会教育

清末，为应对社会危机，增强统治与教化功能，清政府设置了各种形式的社会教育组织，包括半日学堂与半夜学堂、简易识字学塾。

半日学堂与半夜学堂。半日学堂是清末时期专门设立的旨在推行识字教育的一种教育机构，初设时间为 1904 年。半日学堂“专收贫寒子弟”，与其时创办的学堂招收的“多系富家子弟”形成鲜明对比，学生半日学习半日谋生。1906 年初，学部在全国推广半日学堂。同年，河南学务处颁布创办半日学堂的详细规定。河南学务公所任陈汝梅为稽查，在开封原瓣香书院试办半日学堂。该学堂为官立半日学堂，延聘 1 名教习作为专任教师，还有书识 1 名、夫役 2 名，共招收学生 60 名，主要是贫民子弟。入学堂学习的学生可以半日参加集体学习，半日各谋其业。为增加学生学习的灵活性，学堂设置了上午和下午两个班，学生可任选其一。随后，开封其他街区也开设了半日学堂，并附设了半夜学堂。这些学堂开设的课程有识字、习算、历史、地理等，每周 12 学时。与此同时，省内各地纷纷效仿，郑州、荥阳、汲县、林县、宝丰、太康、汝阳等地也开设了大量的半日、半夜学堂。据统计，1907 年时河南半日学堂有 15 所，学生 313 名；1908 年时有 50 所，学生 1184 名；1909 年时有 52 所，学生 1240 名。② 半日学堂与半夜学堂的经费来源主要有两种：官立半日学堂的经费由官府拨款；公立、私立半日学

① 《河南法政学堂改订章程》，《河南教育官报・本省学务报告》宣统元年（1909）第三十七期。

② 朱有瓛：《中国近代学制史料第二辑（上册）》，华东师范大学出版社 1987 年版，第 368~369 页。

堂经费一般是来自庙产。

简易识字学塾。这是清政府主导推行的一种普及教育的机构。最早提出创办简易识字学塾是在宪政编查馆所奏立宪九年预备单中，是为清末“宪政”做准备的，以期提高国民的文化水平。1909 年 10 月 28 日，河南奏请设立简易识字学塾。“国民程度，以识字人数多寡为衡，各项学堂课程繁重，凡贫窭子弟，以及年长失学急于谋生之人，难概施以完全教育。惟此简易识字学塾，既不必于科学相绳，更无待以程限相迫，实与半日、半夜等学堂相辅而行，举办较易为力。”①同年，开封率先筹办了 20 所。简易识字学塾上课时间分为上午、下午、夜间三种，学徒（凡入塾之人，皆名之曰学徒）可以自由选择。学塾使用的教材是由河南学务公所编辑的，内容主要是选择日常生活中使用频率较高的 1600 个字，由单字进入短句，待学部规定的教材发放之后，再统一使用。另外，学塾还对“新政”、学务、警务以及部颁章程等文件进行宣讲。为推广学塾，河南提学使司规定了奖励措施，如“公立或私立学塾至五所，经查实合法者，即由地方官奖给匾额；至十所者，由地方官详由本司奖给匾额”。简易识字学塾在河南各地迅速发展，1909 年时全省共创办 303 所，在校学生 8629 名；1910 年时激增至 2192 所，在校学生 47649 名；1911 年时是 2576 所，在校学生 48849 名。简易识字学塾有其时代局限性和落后性，但它为贫苦子弟提供了学习场所，推动了河南底层社会教育事业的发展。

此外，近代社会教育组织形式还有社学。据不完全统计，1840 年至 1905 年间，河南社学有 800 余所，实际数量当高于此数字。社学教育的内容主要是农桑种植以及宣讲《圣谕广训》。至清末，社学逐渐演化为教授儿童初级知识的场所。

5. 私塾改良

私塾，作为中国传统的初等教育形式，对知识传播起到了重要作用，人们对其存有极大的依赖心理。近代以来，社会矛盾与危机逐渐加深，新学迅速兴起，加之私塾自身的落后性，这些“合力”共同促使私塾教育与社会需求之间的不对称性逐渐凸显，私塾改良被提上日程。

---

① 《抚院吴奏请豫省筹设简易识字学塾办理情形折》，《河南教育官报》，宣统元年（1909）第五十八期。

清末,京师劝学所颁布《私塾改良办法》,清政府要求各省照此执行,积极调查所在地区私塾的数量、办学地址、学生人数、塾师情况、教材使用、环境卫生等基本情况,在调查了解的基础上,劝导私塾"争取改良"。为配合清廷颁布的办法,河南于1909年颁布《改良私塾章程》,对全省改良私塾做出了全面而系统的规定,省内的一些州、县,如郑州、开封、卫辉、商丘等,按照章程对境内的私塾进行了改良。《改良私塾章程》规定:改良私塾的宗旨是"化私塾为学堂,企教育之普及"。私塾改良过程中,遵循以下7个方面渐次开展:

(1)管理。负责私塾改良具体事宜的机关以各地劝学所为主,各地教育会为辅,二者协力操办此事,不再专门设置私塾改良会。私塾改良过程中所需经费由地方官和劝学所共同筹措,若劝学所经费充足,准许其拨款用作私塾改良,作为正常开销。

(2)调查。按照劝学所划定的区域分区调查,调查的内容包括:私塾种类(各种善会延师课贫寒子弟者、数家作东延师课其子弟者、东家延师课其子弟者、塾师自行设馆收附近子弟课之者)、学生数量、塾师的资格、塾师年俸、塾师地址及房屋大小。调查结果要详细上报劝学所。

(3)改良顺序。私塾改良顺序共分为三步:第一步是塾师入师范研究。课读经用新颁教授法,课国文用学部审定教科书。第二步是加课算学、体操。购置黑板、设讲台,学生面教师坐;按期举行年考期考。第三步是加课格致、历史、地理、修身,均用部定教科书,实行初等小学一切规则,甲、乙两种正名为公立小学,丙、丁两种正名为私立小学。

(4)劝导方法。私塾改良的不同阶段采取不同的劝导方法。调查结束后的劝导方法、第一步改良后的劝导方法、第二步改良后的劝导方法各有不同与侧重。

(5)考查。考查之事由劝学员负责,劝学员需要按期将本区私塾改良情况送劝学所,劝学总董、省视学均要择其中数处复查,以防徇私舞弊。第一步改良合格的私塾,劝学员上报劝学所,由地方官保护,同时开展其后两步的改良工作;第二步改良合格的私塾,禀地方官作为简易小学附属于本区初等小学;第三步改良合格的私塾,由劝学总董禀地方官颁给私立小学、公立小学等匾额。

(6)研究。研究分为职员研究和塾师研究两种。职员研究即是在遇到私塾改良重要事宜时,劝学所及教育会各会员研究相关办法,劝学所必须设立一研究所。塾师研究即是劝学所召集各塾师研究一切改良教授等方法,塾师研究分为三种:一是夜班研究,二是星期研究,三是暑假研究。城镇人口稠密、私塾数量在十余所以上的地方,应该设立一个研究所,在每天晚上授课完毕后,各塾师到研究所学习。城镇人口稀疏、私塾数量较少的地方,须集中附近数里之内的塾师到研究所共同开展研究,研究方式则选用星期研究。其他私塾数量甚少的地方,须召集数十里范围内的塾师共同研究,研究方法则选用暑假研究。研究分为两期,第一期是讲解教授法、管理法、算术、体操,第二期是讲授历史、地理、格致、修身。若两期考试均合格,塾师会授予合格证书。

(7)期限。改良章程颁布后2个月内,各区一律完成调查;5个月内必须实行第一步改良;1年内必须实行第二步改良;2年内必须实行第三步改良。各区要严格执行此时间节点。

改良后的私塾,在教育内容、教授方法上都有较大改观,起到了补充学堂教育的积极作用,其实质上是"初等教育的近代化"①。据统计,至1911年9月,全省改良私塾数量达到3247所,占当时全部私塾数量的10%。直到新中国成立初期,随着教育水平的提升,私塾才逐渐淡出教育舞台。

6. 留学教育

中国留学教育以1847年容闳等人赴美留学为开端,其后有升有降,总体上有所发展,在清末新政期间出现高潮。河南地处内陆,留学教育略晚于沿海发达地区。光绪二十七年(1901),河南巡抚锡良选派了4名在乡试中未中榜者留学日本,政府为每人提供250两白银,这是河南官派出国留学的先河。1902~1904年间,河南共选派31名学生赴日本留学。1905年,在李时灿等人的努力下,河南政府决定选派一批留学生赴日本求学,最终确定此次留学生数量为120人。1906年,河南从原振武学堂中选择50名优秀学生到日本学习陆军,进入日本各军事学校。总体而言,河南留学教育与沿海地区相比差距甚大。据1908年统计,河南在日本留学生有96人,其中官费者76人,自费者20人。这些留学生中学习普通者64人,速成师范科者29人,警察科者11人,农科者1人,体育科者1人。此后,河南留学教育逐渐走向成熟,尤其是到了民国时期,河南留学欧美预备学校的建立,为河南留学教育开辟了新天地。

---

① 田正平、杨云兰:《中国近代的私塾改良》,《浙江大学学报》(人文社会科学版)2005年第1期。

留学教育的兴起,为河南落后的教育带来了生机与光明,使一批先进的知识分子接受到了新式教育的洗礼,新理念、新思想、新文化不断输入河南。尽管河南留学教育不尽完美,但它推动了河南传统教育体系的瓦解,为河南新式教育事业的发展指明了方向。

(二)行政机构的设置

清代河南教育行政机构以提督学政为最高机关,也即是俗称的学院。在兴办学堂浪潮的推动下,光绪二十八年(1902),河南大学堂成立,它兼办全省学务;光绪三十一年(1905),科举制度被废除,原提督学政也就失去了存续的根基,代之以学务公所行使其职能。次年,学务公所被撤,提学使司成立,孔祥霖任提学使。其后,提学使司建立其办事机构,即学务公所,李时灿任议长,掌管全省学务。

河南学务公所内设置议长1人,议绅4人,省视学6人,内分六课,每课设课长1人,副课长1人,课员、书记、司事、公役若干。六课具体负责相关事宜,分工如下:(1)总务课承担本公所所有事宜,如职员进退委派事、文牍接受发递分布事、本司印信监视事、重要机密事、所有学务会议事、聘用外国教员订立合同事、所有学务褒赏事等17项。(2)专门课掌管关于专门教育的各项事宜,如京师大学堂中本省学生事、考查审定本省高等学堂事、考查审定各种专门学堂事、学术技艺调查事、各种专门学堂课程规定事、调查专门教育成绩事、派遣学生出国游学事、游学章程规定事等12项。(3)普通课掌管关于普通教育的各项事宜,如考查审定优级初级师范学堂及优级选科师范传习所事、考查审定各属劝学所教育会研究会宣讲所事、考查审定通俗教育家庭教育事、学龄儿童就学事、教育品陈列及展览事等10项。(4)实业课掌管关于实业教育的各项事宜,如考查审定农工商各实业学堂事、实业学堂补助事、实业教员讲习所事、实业补习普通学堂事、艺徒学堂事、调查实业成绩事等6项。(5)图书课掌管关于图书的各项事宜,如各种学堂教科书参考书编纂翻译事、教科书及图表审查事、本公所公文书报翻译事、各种学堂讲义集录事、本公所储备图书管理保存事、各种图书印刷事、图书公报阅览组织事、考察图书馆及博物馆事等9项。(6)会计课掌管关于教育经费的各项事宜,如本公所及所属各学堂预算决算事、本公所收入及支出事、所属各学堂会计调查事、所属各学堂经费报告综核事、所属报销学费核办奖叙事、各种教育经费表簿制造事、本公所建筑物器具消耗品之营缮修理购置事、本公所经营之官有财产及物品事等 13 项。

1906 年,河南根据学部要求,于各府、厅、州、县设置劝学所,这是各级地方的教育行政机构。[①] 劝学所总管全区学务,所内设置劝学总董 1 名兼充县视学,劝学员 2 名,职员 2 名,以推广学务为其主要职责,提学使负责督导此事。据统计,至 1908 年时,河南全省共设置有劝学所 99 所,有总董 99 人,劝学员 945 人,经费 31644 元。1911 年,劝学所改总董为劝学员长仍兼县视学。1914 年,裁撤劝学所所内一切职务,改由县视学担任。1923 年,教育厅通令各县裁撤劝学所,设立教育局,为县级地方教育总机关。如林县教育局就是于当年 10 月成立的,教育局设局长 1 名,事务员 4 名,董事 70 名,学区学务委员 10 名。[②]

为适应新式教育的发展,各县逐渐成立了研究教育机关——县教育会,教育会设有会长、副会长、会员等职位。河南境内的县教育会成立较早的是林县教育会。林县知县联合县里的开明士绅,以全副精神提倡教育,在劝学所未成立时,即以此会为学务总枢纽,县中学校教育款多由此时规定。教育会有正、副会长各 1 名,书记 3 名,宣讲员 2 名,会员不定,成立时只有 20 余人,后逐渐增加,宣统年间达到 200 人,经费最初由会员捐献,后于学款中拨钱二百千;民国初年,因款项不继,会遂中断。[③]

河南省教育总会于 1907 年在开封成立,会址位于明道书院内。河南省教育总会以“集思广益,补助教育行政,联络各属劝学所、教育会,图教育普及”为宗旨。教育总会设置有会长 1 人、副会长 1 人,会员、书记、会计、名誉会员等人数根据实际需要设置,名额不定,各个职位权责明确;其中,会长、副会长需要由会员公推,并禀明提学使,任期 3 年;后经过公推,李时灿任会长,郑恩贺为副会长。教育总会担任的职责有 5 个方面:(1)研究教育。(2)推广学务。(3)联络声气,各县劝学所、教育会未设立的,依法帮助其设立;已经设立者,由总董会调查本区学务,报告本会。(4)振兴实业。(5)讲求地方自治,当下自治之法未能实施,但可为自治做准备,如设戒烟会、天足会、宣讲所等。教育总会于每年假

---

① 河南各地劝学所基本于 1906 年及以后一段时间成立,但尉氏县劝学所较特殊,于 1905 年 10 月就已成立。

② 王泽溥修,李见荃纂:《林县志》卷七,民国二十一年石印本。

③ 王泽溥修,李见荃纂:《林县志》卷七,民国二十一年石印本。

期内召开一次全体大会。

河南省根据学部1909年颁布的《视学官章程》要求，结合本地实际，制定了《河南视学简章》，把河南全境分为6个视学路，各视学路管辖的区域如下：(1)开封、郑州。(2)彰德府、卫辉府及怀庆东路五县。(3)陈州府、归德府。(4)许州、汝宁府、光州。(5)河南府、陕州及怀庆府的河内、济源、孟县。(6)南阳府、汝州、淅川厅。视学员对各属学堂严格考察，还未设立者要设法兴办，已经设立者要不断完善。对学堂的课程规则、教员管理、教室光线、桌凳尺寸、学生饭食、经费使用等方面都要检查，结果需填写表册，每县一册，在表的最后评定出上、中、下三等，并提出下一步的改进意见。

（三）教育宗旨的厘定

清末教育宗旨演变分为萌芽期、过渡期、形成期三个时期，分别以洋务运动时设立学堂的宗旨、维新运动时期设立学堂的宗旨、“新政”时期的教育宗旨为标志。三者之间既有所承袭，又有所革新。1900年，李时灿等创设经正书院时就明确表示其办学指导思想是“中体西用”，这可以说是河南新式教育宗旨的初步厘定。1904年，清廷颁布《学堂章程》，第一次明确表述了各级学堂应遵奉的教育宗旨，即“以忠孝为本，以中国经史之学为基，俾学生心术一归于纯正，而后以西学瀹其智识，练其艺能，务期他日成材，各适实用，以仰副国家造就通才、慎防流弊之意”①。河南省各级学堂亦是以此为立学宗旨。1905年，科举考试废止，新式学堂加速发展。1906年，河南省学务公所在其章程中指出：“本公所以学部奏定之忠君、尊孔、尚公、尚实、尚武，各条为宗旨。”②此教育宗旨一直延续至清朝覆灭。中华民国成立后，教育理念逐渐现代化，教育宗旨与西方国家趋同。

---

① 〔清〕端方撰：《大清光绪新法令》第七类《教育一》，清宣统上海商务印书馆刊本。

② 河南省教育志编辑室编：《河南教育资料汇编　清代部分》，河南省教育志编辑室1983年，第115页。

结语

河南古代书院整体发展水平处于全国领先地位，受自然环境和社会政治、经济、文化等因素的影响，在时空分布上呈现明显的差异化特征。自宋代以后，河南书院中州理学特色鲜明，与中原著名学人、思想学派发展高度融合。河南书院的发展兴盛，得益于政府的倡导、民间社会各阶层的支持与良性互动。从历史上看，河南书院对振兴地方文教、移易民风民俗、促进社会发展等，均产生了积极而深远的影响。

书院创建者多为官员士绅，而主讲书院者多为名师宿儒。那些在河南兴办书院的外省籍官员，以及被聘主书院讲席的外省籍名儒，对历史上河南书院的发展繁荣功不可没。同时，也有很多河南人在外地为官或掌教书院，他们发扬中原优良传统，广建书院，兴学育才，促进当地文教事业发展。明代许昌人王翊任四川保宁同知，创建锦屏书院，“作兴士类，后以科名显者甚众，有文翁化蜀之风”[①]。清代武陟人宋尚文，性醇笃，居家孝友，出任直隶赤城知县，“赤城僻处关外”，“文风颇陋，百余年无秋捷者，则为之创立书院，丰给膏火，延名宿主讲，士习大振”。[②] 可以说，我国古代书院发展史，也是一部区域文化传播、交流与融合史。

书院的发展兴盛，与国家社会稳定、经济繁荣密切相关。纵观千余年来我国古代书院的发展历程，其演变及影响因素约略可以概括如下：

第一，书院的兴起：一是私学传统根基深厚；二是官学教育和政府图书机构的文化传承；三是印刷术的发明与书籍数量的增长；四是士子对行修与学术的内在追求；五是对禅宗开坛布道和寺田运行模式的借鉴；六是名儒讲学的规模化与制度化。

---

① 王秀文修，张庭馥纂：《许昌县志》卷十二《人物中・仕达》，民国十二年石印本。

② 〔清〕史延寿修，王士杰纂：《续武陟县志》卷十六《耆旧传》，民国二十年刊本。

第二,书院的发展与兴盛:一是弥补官学教育不足与缺失;二是学者的传道观念与文化使命;三是理学的发展与传播;四是官方的倡导与支持;五是民间社会力量的积极参与;六是科举取士与士子进身之道。

第三,书院的衰落与消亡:一是名师代谢,书院常有,而名师不常有;二是民间书院经费缺乏保障;三是书院官学化弊端及僵化;四是书院教育科举化;五是"西学东渐"后传统书院教育与时代脱节;六是清末书院改制。

传统书院与学校相比,实有其独特性。清人李元振《南阳书院记》云:"夫书院之设,与学校相为表里,而又以补助其不及,所以自宋以来,有天下国家者,无不共重于斯焉。学校之士必出乎学使者之所甄拔,盖皆其已隶于庠序者,而又有府州县之别,士不得逾越而入焉;若书院,则凡九州四海之士,与夫嗜古积学不求荣达者,无不与也。学校之治,士子任择一经而共治四书,大比之岁,以三场之法试之;若书院,则凡谈道讲艺、著书立说、研究乎天人性命之理者,业无分仕隐,咸得优游于其中焉。"①

古代书院既有诸多优良传统,也有不断滋生的弊病。1937 年,罗季龙从书院的精神内核和师生表现总结了书院制度的五利五弊。五利:自由研究精神,提倡不遗余力,近代学术因以发扬,此利之首也。师生感情融洽,朝夕研讨,尊师重学之风因以养成,此利之次也。广收生徒,不以贫富而异教,卒以人文蔚起,学者辈出,此利之三也。宏奖著述,以资策励,集合群力,从事编纂,因而流传古籍,辨章学术,此利之四也。讲求律己治人之法,竞诵格物致知之论,重修养、尚品格,经千年科举荣利之劫,学风不靡,此利之末也。五弊:山长滥竽充数,不问品学,书院内容,日益败坏,此弊一也。士子以儇薄相高,以浮夸相尚,动辄滋事,日益嚣张,此弊二也。多课时文帖括,无裨实用,徒为科举预备,渐失学术精神,此弊三也。学生注意膏火,志趣卑陋,动辄计较锱铢,忿争攻讦,剽袭冒名,大雅扫地,此弊四也。借书院为纳交声气之地,觞酒酬酢,庆贺往还,游荡门外,招摇市中,尤不肖之甚,贻羞学界士林,此弊五也。上述弊端,无疑是阻碍书院发展,甚至是拖垮书院的巨大消极因素。他希望"寓书院精神于学校形式之中,取所长而弃所短,杜其弊而存其利,则是书院制度而又助于中国教育前途

① 〔清〕李元振:《南阳书院记》,〔清〕朱璘纂修:《南阳府志》卷六《艺文志上》,清康熙三十三年刊本。

者,庶乎不致发生削足适履之弊也”[①]。“昔时之书院注重在少数人才,较现在之学校注重在普通国民者,为有异耳。”[②]对于历史上传统书院与学校教育的差异性,理应予以客观对待。

清末新政,“废科举设学堂,为数千年来教育之大改革”[③]。然而,一刀切式的书院改制政策,失之于简单武断,反映出近代西方强势下国人的一种深层文化自卑心理,对后世影响巨大。民国时期,社会上出现了对传统书院教育和西方教育体制的反思。《汜水县志》撰者称:“书院制系明清以来课士之地,虽科第时代竞尚词章,然昔贤作育人才之意不可没也。自海禁大开,环球交通,知墨守古训不足以应世变,于是注重科学,而我邑龙山书院亦于光绪末叶改为高等学校,莘莘学子可不奋然兴起,思为国家光乎!”[④]蔡衡溪在《从历代教育变迁中看出教育演进之自然连环性》一文中认为,教育制度具有连环性,宋代书院制可称为我国最早的有系统的教育制度,自鸦片战争后,国人模仿外洋各国兴办新式教育,“从此一改其旧有之教育制度,而变为新式学校之设立”,然“至今日学校教育发达之结果,乃竟致一般教育家大感不满”。一是“以为中国现行之学校制度自外表观之似已无美不备,而其实际全系由外洋移置得来,与中国社会背景根本不合,致造出一般人才根本不为中国社会所用”。二是“以中国国民经济力而论,实属大为不合,因而唯有少数资本家之子弟可以就学,一般国民根本不能问津”。三是“自改行新教育制度而后,师生间的关系完全为商业的教师之教学也,为生活而贩卖知识学生之求学也,亦以代价而购买知识。故师生不独如路人,并且以利害问题而成寇仇”。因而“主张将已有之学校制的形式完全打破,而以乡县省酌量设立图书馆、科学馆、体育馆等以资代替”。[⑤] 1933 年,张继等筹建新乡河朔图书馆,“同人深感今日学校制之弊病,有阻碍平民上进,且抹煞学生个性,拟采旧日书院制之优点,另行组织,使之与现代潮流相适应。惟为财

① 罗季龙:《中国书院制度之研究》,民国二十六年(1937)国立武汉大学哲学教育系毕业论文。转引自王洪瑞:《清代河南学校教育发展的时空差异与成因分析》,陕西师范大学博士学位论文,2007 年,第 5 页。

② 阮藩济修,宋立梧纂:《孟县志》卷五《教育》,民国二十一年刊本。

③ 王泽溥修,李见荃纂:《林县志》卷七《教育》,民国二十一年石印本。

④ 田金祺修,张登云纂:《汜水县志》卷二《建置志 · 书院》,民国十七年铅印本。

⑤ 蔡衡溪:《从历代教育变迁中看出教育演进之自然连环性》,〔民国〕郑康侯修,朱撰卿纂:《淮阳县志》,《淮阳文征 · 内集》,民国二十三年铅印本。

用所限,暂以图书馆为基点,而以恢复旧日书院制之精神为归宿”[1]。此举有着深刻的社会心理与时代背景,在一定程度上可以说是对传统的回归和超越。

综合来看,古代书院的衰落消亡,客观上是传统学术思想的僵化、式微,书院官学化、科举化,西方教育思想制度传入,以及清末新政改革等多种因素共同作用的结果,也是社会演进的一种历史趋势。从书院内因讲,主要存在传统教学内容与时代脱节,教学模式难以满足大众化需求等问题。值得注意的是,“延至清代,尽管书院的主体部分是考课式书院,服务于时文帖括,但书院本身依然是所在地区汇聚士人的中心,而主持者也多是知名度较高的学者。在没有讨论会和公共刊物等学术平台的时代,无疑仍会起到交流传播学术成果的作用,且对于学派、学风的形成有促进之功”[2]。传统书院的民间属性,砥砺品性、创新学术的功用,以及自由的学风和精神,都是可以穿越时空的存在,具有永恒的价值。在新的时代,书院教育仍有旺盛的生命力,仍有较大的发展空间。这是值得期待的,也是可以预见的。

---

① 《豫北筹设伟大之河朔图书馆》,《申报》1933 年 4 月 26 日。

② 刘玉才:《清代书院与学术变迁研究》,北京大学出版社 2008 年版,第 2~3 页。

附录

一、河南历代书院一览表①

朝代	地区		书院名	创建/重修时间	创建/重修者	资料来源	备注
	路府州	州县					
唐	河南府	洛阳	丽正书院	开元十二年		《新唐书》卷四十七《百官志二·集贤殿书院》	
			集贤书院	开元十三年		《新唐书》卷四十七《百官志二·集贤殿书院》	原丽正书院
五代	河南府	洛阳	龙门书院			《宋史》卷三百六《张去华传》	
		登封	太乙书院	后周		〔清〕汪楫:《嵩阳书院碑记》,张圣诰修:《登封县志》卷十《艺文志》,清康熙三十五年刻本	后称太室、嵩阳书院
宋	河南府	登封县	太室书院	至道二年		〔宋〕王应麟:《玉海》卷一百六十七《嵩阳书院》,清光绪九年浙江书局刊本	赐院额
			嵩阳书院	景祐二年		〔宋〕王应麟:《玉海》卷一百六十七《嵩阳书院》,清光绪九年浙江书局刊本	重修太室书院,诏为嵩阳书院
			颍谷书院	崇宁年间		〔明〕邹守愚修,李濂纂:《河南通志》卷十六《学校》,明嘉靖三十五年刻本	
		洛阳县	同文书院			〔清〕施诚修,裴希纯纂:《河南府志》卷六十七《古迹志·书院》,清同治六年刻本	
		伊阳县	和乐书院		张齐贤	〔清〕康基渊纂修:《嵩县志》卷十六《学校》,清乾隆三十二年刊本	
			伊皋书院	元丰年间	程颐	嵩县程村二程祠文彦博复简碑文,参见申利《文彦博年谱》,巴蜀书社2011年版,第261页	

① 参见王洪瑞:《河南书院地理初探》,陕西师范大学研究生学位论文2000年,第8~26页。

续表

朝代	地区		书院名	创建/重修时间	创建/重修者	资料来源	备注
	路府州	州县					
宋	邓州	穰县	贾状元书院	北宋	贾黯	罗松宸:《南阳历代书院发展概述》,柳玉东、张晓刚主编:《继往开来》,三秦出版社 2014 年版,第 146 页	
	应天府	宋城县	应天府书院	大中祥符二年	曹诚	〔宋〕王应麟:《玉海》卷一百六十七《应天府书院》,清光绪九年浙江书局刊本	大中祥符二年赐院额
			范文正公讲院			〔清〕刘德昌修,叶沄纂:《商丘县志》卷三《学校》,民国二十一年石印本	
	开封府	扶沟县	明道书院		程颢	〔清〕七十一修,郝廷松纂:《扶沟县志》卷六《学校》,清乾隆二十七年刻本	后为明道先生祠
	蔡州	上蔡县	显道书院	北宋末		〔明〕邹守愚修,李濂纂:《河南通志》卷十六《学校》,明嘉靖三十五年刻本	
金	彰德府	林虑县	黄华书院		学士王庭筠	王泽溥修,李见荃纂:《林县志》卷七《教育》,民国二十一年石印本	
元	河南府路	洛阳县	同文书院			〔明〕胡谧:《伊洛书院记》,〔清〕龚嵩林修,汪坚纂:《重修洛阳县志》卷十五《艺文四》,清乾隆十年刊本	
		登封县	颍谷书院	至元五年	温格非	〔元〕王沂:《颍谷书院记》,〔明〕邓南金修,李明通纂:《登封县志》卷七,明隆庆三年刻本	
		巩县	嵩洛书院		左司郎中张惟敏	〔元〕《创设嵩洛书院文牒》,杨保东修,刘莲青纂:《巩县志》卷二十《丛载》,民国二十六年刊本	
			河洛书院		谯国公曹铎	〔清〕李述武修,张紫岘纂:《巩县志》卷十五《古迹志上》,清乾隆五十四年刻本	
		永宁县	洛西书院	至正元年	薛友谅	〔明〕邹守愚修,李濂纂:《河南通志》卷十六《学校》,明嘉靖三十五年刻本	

续表

朝代	地区		书院名	创建/重修时间	创建/重修者	资料来源	备注
	路府州	州县					
元	南阳府	南阳县	诸葛书院	皇庆元年	河南平章何玮创建	〔清〕潘守廉修,张嘉谋纂:《南阳县志》卷六《学校》,清光绪三十年刊本	
		穰县	李氏书院			〔明〕潘庭楠纂修:《邓州志》卷十六《人物列传》,明嘉靖刻本	郡大姓李氏,集书万卷,建书院
		卢氏县	伊川书院	延祐三年改建	炮手军总管克烈士希	〔元〕薛友谅:《敕赐伊川书院碑记》,〔清〕施诚修,裴希纯纂:《河南府志》卷八十四《艺文志》,清同治六年刻本	原宋伊皋书院
	彰德路	安阳县	缑山书院	至正元年	河南部使者	〔元〕许有壬:《至正集》卷四三《缑山书院记》,清文渊阁四库全书本	纪念缑山先生杜瑛
	卫辉路	辉州	共山书院	延祐四年创建	张思明	〔元〕柳贯:《柳待制文集》卷十六《共山书院藏书目录序》,四部丛刊景元本	
			雪斋书院	至正间创建		〔元〕许有壬:《圭塘小稿》卷六《雪斋书院记》,清文渊阁四库全书本	
	怀庆路	河内县	鲁斋书院	至元间创建		〔元〕许有壬:《至正集》卷四三《鲁斋书院记》,清文渊阁四库全书本	
	汴梁路	阳翟县	儒林书院	延祐三年	杨可道	〔明〕邹守愚修,李濂纂:《河南通志》卷十六《学校·贡院书院》,明嘉靖三十五年刻本	
		长社县	颍昌书院		冯梦周	〔元〕郑元祐:《侨吴集》卷九《颍昌书院记》,清文渊阁四库全书本	
	归德府	永城县	浍滨书院		县尹张思立创建	〔明〕郑礼纂修:《永城县志》卷二《营建志》,明嘉靖刻本	
	汝宁府	光山县	涑水书院	至治三年创建	县侯帖木儿不花创建	〔元〕王纬:《涑水书院记》,〔明〕沈绍庆修,王家士纂:《光山县志》卷三《建置志》,明嘉靖刻本	

续表

朝代	地区		书院名	创建/重修时间	创建/重修者	资料来源	备注
	路府州	州县					
明	开封府	祥符县	丽泽书院		提学副使刘昌创建	〔明〕宋伯华修,朱睦㮮、曹金纂:《开封府志》卷十《学校》,明万历三十年刻本	
			大梁书院	成化十五年	都御史李衍	〔明〕宋伯华修,朱睦㮮、曹金纂:《开封府志》卷十《学校》,明万历三十年刻本	原丽泽书院徙建
			二程书院			〔清〕张淑载修,鲁曾煜纂:《祥符县志》卷五《建置志·书院》,清乾隆四年刻本	即旧大梁书院
			游梁书院	万历三十一年	巡方御史方大美	〔清〕张淑载修,鲁曾煜纂:《祥符县志》卷五《建置志·书院》,清乾隆四年刻本	
			崇正书院			〔清〕张淑载修,鲁曾煜纂:《祥符县志》卷五《建置志·书院》,清乾隆四年刻本	
			东坡书院			〔清〕张淑载修,鲁曾煜纂:《祥符县志》卷五《建置志·书院》,清乾隆四年刻本	
		陈留县	有莘书院			〔明〕宋伯华修,朱睦㮮、曹金纂:《开封府志》卷十《学校》,明万历三十年刻本	
		通许县	育英书院	成化十八年	知县程巽	〔明〕韩玉纂修:《通许县志》卷上《城池》,明嘉靖刻本	提学吴书匾曰育英
			咸平书院	万历三十五年	知县潘文	〔清〕阮龙光修,邵自祐纂:《通许县志》卷二《建置志·学校》,民国二十三年重印本	原育英书院
		尉氏县	蓬池书院	嘉靖二十年	知县韩志仁	〔明〕曹嘉:《兴修蓬池碑》,〔明〕曾嘉诰修,汪心纂:《尉氏县志》卷五《词翰类》,明嘉靖刻本	
		郑州	天中书院	崇祯年间	知州鲁士任创建	周秉汇修,刘瑞麟纂《郑县志》卷三《建置志·学校》,民国二十年重印本	

续表

朝代	地区		书院名	创建/重修时间	创建/重修者	资料来源	备注
	路府州	州县					
明	开封府	延津县	莲塘书院	嘉靖年间	邑绅高仁山创建	〔清〕王士俊等修:《河南通志》卷四十三《学校下》,清文渊阁四库全书本	
			育英书院			〔明〕宋伯华修,朱睦㮮、曹金纂:《开封府志》卷十《学校》,明万历三十年刻本	
			廪延书院	嘉靖元年	知县张旂	〔明〕张瑾:《创修廪延书院记》,〔明〕刘元会修,李戴纂:《延津县志》卷四,明万历二十六年刻本	
		封丘县	崇正书院	嘉靖二十一年	知县文大才创建	姚家望修,黄荫楠纂:《封丘县续志》卷七《教育志·书院》,民国二十六年铅印本	
		荥泽县	人龙书院	崇祯二年	知县庞杰创建	〔清〕王士俊等修:《河南通志》卷四十三《学校下》,清文渊阁四库全书本	
		汜水县	聚奎书院	嘉靖年间	知县颜芳创建	田金祺修,张登云纂:《汜水县志》卷二《建置志·书院》,民国十七年铅印本	
		许州	西湖书院	嘉靖十三年	判官刘隅	〔明〕张良知纂修:《许州志》卷四《学校志·书院》,明嘉靖刻本	
			德星书院	嘉靖三十一年		〔明〕宋伯华修,朱睦㮮、曹金纂:《开封府志》卷十《学校》,明万历三十年刻本	

续表

朝代	地区		书院名	创建/重修时间	创建/重修者	资料来源	备注
	路府州	州县					
明	开封府	禹州	儒林书院	嘉靖七年	知州刘魁复建	车云修,王棽林纂:《禹县志》卷八《学校志》,民国二十年刊本	
			西溪书院	嘉靖年间	州人户部侍郎任洛创建	车云修,王棽林纂:《禹县志》卷八《学校志》,民国二十年刊本	原太平庵,后复为庵
			犅山书院	嘉靖十三年	州人张鲲	车云修,王棽林纂:《禹县志》卷八《学校志》,民国二十年刊本	本清凉寺,后复为寺
			仙棠书院	嘉靖十一年	知州刘魁改建	车云修,王棽林纂:《禹县志》卷八《学校志》,民国二十年刊本	本无量寺,后复为善财寺
			东峰书院	嘉靖十一年	知州刘魁创建	车云修,王棽林纂:《禹县志》卷八《学校志》,民国二十年刊本	后废为寺
			白沙书院	嘉靖十一年	知州刘魁改建	车云修,王棽林纂:《禹县志》卷八《学校志》,民国二十年刊本	本兴国寺
			颍滨书院	万历二十二年	知州史邦载	车云修,王棽林纂:《禹县志》卷八《学校志》,民国二十年刊本	始于嘉靖知州刘魁移建颍亭、如斯堂、万古清流坊
		陈州	知德书院	嘉靖七年	御史谭缵	〔清〕王清彦修,莫尔漼纂:《续修陈州志》卷一《书院·亭台》,清康熙三十四年刻本	
			四科书院	万历初	兵宪计坤亨	〔清〕王清彦修,莫尔漼纂:《续修陈州志》卷一《书院·亭台》,清康熙三十四年刻本	原知德书院
			思鲁书院	万历二十九年	按察使徐即登	〔清〕王清彦修,莫尔漼纂:《续修陈州志》卷一《书院·亭台》,清康熙三十四年刻本	原四科书院
			崇正书院	万历二十九年	按察使徐即登	〔清〕王清彦修,莫尔漼纂:《续修陈州志》卷一《书院·亭台》,清康熙三十四年刻本	初为厄台
			洁己书院	崇祯六年	睢陈兵备道张鹏翀创建	〔清〕陈梦雷辑:《古今图书集成方舆汇编职方典》卷三百七十四《开封府学校考》,清雍正铜活字本	

续表

朝代	地区		书院名	创建/重修时间	创建/重修者	资料来源	备注
	路府州	州县					
明	开封府	陈州	与言书院	崇祯九年	睢陈兵备道张鹏翀	郑康侯修,朱撰卿纂:《淮阳县志》,《淮阳文征・外集》,民国二十三年铅印本	
			草书院	万历初		〔清〕王清彦修,莫尔漼纂:《续修陈州志》卷一《建置》,清康熙三十四年刻本	原里甲营
		太康县	连城书院			〔清〕武昌国修,胡彦升纂:《太康县志》卷二《建置》,清乾隆二十六年刻本	
		鄢陵县	宏仁书院	万历四十年	知县张舜典创建	〔清〕何萼联修,洪符孙纂:《鄢陵县志》卷九《学校志》,清道光十三年刻本	
			尊文书院	嘉靖年间	邑人陈棐	〔明〕陈棐:《鄢陵陈氏尊文书院事状》,〔民国〕靳蓉镜修,王介纂:《鄢陵县志》卷十二《教育志》,民国二十五年铅印本	
		襄城县	紫云书院	成化四年	襄城人浙江按察使李敏	〔明〕刘健:《敕赐紫云书院碑记》,〔清〕汪运正纂修:《襄城县志》卷十《艺文》,清乾隆十一年刻本	成化十年赐额
			三贤书院	万历年间	知县李光先创建	〔清〕佟昌年原修,陈治安增修:《襄城县志》卷二《建置志》,清康熙增刻本	
			汝南书院	万历四十六年	知县谭性教创建	〔明〕谭性教:《汝南书院记》,〔清〕佟昌年原修,陈治安增修:《襄城县志》卷八《艺文志》,清康熙增刻本	
		仪封县	饮泉书院	明中叶		〔清〕张伯行:《正谊堂续集》卷六《请见书院记》,清乾隆刻本	盖因孔子饮泉遗迹
		扶沟县	明道书院	嘉靖二十五年	知县陈辂创建	〔清〕陈梦雷辑:《古今图书集成方舆汇编职方典》卷三百七十四《开封府学校考》,清雍正铜活字本	

续表

朝代	地区		书院名	创建/重修时间	创建/重修者	资料来源	备注
	路府州	州县					
明	河南府	洛阳县	伊洛书院	成化中	提学吴伯通	〔清〕龚嵩林修,汪坚纂:《重修洛阳县志》卷五《学校》,清乾隆十年刊本	
			瀍东书院	崇祯年间	贡士郭永固	〔清〕龚嵩林修,汪坚纂:《重修洛阳县志》卷五《学校》,清乾隆十年刊本	
			望嵩书院			〔清〕龚嵩林修,汪坚纂:《重修洛阳县志》卷五《学校》,清乾隆十年刊本	
		偃师县	两程书院	万历年间	知县吕纯如	〔清〕陈梦雷辑:《古今图书集成方舆汇编职方典》卷四百三十一《河南府学校考》,清雍正铜活字本,〔清〕汤毓倬修,孙星衍、武亿纂:《偃师县志》卷十一《名宦传》,清乾隆五十四年刊本	亦称二程书院
			首阳书院			〔清〕汤毓倬修,孙星衍、武亿纂:《偃师县志》卷二《地理志下》,清乾隆五十四年刊本	
		登封县	嵩阳书院	嘉靖七年	知县侯泰	〔明〕邓南金修,李明通纂:《登封县志》卷三《学校》,明隆庆三年刻本	嵩阳宫故址
			少室书院	正德二年	知府沈文华创建	〔明〕傅梅:《嵩书》卷三《卜营篇·书院九》,明万历刻本	毁淫祠
			南城书院	嘉靖末	知县刘汝登创建	〔明〕邓南金修、李明通纂:《登封县志》卷三《学校》,明隆庆三年刻本	
			存古书院	万历三十九年	知县傅梅创建	〔明〕傅梅:《嵩书》卷三《卜营篇·书院九》,明万历刻本	将二室诸断碑残碣甃置四壁,名存古

续表

朝代	地区		书院名	创建/重修时间	创建/重修者	资料来源	备注
	路府州	州县					
明	河南府	巩县	城中书院	万历年间	知县程宇鹿创建	杨保东修,刘莲青纂:《巩县志》卷九《民政志·学校》,民国二十六年刊本	
		新安县	芝泉书院	天启四年	吕维祺	〔明〕吕维祺:《明德堂文集·明德先生文集》卷二十三《芝泉书院会纪》,清康熙二年吕兆璜等刻本	
			川上书院			李庚白纂修:《新安县志》卷八《教育·书院》,民国二十七年石印本	孟化鲤讲学处
		嵩县	伊川书院	永乐十四年		〔明〕邹守愚修,李濂纂:《河南通志》卷十六《学校》,明嘉靖三十五年刻本	
		永宁县	洛西书院	宣德二年	河南按察使刘咸	〔明〕敖衡:《重修洛西书院碑记》,〔清〕张楷纂修:《永宁县志》卷七《政事部·书院》清乾隆五十五年刻本	
		阌乡县	三希书院	万历年间	知县黄之士创建	〔清〕张三省修,杜允中纂:《阌乡县志》卷二《古迹》,清康熙五年增刻本	
		渑池县	正学书院	崇祯年间	巡按李暄	陆绍治修,上官骏谟纂:《渑池县志》卷七《教育·书院》,民国十七年刻本	

续表

朝代	地区		书院名	创建/重修时间	创建/重修者	资料来源	备注
	路府州	州县					
明	汝州	汝州	二程书院	正德元年	知州王雄	〔明〕邹守愚修,李濂纂:《河南通志》卷十六《学校》,明嘉靖三十五年刻本	
			圣学书院	正德十六年	知州张崇德	〔明〕王尚䌹:《苍谷全集》卷十《汝州圣学书院碑铭》,清乾隆纯密止堂刻本	
		伊阳县	小书院	万历年间	知县文翔凤	〔清〕李章堉纂修:《重修伊阳县志》卷二《学校·书院》,清乾隆三十一年刻本	
			伊川讲院	万历年间	知县文翔凤	〔清〕李章堉纂修:《重修伊阳县志》卷二《学校·书院》,清乾隆三十一年刻本	
			崆峒书院	万历年间	知县文翔凤	〔清〕李章堉纂修:《重修伊阳县志》卷二《学校·书院》,清乾隆三十一年刻本	
			连珠书院	万历年间	知县文翔凤	〔清〕李章堉纂修:《重修伊阳县志》卷二《学校·书院》,清乾隆三十一年刻本	
			汝坟书院			〔清〕李章堉纂修:《重修伊阳县志》卷二《学校·书院》,清乾隆三十一年刻本	
		宝丰县	叶家书院	洪武年间	叶琛	王永杰,梁铭心:《应都滍阳》2008年版,第137页。	
			程子书院	成化十六年		〔明〕李贤:《明一统志》卷三十一,清文渊阁四库全书本	
			明道书院	正德七年	参政杨子器创建	〔清〕陆蓉修,武亿纂:《宝丰县志》卷九《建置志》,清嘉庆二年刻本	
		鲁山县	鲁阳书院			〔清〕王士俊等修:《河南通志》卷四十三《学校下》,清文渊阁四库全书本	

续表

朝代	地区		书院名	创建/重修时间	创建/重修者	资料来源	备注
	路府州	州县					
明	汝州	郏县	青云书院	嘉靖中	知县陈范重建	〔清〕姜篪原本,张熙瑞续修:《郏县志》卷七《学校志》,民国二十一年刊本	
			崇正书院	弘治中	知县曹豹	〔清〕姜篪原本,张熙瑞续修:《郏县志》卷七《学校志》,民国二十一年刊本	旧高阳寺
			箬井书院		平山先生王璇创建	〔清〕姜篪原本,张熙瑞续修:《郏县志》卷七《学校志》,民国二十一年刊本	
			临汝书院	嘉靖中	知县孙昺创建	〔清〕姜篪原本,张熙瑞续修:《郏县志》卷七《学校志》,民国二十一年刊本	
	彰德府	林县	黄华书院	万历十五年	彰德府推官张应登兴复	〔清〕徐岱修,万兆龙纂:《林县志》卷一《建置》,清康熙三十四年刻本	
		安阳县	后渠书屋	弘治中	侍郎崔铣	〔清〕陈锡辂修,朱煌纂:《安阳县志》卷一《地理志》,清乾隆三年刻本	
		汤阴县	主静书院	嘉靖十一年	知县卢学之	〔明〕崔铣:《主静书院记》,〔明〕沙蕴金修,苏育纂:《汤阴县志》卷十七《艺文》,明崇祯十年刻本	旧永通尼寺
			精忠书院			〔明〕沙蕴金修,苏育纂:《汤阴县志》卷二《建置》,明崇祯十年刻本	
	卫辉府	辉县	百泉书院	成化十八年	提学副使吴伯通,知府张谦、张咨	〔明〕吴节:《建百泉书院记》,〔明〕张天真纂修:《辉县志》卷六《文章》,明嘉靖刻本	

续表

朝代	地区		书院名	创建/重修时间	创建/重修者	资料来源	备注
	路府州	州县					
明	怀庆府	河内县	昌黎书院	万历十九年	知府詹启东、推官王如坚	〔清〕袁通修,方履篯纂:《河内县志》卷十六《营建志》,道光五年刊本	旧为韩文公祠
			怀仁书院	万历十九年	推官王如坚	〔清〕唐侍陛修,洪亮吉纂:《重修怀庆府志》卷十《学校志·书院》,清乾隆五十四年刻本	改察院建
			文定公书院			〔清〕袁通修,方履篯纂:《河内县志》卷九《山川志》,道光五年刊本	
			景贤书院			〔清〕袁通修,方履篯纂:《河内县志》卷十八《古迹志》,道光五年刊本	明郑王邸景贤书院,后为潮音寺
			王公书院			〔清〕唐侍陛修,洪亮吉纂:《重修怀庆府志》卷十《学校志·书院》,清乾隆五十四年刻本	为河内令王汉建
		孟县	同寅书院	嘉靖十五年		〔清〕唐侍陛修,洪亮吉纂:《重修怀庆府志》卷十《学校志·书院》,清乾隆五十四年刻本	
			造士书院			〔清〕唐侍陛修,洪亮吉纂:《重修怀庆府志》卷十《学校志·书院》,清乾隆五十四年刻本	
		修武县	集贤书院	天顺三年	知县郭应成	薛垂义主编:《修武县志》,河南人民出版社 1986 年版,第 539 页	
		武陟县	讲学书院	万历年间	知县秦之英创建	〔清〕唐侍陛修,洪亮吉纂:《重修怀庆府志》卷十《学校志·书院》,清乾隆五十四年刻本	
		济源县	启运书院	万历三十年	邑令史记言	〔清〕任绝:《重建启运书院记》,〔清〕萧应植纂修:乾隆《济源县志》卷十五《艺文》,乾隆二十六年刊本	

续表

朝代	地区		书院名	创建/重修时间	创建/重修者	资料来源	备注
	路府州	州县					
明	南阳府	南阳县	诸葛书院	成化八年	知府段坚	〔明〕邹守愚修，李濂纂：《河南通志》卷十六《学校》，明嘉靖三十五年刻本	
			志学书院	成化八年	知府段坚	〔明〕邹守愚修，李濂纂：《河南通志》卷十六《学校》，明嘉靖三十五年刻本	
			豫山书院	成化八年	知府段坚	〔清〕潘守廉修，张嘉谋纂：《南阳县志》卷六《学校》，清光绪三十年刊本	
			养正书院	正德年间	唐成王朱弥鍗	〔清〕潘守廉修，张嘉谋纂：《南阳县志》卷一《藩封表》，清光绪三十年刊本	颁五经子史赉之
			进修书院		朱芝垝	〔清〕潘守廉修，张嘉谋纂：《南阳县志》卷一《藩封表》，清光绪三十年刊本	得赐书数百卷
		邓州	韩文公书院	嘉靖十年	参政刘清改迁	〔清〕陈良玉纂修：《邓州志》卷十二《学校志》，清顺治十六年刻本	
			临湍书院	嘉靖十二年	分守汝南道刘漳、知州张定	〔清〕陈良玉纂修：《邓州志》卷十二《学校志》，清顺治十六年刻本	原韩文公书院
			贾状元书院	成化年间	郡人廉使李让重建	〔清〕陈良玉纂修：《邓州志》卷十二《学校志》，清顺治十六年刻本	
			大成书院		知州夏忠	〔清〕陈良玉纂修：《邓州志》卷十二《学校志》，清顺治十六年刻本	
		南召县	鹿鸣书院	成化十三年		罗松晨：《南阳历代书院发展概述》，柳玉东、张晓刚主编：《继往开来》，三秦出版社2014年版，第148页	

续表

朝代	地区		书院名	创建/重修时间	创建/重修者	资料来源	备注
	路府州	州县					
明	南阳府	裕州	堵阳书院	嘉靖十九年	鸿胪序班焦辂	〔明〕牛孟耕纂修:《裕州志》卷六《古迹志·宫室》,明嘉靖刻本	
		唐县	敷文书院	万历三十年	知县黄茂	〔清〕平鄗鼎修,李璜纂:《唐县志》卷一《封域志》,清康熙三十五年刻本	
		镇平县	丞圣书院	万历年间	知县翁金堂	〔清〕陈梦雷辑:《古今图书集成方舆汇编职方典》卷四百五十二《南阳府学校考》,清雍正铜活字本;李国钧主编:《中国书院史》,湖南教育出版社1994年版,第1064页	书院,一在县治西,一在贾宋镇
			德造书院	万历年间	知县翁金堂	李国钧主编:《中国书院史》,湖南教育出版社1994年版,第1064页	
		新野县	白水书院	嘉靖十一年	南泉先生刘公简授河南岳伯	〔明〕萧麟:《建白水书院记》,〔清〕徐金位纂修:《新野县志》卷九《艺文记》,清乾隆十九年刊本	原尼僧寺
		泌阳县	丰羽书院	万历年间	知县周维翰	〔清〕陈梦雷辑:《古今图书集成方舆汇编职方典》卷四百五十二《南阳府学校考》,清雍正铜活字本	
		叶县	问津书院	嘉靖十二年	知县贾枢创建	〔清〕陈梦雷辑:《古今图书集成方舆汇编职方典》卷四百五十二《南阳府学校考》,清雍正铜活字本	
			问政书院			〔清〕王士俊等修:《河南通志》卷四十三《学校下》,清文渊阁四库全书本	明在旧县
			晒书堂(台)书院			〔清〕王士俊等修:《河南通志》卷四十三《学校下》,清文渊阁四库全书本	明在滍水南
		舞阳县	舞泉书院	嘉靖九年	知县任柱创建	〔清〕丁永琪纂修:《舞阳县志》卷三《建置》,清乾隆十年刻本	

续表

朝代	地区		书院名	创建/重修时间	创建/重修者	资料来源	备注
	路府州	州县					
明	归德府	商丘县	应天书院	嘉靖十年	御史蔡叆	〔清〕刘德昌修，叶沄纂:《商丘县志》卷三《学校》，民国二十一年石印本	
明	归德府	商丘县	范文正公讲院	万历二十九年	知府郑三俊重建	〔清〕刘德昌修，叶沄纂:《商丘县志》卷三《学校》，民国二十一年石印本	
明	归德府	睢州	锦襄书院	嘉靖四年	提学萧凤鸣改建	〔清〕宋国荣修，羊琦纂:《归德府志》卷三《建置志》，清顺治十七年刻本	旧为尼庵
明	归德府	永城县	浍滨书院	嘉靖二十一年	乡耆王继真、继先、继宗，义民刘鹏、薛暹等重建	〔明〕郑礼纂修:《永城县志》卷二《营建志》，明嘉靖刻本	
明	归德府	永城县	太丘书院	隆庆二年	知县左思明	〔清〕周正纪、侯良弼纂修:《永城县志》卷二《建置》，清康熙三十六年刻本	
明	归德府	永城县	黄门书院	万历年间	邑人黄运泰	〔清〕周正纪、侯良弼纂修:《永城县志》卷六《人物》，清康熙三十六年刻本	
明	归德府	夏邑县	崇正书院	嘉靖二十五年	郑相	〔清〕宋国荣修，羊琦纂:《归德府志》卷三《建置》，清顺治十七年刻本	

续表

朝代	地区		书院名	创建/重修时间	创建/重修者	资料来源	备注
	路府州	州县					
明	汝宁府	汝阳县	汝南书院	成化十七年	督学使吴伯通	〔清〕纪国珍修,羊璘纂:《汝阳县志》卷五《典礼·社学》,清顺治刻本	
明	汝宁府	汝阳县	笃志书院	嘉靖十三年	知府廖自显	〔清〕纪国珍修,羊璘纂:《汝阳县志》卷五《典礼·社学》,清顺治刻本	
明	汝宁府	汝阳县	天中书院	嘉靖四十一年	知府徐中行	〔清〕纪国珍修,羊璘纂:《汝阳县志》卷五《典礼·社学》,清顺治刻本	原笃志书院
明	汝宁府	汝阳县	正学书院	隆庆三年	知府史桂芳	〔清〕纪国珍修,羊璘纂:《汝阳县志》卷五《典礼·社学》,清顺治刻本	
明	汝宁府	信阳州	仕学书院	正德十一年	佥事阎钦	〔明〕邹守愚修,李濂纂:《河南通志》卷十六《学校》,明嘉靖三十五年刻本	
明	汝宁府	信阳州	子贡书院	万历十九年	佥事任应徵	陈善同纂:《重修信阳县志》卷十三《教育志一》,民国二十五年铅印本	原仕学书院
明	汝宁府	信阳州	瑚琏书院	正德年间	巡按陈登云	陈善同纂:《重修信阳县志》卷十三《教育志一》,民国二十五年铅印本	原子贡书院
明	汝宁府	信阳州	义阳书院	弘治中	知州张拱创修	陈善同纂:《重修信阳县志》卷十三《教育志一》,民国二十五年铅印本	
明	汝宁府	光山县	涑水书院	嘉靖三十四年	知县沈绍庆重修	许希之修,晏兆平纂:《光山县志约稿》卷二《政务志·教育志》,民国二十五年铅印本	
明	汝宁府	光山县	宏道书院	万历十九年	侍郎蔡毅中创建	许希之修,晏兆平纂:《光山县志约稿》卷二《政务志·教育志》,民国二十五年铅印本	
明	汝宁府	商城县	花潭书院	万历二十四年		〔清〕武开吉修,周之騄纂:《商城县志》卷九《人物志·流寓》,清嘉庆八年刻本	

续表

朝代	地区		书院名	创建/重修时间	创建/重修者	资料来源	备注
	路府州	州县					
明	汝宁府	西平县	东隅书院	嘉靖八年	都御史王诰创建	〔清〕王士俊等修:《河南通志》卷四十三《学校下》,清文渊阁四库全书本	
			文城书院	万历年间	知县王国柱	〔清〕王士俊等修:《河南通志》卷四十三《学校下》,清文渊阁四库全书本	
			朝阳书院		知县张应化、邑进士李之芬创建	〔清〕王士俊等修:《河南通志》卷四十三《学校下》,清文渊阁四库全书本	
			新建书院			〔清〕王士俊等修:《河南通志》卷四十三《学校下》,清文渊阁四库全书本	
		上蔡县	上蔡书院	嘉靖三十六年	知县纪经纶	〔明〕郎兆玉:《重修谢上蔡先生祠记》,〔清〕杨廷望修,张沐纂:《上蔡县志》卷十五《艺文》,康熙二十九年刊本	
			显道书院	正统五年	知县贺威修复	〔明〕邹守愚修,李濂纂:《河南通志》卷十六《学校》,明嘉靖三十五年刻本	
		真阳县	贤良书院	万历年间	知县黄瑞辉创建	魏松声等纂:《重修正阳县志》卷一《地理志》,民国二十五年铅印本	
			慎独(阳)书院			〔清〕王士俊等修:《河南通志》卷四十三《学校下》,清文渊阁四库全书本	
		遂平县	兴文书院	嘉靖四十年	知县翟孟道创建	〔清〕金忠济修,祝旸纂:《遂平县志》卷七《学校上》,清乾隆二十四年刊本	
		新蔡县	鲖阳书院	万历四十六年	知县潘曾纮创建	〔明〕李宗延:《令君潘公创建鲖阳书院碑记》,〔清〕莫玺章修,王增纂:《新蔡县志》卷九《艺文志》,清乾隆修民国重刊本	

续表

朝代	地区		书院名	创建/重修时间	创建/重修者	资料来源	备注
	路府州	州县					
明	大名府	开州	明道书院	嘉靖年间	知州龙大有创建	〔清〕李符清修,沈乐善纂:《开州志》卷二《建置·书院》,清嘉庆十一年刻本	
			颜宗道书院			〔清〕李符清修,沈乐善纂:《开州志》卷二《建置·书院》,清嘉庆十一年刻本	
			聚魁书院		州人严州、知府邢琦创建	〔清〕李符清修,沈乐善纂:《开州志》卷二《建置·书院》,清嘉庆十一年刻本	
		清丰县	崇宁宫书院	万历四十五年	知县黄文星创建	刘朝陛修,胡魁凤纂:《清丰县志》卷一《地理》,民国三年铅印本	
		长垣县	河内公书院	嘉靖八年	知县王懋	〔明〕胡锭:《新建河内公书院记》,〔明〕杜纬修,刘芳纂:《长垣县志》卷九《文章》,明嘉靖刻本	
			求仁书院	嘉靖三十五年	知县钟崇武重修	〔清〕格尔古德修,郭棻等纂:《畿辅通志》卷六《学校·书院》,清康熙二十二年刻本	原河内公书院
			孙胡二侯书院	万历三年		〔清〕李于垣修,杨元锡纂:《长垣县志》卷六《建置书》,清嘉庆十五年刊本	
			宗侯书院			〔清〕李于垣修,杨元锡纂:《长垣县志》卷六《建置书》,清嘉庆十五年刊本	
		滑县	欧阳文忠公书院	万历三十一年	知县王廷谏创建	〔清〕吴乔龄纂修,吕文光增修:《滑县志》卷三《学校》,清乾隆二十五年刻本	
		内黄县	黄池书院	隆庆六年	知县黄克念创建	〔清〕董庆恩等修,陈熙春纂:《内黄县志》卷六《学校·书院》,清光绪十八年刻本	

续表

朝代	地区		书院名	创建/重修时间	创建/重修者	资料来源	备注
	路府州	州县					
明	大名府	浚县	性道书院	弘治十二年	知县刘台创建	〔清〕熊象阶修,武穆淳纂:《浚县志》卷六《建置》,清嘉庆六年刊本	
			黎公书院	弘治十二年	知县刘台创修	〔明〕汪伟:《黎公书院记略》,〔清〕熊象阶修,武穆淳纂:《浚县志》卷六《建置》,清嘉庆六年刊本	
			东山书院(阳明书院)	嘉靖三十九年	知县葛慈创建	〔清〕熊象阶修,武穆淳纂:《浚县志》卷六《建置》,清嘉庆六年刊本	即阳明书院
			浮丘书院	嘉靖年间	兵备道刘、知县宋	〔清〕熊象阶修,武穆淳纂:《浚县志》卷六《建置》,清嘉庆六年刊本	
	东昌府	濮州	丹陵书院		知州薛孟创建	〔清〕高士英修,荣相鼎纂:《濮州志》卷二《学校志》,清宣统元年刻本	
清	开封府	祥符县	游梁书院	顺治十二年	提学使张天植、知府朱之瑶改建	〔清〕张淑载修,鲁曾煜纂:《祥符县志》卷五《建置志·书院》,清乾隆四年刻本	
			大梁书院	康熙十二年	巡抚佟凤彩重建	〔清〕顾汧修,张沐纂:《河南通志》卷十六《学校》,清康熙三十四年刻本	原明丽泽书院
			二程书院	康熙二十六年	驿盐分守道张思明重建	〔清〕张淑载修,鲁曾煜纂:《祥符县志》卷五《建置志·书院》,清乾隆四年刻本	
			明道书院	光绪二十年	学政邵松年	〔清〕吕永辉:《明道书院志·序》,清光绪二十六年刊本	

续表

朝代	地区		书院名	创建/重修时间	创建/重修者	资料来源	备注
	路府州	州县					
清	开封府	祥符县	彝山书院	道光八年	知府栗毓美创建	〔清〕汪以铨:《彝山书院记》,《彝山书院志》,清道光二十六年刊本	
			信陵书院	光绪年间		开封市地方志编纂委员会编:《开封市志》第4册,北京燕山出版社1999年版,第36页	
			瓣香书院	光绪年间		开封市地方志编纂委员会编:《开封市志》第4册,北京燕山出版社1999年版,第36页	
			培文书院	光绪二十七年		开封市地方志编纂委员会编:《开封市志》第4册,北京燕山出版社1999年版,第36页	教会书院
		陈留县	志伊书院	乾隆十五年	知县许勉燉创建	〔清〕阿思哈,嵩贵纂修:《续河南通志》卷三十九《学校志·书院》,清乾隆三十二年刻本	
			鲲化书院	乾隆十八年		〔清〕穆彰阿等纂修:《大清一统志》卷一百八十六《开封府》,四部丛刊续编景旧钞本	
			莘野书院	道光年间	知县刘荫棠创建	〔清〕武从超续修,赵文琳续纂:《陈留县志》卷五《学校》,清宣统二年续增康熙三十年石印本	
		杞县	书院	顺治十六年	巡抚亢得时创建	〔清〕周玑纂修:《杞县志》卷五《建置志》,清乾隆五十三年刊本	
			志学书院	乾隆十七年	知县藩思光	〔清〕周玑纂修:《杞县志》卷五《建置志》,清乾隆五十三年刊本	
			东娄书院	乾隆五十三年	知县周玑改创	〔清〕周玑纂修:《杞县志》卷五《建置志》,清乾隆五十三年刊本	
		通许县	进学书院	康熙二十四年	知县陈治策	〔清〕阮龙光修,邵自祐纂:《通许县志》卷二《建置志·学校》,民国二十三年重印本	
			咸平书院	乾隆二十一年	知县吴昌国重建	〔清〕阮龙光修,邵自佑纂:《通许县志》卷二《建置志》,民国二十三年重印本	

续表

朝代	地区		书院名	创建/重修时间	创建/重修者	资料来源	备注
	路府州	州县					
清	开封府	尉氏县	阮嗣宗书院			〔清〕沈淮修,王观潮纂:《尉氏县志》卷三《疆域志·古迹》,清道光十一年刻本	
			蓬池书院	道光三年	知县徐勋创建	〔清〕沈淮修,王观潮纂:《尉氏县志》卷五《学校志·书院》,清道光十一年刻本	
		洧川县	洧阳书院	康熙二十二年	知县周师望	〔清〕孙和相修,罗汝芳等纂:《洧川县志》卷二《建置志》,清乾隆二十年刻本	
			培风书院	康熙三十三年		〔清〕孙和相修,罗汝芳等纂:《洧川县志》卷二《建置志》,清乾隆二十年刻本	
			奎文书院	雍正十三年	知县常琬	〔清〕常琬:《奎文书院碑记》,〔清〕孙和相修,罗汝芳等纂:《洧川县志》卷八《艺文志》,清乾隆二十年刻本	
		鄢陵县	龙冈书院	乾隆十年		〔清〕何萼联修,洪符孙纂:《鄢陵县志》卷九《学校志》,清道光十三年刻本	
			文清书院	乾隆二十七年	知县陈子桧	〔清〕何萼联修,洪符孙纂:《鄢陵县志》卷九《学校志》,清道光十三年刻本	原龙冈书院
		兰阳县	云山书院	乾隆九年	学使林	〔清〕涂光范修,王壬纂:《兰阳县续志》卷三《建置志·祠庙》,民国二十四年铅印本	原系三教堂
			豹陵书院	乾隆十年		〔清〕穆彰阿等纂修:《大清一统志》卷一百八十六《开封府》,四部丛刊续编景旧钞本	
			近梁书院	乾隆十一年	知县涂光范创立	〔清〕涂光范:《创立近梁书院碑记》,〔清〕涂光范修,王壬纂:《兰阳县续志》卷八《艺文志》,民国二十四年铅印本	
			蔚文书院			河南省教育志编辑室编:《河南教育资料汇编·清代部分》1983年版,第248页	

续表

朝代	地区		书院名	创建/重修时间	创建/重修者	资料来源	备注
	路府州	州县					
清	开封府	仪封厅	饮泉书院			〔清〕张伯行:《正谊堂续集》卷六《请见书院记》,清乾隆刻本	
			请见书院	康熙五十五年	邑人礼部尚书张伯行重建	〔清〕张伯行:《正谊堂续集》卷六《请见书院记》,清乾隆刻本	原饮泉书院
		郑州	天中书院	乾隆十年	知州张钺重修	周秉彝修,刘瑞麟纂:《郑县志》卷三《建置志·学校》,民国二十三年重印本	
			东里书院	乾隆十九年	知州安尔恭改建	周秉彝修,刘瑞麟纂:《郑县志》卷三《建置志·学校》,民国二十三年重印本	
			汴溪书院	光绪二十三年	优贡张梧阁	刘卫东、高尚刚编著:《河南书院教育史》,中州古籍出版社1991年版,第162~163页	
		荥阳县	汴源书院	乾隆十年	知县李煦重修	〔清〕阿思哈,嵩贵纂修:《续河南通志》卷三十九《学校志·书院》,清乾隆三十二年刻本	
			传经书院	康熙二十六年	知县高明峻创建	卢以洽纂:《续荥阳县志》卷五《学校志》,民国十三年铅印本	
			天明书院	乾隆十四年		荥阳县志总编辑室编:《荥阳县志》第9册,1985年版,第11页	
			东渠书院	道光初年		荥阳县志总编辑室编:《荥阳县志》第9册,1985年版,第11页	原天明书院
			洞阳书院	咸丰六年		卢以洽纂:《续荥阳县志》卷五《学校志》,民国十三年铅印本	
			须右书院	光绪年间	教谕李舒锦创立	卢以洽纂:《续荥阳县志》卷五《学校志》,民国十三年铅印本	

续表

朝代	地区		书院名	创建/重修时间	创建/重修者	资料来源	备注
	路府州	州县					
清	开封府	荥泽县	兴文书院	康熙二十七年	知县申奇彩	〔清〕申奇彩修,毛泰徵纂:《河阴县志》卷二《建置下·书院》,清康熙三十年刊本	
			人龙书院	康熙二十九年	知县王畹重建	〔清〕王士俊等修:《河南通志》卷四十三《学校下》,清文渊阁四库全书本	
		汜水县	成皋书院	康熙十二年	知县郑瑞国建	〔清〕王士俊等修:《河南通志》卷四十三《学校下》,清文渊阁四库全书本	
			广宁书院	康熙年间	邑令张国辅	田金祺修,张登云纂:《汜水县志》卷二《建置志·书院》,民国十七年铅印本	
			振雅书院	乾隆初	知县许勉燉增建	田金祺修,张登云纂:《汜水县志》卷二《建置志·书院》,民国十七年铅印本	原广宁书院
			三山书院	乾隆七年	邑监生何宪古捐建	田金祺修,张登云纂:《汜水县志》卷二《建置志·书院》,民国十七年铅印本	
			龙山书院	光绪年间	知县冯尔炽	田金祺修,张登云纂:《汜水县志》卷二《建置志·书院》,民国十七年铅印本	
		密县	桧阳书院	康熙二十三年	知县衷鹍化	〔清〕田文镜等修,孙灏等纂:《河南通志》卷四十三《学校下·贡院书院附》,清光绪二十八年刻本	
			兴学书院	康熙二十五年	知县夏应元	〔清〕田文镜等修,孙灏等纂:《河南通志》卷四十三《学校下·贡院书院附》,清光绪二十八年刻本	
			瑞春书院	乾隆四十年	知县邱景云	汪忠修,阎凤舞纂:《密县志》卷十《学校志》,民国十三年刻本	后仍改为桧阳书院

续表

朝代	地区		书院名	创建/重修时间	创建/重修者	资料来源	备注
	路府州	州县					
清	开封府	新郑县	兴学书院	康熙十二年	知县李永庚	〔清〕黄本诚纂修,《新郑县志》卷十《学校志·书院》,清乾隆四十一年刻本	
			兴贤书院	康熙二十年		〔清〕田文镜等修,孙灏等纂:《河南通志》卷四十三《学校下·贡院书院附》,清光绪二十八年刻本	士民为巡抚佟凤彩建
			茨山书院	乾隆十一年	知县陆烈	〔清〕黄本诚纂修:《新郑县志》卷十《学校志·书院》,清乾隆四十一年刻本	原兴学书院
		禹州	甘棠书院	康熙二十九年	知州刘国儒	车云修,王棽林纂:《禹县志》卷八《学校志》,民国二十年刊本	
			凤台书院	康熙二十九年	知州刘国儒	车云修,王棽林纂:《禹县志》卷八《学校志》,民国二十年刊本	
			丹山书院	康熙五十五年	知州李朝柱改建	车云修,王棽林纂:《禹县志》卷八《学校志》,民国二十年刊本	原凤台书院
			东峰书院	康熙五十五年	知州李朝柱重建	车云修,王棽林纂:《禹县志》卷八《学校志》,民国二十年刊本	改佛寺重建
			白沙书院	康熙五十五年	知州李朝柱重修	车云修,王棽林纂:《禹县志》卷八《学校志》,民国二十年刊本	
			颍川书院	雍正三年	知州屠用谦创建	车云修,王棽林纂:《禹县志》卷八《学校志》,民国二十年刊本	
			育贤书院	乾隆五年	知州章琦改建	车云修,王棽林纂:《禹县志》卷八《学校志》,民国二十年刊本	本关帝祠

续表

朝代	地区		书院名	创建/重修时间	创建/重修者	资料来源	备注
	路府州	州县					
清	开封府	禹州	望峰书院	乾隆六年	民建	车云修,王棽林纂:《禹县志》卷八《学校志》,民国二十年刊本	
			颍南书院	乾隆五十二年	知州萧应锐创建	车云修,王棽林纂:《禹县志》卷八《学校志》,民国二十年刊本	吕祖阁
			环颍书院	乾隆年间	千总王应清	车云修,王棽林纂:《禹县志》卷八《学校志》,民国二十年刊本	
			西溪书院	乾隆年间	川人张宿源重修	车云修,王棽林纂:《禹县志》卷八《学校志》,民国二十年刊本	本三官庙
			蓝阳书院	道光三年	知州许鸿磐改建	车云修,王棽林纂:《禹县志》卷八《学校志》,民国二十年刊本	本文殊寺
			方山书院	道光四年	生员彭锡三等创建	车云修,王棽林纂:《禹县志》卷八《学校志》,民国二十年刊本	本三教堂
			养蒙书院	雍正年间		车云修,王棽林纂:《禹县志》卷八《学校志》,民国二十年刊本	本知州居用谦生祠
			颍滨经舍	光绪二十八年	知州曹广权	车云修,王棽林纂:《禹县志》卷八《学校志》,民国二十年刊本	因留侯洞故址改修
		中牟县	广学书院	康熙十四年	知县韩荩光创建	〔清〕吴若烺修,路春林等纂:《中牟县志》卷二《建置·书院》,清同治十年刻本	
			育才书院	康熙五十四年	知县桂芳	〔清〕吴若烺修,路春林等纂:《中牟县志》卷二《建置·书院》,清同治十年刻本	义学拓修
			景恭书院	道光七年	知县董敏善	〔清〕吴若烺修,路春林等纂:《中牟县志》卷二《建置·书院》,清同治十年刻本	

续表

朝代	地区		书院名	创建/重修时间	创建/重修者	资料来源	备注
	路府州	州县					
清	河南府	洛阳县	天中书院	顺治二年	河南兵备道赵文蔚	〔清〕龚嵩林修,汪坚纂:《重修洛阳县志》卷九《职官》、卷五《学校》,清乾隆十年刊本	
			瀍东书院	乾隆七年	训导叶仲干重修	〔清〕龚嵩林修,汪坚纂:《重修洛阳县志》卷五《学校》,清乾隆十年刊本	
			狄梁书院	康熙二十八年	知府汪楫	〔清〕龚嵩林修,汪坚纂:《重修洛阳县志》卷五《学校》,清乾隆十年刊本	
			天中书院	康熙四十五年	知府赵丁京、知县吴徽移建	〔清〕龚嵩林修,汪坚纂:《重修洛阳县志》卷五《学校》,清乾隆十年刊本	原狄梁书院
			周南书院	雍正四年	知府张汉重修	〔清〕龚嵩林修,汪坚纂:《重修洛阳县志》卷五《学校》,清乾隆十年刊本	原天中书院
			阎公书院	康熙三十一年	河南巡抚阎兴邦	〔清〕陈梦雷辑:《古今图书集成方舆汇编职方典》卷四百三十一《河南府学校考》,清雍正铜活字本	
			望嵩书院		知县龚嵩林	〔清〕龚嵩林修,汪坚纂:《重修洛阳县志》卷五《学校》,清乾隆十年刊本	
			涧西书院	乾隆七年	知县龚嵩林	〔清〕龚嵩林修,汪坚纂:《重修洛阳县志》卷五《学校》,清乾隆十年刊本	
			玉虚书院	乾隆七年	知县龚嵩林	〔清〕龚嵩林修,汪坚纂:《重修洛阳县志》卷五《学校》,清乾隆十年刊本	
			丽泽书院	乾隆七年	知县龚嵩林	〔清〕龚嵩林修,汪坚纂:《重修洛阳县志》卷五《学校》,清乾隆十年刊本	

续表

朝代	地区		书院名	创建/重修时间	创建/重修者	资料来源	备注
	路府州	州县					
清	河南府	洛阳县	敬业书院	乾隆七年	知县龚嵩林	〔清〕龚嵩林修,汪坚纂:《重修洛阳县志》卷五《学校》,清乾隆十年刊本	
			棫朴书院	乾隆七年	知县龚嵩林	〔清〕龚嵩林修,汪坚纂:《重修洛阳县志》卷五《学校》,清乾隆十年刊本	
			奎光书院	乾隆七年	知县龚嵩林	〔清〕龚嵩林修,汪坚纂:《重修洛阳县志》卷五《学校》,清乾隆十年刊本	
			中山书院	乾隆八年	知县龚嵩林	〔清〕龚嵩林修,汪坚纂:《重修洛阳县志》卷五《学校》,清乾隆十年刊本	
			黄鹤书院	乾隆八年	知县龚嵩林	〔清〕龚嵩林修,汪坚纂:《重修洛阳县志》卷五《学校》,清乾隆十年刊本	
			洛浦书院	乾隆八年	知县龚嵩林	〔清〕龚嵩林修,汪坚纂:《重修洛阳县志》卷五《学校》,清乾隆十年刊本	
			龙门书院	乾隆八年	知县龚嵩林	〔清〕龚嵩林修,汪坚纂:《重修洛阳县志》卷五《学校》,清乾隆十年刊本	
			伊川书院	乾隆八年	知县龚嵩林	〔清〕龚嵩林修,汪坚纂:《重修洛阳县志》卷五《学校》,清乾隆十年刊本	
			雪香书院	乾隆三十九年	知县蒋果捐建	〔清〕施诚修,裴希纯纂:《河南府志》卷二十九《学校志》,清同治六年刻本	

续表

朝代	地区		书院名	创建/重修时间	创建/重修者	资料来源	备注
	路府州	州县					
清	河南府	偃师县	两程书院	康熙二十年	知县崔鸣鹭重修	〔清〕施诚修,裴希纯纂:《河南府志》卷二十九《学校志》,清同治六年刻本	
			西亳书院	乾隆十年		〔清〕施诚修,裴希纯纂:《河南府志》卷二十九《学校志》,清同治六年刻本	
			首阳书院	乾隆年间		河南省教育志编辑室编:《河南教育资料汇编·清代部分》1983年版,第250页	
		登封县	嵩阳书院	康熙十三年	知县叶封重修	〔清〕张圣诰修,焦钦宠、景日昣纂:《登封县志》卷四《建置志·学宫》,清康熙三十五年刻本	
			颍谷书院	乾隆八年	颍阳绅士宋祺、王琢等改建	〔清〕陆继萼修,洪亮吉纂:《登封县志》卷十七《学校志》,清乾隆五十二年刊本	
		孟津县	平津书院	康熙二十四年	知县高岩创建	〔清〕赵擢彤修,宋缙纂:《孟津县志》卷三《建置》,清嘉庆二十一年刊本	旧县志
			四知书院	康熙五十七年	署令彰德通判李梦熊	〔清〕赵擢彤修,宋缙纂:《孟津县志》卷三《建置》,清嘉庆二十一年刊本	
			河清书院	乾隆五十七年	邑绅士捐助建	〔清〕赵擢彤修,宋缙纂:《孟津县志》卷三《建置》,清嘉庆二十一年刊本	
			新书院	嘉庆年间	知县赵擢彤捐置	〔清〕赵擢彤修,宋缙纂:《孟津县志》卷三《建置》,清嘉庆二十一年刊本	

续表

朝代	地区		书院名	创建/重修时间	创建/重修者	资料来源	备注
	路府州	州县					
清	河南府	渑池县	邓公书院	康熙年间	绅民	陆绍治修,上官骏谟纂:《渑池县志》卷七《教育·书院》,民国十七年石印本	为知县邓琪棻建
			颖滨书院	雍正二年	知县刘湘	陆绍治修,上官骏谟纂:《渑池县志》卷七《教育·书院》,民国十七年石印本	河南知府张汉题额
			文中书院	雍正四年	知县刘湘、王箴舆	〔清〕甘扬声修,刘文运纂:《渑池县志》卷二《学校·书院附》,清嘉庆十五年刻本;陆绍治修,上官骏谟纂:《渑池县志》卷七《教育·书院》,民国十七年石印本	改颖滨书院为文中书院
			韶山书院	乾隆二十二年	知县蒋廷镛	陆绍治修,上官骏谟纂:《渑池县志》卷七《教育·书院》,民国十七年石印本	以先贤谥号不宜为名,改文中书院称韶山书院
			义昌书院	乾隆二十六年	知县李本梣捐建	〔清〕甘扬声修,刘文运纂:《渑池县志》卷二《学校·书院附》,清嘉庆十五年刻本	
			佚名	道光年间	知县王步鳌	陆绍治修,上官骏谟纂:《渑池县志》卷三《职官》,民国十七年石印本	创书院
			广韶书院	光绪二十一年	知县李汝拔捐设	陆绍治修,上官骏谟纂:《渑池县志》卷七《教育·书院》,民国十七年石印本	

续表

朝代	地区		书院名	创建/重修时间	创建/重修者	资料来源	备注
	路府州	州县					
清	河南府	新安县	东垣书院	乾隆二十六年	知县张济世改建	李庚白纂修:《新安县志》卷八《教育·书院》,民国二十七年石印本	察院行台地
			芝泉书院	嘉庆二年	知县衡体节移建	李庚白纂修:《新安县志》卷四《职官·宦迹》,民国二十七年石印本	明吕维祺讲学处
			明新书院	乾隆三十六年	北冶介亮创建	新安县文化志编纂委员会编:《新安县文化志》,中国文联出版社2006年版,第269页	
			方阳书院	同治十一年	韩瞻斗创建	新安县文化志编纂委员会编:《新安县文化志》,中国文联出版社2006年版,第269页	
			成德书院	光绪年间		新安县文化志编纂委员会编:《新安县文化志》,中国文联出版社2006年版,第269页	
			云阳书院	光绪年间	郭文池创办	新安县文化志编纂委员会编:《新安县文化志》,中国文联出版社2006年版,第269页	
			青阳书院	光绪年间		新安县文化志编纂委员会编:《新安县文化志》,中国文联出版社2006年版,第269页	
		嵩县	鸣皋书院	康熙二十七年	知县徐士讷	〔清〕康基渊纂修:《嵩县志》卷十六《学校》,清乾隆三十二年刊本	
			乐道书院	乾隆四年	知县戈锦	〔清〕康基渊纂修:《嵩县志》卷十六《学校》,清乾隆三十二年刊本	
			伊川书院	乾隆二十二年	知县张顾鉴	〔清〕康基渊纂修:《嵩县志》卷十六《学校》,清乾隆三十二年刊本	
			和乐书院	乾隆三十二年		〔清〕康基渊纂修:《嵩县志》卷十六《学校》,清乾隆三十二年刊本	

续表

朝代	地区		书院名	创建/重修时间	创建/重修者	资料来源	备注
	路府州	州县					
清	河南府	巩县	敬业书院	康熙二十四年	知县蒋征猷建	〔清〕李述武修，张紫岘纂：《巩县志》卷九《学校志·书院》，清乾隆五十四年刻本	
			白鹿书院	雍正十二年	监生曹加缙建	〔清〕李述武修，张紫岘纂：《巩县志》卷九《学校志·书院》，清乾隆五十四年刻本	
			莲山书院	雍正十三年	知县季璟建	〔清〕李述武修，张紫岘纂：《巩县志》卷九《学校志·书院》，清乾隆五十四年刻本	
			见山书院	雍正十三年	知县季璟建	〔清〕李述武修，张紫岘纂：《巩县志》卷九《学校志·书院》，清乾隆五十四年刻本	
			石河书院	雍正十三年	知县季璟建	〔清〕李述武修，张紫岘纂：《巩县志》卷九《学校志·书院》，清乾隆五十四年刻本	
			仙舟书院	雍正十三年	知县季璟建	〔清〕李述武修，张紫岘纂：《巩县志》卷九《学校志·书院》，清乾隆五十四年刻本	
			东周书院	乾隆十七年	知县张珩建	〔清〕李述武修，张紫岘纂：《巩县志》卷九《学校志·书院》，清乾隆五十四年刻本	
			东山书院			杨保东修，刘莲青纂：《巩县志》卷九《民政志·学校》，民国二十六年刊本	
		宜阳县	甘棠书院			〔清〕谢应起修，刘占卿纂：《宜阳县志》卷五《学校》，清光绪七年刊本	
			锦屏书院	乾隆二十二年	知县杨大崐创修	〔清〕谢应起修，刘占卿纂：《宜阳县志》卷五《学校》，清光绪七年刊本	白衣堂故址
			屏山书院	乾隆年间		〔清〕施诚修，裴希纯纂：《河南府志》卷二十九《学校志》，清同治六年刻本	
		永宁县	洛西书院	乾隆十二年	知县单履咸重修	〔清〕张楷纂修：《永宁县志》卷七《政事部·书院》，清乾隆五十五年刻本	

续表

朝代	地区		书院名	创建/重修时间	创建/重修者	资料来源	备注
	路府州	州县					
清	汝州	汝州	汝阳书院	乾隆六年	知州宋名立修建	〔清〕阿思哈、嵩贵纂修:《续河南通志》卷三十九《学校志·书院》,清乾隆三十二年刻本	
清	汝州	宝丰县	同人书院	嘉庆十二年	邑人曲	〔清〕火龙虎:《创建同人书院记》,王永杰、梁铭心:《应都滍阳》2008年版,第405~407页	
清	汝州	宝丰县	春风书院	乾隆三十八年	知县胡元吉改建	〔清〕陆蓉修,武亿纂:《宝丰县志》卷九《建置志》,清嘉庆二年刻本	
清	汝州	宝丰县	养正书院	道光六年	知县谢兴峣	〔清〕谢兴峣:《新建养正书院碑记》,〔清〕李彷梧修,耿兴宗纂:《宝丰县志》卷四《建置志上·书院》,清道光十七年刻本	
清	汝州	宝丰县	心兰书院	道光六年	知县谢兴峣	〔清〕谢兴峣:《新建心兰书院碑记》,〔清〕李彷梧修,耿兴宗纂:《宝丰县志》卷四《建置志上·书院》,清道光十七年刻本	
清	汝州	宝丰县	应滨书院	康熙二十三年	知县胡权	〔清〕陆蓉修,武亿纂:《宝丰县志》卷九《建置志》,清嘉庆二年刻本	
清	汝州	宝丰县	巾车书院			〔清〕李彷梧修,耿兴宗纂:《宝丰县志》卷四《建置志·书院》,清道光十七年刻本	
清	汝州	宝丰县	雅集书院	道光十二年	知县李彷梧	〔清〕耿兴宗:《创建雅集书院记》,〔清〕李彷梧修,耿兴宗纂:《宝丰县志》卷十五《艺文志》,清道光十七年刻本	
清	汝州	宝丰县	临应书院	道光十二年		〔清〕李彷梧修,耿兴宗纂:《宝丰县志》卷四《建置志·书院》,清道光十七年刻本	
清	汝州	宝丰县	培文书院	道光十六年	监生马耀德等	〔清〕李彷梧修,耿兴宗纂:《宝丰县志》卷四《建置志·书院》,清道光十七年刻本	

续表

朝代	地区		书院名	创建/重修时间	创建/重修者	资料来源	备注
	路府州	州县					
清	汝州	鲁山县	鲁阳书院	康熙四十八年	知县高镗复建	〔清〕王士俊等修:《河南通志》卷四十三《学校下》,清文渊阁四库全书本	
			琴台书院	乾隆七年	知县徐若阶建	〔清〕董作栋修,武亿纂:《鲁山县志》卷八《建置》,清嘉庆元年刊本	
		郏县	崇正书院	康熙年间	知县陆次云	〔清〕姜篪原本,张熙瑞续修:《郏县志》卷七《学校志》,民国二十一年刊本	
			龙山书院	乾隆初	知县黄禄建	〔清〕姜篪原本,张熙瑞续修:《郏县志》卷七《学校志》,民国二十一年刊本	
		伊阳县	紫逻书院	乾隆十三年	知县邓国藩重建	〔清〕李章堉纂修:《重修伊阳县志》卷二《学校・书院》,清乾隆三十一年刻本	旧汝坟书院
	彰德府	安阳县	昼锦书院	乾隆五年	彰德府知府李渭	〔民国〕方策修,董作宾纂:《续安阳县志》卷十二《建置志》,民国二十二年铅印本	
			后渠书院	光绪二十二年	绅耆常培绪、任景兰等倡修	〔民国〕方策修,董作宾纂:《续安阳县志》卷八《教育志》,民国二十二年铅印本	
			西山书院	光绪年间	邑绅马吉森	〔民国〕方策修,董作宾纂:《续安阳县志》卷十六《人物志》,民国二十二年铅印本	

续表

朝代	地区		书院名	创建/重修时间	创建/重修者	资料来源	备注
	路府州	州县					
清	彰德府	林县	黄华书院	康熙十四年	知县陈斌如重修	〔清〕徐岱修,万兆龙纂:《林县志》卷一《建置》,清康熙三十四年刻本	
			三山讲堂	康熙三年	知县李赓明	〔清〕牛孕杰:《三山讲堂记》,〔清〕徐岱修,万兆龙纂:《林县志》卷十《艺文》、卷一《建置》,清康熙三十四年刻本	课士讲学之所
			虞山讲堂	康熙二十五年		〔清〕前人:《邑侯赵公虞山讲堂碑记》,〔清〕徐岱修,万兆龙纂:《林县志》卷十《艺文》、卷一《建置》,清康熙三十四年刻本	知县赵廷桂生祠
		汤阴县	演易书院	乾隆二十三年		〔清〕穆彰阿等纂修:《大清一统志》卷一百九六《彰德府》,四部丛刊续编景旧钞本	
		内黄县	杨公书院	康熙十三年	知县杨辉斗建	〔清〕董庆恩等修,陈熙春纂:《内黄县志》卷六《学校·书院》,清光绪十八年刻本	
			求慊书院	雍正十二年	知县陈锡辂	〔清〕董庆恩等修,陈熙春纂:《内黄县志》卷六《学校·书院》,清光绪十八年刻本	
			繁阳书院	同治年间	绅士王琔等	〔清〕董庆恩等修,陈熙春纂:《内黄县志》卷六《学校·书院》,清光绪十八年刻本	书院、考院两用

续表

朝代	地区		书院名	创建/重修时间	创建/重修者	资料来源	备注
	路府州	州县					
清	卫辉府	汲县	源泉书院			〔清〕徐汝瓒修,杜崐纂:《汲县志》卷三《建置上》,清乾隆二十年刻本	
			崇本书院	乾隆十九年	知府王祖晋、知县徐汝瓒重修	〔清〕徐汝瓒修,杜崐纂:《汲县志》卷三《建置上》,清乾隆二十年刻本	原源泉书院
			经正书舍	光绪二十八年	郡绅李敏修等	〔清〕于沧澜修:《创建经正书舍记》,该碑现存于卫辉市	
		辉县	百泉书院	顺治十六年	河南巡抚贾汉复修复	〔清〕周际华修,戴铭纂:《辉县志》卷八《学校志·书院》,清光绪二十一年刻本	
			李公书院	康熙年间	知县喻良臣	〔清〕周际华修,戴铭纂:《辉县志》卷八《学校志·书院》,清光绪二十一年刻本	为河南巡抚李国亮建
			喻公书院	康熙年间	知县喻良臣	〔清〕周际华修,戴铭纂:《辉县志》卷八《学校志·书院》,清光绪二十一年刻本	
			泉西书院	乾隆四十一年	何文耀	〔清〕何文耀:《新立泉西书院记》,〔清〕周际华修,戴铭纂:《辉县志》卷十六《艺文志》,清光绪二十一年刻本	
			近圣书院		教谕张止慎创置	〔清〕周际华修,戴铭纂:《辉县志》卷八《学校志·书院》,清光绪二十一年刻本	
		新乡县	省身书院	康熙三十四年	知县李登瀛建	〔清〕赵开元修,畅俊纂:《新乡县志》卷十二《学校下》,清乾隆十二年石印本	
			德化书院	康熙三十五年	邑人郭遇熙等	〔清〕赵开元修,畅俊纂:《新乡县志》卷十二《学校下》,清乾隆十二年石印本	为邑令李登瀛建

续表

朝代	地区		书院名	创建/重修时间	创建/重修者	资料来源	备注
	路府州	州县					
清	卫辉府	新乡县	鄘城书院	雍正元年	署新乡县事开封府同知吴元锦创建	〔清〕赵开元修,畅俊纂:《新乡县志》卷十二《学校下》,清乾隆十二年石印本	
			鄘南书院	乾隆五年	知县赵开元增修	〔清〕赵开元修,畅俊纂:《新乡县续志》卷十二《学校下》,清乾隆十二年石印本	原鄘城书院
			东湖书院	咸丰元年	知县陈桂龄创立	田芸生总编,韩邦孚监修:《新乡县续志》卷一《学校志》,民国十二年刊本	
		获嘉县	同山书院	道光年间	知县卢圻创建	邹古愚修,邹鹄纂:《获嘉县志》卷三《建置中·学校》,民国二十四年铅印本	
		考城县	生花书院	同治七年	知县李璋重修	张之清修,田春同纂:《考城县志》卷八《学校志·书院》,民国十三年铅印本	原梦笔书院
			江花书院	光绪十八年	知县郭藻	张之清修,田春同纂:《考城县志》卷八《学校志·书院》,民国十三年铅印本	原生花书院
			葵丘书院	光绪十八年	知县郭藻创建	张之清修,田春同纂:《考城县志》卷八《学校志·书院》,民国十三年铅印本	
		延津县	廪延书院			延津县志编纂委员会编:《延津县志》,生活·读书·新知三联书店 1991 年版,第 517 页	
		封丘县	正义书院	同治元年	知县骆文光创建	姚家望修,黄荫楠纂:《封丘县续志》卷七《教育志·书院》,民国二十六年铅印本	
		滑县	欧阳文忠公书院	顺治九年	知县王鼒重修	〔清〕吴乔龄纂修,吕文光增修:《滑县志》卷三《学校》,清乾隆二十五年刻本	

续表

朝代	地区		书院名	创建/重修时间	创建/重修者	资料来源	备注
	路府州	州县					
清	卫辉府	浚县	性道书院	康熙七年	府学廪生孙立纪重修	〔清〕熊象阶修,武穆淳纂:《浚县志》卷六《建置》,清嘉庆六年刊本	
			文昌书院	康熙四十五年	知县程之璋创、姚德棻创建	〔清〕熊象阶修,武穆淳纂:《浚县志》卷二十二《补遗》,清嘉庆六年刊本	明文昌阁
			希贤书院	乾隆三十二年	知县赵而谦	〔清〕熊象阶修,武穆淳纂:《浚县志》卷六《建置》,清嘉庆六年刊本	
			黎阳书院	乾隆六年	知县鲍志周创建	〔清〕熊象阶修,武穆淳纂:《浚县志》卷六《建置》,清嘉庆六年刊本	
			韫山书院	道光十一年	知县朱凤森	〔清〕黄璟修,李作霖纂:《续浚县志》卷四《建置》,清光绪十二年刊本	
			黎南书院	光绪八年	知县黄璟创建	〔清〕黄璟:《创建黎南书院记》,〔清〕黄璟修,李作霖纂:《续浚县志》卷四《建置》,清光绪十二年刊本	
		淇县	乐英书院	乾隆九年	知县劳经武	〔清〕劳经武修,高鉴儆纂:《淇县志稿》卷二《建置志》,清乾隆十年稿本	
			淇澳书院			〔清〕劳经武修,高鉴儆纂:《淇县志稿》卷二《建置志》,清乾隆十年稿本	
			学修书院			〔清〕劳经武修,高鉴儆纂:《淇县志稿》卷二《建置志》,清乾隆十年稿本	
			有斐书院			〔清〕劳经武修,高鉴儆纂:《淇县志稿》卷二《建置志》,清乾隆十年稿本	

续表

朝代	地区		书院名	创建/重修时间	创建/重修者	资料来源	备注
	路府州	州县					
清	卫辉府	淇县	作新书院			〔清〕劳经武修,高鉴儆纂:《淇县志稿》卷二《建置志》,清乾隆十年稿本	
			书院	乾隆十九年	士民公创建	〔清〕阿思哈、嵩贵纂修:《续河南通志》卷三十九《学校志·书院》,清乾隆三十二年刻本	
			绿筠书院	乾隆四十七年	知县宋仁溥创建	〔清〕德昌修,徐朗斋纂:《卫辉府志》卷十《建置志》,清乾隆五十三年刻本	
	怀庆府	河内县	怀仁书院	顺治十三年	分守道张藩	〔清〕唐侍陛修,洪亮吉纂:《重修怀庆府志》卷十《学校志·书院》,清乾隆五十四年刻本	
			王公书院	康熙二十五年		〔清〕唐侍陛修,洪亮吉纂:《重修怀庆府志》卷十《学校志·书院》,清乾隆五十四年刻本	
			刘公书院	康熙三十三年	知府刘维世创建	〔清〕唐侍陛修,洪亮吉纂:《重修怀庆府志》卷十《学校志·书院》,清乾隆五十四年刻本	
			昌黎书院	乾隆十年	知县胡睿榕重修	〔清〕袁通修,方履篯纂:《河内县志》卷十六《营建志》,道光五年刊本	
			覃怀书院	乾隆三十四年	知府康基田创建	〔清〕袁通修,方履篯纂:《河内县志》卷十八《古迹志》,道光五年刊本	
			沁阳书院	同治四年	知县水安澜	〔清〕水安澜:《创建河内县沁阳书院碑记》,《沁阳文史资料》第5辑,1992年版,第143~144页	

续表

朝代	地区		书院名	创建/重修时间	创建/重修者	资料来源	备注
	路府州	州县					
清	怀庆府	河内县	李公书院	康熙三十五年	邑士	〔清〕唐侍陛修,洪亮吉纂:《重修怀庆府志》卷十《学校志·书院》,清乾隆五十四年刻本	知县李枟集士讲学于此
			瞻韩书院	光绪十年	河北观察使许振祎	沁阳市地方史志编纂委员会编纂:《沁阳市志》,1993年版,第420页	
			鄘城书院	光绪中叶	知府李芳柳	沁阳市地方史志编纂委员会编纂:《沁阳市志》,1993年版,第420页	
		孟县	河阳书院	康熙二十三年	知县徐登瀛建	〔清〕唐侍陛修,洪亮吉纂:《重修怀庆府志》卷十《学校志·书院》,清乾隆五十四年刻本	
			学山书院	康熙三十二年	知县刘凡建	〔清〕唐侍陛修,洪亮吉纂:《重修怀庆府志》卷十《学校志·书院》,清乾隆五十四年刻本	
			花封书院	乾隆五十四年	知县仇汝瑚创建	阮藩侪修,宋立梧纂:《孟县志》卷五《教育》,民国二十二年刊本	
			桃潭书院	咸丰三年	知县旺曜奎创设	阮藩侪修,宋立梧纂:《孟县志》卷五《教育》,民国二十二年刊本	
			溴西精舍	同治十三年	知县姚诗雅	阮藩侪修,宋立梧纂:《孟县志》卷五《教育》,民国二十二年刊本	原桃潭书院
			学仁书院	雍正四年	顺涧村监生崔秉纯	〔清〕仇汝瑚修,冯敏昌纂:《孟县志》卷三《建置》,清乾隆五十五年刻本	
		修武县	宁城书院	乾隆四十五年	知县吴居澳创建	〔清〕吴居澳:《改建义学记》,〔清〕冯继照修,袁俊纂:《修武县志》卷五《学校志·书院》,清道光二十年刻本	易三官庙基。临街建坊额曰南阳讲塾

续表

朝代	地区		书院名	创建/重修时间	创建/重修者	资料来源	备注
	路府州	州县					
清	怀庆府	武陟县	覃怀书院	乾隆三十五年	河北道朱岐、知县刘德尊建	〔清〕朱岐:《覃怀书院记》,〔清〕王荣陛修,方履钱纂:《武陟县志》卷十五《建置志》,清道光九年刊本	
			安昌书院	道光四年	河北道邹锡淳	〔清〕王荣陛:《修建安昌书院碑记》,〔清〕王荣陛修,方履钱纂:《武陟县志》卷十五《建置志》,清道光九年刊本	移覃怀书院至木栾店,更名安昌书院
			河朔书院	道光十七年	河北道刘体重创建	史延寿修,王士杰纂:《续武陟县志》卷八《建置志·书院》,民国二十年刊本	
			致用精舍	光绪七年	河北道陈宝箴创建	史延寿修,王士杰纂:《续武陟县志》卷八《建置志·书院》,民国二十年刊本	
		温县	王公书院	康熙二十九年		〔清〕唐侍陛修,洪亮吉纂:《重修怀庆府志》卷十《学校志·书院》,清乾隆五十四年刻本	为巡抚王日藻建
			卜里书院	乾隆二十年	知县王其华建	〔清〕唐侍陛修,洪亮吉纂:《重修怀庆府志》卷十《学校志·书院》,清乾隆五十四年刻本	旧察院地
		济源县	尤公书院	康熙二十七年	知县尤应运建	〔清〕萧应植纂修:《济源县志》卷三《建置·学校》,清乾隆二十六年刊本	
			甘公书院	康熙三十八年	知县甘国墀建	〔清〕萧应植纂修:《济源县志》卷三《建置·学校》,清乾隆二十六年刊本	
			启运书院	康熙五十四年	知县余尚钰重修	〔清〕萧应植纂修:《济源县志》卷三《建置·学校》,清乾隆二十六年刊本	

续表

朝代	地区		书院名	创建/重修时间	创建/重修者	资料来源	备注
	路府州	州县					
清	怀庆府	济源县	俞公书院	康熙四十七年	知县俞沛建	〔清〕萧应植纂修:《济源县志》卷三《建置·学校》,清乾隆二十六年刊本	
			敷文书院	嘉庆十八年	知县何荇芳创建	〔清〕何荇芳修,刘大观纂:《续济源县志》卷二《建置》,清嘉庆二十八年刻本	
			邵亭书院	光绪十五年	巡检杨克谐建	济源市地方史志编纂委员会编:《济源市志》,河南人民出版社1993年版,第425页	
		阳武县	正谊书院	雍正十三年	知县宋维孜建	〔清〕唐侍陛修,洪亮吉纂:《重修怀庆府志》卷十《学校志·书院》,清乾隆五十四年刻本	
		原武县	原陵书院	乾隆十七年	知县葛天申建	〔清〕唐侍陛修,洪亮吉纂:《重修怀庆府志》卷十《学校志·书院》,清乾隆五十四年刻本	
			卷城书院	乾隆初年		原阳县志编纂委员会整理:《重修原武县志》(整理本),2004年版,第413页	
	许州	许州	聚星书院	乾隆四年	知州董思恭创建	〔清〕董思恭:《创建聚星书院记》,〔清〕甄汝舟修,谈起行纂:《许州志》卷十二《艺文》,清乾隆十年刻本	
			思诚书院	道光七年	庠生史锦堂	王秀文修,张庭馥纂:《许昌县志》卷十三《人物下·义行》,民国十二年石印本	

续表

<table>
<tr><th rowspan="2">朝代</th><th colspan="2">地区</th><th rowspan="2">书院名</th><th rowspan="2">创建/重修时间</th><th rowspan="2">创建/重修者</th><th rowspan="2">资料来源</th><th rowspan="2">备注</th></tr>
<tr><th>路府州</th><th>州县</th></tr>
<tr><td rowspan="8">清</td><td rowspan="8">许州</td><td rowspan="4">长葛县</td><td>嘉惠书院</td><td>康熙十二年</td><td>知县米汉雯创建</td><td>〔清〕何鼎纂修:《长葛县志》卷二《建设志·学校》,清康熙三十年刻本</td><td></td></tr>
<tr><td>王公书院</td><td>康熙二十二年</td><td>知县李元让</td><td>〔清〕李元让:《王公书院碑记》,〔清〕何鼎纂修:《长葛县志》卷七《艺文志上》、卷二《建设志·学校》,清康熙三十年刻本</td><td>为大中丞王日藻建</td></tr>
<tr><td>大中丞书院</td><td>康熙二十九年</td><td>知县何鼎</td><td>〔清〕何鼎:《大中丞书院碑记》,〔清〕何鼎纂修:《长葛县志》卷七《艺文志上》、卷二《建设志·学校》,清康熙三十年刻本</td><td>原王公书院,为大中丞王日藻、阎兴邦合建</td></tr>
<tr><td>陉山书院</td><td>乾隆十一年</td><td>知县阮景咸、教谕胡本立等创建</td><td>〔清〕阮景咸修,胡本立等纂:《长葛县志》卷二《建置志·学校》,清乾隆十二年刻本</td><td></td></tr>
<tr><td rowspan="2">郾城县</td><td>溵阳书院</td><td>康熙二十一年</td><td>知县蔡珠创建</td><td>〔清〕王士俊等修:《河南通志》卷四十三《学校下》,清文渊阁四库全书本</td><td></td></tr>
<tr><td>景文书院</td><td>乾隆十八年</td><td>知县傅豫创建</td><td>〔清〕傅豫:《新建景文书院碑》,周世臣纂修:《郾城县记》第十七《金石篇》,民国二十三年刻本</td><td></td></tr>
<tr><td rowspan="2">临颍县</td><td>紫阳书院</td><td>康熙四十九年</td><td>知县沈近思</td><td>〔清〕沈近思:《创修紫阳书院碑记》,〔清〕甄汝舟修,谈起行纂:《许州志》卷十二《艺文》,清乾隆十年刻本</td><td></td></tr>
<tr><td>颍川书院</td><td>乾隆四十一年</td><td>知县王慎旃</td><td>陈垣修,管大同纂:《重修临颍县志》卷四《学校》,民国五年铅印本</td><td>移紫阳书院改建于兹</td></tr>
</table>

续表

朝代	地区		书院名	创建/重修时间	创建/重修者	资料来源	备注
	路府州	州县					
清	许州	襄城县	希贤书院	康熙三十四年	知县刘子章	〔清〕佟昌年原修，陈治安增修：《襄城县志》卷九，清康熙增刻本	
			紫云书院	康熙初年	邑人李来章	〔清〕李来章、李琇璞纂：《敕赐紫云书院志》，清康熙三十年刻本	
			颍滨书院	康熙年间	知县陈治安	〔清〕佟昌年原修，陈治安增修：《襄城县志》卷十，清康熙增刻本	
	陕州	陕州	召南书院	康熙六十年	知州李朝柱	〔清〕黄璟修，李本龢纂：《陕州直隶州续志》卷八《艺文》，清光绪十八年刻本	
			棠荫书院	光绪二十八年	知州松垿设立	欧阳珍修，韩嘉会纂：《陕县志》卷九《教育》，民国二十五年铅印本	
			砥柱书院			欧阳珍修，韩嘉会纂：《陕县志》卷九《教育》，民国二十五年铅印本	
			三门书院	光绪十八年	知州黄璟创建	〔清〕黄璟修，李本龢纂：《陕州直隶州续志》卷三《学校・书院》，清光绪十八年刻本	
		灵宝县	桃林书院	康熙年间	知县江蘩创建	〔清〕周淦修，高锦荣纂：《重修灵宝县志》卷三《职官志》，清光绪二年刊本	
			宏农书院	康熙年间	知县江蘩创建	〔清〕黄璟修，李本龢纂：《陕州直隶州续志》卷三《学校・书院》，清光绪十八年刻本	
			红亭书院	光绪年间	举人袁孝纯	孙椿荣修，张象明纂：《灵宝县志》卷八《艺文上》，民国二十四年重修铅印本	
			龙兴书院			〔清〕甄汝舟修，谈起行纂：《许州志》卷二《建置志》，清乾隆十年刻本	
			涌芬书院			车云修，王棽林纂：《禹县志》卷二十一《文学传》，民国二十年刊本	

续表

朝代	地区		书院名	创建/重修时间	创建/重修者	资料来源	备注
	路府州	州县					
清	陕州	阌乡县	湖城书院	乾隆十四年	知县侯赐乐建	〔清〕刘思恕、汪鼎臣修，王籽山、王守恭纂：《阌乡县志》卷五《学校》，清光绪二十年刊本	
			荆山书院	乾隆十六年	知县马荣祖建	〔清〕刘思恕、汪鼎臣修，王籽山、王守恭纂：《阌乡县志》卷五《学校》，清光绪二十年刊本	原湖城书院
			菁莪书院	雍正二年	知县杜薰捐建	〔清〕梁溥纂修：《阌乡县志》卷四《学校》，清乾隆十二年刊本	
		卢氏县	龙山书院	乾隆十一年	知县陈思震创建	〔清〕郭光澍修，李旭春纂：《卢氏县志》卷五《学校》，清光绪十八年刊本	
			莘原书院	嘉庆八年	知县卢建河创建	〔清〕黄璟修，李本龢纂：《陕州直隶州续志》卷三《学校·书院》，清光绪十八年刻本	
			经正书院	光绪十五年	知县韩炬重修	〔清〕黄璟修，李本龢纂：《陕州直隶州续志》卷三《学校·书院》，清光绪十八年刻本	原莘原书院
	南阳府	南阳县	诸葛书院	康熙三十年	知府朱璘建重修	〔清〕李来章：《礼山园文集·后编》卷五《重建诸葛书院碑》，清康熙赐书堂刻本	
			南阳书院	康熙三十年	知府朱璘建	〔清〕潘守廉修，张嘉谋纂：《南阳县志》卷六《学校》，清光绪三十年刊本	
			紫山书院	雍正年间		〔清〕潘守廉修，张嘉谋纂：《南阳县志》卷六《学校》，清光绪三十年刊本	
			宛南书院	乾隆十六年	知府庄有信	〔清〕潘守廉修，张嘉谋纂：《南阳县志》卷六《学校》，清光绪三十年刊本	改弥陀寺
			崇正书院	同治初	知县任恺	〔清〕潘守廉修，张嘉谋纂：《南阳县志》卷六《学校》，清光绪三十年刊本	

续表

朝代	地区		书院名	创建/重修时间	创建/重修者	资料来源	备注
	路府州	州县					
清	南阳府	邓州	临湍书院	康熙二十一年	知州杨威盛重建	〔清〕蒋光祖修,姚之琅纂:《邓州志》卷六《学校》,清乾隆二十年刻本	
			金山书院	乾隆五年	知州马趱改	〔清〕蒋光祖修,姚之琅纂:《邓州志》卷六《学校》,清乾隆二十年刻本	原社学
			春风书院(花洲书院)	道光二年	知州马应宿创建	马玉平整理:《顺治〈邓州志〉民国〈重修邓县志〉合辑》,河南人民出版社 2015 年版,第 278、435 页	
		裕州	方城书院	康熙五十四年	知州董学礼	〔清〕董学礼原修,宋名立补修:《裕州志》卷二《建置志》,清乾隆五年补刊本	
		镇平县	淯阳书院	道光八年	知县苏芳阿	〔清〕吴联元修,王翊运纂:《镇平县志》卷二《建置》,清光绪二年刻本	
			老书院			〔清〕吴联元修,王翊运纂:《镇平县志》卷二《建置》,清光绪二年刻本	
		内乡县	味经书院	乾隆五年	知县徐旬龙	中国人民政治协商会议河南省内乡县委员会文史资料委员会编:《内乡县政协文史资料》第八辑(内乡县衙专辑)1992 年版,第 33 页	
			菊潭书院	道光八年	知县萧韶鸣、刘本佛	邓洪波主编:《中国书院学规集成》第 2 卷,中西书局 2011 年版,第 975 页	原味经书院
		泌阳县	铜峰书院	嘉庆二十一年	知县杨兆李	〔清〕倪明进修,栗郢纂:《泌阳县志》卷五《学校志·书院》,清道光八年刊本	

续表

朝代	地区		书院名	创建/重修时间	创建/重修者	资料来源	备注
	路府州	州县					
清	南阳府	淅川县	文兴书院	乾隆四年	知县李林建	〔清〕阿思哈、嵩贵纂修:《续河南通志》卷三十九《学校志·书院》,清乾隆三十二年刻本	
			昆阳书院	乾隆二十一年	知县纪黄中改建	〔清〕阿思哈、嵩贵纂修:《续河南通志》卷三十九《学校志·书院》,清乾隆三十二年刻本	
			崇文书院	嘉庆二十四年	知县李庚生	〔清〕徐光第纂修:《淅川厅志》卷四《艺文》,清咸丰十年刊本	
		唐县	崇实书院	乾隆二十三年	知县宋梅设立	〔清〕宋梅:《崇实书院碑记》,〔清〕黄文莲修,吴泰来纂:《唐县志》卷九《艺文志》,清乾隆五十二年刊本	
			南轩书院	乾隆五十年	知县李声振添改	〔清〕黄文莲修,吴泰来纂:《唐县志》卷二《建置志·学宫》,清乾隆五十二年刊本	原崇实书院
		叶县	保安书院	康熙末	知县崔赫创修	〔清〕欧阳霖修,仓景恬纂:《叶县志》卷二上《建置志》,清同治十年刊本	
			坟台书院	康熙末	知县崔赫创修	〔清〕欧阳霖修,仓景恬纂:《叶县志》卷二上《建置志》,清同治十年刊本	
			悦来书院	康熙末	知县崔赫创修	〔清〕欧阳霖修,仓景恬纂:《叶县志》卷二上《建置志》,清同治十年刊本	
			河山书院	康熙末	知县崔赫创修	〔清〕欧阳霖修,仓景恬纂:《叶县志》卷二上《建置志》,清同治十年刊本	
			欧阳书院	乾隆年间	知县朱朴	〔清〕欧阳霖修,仓景恬纂:《叶县志》卷二上《建置志》,清同治十年刊本	原河山书院,以其地为欧阳驸马故里更名
			昆阳书院	嘉庆十六年	知县李滨改建	〔清〕欧阳霖修,仓景恬纂:《叶县志》卷二上《建置志》,清同治十年刊本	原明问津书院

续表

朝代	地区		书院名	创建/重修时间	创建/重修者	资料来源	备注
	路府州	州县					
清	南阳府	新野县	白水书院	康熙三十年	知县颜光是重建	〔清〕徐金位纂修:《新野县志》卷二《建置志》,清乾隆十九年刊本	
		桐柏县	藜野书院	乾隆七年	知县翁运标建	〔清〕阿思哈、嵩贵纂修:《续河南通志》卷三十九《学校志》,清乾隆三十二年刻本	
		舞阳县	问政书院	康熙二十九年	知县吕柳文重修	〔清〕王士俊等修:《河南通志》卷四十三《学校下》,清文渊阁四库全书本	
			溺车湾晒书台书院	康熙二十九年	知县吕柳文重修	〔清〕欧阳霖修,仓景恬纂:《叶县志》卷二上《建置志》,清同治十年刊本	
			舞泉书院	康熙五十年	知县于建邦重建	〔清〕丁永琪纂修:《舞阳县志》卷三《建置》,清乾隆十年刻本	
			鸿文书院	雍正九年	知县刘蓟植创建	〔清〕丁永琪纂修:《舞阳县志》卷三《建置》,清乾隆十年刻本	
	归德府	商丘县	范文正公讲院	康熙十三年	知府闵子奇复修	〔清〕刘德昌修,叶沄纂:《商丘县志》卷三《学校》,民国二十一年石印本	
		永城县	太丘书院	乾隆三十一年	知县周梦龙	〔清〕岳廷楷修,吕永辉纂:《永城县志》卷六《学校志·书院》,清光绪刻本	
			芒山书院	乾隆三十二年	知县周梦龙建	〔清〕岳廷楷修,吕永辉纂:《永城县志》卷六《学校志·书院》,清光绪刻本	
			浍滨书院	道光二十年	绅耆刘乾箴等重建	〔清〕岳廷楷修,吕永辉纂:《永城县志》卷六《学校志·书院》,清光绪刻本	

续表

朝代	地区		书院名	创建/重修时间	创建/重修者	资料来源	备注
	路府州	州县					
清	归德府	睢州	锦襄书院	康熙九年	郡人吴淇重建	〔清〕王枚修,徐绍廉纂:《续修睢州志》卷二《建置志·书院》,清光绪十八年刻本	
			浍川书院	康熙十四年	知州程正性改建	〔清〕王枚修,徐绍廉纂:《续修睢州志》卷二《建置志·书院》,清光绪十八年刻本	原锦襄书院
			道存书院	康熙年间	知州马世英	〔清〕王枚修,徐绍廉纂:《续修睢州志》卷二《建置志·书院》,清光绪十八年刻本	故当阳令李遥家塾
			洛学书院	乾隆二年	知州刘蓟植建	〔清〕王枚修,徐绍廉纂:《续修睢州志》卷二《建置志·书院》,清光绪十八年刻本	
		宁陵县	宁城书院	乾隆七年	知县梁景程	孟广赞纂修:《宁陵县志》卷五《学校志》,民国三十年铅印本	
			文修书院	光绪十五年	知县钱绳祖	孟广赞纂修:《宁陵县志》卷五《学校志》,民国三十年铅印本	
		柘城县	朱阳书院	康熙二十八年	邑绅窦大任创建	〔清〕窦克勤:《朱阳书院志》卷二《沿革》,清雍正中寻乐堂刊本	朱襄氏故都
			文起书院	道光八年	知县富成创建	〔清〕元淮、傅钟浚纂修:《柘城县志》卷二《学校志》,清光绪二十二年刻本	
			襄山书院	同治七年	贡生王永祥、武莲亭重修	〔清〕元淮、傅钟浚纂修:《柘城县志》卷二《学校志》,清光绪二十二年刻本	原文起书院
		虞城县	古虞书院	乾隆年间	知县龚一发	〔清〕郝文光:《增修古虞书院记》,〔清〕李淇修,席庆云纂:《虞城县志》卷九《艺文》,清光绪二十一年刊本	

续表

朝代	地区		书院名	创建/重修时间	创建/重修者	资料来源	备注
	路府州	州县					
清	归德府	鹿邑县	真源学舍	康熙二十八年	知县吕士鹓	〔清〕于沧澜修,蒋师辙纂:《鹿邑县志》卷七《学校考·书院》,清光绪二十二年刊本	
			鸣鹿书院	嘉庆二十二年	知县刘德元重修	〔清〕于沧澜修,蒋师辙纂:《鹿邑县志》卷七《学校考·书院》,清光绪二十二年刊本	原真源学舍
		夏邑县	崇正书院	道光十二年	知县邹光曾改建	韩世勋修,黎德芬纂:《夏邑县志》卷二《建置志·书院》,民国九年石印本	
	光州	光州	龙门书院	康熙五十二年	知州刘学礼创建	〔清〕李讱纂修:《续修光州志》卷二《建置考·书院》,清乾隆二十七年刻本	
			弋阳书院	乾隆六年	护州事息县知县梁观我	〔清〕李讱纂修:《续修光州志》卷二《建置考·书院》,清乾隆二十七年刻本	
			南城书院	乾隆二十五年	知州吴一嵩创建	〔清〕李讱纂修:《续修光州志》卷二《建置考·书院》,清乾隆二十七年刻本	
		光山县	涑水书院	顺治十一年	知县管声骏重修	许希之修,晏兆平纂:《光山县志约稿》卷二《政务志·教育志》,民国二十五年铅印本	
		商城县	文峰书院	乾隆三十三年	知县林斌	〔清〕林斌:《新建文峰书院碑记》,〔清〕武开吉修,周之骙纂:《商城县志》卷五《学校志上》,清嘉庆八年刻本	
			温泉书院	嘉庆七年		〔清〕武开吉修,周之骙纂:《商城县志》卷六《学校志下》,清嘉庆八年刻本	

续表

朝代	地区		书院名	创建/重修时间	创建/重修者	资料来源	备注
	路府州	州县					
清	光州	固始县	古蓼书院	康熙二十九年	知县杨如楫创建	〔清〕王士俊等修:《河南通志》卷四十三《学校下》,清文渊阁四库全书本	
			临淮书院	乾隆十九年	知县杨潮观创建	〔清〕阿思哈、嵩贵纂修:《续河南通志》卷三十九《学校志·书院》,清乾隆三十二年刻本	
			诂经精舍	光绪二十一年	知县杨溶	戴吉强主编:《固始近现代历史简编(下)》,河南人民出版社2011年版,第335页	
		息县	正学书院	顺治十一年	知县邵光胤	〔清〕邵光胤:《正学书院记》,〔清〕邵光胤纂修:《息县志》卷十《外纪·艺文》,清顺治十四年刻本	
			新息书院	乾隆年间		息县志编纂委员会编:《息县志》,河南人民出版社1989年版,第354页	
			龙门书院	同治年间		息县志编纂委员会编:《息县志》,河南人民出版社1989年版,第354页	
	陈州府	淮宁县	思鲁书院	康熙五十二年	都御史揆叙重建	〔清〕潘钟瀚:《柳湖书院记》,郑康侯修,朱撰卿纂:《淮阳县志》卷五《民政下》,民国二十三年铅印本	
			弦歌书院	乾隆五年	知府金山	〔清〕潘钟瀚:《柳湖书院记》,郑康侯修,朱撰卿纂:《淮阳县志》卷五《民政下》,民国二十三年铅印本	原思鲁书院
			柳湖书院	同治十二年	知县潘钟瀚	〔清〕潘钟瀚:《柳湖书院记》,郑康侯修,朱撰卿纂:《淮阳县志》卷五《民政下》,民国二十三年铅印本	

续表

朝代	地区		书院名	创建/重修时间	创建/重修者	资料来源	备注
	路府州	州县					
清	陈州府	西华县	衍畴书院	乾隆十二年	知县吴滚	〔清〕宋恂修，于大猷纂：《西华县志》卷三《建置志》，清乾隆十九年刻本	
		商水县	凤台书院	乾隆九年	知县张崇朴创建	徐家璘修，杨凌阁纂：《商水县志》卷九《学校志》，民国七年刻本	
			文富书院	光绪十年	贡生王聚典、廪生史书楷等创设	徐家璘修，杨凌阁纂：《商水县志》卷九《学校志》，民国七年刻本	文昌宫
			静远书院	光绪初年	胡朝彦、胡体纲、刘冠军、杨洁心等创建	徐家璘修，杨凌阁纂：《商水县志》卷九《学校志》，民国七年刻本	文昌宫
			乐善书院	光绪年间	鄢世仁创建	徐家璘修，杨凌阁纂：《商水县志》卷二十《人物志四》，民国七年刻本	
			崇正书院	同治年间	监生王松亭	徐家璘修，杨凌阁纂：《商水县志》卷十八《人物志二》，民国七年刻本	

续表

朝代	地区		书院名	创建/重修时间	创建/重修者	资料来源	备注
	路府州	州县					
清	陈州府	沈丘县	求诚书院	康熙二十四年	知县郭金璧创建	〔清〕陈梦雷辑:《古今图书集成方舆汇编职方典》卷三百七十四《开封府学校考》,清雍正铜活字本	
清	陈州府	沈丘县	清渠书院	道光五年		沈丘县志编纂委员会编:《沈丘县志》,河南人民出版社1987年版,第449页	
清	陈州府	沈丘县	平舆书院	道光七年		沈丘县志编纂委员会编:《沈丘县志》,河南人民出版社1987年版,第449页	
清	陈州府	太康县	兴贤书院	康熙三十年	知县朴怀宝改建	〔清〕武昌国修,胡彦升纂:《太康县志》卷二《建置》,清乾隆二十六年刻本	后称二贤书院。乾隆二十五年知县武昌国仍原名
清	陈州府	太康县	二贤书院	乾隆九年	知县宋士庄改建	〔清〕武昌国修,胡彦升纂:《太康县志》卷二《建置》,清乾隆二十六年刻本	原兴贤书院
清	陈州府	项城县	虹阳书院	康熙二十七年	知县顾芳宗	张镇芳修,施景舜纂:《项城县志》卷十《祠庙志》,民国三年石印本	
清	陈州府	项城县	莲溪书院	乾隆二十五年	知县梁作文重建	张镇芳修,施景舜纂:《项城县志》卷十《祠庙志》,民国三年石印本	原虹阳书院
清	陈州府	项城县	芳远书院	嘉庆初年	知县张丕绪	张镇芳修,施景舜纂:《项城县志》卷十《祠庙志》,民国三年石印本	
清	陈州府	扶沟县	大程书院	乾隆十二年	知县杨烛改建	〔清〕七十一修,郝廷松纂:《扶沟县志》卷六《学校》,清乾隆二十七年刻本	

续表

朝代	地区		书院名	创建/重修时间	创建/重修者	资料来源	备注
	路府州	州县					
清	汝宁府	汝阳县	天中书院	康熙年间	知府熊仲龙复建	陈伯嘉修,李成均纂:《重修汝南县志》卷九《教育考》,民国二十七年石印本	
			新建书院	康熙初	知府金镇创建	陈伯嘉修,李成均纂:《重修汝南县志》卷九《教育考》,民国二十七年石印本	
			南湖书院	雍正元年		陈伯嘉修,李成均纂:《重修汝南县志》卷九《教育考》,民国二十七年石印本	
			寒溪书院	道光十六年	徐东升创修	陈伯嘉修,李成均纂:《重修汝南县志》卷九《教育考》,民国二十七年石印本	
			南陔书院	咸丰元年	王麟书等创建	陈伯嘉修,李成均纂:《重修汝南县志》卷九《教育考》,民国二十七年石印本	
			淮西书院	咸丰年间		陈伯嘉修,李成均纂:《重修汝南县志》卷九《教育考》,民国二十七年石印本	淮西精舍
		西平县	新建书院	康熙二十五年	知县傅弼创建	〔清〕王士俊等修:《河南通志》卷四十三《学校下》,清文渊阁四库全书本	
			阎公书院	康熙二十七年	河南巡抚阎兴邦、署西平上蔡令杨廷望	李毓藻修,陈铭鉴纂:《西平县志》卷十二《经制志》,民国二十三年刻本	
			定颍书院			李毓藻修,陈铭鉴纂:《西平县志》卷十二《经制志》,民国二十三年刻本	原阎公书院
			文城书院	嘉庆五年	知县管城重修	李毓藻修,陈铭鉴纂:《西平县志》卷十二《经制志》,民国二十三年刻本	

续表

朝代	地区		书院名	创建/重修时间	创建/重修者	资料来源	备注
	路府州	州县					
清	汝宁府	上蔡县	上蔡书院	康熙二十五年	知县杨廷望	〔清〕杨廷望修,张沐纂:《上蔡县志》卷二《建置志·书院》,清康熙二十九年刊本	
		正阳县	慎阳书院	康熙三十九年	知县安圻创建	魏松声等纂:《重修正阳县志》卷一《地理志》,民国二十五年铅印本	
			正阳书院	乾隆五十七年	知县彭良弼创建	魏松声等纂:《重修正阳县志》卷一《建置志》,民国二十五年铅印本	
			奎林书院	同治八年	知县张宝禧	魏松声等纂:《重修正阳县志》卷一《建置志》,民国二十五年铅印本	原正阳书院
		确山县	铜川书院	康熙六年	士庶公捐起创建	〔清〕王士俊等修:《河南通志》卷四十三《学校下》,清文渊阁四库全书本	知县吴琠号铜川
		遂平县	吴房书院	乾隆二十二年	知县金忠济	〔清〕金忠济修,祝旸纂:《遂平县志》卷七《学校上》,清乾隆二十四年刊本	旧义学基址
		新蔡县	大吕书院	康熙三十年	知县吕民服创建	〔清〕莫玺章修,王增纂:《新蔡县志》卷二《经制志》,清乾隆修民国重刊本	
		信阳州	瑚琏书院	康熙三十六年	南汝光道罗文现	陈善同纂:《重修信阳县志》卷十三《教育志一》,民国二十五年铅印本	
			申阳书院			陈善同纂:《重修信阳县志》卷十三《教育志一》,民国二十五年铅印本	因"琏"字犯端慧太子讳改称申阳书院
			义阳书院			陈善同纂:《重修信阳县志》卷十三《教育志一》,民国二十五年铅印本	康熙三十六年,并入瑚琏书院
			豫南书院	光绪十七年	兵备道朱寿镛创建	陈善同纂:《重修信阳县志》卷十三《教育志一》,民国二十五年铅印本	

续表

朝代	地区		书院名	创建/重修时间	创建/重修者	资料来源	备注
	路府州	州县					
清	汝宁府	罗山县	罗山书院	雍正十二年	知县王夔龙创建	〔清〕邹升恒:《罗山书院记》,〔清〕葛荃修,李之杜等纂:《罗山县志》卷八《外纪志·艺文》,清乾隆十一年刊本	
			龙池书院			信阳地区地方史志编纂委员会编:《信阳地区志》(下卷),生活·读书·新知三联书店1992年版,第693页	
			石塘书院			信阳地区地方史志编纂委员会编:《信阳地区志》(下卷),生活·读书·新知三联书店1992年版,第693页	
			周家庵书院			信阳地区地方史志编纂委员会编:《信阳地区志》(下卷),生活·读书·新知三联书店1992年版,第693页	
	大名府	开州	明道书院	乾隆六年	知州徐时作重修	〔清〕李符清修,沈乐善纂:《开州志》卷二《建置·书院》,清嘉庆十一年刻本	
			聚魁书院	嘉庆四年	邢克刚重建	〔清〕李符清修,沈乐善纂:《开州志》卷二《建置·书院》,清嘉庆十一年刻本	
		清丰县	广阳书院	乾隆二十二年	知县顾光创建	〔清〕杨爆纂修,高俊续修:《清丰县续志》卷四《官师志》,清同治十一年刻本	
			进贤书院	道光十三年	知县吴人彦	〔清〕杨爆纂修,高俊续修:《清丰县续志》卷五《循良》,清同治十一年刻本	

续表

朝代	地区		书院名	创建/重修时间	创建/重修者	资料来源	备注
	路府州	州县					
清	大名府	南乐县	繁阳书院	乾隆二十三年	知县洪大鹏创建	〔清〕赵钟麟:《乐昌书院碑记》,〔清〕施有方修,武勋朝纂:《南乐县志》卷二《志学校》,清光绪二十九年刊本	
			乐昌书院	同治十一年	知县张连瑞创建	〔清〕赵钟麟:《乐昌书院碑记》,〔清〕施有方修,武勋朝纂:《南乐县志》卷二《志学校》,清光绪二十九年刊本	
		长垣县	他山书院	康熙十六年	知县秦毓琦	〔清〕李于垣修,杨元锡纂:《长垣县志》卷六《建置书》,清嘉庆十五年刊本	
			寡过书院	康熙五十九年	知县赵国麟	〔清〕李于垣修,杨元锡纂:《长垣县志》卷六《建置书》,清嘉庆十五年刊本	前蘧子祠
	曹州府	濮州	泽山书院		按察使桑建创建	〔清〕高士英修,荣相鼎纂:《濮州志》卷二《学校志》,清宣统元年刻本	
			郅公书院		知州郅玠创建	〔清〕高士英修,荣相鼎纂:《濮州志》卷二《学校志》,清宣统元年刻本	

二、清代河南书院创办资料辑录

（一）创建

郭遇熙（倡建德化书院）记募引

在昔文翁治蜀而教化日兴，昌黎莅潮而文士日进，二子之泽皆至于今不衰。吾鄘非蜀潮比，不过古卫一下邑也，地瘠民贫，而风淳俗朴，农荷一耒，士守一经，诗书礼让之风，犹有武公之遗焉。诗之称武公曰有斐君子，盖言学也。又曰终不可喧兮，盖言学之及人也。终春秋之世，如蘧史如端木彬彬儒雅，古今称为卫多君子。倘非武公之好学，切磋琢磨而能造就人才，累及数世而罔斁乎？吾邑侯李公以白下士为名进士，筮宰吾鄘，下车之日，政清刑简，庶务允厘，簿书稍暇，即进多士而课之，不期年而吾邑门下士夺解标入翰苑，为天子文学侍从之臣，鄘人士咸鼓舞奋发，争自磋磨，以期无负侯雅意作人之化。盖三年于兹矣，侯又好学不倦，政事之余，手握一编，常至夜分，犹闻诵声，而多士卷牍累累积案，侯操觚披阅，亲加点窜，曾无片晷之停留。噫嘻，想文翁昌黎之善教，未必如是之谆切笃挚也。讵非有斐君子卫之武公者欤？今年春，余自京师予假归里，适值侯校士之期，键户而三试之，先为赋言以示遐迩，其告诫殷勤，词文焕丽，已足以炳耀日月，而式靡起衰矣。又分俸以建义学，延师以训子弟，阖邑之英俊黄童出入拥匝，咸欲占片席以为荣。而屋宇湫隘，户外履满，常有立星露宿之虞，甚非所以广施教铎而收罗人才至意也。于是鄘之父兄耆老聚族而前曰：侯加意作人，讲论不辍，而义学片椽曾不足以蔽风雨，可奈何？余曰：昔马融教授生徒，前后设绛帐，张横渠坐皋比，以传六经。古之师道尊严，莫不有讲席以为授受之地。今义舍虽狭，而前厦尚有余隙，不可度材量工以为邑侯讲堂地乎？倘异日者榱桷初成，丹雘伊新，邑侯坐于堂上，乃召诸生于堂下而讲习讨论，如昌黎文翁故事，则执疑问难，宫墙有立雪之基；绎道阐经，堂构来衔鳣之异。菁莪朴棫，咏于邦家。栝梓楩楠，储为柱石。岂特师儒之庆，亦盛朝之光也。佥曰善，请以吾子之言，布告于绅士社甲之好义者。

（〔清〕赵开元修，畅俊纂：《新乡县志》卷十二《学校下》，清乾隆十二年石印本）

（二）祀典

请祀七贤五儒公呈

河南归德府睢州柘城县乡宦袁格等、阖学生员王岳等呈，为书院之贤儒并祀士风之趋向攸关，恳赐转申以崇正学事。

窃照书院之设，所以广励儒修贤圣之徒信为主持名教。柘城县东门外旧有邑绅窦大任、窦克勤所建朱阳书院，业于其中专祀孔子及颜曾思孟矣，学者既知圣人为可师儒先均为大道所分寄，欲总文章性道而得其要领，必合贤阶儒行而溯其渊源，但择焉不精语焉不详，恐滋后人歧路之慨，而行道吾徒，传道吾与，俱证往圣此心之同。就书院而论，必得羽翼孔子之道者立为标准，始知希圣法天道归一代传人。就中州之书院而论，又必得中州羽翼孔子之道者奉为典型，乃见尊闻行知学衍两河正派。今书院孔子圣殿之东有本县父母连肖先捐建先儒祠三楹，众议宜祀羽翼孔子者，于宋有春陵周子濂溪敦颐，河南程子明道颢、伊川颐，关中张子横渠载，闽中朱子晦庵熹；于元有怀孟许子鲁斋衡；于明有山右薛子敬轩瑄。此七贤者，或得不传不秘，或表六经之绪，或集成于诸儒，或力肩夫道脉，皆宜特祀书院，以示远有所宗。又孔子圣殿之西有本县学师苏名勋、邑绅封翰林窦大任捐建正学祠三楹，众议宜祀中州羽翼孔子者，于明有渑池曹月川先生端、宁陵吕新吾先生坤、柘城窦筠峰先生如珠，于本朝有睢州汤潜庵先生斌、登封耿逸庵先生介。此五儒者，或藉师席而表人伦之模，或历中外而致纲纪之肃，或守洛闽而抱遗经以终老，或同时地而倡斯道以及时，亦宜特祀书院以示近有所守。伏乞扶斯文于未坠，启宗风于日新，俯准转申批允崇祀，俾七贤祀书院圣殿东先儒祠内，五儒祀书院圣殿西正学祠内，庶两祠妥侑文献，光昭多士确守门庭，正学炳耀天日。其有裨人心世道非浅鲜矣！为此具呈。

各衙内详看批照：

柘城县儒学教谕苏讳名勋、训导方讳金锡：看得柘邑东门外旧有朱阳书院，系邑绅窦太史公讳克勤所建，专祠孔子，傍列颜曾思孟，为讲学会文之处。圣殿之东有本县连父母捐建先儒祠三楹，圣殿之西卑学同邑绅敕封翰林窦大任捐建正学祠三楹。今据绅士所列七贤五儒，皆羽翼圣贤匡扶道统之大儒，公议祀七贤于先儒祠，祀五儒于正学祠。崇祀尊贤有光文教，诚宜转请以振士风，伏乞照详转请施行。

柘城县知县连讳肖先:看得柘城东关旧有朱阳书院中祀孔子,傍列颜曾思孟,卑职拟捐俸于圣殿之东增建先儒祠三楹,儒学教谕苏名勋于圣殿之西捐俸增建正学祠三楹。今据绅士呈请,祀七贤于先儒祠,祀五儒于正学祠,并据儒学查议前来,崇祀尊贤,钜典攸关。应否俯循舆论,伏候宪台批示遵行。

归德府知府郎讳钟批:仰候转详。缴。

提学佥事徐讳汝峄批:仰候移司转详。缴。

分守副使崔讳徵璧批:仰通详院司批示录报。缴。

署布政司事提刑按察使高讳启桂批:已奉院批转移学道查议矣。仰候移复至日酌详。缴。

巡抚徐讳潮批:仰布政司查议详夺。缴。

提学徐议复:查看得先贤后贤无分今古,传道行道并翼经书。苟为孔氏之徒,悉属士林之范。今据柘城县申详,七贤五儒者,诚渊源之有自而模范之克端也,位置得宜,举行允当。兹准前因,相应移复,酌呈施行。

署布政司按察使高议复:查看得道统常昭千古,维持赖有传人。柘城县东关建有朱阳书院,为讲学会课之所,既祀孔子及颜曾思孟于正殿矣,乃县令复增置先儒祠于殿左,教谕复增置正学祠于殿右。据阖邑绅士请祀前代七贤于先儒祠内,中州五儒于正学祠内,具详申请。奉宪批司查议,移准学道议复前来,查七贤阐发大道于前,五儒羽翼大道于后,虽为显为晦时地不同,而希圣希贤指归则一,均有功于名教,宜崇祀于两祠。应如所请,以端士风,以维正道者也。理合详复,伏候宪台批示施行。

护理巡抚印务按察使高批:如详行。缴。十二月二日行该县知照。

(〔清〕窦克勤:《朱阳书院志》卷二《祀典》,清雍正中寻乐堂刊本)

(三)师儒

嵩阳书院请冉永光先生启

伏以道原于天,龟龙泄图书之秘;学本诸圣,伊洛绍洙泗之传。故继往开来,端赖高贤模范;而守先待后,咸仰硕儒宗风。率髦士以凫趋,依讲堂而鹄俟。恭惟老年台先生:吾道主盟,斯民先觉。科名冠中豫,文章追先辈之遗;理学搜东京,著作洗末流之弊。蔼如霁月光风雅度,俨然泰山乔岳德辉。入理深微而教学相长,负岌远近,皆有涵育熏陶之益,竟是今日鹿洞;见道精确而声气应求,把臂朝夕,殊无同异离合之迹,胜似当年鹅湖。虽则咸感一心,但犹暌隔两地。慨自圣贤不作,致邪说诐行交兴;因而仁义不明,使风俗人心俱敝。世无砥柱,谁挽颓波?借兹董帏,传经书于颍上;移来绛帐,开坛坫于天中。就而正焉,德不孤矣。双溪河畔春来,桃李芳菲;三公石边冬去,松柏苍郁。有时徘徊川上,叹逝者之如斯;或则流连观澜,悟盈科之有本。看天光云影,触处见性命流行;睹鱼跃鸢飞,随时皆道体呈露。英才统归教育,喜君子之乐有三;品汇胥受裁成,欣大造为物不贰。肃凭鱼素,遥企龙光。临启驰情之至。

([清]耿介:《嵩阳书院请冉永光先生启》,耿介撰,李远校点:《嵩阳书院志》卷二《汤潜庵先生书》,《嵩岳文献丛刊》第4册,中州古籍出版社2003年版,第148~149页)

(四)讲学

王抚台请大梁书院讲学启

伏以道存河洛,渊源递禅于千秋;铎振高阳,授受相须于片席。辟讲堂而鹄俟,遥拟金马度青山;率髦士以凫趋,伫拂银鱼临绛幄。环桥有待,扫径惟虔。恭帷老年台先生:辅赍殷岩,苞参羲窟。珥笔而编摩邃馆,穷石室天禄之藏;褰帷而屏翰名州,揽沙麓浮丘之胜。学擅江都,醇正文章卓冠西京;理探洛下,精微义蕴独标中岳。缅昔微言未绝,正学将兴。星辰毕聚于奎躔,贤哲挺生于宋代。周至精,邵至大,程至正,考亭爰集其成;濂有图,洛有传,关有铭,紫阳汇归于一。然朱陆同异之辩,帜已判于当时;故知行各主之功,祖遂分于来学。欲识万川印月,端资今日儒宗;将求一炬传薪,必待多闻学士。某扪盘识短,拥彗情长。幸滥竽理学之邦,希奉席高贤之侧。谨涓孟秋朔日,泛扫大梁书院,恭迓从者旌旄。挥麈尾于造字台边,阐鹿洞鹅湖之秘;设螭头于藏书楼下,待鸾坡鹤籞之英。伏冀惠驾轩车,遄移屦杖。指繁台而振佩,迥逾邺下联镳;升高座以谈经,远拟河汾教授。肃将鱼素,伫企龙光。临启曷胜,瞻仰企切之至。

([清]耿介撰;梁玉玮、孙红强、陈亚校点:《敬恕堂文集》卷六《附录:王抚台请大梁书院讲学启》,中州古籍出版社2005年版,第329~330页)

回抚台王公请大梁书院讲学启

伏以天开文运,笃真儒而秉节钺之权;时际昌期,宏硕辅以阐图书之秘。二千载之道统莫属,五百年有名世者兴。川岳光涵,人文气朗。恭惟老公祖先生熙朝元老,正学宗师。至诚结主上之知,先觉任天下之重。一心是太极,立中正仁义之标;方寸有乾元,握参赞位育之化。以惟其备二仪三才四时,和气蔼乎阳春;所以致两河八郡一州,苍生熙然太古。既经文以纬武,亦乐备而礼明。盖世勋名,高出于韩、范、富、欧诸公之上;传家理学,远绍乎周、程、张、朱四子之间。饬纪纲以振颓风,讲道德以敦士习。思考亭在庐阜,肇辟鹿洞之基;念子静居象山,宏启鹅湖之学。阐宗风于洛水,开坛坫于中天。俾学者不得外本体以作工夫,谓君子必先务德行而后文艺。遂令微言绝以犹续,伫看大道晦而复明。上以佐圣主崇重儒术之心,远以法前贤表章经书之意。诚旷世遘,千载难逢者也。治白首无闻,老大兴叹。侵寻病疾,颇觉诗书无缘;蹉跎年华,反与泉石有契。自惭乏中和之性,窃欲就陶铸于化工;深愧非狂简之才,久思受裁成于夫子。虽梁园近在衣带,奈云泥远隔天边。孰意处士虚声,竟邀大人知遇。瑶函璀璨,宠贲竹篱;鼎贶辉煌,光映岩穴。心好不啻口出,荣施已欢逾夫百朋;感深匪可言传,辞让岂守严于一介？祗趋尊命,敬璧隆仪。拟于念四启行,遵即朔一登叩。无寸长之可取尚,弗堪执经以书列弟子之班;寡其过而未能况,复敢拥皋比居先生之位？得英才而教育,须自己无愧怍于天人;观性命之流行,必平时能戒惧于幽独。遥瞻宫墙之数仞,容聆提诲于一堂。易胜寅忱,付祈丙鉴。临启惊息,驰神之至。

(〔清〕耿介撰,梁玉玮、孙红强、陈亚校点:《敬恕堂文集》卷六《回抚台王公请大梁书院讲学启》,中州古籍出版社2005年版,第330页)

请学院汤公祖朱阳书院讲学启

伏以

瑞映图书世界春风披讲座

辉腾奎璧中天淑气覆词坛

斯文待此日而兴风云毕萃

至道由大人以造,雨露均沾,辔揽风清,弹冠喜溢

恭惟

老年公祖先生台台

倡道两河

起衰八代

宣三才之蕴经天纬地以成能

掞六艺之芳灼古通今而著训

飞十行之大示指天誓日导斯人以天理民彝

涣一纸之清言翼传尊经溯其学于商盘周诰

简贤特由

宸断视学遂畀中州，念豫土昔罹寇氛髦士谋生之不暇，奚暇治礼自……

（〔清〕窦克勤：《朱阳书院志》卷四《文瀚》，清雍正中寻乐堂刊本）

学院公祖朱阳书院讲学回启

伏以

大道长留群仰中天之盛

斯文丕振咸钦复旦之辉

瞻雄伟于斗山尧舜递传可数

溯渊源于伊洛鲁邹遗教非遥，坛坫堪亲光仪在望恭惟

①老年先生台台

②受天间气

③为世真儒

……

末学支离，虽欲自谓已能，实愧枵然无有。重蒙宠召，用敢固辞！伏愿

尘尾时挥，

皋比坐拥，

阳和盎盎，听诸生之坐春风

气象严严，看多士之立夜雪，将见月川之教泽

远播于晋豫之郊，平仲之化裁永留于怀孟之域矣。

临启曷胜瞻溯，悚惶之至。

（〔清〕窦克勤：《朱阳书院志》卷四《文瀚》，清雍正中寻乐堂刊本）

（五）讲语

《拟讲所谓诚其意者章》戊子三月

此诚意一章为大学自修之首也。大学之教曰：自天子以至于庶人壹是，皆以修身为本。此总括言之也。至考修身功夫，却离不得格致诚正为齐家治国平天下之本。就格致诚正中指其最切于人处无如诚意一着。故传大学者独立诚意传，上不连致知，下不连正心，以学到致知而后天人理欲之介晰之已。

…………

（〔清〕窦克勤：《朱阳书院志》卷三《讲语》，清雍正中寻乐堂刊本）

（六）规条

欧阳书院经费条规

咸丰元年四月，滑县知县徐士琦率同绅民捐添欧阳书院经费，发当生息，并拟定条规，详请立案，以垂永久事。

窃照设立书院，所以储养人才，振兴文教，辅盛世菁莪之化，鼓儒林奋发之心，必当经费裕充，方冀人文蔚起，是以卑职前在襄城任内，因该处书院经费不敷，曾倡率绅民捐添钱五千缗，发当生息，酌定条规，详蒙立案。迄今岁有常经嗣蒙量移滑邑，民情强悍，尤须以教养士子为先，庶几斯民有所观感。盖经正民兴，邪慝自远，欲使风移俗易，不可不急于此讲求也。

查敝县书院为宋儒欧阳文忠公读书处，因以公姓命名。楼曰秋声，斋曰画舫，前贤遗迹俨然，洵为读书善地。其中房屋器具均尚完整，惟经费仅有绅民捐输发当生息钱七百四十七千，每岁得息钱一百四十九千零，又拨入逆产地五顷，每岁租课除完钱漕等项外，仅余钱五十九千零二，共钱二百千零，向来致送山长每岁脩脯钱一百二十千，薪水钱六十千，节礼钱十二千，又致送儒学课试薪水银六十两，核计所入已不敷用。其生童膏火等项全无所出，虽经敝职按时捐廉发给，然捐数较多，难乎为继，不如添设经费可垂永久。敝职因独力难成，当与绅士举人韩连仲、荆玉成，副榜刘煦东，贡生薛德闻、祁世德，廪生袁临阁，生员吕南、吕魏、道筠、焦日光、赵良弼、冯奏捷，监生杨知方、毛自得、朱桂林、段志鸿，武生胡清吉、丁承高公同筹划。据该绅士等均愿捐助，并云地方善举，富户亦所乐从，恳请劝捐集腋。敝职遂倡捐钱八百千，饬令署典史黄景贤，督同该绅士等普为劝导，并严谕不许少有勉强，致滋勒派去后，旋据该绅富等闻风好义，踊跃输将，陆续呈捐钱七千二百缗，连敝职所捐钱八百缗整，即于十一月二十二日传集当商张万篇等十五家，眼同绅士，将钱交发，分领营运，按月一分行息。公议此项新捐息钱，专作生童膏火饭食、卷价及礼房纸笔、书院把门等役工食之用。其山长脩脯薪水节礼，并学官课试薪水，均仍旧在地租并从前发当商生息项下支销，不敷官为捐足，毋庸另议更张。谨就现添息钱拟定膏火等项数目及课试章程二十条，俾有遵循。至当商领状，令其出具一样五纸，一纸附卷，一纸交书院首事收存,三纸分呈宪台暨本道本府存案,藩宪并宪台存案,载明非五纸领状具到,不许提本,以杜亏挪。似此捐添之后,经费宽绰,庶足培养寒士,鼓励成材,而于教化人心亦不无裨益。该捐户绅民等乐善慨捐,共成义举,殊堪嘉尚,应请由敝职分别酌予匾额花红,以示奖劝。所有捐添书院经费定立章程缘由,理合将捐户姓名钱数并拟定条规分造清册,连商领状一并具文,详请宪台查核批示立案。除经详(抚学)宪(藩宪本道)外,为此备由具申,伏乞照详施行。

须至(申册)者,计申送捐户钱数册一本,条规册一本,当商领状一纸。详(抚学)宪藩司本道本府申计开章程清册呈送。

一、每年延请山长,由地方绅士公举学品兼优,人地相宜者,官从其便,备关聘请。

一、每年定于十二月初十日考取膏火生童,各取正课十五名,备补五名,发榜后将卷订为一束,留至开课查对笔迹,有不符者汰除另补。

一、内正课生员十五名,每名月给膏火钱一千五百文;童生十五名,每名月给膏火钱一千二百文。定于每月二十八日发给。

一、取定正课后,生童保举品行端方者各一人充当斋长,照料散发膏火、笔资、饭食、卷价一切钱文。每月各给优膏火一分,各如膏火之数。

一、每月初二日县课,十二日斋课,二十二日学课。所有取定正课,如临点不到,生员每课扣除膏火钱五百文,童生每课扣除膏火钱四百文,按名次发给。书院备补三课不到,开除另补其。实在有病及有要事者,准学长代为请假,仍不得连请三课,违者照例开除。

一、初二日课期,如遇公出,礼房禀请儒学代课。

一、官课考列前八名者,生员每名照定膏火减半,发给笔资钱七百五十文,童生每名发给钱六百文,其奖赏官为捐廉酌给,不在此数。

一、课期限定辰刻点名,申刻缴卷,不准给烛,违者正课开除膏火,附课文虽佳不取。

一、生童前八名,将课卷订为一束,传各生童阅看,一以借观摩,一以防抄袭。如查有誊写成文及倩人代作者,正课汰除膏火,附课追出奖赏,挨次发给第二人。

一、生童附课,有五课考三超等,三课考两超一特,四课考一超三特者,俱准作为备补,与原取备补相间轮补膏火。

一、生童正课有考四次后五名,三次后三名,两次后二名者,俱汰膏火。

一、生童有取定正课不在院住宿者,作为外正课,膏火减半发给在院备补。

一、正月、十二月两月息钱,除添发卷价饭食等项外,其余作为乡试卷金。

一、每遇考试及乡试停课日期,膏火照常发给笔资等项,作为乡试卷金。

一、每课给礼房纸笔饭食并茶夫煤火等项钱五百文,随课期发。

一、课卷每本发钱十二文,随课期发。

一、官课日期,生童每名发给饭食钱六十文,散卷时发。

一、儒学课期,发给车夫门斗钱三百文,随课期发。

一、书院设把门役一名,月给工食钱一千二百文,专司稽查出入,不准片刻相离,一切闲人不得擅入,肄业生童不准擅出。如有要事自外入者,须问明来历方准引进。自内出者,须于山长前告假领签,把门役验签方许放行。违者,生童计过一次,三次汰除膏火,把门役革退。

一、书院设听事役一名,端司支应山长、斋长、首事使唤,月给工食钱一千二百文,与把门役工食均于每月二十八日发。

以上需用膏火等项,均此次发当生息钱文项下支用,倘有不敷,由官捐足。其山长每年脩脯钱一百二十千,薪水钱六十千,节礼钱十二千,儒学月课薪水银六十两,俱仍循照旧章,由逆产地租及从前绅士所捐生息钱文项内开销,不敷之数由官捐送。如地租托欠,亦先由官垫发,俟征收还款,概不准借支新捐息钱。仍令斋长暨礼房每月将动用钱文逐一登簿存房,于次年春月据实造册报销,理合登明。

([清]徐士琦:《欧阳书院经费条规》,马子宽修,王蒲园纂:《重修滑县志》卷十《教育第六·书院》,民国二十一年铅印本)

致用精舍学规

三代之所以造士者,至矣。八岁入小学,十五入大学,由明德而亲民,体用备焉。士无等差,而皆教之,穷理尽性,修己治人。嗟乎,何其待士之厚而忧世之深远也!晚周学校,仅存虚名,先王良法美意荡焉。汉唐以来,体用遂分为二,国家学校之外,广建书院,纳群髦于经籍,因明制而加详焉。降及末流,考所为教,率不出经艺试帖,盖利禄之锢,蔽乎人心久矣。

乾、嘉之际,士稍以为陋,一二巨人长德,相承为考证之学,仪征阮文达公遂创建诂经精舍、学海堂于浙江、广东,余尝览其学规,盖亦勤密矣。然数十百年间,考据、辞章之士多出其中,而能以道德经纶世变者,渺焉寡闻,是果天之生才有数邪?抑教者与学者皆相感以类邪?嗣是江苏、湖北、四川、陕西渐设精舍,而俱不出学海堂之制。精庐之外,或数十人,或百人,日从事训诂名物、辨白考订。余姚朱肯夫庶子提学湖南,踵设校经堂,博选俊异,厚给廪奉,因文达学规而扩之,经训之外,令学者并究心宋五子书,而务持平于汉宋家之说,视他加慎焉。然其规模、制度成于仓卒,于造士之本原,或阙焉而未备。

夫世运之盛衰,人才为之;人才之盛衰,学术为之。为国家得人,不如为国家树人之用之广也。养之一州一府,而天下用之不尽;养之一世,而数世十世用之有余。古硕达君子规画宏远者,则有然矣。国家设官,予之民,而责以教养,而任教民之责者,往往忽之于无事之时。一遇变故,辄委任无人,而以庸驽当之,迨致坏乱,乃叹人才之难得。是果人才之难得乎?嘉谷不种则不生,良木不溉则不美也。

晚近之人才,可谓乏矣。约而计之,亦有四端焉:曰义理、曰经济,曰辞章、考据。辞章、考据,虚美无用,姑无论已。为义理之学者,专言心言性,以记诵语录为能,泥古而贱今,卑事功而薄名实,执理甚坚而才不足以应变,持论似正而知不足与料远。言经济者,动以正心诚意为迂,不知本不立者标不治,未有不治其心而能不流于功利者,未有以忽君子忽小人之心而能终为君子不为小人者也。其平居抵掌忠义、激昂慷慨,率皆意气为之,意气馁而忠义竭矣。故气节自学问存养出者,可以造次,可以颠沛死生;其生于意气者谓之"客感"焉,鼓之则动,再而衰,三而竭矣。此今世人才之大病也。故曰:"源不清者流浊,本不固者枝窳。"

国家之法,重于更改,各行省精舍,足以得经生,不足以得通才,体用之不明,而本末混淆故也。夫立法之先,规画不宏者,陋矣;宏而不精,杂矣。不陋不杂,弊且百出,况陋且杂乎?然则若之何?曰:义理为体,经济为用,辞章、考据为文采。文采不必尽人责之也,体用则不可偏废焉。本义理而发为事功,因之以立言,则学术不至于偏杂,人才不至于苟简。教必先本而后末,学必同条而共贯,君子观于体用一原之故,知贤哲之去人不远矣。谨撰《学规》若干条列后,诸肄业生得备览焉。

一、读书总期明体达用,今参酌晁景迂、曾文正课程用之。经以《四子书》为主,《易》《书》《诗》《三礼》《春秋》辅之。史以司马氏《资治通鉴》、毕氏《续通鉴》、夏氏《明通鉴》为主，《二十四史》辅之。为主者，日月不可离；为辅者，轮次诵习。要在随时体认，以古证今，以人证我。经则由训诂以探义理，由平实以诣精微。史则博通古事以求其要，参究事势以穷其变。

一、诸生诵习经、史而外，或旁及诗文、天文、算学，各从所好，期于不荒正课而止。至盐漕、地舆、水利、农田、兵法、河工、屯牧、舰炮，尤用世之士所宜急讲，所置诸项书籍，宜以次恣览，与经、史课程，月按籍一考，省其敏钝，察其勤惰。天文、算学，本于地舆相表里，以功用烦琐费时，恐荒正课，又非易专精，姑不列焉。

一、诸生所读之书，或有发明，或有指驳，不论当否，无妨存录日记册中，山长考课，得以就正。其平日师友讲论，亦宜注记，以备遗忘。至身心微过，笔之于书，尤资悚惕，不得以日记当呈师长，遂掩而不著也。生人通病，中材以上不免，唯在勇于自改，过何害焉？凡过肯与人共观者，其心必光明；不肯与人共观者，其心必黯昧。光明、黯昧，即君子、小人之分也，况师长精识者自能鉴别。读“小人闲居”一章，可以爽然矣。

一、成德成材，本属一贯，后人歧而视之，遂致学术不古。肄业诸生，或文才可观，而于孝弟本原上不能尽职，虽有一切聪明才辨，适足以成为小人而已。孔子谓：“孝者所以事君，弟者所以事长。”古人求忠臣必于孝子之门，庭闱多阙，则异日之致君可知。故《大学》谓：“其所厚者薄，而其所薄者厚，未之有也。”其有内行肫笃而于经世大务荒秽不治，但取浅近语录奉为师资，则亦不足以成大器。精舍之设，原欲合体用为一，为国家树千百孝子忠臣、贤相良将，所以望诸生者厚矣。山长于考察课程外，咨访诸生平日所以事亲事长之道，如内行不敦，斯宫墙有玷，即不得士礼相待。诸生宜有则改之，无则加勉。

一、学以心得为主。近世汉宋门户之习，专党同伐异、是己非人，以至公至大之事，而存自私自小之见。谁为戎首，大雅所讥。窃谓“骄矜”二字，学问中断不可有。即使诚正如程、朱，精博如马、郑，只可谓尽吾性分之所固有、职分之所当为，无所为骄矜也。其党同伐异、是己非人，皆未尝博观而深求之。此世儒之陋，有志之士所宜深戒。况骄矜则不能集思广益，长傲饰非，百病皆由此生。夫子谓：“如有周公之才之美，使骄且吝，则不足观。”有以也夫。

一、考较高下，所以启人争心，故伊川非之。学海堂之制，年定四考。黄君彭年条议《天津精舍规例》，以稽课代考，此意甚美。湖南校经堂则于日记中第其高下，优给奖赏。山长初到，未审成规，发题试士，品次甲乙，群起喧哗。盖各人用力，所在不同，山长录取，或赏其意，或采其辞，断不能人人餍心，反使子衿有慢师之过，长者受不明之讥。今仿参其意，不定考试，惟稽课程，有褒贬而无等第。非仅免争，亦以崇厚。至谓此法足以塞钞袭代替之弊、杜利欲之门，勿论然否，亦断不忍以此心薄待多士也。

一、诸生于《四书》《通鉴》，都注籍诵习外，各治一经，或《诗》，或《书》；各治一史，或《史记》，或《汉书》。其兵、农、盐、漕各政，听本人专习、兼习。在昔孔门教士，政事、言语，不必同科；虞廷用才，教稼明刑，各专厥职。诚以人生才力有限，与其博而不精，不如专而能一也。至精力过人者，原可兼收并蓄。

一、日课按学海堂规制，分句读、评校、钞录、箸述四者。句读、钞录，按日无阙；评校、箸述，一听本生，不列课程。文达所定"读经日二十页"，似为过多。国朝汉学诸公，穷竟日之力，不过五页，盖为参考众说，故稽时日。今课程经、史并重，又与专治经籍者不同，定以五页，繁简合宜。《四子书》不定页数，《通鉴》以三十页为度，《史》《汉》或一卷为限。要之，课程但能使归画一，诸生宜视为切己之事，勿仅以具文视之，斯授者尽其心，受者获其益。不然，虽条例繁密，终无补也。

一、诸生功课，五日一稽，稽时诸生将所读书敬呈山长，质疑问难。所有评校、箸述，留山长处，静俟评订。即或评订不当，本生之心，亦宜敬受，断不可便生轻薄。师之于弟，君父而外，此为最重。情义周洽，原无形迹见存。间有是正，或因病下药，或杜渐防微，或借彼攻此，无非化育陶成之心。倘稍加指驳，即形怨怒，不唯弟职有亏，亦德器不广矣。

一、出入必讥，似非待士之道；若漫不省察，则绝无限制。在好学君子，原不须此，然众人之勤，难保无一人之惰，则讥固所以制惰者也。况出入无节，必至友朋此来彼往，虽诸生性厌酬接，亦无辞以谢之，有门籍注记，正可藉塞其路。昔邴原勤业，口不饮酒；仲舒读书，目不窥园。纷纷结纳，徒荒日力耳。颜渊壮岁，盛德焕发；邓仲华、周公瑾，英年功名震宇宙。静夜自维，则有欲征逐而不遑者矣，何待讥焉？

一、师道有教无类，人才愈多，则成就愈众，他日之敷施愈宏。精舍本不为一州一县起见，自应来着不拒，然绌于经费，不得不限以定数。其调充额者，未必人皆高才，不须观听过深。其未调充额者，或限于见闻，不无遗珠之叹。其有自备膏火愿来附学者，待视无二，但不宜妄相非薄，私立党羽。山长视诸生如子弟，断无厚此薄彼之心，诸生宜深体此意，敬业乐群。倘稍有隔阂，恐启末俗侈肆凌驾之学，所关世道人心，实非浅鲜。

一、每月朔望，山长率诸生衣冠谒圣，谒圣既毕，诸生以次谒山长，此虽仪文末节，然□一拜一跪，精意存焉。常人之情，晏居深处则肆焉。齐明盛服，以承祭祀，惰者恭，侈者敛矣。悬古大人君子于胸中，则世俗委琐之见顿消。故监观陟降，贤者以之凝心神而束筋骸也。三日不见叔度，则鄙吝复生，见君子而后厌然，有道之士之不可不日亲也如是夫！诸生慎勿视同繁文，托故不诣，其明理者尚宜先为之倡，若依违观望，则自外于名教矣。

一、夙兴为学者第一要务。舜之徒鸡鸣而起，孳孳为善。故朝而受业，士之职也。清明在躬，志气如神，古人谓此时求道则易悟，为事则易成，良有以也。诸生宜黎明即起，温诵《四子书》，反复涵咏，果能澄心静契，则本日神志自敛，放心自收，虚灵自澈。《大学》“知止而后有定”一节，尤用功切要语，宜时玩味胸中。此心有主，则本日任读何书，自有要领，不然，虽多奚为？

一、钞录宜分三项，所以内体而外用也。诸生平日读书，凡遇学术精深渊微之处，录入“内篇”，以厚本原；典章政事，崇论宏议，远略壮猷，录入“外篇”，以广措施；权谋术数，兵机诡道，录入“杂篇”，以应急变。斯为本末兼该，细大不遗。

一、近人箸述，必以注经、注子当之，否则不得与，斯殆亦时贤习气。注经、注子，非真有所得、足以补前贤而牖后学者，慎勿轻为。其轻为者，或铺张门面，藉欺流俗，或自忘浅陋，弊帚千金，终为雅识所讥也。此次精舍，实欲为国造数有体有用之才，非可仅以博闻强识塞责。诸生匡坐，或论古人之贤否，或辨学术之是非，或考政事之得失，皆可谓之箸述，不必如各省精舍，例以解经若干条、考订制度若干篇也。然古昔制度，通才岂可不知？要在重本轻末、由大及小而已。诸生识之。

（汪叔子、张求会：《陈宝箴集》，中华书局 2005 年版，第 1872~1878 页）

（七）院产

义田详文

汝宁府上蔡县为严饬修复义学以崇文教事

蒙本府信牌，蒙巡抚都察院阎　宪牌照得义学之设，原以振兴文教、化民成俗之急务也。本都院下车之始，随檄该府转行所属各州县设法捐修，具报等因。至府备牌到县，蒙此。查得中州为群儒讲道之乡，上蔡又为二程及门高弟，窃登封有嵩阳书院，洛阳有二程书院，卫辉有百泉书院，上蔡先儒谢良佐亲承程子之教，书院全毁，基址徒存。兹当圣学大昭之时，宪台谆谆以作人为训。是上蔡一区宜考复书院，以宏教养。卑职自莅任以来，曾草创书院于县城西门之内，前任上蔡知县张学礼祠堂之左，延师讲论已非一日。第思负书禀裹粮之事代不数人，然无养廉之资必不能成长久之计。因上蔡原有学租贰拾壹两玖钱贰分伍厘，向在崇礼高岳在城三里起解，但从古及今有粮无地累赔在民。卑职目击心伤，于本年三月内买牛招佃，诛茆筑庄，垦无主荒小地壹拾伍顷，折大地肆顷壹拾陆亩陆分陆厘柒毫。以其所入代完学租外，尚可余剩杂粮壹百余石，即以养经师，并为蒙童资膳□。今现请有湖广黄州府岁贡生舒逢吉主书院，日夕讲训，但恐日久弊生，或为势家之所侵夺，或为奸蠹之所蚕蚀，敢请命批敕勒石，以垂永远，使日后奉为功令。以所垦地亩永在书院，完每年学租银两外，余所剩供养蒙童及延师之费。勒碑讲堂，以志不朽。上可仰体宪台菁莪作人之化，而下不贻百姓赔累学租之苦，庶几上蔡谢氏道学之训再见今日，与嵩阳书院得并美中州，而宪台教育之宏仁昭垂千古矣。

蒙巡抚都察院阎　批，据详修复义学延师训迪，并垦立学田，永为书院之用，具见实心举行。第称学租有粮无地，其始岂无地耶？今以新垦而作学租之地是否相合，仰仍详细查开报夺缴。

又详。看得上蔡县学租银贰拾壹两玖钱贰分伍厘，载在全书，列于邑乘原其初必非无地之粮也。奈至明季流寇蹂躏蔡邑人民死亡迨尽，遂致满地榛芜，钱粮仅存虚额我明定鼎加意抚绥，蠲荒征熟，止照现在熟地行粮，学租地亩竟无从稽考，而学租银两亦未奉蠲除。向着崇礼高岳在城三里赔纳，至所以着三里赔纳之由，亦不可考。卑职到任三载，每至查此学租，三里民人哀号请命。数十年间实为积病，目击心伤不忍坐视，再四图维学租银两既难请蠲，而学租地亩又无从指实，无如垦无主之荒地补无地之虚粮斯粮不空悬，而民无赔累，遂于本年三月内，筑庄房招佃户给牛种，垦得小地拾伍顷，折大地肆顷壹拾陆亩陆分陆厘柒毫，以其所收籽粒抵完学租，尚有余剩杂粮壹百余石即以为书院师生膳养之资。具详宪祭兹奉巡抚都察院阎　批查，夫学租为上蔡之额粮，而荒地亦为上蔡之额地，有粮必应有地而学租实地，世远年遥，既无册籍可查又无故老可问。卑职不得已捐资招垦，以上蔡之额地补上蔡之额粮。国赋既不虚悬，小民又无赔累，而余剩籽粒复可供书院膳养之资，一举而三善备焉。故敢据实陈明，上达宪听。至于民间垦地，例应陆年起课。今卑职所垦抵补学租地亩，本年即收籽粒者，以牛种庄房俱系卑职捐资，并非佃户自买，自不得与民间垦地同科。而于民，亦属两愿，但必恳请批示勒石，以垂永久。庶几将来官吏不得以学租名色仍泒取于民间，仍不得以书院膳养之资侵蚀于豪强胥蠹之手，则阖邑上民永戴宪恩不朽矣。

蒙巡抚都察院阎　批，既据查明，如详勒石，以垂永久。缴。

又详。汝宁府上蔡县为严饬修复义学等事。本年三月二十七日，蒙本府纸票，蒙河南布政使司批，据本府申详，据上蔡县申详前事内称，蒙本府纸票，蒙布政司批，据本府详请上蔡县垦荒抵补学租银两缘由到司，蒙批既据查明，详蒙抚宪批允，应如详行。但查学田地肆顷叁拾捌亩伍分每亩征银伍分，今以叁顷肆亩伍分每亩征银柒分贰厘抵补，是否符合？且前已详明抚宪抵租垦地肆顷壹拾陆亩陆分零，勒石垂久。今将余地壹顷壹拾贰亩零入垦行粮，有无互异，一并查明另报缴，等因。批府。蒙此，拟合就行。为此，票仰上蔡县官吏照票备。蒙批，详内事理，文到该县，查照批详情节逐一查明，具详报府，以凭转报批夺施行。勿得刻迟未便等因到县。蒙此，该上蔡县知县杨廷望查得，卑职学租壹顷，止开载每年征解银贰拾壹两玖钱贰分伍厘，其原地肆顷叁拾捌亩每亩征银伍分竟无成案可稽。前奉批查，据卑职管见，以阖邑民地每亩柒分贰厘零料算学租银贰拾壹两玖钱贰分伍厘，应得地叁顷肆亩伍分，而卑职所垦抵补学租之地有肆顷壹拾陆亩陆分零，是以有叁顷肆亩伍分抵补学租余地壹顷壹拾贰亩零报入新垦之详也。今复蒙藩宪批查，始知上蔡学租原系额地肆顷叁拾捌亩，每亩征银伍分，则卑职所垦之地较之学租原额地数尚不敷，地贰拾壹亩肆分应否详请宪台，将此肆顷壹拾陆亩陆分之地俱为抵补学租之地。卑职仍再垦地贰拾壹亩玖分以足学租。原额地数自不必复报新垦矣。如此，则既与院宪勒石垂久之批相符又与学租额数相合。而阖邑士民亦永蒙宪恩不朽矣。等情到司。蒙批，既据查明再垦地贰拾壹亩肆分，与学租额赋相符，如详行，并将再垦地数以足学租原额各缘由，仍□径行详明抚宪缴等因，详批到府。蒙此，拟□就行。为此，票仰上蔡县官吏照票备。蒙批□内事理文到即便查照批，详情节并将再□地数以足学租原额各缘由，仍经行详明□宪并报本司及本府查考勿违，等因到县□此理合将续垦荒地补足学租原额缘由□文详报。仰侯宪台批允存案，一并勒石，以□永久。

蒙巡抚者察院阎　批，据详该县量原垦荒地□顷壹拾陆亩之外，再垦地贰拾壹亩肆分以足学租原额地数，既经藩司查与学租□□相符，如详勒石，以垂永久。缴。

（〔清〕杨廷望：康熙《上蔡县志》卷二《建置志·书院》，清康熙二十九年刊本）

（八）记事

南阳书院讲学纪事

尝闻山右禹京张公敬斋读书不泥章句，学以身心性命为归。其为文力追史迁公穀，不屑屑循时下蹊径，生平为人淡泊寡欲，不营生产。举康熙丙午乡荐，登丁未进士，授中书，三迁为郎官。爵位日崇，布衣蔬饭。有豚肩不掩豆，妾不衣帛，马不食粟风。今年辛未，钦命提督中州学政，却干谒，杜私门，莅任之始，盟誓神明，务拔真才为盘阿作士气。试历宛南，适襄城礼山李夫子讲学南阳书院，公稔闻夫子名，试事毕，诣书院，拜李夫子于师席。再辞。公曰："先生当世名儒，今为太守青岩朱君屈主书院事，是助余学政所不及也。予不佞，谬膺简命，职司衡文，无非赞扬圣教，代天作人。先生代予而教，是即所以代朝廷也。敢不拜？"成拜。至讲堂，命诸生进讲。诸生首述礼山夫子《论语》学而时习之全章疏义。首云，学字须从性字体勘。公跃然喜曰："学非诵读了事，穷理格物，所以知性；迪德修行，所以复性。开口便道着性字，先生之学，先生之教，真确有根据。"复命讲西铭、太极二章。诸生复述礼山夫子疏义，公为首肯者久之，一一又为之发明，曰："学者正须于西铭认取仁字，于太极认取性字，仁本性中，性具仁体，非是二物，尽性不外尽仁，尽仁实以尽性。二子之说盖互相发明。"已而，进岁入书院童子周其昌等十七人于前，而命之曰："人生德业，端在蒙发。汝辈年方龆龄，始掇芹藻，磨砺之日方长，进修之功无既。洛学薪传，尽在中州，桑梓遗老，口传手授，确有源流，须仔细讨论。方今李先生正得真谛，汝辈无徒求之言语文字间，语默动静，莫非妙道，精义体认，日久自有领会。吾读先生为学次序一书，首列立志存心穷理集义，继以入孝出弟谨言慎行惩忿窒欲迁善改过诸论而终之，以尽性至命希圣达天知，先生之学无非存诚主敬，真能绍伊洛之学者矣。"又云:"先生尝证道于吾乡司农庸斋魏先生,其送近微王先生诗云:'凭将不负苍冥意,检点行藏报涧阿。'检点衾影,对越上帝,希圣达天,不外养性存心。此切实之学,匪同虚谭。小子勉旃。"语毕,复以圣谕十六条及所著《约言》《士范》诸书,谆详开谕。将别,语礼山先生曰:"恭靖先公尝摘取程朱许薛五子书,名曰《辑要》,创建紫云书院,于成化十五年赐额。厥后肖云先生复著《省身录》于此,天下名士多出其门。予生不同时,心切景慕,非一日矣。今复得先生守其旧庐,绍明家学,不但为公靖贤孙,抑将扩羲皇洛闽许薛之统而为吾道之传人也。予不佞,愿勉为序。"嗟呼,世之相交者,以位以利而已。张大宗师位居风宪,手司文衡,为吾豫师宗,而必先枉驾书院,加礼于吾礼山夫子,且为序其谱系,表其家学,何谆切乃尔耶!吾礼山夫子于都门不求一面,于南阳不通一函,远于避利,严于持身,以世情论之,未有不疑其不相合者,不知一假精神默默相契,即在于此。张大宗师之学,道学也;礼山夫子之学,道学也。以道相接,以学相印,性命贯通,融于水乳,又何疑焉。永芝受业书院耳,聆其言,目睹其事,欲志其盛,特愧不文云。

(〔清〕朱璘纂修:《南阳府志》卷六《艺文志上》,清康熙三十三年刊本)

河南府嵩县为详请裁并书院以崇实效事

河南府嵩县为详请裁并书院以崇实效事。窃照书院之设,养育人才,故延师掌教,官为录送生童,按时考校,鼓励有成,事归实济。卑县旧有书院两所,一在城为乐道书院,其一则在鸣皋,距县六十里,为伊川书院,始于元至正间炮手总管治守其地建设,嗣因僻处乡村,势难亲历考课,遂至隳废。乾隆二十二年,前县张顾鉴详请复设,入控案山坡无粮瘠地二十余顷,不期年而房屋尽颓。今虽延师设教,历年咸僦,民居迁移无定,官不能按时远历,徒循书院之名,无补设教之实。幸逢　各宪图治精详,卑职岂敢因循旧习,不为筹划。查卑县诸生内勤学之士,率多贫寒,非优给膏费实难住院专心讲贯。又查卑县现在四乡设立社学三十四处,鸣皋即居其一。业经叙册通详在案。合无仰恳,将鸣皋伊川书院裁并,归于在城乐道书院,以一规模而收实效。其伊川书院经费原租银一百三十五两五钱六分三厘,乐道书院原租银一百三十两一分三厘,统计二百六十五两五钱七分五厘,除每年协济周南书院银三十六两外,共计二百二十九两五钱七分五厘,向例院长脩金八十两,今较宽余,请增定每年一百两,拟录生童住院肄业者三十名,每年各给膏费银四两。酌其实在有志向学,而贫寒舌耕不能住院者,请亦录取二十名,按月会课,每年各酌予膏火银二两,以资鼓励。二共需银一百六十两。其他完粮、贽见、节仪、学夫工食等项,共应银三十五两五钱三分,统计需银二百九十七两五钱三分。除地稞银二百二十九两五钱七分五厘,不敷银六十九两九钱五分五厘,卑职愿即分廉捐给,按年造册报销。俟有可拨,再为抵补,以垂永久。惟嵩山僻小,邑生童欲读无书,卑职于今岁正月内捐购钦定经书、性理精义、朱子纲目、唐宋大家诗文等,籍开明书目,置院内,专令斋长经管,将来并入交代。卑职仍以时至院扃门考校,评定甲乙,奖给花红。所有乐道书院原建房屋共二十间,今住院多人,不敷栖止。卑职并愿捐廉,于大门内添建厢房十间,伊尹祠前建藏书楼一间,以贮书籍。大门东西添建二间,以处学夫,并请将乐道书院改颜伊川,以昭近绍先儒,义尤有取,体制亦觉相符。理合造具地稞并捐置书籍清册绘图具详伏候电核批示遵行。乾隆三十一年六月具详。

抚宪阿　批据详归并书院捐建　学舍置备书籍,具见乐育人才之意。该令于嵩邑一切政务俱有条理,甚为实心,殊堪嘉尚。仰布政使司转饬照议办理。此缴。图册存。

藩宪佛　批查该县议请归并书院以便考课,具见□心学校,洵属可嘉。已奉院批转饬照议办理在案。图册存。

本遵欧阳　批据详,伊川书院裁归乐道书院,并请将乐道书院改颜伊川,以昭近绍先儒,洵为允当。至添建房屋捐备经书,具见乐育人才雅意,深堪嘉尚。余俱如详行。图册存。

本府朱　批据详,归并书院以资实济,调剂得宜,诚为有功名教之举。至于每岁捐费多金,更见急公之雅。但捐项难垂久远,如再妥筹以为久远计,则物不唐捐,垂爱无穷矣。图册存。

(〔清〕康基渊纂修:《嵩县志》卷十六《学校》,清乾隆三十二年刊本)

参考资料

一、古籍

1.〔元〕脱脱等:《宋史》,中华书局 1977 年版。

2.〔明〕宋濂等撰:《元史》,中华书局 2013 年版。

3.〔清〕张廷玉等撰:《明史》,中华书局 2013 年版。

4. 赵尔巽等撰:《清史稿》,中华书局 1977 年版。

5.《清实录》,中华书局 1985~1986 年版。

6.《清朝文献通考》,杭州古籍出版社 2000 年版。

7.〔清〕李棠阶著,穆易点校:《李文清公日记》,岳麓书社 2010 年版。

8.〔清〕汤斌著,范志亭、范哲辑校:《汤斌集》,中州古籍出版社 2003 年版。

9.〔清〕张伯行:《正谊堂文集》,清同治年间刊本。

二、方志

1.〔明〕安都纂修:《太康县志》,明嘉靖刻本。

2.〔明〕宋伯华修,朱睦㮮、曹金纂:《开封府志》,明万历十三年刻本。

3.〔明〕曾嘉诰修,汪心纂:《尉氏县志》,明嘉靖刻本。

4.〔明〕常存仁修,郭朴纂:《彰德府续志》,民国景钞明万历刻本。

5.〔明〕褚宦修,李希程纂:《兰阳县志》,明嘉靖刻本。

6.〔明〕崔铣纂修:《彰德府志》,明嘉靖刻本。

7.〔明〕张允清、吴爵修,邓韨纂:《濮州志》,明嘉靖刻本。

8.〔明〕时泰纂修:《范县志》,明嘉靖刻本。

9.〔明〕段耀然修，张民表纂：《中牟县志》，明天启六年刻本。
10.〔明〕韩思忠纂修：《中牟县志》，明正德十年刻本。
11.〔明〕韩玉纂修：《通许县志》，明嘉靖刻本。
12.〔明〕徐霓修，何麟纂：《真阳县志》，明嘉靖刻本。
13.〔明〕沃頖修，胡匡纂：《内乡县志》，明成化二十一年刻本。
14.〔明〕邓南金修，李明通纂：《登封县志》，明隆庆三年刻本。
15.〔明〕李汝宽修，晁瑮纂：《新修清丰县志》，明嘉靖三十七年刻本。
16.〔明〕李嵩纂修：《归德志》，明嘉靖刻本。
17.〔明〕李振声修，李豫纂：《郾城县志》，明崇祯十年刻本。
18.〔明〕李宗元纂修：《沈丘县志》，明嘉靖九年刻本。
19.〔明〕林鸾辑：《襄城县志》，明嘉靖三十年刻本。
20.〔明〕刘讱纂修：《鄢陵县志》，明嘉靖刻本。
21.〔明〕孟重修，刘泾等纂：《怀庆府志》，明嘉靖四十五年刻本。
22.〔明〕牛孟耕纂修：《裕州志》，明嘉靖刻本。
23.〔明〕潘庭楠纂：《邓州志》，明嘉靖刻本。
24.〔明〕沙蕴金修，苏育纂：《汤阴县志》，明崇祯十年刻本。
25.〔明〕沈绍庆修，王家士纂：《光山县志》，明嘉靖刻本。
26.〔明〕孙巨鲸修，王崇庆纂：《开州志》，明嘉靖刻本。
27.〔明〕万炯修，张应辰纂：《商城县志》，明嘉靖刻本。
28.〔明〕王雄修，承天贵纂：《汝州志》，明正德五年刻本。
29.〔明〕魏津修，张让山纂：《偃师县志》，明弘治钞本。
30.〔明〕杨邦梁修，赵应式纂：《郾城县志》，明嘉靖刻本。
31.〔明〕姚卿修，孙铎纂：《鲁山县志》，明嘉靖刻本。
32.〔明〕张良知纂修：《许州志》，明嘉靖刻本。
33.〔明〕张梯修，葛臣纂：《固始县志》，明嘉靖刻本。
34.〔明〕郑礼、秦时雍纂修：《永城县志》，明嘉靖刻本。
35.〔明〕郑相修，黄虎臣纂：《夏邑县志》，明嘉靖刻本。
36.〔明〕周泗修，康绍第纂：《巩县志》，明嘉靖刻本。
37.〔清〕阿思哈、嵩贵纂修：《续河南通志》，清乾隆三十二年刻本。
38.〔清〕包韺纂修：《固始县志》，清顺治十七年刊本。

39.〔清〕宝鼎望修,高佑釲纂:《内乡县志》,清康熙三十二年刊本。

40.〔清〕陈德敏修,王贯三纂:《考城县志》,清康熙三十七年刻本。

41.〔清〕陈良玉纂修:《邓州志》,清顺治十六年刻本。

42.〔清〕陈锡辂修,朱煌纂:《安阳县志》,清乾隆三年刻本。

43.〔清〕陈锡辂修,查昌岐纂:《归德府志》,清乾隆十九年刻本。

44.〔清〕陈兆麟修,祁德昌纂:《开州志》,清光绪七年刊本。

45.〔清〕陈之熉修,曹鹏翊纂:《南召县志》,清乾隆十一年刊本。

46.〔清〕仇汝瑚修,冯敏昌纂:《孟县志》,清乾隆五十五年刻本。

47.〔清〕崔应阶修,姚之琅纂:《陈州府志》,清乾隆十二年刻本。

48.〔清〕丁永琪纂修:《舞阳县志》,清乾隆十年刻本。

49.〔清〕董学礼原修,宋名立补修:《裕州志》,清乾隆五年补刊本。

50.〔清〕方元启纂修:《新修南乐县志》,清康熙十年刻本。

51.〔清〕冯继照修,袁俊纂:《修武县志》,清道光二十年刻本。

52.〔清〕冯嗣京修,李一榴纂:《新郑县志》,清顺治十六年刻本。

53.〔清〕甘扬声修,刘文运纂:《渑池县志》,清嘉庆十五年刻本。

54.〔清〕高士英修,荣相鼎纂:《濮州志》,清宣统元年刻本。

55.〔清〕高世琦修,傅上襄纂:《兰阳县志》,民国二十四年铅印本。

56.〔清〕龚崧林修,汪坚纂:《重修洛阳县志》,清乾隆十年刊本。

57.〔清〕贵泰修,武穆淳纂:《安阳县志》,嘉庆二十四年刊本。

58.〔清〕郭光澍修,李旭春纂:《卢氏县志》,清光绪十八年刊本。

59.〔清〕韩仪修,张延福纂:《项城县志》,清乾隆十一年刻本。

60.〔清〕何鼎纂修:《长葛县志》,清康熙三十年刻本。

61.〔清〕何萼联修,洪符孙纂:《鄢陵县志》,清道光十三年刻本。

62.〔清〕何文明修,李绅纂:《洧川县志》,清嘉庆二十三年刻本。

63.〔清〕何荇芳修,刘大观纂:《续济源县志》,清嘉庆十八年刻本。

64.〔清〕黄本诚纂修:《新郑县志》,清乾隆四十一年刻本。

65.〔清〕黄璟修,李本觯纂:《陕州直隶州续志》,清光绪十八年刻本。

66.〔清〕黄璟修,李作霖纂:《续浚县志》,清光绪十二年刊本。

67.〔清〕纪国珍修,羊璘纂:《汝阳县志》,清顺治刻本。

68.〔清〕姜篪原本,张熙瑞续修:《郏县志》,民国二十一年刊本。

69.〔清〕蒋光祖修,姚之琅纂:《邓州志》,清乾隆二十年刻本。
70.〔清〕景纶修,谢增纂:《密县志》,清嘉庆二十二年刻本。
71.〔清〕康基渊纂修:《嵩县志》,清乾隆三十二年刊本。
72.〔清〕康仲方修,卫济世纂:《续林县志》,清咸丰元年刻本。
73.〔清〕元淮,傅钟浚纂修:《柘城县志》,清光绪二十二年刻本。
74.〔清〕李芳春修,李鼎玉纂:《沈丘县志》,清顺治十五年刻本。
75.〔清〕李符清修,沈乐善纂:《开州志》,清嘉庆十一年刻本。
76.〔清〕李彷梧修,耿兴宗纂:《宝丰县志》,清道光十七年刻本。
77.〔清〕李淇修,席庆云纂:《虞城县志》,清光绪二十一年刊本。
78.〔清〕李训纂修:《光州志》,清乾隆二十七年刻本。
79.〔清〕李若廙修,吴国用纂:《温县志》,清顺治十五年补修本。
80.〔清〕李述武修,张紫岘纂:《巩县志》,清乾隆五十四年刻本。
81.〔清〕李同亨修,马士骘纂:《祥符县志》,清顺治十八年刻本。
82.〔清〕李章堉纂修:《重修伊阳县志》,清乾隆三十一年刻本。
83.〔清〕李志鲁纂修:《柘城县志》,清乾隆三十八年刻本。
84.〔清〕刘德昌修,叶沄纂:《商丘县志》,民国二十一年石印本。
85.〔清〕刘光辉修,任镇及纂:《息县志》,清嘉庆四年刻本。
86.〔清〕沈湝修,王观潮纂:《尉氏县志》,清道光十一年刻本。
87.〔清〕陆继萼修,洪亮吉纂:《登封县志》,清乾隆五十二年刊本。
88.〔清〕陆蓉修,武亿纂:《宝丰县志》,清嘉庆二年刻本。
89.〔清〕吕士鵕纂修:《鹿邑县志》,清康熙三十一年刻本。
90.〔清〕莫玺章修,王增纂:《新蔡县志》,清乾隆修民国重刊本。
91.〔清〕倪明进修,栗郢纂:《泌阳县志》,清道光八年刊本。
92.〔清〕欧阳霖修,仓景恬纂:《叶县志》,清同治十年刊本。
93.〔清〕潘守廉修,张嘉谋纂:《南阳县志》,清光绪三十年刊本。
94.〔清〕平鄗鼎修,李璜纂:《唐县志》,清康熙三十五年刻本。
95.〔清〕七十一修,郝廷松纂:《扶沟县志》,清乾隆二十七年刻本。
96.〔清〕邱天英修,李根茂等纂:《汝阳县志》,清康熙二十九年刊本。
97.〔清〕阮景咸修,胡本立等纂:《长葛县志》,清乾隆十二年刻本。
98.〔清〕阮龙光修,邵自佑纂:《通许县志》,民国二十三年重印本。

99.〔清〕邵光胤纂修:《息县志》,清顺治十四年刻本。
100.〔清〕邵世昌修,柴揆纂:《濮州志》,清乾隆二十年刻本。
101.〔清〕施有方修,武勋朝纂:《南乐县志》,清光绪二十九年刊本。
102.〔清〕宋国荣修,羊琦纂:《归德府志》,清顺治十七年刻本。
103.〔清〕宋可发修,吴之镆纂:《彰德府志》,清顺治间刻本。
104.〔清〕宋恂修,于大猷纂:《西华县志》,清乾隆十九年刻本。
105.〔清〕孙和相修,罗汝芳等纂:《洧川县志》,清乾隆二十年刻本。
106.〔清〕孙和相修,王廷宣纂:《中牟县志》,清乾隆十九年刻本。
107.〔清〕汤毓倬修,孙星衍、武亿纂:《偃师县志》,清乾隆五十四年刊本。
108.〔清〕佟昌年原修,陈治安增修:《襄城县志》,清康熙增刻本。
109.〔清〕涂光范修,王壬纂:《兰阳县续志》,民国二十四年铅印本。
110.〔清〕汪运正纂修:《襄城县志》,清乾隆十一年刊本。
111.〔清〕王德瑛纂修:《扶沟县志》,清道光十三年刻本。
112.〔清〕王德瑛纂修:《舞阳县志》,清道光十五年刻本。
113.〔清〕王枚修,徐绍廉纂:《续修睢州志》,清光绪十八年刻本。
114.〔清〕王其华修,苗于京纂:《温县志》,乾隆二十四年刊本。
115.〔清〕王清彦修,莫尔漋纂:《续修陈州志》,清康熙三十四年刻本。
116.〔清〕王荣陛修,方履篯纂:《武陟县志》,清道光九年刊本。
117.〔清〕王图宁修,王肇栋纂:《宁陵县志》,清康熙三十二年刻本。
118.〔清〕吴若烺修,路春林等纂:《中牟县志》,清同治十年刻本。
119.〔清〕吴映白修,李谟纂:《修武县志》,清乾隆三十一年刻本。
120.〔清〕武昌国修,胡彦升纂:《太康县志》,清乾隆二十六年刻本。
121.〔清〕武开吉修,周之琭纂:《商城县志》,清嘉庆八年刻本。
122.〔清〕萧济南修,吕敬直纂:《宁陵县志》,清宣统三年刻本。
123.〔清〕萧应植纂修:《济源县志》,清乾隆二十六年刊本。
124.〔清〕谢应起修,刘占卿纂:《宜阳县志》,清光绪七年刊本。
125.〔清〕熊灿修,张文楷纂:《扶沟县志》,清光绪十九年刊本。
126.〔清〕熊象阶修,武穆淳纂:《浚县志》,清嘉庆六年刊本。
127.〔清〕徐岱修,万兆龙纂:《林县志》,清康熙三十四年刻本。
128.〔清〕徐光第纂修:《淅川厅志》,清咸丰十年刊本。

129.〔清〕徐金位纂修:《新野县志》,清乾隆十九年刊本。
130.〔清〕许荍纂修:《鹿邑县志》,清乾隆十八年刻本。
131.〔清〕杨潮观纂修:《林县志》,清乾隆十七年刻本。
132.〔清〕杨熼纂修,高俊续修:《清丰县志》,清同治十一年刻本。
133.〔清〕杨廷望修,张沐纂:《上蔡县志》,清康熙二十九年刊本。
134.〔清〕杨修田修,马佩玖纂:《光州志》,清光绪十三年刊本。
135.〔清〕姚德闻修,吕夹钟纂:《滑县志》,清康熙二十五年刻本。
136.〔清〕姚锟修,徐光第纂:《滑县志》,清同治六年刻本。
137.〔清〕于沧澜修,蒋师辙纂:《鹿邑县志》,清光绪二十二年刊本。
138.〔清〕袁通修,方履篯纂:《河内县志》,清道光五年刊本。
139.〔清〕岳廷楷修,吕永辉纂:《永城县志》,清光绪刻本。
140.〔清〕张道超修,马九功纂:《伊阳县志》,清道光十八年刊本。
141.〔清〕张楷纂修:《永宁县志》,清乾隆五十五年刻本。
142.〔清〕张楣修,聂宪纂:《续修郏县志》,清乾隆八年刻本。
143.〔清〕张三省修,杜允中纂:《阌乡县志》,清康熙五年增刻本。
144.〔清〕张圣诰修,焦钦宠、景日昣纂:《登封县志》,清康熙三十五年刻本。
145.〔清〕张实斗修,南洙源纂:《濮州志》,清康熙刻本。
146.〔清〕张元鉴修,沈俨纂:《虞城县志》,清乾隆八年刻本。
147.〔清〕张钺修,万侯纂:《信阳州志》,民国十四年铅印本。
148.〔清〕赵希曾纂修:《陕州直隶州志》,清光绪十七年刻本。
149.〔清〕赵希璜修,武亿纂:《安阳县志》,清嘉庆四年刻本。
150.〔清〕甄汝舟修,谈起行纂:《许州志》,清乾隆十年刻本。
151.〔清〕郅玠修,任焕纂:《濮州续志》,清康熙五十一年刻本。
152.〔清〕钟定纂修:《陈留县志》,清康熙三十年刻本。
153.〔清〕周淦修,高锦荣纂:《灵宝县志》,清光绪二年刊本。
154.〔清〕周玑纂修:《杞县志》,清乾隆五十三年刊本。
155.〔清〕周正纪、侯良弼纂修:《永城县志》,清康熙三十六年刻本。
156.〔清〕朱廷献修,刘曰炷纂:《新郑县志》,清康熙三十三年刊本。
157.〔清〕庄泰弘修,孟俊纂:《光州志》,清顺治十六年刊本。
158.〔清〕窦克勤:《朱阳书院志》,清雍正中寻乐堂刊本。

159.〔清〕耿介撰,李远校点:《嵩阳书院志》,《嵩岳文献丛刊》第4册,中州古籍出版社2003年版。
160. 车云修、王棽林纂:《禹县志》,民国二十年刊本。
161. 陈伯嘉修,李成均纂:《重修汝南县志》,民国二十七年石印本。
162. 陈鸿畴修,刘盼遂纂:《长葛县志》,民国十九年铅印本。
163. 陈铭鉴辑:《西平县志附编》,民国二十三年刻本。
164. 陈善同纂:《重修信阳县志》,民国二十五年铅印本。
165. 陈垣修,管大同纂:《重修临颍县志》,民国五年铅印本。
166. 方策修,董作宾纂:《续安阳县志》,民国二十二年铅印本。
167. 韩世勋修,黎德芬纂:《夏邑县志》,民国九年石印本。
168. 黄觉修,韩嘉会纂:《新修阌乡县志》,民国二十一年铅印本。
169. 贾毓鹗修,王凤翔纂:《洛宁县志》,民国六年铅印本。
170. 靳蓉镜修,王介纂:《鄢陵县志》,民国二十五年铅印本。
171. 李庚白纂修:《新安县志》,民国二十七年石印本。
172. 周镇西修,刘盼遂纂:《太康县志》,民国二十二年铅印本。
173. 刘朝陛修,胡魁凤纂:《清丰县志》,民国三年铅印本。
174. 卢以洽纂:《续荥阳县志》,民国十三年铅印本。
175. 陆绍治修,上官骏谟纂:《渑池县志》,民国十七年石印本。
176. 马子宽修,王蒲园纂:《重修滑县志》,民国二十一年铅印本。
177. 孟广赞纂:《宁陵县志》,民国三十年铅印本。
178. 欧阳珍修,韩嘉会纂:《陕县志》,民国二十五年铅印本。
179. 凌甲烺修,吕应南、张嘉谋纂:《西华县续志》,民国二十七年铅印本。
180. 庞仲涛纂修:《清丰县志》,民国三十一年铅印本。
181. 阮藩侪修,宋立梧纂:《孟县志》,民国二十二年刊本。
182. 史延寿修,王士杰纂:《续武陟县志》,民国二十年刊本。
183. 苏从武纂修:《洛阳县志略》,民国九年石印本。
184. 孙椿荣修,张象明纂:《灵宝县志》,民国二十四年重修铅印本。
185. 田金祺修,张登云纂:《重修汜水县志》,民国十七年铅印本。
186. 汪忠修,阎凤舞纂:《密县志》,民国十三年刻本。
187. 王秀文修,张庭馥纂:《许昌县志》,民国十二年石印本。

188. 王泽溥修,李见荃纂:《林县志》,民国二十一年石印本。
189. 魏松声等纂:《重修正阳县志》,民国二十五年铅印本。
190. 萧德馨修,熊绍龙纂:《中牟县志》,民国二十五年石印本。
191. 萧国桢修,焦封桐纂:《修武县志》,民国二十年铅印本。
192. 徐家璘修,杨凌阁纂:《商水县志》,民国七年刻本。
193. 许希之修,晏兆平纂:《光山县志约稿》,民国二十五年铅印本。
194. 杨保东修,刘莲青纂:《巩县志》,民国二十六年刊本。
195. 张浩源修,王凤翔纂:《宜阳县志》,民国七年刻本。
196. 张缙璜修,李景堂纂:《确山县志》,民国二十年排印本。
197. 张士杰修,侯昆禾纂:《通许县新志》,民国二十三年铅印本。
198. 张之清修,田春同纂:《考城县志》,民国十三年铅印本。
199. 张振声修,余文凤纂:《范县志》,民国二十四年铅印本。
200. 张镇芳修,施景舜纂:《项城县志》,民国三年石印本。
201. 郑康侯修,朱撰卿纂:《淮阳县志》,民国二十三年铅印本。
202. 周秉彝修,刘瑞璘纂:《郑县志》,民国二十三年重印本。
203. 陈金台纂修,周云续纂:《郾城县记》,民国二十三年刊本。

三、论著

1. 白新良:《明清书院研究》,故宫出版社 2012 年版。
2. 陈谷嘉、邓洪波:《中国书院史资料》,浙江教育出版社 1998 年版。
3. 陈谷嘉、邓洪波:《中国书院制度研究》,浙江教育出版社 1998 年版。
4. 陈元晖、尹德新、王炳照:《中国古代的书院制度》,上海教育出版社 1981 年版。
5. 陈祖武:《清儒学术拾零》,湖南人民出版社 2002 年版。
6. 邓洪波:《中国书院史》(增订版),武汉大学出版社 2012 年版。
7. 樊树志:《晚明史 1573—1644》(上册),复旦大学出版社 2015 年版。
8. 季啸风主编:《中国书院辞典》,浙江教育出版社 1996 年版。
9. 江堤:《中国书院小史》,中国长安出版社 2015 年版。
10. 嵇文甫:《晚明思想史论》,中华书局 2017 年版。
11. 李兵:《书院与科举关系研究》,华中师范大学出版社 2005 年版。
12. 李春祥主编:《河南考试史》,中州古籍出版社 1993 年版。

13. 李国钧主编:《中国书院史》,湖南教育出版社 1994 年版。
14. 刘伯骥:《广东书院制度沿革》,商务印书馆 1939 年版。
15. 刘卫东、高尚刚:《河南书院教育史》,中州古籍出版社 1991 年版。
16. 刘卫东、邱建章主编:《河南大学人才培养 ABC》,中国文史出版社 2006 年版。
17. 刘玉才:《清代书院与学术变迁研究》,北京大学出版社 2008 年版。
18. 盛朗西:《中国书院制度》,中华书局 1934 年版。
19. 王日新、蒋笃运主编:《河南教育通史》,大象出版社 2004 年版。
20. 肖东发、赵年稳编著:《中国书院藏书》,贵州人民出版社 2009 年版。
21. 萧启庆:《内北国而外中国:蒙元史研究》,中华书局 2007 年版。
22. 肖永明:《儒学·书院·社会:社会文化史视野中的书院》,商务印书馆 2012 年版。
23. 谢国桢:《近代书院学校制度变迁考》,商务印书馆 1936 年版。
24. 徐梓:《元代书院研究》,社会科学文献出版社 2000 年版。
25. 杨布生:《中国书院与传统文化》,湖南教育出版社 1992 年版。
26. 杨慎初:《中国书院文化与建筑》,湖北教育出版社 2002 年版。
27. 张舜徽:《清人文集别录》,华中师范大学出版社 2004 年版。
28. 张正藩:《中国书院制度考》,台湾中华书局 1981 年版。
29. 赵国权主编:《中原文化大典·教育典·私学书院》,中州古籍出版社 2008 年版。
30. 周振鹤主编:《中国行政区划通史》,复旦大学出版社 2013 年版。
31. 朱汉民主编:《中国书院》第 5 辑,湖南教育出版社 2003 年版。

四、论文

1. 曹松叶:《宋元明清书院概况》,《中山大学语言历史研究所周刊》1929～1930 年第 10 集第 111～115 期。
2. 陈东原:《清代书院学风之变迁》,《学风》1933 年第 3 卷第 5 期。
3. 陈东原:《书院史略》,《学风》1931 年第 1 卷第 9 期。
4. 邓洪波、王胜军:《河南书院与清初洛学复兴》,《河南大学学报(社会科学版)》2014 年第 5 期。
5. 邓之诚:《清季书院述略》,《现代知识》1947 年第 2 卷第 2 期。
6. 范凤书:《苏源生著书、刻书、藏书考》,《中州今古》2001 年第 3 期。

7. 高烽煜:《历代书院若干经济问题述评》,《中国书院》第一辑,湖南教育出版社 1997 年版。
8. 胡适:《书院的历史与精神》,《教育与人生》1923 年第 9 期。
9. 胡适:《书院制史略》,《东方杂志》1924 年第 21 卷第 3 期。
10. 李才栋:《清代书院经济来源变化及其意义》,《江西教育学院学报》1999 年第 2 期。
11. 李景文:《清代河南书院藏书略论》,《河南大学学报(社会科学版)》1994 年第 4 期。
12. 梁兆民、刘宝玲:《耿介与嵩阳书院》,《信阳师范学院学报(哲学社会科学版)》2000 年第 4 期。
13. 刘卫东:《论百泉书院的历史地位》,《河南职业技术师范学院学报(职业教育版)》2003 年第 6 期。
14. 刘卫东:《论大梁书院的办学特色》,《河南社会科学》2004 年第 4 期。
15. 刘卫东:《论南阳书院教育及其独特的人才培养模式》,《南阳师范学院学报(社会科学版)》2004 年第 2 期。
16. 刘耀:《清代开封书院刻书探究》,《商丘师范学院学报》2018 年第 8 期。
17. 柳诒征:《江苏书院志初稿》,《江苏国学图书馆年刊》1931 年第 4 期专著栏。
18. 钱穆:《五代时之书院》,《贵善半月刊》1941 年第 2 卷第 17 期。
19. 任大山:《大梁、明道书院考略》,《河南图书馆学刊》1999 年第 4 期。
20. 申畅:《大梁书院及其藏书》,《河南图书馆季刊》1983 年第 3 期。
21. 师永伟:《湖南自修大学与马克思主义群体探究》,《长沙理工大学学报(社会科学版)》2014 年第 2 期。
22. 陶善耕:《清末河南书院的藏书改良》,《河南图书馆学刊》2013 年第 12 期。
23. 王洪瑞、吴宏岐:《明代河南书院的地域分布》,《中国历史地理论丛》2002 年第 4 辑。
24. 王洪瑞:《清代河南书院的地域分布特征》,《史学月刊》2004 年第 10 期。
25. 王洪瑞:《清代河南学校教育发展的时空差异与成因分析》,陕西师范大学 2007 年博士学位论文。
26. 王镜第:《书院通征》,北平清华学校研究院主办《国学论丛》1927 年第 1 卷第 1 期。

27. 王胜军:《嵩阳书院与清初洛学复兴》,《教育评论》2013 年第 4 期。
28. 王树林:《窦克勤与朱阳书院》,《商丘师专学报(社会科学版)》1987 年第 3 期。
29. 王镇华:《台湾的书院建筑(上、中、下)》,《建筑师》1978 年第 6~8 期。
30. 魏清彩:《应天书院与商丘地方社会关系略论》,《三门峡职业技术学院学报》2013 年第 2 期。
31. 吴莹:《河南书院学规之教育理念探析》,《黑龙江高教研究》2012 年第 2 期。
32. 许梦瀛、孙顺霖:《嵩阳书院理学教育窥探》,《河南师范大学学报(哲学社会科学版)》1997 年第 4 期。
33. 严耕望:《唐人习业山林寺院之风尚》,《唐史研究丛稿》,新亚研究所 1969 年。
34. 杨荣春:《中国古代书院的学风》,《华南师范学院学报》1979 年第 1 期。
35. 张君劢:《书院制度之精神与学海书院之设立》,《新民月刊》1935 年第 1 卷第 7、8 期。
36. 张胜彦:《清代台湾书院制度初探(上、下)》,《食货月刊》1976 年第 3、4 期。
37. 张佐良:《孙奇逢讲学百泉书院子虚乌有考》,《河南科技学院学报》2016 年第 11 期。
38. 赵国权、吴莹:《河南历代书院藏书制度探微》,《江西教育学院学报(社会科学版)》2010 年第 1 期。
39. 赵国权:《北方理学薪火的传承地——百泉书院探微》,《江西教育学院学报(社会科学版)》2011 年第 4 期。
40. 赵国权:《河南历代书院学规的嬗变及价值追求》,《江西教育学院学报(社会科学版)》2011 年第 2 期。
41. 赵云田:《乾隆帝出巡河南述论》,《中原文化研究》2016 年第 4 期。
42. 郑颖贞:《窦克勤家族与朱阳书院》,《商丘师范学院学报》2010 年第 4 期。
43. 周保平:《书院的布局及释奠、释菜之礼——以河南书院庙学为视阈》,《首都师范大学学报(社会科学版)》2011 年第 3 期。
44. 朱昌荣:《耿介与清初嵩阳书院"复兴"》,《南方文物》2014 年第 4 期。
45. 朱昌荣:《乾隆朝书院运行实态探析:以宫中档为中心》,《南方文物》2015 年第 4 期。

后 记

河南历史文化积淀深厚,是我国古代书院主要起源地之一。中州素称理学名区,理学、书院与社会发展良性互动,相得益彰。古代河南书院赓续中原文脉,传承华夏文明,厥功至伟。

本书尝试对河南书院史展开多学科整体研究,并对中国书院史的一些重要问题进行探讨。

本书撰写坚持于史有征,力戒空疏之风。在坚实的史料基础上,通过详细考证分析,对河南书院史进行系统梳理,并提出自己的理解与认识。

本书的写作,得到了河南省社会科学院院处所领导的大力支持,特别是历史与考古研究所所长张新斌研究员,对本书的撰写提出了许多宝贵意见。程有为研究员认真审阅全书,提出了重要的审读意见。同时,本书也得到了许多专家、同事的指导和帮助,特别是项目统筹李建平先生和责任编辑曲静女士,为本书的编辑工作付出了大量的辛勤劳动,在此致以衷心感谢!

本书是“河南专门史大型学术文化工程丛书”之一,具体分工为:张佐良撰写绪论,第三、四、五章,结语;杨世利撰写第一、二章;师永伟撰写第六章。

因学识有限,时间匆促,本书定有许多不足之处,敬请批评指正。

河南书院史课题组

二〇二〇年五月三日